UMA NOVA REPÚBLICA

História dos Estados Unidos no século XX

John Lukacs

UMA NOVA REPÚBLICA
História dos Estados Unidos no século XX

Tradução:
VERA GALANTE

Jorge ZAHAR Editor
Rio de Janeiro

Para George F. Kennan
"Integer vitae scelerisque purus"

Título original:
A New Republic
(A History of the United States in the Twentieth Century)

Tradução autorizada da edição norte-americana
publicada em 2004 por Yale University Press,
de New Haven, Estados Unidos

Jorge Zahar Editor Ltda.
rua México 31 sobreloja
20031-144 Rio de Janeiro, RJ
tel.: (21) 2108-0808 / fax: (21) 2108-0800
e-mail: jze@zahar.com.br
site: www.zahar.com.br

Capa: Miriam Lerner
Ilustração da capa: © Photonica/Getty Images

CIP-Brasil. Catalogação-na-fonte
Sindicato Nacional dos Editores de Livros, RJ.

Lukacs, John, 1924-
L98n Uma nova república: história dos Estados Unidos no século XX/John Lukacs; tradução Vera Galante. – Rio de Janeiro: Jorge Zahar Ed., 2006

Tradução de: A New Republic (A History of the United States in the Twentieth Century)
Inclui bibliografia
ISBN 85-7110-953-2

1. Estados Unidos – História – Século XX. 2. Estados Unidos – Política e governo – Século XX. I. Título.

CDD 973.9
06-3289 CDU 94(73)"19/..."

SUMÁRIO

INTRODUÇÃO

*U*MA NOVA REPÚBLICA É UMA EDIÇÃO REVISTA e aumentada de *Outgrowing Democracy*, publicado 20 anos atrás. Uma razão para a nova edição é a minha insatisfação com o título original. A essência do livro revelada em seu subtítulo, *História dos Estados Unidos no século XX*, permanece a mesma.

O presente título, *Uma nova república*, nada tem a ver com o nome do venerável periódico *A New Republic*, ou com a sua origem há quase 90 anos. O que meu título tenta sugerir é que durante o século XX (e talvez, em especial, durante a sua segunda metade) mudanças profundas, graves – e freqüentemente não muito reconhecidas – ocorreram nas condições do Estado e da vida na América em vários níveis. Essas mutações são menos óbvias, menos visíveis e menos espetaculares que as grandes mudanças que ocorreram durante o século XIX (o movimento para o Oeste do Estado e do povo norte-americano; a Guerra Civil; e a imigração em massa da Europa e Rússia), mas suas conseqüências podem ter sido pelo menos tão importantes e tão duradouras quanto aquelas do penúltimo século.

Alguns leitores atentos e críticos do volume original me recriminaram por não ter escrito uma introdução para ele, por meio da qual seus leitores teriam sido preparados para, ou pelo menos informados sobre, a estrutura fora do comum do livro. A crítica era bem justificada. Permitam-me corrigir essa falha agora.

Como originalmente publicado, *História dos Estados Unidos no século XX* consiste de duas partes. A primeira parte curta, intitulada "Uma história da democracia norte-americana", é uma narrativa resumida rápida e talvez fora do comum da história norte-americana de cerca de 1880-90 a 1980. A segunda parte, muito maior, "Uma interpretação histórica", consiste de sete capítulos sucessivos nos quais tento descrever as tendências e transformações materiais, étnicas, civilizatórias, imperiais, políticas, intelectuais, culturais, morais e mentais durante aqueles 100 anos. (Isso pode ser apenas uma aplicação do reconhecimento, pelo menos entre alguns historiadores, de que nossa tarefa é não só, e talvez nem mesmo seja primordialmente, a descrição – sempre descrições, nunca definições! – de períodos, mas também de problemas.) A própria organização deste livro como descrição histórica de um período seguido por análise histórica é minha invenção e método, uma estrutura que pode também ser encontrada em outros livros de minha autoria. (Alguns exemplos: *A History of the Cold War*; *The Last European War, 1939-41*; *O Hitler da história*[1].) Uma sugestão para se entender tal abordagem, envolvendo uma intromissão mental na estrutura da matéria, pode ser encontrada nas páginas 18-20 deste livro. Além disso, a ordem dos capítulos reflete uma outra, intimamente relacionada, convicção que tenho: a hierarquia de importância dos sujeitos, elevando-os de condições materiais a condições mentais e espirituais. Essa hierarquia, e sua conseqüente organização, é também representada em outros livros de minha autoria. E é claro, relacionada com um problema muito difícil: como escrever histórias de (e em) uma era de democracia de massas.

Finalmente, enquanto o texto da edição original de 1984 permanece totalmente inalterado (incluindo seus, espero, não muitos erros), essa terceira edição inclui um novo último capítulo, que é a minha descrição e visão da história dos EUA e de seu povo nos últimos 20 anos, de 1980-84 até 2000-2004, aproximadamente. Esse capítulo também segue meu método mencionado acima (e, se me permitem acrescentar, a convicção) de como o imenso e complexo arcabouço de informações em nosso tempo pode ser abordado e – neste caso – meramente esquematizado. O texto começa com um resumo descritivo ligeiro e necessariamente superficial (mas, espero, não pouco profundo) do último quarto de século, seguido de subcapítulos que abordam temas que vão das condições materiais a mutações cuja essência é mental, espiritual, moral.

PICKERING CLOSE,
perto de Phoenixville, Pensilvânia

Parte I

UMA HISTÓRIA DA DEMOCRACIA NORTE-AMERICANA

1

O SEGUNDO SÉCULO

Em 1876, os norte-americanos comemoraram o seu primeiro centenário – mais precisamente, o centésimo aniversário da Declaração de Independência. Uma idéia corrente durante o século XX é a de que vivemos em uma era pós-histórica e que nossos pais e avós foram a última geração que se interessava pela história. Entretanto, em 1876 os norte-americanos pouco se interessavam por história. O que os agradava e inspirava eram as mais recentes exposições da indústria. Os prédios da Exposição do Centenário na Filadélfia estavam repletos de máquinas. Já em 1976, o que os agradava e inspirava a imaginação era o desfile de veleiros antigos. No ano do segundo centenário, o interesse dos norte-americanos foi consumido pela história – de todos os níveis, com certeza, mas história mesmo assim. Se esse interesse foi despertado por mera curiosidade ou por nostalgia, não sabemos. O que podemos ver são provas do interesse crescente dos norte-americanos pelo seu passado, apesar de todas as outras evidências em contrário, inclusive a da impensada eliminação gradual de boa parte dos cursos de história nas escolas.

Esse é um exemplo de quão freqüentemente os movimentos públicos de idéias na superfície de uma nação democrática não correspondem àqueles no plano mais profundo. Essa é uma das razões pelas quais uma verdadeira história de uma democracia – com toda a propagada "transparente" de suas políticas e de seus arquivos –, apesar de tudo, é, e será, mais difícil de escrever do que a história de Estados aristocráticos: um problema que Tocqueville descreveu resumidamente, em 48 sentenças compreendendo um de seus mais curtos, mais brilhantes, profundos e menos notados capítulos ("Algumas Características de Historiadores em Tempos Democráticos"), no segundo volume de *Democracia na América*.

Diferentemente de *Democracia na América*, este livro é uma história. Como Tocqueville, seu autor é estrangeiro; diferentemente de Tocqueville, ele mora nos Estados Unidos há mais de 37 anos. *Democracia na América* foi uma interpretação das instituições norte-americanas e de seu caráter democrático. Este livro é também uma interpretação, mas uma interpretação do desenvolvimento histórico do segundo século da nação, de um certo período norte-americano, de certas instituições, de certas características norte-americanas. Há outra diferença. O tema do livro de Tocqueville fora a democracia, muito mais do que a América. Isso é especialmente verdadeiro no que diz respeito ao segundo volume, o qual em 1840 recebeu menos reconhecimento pela crítica que o primeiro, mas que um século mais tarde se mostrava muito mais real que o primeiro. A mente de Tocqueville era tão precisa quanto honesta, de onde vem a exatidão do título *De la Démocratie en Amérique* (Sobre a democracia na América). Ele veio para os Estados Unidos porque queria estudar a democracia, não o inverso. Na época de sua viagem, 150 anos atrás, os Estados Unidos eram um protótipo de um Estado e de uma sociedade democráticos, talvez o único exemplar disso no mundo.

Essa condição não perdurou por muito tempo. Durante o segundo século de sua existência, os Estados Unidos cessaram de ser o único protótipo de uma nação democrática. Entretanto – outro exemplo da natureza freqüentemente paradoxal do desenvolvimento histórico –, foi somente durante este segundo século que a emulação e a imitação dos Estados Unidos se tornaram mundial. Com todo o respeito devido à hipérbole poética, o famoso tiro em 1775 não foi ouvido ao redor do mundo. Por pelo menos um século os Estados Unidos eram muito remotos, um exemplo muito extremo e talvez até estranho para ser levado em consideração pela classe politicamente consciente. Os democratas e liberais da Europa estavam inflamados pelo exemplo da França, ou estimulados por sua admiração pela Inglaterra. À exceção da efêmera constituição de 1848 da Segunda República da França (da qual Tocqueville foi um dos autores), poucas instituições norte-americanas foram adotadas pelos legisladores na Europa. Até na América do Sul a ideologia do republicanismo francês geralmente prevalecia sobre o exemplo norte-americano. O pai dos Parlamentos era o britânico em Westminster, não o Congresso Norte-Americano em Washington. Um século após 1776, isso começou a mudar. Foi quando a norte-americanização do mundo começou – um processo social, cultural, político e que continua em plena força até agora. Na história da humanidade, o século XX é o século norte-americano. Tocqueville foi um dos poucos que 150 anos antes previra que mais cedo ou mais tarde os Estados Unidos e a Rússia se tornariam as duas maiores potências mundiais; mas nem mesmo ele previu como os hábitos, as instituições e as formas norte-americanas, desde as técnicas até a fala e os maneirismos norte-americanizados, seriam adotados, muitas vezes impensadamente, mas sempre de forma ansiosa, nos lugares mais diferentes e pelas pessoas mais diversas por toda parte do mundo, inclusive por russos, asiáticos e africanos.

Em 1776 – e, na verdade, por muito tempo depois disso – os norte-americanos acreditavam que a sua Declaração de Independência era um fato único na história da humanidade. Dois séculos mais tarde, temos mais que uma razão para não crer nisso. A Constituição federal e a conseqüente criação dos Estados Unidos foram um feito maior que a Declaração de Independência, e talvez maior até que a vitória na guerra da independência, o que as colônias não poderiam ter conseguido sem a ajuda de potências estrangeiras. Os Estados Unidos foram estabelecidos em 1789, não em 1776. Nesse aspecto, somente, a comparação com a França é reveladora. A pequena mas firme embarcação do Estado norte-americano foi lançada no mesmo momento em que os franceses começaram a desmantelar sua antiga estrutura monárquica. O resultado daquele desmantelamento teve todo tipo de conseqüência desastrosa para os franceses, enquanto a capacidade de navegação da embarcação do Estado norte-americano se mostrou adequada assim que foi lançada, quando explodiram as tempestades da última guerra entre os Impérios Britânico e Francês.

Os norte-americanos foram o primeiro povo colonizado a declarar sua independência de um país europeu, mas logo em seguida aquele feito já não era mais único. Cinqüenta anos após 1776, a maior parte dos Estados do hemisfério ocidental era de antigos países coloniais; e 200 anos depois de 1776, a maior parte dos Estados do mundo era de antigos países coloniais, mais de 100 deles, e os números ainda estão crescendo. Todos comemoram suas declarações de independência. Poucos alcançaram a prosperidade e a ordem legal que os idealizadores da Constituição garantiram para a nação norte-americana.

Os fundadores anteviram que a República norte-americana seria próspera e poderosa. Eles não anteviram – na verdade, não aspiravam contemplar a possibilidade – que a nação se tornaria a mais poderosa do mundo, se envolvendo em assuntos nos sete mares e nos seis continentes. A frase de Jefferson de "um respeito apropriado pelas opiniões da humanidade", o desejo de Washington de ver os Estados Unidos como "uma nação respeitável", a declaração de John Adams de que os Estados Unidos "não vão ao exterior à procura de monstros para destruí-los" mostram moderação e bom senso. Mas a velha idéia puritana de uma "Cidade sobre a Colina", iluminando o destino do mundo somente pelo seu exemplo, continuou em suas mentes[2]. John Adams, no mesmo discurso citado anteriormente (feito em Washington, em 4 de julho de 1821), falou dos Estados Unidos como um "farol no cume da montanha, uma luz genial e salvadora, algo para o qual todos os habitantes da terra podiam tornar seus olhos até um tempo perdido na eternidade, e até que esse globo se dissolva e não sobre mais nada dele". Há uma estranha dualidade, algo curiosamente não-histórico e profundamente pessimista nesse também orgulhoso e sábio discurso. Sugere o fim dos tempos. Se a criação dos Estados Unidos foi o ápice da história da humanidade, isso também significa o início da última – e não meramente da mais recente – fase da humanidade e até do próprio globo. Se os Estados Unidos decaíssem, todo o mundo declinaria junto; e depois que os Estados Unidos passassem nada mais se seguiria. Um pouco desse sentimento foi repetido por Lincoln 40 anos mais tarde: "A última e melhor esperança da terra". Se os norte-americanos ainda pensam assim é uma pergunta difícil, mas de maneira alguma é somente teórica, pois o destino da humanidade realmente parece catastrófico se os norte-americanos não se libertarem do pensamento de que são a última esperança do mundo – da visão de um *Götterdämmerung* norte-americano, especialmente numa era nuclear.

Deixe-me repetir: a geração de patriotas que estabeleceram a República não pensava que esta se tornaria o maior poder imperial do mundo. Muitos deles também pensavam (como Adams disse, novamente no discurso citado acima) que 1776 não poderia ser repetido. Mas de um século mais tarde veio a mudança. Naquela época muitos norte-americanos pensavam que 1776 podia, ou mesmo devia, ser repetido; que o destino de seu país era mais do que ser um exemplo, que era o seu destino estender o exemplo por grande parte do mundo. O imperialismo global norte-americano não se desenvolveu até a última parte da década de 1890, mas havia uma sutil e profunda transformação das atitudes que levaram a isso. Quando a Exposição *Columbian* de Chicago foi inaugurada em 1893, Chauncey M. Depew fez o discurso de abertura. "Este dia", disse ele, "não pertence à América, mas ao mundo... Nós comemoramos a emancipação do homem." O século da potência mundial norte-americana, o século norte-americano na história do mundo, estava prestes a começar.

A geração dos Pais Fundadores sabia muitas coisas que nós não sabemos mais, ou que esquecemos até ao ponto em que sabemos muito mal. (Como o bom e trágico poeta norte-americano Randall Jarrell escreveu cerca de 30 anos atrás, "Penso que George Washington ficaria aterrorizado com o trânsito na *Merrit Parkway*[3] e penso que nós teríamos medo de George Washington".)[4] Existe, entretanto, uma coisa importante que nós temos de saber mas que eles não podiam saber. É que estamos perto do fim da Idade Moderna, da era que começou cerca de 500 anos atrás e no meio da qual, durante o século do chamado Iluminismo, na chamada Era da Razão, nasceu a República norte-americana. Duzentos anos atrás e por um longo período subseqüente, essa era uma vantagem para os norte-americanos, não uma deficiência. Mesmo no início do século XX, dois dos maiores historiadores norte-americanos encaravam isso naturalmente. "Foi o século XVIII", escreveram James Harvey Robinson e Charles A. Beard em 1907, "que levantou os problemas do progresso e sugeriu soluções, deixando ao seu sucessor a tarefa relativamente fácil de detalhá-los e de aplicá-los completamente." Entretanto, nós, hoje, temos que reconhecer que a ideologia do chamado Iluminismo se mostrou terrivelmente anacrônica, com pouco a nos ensinar. Muito da filosofia mecânica e educacional, muitas das instituições do século XVIII são agora irremediavelmente antiquadas. Razão pela qual muitas das instituições dos Estados Unidos se tornaram esclerosadas. Duzentos anos após seu nascimento, os Estados Unidos não podem evitar a degeneração de vários dos pilares vitais de suas instituições políticas, jurídicas, administrativas e educacionais, o tipo de degeneração que levou muitos Estados da Europa ao declínio. Na época de Adams, na época de Tocqueville, os Estados Unidos estavam à frente da Europa – paradoxalmente porque estavam atrás da Europa. A burocratização e a centralização ainda não haviam afetado os seus órgãos vitais, pelo menos não durante os primeiros 100 anos de sua existência. Durante os últimos 100 anos, a América e a Europa se tornaram mais parecidas; de muitas maneiras os norte-americanos adquiriram os piores hábitos dos europeus. Dentro dessa transformação está embutido o portento da mais sombria possibilidade que mesmo Tocqueville não declarou nos termos seguintes, apesar de reconhecer o seu significado ocasionalmente: pois é muito possível que na história da humanidade o período democrático tenha sido um episódio, em alguns casos tão breve que pareceu ilusório, e que a era da aristocracia é seguida não pela era da democracia, mas pela era da burocracia.

Esse é um fenômeno universal. O perigo para o norte-americano reside na condição histórica de que ele tem menos defesas durante o transcurso da Idade Moderna do que têm muitos europeus. Nada na história se desvanece completamente. O homem europeu, como Ortega y Gasset escreveu certa vez, "tem sido democrático, liberal, absolutista, feudal, mas ele não mais existe. Isso não quer dizer... que ele de alguma maneira não continue a ser todas essas coisas; ele o faz na forma de tê-lo sido".[5] A maior parte dos norte-americanos, por outro lado, só foi democrática, seu país e sua sociedade nasceram no século XVIII – repito, no meio da Idade Moderna. Aí reside o perigo: pois os problemas mais violentos e dolorosos da sociedade tendem a acontecer perto do final de uma era, porque é neste momento que as multidões são compelidas a mudar os seus pontos de vista a respeito do que é essencial; e, com todas as concepções violentas e materialistas da sociedade se opondo, as pessoas descartarão mil vezes mais facilmente seus bens materiais do que mudarão suas crenças essenciais, para não dizer algo sobre a maneira de pensar.

Havia outra coisa que os Pais Fundadores dos Estados Unidos não previram. Eles acreditavam na possibilidade e na virtude essenciais de uma República próspera; mas acreditavam na moderação da prosperidade tanto quanto acreditavam na moderação do poder. Eles não achavam que [o conceito] "Norte-americanos" se tornaria sinônimo de "mais rico" aos olhos dos povos do mundo, nem que na imaginação de muitos norte-americanos o potencial de ser "rico" se tornaria uma virtude, algo inseparável ou mesmo idêntico à idéia de ser "livre". Mas durante o segundo século da República, pelo menos depois de 1870, ocorreu um tremendo aumento no padrão material da vida norte-americana, algo talvez sem precedentes na história do mundo. Até mesmo a Grande Depressão do início dos anos 1930 não causou arranhão algum neste tipo de progresso; meramente diminuiu o ritmo do crescimento por alguns anos. A expectativa média de vida dos norte-americanos, por exemplo, aumentou de aproximadamente 46 para 76 anos no intervalo de um século. "Alguns observadores tinham dúvidas quanto ao benefício deste tipo de progresso. "Invenções e organizações", escreveu Santayana aproximadamente em 1920, "que deveriam ter aumentado o lazer produzindo o que é necessário com pouco trabalho, somente aumentaram a população, degradaram o trabalho e pulverizaram o luxo." Mas depois de 1970 aconteceu outra mudança. Os benefícios materiais da vida norte-americana começaram a declinar. Essa dinâmica agora coincidia com a de outras nações. Em 1979, um livro notável do francês Jean Fourastié, *Les trente glorieuses*, descreveu os aumentos mais surpreendentes nos benefícios materiais dos franceses em toda a sua história nos 30 anos compreendidos entre 1946 e 1975. Nos Estados Unidos, podemos falar do *cent glorieuses,* dos 100 "gloriosos" anos, de mais ou menos 1870 a 1970. Países como a França haviam começado a alcançar os Estados Unidos depois da Segunda Guerra Mundial. O progresso material dos EUA era facilitado, pelo menos em parte, pelo exemplo norte-americano assim como pela sua liberalidade. Que esses 30 gloriosos anos significaram pouco ou nenhum crescimento intelectual ou espiritual – como também escreveu Fourastié –, que foram anos de morosidade generalizada e rupturas nos relacionamentos pessoais entre os franceses, não é pertinente aqui: o que é importante é que em 1976 a França teve de encarar *la fin des temps faciles* (o fim dos dias fáceis), e não meramente por causa das quedas de "energia". O crescimento subseqüente do desemprego e da recessão foram meramente os primeiros sinais de que o período de aparente expansão material e econômica ilimitada acabara. Isso era, *mutatis mutandis,* verdade para os Estados Unidos também. Se isso levará a problemas sociais, materiais e econômicos não é certo. Se levará a um eventual fim da inflação é menos certo ainda. Talvez essas condições possam levar ao ressurgimento da apreciação por estabilidade e segurança. Mas, neste caso, isso tem que envolver o reconhecimento de que a perseguição inquestionada e inquestionável de crescimento quantitativo se tornou quase uma loucura – como se o crescimento não fosse somente um fenômeno da inflação mas também da mais temida e generalizada doença do século XX, secreta na maior parte dos casos dentro dos organismos humanos, ou seja, o câncer. No inglês da versão *King James* da Bíblia, "aumentar" significava beneficiar e felicidade "abundante": não significava crescimento quantitativo.

Tal reconhecimento requererá uma nova reflexão – uma que deverá partir da experiência – da natureza humana e do seu relacionamento com o universo. Pois aqui encontramos um grave problema e um sintoma profundo da proximidade do fim da Idade Moderna, que é a insubstancialização da matéria. Contrariamente ao ora antiquado pensamento (do qual Darwin, Freud e até Einstein não conseguiram se libertar), a mente não é meramente o resultado evolutivo da matéria; a própria matéria foi influenciada e criada pela mente. Desde o início da história, a influência da mente sobre a matéria tem – com certeza, de forma instável – aumentado. Isso, e o seu conseqüente reconhecimento, é talvez a única evolução que realmente importa: a evolução de nossa consciência (da qual a ora terrivelmente antiquada teoria darwinista foi somente uma pequena parte), com o nosso reconhecimento atento das limitações inevitáveis da mente do ser humano, mas também de sua participação no universo (um reconhecimento eventualmente que substitua não somente Darwin e Marx, pensadores do século XIX, mas também Descartes e Newton do século XVII, formuladores do pensamento da Idade Moderna).

Na história dos Estados Unidos (tomando "história" como algo completamente diferente de "evolução") as evidências da crescente interferência mental na estrutura dos eventos começam a se acumular, mesmo que o seu significado tenha sido obscurecido pelos interesses ocultos do vasto mundo administrativo e intelectual se agarrando, cada vez mais desesperadamente, e cada vez menos honestamente, às idéias do materialismo "científico". Diferentemente da época de Jefferson, felicidade e infelicidade são agora menos dependentes de fatores externos. Duzentos anos atrás, as forças materiais externas da natureza – uma tempestade de gelo, ou a seca, ou a doença causada por à infecção – produziam misérias contra as quais nós temos nos protegido em grande proporção. Mas uma pessoa infeliz é infeliz quando pensa que é infeliz – quer sejam razoáveis as causas para esse tipo de pensamento ou não; e durante o século XX esse tipo de infelicidade é criado cada vez menos pelas condições materiais. O bem-estar físico também tem sido afetado cada vez mais por males que são produzidos dentro da pessoa, e não fora – males que não estão sujeitos à imunização ou à prevenção física e que, portanto, são sempre em alguma medida psicossomáticos. Em 1970, diferentemente de 1870, a maior parte dos problemas era originado interiormente, não era o resultado direto do mundo material exterior, daí porque se podia realmente *sentir* náusea, depressão, solidão, enfado de maneiras mais complexas ou mais agudas que os seus antepassados. Em outro nível, é discutível que a crescente poluição do mundo material ("meio ambiente") foi a conseqüência e não a causa da poluição das mentes: do aumento da falta de cuidado, de um despertar de convicções morais, de responsabilidades cívicas, de senso de comunidade, entre outras coisas. Ainda em outro nível, o progresso das ciências biológica e médica (que nada mais são que o progresso de cientistas biológicos e médicos), ao mesmo tempo em que resulta em todos os tipos de benefícios, inclusive alívio de doenças e dores, também levou a coisas tais como o aborto e a engenharia genética. Ou seja, à destruição indiferente ou à consciente manipulação da matéria humana a partir de uma recusa em admitir a existência da alma – menos por causa de uma dedicação à verdade "científica" e mais por causa de uma burocrática e profissional dedicação ao materialismo: ao aval de uma idéia amplamente antiquada, mas profissionalmente ainda predominante e rentável.

Apesar de intangível, o espírito é uma substância: e quanto mais reconhecermos isso, em melhor pé estaremos, ao nos libertarmos do superficialmente sofisticado, mas essencialmente primitivo materialismo do final da Idade Moderna. O reconhecimento da existência do espírito enriquece a nossa razão; mas a insubstancialização da matéria leva à abstração, à inflação, à irrealidade, às vezes beirando a loucura. Exemplos dessa tendência incluem a crescente transformação de dinheiro tangível em figuras contábeis automáticas e abstratas;

a computação de não-produtos dentro da figura do Produto Interno Bruto, inclusive propaganda e promoção como se fossem realidades de produção; o engano de imagens como sendo realidade; a categorização de características, capacidades e motivos humanos por meio de definições; a tendência de se preparar para a guerra por cálculos tecnológicos e balísticos, substituindo considerações de geografia, história e caráter nacional nas relações entre os Estados. Resumindo, a crescente preferência pelo abstrato, uma tendência fatal para a qual o normalmente pragmático povo norte-americano se torna cada vez menos imune.

Durante o século XX – e especialmente em décadas recentes – o norte-americano se tornara menos sujeito ao seu meio ambiente natural do que seus antepassados 100 anos antes. É óbvio que o aquecimento central, a água encanada, os automóveis e o telefone tornaram a sua vida materialmente mais fácil. Entretanto, ao mesmo tempo, ele se tornara menos auto-suficiente, dependente de serviços de todos os tipos de pessoas, quando as suas máquinas ou os seus eletrodomésticos se quebravam, e de todos os tipos de instituições e corporações (desde companhias elétricas aos postos e hospitais municipais) sobre os quais ele tinha pouco ou nenhum controle. Isso foi somente em parte resultado da tecnologia; teve muito mais a ver com o desenvolvimento de um Estado burocrático, uma sociedade na qual a maior parte das pessoas trabalha em administração ou serviços – ou seja, ocupações não materialmente produtivas. O desenvolvimento de tal sociedade por si só ilustra a insubstancialização da matéria, com a distância da matéria real aumentando com a abstração de padrões de pensamentos, expressões, comunicações e de todos os tipos de interações – das transações financeiras à linguagem, e com a crescente (e freqüentemente desumana) impessoalidade de definições, regras e decisões afetando tudo na vida do indivíduo.

Essa insubstancialização da matéria é, entretanto, somente uma variedade – talvez a mais deplorável e perigosa – da intromissão mental na estrutura de eventos, algo que pode ser definido como a espiritualização progressiva da matéria: admitidamente uma frase ambígua e difícil. Essa espiritualização progressiva da matéria é um desenvolvimento duplo: cheio de promessas, cheio de perigos. Um de seus resultados é a energia nuclear. Desde cerca de 1925 sabemos (ou melhor, deveríamos saber), principalmente por Heisenberg, que a objetividade ideal – dependente da separação cartesiana entre o sujeito e o objeto – se provou imperfeita, mesmo no próprio estudo da matéria, onde o ato humano da observação não pode ser separado de, porque interfere com, o objeto. (Em nossa comunicação de massa temos tido uma crescente variedade de exemplos de tais interferências, por onde os "observadores" da "mídia" criam "notícias"; ou por onde "pesquisas de popularidade" criam a "popularidade" e onde a "publicidade", dada à "opinião pública", cria "opinião".) Ao mesmo tempo as habilidades inventivas da mente humana foram capazes de transformar matéria em energia, que é a essência da energia nuclear. Listar as promessas e perigos não é minha tarefa aqui, a não ser para dizer que a radiação – invisível e impalpável aos sentidos – é também uma forma de espiritualização da matéria, alcançada pela manipulação de materiais, mas originando-se dentro do espírito humano e com todos os tipos de conseqüências naturais no final (considere somente os relacionamentos entre a radiação e o câncer).

Permitam-me citar as palavras de Jakob Burckhardt, desconhecedor da física nuclear, mas perspicaz em relação à história e à natureza humana de mais de um século atrás: "A súbita mudança para a democracia", disse, "não mais resultará no domínio de um indivíduo – mas no domínio de uma corporação militar. E por meio dela, os métodos que serão usados nem mesmo o mais terrível déspota possivelmente teria coragem de usar."

A espiritualização da matéria requer, assim, o reconhecimento não tanto das tremendas potencialidades da matéria, mas das tremendas potencialidades da mente humana – e, portanto, uma realização consciente não somente da natureza pecaminosa do homem, mas da já tardia necessidade de repensar todo o significado do progresso.

Tais temas – o que a fase final da Era Moderna significa para as instituições nos Estados Unidos e para a evolução do caráter de seu povo; a burocratização da vida norte-americana; as mutações do pensamento norte-americano; a inflação de palavras e de idéias, de instituições e do dinheiro; a insubstancialização da matéria, com os seus perigos; a espiritualização da matéria, com os seus evidentes perigos e potenciais promessas – não são meramente as especulações de um historiador filosófico. São agora inegavelmente evidentes: e a uma descrição histórica de tais desenvolvimentos se dedica este livro.

▼

UM ESTRANGEIRO SE APROXIMANDO dos Estados Unidos em 1883, há mais de 100 anos, não via nenhum arranha-céu, nenhuma Estátua da Liberdade. Enquanto o seu navio entrava no porto de Nova York e se aproximava da massa escurecida de casas, o que se apresentava diante dele era uma grande e uniforme cidade, "cheia de vida, com o burburinho do comércio, o murmurinho do impacto da chegada": ancoradouros de ferro, um imenso tráfico de navios indo e vindo, grandes barcaças e balsas, uma enorme e plana cidade no horizonte tão vasta como se sugerisse um mundo sem fim além, uma cidade portuária maior do que qualquer coisa que tal viajante teria visto na Europa, mas mesmo assim reconhecível. Isso não seria muito diferente das primeiras impressões de alguém chegando a Nova York em nosso tempo. Haveria também a primeira impressão do espaço: uma imensa massa de casas se estendendo diante do visitante durante aqueles minutos depois que o avião surge de dentro das nuvens, e aquele sentimento, desconfortável para um europeu, de uma vastidão irreconhecível de um mundo além. O avião desceria em um aeroporto que logo pareceria maior, mais cheio, mais monstruoso do que qualquer aeroporto moderno da Europa ou da Ásia, mas mesmo assim um aeroporto reconhecível.

Por cerca de três gerações, desde 1890 até 1955, as primeiras impressões eram diferentes.[6] Durante a década de 1890 a linha do horizonte de Nova York começou a adquirir as primeiras marcas de sua forma característica, na qual os moldes da modernidade e da energia norte-americana foram cristalizados: uma imagem surpreendente de aço e pedra, a primeira cidade moderna do mundo, um fenômeno maravilhoso e eletrizante, independentemente de quantas vezes o viajante tenha vislumbrado a mesma vista em fotografias. Depois de 1955, aproximadamente, a experiência dessa primeira impressão se tornou rara, exceto para o cada vez menor número de passageiros que chegam por mar e para os poucos felizardos nos grandes aviões que, sentados às janelas do lado direito, podem ver por um momento os arranha-céus de Manhattan enquanto o avião se aproxima do então maior aeroporto do mundo, cujo nome era Idlewild em 1955.

Cem anos atrás, poucos estrangeiros visitavam os Estados Unidos da América. A maior parte das pessoas que primeiro viram o novo continente o fizeram como imigrantes. Grandes ondas de imigração em massa tinham começado a desembarcar na costa. Os imigrantes viajavam de terceira ou quarta classe em barcos a vapor; ficavam aliviados que a longa viagem pelo mar estava acabando, enquanto os seus corações apertavam e suas mentes estavam confusas e inseguras. Mesmo antes de atracarem viam que a severa barreira de classe que os tinha separado dos outros passageiros e de outros locais do navio ainda existia. Eles eram examinados e avaliados ainda no navio e depois levados a grandes corredores de ferro antes de serem autorizados a andar pelas largas avenidas de pedras no Novo Mundo. Era tudo mais fácil para aqueles que tinham viajado de primeira classe ou na cabine: eram inspecionados também, mas a maioria deles podia sair do navio sem ter que esperar no *Castle Garden* ou mais tarde em *Ellis Island*. O dinheiro falava a sua própria língua, até nos Estados Unidos da América. Mas havia dinheiro a ser ganho, de maneiras diferentes dos do Velho Mundo.

Duzentos anos antes, a própria palavra "América" poderia ser desconhecida para a maioria das pessoas da terra. Cem anos antes, a imagem do Novo Mundo tinha se espalhado pela Europa, Rússia e o Extremo Oriente; era reconhecível para milhões pela primeira vez na história da humanidade. Uma carta chegaria da América, ou sobre a América – uma carta de um parente ou de um agente de uma companhia de navegação para pessoas que nunca até então tinham recebido uma carta do exterior. Muitos dos que as recebiam eram da primeira geração que sabia ler em suas famílias. Algumas vezes liam um pouco mais do que cartas sobre a América: livros, contos de fadas, histórias de aventura, artigos de jornal. Cem anos atrás, a maior parte dessa nova e disseminada literatura sobre os Estados Unidos era composta no nível popular. Não havia, até então, nenhum aumento na quantidade de livros sérios de literatura, política ou livros de viagem sobre a América. Jornalistas de aluguel e escritores de aventuras, muitos dos quais nunca haviam estado na América, escreviam a maior parte da literatura sobre os Estados Unidos. Eles eram lidos avidamente por todos os tipos de pessoas, entre elas o jovem Adolf Hitler. Na década de 1880, jornalistas de aluguel apareceram com histórias fantásticas para seus jornais em muitas cidades européias, histórias fantasiosas em sua maioria.

Havia uma condição peculiar desse tipo de literatura e a imagem que produzia (ou melhor, a imagem à qual correspondia). Era a imagem de um mundo que era interessante e desejável, pois era tanto mais avançado quanto mais atrasado do que a Europa. Os Estados Unidos eram um mundo de grande abastança e grandes máquinas; mas também eram um mundo de terra fértil, às margens da qual viviam rebanhos de animais e índios, uma terra de oportunidades e de uma amplidão que havia se esvaecido na Europa muito tempo antes: pois fora na Europa, onde moradias apertadas e as constrições da burocracia, onde a redução da terra disponível e o aumento do governo tornara a vida mais complicada e difícil. Essa combinação de elementos de um futuro promissor e de um passado idílico é reconhecível na imagem dos Estados Unidos 100 anos atrás. Fora as massas de imigrantes, alguns europeus aventureiros que vieram aos Estados Unidos – estes eram forçosamente ricos, já que a viagem aos Estados Unidos e por dentro do país era muito cara – ficavam encantados menos com os hotéis com aquecimento e eletricidade da Quinta Avenida em Nova York do que com a vida de caça do Oeste norte-americano, com sua peculiar combinação de selva e conforto. Era algo saído dos séculos anteriores, essa vida nômade e viril, somente a alguns dias de viagem das ferrovias e da eletricidade. Não sabiam que havia um lado escuro deste mundo, a não ser alguns dentre eles que escolheram permanecer e foram então tragados pelas correntes mais profundas da sociedade norte-americana, onde tiveram que aprender a nadar novamente. O "Extremo Oeste" ou o "Oeste Selvagem" se tornaram expressões comuns no Velho Mundo. Para os norte-americanos, o Oeste era a fronteira, para os ingleses e os europeus era um jardim montanhoso de sua imaginação. Cem anos antes, muito do Oeste estava naquela fase fantástica e meio mística quando o casamento da civilização com a terra virgem acabara de acontecer: viajantes ingleses e europeus foram arrebatados pela beleza original do cenário, descrevendo-o em termos floreados, ansiosos por sua colonização, em cuja perspectiva não viam nada a não ser coisas boas, apesar dos modos divertidamente rudes dos pioneiros norte-americanos. Naquela visão passageira, não havia lugar para tempestades de poeira ou linhas de bonde – ou para a inclinação norte-americana de manter a imagem do Oeste eternamente fresca, máscula e selvagem.

Enquanto os imigrantes enchiam e inchavam as cidades da América, a presença física norte-americana no mundo aumentava. A máquina de costura do país se tornara presença padrão em milhões de residências na Rússia, na Inglaterra, na Áustria-Hungria, na Itália e no Japão; logo a máquina de escrever e o telefone norte-americanos seguiriam o exemplo. Na década de 1880, a norte-americanização do mundo começou com vivacidade. Sabemos alguma coisa sobre como o povo no Velho Mundo, das fábricas de Birmingham aos judeus russos, respondeu a isso. Sobre o Japão e a China sabemos menos. Mas a imagem também estava lá: depois de 1870, aproximadamente, centenas de milhares de seus obscuros patrícios escolheram serem transportados pelo Pacífico, em condições deploráveis e sob perigos mortais que eram ainda piores do que aqueles sofridos pelos irlandeses nos porões dos navios uma geração antes. Nos anos 1880, a corrente oriental se reduziu. Os representantes eleitos do povo norte-americano aprovaram a primeira lei para restringir a imigração – o *Oriental Exclusion Act* (a Lei de Exclusão Oriental). Fizeram isso no mesmo ano em que os primeiros barcos carregados de judeus russos se chocavam contra os pilares dos ancoradouros da Filadélfia, de Boston e de Nova York. As pessoas nativas dos Estados Unidos estavam começando a reconhecer que o espaço em seu país não era sem fronteiras e infinito, que não havia lugar para todos no Novo Mundo.

O povo dos Estados Unidos: como descrevê-lo? Eu comecei com uma descrição do Novo Mundo por meio dos olhos dos visitantes estrangeiros e dos imigrantes porque é algo que conheço, mas isso também é um recurso retórico, adiando a difícil tarefa que imediatamente se põe, a descrição de um povo nesse vasto país 100 anos atrás. Isso é mais difícil do que escrever o estado do povo inglês ou alemão naquela época, apesar da então crescente padronização da vida norte-americana, porque a vastidão do país, inclusive dos lugares onde alguns grupos viviam de forma totalmente diferente do restante: os cajuns na Louisiana, os negros recentemente libertados no sul, imigrantes escandinavos nas tendas castigadas pelo vento nas Dakotas, imigrantes irlandeses nos cortiços quentes das cidades, uma lista que é potencialmente sem fim. A distância era freqüentemente mental, não física, por exemplo, a distância mental entre os trabalhadores chineses em cidades da Califórnia e os mercadores emigrantes ianques ali; entre as primeiras levas de imigrantes judeus russos no *Lower East Side* de Nova York e a empertigada e certinha burguesia com freqüência somente a alguns quarteirões; entre os mineradores húngaros e eslovacos na Pensilvânia e os seus supervisores escoceses ou irlandeses – uma distância, em cada caso, de menos de meia milha, mas com as castas originais de suas vidas não meramente separadas por dois continentes e sim por duas eras históricas.

Por causa da vastidão do país e do poder indefinido do dogma da democracia norte-americana, não havia muitas batalhas sangrentas entre os diferentes povos. O tamanho do país e a imprecisão do dogma permitiram a existência de todos os tipos de aspirações, desde que tão-somente seguissem em uma única direção, um caminho. Não podia haver, e não haveria, nenhuma crítica daquela direção: a direção do progresso norte-americano. Assim a imprecisão do dogma correspondia ao inchaço da nação e a uma certa rigidez da mente norte-americana.

Cem anos atrás essa rigidez, talvez pela primeira vez em sua história, começara a afligir milhões de norte-americanos, inclusive milhões das mais antigas famílias. A condição dos negros refletia o seguinte: até 1900 seu status – legal e social – era menos promissor do que em 1870. Na década de 1880 quase não havia uma rigidez perceptível no comportamento ou na moral norte-americana, mas instintivo. Muito dessa rigidez era defensiva: uma crescente consciência de ser norte-americano, um norte-americano estabelecido. Era um fenômeno parecido, embora não idêntico, ao culto à respeitabilidade que ocorreu na era vitoriana na Inglaterra. A versão norte-americana que floresceu tardiamente do vitorianismo pode ter incluído hábitos predominantemente racionais, mas não significava que os norte-americanos não tinham confiança em seus sentimentos. O mundo de Silas Lapham de Howells diferia do mundo de John Bounderby de Dickens porque seus corações eram diferentes, não importando quão prontamente suas mentes concordassem com as idéias materialistas aceitas que eles não poderiam ter mudado (ou melhor, repetido) para se sentirem bem no *fumoir* do transatlântico a vapor caso tivessem se encontrado ali.

Havia, portanto, uma dualidade na vida norte-americana 100 anos atrás, uma qualidade problemática diferente daquela vislumbrada por Hawthorne ou Melville ou Poe, que lutavam com a escuridão da alma como tantos Jacós e anjos na rudimentar democracia de uma era anterior. Muito da vida norte-americana, inclusive a vida na cidade pequena, era idílica há 100 anos – incrivelmente inocente, espaçosa, com base em terra e comida baratas, benevolente a um ponto próximo do absurdo. Sob aquela ordem superficial das relações humanas existiam paixões terríveis. Rudyard Kipling reconheceu isso instantaneamente. Em 1889, Kipling foi repentina e totalmente seduzido pelas vilas da Pensilvânia (sua atração genuína a esse tipo de vida ficou comprovada pelo fato de alguns anos mais tarde ele tentar se estabelecer nos Estados Unidos). Mas viu também "a aterrorizante intimidade" da vida nas pequenas cidades norte-americanas, "perturbada pelos ódios, problemas e ciúmes que ocupam a mente de todos, menos dos deuses". Uma geração de escritores naturalistas norte-americanos e de pensadores progressistas ainda por vir teria consciência disso mais tarde, exatamente quando a era das pequenas cidades da democracia da América estava terminando.

Eles não perceberam uma condição essencial, embora fossem participantes e beneficiários dela. A de que as tendências da vida humana, que são do coração e da mente humana, não correspondem às "leis" da "ciência natural"; algo que diz, por exemplo, que compressão, descompressão, depressão e expressão podem se desenvolver ao mesmo tempo, a partir da mesma fonte. O às vezes quase inconsciente enrijecimento do modo de pensar dos norte-americanos mais velhos ocorreu junto com um crescente aumento da consciência de suas aspirações e de sua respeitabilidade. Pela primeira vez na história dos Estados Unidos, um mundo burguês – não muito diferente do mundo da alta burguesia da Inglaterra e da Europa – começava a aparecer. Aquelas pessoas das classes mais altas norte-americanas, que antes tinham preestabelecido o tom e o rumo da vida social e cultural na República – certos quacres na Filadélfia e bostonianos unitarianistas, por exemplo –, eram versões pitorescas e isoladas da burguesia local que europeus condescendentes reputavam como algo próximo ao interesse antropológico. Mas, por volta de 1890, uma porção significante do povo norte-americano incluía então na vida a leitura de livros, a ida a teatros, viagens de lazer, coleção de artes – atividades culturais que correspondiam às de seus pares europeus. A fase burguesa da civilização norte-americana começara.

Depois de um século de consciente separação, as formas de vida norte-americana e européia estavam se tornando muito parecidas. Até 1870, a vida na cidade em Boston, Nova York ou na Filadélfia (sem falar em Chicago) era muito diferente da vida na cidade em Londres, Paris ou Hamburgo. Vinte e cinco anos mais tarde, essas diferenças haviam diminuído, mas, claro, não tinham desaparecido totalmente. Nos anos 1890 havia propriedades nos subúrbios norte-americanos onde a classe média-alta vivia uma vida de aspirante à nobreza que, pelo menos em sua forma aparente, lembrava à de seus pares na Inglaterra e mesmo a de certas vilas ao redor das cidades no continente. Havia agora, pela primeira vez na história norte-americana, óperas metropolitanas, museus metropolitanos, salas de concerto metropolitanas, instituições financeiras metropolitanas, banqueiros metropolitanos e mesmo certos escritores cosmopolitas, tais como Henry James, tentavam descrever a exata proporção da mistura de cosmopolitismo e de norte-americanismo nos corações e mentes de alguns de seus personagens.

Por uma geração agora (a tendência fora estabelecida por volta de 1867-8) o tamanho das famílias nativas estava diminuindo. Esse declínio na taxa de natalidade foi mais pronunciado entre as classes média e média-alta no exato momento em que a proporção do ingresso de seus filhos na universidade aumentava. A influência inglesa (e escocesa) no modelo da universidade norte-americana ainda era considerável. Entretanto, havia uma crescente influência alemã no modelo pedagógico norte-americano, e as primeiras escolas de pós-graduação nos moldes europeus apareceram. Uma grande, embora gradual, mudança na situação das mulheres norte-americanas estava se desenvolvendo: depois de 1895, aproximadamente, a maioria das mulheres do país, inclusive a maioria das esposas de fazendeiros, não tinha trabalho fora de casa. Ao mesmo tempo – e a esse respeito a sociedade norte-americana diferia da burguesia européia – a tutela da cultura era feita pelas mulheres. Essa afeminação das artes teve resultados ambíguos. O reconhecimento de que as mulheres, todos os tipos de mulheres, possuíam um gosto inato por refinamento e conseqüentemente tinham de exercer o papel principal na progressão da cultura era bom; a idéia aceita que cultura era essencialmente decorativa, secundária ao progresso material, não era. Contudo, materialmente também, a situação das mulheres norte-americanas era quase única no mundo. Em 1900, elas possuíam uma grande porção de ativos financeiros tangíveis (em parte porque a expectativa de vida delas era maior do que a de seus maridos).

A República era rica, e sua moeda, suficientemente forte, de maneira que um tipo norte-americano de capitalismo chegara com força, mas a despeito de todas as suas manifestações aparentes e freqüentemente rudes, esse não era um tipo de capitalismo desprovido de generosidade, e requeria um pouco mais que uma aceitação reducionista do modo norte-americano de progresso. Conseqüentemente, muitos norte-americanos acreditavam ser de seu interesse pessoal a manutenção do sistema social, financeiro e político no qual viviam. Foi assim que muitos deles, talvez mesmo a maioria das famílias norte-americanas, se tornaram conservadores em seu temperamento – apesar de detestarem se identificar com esse adjetivo, a não ser talvez quando referente a seus investimentos financeiros. O conservadorismo generalizado (nisso a história dos Estados Unidos é uma repetida refutação a Marx) explica a falência dos populistas nos anos 1890 – e também a existência contínua da corrupção municipal nas instituições democráticas da República. Esse fenômeno de corrupção municipal endêmica era estranhamente similar às de outras ex-colônias ligadas ao Império Britânico que se tornaram democracias, tais como o Canadá e a Austrália; já o fenômeno do populismo não era. O movimento populista norte-americano – era mais um movimento do que um partido – apareceu no Meio-Oeste, no Oeste e no Sul, ganhando força a partir dos problemas e insatisfações dos fazendeiros durante a depressão agrícola, mesmo que seus problemas normalmente fossem criados por eles próprios (o fazendeiro se tornara um mecânico e um homem de negócios, evidentemente não somente em suas aspirações especiais mas também em suas roupas; mas ele freqüentemente não era eficiente como capitalista incipiente e marginal). Os populistas eram um movimento do povo, exemplos precoces da versão norte-americana de socialismo nacional, para o qual retornarei mais tarde. Agitados por uma suspeita popular de um leste cosmopolitano e internacionalizado, anglófilo e urbano, o fanatismo dos populistas era, por uma característica tipicamente norte-americana, mesclado com generosidade; eles acreditavam que a democracia na América estava sendo deturpada por não ser democrática o suficiente, corrompida como estava sendo por banqueiros, investidores em ouro, capitalistas e elementos estrangeiros. O ideal deles era o governo "pelo povo". Foram derrotados não pelos capitalistas, mas pela condição de "o povo" ser mais conservador do que eles, os populistas, esperavam; com efeito, muitos do "povo" estavam se tornando burgueses.

NOS ANOS DE 1890, a estrutura da sociedade republicana dos Estados Unidos estava mudando, junto com a textura da vida norte-americana. Uma das conseqüências era uma outra encruzilhada: o começo de um novo império mundial norte-americano. Em todo o mundo, o imperialismo moderno apelava às massas democráticas. Na história da República, o imperialismo originalmente fora um fenômeno territorial, não transoceânico e global. O propósito era a aquisição de terras. Por quase 30 anos após a Guerra Civil, a Marinha Mercante e militar declinaram. Nos anos 1890 isso mudou. O propósito agora era a asserção da presença nos mares, ou pelo menos no Pacífico Ocidental e no Caribe; o objetivo era fazer surgir um Estados Unidos entre as potências mundiais de uma era, então como um zênite de brilhantismo e possessões coloniais. A conscientização da importância do poder nos mares, aliada às convicções de que na história do mundo a primazia havia agora passado às raças norte-americanas anglo-saxãs (nórdicas ou teutônicas), era forte e clara nas mentes de uns poucos inteligentes, a maioria dos quais progressistas republicanos. Os populistas não tinham política externa a não ser o seu desgosto e medo dos estrangeiros. O imperialismo não era, entretanto, uma idéia perpretada pela minoria sobre as consciências de uma população indiferente e ignorante. Em 1894, os políticos – especialmente dentro do partido Republicano – começaram a apreciar seu potencial político. O desejo por prestígio e expansão era generalizado entre o povo norte-americano de maneira geral – daí porque a guerra contra a Espanha em 1898 foi popular. Mesmo antes daquela guerra, parecia que o prestígio e o respeito pelo poder daquela gigantesca República eram grandes. De fato, era quase universal. Não havia um governo europeu, quer a antiquada Áustria ou a democrática Inglaterra, que mostrasse a mais leve inclinação de se alinhar, ou mesmo abertamente de simpatizar, com a Espanha. Foi a última vez em que os norte-americanos temeram que suas cidades litorâneas pudessem ser bombardeadas pelos navios de guerra de uma potência européia. Um navio de guerra inglês, disse Lodge em 1890, poderia reduzir Nova York a ruínas. (Esse foi um dos argumentos republicanos para o Programa de uma grande Marinha que começou já em 1891). As cidades e planícies da República agora estavam seguras, seguras de tudo exceto do perigo interno de conspirações perpetradas por anarquistas. “A vitória de [Almirante] Dewey transformou o estreito movimento intelectual – o expansionismo – em uma ampla e popular cruzada – o imperialismo”.[7] A grande maioria do povo norte-americano se satisfazia com as fotografias das estrelas e listras solidamente plantadas em ilhas longínquas e flutuando nos oceanos assim como seus ouvidos se satisfaziam em ouvir a originalmente um tanto estranha, mas logo intensamente familiar, banda de música marcial de Sousa[8], com algumas de suas características centro-européias. Mas não importava, pois foi naquela época que a música popular norte-americana, na verdade, que a afinação dos ouvidos norte-americanos também estava mudando, das nuances celtas mais simples para novos ritmos e melodias. Assim o *American Dominion over Palm and Pine* veio a existir na hora em que Kipling prevenia seus primos ingleses que o *seu* domínio sobre as palmeiras e os pinheiros poderia ter vida curta: "Por medo de nos esquecermos"!

Essa foi a era do poder do mar e da democracia. Como escreveu Jakob Burckhardt, sobre a antiga Grécia: "O poder marítimo apareceu mais que tudo intrinsecamente ligado à democracia, e as pessoas no Pireu[9] tinham mentes mais democráticas do que as de Atenas" – e as pessoas na América mais do que na Inglaterra. Essa também foi a era de Theodore Roosevelt – um dos poucos presidentes dos Estados Unidos cuja marca em uma era precedeu sua Presidência e continuou por algum tempo depois dela. Ele se tornara presidente por acidente, quando McKinley foi assassinado pelos anarquistas em 1901. Não era o típico representante do povo; era, entretanto, o típico delegado de suas aspirações. Essa guerra contra a Espanha não foi produto seu; como foram as conseqüências daquela guerra, inclusive a subseqüente aquisição da zona do Canal do Panamá, a construção de uma grande Marinha e o surgimento dos Estados Unidos como o árbitro da guerra russo-japonesa. Politicamente falando, o mundo não se tornara redondo até 1900, séculos após Copérnico. Em 1900, pela primeira vez na história, apareciam potências mundiais cujas pátrias não estavam na Europa. Eram os Estados Unidos e o Japão. Seus movimentos e suas presenças envolveriam e influenciariam instantaneamente os relacionamentos daquelas complicadas teias de Estados que formavam a substância do sistema de poder europeu.

O espírito do nacionalismo do qual Theodore Roosevelt era o principal representante diferia do nacionalismo mais velho em algumas maneiras. Roosevelt não era um ideólogo, mas era suficientemente preocupado com o crescente influxo de milhões de imigrantes, dos mais estranhos e remotos cantos do Velho Mundo, a ponto de promover um "novo nacionalismo" que sucederia o velho, e quase sempre regional, patriotismo de uma linhagem norte-americana mais antiga, levando a fusões no *melting pot* (uma frase recente na época, originada do título de uma peça de Israel Zangwill). Esse "novo nacionalismo" não era internacionalista, e certamente não era cosmopolita, como também Theodore Roosevelt não o era, a despeito de sua vasta educação e familiaridade com a história européia. Em um certo sentido, era orientado para o mar e imperial, em outro sentido representava – ou mais corretamente, queria representar – uma nova versão da auto-imagem norte-americana ideal: aquela do jovem herói do Oeste. Theodore Roosevelt era somente um de vários jovens norte-americanos de classes mais altas que, freqüentemente por razões de saúde, tinham sido enviados por suas famílias ao Oeste nos anos de 1880. Vindo do ar marrom de carvão das enfumaçadas e inchadas cidades do Leste, seus pulmões, mentes e corações eram instantaneamente revigorados pelo ar puro do Oeste. Subseqüentemente, eles se inclinavam a idealizar uma vida ao ar livre, vendo no Oeste norte-americano um renovado e saudável homem anglo-saxão – que Roosevelt e seu amigo Owen Wister reconheceriam e proclamariam como o tipo nacional, e de maneira nenhuma cosmopolita. Tudo isso aparece muito claro nos escritos e nas cartas de Owen Wister: mas essa idealização do novo homem do Oeste não era limitada aos homens com a mesma formação de Roosevelt ou Wister. A disposição do povo norte-americano em aceitar, e até de se inspirar nesse tipo de idealização, era evidente no enorme e duradouro sucesso de *The West Virginian*, de Wister, que, publicado em 1902, fez do caubói a figura central da lenda norte-americana: a concepção, a publicação e o sucesso do *The West Virginian* pertencem menos à história da literatura e mais à história da imaginação norte-americana.

Havia, entretanto, uma grande diferença entre Roosevelt e Wister. Durante os últimos 30 anos de sua vida, Wister ponderava sobre o inevitável declínio da República (e da civilização ocidental). Era até mais pessimista do que Henry Adams; Roosevelt não. Muitos dos pronunciamentos de Roosevelt, assim como as suas ações, eram impulsivos, peremptórios, agressivos, magnânimos. Havia uma certa jovialidade no caráter de Theodore Roosevelt, refletindo, em seu pior aspecto, uma infantilidade míope da qual seus contemporâneos mais atentos, tais como Wister ou Adams, estavam isentos. Mesmo assim, diferentemente do caso de muitos norte-americanos que sempre compartilhavam das suas idéias, na vida de Roosevelt esse não era um caso de adolescência tardia, sua infantilidade não era pueril, mas fortalecida por uma incansável busca por uma maturidade norte-americana.

Roosevelt estava um passo à frente de seus compatriotas, cuja imaginação e cujas idéias – apesar de toda a aceleração superficial das máquinas, da indústria, da comunicação de massa – estavam desacelerando. Havia várias razões para isso: a mais importante, talvez, a diminuição da vitalidade biológica da linhagem mais velha de norte-americanos, cuja expectativa de vida estava aumentando, mas que tinham menos filhos, certamente menos do que os imigrantes mais recentes, e enquanto as razões para isso podem ser discutidas, as evidências não. Por um lado, *The West Virginian*, com sua idealização do herói-caubói, foi publicado no momento exato em que a era do Oeste acessível já não existia mais. No campo teórico-intelectual, também, a tese famosa de Frederick Jackson Turner[10], de que a fronteira norte-americana formou o caráter de sua história, também já estava antiquada (sem falar que Turner tirou essa idéia de certos geógrafos europeus e a perseguiu desde então com o que Oscar Wilde chamaria de entusiasmo de um detetive míope). A fronteira norte-americana estava se fechando, apesar de o Oeste ainda estar largamente vazio. Não era só o fato de que havia agora um bloco coeso de 48 estados, de mar a mar, de fronteira a fronteira, com a admissão de Oklahoma, Arizona e Novo México como estados nos primeiros 12 anos do século XX. Para cada explorador ou estivador em Seattle ou São Francisco, havia agora 100 dentistas e outros 100 boêmios, norte-americanos "progressistas". As filhas dos pioneiros metodistas de 1900 no Vale Pamona na Califórnia levavam uma vida livre em 1915 (e talvez estivessem todas divorciadas em 1925). O mais cínico e amargo dos escritores e observadores sociais norte-americanos, Ambrose Bierce, era jornalista em São Francisco. Eis o paradoxo: os primeiros 15 anos do século XX foram marcados por mudanças sociais generalizadas e por um suave e impressionante crescimento dos Estados Unidos; mas naquele exato momento, observadores sensíveis viam certas coisas e certas pessoas na América que pareciam prematuramente velhas. Alguns escritores ingleses, Thomas Hardy e Arnold Bennett, por exemplo, viram isso e não estavam sozinhos.[11] Em 1915, Van Wick Brooks contemplava as casas decadentes em Long Island: "Quão obviamente elas parecem trair a perda da batalha contra a mata"! Os norte-americanos, escreveu D.H. Lawrence, em 1916, "não são mais novos do que nós, mas mais velhos: uma segunda infância. Sendo tão velhos, em decadência senil e na segunda infância, talvez estejam mais perto do fim, e de um novo começo". Os prédios norte-americanos estavam se deteriorando mais rapidamente do que os prédios em outras partes do mundo, salvo nos trópicos. Por volta de 1910, as formas de certos prédios altos e de certas gigantescas máquinas norte-americanas eram góticas, mastodônticas, monstros antiquados com dentes de aço: arranha-céus, sim, mas com revestimento renascentista e remanescente das [antigas] polainas; máquinas gigantescas, sim, mas remanescentes dos chapéus-coco, como se a imaginação norte-americana tivesse sido petrificada e congelada dentro das idéias e dos ideais do século XIX. Alguém poderia detectar pelo comportamento e pelas feições norte-americanas, por suas formas e faces, essa condição ambígua e paradoxal naquela época: a juventude do sorriso e a moderna frouxidão dos gestos dos norte-americanos, mas também a impressão que certos rostos se tornaram prematuramente velhos. Garçonetes com cara de bondes antigos, empresários de cidades pequenas com cara de máquinas de escrever. E, para concluir com ainda outro paradoxo: em todos os sucessos de publicação, mesmo em *The West Virginian*, o caubói e o cenário do Oeste se tornaram o elemento central na imaginação norte-americana por meio das representações nos filmes, um novo tipo de entretenimento popular produzido por empreendedores imigrantes judeus que quase sempre sabiam pouco inglês e o mesmo povo que Wister, o criador de *The Virginian*, odiava do fundo de sua alma.

Em 1912, o Wurlitzer estava em pleno embalo. Durante toda a República, soava a música dos filmes, dos *nickelodeons*, da caixa registradora mecânica (então um som tipicamente norte-americano), dos bondes.[12] Os filmes tiveram o seu primeiro impacto no comportamento: os movimentos ritmados das pessoas nos filmes coincidiam com uma perceptível aceleração no passo norte-americano, uma mudança do andar cuidadoso com as pernas longas dos ianques para o nervoso saltitar de George M. Cohan (de onde o saltitar urbano de Charlie Chaplin pode ter se inspirado na forma de um exagero pantonímico). Nas memórias de um escritor norte-americano, eu li certa vez que quando ele andou em um bonde pela primeira vez sabia exatamente como segurar na barra acima porque tinha visto como fazê-lo em um filme. O ano de 1912 foi, é claro, um importante marco na história da República. Theodore Roosevelt poderia ter ganhado a Presidência novamente, mas os políticos do partido Republicano lhe negaram a nomeação. Essa foi a última vez em que o povo norte-americano teve de escolher entre três importantes candidatos. Wilson venceu com 6,2 milhões de votos, Roosevelt teve 4,1 milhões, e Taft, 3,4 milhões. Desta forma, não é hipotético dizer que: se o voto republicano não fora dividido, Roosevelt teria ganho. Menos de dois anos mais tarde, começou a Primeira Guerra Mundial na Europa. É totalmente impossível imaginar o que teria ocorrido na Europa, nos Estados Unidos, de fato, na história mundial, se Theodore Roosevelt fosse o presidente dos Estados Unidos em 1914. Foram os políticos que negaram a nomeação a Theodore Roosevelt; contudo, o povo poderia tê-lo eleito para a Presidência. Por causa de seu conservadorismo essencialmente cauteloso, não o fizeram. Daí porque 1912 foi um marco, mas não uma encruzilhada. Entre outras coisas, a experiência de 1912 consolidou ou mesmo enrijeceu o sistema bipartidário pelo resto do século. Nenhum candidato sério jamais se oporia ao seu partido novamente; e nas mentes de muitos norte-americanos, as convenções dos dois enormes partidos eram parte integrante da Constituição. Também em 1912 a vitória da ideologia progressista era completa. Theodore Roosevelt era um progressista; Woodrow Wilson também era. O imposto federal sobre a renda e as eleições populares de senadores foram emendas constitucionais rapidamente aprovadas, apesar de todo o árduo procedimento constitucional.[13] Educação progressista, higiene progressista, medicina progressista, manufatura progressista, trabalho progressista, engenharia progressista, capitalismo progressista, cidadania progressista, norte-americanismo progressista, ciências sociais progressistas – uma ideologia progressista total e por atacado da natureza humana e da história também se tornou o elemento principal da religião cívica norte-americana, e de um não irrelevante elemento de idéias professadas por religiosos de várias religiões estabelecidas. A noção de "norte-americanismo" – um termo vago, mas amplamente usado na época, para o qual afunilava o antigo "novo nacionalismo" – era uma noção progressista. Era por meio de sua adaptação progressista que o imigrante se tornaria mais e mais norte-americano, norte-americanismo significava algo em que se tornava e não simplesmente um estado.

Entretanto, esse progressivismo estava, de muitas maneiras, superado – talvez mais superado do que outros desenvolvimentos na vida da América. Com pouquíssimas exceções, as idéias dos progressistas eram idéias do século XIX – utilitárias, liberais, melioristas, positivistas e largamente dependentes de certas formas britânicas do pensamento prevalecente antes de 1890. Isso era certamente verdadeiro com relação a Wilson, que era um progressista ainda mais típico do que Roosevelt; e será possível perceber na história a influência renitente da estrutura de sua mente. A idéia dominante que a melhoria da democracia era principalmente uma questão de educação (essa era talvez uma das diferenças significativas entre os progressistas e os populistas, os últimos tendendo a acreditar que a extensão da democracia levaria à melhoria da educação) era uma antiga idéia norte-americana. Deixando de lado a consideração ao fatalismo subentendido na mentalidade progressista norte-americana – pois sob a crença otimista da perfeição da sociedade, podemos detectar uma confiança menos esperançosa na melhoria do homem –, notemos apenas que em 1912 poucos norte-americanos tinham a consciência da reação a esse tipo de pensamento do século XIX, dos rumores das primeiras revoluções pós-científicas das mentes. Importava pouco que em 1912 não somente Darwin, Gladstone, Mill, Zola, Tolstoi mas também Dostoievski, Nietzsche, Bergson e Freud eram conhecidos dos norte-americanos inteligentes; o último ainda via essas pessoas como arautos do progresso simplesmente porque eram a vanguarda. Pois em 1912, o vanguardismo e o modernismo haviam chegado à América, também. Com efeito, o modernismo não só se alojou em certas mentes norte-americanas, mas estava lá em certas formas. No moderno horizonte de Nova York, por exemplo, e no súbito florescimento do surrealismo nas expressões norte-americanas, inclusive na poesia, no romper com o que Santayana chamou de "tradição gentílica", grandemente anglo-saxã, que se arrastara nas letras, escolas e na arte norte-americanas até 1912, aproximadamente; o que o professor Henry F. May chamaria "o final da inocência norte-americana". Agora havia pela primeira vez na história dos Estados Unidos uma classe de pessoas que eram conscientes cultivadoras e consumidoras do modernismo: uma coagulação da *inteligentsia* (que, diferentemente de algumas décadas mais tarde, era composta de intelectuais amadores em vez de profissionais).

Muito mais importante do que revolver as mentes dos intelectuais era a transformação revolucionária dos Estados Unidos levada a efeito pelo automóvel. Nem o motor de combustão interna nem o automóvel era uma invenção norte-americana; mas a produção em massa e a posse popular dos automóveis eram. Enquanto a maior catástrofe da história européia caía sobre o seu povo em 1914, engenheiros norte-americanos alcançaram a abertura do Canal do Panamá e a produção em massa dos automóveis. O profeta e o maior produtor da "automobilização" foi Henry Ford, exemplo do paradoxo de estar adiante e ao mesmo tempo atrás de seu tempo. Ford era um crente determinado no progresso e verbalizou seu desprezo pela história e pela tradição, mas tinha uma profunda desconfiança das influências estrangeiras e modernistas; um completo materialista, que era, no entanto, profundamente imbuído do ideal populista; um nacionalista *e* um pacifista; um vendedor cujo produto destruía vastas áreas da vida tradicional na pequena cidade norte-americana e que ao mesmo tempo dedicava grande parte de sua fortuna e energias espirituais a reconstruir modelos de antigas vilas e promover tradicionais danças de quadrilha. O que era mais importante, a "automobilização" dos Estados Unidos, que começou a se expandir na segunda metade do século XX, criou novas aspirações e influenciou a própria forma de vida norte-americana. Na Europa o automóvel ainda era possuído apenas por pessoas ricas que moravam, em sua maioria, nas cidades. Nos EUA, também, as primeiras grandes quantidades de automóveis apareceram nas avenidas de Chicago e Nova York; mas o automóvel era mais um fenômeno da cidade pequena. Foi o norte-americano do Meio-Oeste que recebeu o automóvel com o entusiasmo de um crente. Ford era do Meio-Oeste e as gigantescas fábricas de automóveis se encravaram nas cidades de lá; até hoje o automóvel é o objeto caracteristicamente norte-americano em Indianápolis mais do que em Boston ou em Gary, mais do que em Los Angeles, mesmo com toda a dependência do veículo desta cidade. A "automobilização" dos Estados Unidos significou um movimento separado do Leste, e do movimento expansionista em direção ao mar e à terra. Não era, é claro, sabido por Ford, apesar de reconhecido por Hitler, que o motor de combustão interna mudaria não somente a face dos continentes mas as condições de guerra depois de 500 anos. Pela primeira vez em 500 anos o poder na terra estava se tornando mais importante do que o poder nos mares, apesar de que isso ainda não fora evidente até a Segunda Guerra Mundial, e para muitos nem mesmo então.

Está na natureza de mentes democráticas e progressivas crer que as guerras pertencem a um passado cru e reacionário, e que uma era de guerras foi seguida por uma de revoluções – algo que tem sido parte da religião cívica norte-americana também, já que a maioria dos norte-americanos pensa que o nascimento de sua nação é um resultado de uma revolução e não o que realmente foi – uma guerra pela independência. Essa visão progressista e sociológica, de acordo com a qual certas lutas da sociedade e de classes substituíram as guerras de Estados e nações era, é claro, a crença fundamental de Marx também, assim como de outros materialistas e utilitários; muitos milhões de pessoas, inclusive muitos intelectuais, professam crer nisso até hoje. No entanto estavam e ainda estão errados. Na Europa, a era de revoluções democráticas e liberais que havia começado mesmo antes da norte-americana, aproximadamente em 1760, acabara com as revoluções de 1848; o que se seguiu àquela era, foi o século das guerras. Estadistas tais como Bismarck e até Disraeli reconheceram essa condição; teóricos tais como Mill, Marx, e Lênin não. Os dois maiores eventos dos últimos 100 anos foram as duas guerras mundiais. Eles estão em lados opostos à história moderna da humanidade como duas escuras cadeias de montanhas, dividindo o cenário de um século inteiro. É na sombra dessas enormes cadeias de montanhas que ainda vivemos; elas deram forma às nossas vidas e a toda a ordem, ou desordem, do mundo no qual vivemos. Foi pura sorte que relativamente poucas famílias norte-americanas perderam entes queridos nessas guerras mundiais. Mesmo assim, os dois conflitos globais foram os principais eventos do século deles também por causa de suas conseqüências. Os resultados de outros fenômenos, tais como a Depressão, que afetou a vida de tantos norte-americanos, não se comparam com as conseqüências das duas guerras mundiais.

O ano de 1914, o começo da grande tragédia européia, foi um ano tranqüilo para muitos norte-americanos. Em 1914, muitos dos sintomas esporádicos de uma crise social que estava se acumulando desde dois anos antes nos Estados Unidos estavam arrefecendo; a agitação política em grande parte havia se acabado. A República assou no verão, alternando correntes de sonolência e de atividade, levando as mentes norte-americanas à ebulição. A eclosão da guerra européia encheu muitos norte-americanos com um tipo de satisfação interior, uma satisfação de algo bem merecido; o que estava acontecendo na Europa era típico das instituições antiquadas, corruptas, autocráticas, reacionárias do Velho Mundo, algo que os norte-americanos tinham abandonado para sempre. Enquanto a guerra européia acontecia, os norte-americanos se interessaram pelo espetáculo, inclusive com suas atrocidades. Eles achavam que estavam fora daquilo não somente por sorte, ou pela distância geográfica, mas pela virtude de sua "norte-americanidade". Dentro de dois anos esse sentimento nacional foi transformado – ou melhor, se transformou. Em 1914, não havia um norte-americano sequer em mil que achava que os Estados Unidos iriam ou deveriam tomar parte nessa guerra européia. Na primavera de 1917, menos de três anos mais tarde, a maioria dos norte-americanos fora convencida – ou melhor, se convenceu – de que os Estados Unidos estavam destinados a tomar parte. Essa foi uma das mais silenciosas revoluções de opinião pública e sentimento popular na história da nação – por si só um fenômeno incomum, já que na história da democracia norte-americana tão grandes mudanças são geralmente trabalhosas e complicadas. A opinião pública teve sua parte em mobilizar e cristalizar o sentimento popular. O elemento mais importante da transformação da opinião pública foi a conclusão a que muitos norte-americanos respeitáveis chegaram – uma conclusão na qual a influência da propaganda inglesa exerceu um papel menor do que o inábil comportamento alemão – de que uma vitória da Alemanha sobre a Inglaterra seria um perigo mortal à segurança da América. Mas esse tipo de opinião, não importando quão bem arrazoada (o fato que as classes altas em 1914-18 ainda eram predominantemente de linhagem anglo-saxãs também exerceu seu papel), não teria vencido se não fosse o surgimento correspondente de um sentimento popular. Em 1917, muitos norte-americanos estavam dispostos a entrar na guerra por causa de seu sentimento nacional e orgulho. Com efeito, uma aspiração geral pela *intervenção* norte-americana precedeu a efetiva *participação* na guerra. O sentimento (e às vezes a convicção) de que os Estados Unidos podiam, ou deviam, ensinar uma lição aos europeus, como um árbitro com poder mundial, jogando seu peso e seus recursos – recursos morais e materiais – na balança, começou a se manifestar pelo menos dois anos antes da efetiva declaração de guerra. Esse foi o elemento que homens normalmente tão diferentes quanto Henry Ford, Theodore Roosevelt e Woodrow Wilson, e tantas empreitadas diferentes quanto o Barco da Paz de Ford, o campo de treinamento de Roosevelt, e os Quatorze Pontos de Wilson tinham em comum.[14]

Wilson era uma pessoa incrivelmente complexa – provavelmente o único presidente na história da República cujo lugar seja incerto, já que sua reputação póstuma ainda pode estar sujeita a drástica reavaliação. Essa reavaliação não dependerá de documentos valiosos recém-achados, mas da inevitável condição do pensamento histórico e mesmo de toda a humanidade: vemos o passado com os olhos do sempre mutável presente (assim como o inverso). Na época destes escritos, havia uma razão para crer que as opiniões de um crescente número de norte-americanos tinha entrado em uma fase pós-progressiva e pós-liberal (algo que não é o mesmo que antiliberal e antiprogressiva), pelas quais quero dizer que mais e mais pessoas são compelidas a reconhecer a essencial insuficiência de muitas das idéias progressistas sobre o mundo. Em 1917, era Wilson e não Roosevelt a personificação do progressista, quase a ponto de uma caricatura. Wilson falhou por causa de muitas coisas, entre as quais a recusa dos políticos republicanos de sua defesa unilateral da Liga das Nações era uma parte. Vinte e cinco anos mais tarde, ele parecia ter se vingado. Em 1944, o filme *Wilson* o mostrou como um dos grandes mártires proféticos norte-americanos da história mundial. O apoio concertado da opinião norte-americana às Nações Unidas foi outra vingança de Wilson; era para ser uma Liga das Nações em uma escala muito, muito maior. Outros 30 anos se passaram antes que um crescente número de norte-americanos se desiludissem não só com as Nações Unidas, mas – conscientemente ou não – com a institucionalização de muitas das idéias que progressistas como Wilson haviam lançado 50 anos antes. Essa é a razão principal pela qual a reputação de Wilson pode mudar ainda, talvez até drasticamente.[15]

Mas em um sentido muito importante, o wilsonismo continuou. Ele foi o primeiro presidente que levou os Estados Unidos a uma guerra na Europa. Ele foi o primeiro proponente presidencial de um internacionalismo norte-americano. Se Theodore Roosevelt fosse o presidente em 1914, a retórica assim como provavelmente a substância em si do internacionalismo norte-americano teriam sido diferentes. Subseqüentemente, gerações de norte-americanos foram educadas pelo internacionalismo wilsoniano. Esse foi o seu legado por mais de 60 anos. Não foi tudo criação sua: vimos, e ainda veremos, que a visão de Wilson de política externa correspondia, afinal, à ideologia insubstancial professada por outros americanos proeminentes. Poucos meses antes da revolução bolchevique, Elihu Root, retornando de uma missão à Rússia, recomendou "um programa para fortalecer a moral do Exército russo, principalmente mediante a introdução de atividades recreativas sob a direção da Associação Cristã de moços".[16]

De qualquer forma, o wilsonismo transcendeu partidos e até ideologias seletivas. Os oponentes de Wilson eram muitos durante sua administração e sua vida; de 1919 em diante, eles prevaleceriam. Entretanto, o antiwilsonismo – ou seja, uma oposição determinada e histórica à filosofia "internacionalista" de Woodrow Wilson – teve poucos representantes bem-sucedidos na vida pública norte-americana durante as seis últimas décadas. Se este infeliz legado de um internacionalismo do tipo wilsoniano se esvairá juntamente com a dissipação geral dos ideais progressistas é ainda muito cedo para dizermos.

▼

O ANO DE 1917 FOI O MAIOR DIVISOR de águas na história da República norte-americana desde a Guerra Civil. Com efeito, de alguma forma desde 1776, desde Jamestown e Cristóvão Colombo. Por mais de 300 anos o movimento humano através do Atlântico foi em direção ao Oeste, do Velho Mundo para o Novo: os navios, os soldados, as massas de imigrantes moviam-se naquela direção. Em 1917, pela primeira vez, esse movimento em massa foi invertido. Logo, mais de um milhão de soldados americanos embarcariam para a Europa. Sua presença ali decidiria a guerra mundial. Logo após o seu retorno, eles, os seus parentes e os representantes políticos poriam um fim à imigração de pessoas do Velho Mundo para o Novo. Contrariamente, a influência do Novo Mundo sobre o Velho continuaria mesmo depois do retorno, da Europa, do Exército americano: a norte-americanização da Europa (e de muito mais por tabela) continuaria por muito tempo.

Os norte-americanos ainda não reconheceram o completo significado daquele divisor de águas. Eles viram a participação norte-americana na Primeira Guerra Mundial como um episódio em sua história nacional, principalmente por causa da curta duração e do curto ciclo de entusiasmo nacional que criou e acompanhou essa participação. Cinqüenta anos depois de 1917, o 50º aniversário da Revolução Russa foi celebrado e comemorado em todas as partes do mundo, inclusive nos Estados Unidos. Para cada 50 artigos ou livros ou simpósios acadêmicos comemorando a Revolução Russa, talvez um comemorasse a entrada dos Estados Unidos na Primeira Guerra Mundial. Em 1967, o 50º aniversário da declaração de guerra dos Estados Unidos passou quase desapercebido. Entretanto, a entrada norte-americana na guerra foi um evento mais importante – com isso, quero dizer, que trouxe mais conseqüências – do que foi a Revolução Russa, tanto a longo quanto a curto prazo. A longo prazo: porque o que aconteceu desde então foi a norte-americanização do mundo e não a sua russificação. A curto prazo: porque a Revolução Russa foi um dos subprodutos da guerra. Não teve nenhum efeito no seu resultado, enquanto que a entrada dos Estados Unidos na guerra determinou aquele resultado. A Revolução Russa significou que, depois de 200 anos, a Rússia estava se retirando da Europa militarmente, politicamente, culturalmente; a declaração norte-americana de guerra significou que, depois de 300 anos, a América estava entrando na Europa. Em 1917 os alemães eram incapazes de vencer a guerra mesmo depois de a Rússia ter saído da frente de seus inimigos. Pela primeira e última vez na história os Estados Unidos, a Grã-Bretanha e a França podiam vencer a Alemanha mesmo sem a Rússia – uma condição que não se repetiria durante a Segunda Guerra Mundial, razão pela qual é pelo menos discutível que o zênite do poder norte-americano no mundo pode ter sido de 1918 até depois de 1945. Mas, como disse Chesterton uma vez, o melhor é perdido na vitória e não na derrota.

Não foi uma vitória dispendiosa. Um ano inteiro se passou antes que as divisões norte-americanas fossem alistadas, formadas, equipadas e embarcadas para a França. Mais de um ano se passou até que fossem enviadas aos campos de batalha. Naquela época os alemães sabiam que sua última ofensiva havia falhado, eles não podiam irromper contra as linhas britânicas e francesas em direção a Paris. Mesmo assim, no fim, a presença norte-americana na França ajudou a pender a balança. Depois que os norte-americanos participaram em suas primeiras batalhas, a vitória veio tranqüila. O anjo da paz, na veste cinza do armistício, se apoiava em suas asas. Os alemães estavam prontos para entregar as suas conquistas nos termos wilsonianos: viram no Plano dos Quatorze Pontos de Wilson um projeto mais esperançoso do que os termos punitivos que seus inimigos franceses e britânicos infligiriam sobre eles. Eles estavam certos; mas depois erraram de novo. Wilson, que via a guerra em termos ideológicos e mesmo messiânicos,[17] queria mais do que um armistício ou mesmo a paz com a Alemanha; queria a demolição da monarquia alemã. Ele também estava tão agudamente consciente de seus inimigos domésticos – os Republicanos, que, diferente do que fizeram na Segunda Guerra Mundial, pressionavam por uma rendição incondicional.

Como qualquer rendição, a rendição alemã em 1918 parecia incondicional, mas na verdade não era. Isso não importava então. O que importava era o que os norte-americanos iam ou não fazer. Os Estados Unidos eram agora não só o país mais poderoso, mas também o mais rico e o mais moderno do mundo. A supremacia global da libra esterlina inglesa acabara; Wall Street se tornara a capital das finanças mundiais, e o dólar o símbolo de uma nação credora. Os longos tentáculos dos pracinhas norte-americanos na Europa podem ter sido pouco sofisticados, mas eram também modernos em seus movimentos, hábitos, em suas demandas, em sua diversão e em sua linguagem. Os rostos sorridentes e os sorrisos abertos das meninas norte-americanas que eles puxavam para si e beijavam eram modernos. Eles se mexiam, dançavam, mas também marchavam para a guerra ao som da música de Irvin Berlin, que transformava "Auprès de ma Blonde" ou "Tipperary" em sobreviventes do estilo dos anos 1890, vagando pelos salões de baile.

Wilson foi o primeiro presidente a sair da Casa Branca para navegar rumo à Europa; e o fez pouco depois de um mês do armistício. Wilson que, como muitos de seus sucessores (especialmente Nixon vem à mente), e como ele mesmo atestou, nunca esteve propenso a pensar em termos de assuntos exteriores, agora se deleitava com a recepção calorosa, na verdade, com a adulação no exterior – especialmente depois de ouvir os agourentos rumores de oposição política e desafeição em casa. Ele presidiria a conferência de paz em Paris, criando uma paz que acabaria com todas as guerras e estabeleceria, entre outras coisas, a Liga das Nações, o primeiro passo para um parlamento mundial – um passo, embora lento, em direção à norte-americanização política do globo. Seus quatro meses na Europa foram um desastre – para a Europa e, a longo prazo, para os Estados Unidos também. Com todo o seu tremendo prestígio de então, Wilson não conseguiu influenciar Lloyd George, Clemenceau e Orlando, seus encrespados parceiros. Seus métodos e retórica eram em grande escala inúteis. Seu prestígio derretera como margarina fora da geladeira. Ele exemplificava um paradoxo norte-americano freqüente: a generosidade de suas idéias falhava por causa da ausência de magnanimidade em sua mente. Os resultados foram tratados de paz mal alinhavados, um mapa confuso da Europa e um aumento instantâneo de sentimentos nacionais de vingança que culminariam em uma Segunda Guerra Mundial.

Por tudo isso Wilson não foi mais – nem menos tampouco – culpado que seus colegas europeus, apesar de sua responsabilidade (ou falta dela) ser configurada por diferentes hábitos mentais. Um século mais cedo no Congresso de Viena, Talleyrand e Castlereagh e Metternich eram homens diferentes, com propósitos diferentes, mas falavam a mesma língua. No Congresso de Paris, Lloyd George, Clemenceau e Wilson, todos homens de classe média, todos representantes de Estados democráticos e de constituições parlamentares, quase não entendiam uns aos outros.

WILSON RETORNOU À SUA NAÇÃO poderosa e segura de si, no seio da qual essa autoconfiança não estava separada de uma certa ansiedade. Em 1919, como também depois da Segunda Guerra Mundial, o país estava menos unido do que parecia. Superficialmente, a norte-americanização tinha sido enormemente bem-sucedida; os 20 milhões ou mais de norte-americanos nascidos nas nações da Europa Central não causavam nenhum problema, não manifestavam nenhuma deslealdade. Entretanto, a aliança com a Grã-Bretanha e a França não era muito popular entre muitos norte-americanos. O fato de haver quase nenhum sentimento de continuar tal aliança depois da guerra logo ficou aparente. Alemães-norte-americanos, escandinavos-norte-americanos, irlandeses-norte-americanos haviam se tornado isolacionistas, e o Partido Democrata estava perdendo a fidelidade de muitas pessoas dos dois primeiros grupos. A maior parte dos progressistas e populistas no Meio-Oeste agora eram ferrenhos opositores de mais envolvimento com a Europa, assim como muitos radicais e socialistas norte-americanos também o eram. A importância numérica e política desses últimos era inconseqüente em tudo, menos em uma questão. Durante e depois da guerra, muitas pessoas da linhagem mais velha de norte-americanos tendiam a ver qualquer sinal de não-conformação às idéias políticas e sociais então aceitas como indícios de potencial traição. Isso explica a freqüentemente extrema e ridícula tentativa de suprimir a presença de qualquer coisa associada à cultura alemã durante a guerra, uma supressão que ia desde a eliminação de programas de ópera de Wagner à eliminação dos cães bassê da lista das raças reconhecidas pelos clubes norte-americanos de cães. Logo depois de 1918, essa campanha antialemã converteu-se em uma campanha antibolchevique, anti-radical, e, às vezes, anti-semita, antiimigrante, e geralmente antieuropéia. Muitas das ansiedades outrora suprimidas da velha linhagem de norte-americanos, de que mais imigração levaria a um eventual subjugo de suas crenças e modos de vida, tinha aflorado. Dentro da barulhenta, dinâmica, musical e exibida América de 1920, o desejo de respeitabilidade corria solto. Um dos livros mais estranhos jamais publicado na história da República foi a "autobiografia" de Edward W. Bok, um imigrante e, em 1920, uma figura pública e um milionário respeitável e influente, intitulado *A Americanização de Edward W. Bok*, que se via como um monumento à respeitabilidade. Seu livro era uma coleção de ficção autolaudatória, um livro no qual tinha que se acreditar para ler. Em 1920, entretanto, esse livro foi um *best-seller* instantâneo por causa da perspicaz compreensão que Bok tinha do que os norte-americanos queriam acreditar: a história não meramente de imigrantes honestos que se deram bem, mas de imigrantes honestos que tornaram a América melhor, e que consideravam os Estados Unidos, ele escreveria mais tarde, a "única civilização de primeira linha do mundo".[18]

"A única civilização de primeira linha do mundo": isso era algo diferente do orgulho racial que separava os britânicos vitorianos do resto da humanidade. Também era diferente daquela noção mais inocente do excepcionalismo americano e de sua singularidade, que marcou muitas das suas atitudes durante o século XIX. Não foi uma declaração de promessa.[19] Foi uma proclamação de conquista. Claro que nem todos os norte-americanos compartilhavam desse sentimento de conquista singular. Quando, mais tarde, na década de 1920, Sinclair Lewis fez seus protagonistas – homens de negócios bem-sucedidos tais como Babbitt e Dodsworth – falarem de uma forma similar, proclamando que uma cidade tal como Zênite no Meio-Oeste norte-americano era o zênite do mundo, milhares de leitores norte-americanos entenderam as intenções irônicas do autor. Mesmo assim, esses leitores eram a minoria. A década de 1920 foi a última década onde as diferenças entre os Estados Unidos e a Europa eram tão grandes que sugeriam diferenças de espécie e não meramente de grau. As pessoas dos Estados Unidos eram otimistas; as pessoas da Europa, não. Isso era em parte o resultado de duas tradições distintas; de suas educações cívicas diversas, de grandes diferenças em suas respectivas experiências durante a última grande guerra, e do fato do padrão material da vida norte-americana ser tão mais alto do que o dos povos da Europa. Em seu último discurso sobre o Estado da União (dezembro 1928), o presidente Coolidge disse: "Nenhum Congresso dos Estados Unidos, jamais reunido, quando observando o Estado da União encontrou uma perspectiva muito mais agradável do que a que se apresenta no momento... A grande riqueza criada pela nossa indústria e pelo nosso empreendedorismo, e assegurada pela nossa economia, teve a mais ampla distribuição entre os nossos compatriotas e foi usada em fluxo constante para servir à caridade e aos negócios do mundo. Os requisitos da existência foram além dos padrões da necessidade para os padrões do luxo... O país pode considerar o presente com satisfação e aguardar o futuro com otimismo."

A década de 1920 foi a década "isolacionista" – só que não em todos os sentidos da palavra. A década de 1920 não foi uma década política: em 1920 e em 1924 o número de eleitores caiu e, pela primeira vez na história da nação, era moda o cinismo de alguns norte-americanos com relação à política e talvez até à democracia. Mas o isolacionismo significou uma profunda divisão – não somente entre as pessoas, mas freqüentemente nas mentes dessas mesmas pessoas. Uma minoria de norte-americanos era internacionalista, deplorava a hipocrisia provinciana dos isolacionistas – sua bitolada rejeição da cultura européia – e também o fato de que os Estados Unidos não participavam de instituições internacionais como a Liga das Nações. No entanto, os internacionalistas não viam que seu próprio conceito de internacionalismo era norte-americano – o desejo de ver as instituições e idéias norte-americanas prevalecerem por todo o mundo. A maioria dos norte-americanos acreditava – não somente por razões políticas, e não somente por causa de memórias desiludidas da guerra – que os Estados Unidos nunca mais deveriam se envolver em um conflito europeu. Esse tipo de crença pacifista coexistiu, freqüentemente, com um tipo de militarismo cívico assertivo. Isso aconteceu depois que o Exército e a Marinha encolheram ao seu tamanho de tempos de paz. Durante a década de 1920, organizações de veteranos, tais como a Legião Americana, cresceram mais rapidamente do que antes. O culto à bandeira e o juramento de lealdade à bandeira no início de cada dia escolar, assim como em outras ocasiões, a (tardia) promoção e o estabelecimento do "The Star-Spangled Banner" como o hino nacional oficial, hábitos tais como colocar a mão direita sobre o coração durante o hino nacional, idiossincrasias norte-americanas tais como as fanfarras, a exibição militar e a panóplia das paradas de escolas de segundo grau, talvez até a militarização do espetáculo de futebol norte-americano se tornaram costumes nacionais durante os anos de 1920. Algumas dessas práticas tiveram início nos anos de 1890. Freqüentemente eram propagadas com o propósito de norte-americanizar os filhos dos imigrantes. O juramento de lealdade à bandeira fora inventado por populistas e republicanos no Kansas em 1892. Em 1920, essas práticas tinham se tornado nacionais, o norte-americanismo em si gradualmente transformou a sua conotação, de uma ideologia do *se tornar* em uma ideologia do *ser*. A transformação de um patriotismo mais velho em um nacionalismo mais novo estava completa. O nacionalismo estridente era representado em várias assembléias legislativas nos estados do Meio-Oeste e do Oeste. Assim como na Europa, o nacionalismo radical e popular de pessoas como Hitler era profundamente diferente do nacionalismo de um Bismark; nos Estados Unidos, também, os principais proponentes do norte-americanismo em 1920 eram diferentes daqueles do "novo nacionalismo" de uma geração antes. Em 1894, os regentes da Universidade de Wisconsin, admoestados por um legislativo populista, se recusaram a dispensar um professor pró-socialista. Em 1924, o mesmo legislativo aprovou uma lei que proibiu "o ensino de qualquer fato histórico considerado impatriótico por políticos e pelo povo". Uma lei de Nova Jersey de 1921 proibiu livros escolares que "diminuam, falsifiquem, mal representem, distorçam, duvidem ou neguem eventos que levaram à Declaração de Independência ou a qualquer guerra na qual esse país esteve envolvido".

A Assembléia Estadual de Illinois em 1923 declarou que a língua oficial de Illinois não era o inglês, mas o "norte-americano"; em pelo menos outros três estados os legislativos tinham autorização para supervisionar os livros-texto adotados em escolas; o Oregon (um estado caracteristicamente progressista) em 1925 ordenou que todas as crianças tinham de freqüentar escolas públicas para garantir o seu norte-americanismo. O anti-semitismo e o anticatolicismo (a lei do Oregon, revogada pela Suprema Corte em 1925, tinha como alvo escolas dirigidas por freiras católicas) eram prevalentes. Entre 1919 e 1925, a Ku Klux Klan alcançou sua maior força em certos estados do Meio-Oeste, e não mais estava restrita ao Sul.

Durante a década de 1920, a freqüência às igrejas e os ativos das igrejas subiram aos saltos – um fato que deve pelo menos equilibrar a imagem aceita da Era do Jazz, com todo o seu pretenso cosmopolitismo. Como o cuidadoso historiador Paul A. Carter escreveu, "... olhando para fora do Great White Way de Manhattan, em qualquer noite durante a década após 1920, qualquer um poderia ver largas e escuras faixas do continente onde os rugidos dos anos 1920 foram de fato calados; onde a vida era vivida pelo ritmo no qual não havia o menor eco de jazz".[20] Também o isolacionismo dos anos 1920 era inconsistente e incompleto. A demanda e o desejo por isolamento da Europa era freqüentemente mais forte entre os mesmos norte-americanos que eram a favor da expansão norte-americana – pelo menos dos missionários e dos negócios norte-americanos – no Pacífico e no extremo oriente. (Mas, para alguns, a Ásia era o extremo ocidente, não o extremo oriente.) Ficava evidente que havia mais nisso do que um mero regionalismo em alguns dos pronunciamentos dos líderes políticos normalmente isolacionistas e Republicanos. Coolidge enviou os fuzileiros navais à Nicaragua; ele os manteve em Santo Domingo e no Haiti, ao mesmo tempo em que proclamava a política de Solidariedade Interamericana e a absoluta falta de vontade dos Estados Unidos "de intervir ou governar" qualquer república latino-americana.[21] Em seu discurso de posse, Coolidge disse que "as legiões que os Estados Unidos enviam são armadas não com espadas, mas com a cruz"; entretanto ele mais tarde explicou que a intervenção norte-americana no Caribe era a ação benevolente de um "policial internacional" (nos anos 1920, essa expressão não trazia consigo nenhuma conotação desagradável). Um dos amigos de Coolidge, o congressista Republicano Charlie A. Eaton, proclamou que os Estados Unidos tinham que ajudar a "resolver os problemas" de nações vizinhas, "não para o nosso ganho, nem para a nossa glória, não porque sejamos militaristas ou imperialistas, mas porque a nossa Nação é a irmã mais velha da família". Foi necessário um solitário poeta norte-americano decifrar e ver um sentido diferente. Em *Shine, Perishing Republic* [Brilhe, República Moribunda] Robinson Jeffers escreveu em 1925: "Enquanto essa América se acomoda ao molde de sua vulgaridade, pesadamente engordando o Império...".

A inconclusão e a inconsistência do isolacionismo apareceram em outros níveis, também. Na década de 1920, os investimentos norte-americanos no exterior eram maiores do que nunca, apesar de a economia da República ainda ser auto-suficiente. A nação dependia surpreendentemente pouco do comércio exterior; a esmagadora maioria da produção norte-americana era consumida pelos próprios norte-americanos. Mas, no nível financeiro, os Estados Unidos e grande parte da Europa Ocidental e Central se tornaram interdependentes, como as conseqüências da quebra da bolsa de valores em 1929 revelariam. E enquanto a enchente de massas de imigrantes da Europa estava agora restringida pelas leis norte-americanas a um simples gotejar, a imigração transatlântica dos luxos culturais e de civilização aumentava cada vez mais e rapidamente. Carregamentos de pinturas, esculturas, castelos medievais completos, telas famosas de pintores europeus eram descarregados dos navios em Nova York todas as semanas. Nos anos 1920, as coleções privadas norte-americanas incrivelmente ricas atingiram a maturidade. A importação de seus conteúdos era acompanhada pela importação de artistas, músicos, maestros, atores e atrizes de teatro e de cinema. Muitos deles estabeleceram residência permanente nos Estados Unidos, a despeito das novas leis de imigração. A literatura também estava perdendo sua dependência das tradições inglesas e dos modelos britânicos. H.L. Mencken, o mais celebrado (conseqüentemente o mais influente) crítico americano da década, concentrou seus esforços principais em demolir as influências inglesas remanescentes nas mentes norte-americanas – na verdade sobre a linguagem literária. Escritores continentais tais como Mann, Jamsun, Keyserling agora ocasionalmente eram *best-sellers* norte-americanos. Resumindo: durante essa década isolacionista, a Europa esteve mais perto do que jamais esteve... de alguma maneira.

No entanto, o clima dos dois continentes era totalmente diferente. A atmosfera dos anos 1920 na Grã-Bretanha e na Europa era cinzenta, com algumas listras coloridas, mas cinza, mesmo assim. O clima da década de 1920 na América era de um amarelo-sol incansável, o calor ofuscante na avenida Constitution, ou na praça do fórum em Dayton, Tennessee, assim como efervescente no automóvel bege de Gatsby, "cercado com um labirinto de vidros que espelhavam uma dúzia de sóis". A maior parte dos norte-americanos acreditava não só que o caráter de sua civilização era diferente do das nações européias, mas que estava destinada a ser cada vez mais diferente. Que a Primeira Guerra Mundial tinha sido uma catástrofe para a Europa e um triunfo para os Estados Unidos era meio óbvio. Que havia sido uma catástrofe para uma civilização inteira que, afinal de contas, os Estados Unidos faziam parte, era reconhecido (ou melhor, analisado) por poucos norte-americanos durante os anos 1920. Sua ideologia isolacionista era o oposto de reacionária, casada como estava com a ideologia norte-americana de progresso. Os carros brilhantes de pessoas saídas de um livro de Gatsby iam e vinham de Nova York nas estradas modernas de Long Island, em meio a um cenário de cilindros e cinzas, como Fitzgerald viu e descreveu; mas "o passado", escreveu Carl Sandburg, "é um balde de cinzas" – as palavras deste poeta populista e progressista correspondiam exatamente àquelas do profeta e produtor da civilização do automóvel. "A história", disse Henry Ford, em uma afirmação geralmente repetida erroneamente, "é mais ou menos pré-fabricada. É tradição. Não queremos tradição. Queremos viver no presente e a única história que vale um tostão furado é a história que fazemos hoje". Edison "fez mais para erradicar a pobreza do que todos os reformadores e estadistas desde a criação do mundo". "Eu não sei nada sobre história", ele disse em outra ocasião. "Eu não teria dado um centavo por toda a história do mundo... Eu não quero viver no passado, quero viver no Agora." (Isso não parece com a geração do "Agora" das décadas de 1960 e 1970?) Ele também disse: "Livros me confundem." Ford era o norte-americano mais popular em 1923; foi seriamente considerado como candidato à Presidência.

Ao final da década, Julius Klein, o secretário-assistente de Comércio de Hoover, disse: "Tradição é inimiga do progresso."[22] Nos Estados Unidos, a crença no progresso ainda estava intacta; na Europa, não. Lá havia outra diferença. A década de 1920 foi uma década moderna – na América assim como na Europa. Mesmo assim, enquanto na América o modernismo e o culto ao progresso eram quase sinônimos, na Europa não eram. A própria palavra "moderno" no uso alemão, francês, e até britânico significava romper com os costumes e as idéias dominantes, sugerindo algo mais radical e talvez também amoral; na América, não. Uma garota moderna era uma garota toda norte-americana, um automóvel moderno era um automóvel todo norte-americano. O culto à modernidade não era meramente uma possessão ciumenta de alguns milhares de intelectuais norte-americanos nada modestos. Na cultura popular, também a modernidade chegou com força: os filmes eram modernos, o celofane e o celulóide eram modernos, o jazz era moderno. Mas a dualidade norte-americana característica prevalecia durante a década de 1920. Milhões de norte-americanos que acreditavam nas virtudes da Lei Seca também acreditavam nas virtudes da educação sexual. A Lei Seca não significava um passo atrás: como muitas outras coisas norte-americanas, significou progresso. O próprio Ford disse que "a bebida tinha que sair quando a indústria moderna e o carro a motor entrassem". Pastores populares eram freqüentemente permissivos quanto ao divórcio. Os freqüentes divórcios de atores e atrizes de cinema não perturbavam as pessoas; com efeito, as pessoas acompanhavam as notícias da alta roda de Hollywood com fascinação; mas os divórcios *tinham de ser* seguidos por casamentos (alguns contratos especificavam que o ator ou a atriz, se divorciado/a, teria de se casar novamente dentro de um período de tempo predeterminado, e os custos da cerimônia seriam cobertos pela companhia cinematográfica). Os filmes trouxeram um erotismo cheio de glamour ao – cada vez mais pictórico – elemento da imaginação norte-americana, até que suas mentes estivessem cheia deles; mesmo assim os filmes eram controlados por grupos de patriotas e políticos que estabeleciam códigos, definindo, algumas vezes, quantas polegadas quadradas de pele podia ser mostrada na tela ou quantos segundos um beijo poderia durar.

De algumas formas, os Estados Unidos estavam à frente da Europa; de outras, não. Um exemplo disso foi o julgamento Scopes – que agora seria chamado de um "evento de mídia" – e, mais ainda, a sua interpretação. O estado do Tenessee tinha proscrito o ensino da evolução darwiniana. Em 1925, isso foi colocado em teste. Clarence Darrow, um advogado de Chicago e um progressista típico, representou o professor secundário Scopes; William Jennings Bryan, o grande e velho homem do populismo, representou o estado do Tenessee. Aquele "julgamento" foi visto (e ainda o é hoje) como a competição entre dois lados da mente norte-americana; a rural, atrasada, fundamentalista de Bryan contra Darrow, representando o progresso, a religião e a ciência; o século XIX e o século XX. A justaposição era falsa. O que Bryan representava eram idéias não do século XIX, mas do século XVII, bíblicos e antiaristocráticos sobreviventes acirrados da mentalidade norte-americana; o que Darrow representava não era a crença principal do século XX, mas do século XIX, a crença na absoluta, definitiva e exclusiva validade da ciência, uma crença que já estava ultrapassada em 1925, apesar de poucas pessoas saberem isso na época. O choque Bryan-Darrow também marcou o divórcio final entre o populismo e progressivismo. Dali por diante a maior parte dos populistas se inclinaram para a direita, numa direção socialista nacional; e a maior parte dos progressistas para a esquerda, em uma direção socialista internacional.

O capitalismo também era algo muito mais típico do século XIX do que do século XX. Na Europa foi atacado de todas as formas depois da Primeira Guerra

Mundial; nos Estados Unidos não foi. Nenhum dos economistas entendia (nem queria saber) que a vida econômica de um povo não é condicionada meramente por hábitos mentais, mas que a economia nacional, propriamente, é uma ficção, com certeza não no sentido do latim original, *fictio* – "construção mental" ou, em outras palavras, crenças. Na Europa, o capitalismo estava mal não meramente por causa das dívidas que os Estados da Europa tinham acumulado durante a guerra, mas porque a confiança das pessoas na ordem social da democracia liberal e na honestidade e eficiência do governo parlamentarista estava desaparecendo; na América não estava. É impressionante como nos Estados Unidos o crescimento extraordinário da prosperidade popular, ou o volume de todos os tipos de compras, e de consumo pessoal – resumindo, com a inflação da sociedade durante a década de 1920 – deixou o valor da moeda intacto. Os preços das ações subiam aos saltos, mas o nível geral de preços quase não subiu. A primeira condição refletia a crença norte-americana inabalável no futuro do progresso; a segunda refletia a força da crença na imutável solidez do sistema norte-americano. A prática progressista e o idealismo imutável: uma dualidade típica da mente vitoriana durante o século XIX e típica da mentalidade norte-americana nos anos 1920, e dali em diante. Por isso a bolsa de valores quebrou em 1929 e a depressão que se seguiu foi um desenvolvimento curioso: um evento do século XIX no meio da sociedade do século XX, a última ocorrência de deflação no mundo que foi, em quase todos os sentidos, inflacionária. Foi por isso, também, que a quebra da bolsa e a depressão, ao mesmo tempo que envolvia muito do resto do mundo, teve diferentes conseqüências na América e na Europa. Na Europa contribuiu para o enfraquecimento quase fatal da democracia política; nos Estados Unidos, eventualmente, levou a uma solidificação da democracia política e social por meio do *New Deal.*

▼

DURANTE TODOS OS ANOS DA DEPRESSÃO, o povo norte-americano esteve surpreendentemente dócil. Era como se sentissem ligeiramente culpados pela excessiva abundância dos anos 1920. De qualquer forma, os ressentimentos eram de curto alcance e razoavelmente paroquiais; a fé no sistema norte-americano – e, mais importante, nos ideais norte-americanos – permaneceu amplamente inalterada. Na fase mais profunda da crise econômica, em 1932, na Alemanha, quase metade do eleitorado votou em partidos extremistas, nazistas e comunistas; nos Estados Unidos, o voto comunista em 1932 foi de um quarto de 1%. Talvez a história dos anos da Depressão seja ainda outra indicação da morosidade das reações norte-americanas. Nos Estados Unidos, os efeitos do colapso da bolsa de valores se acumularam mais lentamente do que em outros países; como também o ressentimento e a impaciência do povo. Além disso, a Depressão fortaleceu a vida familiar norte-americana; aproximou e uniu as famílias. Pode até mesmo ser dito que havia na retórica e nas expectativas do povo menos cinismo e mais ingenuidade em 1932 do que, digamos, em 1924. A ingenuidade – escorregando às vezes para o puerilismo político – é detectável sob, e às vezes dentro, da mais negra e sombria descrição do cenário americano pelos escritores radicais de esquerda na década de 1930. Isso foi representado no filme *Gabriel Over the White House*, filmado pouco tempo antes das eleições presidenciais e entusiasticamente apoiado por William Randolph Hearst. Um jovem presidente americano, originalmente um político egoísta típico, sofre um trauma por causa de um acidente de automóvel depois do qual muda de personalidade, ou melhor, há uma mudança em suas principais convicções políticas. Ele lidera pessoalmente a luta contra bandidos, capitalistas e políticos corruptos, é apoiado por um exército de desempregados; põe fim à Lei Seca controlada por bandidos e autoriza bebidas alcoólicas nacionais em lojas; força o Congresso a obedecer suas ordens; pouco tempo antes de sua morte, estabelece uma era de paz e desarmamento universal enquanto demonstra a uma assembléia de estadistas estrangeiros a invencibilidade do poder aéreo norte-americano. Os roteiristas de 1932 obviamente acreditavam que o povo norte-americano estava ávido por tal presidente – na verdade, por um ditador benevolente. O tom político do filme também demonstrou as inclinações ao socialismo que estava sob as idéias peculiarmente norte-americanas de uma ordem mundial internacional.

A Depressão, em seu pior momento, significou uma crise de confiança nas instituições financeiras da nação. Não significou uma crise de confiança nas instituições políticas da República. No entanto, a tensão sobre o tecido social do povo norte-americano estava se tornando considerável. A escolha de Franklin Roosevelt foi uma bênção para eles, na época. "Uma mente de segunda categoria com um temperamento de primeira" – atribui-se essa frase sobre Roosevelt a Oliver Wendell Holmes. Quaisquer que fossem as qualidades da mente, o temperamento agora contava mais. Roosevelt revigorou a confiança do povo, inclusive em suas instituições financeiras. O reconhecimento de Roosevelt com o seu *New Deal* – que, em muitas maneiras, significou o estabelecimento definitivo do Estado provedor norte-americano (ou o sistema de benefícios [*Welfare*]) –

foi, na verdade, o salvador do capitalismo norte-americano não é uma afirmação perversa ou paradoxal. De qualquer forma, o socialismo norte-americano sempre terá um elemento capitalista forte dentro de si, assim como o capitalismo norte-americano é freqüentemente socialista em seus métodos e mesmo em alguns de seus objetivos. Isso significava que o tipo de reforma e o tipo de intervenção do governo que o *New Deal* trouxe foram norte-americanos e nacionais, não internacionais.

É nesse ponto que – pelo menos para mim – uma excursão política (ou melhor, histórica) mundial é pertinente. Nos anos 1920, os destinos da América e da Europa pareciam estar separados em mais de uma maneira. Nos anos 1930, os efeitos da Depressão na Alemanha e na América eram diferentes – mas não em tudo. Num sentido muito importante, o que estava acontecendo na Europa estava acontecendo nos Estados Unidos, também: o aparecimento de uma nova direita – radical, populista, e nacionalista. Olhando para trás depois de décadas de Guerra Fria, quando os principais adversários, as duas superpotências do mundo, eram os Estados Unidos e a União Soviética, é tentador historicizar o antagonismo e apontar que o comunismo representado pela última e o capitalismo pela primeira eram as duas principais ideologias competindo no mundo já em 1917, e mostrar que mais de 150 anos atrás homens inteligentes como Tocqueville e Napoleão previram o surgimento dos EUA e da Rússia, cada uma dominando sobre a metade do mundo. Entretanto, durante o segundo quarto do século XX – mais precisamente de 1920 a 1945 –, uma nova força surgiu, que – inadequadamente e imprecisamente – tem sido chamada de fascismo. Qualquer que seja o nome, essa nova força foi encarnada mais poderosamente pela Alemanha; e foi preciso a combinação da democracia ocidental e do comunismo, encarnada pelos Estados Unidos, pela Grã-Bretanha e pela União Soviética para derrotar a Alemanha e o fascismo. Nem as potências democráticas nem a comunista União Soviética poderia tê-lo feito isoladamente.

Nos Estados Unidos, assim com na Alemanha, a crise do capitalismo durante a Depressão aumentou o apelo popular aos nacionalistas radicais em vez de aos socialistas ou comunistas internacionais. Depois de 1933, os principais rivais de Roosevelt eram as pessoas da direita radical, não as da esquerda radical.[23] Seus outrora aliados Huey Long e o Reverendo Charles Coughlin estavam se afastando dele. A carreira do primeiro fora interrompida pelo seu assassinato; quanto ao último, uma massa de seguidores começou a se formar ao seu redor. Nos programas de rádio de Coughlin, uma pregação de justiça social e de um nacionalismo norte-americano respeitável incluía anticomunismo assim como anticapitalismo, com sintomas reconhecíveis de anti-semitismo. As raízes desse tipo de ideologia eram populistas, isolacionistas, típicas do Meio-Oeste, populares – não importando como os norte-americanos correspondiam a muitos dos programas nacionais-socialistas de muitas nações européias nos anos 1930. Mas em 1937 uma simples exortação arquiepiscopal bastou para interromper o programa de rádio do padre Coughlin, e a ameaça a Roosevelt oriunda da direita nacionalista se arrefeceu, pelo menos por um tempo.

Não pode haver qualquer dúvida quanto ao fato de a grande maioria dos norte-americanos nos anos 1930 querer um governo forte e centralizado, menos para supervisionar suas vidas do que para corrigir os erros e inadequações da nação. O chefe da polícia federal nunca é popular, mas nos Estados Unidos dos anos 1930 J. Edgar Hoover e seus homens-G[24] eram heróis populares, possivelmente perdendo somente para o próprio Roosevelt. No entanto, a organização, os regulamentos e as instituições do *New Deal* não teriam sido bem-sucedidos sem a marca pessoal do presidente. Ele era um líder, o que a maioria (não todos) dos que acreditavam nos méritos de um governo forte e centralizado também desejava. Seja por qual razão, Roosevelt inspirava confiança sem fazer muito esforço. Seu sorriso não era aquele pasteurizado que os políticos usam como se fosse uma máscara. Até quando consideramos a superficialidade de algumas das idéias que Roosevelt acalentava, elas não nos parecem nada perto da autoconfiança com que presidia os destinos da República norte-americana numa época difícil e complicada. Seu empirismo era o de um patrício, não de um burocrata. Essa era uma das razões por que o otimismo da América se firmou mesmo antes dos efeitos devastadores da Depressão desaparecerem. Em 1937, havia sete milhões de desempregados nos Estados Unidos, mas de alguma forma a impressão geral da República não era a de uma nação em depressão. O resto do mundo via nos Estados Unidos um país alegre e jovial e talvez até irresponsável, abençoado com riquezas e oportunidades, emanando ouro e prata em pó através do Atlântico no sol da tarde, sem ser perturbado por nenhuma das nuvens cinzentas que pairavam sobre os céus das cidades da Europa e da Grã-Bretanha. Raramente na história do século XX foi tão contrastante com a Europa essa impressão da jovialidade norte-americana – de jovialidade até mais do que sorte. Tal fato era importante porque o segundo grande envolvimento dos Estados Unidos nos destinos da Europa estava prestes a começar. Nesse aspecto também a presença de Roosevelt era uma bênção, apesar de somente a curto prazo, talvez. Fosse alguém como Hoover, o presidente dos Estados Unidos em 1939, talvez não acontecesse a Segunda Guerra Mundial, mas Adolf Hitler teria vencido a sua guerra na Europa.

Já vimos que os movimentos de opinião pública e de sentimento público são freqüentemente muito morosos na história da democracia norte-americana. O espaço de tempo subseqüente é, em geral, um formidável problema para a política externa norte-americana, além do outro que Tocqueville viu: "... está na natureza das democracias ter, em sua maioria, idéias muito confusas e errôneas sobre assuntos externos, e decidir questões de política externa sob considerações puramente internas." Os primeiros quatro ou cinco anos da administração Roosevelt causaram problemas a esse respeito. Quando o tema era relações exteriores, Roosevelt era melhor preparado que Wilson. Entretanto, assim como Wilson, Roosevelt pensou por algum tempo que seu principal foco, ou talvez o único, fosse as preocupações internas. Suas idéias de política externa eram, em 1932, não muito diferentes das de Hoover. Um misto de isolacionismo benevolente e internacionalismo marcou algumas decisões de política exterior da primeira administração Roosevelt: a decisão tardia de estabelecer relações diplomáticas com a Rússia soviética, a redução dos estados do protetorado militar em Cuba, o compromisso com a eventual independência das Filipinas. Em 1937, entretanto, uma subcorrente obstruía o curso do Estado norte-americano: a já mencionada defasagem de tempo. Nos anos 1930, as idéias, as reações e os argumentos que 15 ou mais progressistas descontentes e intelectuais haviam levantado anos antes, contra a memória recente do intervencionismo na Primeira Guerra Mundial, desceram ao nível popular. Não somente a maioria dos republicanos, mas também muitos dos senadores democratas e congressistas, que haviam apoiado Roosevelt, agora eram isolacionistas mais ou menos convictos. Em 1937, o Congresso aprovou a Lei da Neutralidade, proibindo navegação e comércio com qualquer nação em guerra. Um congressista republicano propôs uma emenda constitucional pedindo um referendo nacional antes de qualquer declaração de guerra, tirando assim o assunto das mãos do Congresso bem como do presidente; foi derrotado, mas não sem alguma dificuldade. Um racha entre o povo norte-americano se abrira ao mesmo tempo em que Roosevelt tomou consciência do horizonte internacional, com a perspectiva agourenta de uma Segunda Guerra Mundial.

A Primeira Guerra Mundial fora quase totalmente travada na Europa; a Segunda Guerra Mundial seria lutada na Ásia assim como na Europa. Sobre a existência de responsabilidade e interesses norte-americanos na Europa (e na Grã-Bretanha) havia uma evidente divisão entre o povo. Sobre a existência de interesses norte-americanos no Pacífico ocidental, tal divisão era menos evidente. Cinqüenta anos antes de 1930, os norte-americanos eram – em sua esmagadora maioria – a favor de cessar a imigração vinda do outro lado do Pacífico; a decisão de restringir a imigração do Atlântico fora mais difícil, mas finalmente aconteceu décadas mais tarde. No nível consciente de Estado, também, as decisões sobre o extremo Oriente eram normalmente tomadas mais tranqüilamente do que aquelas envolvendo as relações dos Estados Unidos com Estados europeus. Essa diferença na freqüência e na relativa suavidade com que as correções no curso do Estado norte-americano foram feitas eram, talvez, devidas ao fato dos norte-americanos serem habitualmente mais seguros com relação à Ásia do que com à Europa. A presença e a influência dos Estados Unidos no extremo Oriente tinham uma longa história. A Rússia era um país vizinho ao Japão; mas foram os Estados Unidos, vindos da distante costa do Pacífico, que abriram o Japão em 1853. Cinqüenta anos mais tarde, a influência tangível dos Estados Unidos sobre a China, assim como no Japão, era maior do que a da Rússia e mesmo a da Grã-Bretanha. Em 1900, a mera menção do princípio norte-americano de "portas abertas"[25] (não apoiado por qualquer tipo de resolução norte-americana que o garantisse), temporariamente sustou a divisão da China. Naquela época a norte-americanização de muitas instituições japonesas já havia começado. Cinco anos mais tarde os japoneses ficaram satisfeitos em aceitar Theodore Roosevelt como árbitro da guerra nipônica contra a Rússia, durante a qual os japoneses foram de vitória em vitória – para depois se desapontarem ao saber que Roosevelt não era fiel a eles ao esboçar o tratado de paz de Portsmouth. Durante a Primeira Guerra Mundial, o Japão construiu uma Marinha formidável. Estava prestes a estabelecer uma espécie de protetorado sobre a China oriental, reduzindo o governo central chinês ao status de satélite de Tóquio, quando os Estados Unidos intervieram novamente, e os japoneses tiveram que desistir – temporariamente. Depois da Primeira Guerra Mundial um simples franzir de testa norte-americano bastava para deter os britânicos de rever sua propícia aliança naval com o Japão, que deveria estar concluída em 1921. No ano seguinte, Charles Evan Hughes, um dos pouco secretários de Estado de primeira linha no século XX, presidindo uma conferência internacional em Washington, apresentou um plano de desarmamento geral da Marinha nipônica que reduziria a sua preponderância no Pacífico, assim como uma outra declaração internacional contra o desmembramento da China. Quaisquer que fossem as conseqüências a longo prazo desses atos de estadismo norte-americano no extremo Oriente, eles foram mais bem-sucedidos do que tinham sido as tentativas de implementar alguns dos ideais wilsonianos na Europa. De qualquer forma, poucos norte-americanos sabiam ou se importavam de se opor a esse tipo de estadismo no extremo Oriente, mas o envolvimento norte-americano na Europa era outra história.

O que os norte-americanos não perceberam foi que a realidade principal no extremo Oriente era a contínua dissolução da China. Mais de 100 anos antes da Conferência de Washington de 1922, Napoleão disse em Sta. Helena que o futuro pertencia à América e à Rússia, depois do que o "gigante adormecido" da China deveria acordar. Entretanto, durante a maior parte do século XX, a China era menos um gigante adormecido do que um monstro prostrado e trêmulo. Os japoneses reconheceram isso melhor do que os outros. Em torno de 1930, eles também vislumbraram que os britânicos e os russos e até os norte-americanos tinham problemas internos suficientes; conseqüentemente nenhum deles iria para a guerra contra os japoneses se, e quando, entrassem na China. Os japoneses tinham tomado toda a Coréia 25 anos antes; agora (em 1931), eles poderiam tomar toda a Manchúria; depois disso, Pequim. Seus cálculos estavam certos, pelo menos a curto prazo. Fora a condenação doutrinária do secretário de Estado Stimson, houve pouco ou nenhum sinal de movimento naval ou militar norte-americano e, claro, nem britânico nem francês. A longo prazo era outro assunto. Em 1933, Stálin respondeu de imediato à proposta de relações diplomáticas formais, em parte porque temia o movimento japonês contra as províncias da fronteira leste da União Soviética. Durante os oito anos seguintes, as relações americano-soviéticas tiveram seus altos e baixos, mas eventualmente 1933 levaria a 1945, para a efêmera mas decisiva aliança militar americano-russa contra o Japão. O outro assunto que os japoneses não reconheceram foi o crescente sentimento pró-China. Em 1937, os japoneses retomaram o seu avanço na China. Eles ocuparam Pequim; dentro de um ano ocuparam todas as grandes cidades costeiras da China. A resistência militar chinesa contra o Japão era errática; a indignação norte-americana com a agressividade japonesa não. Se o envolvimento japonês na China realmente ameaçava os interesses norte-americanos é discutível; mas não era um ponto sensível na época. As restrições navais da década anterior já não existiam, também. Os japoneses estavam construindo uma Marinha moderna. A perspectiva de uma guerra no Pacífico agora era considerada possível por ambos os lados, suas clandestinas operações de inteligência aumentaram.

Mas foi o crescimento da Alemanha, mais do que o do Japão, que começou a demandar a atenção de Roosevelt em 1937 – um crescimento que foi um evento mais espetacular do que o do Japão, apesar da Europa Central estar muito distante da esfera imperial dos Estados Unidos. Hitler queria lançar o domínio alemão sobre a Europa, pelo menos o inconteste poder da Alemanha sobre a Europa Central e Oriental. Diferentemente daquele que o precedeu, o Kaiser, ele não estava muito interessado em colônias. Hitler esperava, contra todas as probabilidades, que os britânicos permitissem tal preponderância alemã na Europa, em troca de uma não-interferência respeitosa no Império Britânico. Ele não reconhecia que, em 1930, a existência desse Império dependia da boa vontade dos Estados Unidos. Ele não percebeu que seu doce sonho de uma aliança britânica com a Alemanha era impossível por várias razões, sendo a principal delas que isso forçaria uma escolha por parte da Grã-Bretanha entre a Alemanha e os Estados Unidos – o que, para os britânicos, representaria uma total falta de opção. Hitler eventualmente veio a entender que a decisão britânica de opor-se a ele era poderosamente ativada, se não principalmente motivada, pelo conhecimento por parte dos britânicos de que poderiam contar com a solidariedade e o eventual apoio norte-americano, e que para tanto Roosevelt era o fator principal.

Hitler e Roosevelt não poderiam ser mais diferentes: na criação, nos ideais, no temperamento, no caráter, mas suas carreiras públicas correspondiam cronologicamente. Ambos chegaram ao poder no início de 1933, ambos morreram em abril de 1945. As conquistas domésticas de ambos ocorreram durante os primeiros seis anos de seus respectivos governos; durante os seis anos seguintes eles se tornaram líderes de Estados gigantes em guerra. Hitler subestimou os poderes primitivos da Rússia de Stálin; Roosevelt subestimou o apetite de poder territorial de Stálin. Em 1937, esses assuntos ainda pertenciam ao futuro. Em outubro daquele ano, em Chicago, Roosevelt, falando em termos quase wilsonianos, expôs o desejo de colocar os Estados agressores do mundo em "quarentena", queria dizer o Japão, a Alemanha de Hitler, talvez a Itália de Mussolini. Quaisquer que fossem as reações do povo norte-americano àquela declaração (e isso ainda é debatido por historiadores), trata-se de um divisor de águas nos interesses de Roosevelt. Exatamente um mês depois, Hitler fez um importante pronunciamento secreto aos seus generais, cujo sentido também tem sido debatido por historiadores, mas cujo propósito era razoavelmente claro: o tempo trabalhava contra a Alemanha, cujas forças armadas deveriam estar prontas a traduzir suas oportunidades em conquistas reais antes que fosse tarde demais.

Dali por diante, o ritmo do progresso de Hitler e de Roosevelt divergiu. O ano de 1938 foi de Hitler, não de Roosevelt. O primeiro conquistou a Áustria, desmantelou a Tchecoslováquia, forçando a Grã-Bretanha e a França a concordarem com o domínio do Terceiro Reich no Continente. Muitos norte-americanos observavam esse progresso alemão com espanto. O aumento da perseguição brutal de Hitler aos judeus alemães no outono de 1938 causou enorme impacto, inclusive em Roosevelt. Durante o inverno de 1938-39, Roosevelt confidencial e secretamente começou a sugerir a possibilidade de um apoio norte-americano a certos políticos em Londres e Paris, que preferiam resistir a curvar-se ao Terceiro Reich. Hitler estava consciente disso. Em janeiro de 1939, concluiu que Roosevelt era seu arquiinimigo, condição que Hitler atribuiu à influência dos judeus.

Em 1939, havia ainda milhões de desempregados nos Estados Unidos. Críticos de Roosevelt sempre afirmaram que ele contava com a erupção da guerra para eliminar esse considerável remanescente da Depressão. Eles confundem causa e efeito. A condição doméstica do desemprego nada tinha a ver com a (cada vez mais firme) decisão de se armar contra Hitler. Era o contrário: o fim do desemprego foi um dos resultados do programa norte-americano de armamentos que começara em 1939-40. Com efeito, não importava quão rapidamente este programa se desenvolveu (em retrospecto, incrivelmente rápido), a inclinação de Roosevelt à guerra contra Hitler se fortaleceu gradualmente, em função de sua consciência sobre a persistência do isolacionismo no ambiente doméstico.

Quando Hitler invadiu a Polônia em 1939, Roosevelt declarou a neutralidade dos Estados Unidos, mas, diferentemente de 1917, o presidente dos Estados Unidos disse que não podia pedir aos seus compatriotas que permanecessem neutros. O mundo inteiro agora observava os Estados Unidos, cujo prestígio e poder eram enormes. Diferentemente do *kaiser*, Hitler mantinha, com cautela, os Estados Unidos em mente. Deu ordens claras para que não se interferisse com navios norte-americanos – isto é, não dar a Roosevelt o pretexto de uma declaração de guerra. Diferentemente de 1914, todos os movimentos diplomáticos e militares dos governos francês e britânico eram feitos tendo em mente as opiniões norte-americanas – mesmo antes do confidente de Roosevelt, Churchill, a encarnação da resistência ocidental a Hitler, se tornar o líder da Grã-Bretanha em 1940, quando a fase dramática da Segunda Guerra Mundial subitamente teve início. Os Exércitos alemães invadiram a Europa Ocidental, indo rapidamente em direção ao Canal. De início, Roosevelt pensou que, se o pior acontecesse, a Armada Britânica fugiria para a América. Churchill disse a ele que não poderia comprometer o futuro governo da Grã-Bretanha com tal atitude: se a Grã-Bretanha fosse derrotada, a existência da Armada seria a única carta do governo para pedir o Armistício. Mas fora o desentendimento sobre tal eventualidade lúgubre, Roosevelt e Churchill quase sempre tinham o mesmo ponto de vista sobre Hitler. Até o trágico colapso das tropas francesas – que surpreendeu muitos norte-americanos ainda mais do que surpreenderam os britânicos – não abalou a sua resolução. Seis semanas depois da queda da França, Roosevelt fez o seu primeiro comprometimento prático ao lado da Grã-Bretanha. Declarou que como comandante-chefe das forças armadas norte-americanas era da sua alçada oferecer 50 velhos *destroyers* norte-americanos à Grã-Bretanha em troca da ocupação pelos Estados Unidos de certas bases britânicas no Atlântico ocidental e no Caribe. Durantes os 16 meses seguintes, o distanciamento de Roosevelt da neutralidade se deu a passos largos. Seu programa de Empréstimo-Consignação (*Lend-Lease*) ofereceu armas e navios aos britânicos (e a todos os seus aliados, inclusive, mais tarde, os russos) sem limite e por crédito; fuzileiros navais norte-americanos, marinheiros, e soldados foram enviados à Groenlândia e à Islândia; navios de guerra norte-americanos foram ordenados a aumentar suas patrulhas até o meio do Atlântico e atirar contra navios alemães que fossem avistados; as operações diplomáticas e de inteligência norte-americanas agora consistiam em fomentar oposição e resistência contra a Alemanha em todos os cantos do mundo. Mas Hitler não se deixaria surpreender: ordenou às forças navais alemãs a não responderem a qualquer provocação norte-americana, nem mesmo em defesa própria.

Durante essa época – ou seja, antes de Pearl Harbor – muitos norte-americanos, talvez mesmo a maior parte da nação, estavam perplexos e divididos. Em 1939, diferentemente de 1914, muitos pensavam, ou temiam, que mais cedo ou mais tarde seriam sugados pela guerra na Europa. Entre 1939 e 1941, diferentemente do período entre 1914 e 1917, não houve nenhuma real revolução na opinião e no desejo norte-americano; havia, em vez disso, uma queda na relutância nacional de comprometer os Estados Unidos com a derrota de Hitler, apesar de não necessariamente à custa de vidas norte-americanas. A diminuição dessa relutância em massa, entretanto, era agonizantemente lenta. Na verdade, a presença de opositores a um comprometimento norte-americano ao lado da Grã-Bretanha (e mais tarde ao lado da Rússia) não estava diminuindo de forma visível. Milhões foram atraídos à personalidade sincera e carismática do coronel Charles Lindbergh, cuja oposição à política externa de Roosevelt era muito mais sedimentada que a do povo à reforma social e financeira do *New Deal*. As posições contra a política externa iam de Coughlinites e germano-norte-americanos a ex-populistas e progressistas ocidentais, de velhos republicanos isolacionistas até poucos socialistas pacifistas. Roosevelt tinha consciência dessa oposição pública na qual ele via a ponta do iceberg do sentimento isolacionista. Ele pode ter superestimado o tamanho do iceberg; de qualquer forma, moveu-se cautelosamente, tanto antes quanto depois de sua inusitada eleição ao terceiro mandato, em novembro de 1940. Poderia ter ficado satisfeito que, em junho de 1940, os republicanos nomearam um candidato, Wendell Willkie, que era, como Roosevelt, um internacionalista a favor do apoio à Grã-Bretanha. Mas Roosevelt, em 1940, era menos ágil e ousado em reunir o apoio popular à sua política externa do que havia sido no que diz respeito aos assuntos domésticos durante o *New Deal*.

Quando, em setembro de 1940, Hitler abandonou o seu plano de invadir a Grã-Bretanha, ele na mesma hora ofereceu uma aliança ao Japão dirigida contra os Estados Unidos, que os japoneses, meio sem pensar, aceitaram prontamente. Dali em diante, a oposição norte-americana à expansão japonesa (que era considerável, já que no sudeste asiático os japoneses estavam tirando vantagem do colapso da França e da Holanda, e das dificuldades dos acuados britânicos) aumentou rapidamente. No início de 1941, os chefes do estado-maior norte-americano tomaram uma decisão importante. Se houvesse uma guerra dupla contra a Alemanha e contra o Japão, a derrota da Alemanha – isto é, o teatro europeu de guerra – teria prioridade. Essa decisão estratégica provou ser razoável e efetiva, mesmo assim não estava de acordo com o sentimento popular. Falando de forma idealizada, Roosevelt e o seu governo deveriam ter perseguido a paz no Pacífico para habilitar os Estados Unidos a concentrarem seus esforços no lado do Atlântico, em apoio à Grã-Bretanha. Não foi isso o que aconteceu. Possivelmente Roosevelt soubesse que seria mais fácil induzir os japoneses do que Hitler a um incidente, atacando navios ou bases norte-americanas; mais provavelmente soubesse que lutar contra os japoneses seria mais popular, especialmente no Meio-Oeste e no Oeste, do que lutar contra os alemães.[26] Foi assim que Pearl Harbor colocou um fim ao isolacionismo consciente norte-americano. O ataque uniu a nação em muitas maneiras, alguns elementos de amarga divisão presentes antes de Pearl Harbor tinham então submergido, para reapareceram de forma um pouco alterada depois da guerra. O registro das negociações e relações entre o Japão e os Estados Unidos antes de Pearl Harbor é complexo. Mal-entendidos, inclusive alguns propositais, coagularam e congelaram em ambas as partes até os japoneses – relutantemente – chegarem à conclusão que o tempo conspirava contra eles, e que o que os norte-americanos queriam era o abandono por parte deles de quase todas as suas conquistas dos últimos tempos, inclusive daquelas na China. Parece certo que durante os dez dias antes de Pearl Harbor Roosevelt sabia da iminência de um ataque japonês; não há, todavia, nenhuma evidência incontestável que ele ou seus principais comandantes soubessem de um ataque japonês tão a leste quanto no Havaí.

▼

PEARL HARBOR NÃO FOI A ÚNICA CATÁSTROFE. Foi precedido de seis meses de derrotas norte-americanas em terra e no mar. Dentro de alguns dias, os postos avançados norte-americanos no Pacífico Ocidental estariam se rendendo. O general MacArthur, nas Filipinas, não estava melhor preparado para o ataque japonês do que os comandantes no Havaí, e com menos desculpas. A sua retirada das Filipinas foi sem glória; com o enfraquecimento dos comandantes britânicos em Singapura, MacArthur superestimou o tamanho do Exército japonês que vinha sobre ele. No lado Atlântico, montes de submarinos alemães iam e vinham, afundando navios norte-americanos livremente: localizá-los à noite era fácil por causa dos halos de luz ao redor das vilas e cidades costeiras. Eles eram monumentos à indecisão e quase ao pânico – quando, por exemplo, MacArthur propôs que, para salvar as suas tropas, a independência e a neutralidade das Filipinas deveriam ser prontamente proclamadas; ou quando os cidadãos nipo-norte-americanos da costa Oeste foram arrebanhados em campos de concentração, com o consentimento do presidente e de Francis Biddle, o doutrinariamente liberal procurador-geral dos Estados Unidos; ou quando tripulações de navios mercantes norte-americanos se recusaram a se alistar para comboios transatlânticos e até para viagens ao Caribe. Mesmo assim, isso importava pouco. Foi contrabalançado pela confiança norte-americana desde o princípio. Não havia virtualmente ninguém que pensasse que os Estados Unidos e seus aliados não pudessem vencer a guerra. Algumas pessoas tinham alguns receios com relação aos aliados norte-americanos e ao final da guerra, mas as críticas eram fragmentadas. A monstruosa reputação de Hitler foi de grande ajuda para Roosevelt, sem falar no fato de que, depois de Pearl Harbor, foi Hitler quem declarou guerra contra os Estados Unidos, sem esperar a resposta de Roosevelt.

A resolução do povo norte-americano logo seria manifesta na própria guerra. Menos de cinco meses depois de Pearl Harbor, e passados apenas dois meses da queda de Singapura, aviões norte-americanos largaram bombas sobre uma Tóquio estupefata. Nas batalhas do Mar Coral e de Midway (sendo esta última a primeira batalha marítima da história onde as frotas oponentes não se viam, já que o combate fora travado principalmente por aviões que saíam de seus respectivos porta-aviões) a Marinha norte-americana e seu corpo aéreo se mostraram equivalentes ou melhor do que os mais resistentes dos oponentes japoneses, e não somente por causa da superioridade do equipamento norte-americano ou da interpretação de importantes indícios vindos dos japoneses. Seis meses após Pearl Harbor, os britânicos viram que o problema não mais era a lentidão dos EUA, mas a perspectiva do seu comportamento temerário. Roosevelt e seus generais estavam seriamente contemplando uma invasão da França em novembro de 1942, algo que Churchill (acertadamente) achava que acabaria em desastre. Ele conseguiu, em vez disso, convencer Roosevelt que os Aliados deveriam desembarcar no norte da África Francesa. Quando esse desembarque ocorreu, em novembro, a sorte de toda a guerra mundial estava mudando. Em menos de um mês os russos haviam cercado o Exército alemão em Stálingrado, os britânicos fizeram os alemães saírem em retirada do Deserto Ocidental, os norte-americanos haviam forçado os japoneses a se retirarem no Guadalcanal, e, com o desembarque no norte da África, a ofensiva mediterrânea contra a Alemanha tinha começado. Importava pouco que o comandante designado de todo o teatro de guerra da Europa, Eisenhower, fosse um estrategista cauteloso. O que importava era que um ano depois de Pearl Harbor a guerra estava praticamente ganha.

O povo norte-americano não duvidava disso um momento sequer. Também via que essa guerra mundial, como a primeira, lhe custaria relativamente pouco sangue, suor e lágrimas. Suas cidades e sua terra estavam imperturbadas por ataques estrangeiros; a maior parte de seus filhos e maridos provavelmente não perderiam suas vidas em tais holocaustos como Verdum durante a Primeira Guerra Mundial ou Stálingrado durante essa; a maior parte deles retornaria para famílias que sofreram poucas agruras durante os anos de guerra e cuja prosperidade estava de fato aumentando. O industrial Henry J. Kaiser em 1943 estimou (e o governo concordou) que dez milhões de novas casas seriam necessárias depois da guerra – uma guerra pela qual nenhuma casa nos Estados Unidos foi destruída. A metade de todos os trabalhadores das fábricas norte-americanas de aviões eram mulheres; em 1942, mais de um terço dos trabalhadores norte-americanos era mulher. As fábricas e os estaleiros estavam produzindo quase 300 aviões e lançando ao mar mais de quatro navios por dia para o país e seus aliados. Mais de dois terços do estoque de ouro do mundo estava depositado em Fort Knox. Havia falta de carne, açúcar e gasolina aqui e acolá, mas o controle de preço funcionava, de maneira geral; os preços aumentaram menos de 22% durante todos os quatro anos de guerra, e a poupança aumentou ainda mais – mais de 24%. Assim a impressão para o mundo da prosperidade e do poder norte-americanos não era nenhuma ilusão; a prosperidade e o poder eram sustentados pela confiança do povo norte-americano.

Em 1943, a marcha para a vitória estava mais lenta. Roosevelt e os comandantes norte-americanos recusaram os apelos de Churchill para explorar a campanha mediterrânea depois da queda de Mussolini. A invasão da França foi adiada para o fim da primavera de 1944. Roosevelt e seus conselheiros decidiram adiar também considerações sobre o estado político da Europa depois da guerra. Uma das fontes deste tipo de procrastinação era o cansaço do presidente. Ele tinha envelhecido repentinamente, era cada vez menos capaz de se concentrar, um fato ocultado do povo norte-americano por muitos anos, na verdade por décadas. Havia além disso, no nível mais consciente do pensamento de Roosevelt, a persistente preocupação com o isolacionismo, uma ansiedade relativa ao fato de que o povo não apoiaria uma presença norte-americana prolongada na Europa depois da guerra. (Essa ansiedade era, até certo ponto, justificada: a guerra contra o Japão continuou mais popular do que aquela contra a Alemanha; muitos dos adversários republicanos de Roosevelt estavam lutando por uma estratégia: "Ásia Primeiro"). Outro problema, ligado aos dois primeiros, dizia respeito ao investimento mental de Roosevelt na possibilidade de um relacionamento promissor com Stálin. Os russos estavam engolindo o Exército alemão (e talvez quisessem uma mordida maior do japonês, também) – mesmo antes de os rapazes norte-americanos se engajarem em batalhas ferozes e sangrentas com os alemães em continente europeu. Quando Roosevelt e Churchill e Stálin se encontraram, primeiro em Teerã em 1943, e 14 meses mais tarde em Ialta, Roosevelt cuidou de evitar a impressão de que ele e Churchill estavam mancomunados. Ele queria impressionar Stálin com o contrário. Em várias ocasiões ele se alinhou com Stálin em vez de com Churchill. Esse posicionamento entre Churchill e Stálin não foi meramente simbólico. Emanava da crença que Roosevelt tinha de que, na evolução progressiva do mundo, os Estados Unidos ocupavam a posição do meio, entre as virtudes às vezes admiráveis, mas essencialmente antiquadas dos britânicos, encarnadas no velho Churchill conservador, e a sociedade igualitária pioneira e algumas vezes admirável da União Soviética, encarnada no despachado Stálin. Essa crença não foi produzida por Roosevelt, nem era seu monopólio. Era exatamente o que os norte-americanos mais esclarecidos, inclusive intelectuais e militares, acreditavam naquela época. Wendell Willkie e Henry Wallace visitaram a União Soviética e ao voltarem escreveram brilhantes best-sellers sobre suas experiências. Em 1943, quase não havia diferença entre a ideologia do *One World* [Um Mundo] de Willkie e do *The American Century* [O século Americano], a presença dominante que Henry Luce havia anunciado dois anos antes. As revistas *Time*, e *Life* e *Fornute*, as revistas formadoras de opinião como a *The Atlantic* ou a *Saturday Review*, e os editoriais dos principais jornais estavam de acordo. Eles representavam a ideologia norte-americana na época.

Durante a Conferência de Ialta, os Exércitos norte-americanos, britânicos e russos estavam avançando sobre solo alemão. No Pacífico, a Marinha norte-americana havia destruído uma frota japonesa, e os fogos de guerra ardiam cada vez mais perto do Japão. Agora era fato comprovado que os Estados Unidos, talvez a única entre as grandes potências do mundo, podiam lutar uma guerra em duas frentes, e triunfantemente. Isso não se perdeu de Stálin que, mesmo assim, foi surpreendido ao ver quão facilmente Roosevelt o deixara levar ao que queria, se não mais. Ele ganharia uma inconteste zona de influência russa sobre a metade oriental da Europa, sobre a Alemanha Oriental, e a restauração da posição imperial dominante que a Rússia tinha no Extremo Oriente antes da guerra russo-japonesa de 1904-5, em troca de se alinhar com Roosevelt em dois assuntos: prometer levar a Rússia para a guerra contra o Japão e levar a Rússia para as Nações Unidas. Em Ialta, ele também ajudou Roosevelt a calar alguns dos problemas políticos da retórica européia. As declarações de Ialta, louvadas por norte-americanos (inclusive alguns que estavam começando a ficar ansiosos sobre problemas que poderiam aflorar com a Rússia, depois da guerra) e por pessoas tão diferentes como o general MacArthur, o ex-presidente Herbert Hoover, e Elsa Maxwell, com a "Nova distribuição do mundo", uma demonstração de internacionalismo além até dos Quatorze Pontos.[27] Logo pareceria que declarações imprecisas e grandiloqüentes tais como "Declaração para uma Europa livre" não significavam, para Stálin, mais do que o consentimento ao domínio da Rússia no Leste Europeu, em troca de sua não-interferência no domínio norte-americano da Europa Ocidental; na verdade, no domínio norte-americano em quase todos os outros lugares no mundo. Que Ialta significasse tal divisão no globo era óbvio para algumas pessoas tais como o general de Gaulle. Para o povo norte-americano não era óbvio de maneira alguma.

▼

QUANDO ROOSEVELT SUBITAMENTE FALECEU em 12 de abril de 1945, o sol norte-americano estava parado em seu ápice. O poder parecia irresistível. Era como se os Estados Unidos pudessem dominar o mundo. Os japoneses estavam aos pedaços com a tempestade de bombas; na Europa, as tropas dos Estados Unidos poderiam ter varrido Berlim e Praga se o comandante Eisenhower quisesse, mas ele não quis. Em Moscou, as primeiras páginas dos jornais soviéticos exibiam fotos de Roosevelt emolduradas com tarjas pretas; até em Tóquio a imprensa japonesa se referia respeitosamente ao presidente norte-americano, cuja fama mundial nesse momento era talvez maior do que a de qualquer outro presidente norte-americano na história. Quase ninguém sabia quão fraco e doente o presidente esteve por algum tempo. O povo norte-americano se sentia desconfortável com a perspectiva de um novo presidente, Henry Truman, um homem de qualidades desconhecidas. Deveria ter ficado ansioso com outra coisa: a divisão na mentalidade nacional norte-americana. Por um lado, eles queriam dominar o mundo; por outro, não.[28] Essas reações contraditórias correspondiam a certas correntes políticas internas que começaram a aparecer logo após a morte de Roosevelt – subcorrentes que podem ter sido estratégica e logicamente contraditórias, enquanto tinham como fonte emocional um tipo de xenofobia: uma desconfiança dos britânicos (que poderiam envolver os norte-americanos na "política do poder" européia), assim como uma crescente desconfiança dos russos (cuja ideologia imoral de um "comunismo ateu" tinha apoiadores insidiosos dentro dos Estados Unidos).

Não havia tais divisões sobre o Pacífico. Não havia necessidade de os Estados Unidos dividirem sua vitória com os outros. Vitória sobre vitória coroaram os registros da Marinha e do Exército. Um senso de autoconfiança estava não apenas totalmente garantido, mas era representada pela sábia moderação de certas decisões políticas, principalmente a decisão (contrastando-se à de Wilson em 1918) de manter e respeitar a monarquia no Japão. Em Ialta, e até mais tarde em 1945, Roosevelt e seus comandantes estavam dispostos a pagar um preço considerável (considerável especialmente à custa da China) pela promessa de Stálin de entrar na guerra contra o Japão a três meses do fim do conflito contra a Alemanha – principalmente por causa da perspectiva sangrenta de uma invasão norte-americana de terras japonesas. À medida que o verão progredia, a necessidade de tal participação russa diminuía. Stálin manteve a palavra e declarou guerra ao Japão em 9 de agosto; mas isso somente acelerou a resolução do imperador Japonês e de seus conservadores assessores de aceitar os termos norte-americanos para uma rendição, uma resolução que já estava em construção, e cuja cristalização contou com a contribuição das duas bombas atômicas lançadas sobre Hiroshima e Nagasaki. Três semanas mais tarde, a rendição formal dos japoneses na baía de Tóquio foi um grande evento. O cenário brilhante refletia o apogeu do poder norte-americano. Uma frota gigantesca brilhava ao sol. Os aviões norte-americanos surgiam das nuvens, roncando seus motores sobre a baía e desenhando suas listras celestiais sobre o Japão. Os comandantes norte-americanos tinham senso de ocasião. O navio de guerra *Missouri* exibia a bandeira de 31 estrelas do comodoro Perry (herói da Marinha norte-americana) junto com a bandeira hasteada sobre o Capitólio no dia de Pearl Harbor. As palavras do general MacArthur à delegação japonesa brilharam com segurança e uma certa magnanimidade. Os japoneses se curvaram: aceitavam a presença dominante dos vitoriosos norte-americanos em seu meio.

Os Estados Unidos não eram somente o maior poder na terra – tinham também o monopólio de uma nova arma, a bomba atômica. Truman contou a Stálin sobre a sua existência durante a conferência de cúpula em Potsdam em julho, a última e inconclusiva deste tipo. Stálin fingiu não estar muito impressionado, e talvez realmente não estivesse. Logo era evidente que o governo norte-americano não dividiria o segredo da fabricação da bomba com os russos; mas também era evidente que o governo norte-americano não usaria o seu monopólio da bomba para rever ou corrigir a divisão do mundo acordada em Ialta. A maioria do povo norte-americano via na bomba ainda outra manifestação da superioridade da tecnologia local, mesmo que esta tenha sido idealizada por cientistas refugiados da Europa. Uma minoria de norte-americanos ficou perturbada com o fantasma da bomba, se convencendo de que era necessário agora o desarmamento universal, um governo mundial, e o compartilhamento de tudo, inclusive dos segredos atômicos com os russos. Esse tipo de ideologia impulsiva era, entretanto, não menos norte-americana do que aquela dos nacionalistas (outra minoria então), que eram pelo menos tentados a pensar que, com a posse da bomba, os Estados Unidos podiam ditar para os russos a lei do mundo.

A maioria, apesar de já começar a manifestar um certo desconforto com o comunismo, aceitava (sem muito entusiasmo) a nova posição do internacionalismo, inclusive as Nações Unidas. As Nações Unidas pareciam ser uma idéia grandiosa e nova; vimos que o presidente Roosevelt fez muitas concessões a Stálin para assegurar a participação da União Soviética nas Nações Unidas. Mesmo assim, as Nações Unidas eram talvez o exemplo mais evidente de uma idéia e de uma instituição que parecia supermoderna e de mente aberta, quando na realidade era antiquada e bitolada. Antiquada: por serem as Nações Unidas nada mais do que uma "aperfeiçoada", ou seja, superficialmente redesenhada versão da Liga das Nações de Wilson, que tinha usado temas do século XIX, do liberalismo utilitário britânico, inclusive do sonho do Parlamento do Homem. Bitolada: porque o conceito internacionalista das Nações Unidas era senão o resultado de um conceito especificamente *norte-americano* de internacionalismo, novamente do tipo wilsoniano, legalista e institucional em vez de realista e histórico. O *pedigree* dessa idéia, a formulação de seu conceito, a propagação de sua institucionalização, o lugar de sua Assembléia fundadora (São Francisco), a localização de sua sede (Manhattan; construída em terras doadas pelos Rockefeller), a própria aparência, a arquitetura, os procedimentos, todo o clima de seu arranha-céu burocrático, era especificamente norte-americano. É inegável que as Nações Unidas, durante as suas décadas de existência, serviu ocasionalmente a poucos (muito poucos) propósitos práticos, e o que é, infelizmente, menos negável é a rápida degeneração de suas funções. Menos de duas décadas depois de seu estabelecimento, a ONU se tornou, freqüentemente, um teatro de retórica antinorte-americana, e um obstáculo, em vez de um instrumento, para a promoção dos interesses norte-americanos. Em resumo, a sua degeneração é um claro e manifesto exemplo das falhas da filosofia dominante do internacionalismo norte-americano, dominante na mente de pessoas como Wilson, Roosevelt e os Rockefeller – na verdade, na mente dos que poderiam ser chamados, com imprecisão imperdoável, de o *Establishment* internacionalista norte-americano da época.

A fonte dessas suposições simplistas não era ingenuidade – era a falha do pensamento norte-americano sobre a natureza humana. Em um best-seller sobre a era Jackson, publicado em 1945, o jovem historiador Arthur M. Schlesinger Jr. proclamou que homens não são nem bestas nem anjos – um artigo de fé tipicamente moderado e liberal. Ao contrário, a história da Segunda Guerra Mundial sozinha deveria ter demonstrado que homens, como Pascal já havia dito, são tanto bestas como anjos. Os norte-americanos ainda teriam que aprender que o alcance moral da humanidade "normal" era muito maior do que a geralmente aceita (e aceitável) visão progressista. Aquele tipo de experiência com a natureza humana – dentro da nação mais do que fora – era talvez a essência da experiência mental e espiritual de muitos norte-americanos durante os tempos difíceis e por vezes penosos que se seguiram à última guerra mundial. Em 1945, o povo norte-americano tinha como certo que seria a maior nação em toda a história do mundo e que a vitória relativamente fácil na Segunda Guerra Mundial meramente confirmava isso. Mesmo assim, esse zênite norte-americano queimado de sol tinha o seu lado escuro, como a lua.[29] A própria criação da bomba atômica foi um triunfo da tecnologia sobre a razão. Havia muitos norte-americanos que desconfortavelmente sentiam isso. Outros, talvez a maioria, achavam difícil admitir que os Estados Unidos não haviam vencido a guerra sozinhos, que tinham que dividir a vitória com a União Soviética, particularmente na Europa, e ao longo de uma fronteira geográfica específica. A Guerra Fria – expressão imprecisa que não se tornou corrente até 1948, aproximadamente – com a Rússia estava sendo formada mesmo antes do final da guerra. Era em grande parte, mas não exclusivamente, o resultado de um mal-entendido mútuo. Stálin temia que os americanos, agora bem estabelecidos na Europa Ocidental, estavam prestes a desafiar sua supremacia sobre a Europa Oriental, algo que eles haviam, pelo menos tacitamente, lhe concedido em Ialta. O governo norte-americano temia que depois do estabelecimento de governos comunistas na Europa Oriental, os russos provocariam e manteriam revoluções comunistas por toda a Europa Ocidental. Essa era uma má interpretação das intenções de ambas as partes. Mesmo assim, talvez tenham dado forma ao início da Guerra Fria sem causá-la. Em 1944, o governo norte-americano tardiamente desejou limitar tanto a duração quanto a extensão geográfica da ocupação na Europa Central. A maior preocupação, então, era assegurar que os russos continuassem como os principais aliados dos Estados Unidos e que participassem dos ataques finais à Alemanha e ao Japão. Três anos mais tarde, a preocupação maior era a presença dos russos e comunistas na Europa Central e no Extremo Oriente.

Essa mudança nas expectativas e na posição do governo dos Estados Unidos em relação à União Soviética correspondia à revolução do sentimento popular norte-americano. A opinião pública e o sentimento popular não estavam em harmonia no final da guerra. A opinião pública estava mais interessada na Europa do que o sentimento popular; a opinião pública racionalizava certas ilusões sobre a Rússia e a ordem pós-guerra que o sentimento norte-americano não tinha cogitado; mas dois ou três anos depois da guerra, a equação do anticomunismo com o interesse nacional norte-americano era aceito por Washington, assim como pelo povo norte-americano de uma maneira geral. As raízes dessa mudança, entretanto, eram mais fundas do que a racionalização da política externa. Pessoas que outrora eram isolacionistas agora eram intervencionistas, e também o reverso. Era evidente nas eleições de 1946 para o Congresso que muitos norte-americanos tinham dúvidas não só sobre as alianças estrangeiras dos tempos de guerra, mas sobre toda a ideologia de Roosevelt. Naquele ano os republicanos ganharam mais do que o normal do número de cadeiras em eleições de meio de mandato; o slogan do partido era muito esperto: CHEGA?[30]

Esta foi a época na história política dos Estados Unidos quando a ideologia e as diferenças dos dois partidos políticos cessaram de ser exclusiva e peculiarmente um fenômeno norte-americano, impossível de ser interpretado por estrangeiros. A combinação de nacionalismo e socialismo, o padrão mundial de desenvolvimento político do século XX (do qual o nazismo de Hitler era uma versão alemã totalitária e extremista), sobreviveu à guerra e à morte de Hitler. Desde a Segunda Guerra Mundial, praticamente todos os governos e partidos políticos do mundo levaram à frente, ou pelo menos foram forçados a praticar, uma variante da mistura de nacionalismo e socialismo, tenham admitido ou não. Nos Estados Unidos, também, o nacionalismo se provou mais poderoso do que o internacionalismo – enquanto que depois do *New Deal* e da guerra, um retorno ao capitalismo desenfreado nos EUA estava praticamente fora de questão. A diferença principal entre os republicanos e os democratas era então, principalmente, a diferença na combinação de nacionalismo e socialismo. Os republicanos, fiéis ao seu passado, eram quase sempre mais nacionalistas do que socialistas; os democratas eram freqüentemente (mas nem sempre) menos nacionalistas e mais socialistas do que os republicanos.

2

TOCQUEVILLE ÀS AVESSAS

DEPOIS DA PRIMEIRA GUERRA MUNDIAL, a maioria dos norte-americanos acreditava não só que morava na nação mais próspera do mundo, mas que tinha o melhor estilo de vida dentre os povos do mundo: o povo mais livre no país mais livre, o povo mais cristão no país mais cristão. O seu comportamento, no entanto, não necessariamente confirmava essas crenças. A típica dualidade perdurava. Entre 1944 e 1948, a taxa de casamentos era a segunda maior no mundo.[1] A idade do casamento também caiu ao menor nível na história da nação. O culto à família foi mais vigorosamente externado nos Estados Unidos do que em muitos outros países. Mesmo assim, somente em 1946, mais de 18% dos casamentos norte-americanos foram desfeitos, uma porcentagem que não seria alcançada novamente até os anos 1970, depois que crianças de tantas uniões imaturas e precoces haviam crescido para se casar e novamente se divorciar.

Por muitas razões, a desilusão nacional com as memórias de guerra e com as alianças do tempo de guerra era menos forte e menos durável do que aquela depois de 1918. Uma dessas dizia respeito a Henry Truman. Seu comando do Estado norte-americano foi firme desde o início, muito mais firme do que muitas pessoas achavam que seria, inclusive os remanescentes da multidão seguidora de Roosevelt. A visão de Truman sobre o mundo diferia tanto de pessoas tais como o senador Taft, que temia o comunismo e pensava (e dizia) conseqüentemente que a luta contra a Alemanha de Hitler poderia ter sido um erro, quanto de pessoas como Henry Wallace, que pensava (e dizia) que a oposição à Rússia estava errada. A força do caráter de Truman era tal que ele não somente representava o norte-americanismo de centro entre tais extremos ideológicos e políticos: era freqüentemente superior a ambos. Talvez seja por isso que tenha vencido a eleição em 1948, quando paradoxalmente a reação nacional contra a política externa da guerra tinha aumentado. Além disso, a maior parte dos eleitores nacionalistas que agora igualavam anticomunismo com patriotismo empresarial não estava disposta a arriscar os benefícios sociais acumulados durante o *New Deal*. Sua tradicional desconfiança da mentalidade republicana ainda era forte, apesar de as diferenças entre as filosofias sociais dos dois partidos nacionais terem diminuído.

Na estratégia global também o governo dos Estados Unidos adotou um curso relativamente moderado entre os extremos do isolacionismo e do intervencionismo global. A União Soviética e a difusão do comunismo deveriam ser "contidos" dentro da "cortina de ferro". Seria dito a Stálin: até aqui e não mais além. "Contenção" foi uma expressão cunhada por George F. Kennan[2] em 1947; "cortina de ferro" foi uma expressão popularizada por Churchill, quando visitou os Estados Unidos no ano anterior. É irônico que nem Churchill nem Kennan tenham visto o mundo da maneira que Washington e o *establishment* o veriam. Churchill, assim como Kennan, pensava que a divisão existente da Europa estava errada; eventualmente eles tentaram sugerir a sua dissolução parcial, ou pelo menos a sua revisão, mas em vão. Washington não estava infeliz com a divisão da Europa e do Extremo Oriente, desde que os russos e os comunistas não rompessem a linha e fossem além; enquanto isso, fora da cortina de ferro, seria desenvolvida a organização do Mundo Livre sob a liderança norte-americana, com os seus principais instrumentos de ajuda financeira e econômica. Foi assim que, em 1947, a Doutrina Truman, o Plano Marshall e os primeiros passos em direção à Aliança do Atlântico Norte[3] se deram. O primeiro ponto comprometeu os Estados Unidos a apoiarem a defesa da Grécia e da Turquia – um compromisso que o desgastado governo trabalhista britânico forçara sobre o seu rico aliado norte-americano; o Plano Marshall apoiava a reconstrução econômica da Europa Ocidental, em parte por causa da suposição errônea de que o comunismo se alastraria onde houvesse miséria econômica. Não importava: mesmo que tenha feito pouco ou nada para reduzir o tipo de antinorte-americanismo que emana da ignorância e da inveja, o Plano Marshall foi um exemplo da generosidade norte-americana. Seu custo eventual (US$12 bilhões) foi quase o mesmo que o custo dos materiais de guerra embarcados dos Estados Unidos para a União Soviética durante a guerra. O plano Marshall não livrou a

Europa Ocidental de sucumbir ao comunismo, assim como o programa "empréstimo-consignação" não tinha livrado a União Soviética do ataque nazista; assim mesmo as importantes contribuições do "empréstimo-consignação" ao esforço de guerra russo e do Plano Marshall na reconstrução da Europa Ocidental não podem ser contestados. Em 1948, Stálin forçou o último e débil governo pseudodemocrático do Leste Europeu (o da Tchecoslováquia) a aceitar o domínio comunista total; também tentou chantagear e matar de fome Berlim Oriental com um embargo, uma mal arranjada tentativa da qual desistiu um ano mais tarde. Naquele tempo, a Organização do Tratado do Atlântico Norte já existia. Pela primeira fez os Estados Unidos e o Canadá estavam se comprometendo não só com a defesa da Europa Ocidental, mas com o posicionamento de suas forças armadas naquele continente em tempos de paz.

Esse tipo de internacionalismo moderado – moderado em sua concepção, mas na verdade longe de ser moderado em suas conseqüências – era apoiado por todas as mentes eruditas e iluminadas da opinião norte-americana na época em que esse tipo de opinião era representada principalmente pela elite educada e anglo-saxã da nação. Não correspondia, entretanto, às mudanças ocorridas na composição nacional do povo norte-americano ou às certas correntes ideológicas poderosas entre eles. O elemento principal nessas correntes era uma identificação não-questionada e inquestionável do anticomunismo com o patriotismo norte-americano e a identificação recíproca de todo tipo de mal nacional ou global com uma conspiração ou uma inspiração comunista. Essas correntes eram alimentadas pelos ressentimentos desconfortáveis que milhões de norte-americanos tinham contra certas figuras representativas de lideranças mais liberais, cosmopolitas, ocidentais, educadas e estabelecidas do que o cidadão "médio" – quem quer que fosse o último. Havia, infelizmente, ampla (às vezes confusa) evidência de que alguns burocratas intelectuais atribuíram a si próprios alguma importância ao se envolverem em conspirações com os comunistas durante os anos Roosevelt. O histórico da *intelligentsia* norte-americana também não era muito inspirador: muitos de seus membros haviam demonstrado critérios dúbios, inclusive concedendo o mais amplo possível benefício da dúvida às causas pró-comunistas. O resultado foi a popularidade avassaladora do anticomunismo no fim da década, um segundo "pânico vermelho", menos ridículo, mas de alguma forma mais insidioso do que o primeiro, e o conseqüente surgimento de vários demagogos e oportunistas que lucrariam politicamente deste humor nacional. Quando, em 1949, os comunistas chineses conseguiram forçar Chang Kai-shek[4] a abandonar o continente, os republicanos sustentaram que os democratas agora haviam perdido a China, e que esse era mais um passo enorme na marcha do comunismo para conquistar o mundo.

Truman e seus conselheiros eram sábios o suficiente para não envolverem os Estados Unidos na guerra civil da China. Eles também conseguiram um tratado de paz por escrito com o Japão, praticamente excluindo a Rússia de sua redação, com surpreendentemente pouca oposição de Stálin. Infelizmente, Dean Acheson, o então secretário de Estado, não prestou atenção suficiente à Coréia, um país que, não diferentemente da Alemanha, foi dividido em metades comunista e não-comunista depois de 1945. Tendo conseqüentemente concluído (depois de um discurso de Acheson, no qual ele detalhou a sua política, deixando de mencionar a Coréia do Sul como parte do perímetro da defesa norte-americana no Extremo Oriente) que eles tinham pouco ou nada a temer dos norte-americanos, os comunistas norte-coreanos invadiram a Coréia do Sul em 1950. A reação de Truman foi admiravelmente rápida. Tropas norte-americanas entraram em ação imediatamente como representantes das Nações Unidas, cujo Conselho de Segurança condenava a agressão norte-coreana. Primeiramente, as tropas norte-americanas e aliadas foram empurradas para a ponta sul da Coréia, mas então a superioridade naval dos Estados Unidos se impôs, à medida que as tropas tiveram um apoio efetivo desde o Japão e ao longo do estreito da Coréia. Em uma brilhante operação anfíbia em setembro, o general MacArthur desembarcou pela retaguarda das linhas da Coréia do Norte, cuja resistência estava entrando em colapso. As forças norte-americanas estavam se aproximando da fronteira chinesa, atrás da qual a China mostrava sinais de extrema ansiedade. O presidente Truman, que tinha sido informado da possibilidade de uma intervenção chinesa, voou para o Pacífico para se encontrar com o general MacArthur no meio do caminho. O arrogante comando do Extremo Oriente assegurou ao seu comandante-chefe que (na verdade um tanto desdenhosamente) não havia perigo de intervenção chinesa ou russa. Eles estavam errados. Em menos de um mês, hostes de tropas chinesas invadiram a Coréia e empurraram os americanos para trás. MacArthur pensou e disse que algumas bombas, possivelmente atômicas, lançadas sobre a Manchúria, venceriam a guerra contra o comunismo internacional. Truman, para seu grande crédito, se recusou a acreditar nisso. Subseqüentemente, MacArthur chegou ao extremo de criticar o seu comandante-chefe em entrevistas concedidas a políticos republicanos. Em abril de 1951, Truman exonerou MacArthur, um ato corajoso, apesar de suas repercussões imediatas serem enormes e danosas para a própria reputação de Truman e de seu partido. MacArthur agora era o queridinho de todo norte-americano que duvidava das políticas de Roosevelt ou de

Truman e que estava convencido do poder global e conspiratório do comunismo. Não eram as viúvas ricas, mas os estivadores de Nova York que protestaram de forma barulhenta contra Truman quando da notícia da demissão de MacArthur. No verão de 1951, a linha de frente coreana se solidificou novamente no meio da península e a guerra arrefeceu. O homem que se beneficiaria do armistício resultante, assim como da memória recente da guerra, entretanto, não foi Truman, mas Eisenhower.

Eisenhower venceu a eleição em 1952, e novamente em 1956, sem levantar um dedo. Essa foi a última vez que os poderes financeiros e sociais da região leste dentro do partido Republicano, embora diluídos, imporiam o seu escolhido sobre candidatos vindos do Meio-Oeste ou do Oeste norte-americano. Eisenhower presidiu sobre o destino de grande parte do mundo na época em que o principal adversário dos Estados Unidos estava em considerável desordem. Stálin morrera algumas semanas depois da posse de Eisenhower. Os novos líderes russos ficaram profundamente inseguros de si próprios. O império adquirido acabou abalado por levantes e revoluções em Berlim Oriental, na Polônia e na Hungria. Eles estavam ávidos por melhorar suas relações com os Estados Unidos; até mesmo demonstraram a disposição de explorar a possibilidade de um desalinhamento recíproco da Europa Central, desde que isso não significasse uma retirada unilateral da União Soviética. Mas Eisenhower, o mesmo homem que em 1945 tinha feito tudo o que podia para favorecer os russos, agora não deu nenhuma resposta a essa nova situação. Ele, que em 1945, havia abraçado Marshal Zhukov e que tinha apertado a mão de Stálin com todo fervor sentimental de um político norte-americano, agora se mostrava azedo e desconfiado ao se encontrar com Kruschev em Genebra e depois em Washington, tendo consentido em realizar essas reuniões com relutância (à primeira, somente depois que os russos concordaram com a desocupação recíproca da Áustria em 1955). Mais para o final de seu governo, Eisenhower se recusou a receber o cubano Fidel Castro (confirmando a hostilidade deste último aos Estados Unidos); e em 1960, em Paris, Eisenhower foi forçado a admitir que apesar de toda a sua propaganda de paz, tinha ordenado (ou pelo menos permitido) que aviões espiões norte-americanos cruzassem o céu da União Soviética durante anos até que um deles fora finalmente abatido.

Os anos 1950, a era Eisenhower, foram uma década de oportunidades perdidas. Isso era característico desse general burocrático e desse presidente que, apesar de sua experiência em assuntos europeus, dirigia a política externa norte-americana seguindo as linhas dos irmãos Dulles, John Foster Dulles, o secretário de Estado, e Allen Dulles, o diretor da Agência Central de Inteligência

(CIA). Durante os anos 1950, a CIA se tornou o principal instrumento da política externa norte-americana, às vezes se sobrepondo ao Departamento de Estado. É verdade que durante a Presidência Eisenhower o desenvolvimento geral da nação não foi afetado por crises; que Eisenhower – apesar de toda a propaganda dos republicanos de "libertação" do Leste Europeu – não questionou, na realidade, a divisão da Europa e da Alemanha; que, em 1954, Eisenhower neutralizou os planos de uma intervenção militar na então Indochina francesa; que eventualmente ele e seus conselheiros puseram fim à demagógica carreira de Joseph McCarthy; e que no final de seu mandato presidencial, Eisenhower fez um inesperado discurso contra os perigos de um "complexo" militar industrial que dominava os destinos da nação – um alerta cuja inspiração original se mantém obscura até hoje. Mas foi Eisenhower que permitiu, com oportunismo político e procrastinação, que Joseph McCarthy se tornasse uma figura nacional, com massas de seguidores, algo que afetou o próprio curso do Estado por dois anos pelo menos; e foi durante o mesmo governo Eisenhower que as instituições militares e as responsabilidades imperiais dos Estados Unidos tomaram proporções monstruosas. Em 1960, o gasto militar era três vezes o de 1950, o ano da Guerra da Coréia. Gastos militares, somente para a pesquisa e o desenvolvimento científico, pularam de uma média anual de $245 milhões durante a Segunda Guerra Mundial para $1,1 bilhão em 1956 – o ano antes do sucesso russo que, com sua primeira nave orbital Sputnik, acelerou os gastos norte-americanos ainda mais rapidamente. A plataforma de política externa do partido Republicano em 1956 conclamava "o estabelecimento de bases norte-americanas ao redor do mundo" – o partido que seria chamado de "isolacionista" por alguns comentaristas públicos, evidência de um caráter ultrapassado de seu pensamento político. Em 1958, os Estados Unidos tinham alianças e arranjos militares com quase 60 países: o próprio Eisenhower não poderia listá-los.

▼

DURANTE A DÉCADA DE 1950, a maior parte do povo norte-americano aceitou essa dinâmica sem pensar muito a respeito. Uma das razões era a agora quase universal aceitação do anticomunismo e as conseqüentes responsabilidades e oportunidades norte-americanas, algo que até os intelectuais agora compartilhavam; a outra era o enorme e generalizado inchaço da prosperidade popular.

O tom geral e o humor de Eisenhower, na verdade, era inflacionário; mas a renda aumentou mais rapidamente do que os preços, e a propriedade de todos os tipos de bens (pelo menos no papel) estava disponível aos norte-americanos por meio dos vários tipos possíveis de crédito ao consumidor, que agora eram oferecidos à grande maioria da população pela primeira vez na história, ou, na verdade, em qualquer história. Sessenta por cento das pessoas possuíam casa própria em 1961, pelo menos no papel. Escrevo "pelo menos no papel" porque a real propriedade das casas e até dos carros raramente era concretizada; antes que a maior parte das pessoas saldassem os seus financiamentos ou as suas dívidas, eles seguiam em frente, possivelmente para casas ou automóveis mais caros. O próprio sentimento de posse e de continuidade haviam mudado; e os esforços da indústria e do comércio norte-americanos, encorajados pelas leis tributárias crescentemente complexas que permitiam a dedução de todos os tipos de promoções, como se fossem despesas, agora estavam direcionadas à produção do consumo mais do que para o consumo da produção.

Para muitos norte-americanos – talvez especialmente para os que não fossem tão jovens a ponto de se lembrar dos anos 1920 – a era Eisenhower dos anos 1950 era, em retrospecto, uma época de anos prósperos. Não houve guerras, poucas crises, baixa taxa de inflação, ampla disponibilidade de todos os tipos de bens e prazeres, tudo isso acompanhado por uma prevalente respeitabilidade nacional aos padrões de pensamento e comportamento que pareceriam antiquados o suficiente para evocar um tipo de nostalgia, especialmente depois da dissolução de muitos desses padrões durante a última parte da década de 1960. Essas impressões não eram sem alguma substância; no entanto, creio que elas sejam essencialmente enganosas. A aparente uniformidade dos amenos anos 1950 obscureceu a ocorrência de mudanças que foram profundas e duradouras em suas conseqüências. Vejamos – e esta é a principal tese cronológica deste livro – quantas dessas mudanças aconteceram ao mesmo tempo, no período 1955-56, por curiosa, ou não tão curiosa coincidência. Vimos como em 1956 o assim chamado conservador partido Republicano proclamou o desejo de uma presença militar norte-americana "ao redor do mundo"; no entanto, foi em 1956 que o declínio dos Estados Unidos de sua posição como a primeira superpotência teve início, já que foi então (durante a crise da Revolução Húngara) que o governo Eisenhower provou estar nitidamente indisposto a considerar qualquer alteração na divisão da Europa com os russos. Foi em 1956 também que os Estados Unidos ajudaram a forçar os britânicos para fora do Canal de Suez, acelerando o término do Império Britânico, quando o desejo eterno de Churchill de uma união ou confederação anglo-americana de algum tipo finalmente desapareceu. Foi durante a metade da década de 1950 que a qualidade competitiva dos produtores começou a diminuir, que as cidades da nação norte-americana começaram a se deteriorar e a perder população, que o relativamente curto desabrochar de uma cultura urbana e burguesa na história da civilização norte-americana chegou ao seu fim. Foi em 1955-6 que, pela primeira vez na história norte-americana (e na do mundo), a maioria da população trabalhadora não estava mais engajada em qualquer tipo de produção, mas em "administração" e em "serviços", no rumo de uma sociedade pós-urbana, pós-industrial, pós-civil, burocrática. Foi então que o freqüentemente sem sentido culto ao "crescimento" se tornou um código tipicamente norte-americano, sem se dar qualquer importância à afinidade dos dois problemas: crescimento e inflação. O ano de 1955 foi o último no qual o índice de preços ao consumidor efetivamente caiu para menos de 1%. Houve uma ligeira recessão mais tarde na década, mas os preços continuaram, não obstante, a aumentar. Em 1956, o ouro começou a escoar para fora dos Estados Unidos; durante os próximos 14 anos a metade do estoque de ouro da nação se fora.

Essa era, então, a dualidade dos anos de Eisenhower: o grandioso aumento do consumo norte-americano ao mesmo tempo em que a inflação dos preços finalmente alcançara a inflação da sociedade; a burocratização da vida norte-americana em um tempo em que a produtividade (menos na agricultura) começara a declinar; o enorme inchaço do *establishment* militar norte-americano e de seus gastos numa época em que a primazia do poder norte-americano no mundo estava começando a se passar (e quando os russos também, sob Kruschev, estavam à procura de certas acomodações com os Estados Unidos); o rápido declínio, na verdade, o desaparecimento parcial do transporte público, incluindo as ferrovias, no exato momento em que os subúrbios cresciam rapidamente e precisavam de transporte público mais do que nunca; a automobilização do país que crescia no seu máximo, incentivada pelo governo, inclusive com o sistema de rodovias interestaduais, numa época em que a primazia da produção automobilística norte-americana começava a se erodir; o estabelecimento da indústria nuclear norte-americana na mesma época em que os portentos da proliferação nuclear doméstica e internacional começavam a ficar duvidosa – para se dizer o mínimo; a grande extensão de todos os tipos de comunicação, inclusive a televisão, numa época em que o colapso da comunicação pessoal e familiar começava a envolver as vidas privadas de todos os tipos de norte-americanos. No meio dos anos 1950, as taxas de natalidade e de casamento eram muito altas; mas havia muitos sinais de que o culto à "comunidade" suburbana, não importando quão difundida, era muito superficial, já que a coesão da vida da família norte-americana, assim como a força de sua crença religiosa eram menos substantivas do que há duas ou mesmo uma geração. O próprio Eisenhower, mesmo sem querer, expressou esse tipo de dualidade. "Nosso governo", disse, "não faz sentido a não ser que seja alicerçado em uma profunda fé religiosa – e não me importa qual seja". Ele próprio não achava necessário ir à igreja – isto é, ser publicamente visto em uma igreja – até pouco tempo antes de sua eleição. Em 1954, 96% dos norte-americanos participantes de uma pesquisa diziam crer em Deus. É óbvio que essa pesquisa quantitativa não tinha praticamente efeito algum: o que não era sem efeito era a compulsão das pessoas em construir tal "pesquisa" e publicar seus resultados.[5]

Neste exato momento, entretanto, quando podemos, infelizmente, detectar o acúmulo de sinais do começo de um declínio geral da solidez da prosperidade e do poder norte-americanos, o prestígio dos Estados Unidos e o impacto da imagem norte-americana sobre o mundo eram mais amplas do que jamais foram em tempos anteriores. A norte-americanização do mundo – pela qual eu quero dizer a imitação das formas e dos padrões da vida norte-americana – estava crescendo aos saltos nos cinco continentes; mesmo a União Soviética e alguns dos Estados comunistas não estavam isentos de algumas de suas influências.

O efeito mais importante dessas influências foi a emergência de sociedades de consumo democráticas, especialmente na Europa Ocidental, onde um tipo norte-americano de democracia social finalmente estava alcançando sistemas democráticos muitas vezes antiquados e meramente políticos, com a conseqüente disposição de fornecer crédito às massas, resultando na automobilização em massa, mas, também, um forte aumento dos padrões materiais e de renda que as populações de muitos países jamais tinham experimentado em toda a sua história. Essas transformações sociais ocorreram principalmente durante o quarto de século entre 1948 e 1973, impulsionadas pelo exemplo e também pelo dinheiro norte-americanos (como no exemplo do Plano Marshall). O que isso significou foi que em 1960, no final dos anos Eisenhower, o tipo de prosperidade democrática que fez os Estados Unidos famosos por quase dois séculos não era mais singular. O padrão material, e quase sempre cultural dos povos ingleses, franceses, italianos, alemães ocidentais, escandinavos, japoneses etc., em grande parte incluindo a classe trabalhadora, agora se aproximava – algumas vezes superava – àquele das massas norte-americanas. Também não era mais único o sistema político norte-americano. Não só o sistema bipartidário emergira em um considerável número de países, mas suas retóricas e práticas políticas, desde as convenções partidárias a pesquisas de opinião, começaram a lembrar aquelas dos Estados Unidos. Alguns dos sintomas que sugeriam o desenvolvimento de certas crises endêmicas no âmbito da vida privada das pessoas, em grande parte por causa do desmantelamento das comunicações pessoais, agora tinham seus equivalentes identificáveis na vida de milhões de pessoas em outras nações. O que isso significa é que, pela primeira vez, *Democracia na América* não mais se referia a uma situação histórica única. Quando Tocqueville escreveu seu grande clássico, os Estados Unidos eram, talvez, a única democracia genuína em funcionamento no mundo. Cento e vinte e cinco anos mais tarde haviam a democracia britânica, a irlandesa, a holandesa, a belga, a suíça, a francesa, a italiana, a sueca, a norueguesa, a finlandesa, a alemã ocidental, e a japonesa; em muitos outros países também o desenvolvimento da democracia social assim como da política estava avançando rapidamente. Agora era necessário um novo Tocqueville que mudasse a ordem do título: democracia *americana* em vez de *Democracia* na América. O que restou, o que é ainda tipicamente *americano* na democracia na América? Como a democracia norte-americana difere de outras democracias ao redor do globo? Tal livro ainda está para ser escrito. Seu valor vai ter que depender do reconhecimento correto da prioridade de elementos nacionais (e culturais) sobre os elementos sociais (e institucionais); e sua concepção terá que incluir uma comparação de diferentes componentes de nacionalismo e socialismo dentro dos Estados e das pessoas durante a segunda metade do século XX.

▼

Foi Tocqueville, também, que escreveu há mais de 150 anos que "uma nova ciência da política era necessária para o mundo". Isso não aconteceria. A terminologia política do século XIX continuava a dominar o pensamento político norte-americano, evidente não só nos nomes dos dois partidos políticos, mas nas atribuições dos campos ideológicos: liberais e conservadores. Durante os anos 1950, uma mudança significativa ocorreu neste aspecto. Em 1950, a denominação "conservadora" era evitada até pelos republicanos da direita. Em 1960, o adjetivo já se tornara respeitável, não somente entre a minoria conservadora (então ainda uma pequena minoria entre os intelectuais norte-americanos), mas também no uso público. Isso era senão o início de uma mudança gradual, por meio da qual, nos anos 1970, pela primeira vez na história, a maioria dos norte-americanos, quando perguntados, se descreveriam como "conservadores" em vez de "liberais". Foi então que o monopólio do liberalismo na vida intelectual norte-americana fora finalmente quebrado. Perto do fim dos anos 1950, certos intelectuais norte-americanos proclamaram "o fim da ideologia" como resultado de um amplo consenso inserido em uma próspera sociedade de massa. A atuação revolucionária dos anos 1960, a sede ideológica de uma geração mal acostumada, pronta a ser saciada pelas poções mais estranhas, estava logo adiante, provando que esses intelectuais estavam errados. Mas antes do colapso da hipótese sobre o consenso geral profundo e do crescimento perene da prosperidade em massa, veio o episódio dos anos Kennedy.

Em 1960, o bonito, talagênico e rico John Fitzgerald Kennedy ganhou por pouco a eleição de um Richard Nixon muito menos bonito, talagênico e generoso na corrida à Presidência. Muitos viram nesse evento o ressurgimento do triunfo do liberalismo norte-americano sobre o conservadorismo. Estavam errados. A competição tinha sido entre dois nacionalistas: a diferença principal em seus programas era que Kennedy, talvez por causa de sua riqueza, estava menos inclinado a se opor ao desenvolvimento do Estado de bem-estar social do que Nixon. Nesse sentido, também em outros, Kennedy era o menos bitolado dos dois. Durante sua carreira pública, John Kennedy, assim como seus irmãos, se tornou mais e mais liberal, exemplos característicos da tendência norte-americana que (como a maior parte dos fenômenos políticos e sociais no país) é ainda outra refutação de Marx: quanto mais alto as pessoas ascendem na escala social norte-americana (social, e não financeira), mais liberais eles podem se dar ao luxo de (na verdade, eles freqüentemente pensam que tem a obrigação de) se tornar – uma tendência que, entretanto, pode ter exaurido o seu curso no momento em que esta história está sendo escrita.

Para muitas pessoas, o governo de John Kennedy significou o começo de algo, uma nova era, com o jovem presidente inaugurando uma nova era depois dos anos brandos e responsáveis de Eisenhower. Vinte anos mais tarde fomos atormentados (se esta é a palavra certa) com as sórdidas revelações sobre sua vida privada. Isso pelo menos sugere a dissolução, com todos os seus sintomas degenerativos, que começava a aflorar na metade dos anos 1960, um ou dois anos depois da morte de Kennedy. De fato, começara alguns anos antes – mesmo que a ampla maioria dos norte-americanos não soubesse disso. Eles viam nos Kennedy um ideal moderno da união norte-americana, representada pelas vidas admiráveis de líderes tão bem-sucedidos e autoconfiantes. Mas, afora o que alguns de seus feitos privados possam ou não revelar sobre o caráter de Kennedy, podemos detectar algumas das insubstancialidades de seu pensamento em frases que pareciam tão promissoras à época. John Kennedy, nascido em

1917, tinha, em seu discurso de posse, "anunciado ao mundo" como ele colocou, "que a tocha havia sido passada para uma nova geração". Muitos dessa geração logo mostrariam suas inclinações pirotécnicas em ambos os lados do Atlântico. "Nós colocaremos a América em movimento novamente", disse Kennedy – e realmente se moveu, mas em que direção?[6] Ele falou de uma "ascensão meteórica" dos Estados Unidos: mas, verdadeiramente, um meteoro não pode subir, é um meteoro justamente por virtude de sua queda.

A Presidência de John Kennedy marcou o fim, ao invés do começo, de uma outra questão importante: o aumento do número de católicos norte-americanos. Preconceitos protestantes e anticatólicos marcaram o próprio estabelecimento dos Estados Unidos. Durante toda a história da República, os católicos eram minoria. Mesmo no século XX a influência católica na vida social e cultural da nação era bem limitada; nos anos 1950, como o perspicaz poeta-historiador Peter Viereck escrevera, anticatolicismo era o "anti-semitismo dos intelectuais". Entretanto, Franklin Roosevelt já estava bem consciente do grande poder político latente na hierarquia católica; muitas de suas escolhas domésticas e externas foram evidência disso. Então, depois de 1945, e durante a Guerra Fria, se deu uma situação que não teve precedente na história da nação: ser católico não era mais um problema, mas uma vantagem em todos os tipos de emprego, particularmente no serviço federal e na política, especialmente porque católicos praticantes eram tidos como naturalmente anticomunistas. Esse aumento da respeitabilidade, prosperidade e do poder dos católicos norte-americanos parecia ter culminado na eleição do primeiro presidente católico. No entanto, os fatos dos anos 1960 – assim como as revelações mais tarde da vida privada deste presidente – mostraram que a estrutura de fé rígida, conservadora e dogmática entre os católicos norte-americanos não resistiu à tentação de mundanismo e de modernização, mais do que a estrutura de crenças entre outras religiões norte-americanas ou entre as populações católicas no mundo. Os católicos norte-americanos, inclusive John Fitzgerald Kennedy, eram, apesar de tudo, católicos *norte-americanos*, partidários de uma fé que, para eles, estava enraizada mais no *ethos*, nos costumes, nos hábitos do pensamento nacional do que numa moralidade supranatural com sua filosofia tradicional. Em um questionário aplicado em alunos universitários católicos (por este professor, entre outros) uma das perguntas era: "Você é um norte-americano que por acaso é católico, ou você é um católico que por acaso é norte-americano?" A primeira opção foi escolhida por 98%.

O nacionalismo de John F. Kennedy se evidenciou desde as primeiras horas após a sua eleição. Antes de qualquer outra coisa, ele anunciou a recondução de Allan Dulles e de J. Edgar Hoover, os dois chefes das polícias secretas nacionais. Logo após a posse, Kennedy e a nação sofreram uma séria derrota em Cuba. Naquela ilha, por cuja libertação os Estados Unidos tinham ido à guerra contra a Espanha, 60 anos antes; naquela ilha que tinha se beneficiado tanto do comércio e da indústria norte-americanos; que se tornara o terceiro Estado mais rico da América Latina em 1958; lá surgiu, desafiando a todas as "leis" da economia assim como dos Estados Unidos, um líder revolucionário cujo ódio à América o levou a se autoproclamar comunista – não o reverso. A CIA já havia convencido Eisenhower a preparar operações clandestinas contra Cuba, armando patriotas cubanos no exílio. Sob Kennedy, esses planos continuaram; mas o desembarque dos patriotas – mercenários clientes de uma agência clandestina americana – em abril de 1961, na baía dos Porcos, falhara. Essa foi uma das primeiras evidências da recente impotência da gigantesca República, armada com arsenal capaz de destruir a metade do mundo e com aviões espiões que podiam fotografar todo o planeta. Uma geração antes, o mero relatório de um diplomata norte-americano inteligente teria sido suficiente para iluminar o governo sobre as realidades em Cuba. Em 1961, uma completa burocracia secreta de agentes, técnicos, analistas e mercenários armados com os mais modernos instrumentos se mostrou incapaz de asseverar o que estava ocorrendo dentro da ilha. Uma geração antes, a presença de um único navio de guerra norte-americano teria sido suficiente para acovardar um tirano cubano recalcitrante à submissão; agora a mais poderosa potência na terra se achava constrangida a aceitar a presença de uma ditadura inimiga a meros 150 quilômetros da costa da Flórida. A esse respeito, também, a era Kennedy marcou mais o fim do que o começo de algo: o declínio do poder real norte-americano, apesar de obscurecido pelo enorme incremento da burocracia e da tecnologia militar.

Depois do fiasco da baía dos Porcos, Kennedy estava determinado a se vingar de Castro. Se o cubano estava bem ciente disto; a maior parte dos norte-americanos não estava. Para os russos, o estabelecimento de um governo comunista (ou pelo menos pretensamente comunista) em Cuba era um fruto tropical inesperado que caíra em seu colo. Eles não estavam dispostos a permitir uma aliança incondicional daquela ilha peculiar com o seu império a meio mundo de distância; mas, depois de uma crescente evidência de que tentativas clandestinas norte-americanas contra Castro estavam sendo tramadas, os russos, depois de estridentes pedidos feitos pelo cubano, concordaram em fornecer foguetes de médio alcance a Cuba, desde que fossem guardados por russos, para que não caíssem em dedos inquietos de cubanos que poderiam usá-los a seu bel-prazer. Em outubro de 1962, quando alguns destes foguetes estavam sendo abertamente embarcados para Cuba, Kennedy agiu firmemente; e declarou um bloqueio da ilha. Os russos cederam. Eles retiraram seus mísseis de Cuba em troca da promessa secreta de Kennedy de remover os foguetes norte-americanos na Turquia e não invadir a ilha (algo que Castro quisera desde o início mas que, no entanto, o desapontou com a falta de disposição de seus aliados russos de apoiá-lo completamente).

Em novembro de 1962, a popularidade de John Kennedy estava no ápice, principalmente por causa de sua vitória na crise dos mísseis cubana, mesmo que o regime de Castro em Cuba não tenha sido substituído. Um ano mais tarde, Kennedy foi assassinado por uma criatura sombria, que, por sua vez, seria assassinado três dias depois por outro homem cuja morte na prisão, um ano mais tarde, tornou para sempre impossível desvendar o histórico de seus relacionamentos passados, inclusive conexões clandestinas com cubanos, mafiosos e a CIA.

▼

ERA NOVEMBRO DE 1963 quando certas mudanças na vida norte-americana estavam se tornando claras. A influência da *intelligentsia*, talvez pela primeira vez na história da República, era agora considerável. Doações financeiras federais a universidades e faculdades haviam crescido dez vezes de 1955 a 1970. Os postos de intelectuais profissionais se avolumaram por causa das grandes doações, das quais as universidades ficaram dependentes. Freqüentemente, esse amplo aumento de professores significou uma deterioração na qualidade dos discentes. "Conhecimento sem integridade", dr. Johnson dissera, "é uma coisa temerária". Agora não somente a integridade, mas também o conteúdo da nova raça de intelectuais ambiciosos e profissionalizados deixava a desejar. Talvez, como uma reação tardia aos anos Eisenhower, um radicalismo renovado e, em muitas maneiras, moderno era publicamente abraçado por muitos intelectuais e por grupos de estudantes barulhentos. Um culto renovado à juventude – ajudado, talvez, pelo fenômeno Kennedy – era evidente nos novos estilos de roupas, comportamento, música e entretenimento que se espalharam pelo cenário norte-americano, muito dos quais eram ásperas, desleixados, primitivos e freqüentemente enlouquecedores. Isso foi acompanhado por uma preocupação nacional crescente com o sexo, promovida e encorajada pela publicidade. Uma revista como a *Playboy*, que começara a ser publicada em 1953, dez anos depois se tornara um símbolo nacional, comprada por milhões de homens que não mais se envergonhavam de adquiri-la. Naquela época, quaisquer restrições verbais e pictóricas referentes ao conteúdo da revista haviam mesmo sido eliminadas. Seu editor se tornara uma celebridade nacional, proclamando sua estúpida "filosofia playboy"; os mais celebrados autores da nação enviavam artigos para serem publicados na revista, enquanto as mais célebres personagens públicas (incluindo o candidato à Presidência, em 1976, Jimmy Carter) se aproveitavam da oportunidade de publicidade que entrevistas à *Playboy*, às vezes envolvendo assuntos mais íntimos de suas vidas privadas, poderia gerar. Tendo começado por volta de 1963, uma onda de pornografia sem precedentes invadiu o país. Descrições e ruminações pornográficas agora eram partes consideráveis de romances escritos por autores consagrados como Norman Mailer e John Updike. Nos anos 1920-30, austeros fiscais de alfândega vasculhavam as malas de seus patrícios retornando do exterior à procura de livros e fotografias reveladoras. A partir dos anos 1960, livros e revistas pornográficas e material fotográfico norte-americanos inundavam o mundo: os Estados Unidos se tornaram o principal produtor, fornecedor e exportador desse tipo de coisa. Os tribunais, inclusive a Suprema Corte, aboliram muitos dos obstáculos legais contra essa inundação transnacional de lixo. A voracidade carnal e as perversões sexuais de muitos dos mais admirados, invejados e opulentos membros da sociedade nova-iorquina demandava um novo Suetonius,[7] uma tarefa que o talentoso Truman Capote prontamente tomou para si. No meio de sua crônica (uma parte da qual apareceu em uma revista de âmbito nacional no início da década de 1970), ele interrompeu o trabalho; se por causa dos processos que se acumulavam, ou por causa do peso morto de suas próprias indulgências, eu não saberia dizer.

Logo esse tipo de degradação afetou um grande número de famílias norte-americanas, em suas vidas privadas, perturbando e freqüentemente rompendo o sempre tênue e difícil relacionamento entre os sexos. Depois de 1950, em algumas das nações ocidentais, um crescente número de mulheres casadas começou a trabalhar fora de casa. Nos Estados Unidos, no entanto, uma tendência superficialmente conservadora de "união" familiar ainda fora dominante durante toda a década de 1950. A mudança aconteceu depois de 1965, e um claro indício dessa nova situação foi o crescente número de mulheres casadas procurando emprego fora de seus lares. Ao contrário do que diz o senso comum, a fonte desse aumento raramente foi a necessidade econômica, pelo menos não naquela época. Foi sim o colapso do já enfraquecido apelo e prestígio de ideais burgueses mais antigos de domesticidade entre as mulheres norte-americanas. Dos ideais de serem bem casadas; dos contentamentos decorrentes de criar filhos bem protegidos e bem-educados, de manter uma casa bem mobiliada e uma mesa farta, de alcançar por isso uma merecida aprovação social ao lado das oportunidades de uma agenda social e cultural cheia, somente o primeiro – o ideal de casamento – permaneceu forte, por causa de sua natureza biológica e atávica. O restante tinha de ser obtido, se possível, sem a presença garantida de um marido e, se necessário, sem qualquer vínculo de casamento.

Lyndon B. Johnson, o próximo presidente, não estava a par do significado desses desenvolvimentos. Toda a sua formação política deu-se durante os anos da Depressão; apesar dos modos grosseiros, suas idéias políticas eram formadas por memórias daqueles anos. Ele acreditava nas virtudes benéficas do *New Deal* e do Estado provedor norte-americano. Também se lembrava do estreito provincianismo de muitos isolacionistas. Conseqüentemente, declarou a criação do que chamou de "grande sociedade": expressão banal, cujos objetivos eram nebulosos, mas provocou alguns feitos que merecem respeito, pois este presidente texano fez muito para estender direitos civis e eleitorais aos negros e a muitas outras minorias também. O que ele não entendia – vindo de um estado onde a inflação de valores, riquezas, gente e retórica fora o *modus vivendi* principal durante muito tempo – era que seus programas sociais e econômicos eram totalmente inflacionários e, portanto, eventualmente perigosos para a nação como um todo. Além da saúde financeira da República (a erosão do valor do dólar começou a se acelerar a partir de 1965), a produtividade norte-americana também continuou a declinar. Durante os anos 1960, o quinhão americano na produção mundial de aço caiu pela metade. A ampliação do Estado de bem-estar social levou ao aumento, e não ao declínio, dos problemas sociais e das crises raciais. Durante os anos 1960, brigas, tumultos e saques irromperam nas cidades da nação, freqüentemente no Norte, pela primeira vez provocados por negros e não por brancos. Durante os trágicos tumultos em Houston e Brownsville em 1917 ou em Detroit em 1943, dezenas de pessoas morreram: mas nesses tumultos os brancos provocaram e lutaram contra os negros.) Um século depois de Lincoln e da emancipação, milhões de negros pararam de imitar os brancos. Eles, talvez pela primeira vez na história do povo norte-americano, sentiam desprezo em vez de medo dos brancos. Um dos fatores, o culto ao primitivismo e à carnalidade, assiduamente perpetuado pela publicidade e aceito por brancos, convenceu muitos negros de que eram fisicamente e sexualmente mais fortes do que os brancos e que na crescente deterioração selvagem das cidades, havia oportunidades a serem aproveitadas deste tipo de poder. Por toda a nação, a taxa de criminalidade aumentou enormemente durante esses últimos anos de prosperidade superficial, quando mais gente tinha mais dinheiro para gastar, e gastavam com gosto.

Alguns desses problemas eram claros em 1964; entretanto, nesse ano Johnson venceu facilmente a eleição contra Goldwater, que parecia representar um superpatriotismo cru no qual muitos norte-americanos não estavam prontos a confiar. Quatro anos mais tarde, foi a guerra na Indochina que derrubou Johnson, depois de destruir muito de sua autoconfiança. Sua memória obstinada do isolacionismo passado (o mesmo era verdadeiro sobre o seu secretário de Estado, o burocrata Dean Rusk) e sua inquestionável fé no Exército norte-americano, impediram Johnson de questionar os prognósticos de seus burocratas e de seus generais, também burocráticos. Assim, ele acabou envolvendo cada vez mais e profundamente a nação naquela guerra na selva. Já vimos que em 1954 o próprio Eisenhower sustou a progressão do envolvimento norte-americano ao lado do remanescente Exército francês na Indochina. Depois disso, no entanto, com o vazio de pensamento de um Exército burocratizado e dos departamentos políticos de Washington naquela época, o envolvimento político, financeiro e até militar dos Estados Unidos no Vietnã aumentou pouco a pouco. O ritmo do incremento militar foi relativamente lento durante os anos Kennedy, mas foi neste momento que o envolvimento político dos Estados Unidos cresceu; foi com o apoio da CIA que Diem, o ditador patriótico do Sul, do Vietnã livre, foi assassinado em Saigon, apenas três semanas antes que as balas de outro assassino atingisse Kennedy. A Guerra do Vietnã era diferente da Guerra da Coréia. Era uma guerra de guerrilha, não uma invasão bem definida de uma fronteira delimitada. Era também algo novo: uma guerra não declarada na qual a poderosa República norte-americana se envolveu pouco a pouco , semana a semana, motivada pelos grosseiros relatórios produzidos por uma burocracia militar e política em Washington. Em 1965, esse ímpeto se radicalizou.[8] O presidente Johnson, não se lembrando da ineficácia do bombardeio aéreo estratégico durante a Segunda Guerra Mundial (e durante a Guerra da Coréia) ordenou o bombardeio de campos de batalhas e, depois, de regiões no Vietnã do Norte. Também aceitou o pedido do general Westmoreland de aumentar o número de soldados norte-americanos no Vietnã para meio milhão. Contra essa crescente presença norte-americana, os norte-vietnamitas não poderiam reunir tropas voluntárias chinesas ou russas. Mesmo assim, não perderam a guerra. Os Estados Unidos saíram derrotados por uma série de razões, incluindo a falta de disposição de lutar uma guerra da maneira que as guerras sempre foram travadas. Johnson e os generais não estavam dispostos a invadir o Vietnã do Norte. Eles pensavam que poderiam vencer com meias medidas, defendendo o Vietnã do Sul na Ásia e a "grande sociedade" em casa ao mesmo tempo. Eles deveriam ter se lembrado das palavras de Wellington: "Um grande país não pode ter uma pequena guerra."

A inoportuna divisão de propósitos de Johnson se desenvolveu simultaneamente à divisão interna do povo norte-americano. Quanto mais a guerra durava, menos popular se tornava. Depois de 1965, a oposição à guerra, feita com base em respeitáveis argumentos morais e políticos, se tornou inextricavelmente mesclada à oposição ao alistamento militar de milhares de jovens, muitos dos quais de classes mais altas. A insatisfação com a guerra avançou de forma acelerada com a dissolução dos bons costumes e da ordem no país. Em 1968, a televisão e os jornais interpretavam uma louca ofensiva "Tet" norte-vietnamita como a vitória deles, em vez do que realmente era: uma série de ataques desesperados que acabaram em nada. No mesmo ano, os comentaristas proclamaram a maciça movimentação de meio milhão de jovens norte-americanos seminus e semidrogados para um "festival" em Woodstock, Nova York, como uma revelação revolucionária de uma nova cultura em vez do que realmente era: outro exemplo do conformismo geral dos jovens.

Mesmo assim, apesar da presença mais abrangente de elementos oportunistas e desonestos que faziam parte daquela oposição, o movimento político contra a guerra efetivamente significou, em muitos lugares e entre muitos norte-americanos, a sobrevivência dos costumes tradicionais e do idealismo. Os políticos sabiam disso. Em 1966, Johnson ofereceu a paz ao Vietnã do Norte, mas em vão. Em 1968, todos os líderes políticos, inclusive Richard Nixon, se comprometerem a procurar um fim para a guerra. A guerra, e a popular oposição a ela, tinham quebrantado o espírito de Lyndon Johnson; sua esposa, cuja influência benéfica foi considerável durante toda a sua carreira, o convenceu a não concorrer à Presidência novamente. Ele morreu em seguida. Richard Nixon venceu a eleição contra Hubert Humphrey, um dos últimos políticos remanescentes dos anos do *New Deal*. Se Robert Kennedy não tivesse sido assassinado por um árabe enlouquecido durante a campanha, Nixon talvez não se tornasse presidente. Mas como foi isso que aconteceu, ele presidiu a República por turbulentos cinco anos e meio. Eventualmente, acabou com a Guerra do Vietnã, porque tinha que fazê-lo. "Conferências" intermináveis entre os vietnamitas e os norte-americanos tiveram início em Paris. No Natal de 1972, Nixon e seu conselheiro Kissinger decidiram bombardear Hanói para que os norte-vietnamitas não retornassem à mesa de negociação. Foi o único bombardeio estratégico bem-sucedido em toda a guerra. O armistício, assinado seis semanas depois, e saudado com um suspiro de alívio por todos nos Estados Unidos, incluía uma cláusula de uma gradual evacuação militar do Vietnã do Sul. Essa evacuação enfraqueceu o governo do Vietnã do Sul e seu Exército. Em abril de 1975, os norte-vietnamitas tomaram Saigon no meio de cenas vergonhosas da retirada norte-americana, fato que teve poucos precedentes na história da nação; mas isso aconteceu numa época em que o povo norte-americano estava muito cansado para lamentar profundamente.

Desde o início do governo Nixon, o ânimo nacional mostrava sinais de exaustão. Em 1969, a direção do programa espacial norte-americano alcançou um feito fantástico: seus técnicos lançaram uma cápsula à Lua e dois astronautas norte-americanos, Armstrong e Aldrin, pisaram a superfície do satélite. Entretanto, poucos anos mais tarde, somente um em cada dez norte-americanos se lembrava do nome dos astronautas. Em Nova York, menos de um terço das pessoas que tinham saído às ruas para saudar heróis nacionais, tais como Lindbergh, mais de 40 anos antes, apareceu na triunfante recepção a eles. É claro que a televisão teve algo a ver com isso, como também o fato de os astronautas, diferentemente de um piloto solitário como foi Lindbergh, serem passageiros passivos dentro da espaçonave. Ainda assim, a relativamente calada e grandemente efêmera duração dessa reação nacional sugeriu a existência de uma linha apática dentro da psique norte-americana. De qualquer forma, no final da década de 1970, até a anárquica inquietação dos anos 1960 estava amplamente desgastada. O presidente e o vice-presidente falaram de uma "maioria silenciosa", sugerindo que o povo, em especial a maioria trabalhadora branca não estava menos patriótica e leal do que antes, mesmo que não demonstrasse suas opiniões. Havia algo de verdade nessa avaliação, mas não o suficiente. A oposição à Guerra do Vietnã gradualmente se alastrou mesmo entre a classe trabalhadora, cujos homens, diferentemente dos universitários isentos e dos filhos das classes mais bem posicionadas – que driblavam o alistamento militar –, carregavam uma parte injusta dos perigos e dos problemas da guerra.

Agora, na década de 1970, a quase singular prosperidade material norte-americana havia chegado ao fim. Pela primeira vez a renda per capita do norte-americano médio já não era a mais alta do mundo. Desceu para o segundo, o terceiro, o quinto e o sexto lugares atrás da de democracias industriais equivalentes (sem falar dos microestados do Oriente Médio como o Kuait, afogado em dinheiro proveniente do petróleo). O ouro estava se esvaindo dos Estados Unidos em quantidades tais que em 1971 Nixon parou de lastrear as obrigações norte-americanas ao metal. Os preços subiram novamente com a forte queda do valor do dólar; em 1974 a moeda compraria menos da metade de francos suíços e de marcos alemães do que três anos antes. Mais importante foi o declínio da qualidade de vida norte-americana: o desmantelamento da segurança nas cidades e até nos subúrbios da nação, o impressionante declínio dos padrões das escolas norte-americanas (muito em função do aumento de funcionários e do abandono dos requisitos-padrão) e a queda de qualidade e do próprio caráter do serviço público. O vice-presidente, Spiro Agnew, representante de um republicanismo suburbano bem situado, que em 1970 assumiu a posição de principal porta-voz de alguns dos elementos norte-americanos que representavam a decência e a ordem, em 1973 foi forçado a renunciar à Vice-presidência por causa de evidências acumuladas de roubo que ele continuou a praticar mesmo durante o seu mandato.

No meio desses sintomas de desconforto nacional, o presidente seguiu com sua fascinação por assuntos mundiais. Em 1969, ele havia declarado que a descida do homem na lua fora o mais importante evento desde a criação, prontamente colocando Jesus Cristo no seu lugar. Em 1972, decidiu fazer o tradicional discurso sobre o Estado da União em duas prestações: uma tratava do Estado da União, e a outra, conforme chamou Nixon, simplesmente do estado do mundo. Apesar (ou talvez por causa) da situação difícil em que os Estados Unidos estavam no Vietnã, Nixon continuou a proclamar que a América era "número um" – seja lá o que isso quisesse dizer. Não é difícil detectar como esse tipo de grandiloqüência emanava de uma relativa incerteza, que, infelizmente, era típica do caráter de Nixon. Ele continuava a proclamar que a América era "número um" no mesmo momento em que seus conselheiros o convenciam de que os Estados Unidos tinham que dividir o seu status de superpotência com a União Soviética e talvez até com a China. Em 1971, Nixon, que havia construído a sua carreira como protagonista da luta contra o comunismo, anunciou ao mundo que ele iria à China vermelha. A sensação causada por esse anúncio, e essa eventual visita, obscureceu o fato de que a China – como a sua conduta de política externa e interna haveria de revelar – estava longe de ser uma superpotência e de que os russos não tinham muito que temer dos chineses por enquanto.

A reputação de Nixon não ficou particularmente abalada pela superficialidade da sua visão de política internacional (assim como a de seus assessores), com relação à qual os norte-americanos se importavam relativamente pouco, mesmo após o armistício do Vietnã. O escândalo e a intriga doméstica do episódio *Watergate* o derrubou, forçando-o a renunciar à Presidência em total desonra, pouco depois de um ano e meio de uma estrondosa vitória sobre o seu adversário democrata. Entretanto, em um certo sentido, as políticas doméstica e externa de Nixon estavam enredadas no evento *Watergate*. O episódio em si não foi muito importante, considerado um crime trivial: uma gangue de aventureiros contratados, ideólogos republicanos, e anticomunistas dogmáticos foram pegos arrombando os escritórios do Partido Democrata situados no bizarro complexo de apartamentos *Watergate*, em Washington, à procura de documentos políticos confidenciais – documentos que no clima eleitoral de 1972 devem ter valido ridiculamente pouco para um presidente concorrendo à reeleição contra um oponente totalmente impopular. O que destruiu a reputação e a credibilidade de Nixon foram as conseqüências desse insosso episódio: as sucessivas revelações de suas mentiras, de gravações secretas, e da destruição de algumas delas – e, mais importante, a subjacente evidência de que ele se inclinava a justificar, e a explicar, não só a si mesmo, mas aos seus comparsas e, eventualmente, ao povo norte-americano, que essas infrações triviais eram justificáveis em nome do "interesse nacional" e da "segurança nacional". Os ataques incansáveis da imprensa e do que agora era chamado de "mídia" enfraqueceram Nixon; e o lado desagradável de seu caráter agora era revelado para mais e mais gente. Sua renúncia, em agosto de 1974, estava de acordo com o sentimento vigente na grande maioria dos norte-americanos, inclusive no Congresso dos Estados Unidos, entre republicanos e democratas.

Quando, menos de um ano antes, a renúncia do vice-presidente Agnew se tornara inevitável, Nixon nomeou Gerald Ford seu vice, sabendo que ele era um homem que não iria (ou não poderia) obscurecer a sua própria reputação. A chegada de Ford à Casa Branca em agosto de 1974 foi saudada pela nação com grande alívio. Levou algum tempo para as pessoas reconhecerem que esse homem sociável, que se sentia feliz em um campo de golfe com personalidades de Hollywood, era desajeitado, ignorante e incompetente. Ainda mais que seu antecessor, ele dependia do conselho do globalizado Kissinger, cuja ascensão a esse tipo de eminência, incluindo a secretaria de Estado, era por si só sintomática de uma transformação da sociedade norte-americana e do declínio daqueles reservatórios tradicionais de onde funcionários públicos dos mais altos escalões eram normalmente tirados. Nos anos 1970, os presidentes Nixon, Ford e Carter acharam necessário nomear acadêmicos estrangeiros da incerta e recém-criada área de relações internacionais para lhes explicar o mundo. Os resultados não foram animadores. Já vimos que o último capítulo do recuo norte-americano da Indochina foi vergonhoso. Em 1973, o súbito inflamar da guerra entre Israel e seus vizinhos árabes levou – de fato, bem atrasada – à decisão dos Estados árabes de aumentar drasticamente o preço do óleo. Isso significou não somente o fim da gasolina barata, do aquecimento barato, e da energia produzida por combustão de petróleo para os norte-americanos, mas o quase total término de qualquer controle que as companhias de petróleo norte-americanas poderiam ter tido naqueles países, e outro grande impulso para frente à incansável inflação. A chamada "Abertura Chinesa" de Nixon e Ford significou pouco mais que a disposição dos chineses de ingerir grandes quantidades de Coca-Cola (a União Soviética optou pela Pepsi-Cola, no ano anterior). Em Cuba, o governo de Fidel Castro, assim como a sua dependência da Rússia, permanecia estável. A presença perigosa de armamentos nucleares pelo mundo aumentou além de qualquer razão plausível. Em 1979, a população, os políticos, os mulás do Irã, decadentes e "ciganificados" descendentes do putrefato Estado antigo da Pérsia, montaram uma revolução, se livrando do Xá e colocando a culpa de todas as suas numerosas frustrações e tribulações nos Estados Unidos. Uma multidão de homens estúpidos irrompeu pelo complexo da embaixada dos EUA em Teerã, aprisionando mais de 50 norte-americanos – "reféns" conforme o termo utilizado pelos captores, vergonhosamente aceito pelo resto do mundo. O pueril presidente dos Estados Unidos (que preferia o diminutivo Jimmy como seu nome oficial no lugar de James) se mostrou incapaz de resgatar os reféns, ou mesmo de ameaçar os iranianos de forma eficiente, apesar de todo o poderio dos Estados Unidos. Eventualmente os cativos seriam libertados, mas não antes do exato momento em que o ex-ator de Hollywood Ronald Reagan era empossado presidente dos Estados Unidos.

NA HISTÓRIA DO POVO NORTE-AMERICANO, os anos 1970 forneceram um óbvio, mas até certo ponto enganador contraste à revolta do final dos anos 1960. As pessoas envolvidas nos protestos dos anos 1960 eram, afinal de contas, uma minoria da população: na maioria jovens, e não uniformemente distribuídos pela nação em geral. Nos anos 1970, um jovem rebelde se tornou, pelo menos superficialmente, um homem conservador, despindo as roupas de sua rebeldia e cortando os cabelos longos, junto com a sua ideologia.[9] No entanto, muitas das novas idéias e dos novos padrões de comportamento, entre os que ainda eram uma minoria nos anos 1960, começaram a ser aceitos por um grande número de pessoas nos anos 1970. O uso generalizado da expressão "estilo de vida" era em si só um sintoma da dissolução da vida familiar tradicional. Adultério, aborto, ilegitimidade, homossexualidade, a aquisição e o consumo de certas drogas eram agora assuntos corriqueiros, especialmente desde que foram incluídos em filmes populares e em programas de televisão, como se fossem prática comum entre a maioria do povo norte-americano. O leitor típico de revistas pornográficas tais como a *Playboy* em 1960 era um jovem em um dormitório de universidade ou um vendedor solitário em seu quarto de hotel; dez anos mais tarde, tal revista seria abertamente lida e deixada em assentos de avião por todos os tipos de homens de negócio; outros dez anos depois, e o leitor típico da *Playboy* pode ter votado em Reagan, pode até ter sido um "conservador" à sua moda. Apenas 16 anos após a taxa de natalidade norte-americana se tornar a maior de todas nas democracias industriais "desenvolvidas" e 25 anos depois de a taxa de casamento se tornar a segunda maior no mundo, o índice de novos nascimentos caiu a um nível sem precedentes na história da nação e ficou por algum tempo entre os mais baixos do planeta. Quando consideramos que mesmo este dado incluía uma grande proporção de nascimentos ilegítimos, não podemos concluir senão que as aspirações domésticas de muitos norte-americanos haviam mudado fundamentalmente – e também a sua confiança no futuro das crianças. Em 1976-77, o número de divórcios concedidos era metade de todos os casamentos realizados. Em 1973, a Suprema Corte, presidida por um advogado republicano (e conservador) indicado por Nixon, declarou que o direito de uma mulher fazer um aborto em um hospital público era concedido pela Constituição. Dali por diante, mais e mais embriões a cada ano – alguns deles de cinco ou até seis meses – eram incinerados em fornos elétricos, ou em alguns casos conservados em formol.[10] Em 1979, havia mais abortos na cidade de Nova York do que nascimentos; e quase duas vezes mais abortos do que nascimentos em Washington.

O número de norte-americanos afligidos (ou que se julgavam afligidos) por desordens psicológicas aumentou mais nos anos 1970 do que nos anos 1960. Protestos violentos agora eram em menor número, mas a taxa de criminalidade continuava a subir, e isso tinha pouco a ver com a situação da economia. Em 1920, quase a metade das famílias norte-americanas estava abaixo da linha de pobreza. Em 1979, eram somente 12%. Entretanto, a taxa de criminalidade era bem mais alta em 1979 do que em 1920, e muito mais alta do que durante a Depressão. Outro fenômeno perturbador era a crescente presença de criminosos "amadores". Até 1920, aproximadamente, uma parcela considerável de crimes era cometida por uma classe mais ou menos reconhecível de criminosos. Duas gerações mais tarde, a linha que separava o criminoso profissional do amador (ou o compulsivo do ocasional) era, em grande medida, tênue. Durante toda a história dos Estados Unidos, crimes violentos têm sido surpreendentemente freqüentes, mas o número de norte-americanos mortos por armas de fogo nos anos 1970 era quase 100 vezes maior do que os índices de morte por assassinato em nações como a Alemanha Ocidental ou a Grã-Bretanha. Ainda mais assombrosa era a crescente freqüência de assassinatos sem motivo – assassinatos cometidos por impulso, por raiva, sem nenhuma causa evidente. Ainda mais horripilante era o fenômeno recorrente de crimes envolvendo dezenas de jovens e crianças mortos depois ou durante abuso sexual. Em uma ocasião, no chamado massacre de Jonestown, em 1978, mais de 700 norte-americanos foram mortos ou induzidos a se matarem pelo seu autoproclamado "líder", um homem cujas atividades filantrópicas na Califórnia haviam sido elogiadas por personagens públicas apenas um ano antes. Durante os anos 1920, um crime escandaloso ou mesmo sensacional preocupava a nação por semanas, às vezes por meses, e o julgamento era manchete e coberto por jornais por dias a fio. Cinqüenta anos mais tarde, muitos dos horríveis assassinatos em massa mencionados acima raramente eram acompanhados pela mídia; eles desapareciam das primeiras páginas dos jornais e dos telejornais depois do primeiro dia, se é que alguma vez apareciam nos noticiários.

Nesse ínterim, os enormes prejuízos causados pelas burocracias ligadas à educação e às universidades nos anos 1960 se espalharam, até o ponto que, em 1980, uma parcela considerável da população norte-americana (inclusive alunos universitários) era funcionalmente analfabeta. A presença de alfabetizados analfabetos – pessoas que tinham pouca inclinação a ler porque tinham tido pouca experiência com a leitura – era agora aparente nos mais altos níveis do governo.

Tentativas de controlar (o que em muitos casos não significou muito mais do que explicar) vários desses desdobramentos desoladores, ainda eram feitas por instituições e por toda a retórica liberal-progressista que se tornara crescentemente corroída e ineficiente, muitas vezes a ponto da desonestidade intelectual. Isso valia para muitos tribunais, assim como para grande parte dos profissionais de direito, das burocracias de educação e na academia, assim como da máquina que administrava o Estado do bem-estar social,[11] quer no nível federal ou local. A reação popular contra isso se consolidou lenta e irregularmente, mas se consolidou. A maioria do povo norte-americano, inclusive a maioria de seus jovens, agora escolhia a palavra "conservador" e não "liberal" ao identificar suas filosofias ou predileções políticas. Qualquer que fosse a inexatidão do termo, a tendência era real: os Estados Unidos em 1980 haviam entrado na era pós-liberal pelo menos politicamente. A onda da vitória de Ronald Reagan em 1980 foi uma conseqüência evidente disso. Ele recebeu um mandato firme do povo norte-americano para corrigir o curso do Estado assim como mudar aquelas estruturas dentro da grande embarcação que havia se infestado de vermes. Dois anos depois da eleição, este historiador se sente compelido a afirmar que o "conservadorismo" de Reagan, embora não desprovido de alguns méritos, havia se provado lamentavelmente míope e superficial. A redecoração da cabine do comandante, um relaxamento de algumas restrições na primeira classe, e o excesso de carga do convés com este novo tipo de armamento, quer necessário ou não, não significou o tipo de impulso que as estruturas e as instituições do Estado norte-americano desesperadamente precisavam. Com respeito ao curso do Estado, o anticomunismo retórico e o imenso programa de armamentos da administração Reagan meramente repetia os anos 1950, mesmo que em 1980 a situação do mundo, assim como as capacidades financeiras dos Estados Unidos, fossem muito diferentes. Naquela época, a administração nacionalista, republicana e chamada conservadora de Reagan mal estava a par do principal problema da nação e tinha pouca ou nenhuma disposição de encará-lo: a multidão de todos os lugares que se amontoava nos portais do Sul.

Muito disso se deveu aos gostos e a procedência californiana desse presidente, condições que correspondiam às mudanças de hegemonia na nação como um todo. O centro populacional dos Estados Unidos havia se mudado regularmente para o Oeste desde o início, mesmo que tenha cruzado o Mississipi só recentemente. Em 1940, a Califórnia era o quinto estado mais populoso da União; 23 anos mais tarde era o primeiro. Sua influência no resto da nação aumentou proporcionalmente, e não apenas por causa do evidente tamanho de sua população e de sua riqueza. (Veremos, por exemplo, como a maioria da nação mudou de predominantemente rural para urbana e depois para suburbana, em uma transformação que trouxe variações civilizatórias e culturais a reboque. Na suburbanização, assim como em algumas outras coisas, a Califórnia estava à frente do resto da nação.) Os movimentos populacionais tiveram claras conseqüências políticas. A importância da maioria dos estados do Sudeste e do Oeste cresceu rapidamente após 1960, apesar de terem sido um pouco prematuras e talvez até insubstanciais as declarações em voga de que o chamado Cinturão do Sol tinha se tornado a nova região central no progresso e na civilização norte-americana. O partido Republicano certamente se beneficiou deste tipo de mudança: sua principal força agora estava no Sudeste e no Oeste, algo muito diferente da geografia política da nação uma geração atrás. Não era só que Hoover, Ford, Nixon e Reagan fossem presidentes vindos do Oeste – os dois últimos californianos; Reagan era somente um californiano transplantado, mas isso não importava; mais ou menos como Ford, originalmente do Meio-Oeste, ele se sentia totalmente em casa na Califórnia. Entretanto – e isso era o ponto crucial do problema – o modo californiano de vida e de pensar, freqüentemente representava uma caricatura, quer dizer, uma imagem distorcida, de algumas das características da civilização moderna norte-americana. A busca da felicidade, a infeliz frase de Jefferson tirada do final da Declaração de Independência, levou milhões de pessoas à Califórnia, onde o culto a esta busca freqüentemente levava à degeneração dos ideais de liberdade pessoal, e algumas vezes, da vida em si. Neste aspecto, a influência da Califórnia é um fator de dissolução e não de consolidação da civilização norte-americana e na resolução nacional de prioridades.

No raramente lido Apêndice ("Duas Semanas na Selva") de *Democracia na América*, Tocqueville previra isso também. Depois da corrida migratória dos norte-americanos ter chegado ao Oceano Pacífico, ele escreveu, ela "voltará pelo mesmo caminho para perturbar e destruir as comunidades sociais que havia formado e deixado para trás". Foi nos chamados séculos ascetas, afirmou Chesterton, que "o amor pela vida era evidente e enorme, de forma que tinha de ser contido. Em nossa era hedonista, o prazer sempre sucumbiu, então tinha que ser incentivado". As elucubrações de certos economistas californianos se baseavam na crença de que a busca da felicidade deve ser incentivada, e que os gastos dos norte-americanos mais abastados seriam estímulo suficiente para a economia, chegando, mais cedo ou mais tarde, até as massas. Se Ronald Reagan tivesse dito ao povo norte-americano que as coisas estavam realmente difíceis, e que tinha chegado a hora de todos apertarem os cintos, a nação teria atendido a tal exortação e obedecido; tais eram, e ainda são, as reações esperadas das fontes ainda não exauridas do idealismo patriótico norte-americano. Isso não foi feito por esse presidente, não combinava com a sua personalidade. Não era a primeira vez que a disposição do povo norte-americano ao sacrifício seria subestimada pelos seus líderes.

▼

DUZENTOS ANOS DEPOIS DA FUNDAÇÃO do Estado norte-americano, o caráter essencialmente anglo-saxão e anglo-celta da comunidade nacional declinou, sobrevivendo aqui e ali, dentro do que outrora foram as mais resistentes instituições da República. É verdade que a onda de imigração em massa, ao mesmo tempo que rompia a cristalização de um caráter nacional norte-americano, não (ao contrário das previsões ansiosas e negativas de então) levou a uma decomposição fatal da unidade nacional; mas o fim desta avenida ainda está no futuro, especialmente quando governos parecem inclinados a não lidar com a inundação do país de grandes multidões de imigrantes. É pelo menos discutível que o maior perigo para os Estados Unidos fosse a União Soviética, mas a imigração, cuja presença é generalizada e evidente hoje nos Estados Unidos.

Os fundadores da República estavam conscientes do fardo da raça, de que havia uma grande minoria de escravos negros nos estados do Sul da União.[12] Esse peso eventualmente se transformou em uma situação maldita, resultando no rompimento da República e uma guerra civil assassina. Se os motivos do Norte foram principalmente aqueles de generosidade iluminada e moral não sabemos realmente; em qualquer evento, isso é imaterial para os historiadores, que devem proceder como a máxima de dr. Johnson, de que intenções são coletadas de atos.[13] O ato é o que conta: o ato de colocar um fim à escravidão, o que fez o Norte e o que a maior parte do povo norte-americano queria. Mas depois da Guerra Civil, a institucionalização da igualdade política e cívica do negro no Sul se corrompeu, enquanto no Norte, a maioria das pessoas se tornara indiferente, se não hostis, à causa da igualdade dos negros. Muita daquela igualdade era fictícia: era legal e não moral, uma discrepância que talvez fosse pior no Norte do que no Sul, onde a vida diária tinha feito com que brancos e negros se conhecessem. Setenta anos atrás, 90% dos negros ainda viviam no Sul. Dali em diante alguns dos piores protestos aconteceram no Norte, onde um ódio agudo e pungente aos negros apareceu em populações que moravam perto dos negros. Durante as duas guerras mundiais, teve início uma maciça migração de negros para o Norte. Entretanto, durante a primeira metade do século XX, existiam nos Estados Unidos, cujo povo se via como cidadãos da democracia mais livre e avançada do mundo, restrições sociais, civis, educacionais, ocupacionais e legais aos negros sem par na maior parte das nações civilizadas. Durante os anos 1920, as oportunidades educacionais para os negros aumentaram; mas foi após a Segunda Guerra Mundial que muitas das barreiras citadas acima foram retiradas, começando principalmente nas áreas do entretenimento e dos esportes. Os direitos civis dos negros foram estendidos e assegurados, notavelmente, por presidentes democratas vindos de estados do Sul. Em 1954, a Suprema Corte dos Estados Unidos – com base em argumentos retirados de abstrações da sociologia – declarou que a segregação, o que menos de 50 anos antes fora declarado inconstitucional pela mesma Suprema Corte, era contrária à Constituição tanto na ação quanto na intenção. O resultado foi uma demolição ampla das limitações remanescentes aos negros especialmente no Sul (onde em muitos estados em 1960 poucos negros podiam votar), algo que ocorreu surpreendentemente com pouca violência e pouco derramamento de sangue. No entanto, a abolição legal da segregação levou à segregação de fato no Norte, freqüentemente com o pior tipo de resultado. Dez anos depois de 1954 a presença de brancos em bairros negros desaparecera quase completamente; brancos entrando em bairros negros estavam arriscando suas vidas, enquanto a taxa de criminalidade envolvendo negros (perpetradores assim como vítimas) aumentou a enormes proporções. Assim, as duas sociedades americanas separadas de negros e brancos continuaram a existir, mas com um arranjo diferente do anterior. Era encorajador que a associação de brancos e negros em muitas ocupações e em certos níveis da sociedade tenha aumentado; que um tipo de selvageria bruta e cruel agora era a forma de vida diária em grande parte das cidades americanas não.

EM 1983, O RITMO DO DECLÍNIO NORTE-AMERICANO parecia ser gradual, não dramático; às vezes parecia frear, freqüentemente parecia ser irrecuperável. O prestígio dos Estados Unidos ainda era muito grande. Uma das razões para isso era o contraste com o prestígio deteriorante da União Soviética. Apesar de seu vasto programa armamentista (marcando a última fase da transformação do chamado Estado comunista em um império nacionalista militar), os russos estavam perdendo a sua influência entre os vários partidos e Estados comunistas do mundo. Sua influência – novamente, sem levar em conta a sua presença militar – deixava a desejar mesmo na esfera do Leste europeu.[14] A condição inexistente da influência cultural e civilizatória dos russos dentro da União Soviética mas além da população nativa, contribuiu para a continuada influência da civilização norte-americana e da cultura pop praticamente em todas as partes do globo. Muitas pessoas desonestas, inclusive, professavam ódio ao próprio país cujos produtos, hábitos e expressões imitavam. Técnicas norte-americanas, modos norte-americanos, formas norte-americanas haviam se tornado crescentemente onipresentes, do conteúdo de programas de televisão até os seus formatos, de roupas juvenis até todos os tipos de uniforme, da linguagem internacional de transporte aéreo aos hábitos lingüísticos de burocratas, de formas populares de entretenimento até as configurações dos computadores. A democracia e a comunicação de massa imitavam e repetiam as formas norte-americanas em toda a parte do mundo. Se as manifestações de civilização de massa eram sintomas de senilidade ou de adolescência durante o que pode ser o começo de uma época democrática na vida de muitas nações ainda não está claro.

Na história dos Estados Unidos, os anos 1980 não foram o início da idade democrática. Enquanto algumas das nações antigas da Europa retornavam à infância, nos Estados Unidos havia evidências de uma crescente maturidade. Uma evidência de maturidade nacional foi a reação dos norte-americanos ao declínio de seu poder nacional nos anos 1970 e ao declínio de suas fortunas pessoais no início dos anos 1980. Esses declínios produziram pouca ou nenhuma demagogia, mas, ao contrário, uma impressionante e responsável disposição por parte dos norte-americanos de ajustar suas vidas às novas condições materiais mais restritas.[15] A crença do povo norte-americano nos próprios ideais democráticos ainda era forte. Se a prevalência desta crença se apoiava sobre qualidades humanas que pudessem suportar uma mudança radical nas instituições estabelecidas e nas idéias aceitas ainda se está por ver.

Parte II

UMA INTERPRETAÇÃO HISTÓRICA

3

O SÉCULO DO AUTOMÓVEL
o desenvolvimento material da vida norte-americana

Como a norte-americanização do mundo precedeu e dá sinais de suceder a ascensão e o declínio da prosperidade e do poder dos Estados Unidos.

DESDE O PRINCÍPIO DE SUA HISTÓRIA, os norte-americanos acreditavam estar em posição melhor que a do resto do mundo. A imprecisa expressão "em posição melhor" tem que servir, já que nem sempre eles acreditaram ser os mais ricos, apesar de se julgarem mais livres que os outros povos do mundo. Provavelmente, mais norte-americanos acreditavam que eram livres porque seu país era ímpar, e um menor número considerava que seu povo era ímpar porque era livre; mas devemos adiar nossa indagação quanto à estrutura de suas crenças por enquanto. Primeiramente, em ordem, embora não necessariamente de importância, vem o desenvolvimento material da vida norte-americana. A dificuldade desse assunto é devida a uma condição contraditória: apesar de não ser idêntico ao que as pessoas pensam que acontecem; o que acontece e aquilo que as pessoas pensam que acontece são por muito tempo inseparáveis. O norte-americano não é materialista, apesar de muitos deles, e do resto do mundo, pensarem que sim.

A terra, o mar, a floresta e os recursos minerais dos Estados Unidos são riquíssimos, assim como também os de outros países de população mais escassa. Durante o século XIX, a noção norte-americana de democracia era sinônimo de prosperidade popular. Muito disso foi resultado da solidez na constituição do país, assim como também de uma população que crescia rapidamente, frutos inseparáveis da disposição norte-americana para o trabalho. A fonte disso tudo incluía a fé na força remanescente da velha natureza puritana do país, assim como na crença mais recente da maioria das pessoas de que sucesso e dinheiro, posição social e riqueza são sinônimos. A expressão norte-americana "fazendo dinheiro" refletia isso. Nos Estados Unidos se fazia dinheiro, enquanto na Inglaterra se obtinha em troca de trabalho; na Alemanha se merecia (*verdienen*); em países de línguas latinas se ganhava (*gagner, ganar, gagnare*). "Fazer valer" (*to make good*), uma antiga expressão inglesa, foi ressuscitada nos Estados Unidos da década de 1980 com uma mudança em seu significado. Não queria mais dizer somente restituição: tinha tudo a ver com a respeitabilidade; e com os louros materiais ligados a ela.

Mesmo há 100 anos, os norte-americanos não julgavam estar longe do resto do mundo. Eles pensavam – por muitas razões – que praticamente não dependiam dele. Ganharam o seu dinheiro, em seu próprio país, para seus próprios propósitos, de acordo com suas próprias regras. Por volta de 1890, isso começou a mudar. Os norte-americanos que reconheciam que a sua situação financeira não podia estar completamente separada da do resto do mundo eram poucos. Esses eram freqüentemente chamados de reacionários por seus adversários, mesmo sendo as pessoas mais inteligentes da República. Na verdade, aqueles que defendiam a prata como lastro do dinheiro e os populistas dos anos 1890 eram os reacionários, apesar de todos acreditarem em sua "progressividade". Assim como as crenças religiosas de alguém como William Hennings Bryan remetiam à época do puritanismo fundamentalista do século XVII, assim era com suas visões bíblicas simplistas da economia norte-americana. Quando os Estados Unidos se tornaram uma potência mundial em 1898, foi como se a grande República tivesse alcançado o resto das potências mundiais, e começasse a se envolver na rede mundial. O que também significava que as condições financeiras e materiais da vida norte-americana não eram mais separáveis das condições financeiras e materiais da Europa.

Desde então, há historiadores e teóricos que argumentam que as raízes da expansão imperial dos Estados Unidos foram econômicas. Outros historiadores, de forma mais sensata, argumentaram que o comércio simplesmente acompanhou a bandeira, e que o envolvimento econômico do país no mundo acompanhava seu imperialismo, a extensão da presença militar e política norte-americana pelos oceanos. Claro que os dois desenvolvimentos estão ligados um ao outro, mas não no nível da causalidade simplista. O desenvolvimento paralelo foi existencial, não causal. A resistência da fé na singularidade do país e em sua inocência mostra décadas após essas mudanças que faz pouco sentido atribuir uma motivação causal à mudança na história dos Estados Unidos. Em 1900, o império estava estabelecido nas Filipinas e no Caribe numa época em que a maioria dos norte-americanos professava não só que seus domínios eram fundamentalmente diferentes dos impérios das outras nações, mas também que os Estados Unidos não eram imperialistas de forma alguma. As crenças nas virtudes e na praticidade do isolacionismo norte-americano eram mais difundidas e generalizadas no Meio-Oeste, nos estados onde a população agrícola começou em 1890 a depender do comércio exterior, entre o segmento do povo cuja prosperidade estava sujeita às exportações mais do que qualquer outro segmento da nação.

Aqui estão alguns dados reveladores sobre o início da mudança nos anos 1890. São reveladores somente como retrospecto, já que o reconhecimento do seu significado foi, por muito tempo, inexistente. Até meados do século XIX, o comércio exterior não era um fator essencial na vida da maior parte dos povos, inclusive dos norte-americanos. Antes de 1850, os Estados Unidos vendiam muito pouco aos estrangeiros; compravam um pouco mais. Antes de 1850, as importações dos EUA sempre excediam as exportações. Durante os 60 anos após 1873, com exceção do ano de 1898, os norte-americanos vendiam mais que compravam a cada ano; agora suas exportações excediam as importações. Parte disso era devido à proteção: a maioria dos industriais do país queria, e conseguia, altas tarifas que limitavam as importações competitivas, protegendo assim seus lucros e os altos salários de seus funcionários. Mas o volume do envolvimento norte-americano com o resto do mundo aumentava. Antes de 1892, não houve um ano sequer em que as exportações do país chegassem a US$1 bilhão. Depois de 1896, não houve um ano sequer em que as exportações fossem menores que US$1 bilhão. Em 1914, as exportações norte-americanas subiram para quase US$3 bilhões, isso foi antes do volume de exportação dobrar, triplicar, quadruplicar por causa da Primeira Guerra Mundial. As importações chegaram à marca de US$1 bilhão em 1903; e em 1914, ainda estavam abaixo de US$2 bilhões.

Em 1860, as exportações norte-americanas de alimentos eram cerca de um quinto do volume total. Em 1990, quando este total quadruplicou, as exportações agrícolas haviam aumentado mais de dez vezes em 40 anos. Durante os anos 1890, as exportações eram mais de 10% da renda agrícola – em uma época que a produção e a população norte-americanas eram predominantemente agrícolas e rurais. A maior parte disso era devido ao sucesso fenomenal da mecanização da agricultura no país. Em seu best-seller, "*The Americanization of the World*" (A Americanização do Mundo), publicado em 1902, o famoso jornalista inglês W. T. Stead tentou mostrar isso aos seus leitores. Ele citou um panfleto escrito por um outro jornalista, Mackenzie:

Na vida doméstica temos que fazer assim: o homem inglês médio levanta-se de seus lençóis da Nova Inglaterra pela manhã, barbeia-se com sabonete "Williams" e uma lâmina yankee, calça suas botas Boston sobre meias da Carolina do Norte, coloca seus suspensórios de Connecticut, seu relógio Waltham ou Waterbury no bolso, e senta-se para o desjejum. Cumprimenta sua esposa pelo espartilho de Illinois que valoriza sua blusa de Massachusetts, e ataca o desjejum, comendo pão à base de farinha do campo (possivelmente alterada em algum estabelecimento nos Grandes Lagos), ostras enlatadas de Baltimore e um pouco de bacon da cidade do Kansas, enquanto sua esposa brinca com um pedaço de língua bovina de Chicago. As crianças comem aveia "Quaker". Ao mesmo tempo, ele lê o jornal matinal impresso por máquinas norte-americanas, em papel norte-americano, com tinta norte-americana e, quem sabe, editado por um esperto jornalista da cidade de Nova York...

Em seu escritório, é claro, tudo é norte-americano. Senta-se em uma cadeira giratória do Nebraska, diante de uma escrivaninha de Michigan escreve suas cartas em uma máquina de escrever syracuse, e as assina com caneta tinteiro de Nova York, as seca com um mata-borrão da Nova Inglaterra. As suas cópias são guardadas em arquivos feitos em Grand Rapids[1].

No almoço, engole rapidamente um rosbife frio vindo de uma vaca do Meio-Oeste, e o tempera com picles de Pittsburg, seguido de pêssegos em lata de Delaware, e acalma sua mente com alguns cigarros da Virgínia... [2]

Mas essa era uma "peça ilustrativa", um artigo de exagero jornalístico: verdadeiro, mas não o suficiente. Ou, mesmo se fosse verdade, não fazia muita diferença para os Estados Unidos. A prosperidade do país em 1900, e por muito tempo depois, tinha pouco ou nada a ver com o comércio exterior. Até a metade da Segunda Guerra Mundial (exceto os anos da Primeira Guerra Mundial), a agricultura e a indústria norte-americanas dependiam menos do comércio exterior que em praticamente qualquer outra grande nação do mundo. Mais de 90% da produção do país eram compradas ou usadas pela própria nação. Diferentemente de outras democracias do mundo, os Estados Unidos permaneceram um país essencialmente autárquico – um paradoxo, quando consideramos que durante a Segunda Guerra Mundial o país lutou contra Estados imperiais da Alemanha e Japão, que haviam tornado a autarquia um ideal nacional.

Resumindo, os norte-americanos produziam aquilo que consumiam. Entretanto, por volta de 1900, a indústria da publicidade passou a contribuir com novidades. Envolveu-se na produção do consumo, que é diferente do consumo da produção. E aqui chegamos à tendência principal do século XX: a inflação.

Os norte-americanos estiveram imunes por um longo tempo de seu efeito devastador, mas não para sempre. Nada é inevitável na história. A inflação aparecia como conseqüência natural da democracia, especialmente da democracia moderna – uma condição monetária que até Tocqueville pode ter ignorado, já que ele, com muita propriedade, prestou pouca atenção nas teorias econômicas. Mas Tocqueville poderia estar certo no final das contas, já que a inflação não é uma condição somente monetária, ou meramente "econômica". Afinal, quais são os elementos que tornam o desenvolvimento da inflação inseparável do da democracia, especialmente no século XX? Por um lado, a evolução do governo em direção ao Estado de bem-estar social (ou mais adequadamente, do Estado provedor) – e Tocqueville havia predito isso[3] – leva ao crescimento do gasto público e da burocracia. Em outro nível, há uma certa condição simples e inevitável: quando há mais e cada vez mais de algo, isto vale menos e cada vez menos – uma condição que é tão verdadeira para a moeda quanto para jóias, para o status social, oportunidades carnais – e, claro, palavras; esta última condição é principal, como admiravelmente descrita na fábula de Êsopo sobre o menino que gritou "lobo" tão freqüentemente que depois de algum tempo o valor de *sua* palavra "lobo" tornou-se nulo.

Esta é a essência da condição inflacionária, cujas fontes não são econômicas ou monetárias – não existe a condição "puramente" econômica, ou de motivo econômico isolado. Durante e após a Segunda Guerra Mundial, os economistas concluíram que o perigo iminente era de uma nova deflação. Como sempre, eles estavam errados. Assim como os principais homens de negócios. Em uma pesquisa da revista *Fortune*, em 1946, eles previram que ocorreria uma grande depressão com desemprego durante os próximos dez anos. Aconteceu exatamente o oposto. Depois da guerra, a inflação começou a acelerar; na década de 1950, havia se tornado irreversível, uma condição de vida aparentemente natural; em 1970, se tornou endêmica e perigosa.

Suas origens, entretanto, estavam lá no início do século XX, muito mais cedo do que pensamos. Por muito tempo (e isso ainda é verdade de várias formas) a diferença fundamental entre um país tal como os Estados Unidos e outro qualquer da Europa era que a terra era abundante e barata, no primeiro caso, enquanto na Europa era cara e rara. Entretanto, os Estados Unidos não eram diferentes somente da Europa, mas também de outros países escassamente habitados e de nações com terra em abundância, tais como aquelas na América Latina e até mesmo a Austrália. O crescimento da riqueza foi mais decisivo que a disponibilidade de terra. Por volta de 1880, os norte-americanos entravam na fase urbana de sua história. Não foi até a segunda década do século XX que os Estados Unidos – o segundo país entre as nações do mundo, depois da Grã-Bretanha – se tornaram predominantemente urbano – significando, entre outras coisas, que a maioria de sua população produtiva não estava mais envolvida na agricultura. Entretanto, bem antes da década de 1920, as ambições já se voltavam para a cidade. Os aluguéis nas cidades subiram exatamente quando aqueles no campo caíram. Os preços começaram a aumentar imediatamente após a Guerra Civil: subiram 51% de 1860 a 1880. Depois de 1890, seguiu-se outro sintoma inflacionário. Nem a agitação industrial e a depressão agrícola da metade dos anos 1890, nem o iminente pânico financeiro de 1907, afetou-os muito. Até 1900, os preços no atacado estavam relativamente estáveis, mas de 1900 a 1910 aumentaram mais de 25%. O custo de vida também aumentou: de uma taxa de 75% em 1891 para 100% em 1900, um crescimento de 25%.

Isso pode ser significativo em retrospecto, mas na época fez pouca diferença, por pelo menos duas razões. A prosperidade dos Estados Unidos foi tão grande que a renda pessoal disponível quase dobrou de 1897 a 1911. A riqueza nacional total praticamente dobrou em 12 anos, de US$88 bilhões em 1900 para US$165 bilhões em 1912. O total da poupança nacional era menor que US$1 bilhão em 1897; e passou de US$5 bilhões em 1912, um aumento correspondente ao aumento da poupança pessoal. O mais importante: a moeda nacional permaneceu sólida, poderia ser trocada por ouro ou prata, e seu valor permaneceu imutável em relação a outras moedas do mundo. O impressionante é que esse tipo de estabilidade não foi afetada pela contrastante condição inflacionária de sua circulação. O total de dólares em circulação passava de US$1 bilhão em 1879, US$2 bilhões em 1898, US$3 bilhões oito anos mais tarde; passou a marca dos US$4 bilhões em 1914-15. A circulação de dinheiro aumentou no mesmo ritmo que a de pessoas. Sociologicamente, as décadas que precederam a Primeira Guerra Mundial foram de democratização, isto é, de inflação da sociedade.

A inflação da sociedade não significou apenas (às vezes de jeito nenhum) o aumento da população, mas a rápida movimentação ascendente de um grande número de pessoas, gastando cada vez mais dinheiro – uma movimentação tanto vertical quanto horizontal. Esse movimento revela – ou melhor, deveria revelar – algo sobre as aspirações dos povos modernos, e talvez especialmente sobre as dos norte-americanos: respeitabilidade e vaidade social; aspirações imateriais ao invés de materiais; aspirações diferentes da ganância, mais complexas e também menos propensas à autodisciplina. Todos os sinais de inflação já existiam antes da Primeira Guerra Mundial. Como Agner Repplier escreveu em 1910: "Toda classe se ressente da extravagância de todas as outras classes, mas nenhuma pratica a rejeição... A relutância nacional de economizar indica uma fraqueza no tecido moral de uma nação, uma perigosa ausência de orgulho. Não há poder de alma forte o suficiente para induzir à parcimônia, mas sim o orgulho." No entanto, a ordem social permaneceu estável por causa da crença que a maioria esmagadora das pessoas tinha no sistema e no estilo norte-americano. O senso de estabilidade era tal que durante essa época as taxas de juros permaneceram inalteradas, assim como o volume de vendas de ações. O valor do dólar também permaneceu relativamente estável no momento em que sua circulação e a inflação estavam acelerando; um fenômeno extraordinário, que provavelmente não duraria muito. Mais cedo ou mais tarde, a inflação monetária alcançaria a inflação da sociedade, ou seja, a de suas necessidades. Pois o aumento do dinheiro é a conseqüência, e não a causa do movimento das mentes: uma obviedade que não valeria a pena repetir aqui, não fosse ela na contramão da mais generalizada idiotice do século XX, a crença no determinismo econômico e no homem econômico.

A principal característica do século XX é a inflação: de dinheiro, riqueza, produção, pessoas, da sociedade, das comunicações, de palavras. Todos os Estados e povos da Terra estiveram sujeitos a isso de uma forma ou de outra. Às vezes, a crise de confiança na autoridade de um governo nacional leva a uma inflação descontrolada. Isso aconteceu na Europa Central depois da Primeira Guerra Mundial, e em vários outros países depois da Segunda Guerra Mundial. Por algum tempo, os Estados Unidos, solitário em meio às grandes potências mundiais, escaparam desse destino. Depois da Primeira Guerra Mundial não só era apenas o Estado mais produtivo, mas também o mais rico do mundo; passou de um relativo devedor para credor entre as nações. Antes de 1914, a mais reconhecida moeda internacional era a libra inglesa, e a capital financeira do mundo era Londres; em 1918, o dólar substituiu a libra e Nova York, Londres.

Durante a década de 1920, o dólar ainda era como o ouro, em alguns lugares, até melhor. Entretanto, naquele período, a inflação da sociedade norte-americana cresceu aos saltos. Talvez pela primeira vez na história do mundo, a distribuição da riqueza dentro de uma sociedade não lembrava a forma de uma pirâmide ou de uma árvore. A classe média norte-americana se tornou tão grande, que a sociedade ganhou volume no meio; inflando-se como um balão. Novamente, a inflação da sociedade foi além da inflação monetária.[4] O valor internacional do dólar permaneceu alto e sólido, e dentro dos Estados Unidos os preços subiram pouco. Houve algumas exceções. Os preços pagos aos atores e atrizes de cinema, por imóveis na Flórida, e por ações e títulos havia aumentado além dos sonhos da avareza. Esses últimos eram mais importantes porque uma porção significativa da população estava envolvida com eles. Ao fim de 1929, o *boom* do mercado de ações chegava ao fim. Pânicos nas bolsas de valores e no mercado de capitais na Europa e nos Estados Unidos eram periódicos antes de 1914, com poucos efeitos a longo prazo. O pânico de 1929 também não teria sido grande perda aos Estados Unidos e ao mundo, não fossem alguns elementos: a especulação incluía agora pelo menos um milhão de pessoas, e não apenas alguns milhares de financistas e agentes com liqüidez; as finanças internacionais já estavam interligadas às norte-americanas, apesar de uma potência autoproclamada isolacionista. O resultado da súbita deflação na confiança do povo norte-americano em relação às suas próprias especulações foi a Depressão internacional, que engoliu o mundo ocidental por cinco ou seis anos.

Essa Depressão, independente de seus efeitos generalizados ou desagradáveis – e nos Estados Unidos a Depressão, não as duas guerras mundiais, foi a experiência traumática de uma geração inteira de norte-americanos – foi uma anomalia, não se qualificando nem mesmo para a exceção proverbial que prova a regra. A regra do século XX era a inflação, não Depressão. O ano de 1929 foi um evento do século XIX no meio de uma sociedade do século XX. Uma ilustração disso é que a queda nos preços foi temporária e sem dramaticidade. No pior ponto da Grande Depressão, entre 1932-33, os preços das ações tinham caído 70% e os agrícolas perto de 50%; mas a queda no preço médio dos produtos essenciais foi de apenas 30%, incluindo o preço dos automóveis, que foram reduzidos em apenas 20%. O preço dos títulos do governo dos Estados Unidos quase não caiu, o que demonstra que apesar das consideráveis tensões sociais, a confiança do povo no sistema norte-americano permaneceu sólida.

Essa é uma consideração importante para o que viria. Foi na década de 1930 que o Estado provedor norte-americano passou a existir, e foi a partir daí que a linha separando o empreendimento público do privado começou a se desmanchar. Essa evolução teve suas origens antes do que pensamos. É verdade que durante o século XIX, a propriedade pública e a privada eram coisas diferentes, ambas protegidas por leis rígidas. Também é verdade que por um longo tempo o valor do dinheiro era tão permanente quanto a posse de bens, e que o Estado não interferia (pelo menos não muito) na propriedade privada. E no que diz respeito a esta última, quanto mais se pagava por algo, mais durável era o produto. O terno ou o automóvel mais caros eram os mais duráveis, apesar de todas as mudanças na moda. As pessoas mais ricas construíam casas mais sólidas, com fundações de seis metros de profundidade e paredes de 60 centímetros de largura. No entanto, nos Estados Unidos, quase sempre as casas eram abandonadas no intervalo de uma geração. Os norte-americanos eram, e ainda são, pessoas irrequietas, que mudam de um lugar para outro e trocam suas posses num ritmo que, para muitos europeus, até hoje, é incrivelmente rápido. Pessoas que trocam suas posses materiais com tamanha rapidez (ao passo que idéias mudam num ritmo muito mais lento) não são materialistas, longe disso. Os norte-americanos também não eram pessoas egoístas. A primazia de suas considerações sociais dominava suas ambições individuais. Em 1900, na parte ocidental dos Estados Unidos, a mais aberta e livre do país, havia limitações legais à propriedade individual (por exemplo, o direito do domínio público sobre o uso das águas) a um ponto que a burguesia européia ocidental teria julgado intolerável, enquanto para os norte-americanos eram conseqüências de percurso. Diferentemente dos europeus, zelosos de suas propriedades e de sua privacidade, os norte-americanos não construíam muros ao redor de suas casas. Ainda não constroem. Esses são assuntos que raramente aparecem nas estatísticas, e nunca nas imaginações limitadas dos economistas. Isso significa que mesmo há um século o senso de propriedade e de posse no país era diferente daqueles dos franceses, por exemplo. Também significava que o povo norte-americano confiava em seu sistema de governo, enquanto os franceses não.

Em 1933, o governo dos Estados Unidos descobriu que seu principal dever era prover coisas como emprego ao povo, não somente a custo de orçamentos equilibrados, débitos nacionais e outras figuras fictícias de contabilidade, mas eventualmente com o custo da eficiência produtiva e do dinheiro sólido. Depois de 1934, os norte-americanos estavam proibidos de trocar dinheiro por ouro. Seu dinheiro passou a valer o que o governo estabelecia. O povo não se importou com isso. A fé que possuíam no governo e na riqueza de seu país permaneceu inabalável. Entretanto, a enorme riqueza dos Estados Unidos não era simplesmente atribuída às grandes reservas naturais do país ou à sua prodigiosa produção. Esta foi conseqüência do primeiro mercado de massa da história, e não sua causa. Isso foi possível, entre outras coisas, pela concessão de crédito – em mais de um sentido – à população. "*On ne prête qu'aux riches*" (Há de ser rico para poder tomar emprestado) era um mote europeu comum no mundo antes de 1914, na verdade, antes de 1945. Isso não queria dizer nada nos Estados Unidos, certamente não depois de 1920, quando a sociedade norte-americana começava a se transformar da forma tradicional de pirâmide para a de um balão superdemocrático.

A Depressão não mudou de forma alguma a evolução dessa tendência em direção à propriedade em massa. Na verdade, ações e títulos não podiam mais ser comprados com pequenos pagamentos marginais (mas, de qualquer maneira, poucas pessoas queriam comprá-los na década de 1930). Mais importante foi a mudança na propriedade das indústrias. Durante os anos 1930, a linha que separava a propriedade pública da privada estava começando a desaparecer. Fábricas e indústrias não eram mais propriedade de capitalistas e suas famílias, mas sim governadas por gerentes. Enormes quantidades de ações e títulos também não eram mais propriedade de investidores individuais e especuladores, eram gerenciadas por burocratas financeiros para instituições impessoais e fundos de pensão. Durante a Segunda Guerra Mundial, o governo se tornou o maior comprador individual da produção norte-americana. Essa prática continuou, inclusive depois da guerra. Se a General Electric foi ou não nacionalizada sob Eisenhower fazia pouca ou nenhuma diferença, assim como no caso da Krupp sob Hitler. Ambas dependiam das ordens do governo, das regulamentações do governo; seus empregados tinham que ser selecionados e supervisionados pelo governo. Em 1960, cerca de 30% da indústria norte-americana dependiam das ordens do governo; certas indústrias até mais, 90%. Seus líderes fariam discursos, ocasionalmente, exaltando as virtudes do sistema de empreendimento privado do país – talvez um tributo ao hábito nacional do auto-engano. Outros chamariam isso de "capitalismo do povo" em vez de reconhecerem o que isso era – e ainda é: uma forma tipicamente norte-americana de socialismo estatal, que correspondia à sua burocracia.

Até meados do século XX, as condições materiais da vida norte-americana – vastos recursos, muitas terras vazias, dependência mínima do comércio exterior, prodigiosa produção em massa aliada ao prodigioso consumo em massa, os mais altos salários e uma sólida e muito prestigiada moeda – era inimitável. Os resultados da Segunda Guerra Mundial acabaram com essa singularidade. Os Estados Unidos dividiram a Europa com a União Soviética; não teve que dividir a liderança financeira do mundo. Isso significou mais e novas responsabilidades, inclusive o financiamento norte-americano da reconstrução da Europa Ocidental e do Sul. Mais importante, o prestígio desse sistema levou à sua imitação. Esse fascínio com as coisas norte-americanas não era novo. Durante a década de 1920, milhões de pessoas na Europa já sabiam os nomes das estrelas dos filmes norte-americanos, mas não sabiam os nomes de seus próprios primeiros-ministros. Entretanto, a norte-americanização em grande escala da democracia na Europa teve que esperar até o pós-guerra. A vitória dos Estados Unidos levou à restauração da democracia parlamentar na Europa Ocidental, na Alemanha Oriental e no Japão. Mais importante, em muitos países levou à norte-americanização de processos políticos, inclusive com o desenvolvimento de sistemas bipartidários. Mais importante ainda, levou à norte-americanização de sociedades inteiras. Governos seguiam o exemplo: concediam créditos material e financeiro às suas massas. Em 1960, alguns dos Estados comunistas na Europa Oriental também se moviam na mesma direção. É um tanto paradoxal e irônico que a norte-americanização do mundo tenha iniciado seriamente no momento em que a condição única da democracia do país, assim como o singular e poderoso status dos Estados Unidos começava a minguar; mas esta é outra história à qual teremos que voltar.

▼

CONTEMPLEMOS AGORA O AUTOMÓVEL, o elemento primordial na norte-americanização do mundo, pois o século dos Estados Unidos é o século do automóvel, que é o símbolo, o sintoma, a causa e o efeito de seu desenvolvimento.

O século XIX foi o século do vapor. O XX, do petróleo e do motor de combustão interna. A ferrovia e o navio a vapor mudaram a cara do mundo, e a dos Estados Unidos em particular, com linhas assentadas para unir continentes e canais abertos para ligar oceanos. Somente entre 1880 e 1897, a quilometragem das ferrovias americanas dobrou. A ferrovia e os navios a vapor aproximaram as pessoas umas das outras. Sem eles, a imigração em massa, a maior evolução individual na história do povo norte-americano, teria sido um gotejar e não uma enxurrada. (Pode ser discutido que o automóvel e o avião, algumas vezes aproximam as pessoas, mas na verdade fazem com que elas se afastem umas das outras – mas esta é uma outra história.) Sabemos quem construiu a primeira locomotiva. Em 1900, 75 anos depois do primeiro trem a vapor de George Stephenson, em Lancashire, na Inglaterra, havia cerca de 100 mil locomotivas transportando pessoas e cargas por todo mundo. Não sabemos quem construiu o primeiro automóvel (por volta de 1885, engenheiros franceses e alemães montaram alguns modelos). Em 1980, 95 anos mais tarde, o total de automóveis no mundo era inumerável, provavelmente mais que meio bilhão. Nos Estados Unidos havia cerca de 37 mil locomotivas em 1900. Esse número atingiu seu máximo, 67 mil, em 1928, depois começou a declinar até o nível de 1890. O número total de automóveis norte-americanos em 1900 era 8 mil; em 1978, era quase 150 milhões – sete carros e caminhões para cada dez norte-americanos, incluindo crianças e deficientes.

O automóvel era (e ainda é) a mais maravilhosa das conveniências – não tanto pelo conforto (que é limitado mesmo no mais luxuoso dos carros) ou da redução das distâncias, mas porque permite ao seu dono ser senhor de seu tempo, em vez de ser dono do espaço. Ele pode sair quando quiser e voltar quando escolher. Não depende dos horários dos transportes públicos. Os inconvenientes e a impotência que afetam o dono do carro quando este não funciona bem, ou quando passa por um engarrafamento no trânsito, quando um potente motor apresenta defeito, e quando se reduz a livre escolha ao simples ligar ou desligar de um rádio, são consideráveis. Mas os trens também ficam parados no meio de seus trilhos, e estes inconvenientes não se comparam à relativa liberdade que o carro concede, parte inevitável da vida diária. O automóvel foi (e ainda é) uma invenção particularmente atraente aos norte-americanos por muitas razões, seja porque eles têm inclinações mecânicas, seja pelo caráter peculiar de individualismo, ou pela tendência perdulária e ao mesmo tempo avarenta com relação ao espaço. Mas em um sentido importante, o automóvel foi, para os Estados Unidos e para o mundo, tão ilógico quanto o descobrimento da América. (A América foi um continente descoberto por um erro, e sua colonização deveria ter sucedido e não precedido, por três séculos, a colonização da África, aquele vasto continente próximo e visível da Espanha.) O automóvel foi feito para uso individual (e para propriedade individual); e o século do empreendimento individual foi o XIX, não o XX. Se a história fosse regida pela lógica, o automóvel deveria pertencer ao século XIX, a partir do qual as pessoas teriam reconhecido que milhares de pessoas em grandes vagões de aço avançando sobre trilhos poderiam viajar mais rápido, mais barato e de forma mais eficiente que em milhares de veículos individuais, congestionando suas cidades e ruas. Em plena idade da democracia de massa, o transporte público deveria ter substituído os automóveis, e não o inverso. Mas a história não é regida pela lógica – ou melhor, tem uma lógica própria. Não tivesse o automóvel sido inventado e produzido em massa, as cidades do século XX teriam experimentado congestionamentos de tráfego ainda maiores, provocados por carroças a cavalos, e por um Exército de varredores pobres necessário para limpar, à noite, as montanhas de excrementos dos cavalos das ruas. Congestionamentos de trânsito nas grandes cidades do mundo precederam os congestionamentos de automóveis por pelo menos meio século. O censo de tráfego feito em uma famosa rua de Paris no início e no final da era inflacionada do Segundo Império mostrou um crescimento de quase três vezes no número de carruagens em 20 anos. Por volta de 1900, muitas das principais ruas das cidades norte-americanas estavam tão congestionadas quanto agora, por carruagens a cavalos e por bondes.

A inflação da sociedade levou a isso, assim como a inflação da sociedade levou à manufatura em massa de automóveis. Henry Ford não foi um inventor particularmente brilhante. Seu talento estava na produção em massa, e no seu poder de venda, não na invenção. Em 1914, ele juntou o equipamento necessário para a produção de automóveis e decidiu pagar aos seus funcionários um salário, então inflacionário, de 5 dólares por dia (ao mesmo tempo, reduziu o intervalo de almoço para 15 minutos). Este foi um evento famoso na história dos Estados Unidos. Depois da Segunda Guerra Mundial, certos escritores europeus entrariam em transe por causa disso, comparando este maravilhoso feito norte-americano, em 1914, com a catástrofe que a Europa viveu naquele terrível ano.[5] Entretanto, esse evento era previsível. Até mais que a produção de automóveis em massa, o gênio Henry Ford tinha uma visão bem norte-americana de consumo em massa. Ele tinha a alma híbrida de um populista, um vendedor, e um pregador – uma combinação tipicamente norte-americana. Ele notou, bem antes de 1914, que o automóvel se tornaria um item 100% norte-americano, não um equipamento meramente esportivo para os ricos. Por todo país, nas pequenas cidades do Meio-Oeste e outras partes, o primeiro dono de um carro era quase sempre o dono da farmácia ou da loja de materiais de construção, não o banqueiro ou o advogado, a aristocracia da região. Ford viu o que outros gênios da propaganda, de outras áreas, já haviam notado antes dele: um vasto mercado potencial, um grande reservatório pronto para ser explorado. Começou a aproveitá-lo com todo o retinir e o barulho ensurdecedor de uma máquina a vapor. Logo outros fabricantes se juntaram a ele – depois, e não antes, de se assegurarem que este reservatório se renovaria eternamente, e que parecia não ter fundo.

Isso era "iniciativa privada", por assim dizer. No entanto, assim como meio século antes com as estradas de ferro, o governo correspondeu ao desejo popular. Construiu ruas, eventualmente assistindo a indústria automobilística muito mais que as ferrovias. Em 1880, a manutenção das ruas era assunto das municipalidades locais (que freqüentemente permitiam que contribuintes criminosos trabalhassem em reparos de ruas "pagando o imposto de rodagem"). Em 1916, a Lei Federal de Assistência as Ruas disponibilizou fundos nacionais para as estradas. Em 1917, cada um dos estados tinha seu departamento de estradas. Em 1921, a lei de Rodovias Federais foi aprovada.

Em 1920, o automóvel estava no centro do cenário norte-americano. Era o fenômeno central inevitável dos vilarejos do país – e mais, da imaginação norte-americana. A silhueta dos vilarejos dos Estados Unidos, de suas cidades (especialmente no Oeste), e até da terra (onde os tratores estavam substituindo os cavalos muito rapidamente) se conformaram ao automóvel. Em 1926, uma dona-de-casa de classe média disse aos Lynds, autores de *Middletown* (Cidade

Média): "Nós preferimos viver sem roupas a viver sem carro." Em 1927, 30% das famílias norte-americanas tinham rádios, 40% vitrolas e 67% carros. É verdade que, entre 1910 e 1920, o preço de um automóvel médio caiu 38%. No entanto, em 1912, havia um carro para cada 114 norte-americanos; em 1920, um para cada 13. Em 1921, o jornal *New York Times* ("O uso, no futuro próximo, de qualquer coisa parecida com o dobro do número atual de carros parece muito improvável") e, em 1926, a revista *New Republic* proclamavam que o mercado de automóvel estava saturado. Estavam errados. Em 1928, somente sete milhões de norte-americanos tinham renda acima de US$2 mil por ano; mas havia 17,5 milhões de carros nas ruas. Em outubro de 1929, durante o julgamento de trabalhadores da indústria têxtil em greve na Gastônia, o promotor do estado da Carolina do Norte se dirigiu ao júri com esta questão patriótica: "Os senhores acreditam na bandeira, os senhores acreditam na Carolina do Norte, os senhores acreditam em boas estradas"?[6] O tipo de vida descrito em *O Grande Gatsby* era inimaginável sem automóveis – e não apenas no sentido prático (seus heróis e heroínas dirigindo eternamente entre Long Island e Nova York) mas porque eram pessoas de automóveis, seus carros eram expressões de suas personalidades, tão importantes quanto suas roupas e modos. Eles eram automotivados, norte-americanos motorizados. Em *Dodsworth* de Sinclair Lewis, o norte-americano inocente era presidente de uma grande companhia de automóveis que acreditava que sua fábrica, escritório, cidade e país formavam a nova Roma, que era o centro do mundo, o que não era totalmente ilusão. Durante a década de 1920, a automobilização do mundo avançou na velocidade de sua norte-americanização. Em 1928, Walter P. Chrysler disse: "Recai sobre os Estados Unidos motorizar o mundo". (Hoover o seguiu em 1929: "Dois carros em cada garagem.") As impressões pictóricas e musicais dos Estados Unidos estavam substituindo suas imagens verbais e literárias por meio de filmes, revistas, e alguns suplementos com figuras de jornais. Eles aproximaram os Estados Unidos da Europa. A vida norte-americana era agora o ideal de milhões. Isso aconteceu mais de uma década antes que as lustrosas revistas do país, produzidas por Henry Luce, falassem do "século norte-americano" e antes da "Pan American Airway" se tornar a primeira companhia aérea a cruzar os oceanos, sinalizando o pan-americanismo do mundo.

Mesmo assim, havia uma grande diferença. O ideal era inatingível, em mais de uma maneira. Um dos fatores foi a restrição da imigração em massa para os Estados Unidos depois de 1921. Outro fator, durante a década de 1920, foi que os automóveis nos Estados Unidos eram produzidos para as massas. Em outras partes, não. Em 1920, havia 8 milhões de automóveis nos Estados Unidos; em 1929, 18,5 milhões. Em alguns países europeus, eram milhares de carros, não milhões. A produção em massa de automóveis havia começado na Grã-Bretanha, França, Alemanha, Itália. Entretanto, o ano do ápice da Depressão, 1933, registrava um automóvel para cada cinco norte-americanos, mas somente um para cada 23 habitantes da Grã-Bretanha, para cada 58 na Alemanha, 108 na Itália, 555 na Hungria e para cada 5 mil na União Soviética.[7] Nos anos que antecederam a Segunda Guerra Mundial, Mussolini e Hitler começaram a automobilização em massa de seus países. Esses adversários da democracia admiravam muitas coisas dos Estados Unidos. A norte-italiana *autostrade,* construída por Mussolini, precedeu a primeira superestrada norte-americana (a *Pennsylvania Turnpike*) por quase 15 anos. Uma das poucas fotografias que mostram Hitler sorrindo data de 1938, quando ele contemplava a maquete de um Volkswagen.[8] Na Europa, durante a Segunda Guerra Mundial, saber dirigir um carro era a qualificação mais valiosa que promoveria um recruta nas fileiras. Era muito mais vantajoso que andar a cavalo havia sido nas guerras anteriores. Mesmo assim, até a última metade do século XX, os automóveis, mesmo nas nações mais democráticas da Europa, eram geralmente propriedade das classes mais altas. Nos Estados Unidos, não. A série de filmes *Andy Hardy*, filmada na década de 1930 e distribuída pelo mundo, tinha como herói um rapaz norte-americano de 15 anos, vindo da classe média (Mickey Rooney), de uma cidade pequena e que ainda não havia se formado no segundo grau, mas que tinha seu próprio carro, o instrumento de progresso rápido pela cidade e também com as garotas. Esse era o sonho aspirado por rapazes de 15 ou 16 anos em outras partes do mundo. Refletia a natureza inimitável dos Estados Unidos.

A norte-americanização do mundo (ou mais precisamente, a norte-americanização do imaginário e das aspirações de milhões de pessoas espalhadas pelo mundo) não foi afetada pela Grande Depressão. Pessoas na Europa liam sobre a crise financeira norte-americana, viam certas fotografias, que faziam pouca diferença para eles: as imagens dos Estados Unidos eram brilhantes, ricas e automobilizadas , a crença na riqueza inigualável do país era tão penetrante quanto antes. Os europeus não estavam totalmente errados, o que seria provado não só pela ascensão dos Estados Unidos ao status de superpotência depois de 1940; mas também pela vida motorizada dos norte-americanos durante os anos da Depressão. Quaisquer que fossem as agruras e experiências dolorosas do país durante aqueles anos, os norte-americanos não abririam mão de seus automóveis, provavelmente porque não tiveram que fazê-lo. Desde 1929, do ápice da abastada década de 1920 até o ano de 1933, que foi o mais forte da depressão, as vendas de automóveis novos declinaram, mas o número de carros particulares nos Estados Unidos caiu menos de 10%. Em 1935, essa taxa alcançou as cifras de 1929 e, a partir daí, aumentou todos os anos. (O número de caminhões diminuiu muito pouco.) Em 1936, D.W. Brogad, pesquisador escocês do caráter norte-americano, estava no Meio-Oeste. Em *Main Street*, escreveu: "Havia incontáveis carros; era possível que aqui, assim como em outras cidades como esta, acreditava-se ser mais importante ter um carro, que é uma posse pública, do que um banheiro, que é particular". *As Vinhas da Ira*, uma saga da Depressão, aclamada na literatura e no cinema, mostrou norte-americanos dos mais pobres, os Okie, migrando para o Oeste passando pelo deserto em automóveis velhos – mas em automóveis – saindo das tempestades de poeira para a soberba e limpa superfície das rodovias (estas construídas com auxílio federal, que aumentou durante a década, de 404.936 quilômetros em 1930, para 492.603 em 1940). Para um camponês russo ou ucraniano da década de 1930, os personagens de *As vinhas da ira* não evocariam pena, mas assombro. Para eles, esses norte-americanos indigentes pareceriam super *kulaks*, talvez até milionários *americkanski.*

Durante a Segunda Guerra Mundial, o Exército dos Estados Unidos aderiu ao motor com mais entusiasmo que qualquer outro do mundo. A mudança que o motor de combustão interna promoveu na guerra foi revolucionária, brilhantemente reconhecida (em vão) pelo jovem Charles de Gaulle, na França. Para um oficial de cavalaria e jogador de pólo como George Patton, o fato era uma conseqüência de curso. Nos anos 1890, e por muito tempo depois, arquitetos e profetas do poder norte-americano no mundo provaram sua tese na crença do povo anglo-saxão de que o poder marítimo era a chave da história. "O poder naval nos assuntos mundiais ainda governa a história", telegrafou Franklin Roosevelt ao primeiro-ministro francês Reynaud, em junho de 1940, em resposta ao pedido desesperado do francês por imediata ajuda norte-americana. Roosevelt estava errado. Enquanto era verdade que Hitler não podia atravessar o canal da Mancha sem uma Marinha, e também que as forças anglo-americanas poderiam desembarcar na França principalmente por causa da sua superioridade naval, a invasão e libertação da Europa Ocidental quatro anos mais tarde foram possíveis porque cerca de quatro quintos do Exército alemão lutava na Rússia. Se os alemães tivessem uma força reserva grande, Hitler poderia ter conduzido seu Exército para a Normandia, e empurrado os invasores em direção ao mar. Pela primeira vez em séculos, tropas podiam se movimentar mais rapidamente em terra do que nos mares, por causa do motor do automóvel.

Depois da Segunda Guerra Mundial, a força da automobilização aumentou. Não houve (pela primeira e única vez durante o século do automóvel) nenhuma produção de carros particulares nos Estados Unidos entre 1941 e 1946. Mas o número de automóveis particulares aumentou 50% durante a década de 1940, e o número de trilhos quase dobrou. Havia 151 milhões de norte-americanos em 1950, e 228 milhões em 1980, um aumento de 50%. Mas de 1950 a 1980, o número de automóveis aumentou três vezes, e o número de caminhões cresceu cerca de quatro vezes. Em 1949, 48% dos norte-americanos possuíam um automóvel e somente 3% possuíam mais de um carro. Em 1976, 30% tinham dois ou mais. Em 1950, poucas donas-de-casa norte-americanas possuiam seus próprios carros. Em 1970, mesmo para a classe média baixa era comum haver um carro para a esposa. Estudantes de escola secundária com seus próprios calhambeques não eram raros na década de 1950, mas ainda eram parte de uma classe invejável entre seus pares. A mesma coisa entre os negros norte-americanos ou hispano-americanos.[9] Em 1970, arquitetos e administradores de escolas públicas, localizadas nos menores e menos prósperos vilarejos, providenciaram enormes estacionamentos para as centenas de carros de alunos. O hábito nacional da automobilização foi, obviamente, encorajado pela produção do consumo, pela prática da extensão dos créditos ao povo, o hábito financeiro nacional após a Segunda Guerra Mundial, com crédito ao consumidor de todos os tipos e de uma crescente variedade de fontes, se tornou uma instituição nacional. Em 1948, três em cada dez norte-americanos compravam carros novos a prestação. Em 1975, cerca de sete em cada dez compradores o faziam, apesar das altas taxas de juros e custos muito mais elevados. (A compra de carros usados a prestação não aumentou; mostrou um ligeiro declínio durante as décadas de 1950-60.) O governo contribuiu voluntária e agressivamente para a automobilização. Foi com a administração Eisenhower que o enorme sistema de rodovias interestaduais passou a existir. A construção de super-rodovias e vias expressas também se tornou o gasto principal dos governos estaduais. Estes e o Exército norte-americano trabalharam lado a lado do monstruoso e corrupto *lobby* dos sindicatos, os *Teamsters*. Um dos resultados foi a crescente tolerância com caminhões gigantescos, alguns pesando mais de 80 ou 90 toneladas. Seus números quase dobraram depois de 1955.[10]

A automobilização não mudou somente o imaginário, mudou padrões inteiros da vida norte-americana. Mas é interessante notar que foi durante a rápida e expansiva fase da automobilização norte-americana que a mobilidade dos proprietários de carros particulares, na verdade, diminuiu. Não estou me referindo apenas aos engarrafamentos no trânsito, o problema das cidades grandes antes de 1940,[11] e que a partir de 1950, se tornou uma condição normal até mesmo nas pequenas vilas norte-americanas. Entre 1950 e 1970, a quantidade de carros particulares no tráfego entre as cidades permaneceu o mesmo. Ao mesmo tempo, o número de viagens aéreas aumentou cinco vezes, enquanto que as de trem diminuíram menos de 1% – também as viagens de ônibus caíram 2,1%, possivelmente por causa de sua associação às classes, na mente de muitas pessoas. A bênção original e prática do automóvel, a de prover horizontes inesperados de mobilidade para homens e mulheres, estava declinando. Até cerca de 1950, uma volta no carro da família no domingo à tarde era uma prática comum para o norte-americano. Depois de 1960, dirigir por prazer, exceto ocasionalmente entre os motoristas mais jovens, quase desapareceu. Desde 1940, a quilometragem média anual dos automóveis particulares do país permaneceu a mesma. Cada vez mais as pessoas dependiam de seus automóveis para propósitos práticos de transporte, razão principal pela qual o número de carros particulares aumentou, e o transporte público deteriorou, apesar de subsídios federais, entre outros.

O "caso de amor" entre os norte-americanos e o automóvel é um clichê jornalístico barato, usado repetidas vezes durante os últimos 20 anos por especialistas amadores da psique nacional, que sempre voltavam à questão: "quando esse caso de amor chegaria ao fim"? A pergunta estava colocada erroneamente. Apesar dos "estados amorosos", por volta da metade do século XX, a nação já estava *casada* com o automóvel, e a questão que permanece para nossos descendentes é se este casamento permanecerá ou não indissolúvel. Certamente parece indissolúvel mesmo agora, apesar desse casamento estar afligido por muitos problemas, que começaram antes do que pensamos, isto é, antes do aumento no preço da gasolina da década de 1970. Em 1950, o *design* e a qualidade dos automóveis norte-americanos não eram mais exemplares. Até cerca de 1950, os carros feitos nos Estados Unidos eram maiores, melhores, com características mais avançadas do que os construídos em outras partes, e normalmente mais duráveis. Eram os carros luxuosos do mundo: cadillac, lincoln, o la salle. Automóveis cobiçados por milionários e estadistas, símbolos de status e solidez monumental, pouco abaixo da reputação do rolls-royce. Antes da Segunda Guerra, o carro mundial era o ford. Depois de 1950, era o alemão volkswagen. Antes de 1955, o número de norte-americanos que comprava carros estrangeiros era infinitesimal, menos de meia dúzia de estrelas de Hollywood e milionários. Depois de 1955, carros importados começaram a pontilhar as rodovias do país por toda parte. Diferentemente da década de 1920, havia relativamente poucas melhorias nas características técnicas dos carros norte-americanos da década de

1950. Mais importante, devido aos altos custos trabalhistas e à burocratização dos fabricantes de automóveis em massa, os carros norte-americanos não eram mais competitivos. Em 1950, os Estados Unidos produziam quatro milhões de automóveis, enquanto o resto do mundo pouco mais de meio milhão. Em 1963, pela primeira vez na história, menos da metade dos automóveis fabricados no mundo eram de origem norte-americana. Em 1967, mais de 10% dos carros no país eram importados; mas esta fatia de mercado continuou a crescer até cerca de 30%, em 1980.

Poucos norte-americanos notaram o significado disso até 1973, quando – subseqüente à curta explosão da guerra entre Israel e o Egito e à associação norte-americana com as fortunas de Israel – os países árabes decidiram que poderiam aumentar o preço do petróleo. Agora o custo do casamento dos norte-americanos com o automóvel batia em suas caras. Entre 1950 e 1970, o consumo norte-americano de petróleo mais do que dobrou, enquanto as importações aumentaram três vezes: o país havia se tornado dependente do petróleo estrangeiro; em 1973, esta dependência era de 40%, pelo menos. Em 1980, o preço da gasolina (sem falar no aumento do preço dos carros e das enormes taxas de seguros) era seis vezes maior do que em 1954. Muitas pessoas (e, obviamente, os especialistas) anteciparam que a dependência norte-americana com relação aos automóveis particulares seria drasticamente reduzida. Isso não aconteceu, já que problemas de despesas raramente são fontes, mas sim, conseqüências de casamentos com problemas – e os casamentos não têm problemas até que os envolvidos pensem assim. Em 1980, havia mais carros nas ruas do que antes. Mais adolescentes norte-americanos tinham carros do que antes.[12] Apesar dos enormes subsídios governamentais, o transporte público piorava constantemente, e era cada vez mais negligenciado; as pessoas se recusavam a usá-lo. Uma geração inteira cresceu sem conhecer os trens. Nas cidades, o transporte público não era apenas sujo e ineficiente, já não era barato. Havia se tornado perigoso e vulnerável à vida , já que gangues de jovens atacavam carros e estações. Em 1980, 88% dos norte-americanos iam e vinham do trabalho em seus automóveis; mais de um terço das famílias do país tinha mais de um carro; três quartos da carga e mais de 90% dos alimentos perecíveis eram transportados em caminhões. A Chrysler, uma das três grandes companhias norte-americanas de automóveis, estava à beira da falência, mas o governo decidiu ajudar a empresa com o apoio dos republicanos, apesar destes pregarem o sistema de livre-iniciativa. O ano 1980 foi um divisor de águas estatístico: o Japão produziu sozinho mais carros que os Estados Unidos. Não importa: o fervor do "caso de amor" entre o norte-americano e o automóvel pode ter sido algo do passado, mas eles seguiam acreditando que seu casamento era indissolúvel.

PESSOAS CASADAS TENDEM A SE PARECER depois de algum tempo. O automóvel mudou a cara dos Estados Unidos de diversas maneiras. As características nacionais aparecem mesmo nos produtos padronizados de fabricação em massa. Automóveis norte-americanos aparentavam ser norte-americanos, e não estou me referindo somente ao seu tamanho, ou às características que refletiam as condições do país. O automóvel se conformou à fisionomia nacional, mas esta, também foi afetada pelo automóvel. Por um lado, no século XX, os norte-americanos não estão acostumados a andar, o que aparece no próprio modo como andam. Por outro, havia uma semelhança entre rostos e estruturas de Henry Ford e Calvin Collidge como o esguio Model T;[13] 30 anos mais tarde, havia uma correspondência entre as fisionomias dos corpulentos buicks e oldsmobiles da década de 1950 e Charles Wilson, o estadista de Eisenhower da General Motors. A mecanização afetou o próprio imaginário dos norte-americanos, não somente sua aparência, mas a forma pela qual funcionava sua imaginação, como pensavam sobre a natureza humana. "Seu automóvel", dizia uma propaganda em 1910, "deve receber o mesmo cuidado que você dedica a si mesmo ". Trinta anos mais tarde, uma propaganda de uma companhia de seguros, advogando exames médicos anuais para as pessoas, dizia: "Qual a distância que você andaria com o *seu* carro sem um *check-up*?" Cento e cinqüenta anos atrás a metáfora cunhada para a locomotiva, "cavalo de ferro", transmitia a imagem de um mundo bem conhecido pelas pessoas. Nos anos 1920, "ele é a centelha da companhia" transmitia uma imagem – muito mais abstrata – da mecânica que os norte-americanos *pensavam* conhecer bem.

Isso pareceu ser muito moderno e corrente. Entretanto, derivava diretamente do século XVIII, quando os enciclopedistas franceses descreveram o homem como máquina. Um ponto de vista para o qual certos norte-americanos como Benjamin Franklin também tenderam, mesmo sendo ele ponderado o suficiente para moldar suas palavras de acordo com os ventos morais da época. Visitantes europeus nos Estados Unidos notaram esta condição surpreendente: as idéias norte-americanas mais "modernas" e seus representantes pareciam ser muito velhos. Entre eles, o historiador holandês Huizinga e o arrogante e altivo, mas não ignorante, conde Keyserling, que conheceu Ford e Rockefeller na década de 1920. Keyserling escreveu que raramente se via um delegado de negócios e da indústria "que não parecesse ter séculos de idade; um rosto tipo pergaminho, me refiro ao rosto de uma múmia. E o que esse tipo de homem fala? Nunca uma idéia nova – um eterno ensaio de frases feitas com raízes no século XVIII; ruminando padrões mais altos de vida, instituições melhores, uma vida em comunidade sólida, e assim por diante. Se tal conversa não é sinal de senilidade, eu já não sei identificar o que seja ... Sua inerente infantilidade também explica o fato de que as pessoas raramente ouvem falar de qualquer outro padrão de valores, mas, daquele de realização quantitativa".[14]

Mobilidade, ao final das contas, não é o mesmo que progresso. O velho tipicamente norte-americano do interior, que se balança eternamente para trás e para a frente em sua cadeira na varanda, estava se movendo, mas não avançando. O jovem tipicamente norte-americano, eternamente mascando chicletes, mostra uma face tão "auto-móvel" quanto mecânica, congelada em movimento e ao mesmo tempo desprovida de expressão. Se o automóvel mudou o rosto dos norte-americanos, certamente mudou a face dos Estados Unidos. Vistas de cima, as gigantescas rodovias logo se tornam as características principais da paisagem. Comparados a elas, os trilhos da ferrovia são tiras finas de arame difíceis de divisar. A automobilização dos Estados Unidos foi tanto conseqüência quanto causa: não correspondeu somente às ambições do povo, mas às condições da psique norte-americana. Esses tendem a ser, repito, perdulários com seu espaço e ao mesmo tempo avarentos com seu tempo; mas esta tendência estava evidente muito antes do advento do automóvel. Aqueles que criticam o automóvel, têm dito[15] que os carros destruíram muito das cidades norte-americanas; mas seus habitantes não são muito urbanos. Se movimentam para os subúrbios desde antes dos automóveis. Em certos lugares (como na Filadélfia) a classe alta estava começando a abandonar a cidade para se estabelecer em propriedades rurais desde 1875; em outras partes do país (e este era o padrão mais comum) os jovens casais de classe média saíam das cidades em busca de bairros onde pudessem comprar casas próprias. O ideal norte-americano de ser dono de sua própria casa era admirável e saudável, e mais possível nos Estados Unidos, de espaços amplos, que na Europa superpopulosa. Entretanto, esse desejo pelo ideal de habitação motivado por meros propósitos de solidez e respeitabilidade não levou a residências permanentes. Os norte-americanos se mudavam com mais freqüência que qualquer outro povo civilizado no mundo. A vida suburbana, que além das desvantagens culturais, também dividia as pessoas ao invés de uni-las; os suburbanos se conheciam pouco, e poucas coisas além de sua vizinhança imediata. Desde 1890, os norte-americanos têm se mudado para lugares cada vez mais longe do local de trabalho. Até cerca de 1920, o transporte público, especialmente os bondes elétricos, tornou isso possível para milhões de pessoas. Depois, o automóvel começou a comprometer não só a vida nas cidades, mas também destruiu a maior parte dos sistemas de transportes públicos. O estranho resultado mostrou que na democracia de massa dos Estados Unidos foram as cidades que se tornaram eventualmente os lugares menos seguros, e que o transporte público se tornou um dos piores, senão *o* pior do mundo civilizado. A típica cidade pós-moderna e pós-urbana (na verdade, um conglomerado de subúrbios), Los Angeles, tinha o melhor serviço de bondes do mundo em 1915. Trinta anos mais tarde, seu transporte público já era o pior do mundo.[16] É óbvio que o ideal de vida no século XIX era suburbano, no XX era urbano. Menos óbvio é que o sonho norte-americano de uma casa suburbana, assim como o ideal de mecanização, fazia referência ao século XVIII: não foi Voltaire quem disse que o ideal sereno da existência humana é o de cultivar o próprio jardim? Durante o século XX, este ideal se traduziu na vida de milhões; com efeito, o Estado provedor tornou isso possível.

E aqui retornamos ao ponto de partida de nosso argumento: a inflação da sociedade cresceu antes da do dinheiro, a da circulação antes da do tráfego, a da comunicação verbal antes da inflação da comunicação física. A do dinheiro foi mais conseqüência que causa. Depois dos anos 1930, a maioria dos preços não caiu mais. Entre 1940 e 1960, os preços mais que duplicaram; mas a renda pessoal disponível aumentou mais de três vezes.[17] A nova geração de norte-americanos se acostumou ao tipo de inflação próspera como um fato da vida. Esse tipo norte-americano de socialismo nacional foi responsável por uma prosperidade sem precedentes. Produção e crédito padronizados em massa, juntamente com a inflação dos salários, tornaram possível a milhões de norte-americanos adquirirem e consumirem coisas que nunca poderiam pensar, a não ser alguns anos antes. Em 1905, aproximadamente, o milionário J.P. Morgan, com um senso de humor esnobe, dizia que se a pessoa tivesse que pensar quanto um iate lhe custaria, ela não teria condições de comprar um. Cinqüenta anos mais tarde, o inverso era verdadeiro: o tipo de pessoa que cogitava adquirir um iate, poderia ir adiante e comprá-lo. Nessa nova e cada vez mais displicente sociedade, milhares de caminhoneiros possuíam lanchas ou mesmo iates, esposas e filhas de encanadores faziam cruzeiros de inverno no Caribe. Milionários agora contavam menos que antes, não só por causa da inflação e impostos, mas porque, nessa economia de crédito fácil, ganhar dinheiro – o que para a grande maioria significava emprego estável – contava mais que a posse de bens. Em quatro anos – entre 1952 e 1956 – o débito do consumidor aumentou 55%. Em razão da influência da indústria da publicidade, a produção do consumo se tornou mais importante que o consumo da produção. Uma das conseqüências foi que o entretenimento, as férias e a recreação se tornaram o elemento principal nas economias de estados inteiros.

Essa transformação da sociedade significou mudanças no caráter de bens e no caráter do dinheiro. Esses tornaram-se menos permanentes e duráveis. Diferentemente do passado, altos custos significavam relativa raridade e não durabilidade. Isto era verdade para roupas, assim como para máquinas e casas. Tinha a ver com o declínio, e algumas vezes com o virtual desaparecimento, das habilidades manuais. Tinha muito mais a ver com a sutil transmutação do senso de posse. No papel, mais norte-americanos eram donos de carros e casas nos anos 1960 do que jamais se viu. Na realidade, eles os alugavam e os descartavam.[18] A maior parte das pessoas ainda achava mais satisfatório comprar casas do que alugá-las: mas já que se mudavam depois de poucos anos, seu senso de posse era diferente às de pessoas, quer donos ou inquilinos, que moravam no mesmo lugar por um longo tempo. Em resumo, a distinção que antes era clara entre posse e aluguel de propriedades, começou a se confundir. O pensador social Thorstein Veblen, que havia criticado o materialismo da classe mais abastada de norte-americanos pelo "conspícuo consumo" 60 anos antes, não estava muito longe do alvo, apenas um pouco adiantado. Naquela época, o principal instrumento para estar no mesmo patamar dos Jones era a conspícua posse de coisas: seu conspícuo consumo veio mais tarde. Na década de 1960, o significado do adjetivo "conspícuo" se esvaziara. O consumo permaneceu a realidade avassaladora: mas era diferente de materialismo, já que o próprio ato do consumo envolve o desaparecimento da matéria. Eventualmente, veio a significar a limitação da escolha, também. O número de norte-americanos que podia comprar uma casa durante a inflação acelerada do final da década de 1970, declinou com a crescente taxa de financiamento: mas é, ainda, duvidoso se, o aumento das *town houses* e o magro gotejar de pessoas de classe-média que voltavam para as cidades levaria ao retorno da vida urbana nos Estados Unidos, ou se os crescentes obstáculos financeiros de "ascensão", aumentariam a permanência nas residências – algo que é, afinal de contas, uma das principais marcas de uma civilização estável.

Os termos de uma sociedade "aquisitiva" ou "afluente", intelectualmente em voga na década de 1960, estavam totalmente fora do alvo. "Aquisitiva" significa urgência de possuir, manter, guardar. "Abastada" significa conforto próspero que flui da posse considerável de reservas pessoais. Nenhum destes adjetivos se encaixa nos milhões de compradores, consumidores e inquilinos que descartavam coisas quase tão rápido quanto as compravam. As poupanças pessoais eram baixas. No passado, quando o dinheiro era raro, as pessoas que ganhavam pouco podiam até não ter boa educação, mas certamente sabiam o que fazer com o dinheiro. O problema principal do Estado provedor norte-americano não era a sua burocracia inchada, mas que um grande número de pessoas não sabia o que fazer com seu dinheiro. Uma fonte deste tipo de imprevidência era o hábito de gratificações instantâneas; especialmente entre os jovens. Essa condição estava relacionada ao fato de que muitos norte-americanos não estavam apenas cronicamente desempregados, mas sim, cronicamente sem capacidade de conseguir um emprego. Este não era meramente o resultado de educação insuficiente. Nem era somente o problema de pobres abaixo da escala econômica. O interesse deficiente em posses duráveis e a conseqüente – embora menos consciente – frustração com os prazeres das posses (levando não somente ao rápido abandono, mas à rápida deterioração das posses por causa da falta de manutenção) eram características do "novo-pobre": homens, mulheres e crianças cuja pobreza era menos material que social, psíquica e espiritual.

Já vimos que compras a prazo se tornaram comuns depois da Segunda Guerra Mundial; mas daí em diante, o débito do consumidor aumentou dramaticamente. Em 1968, era quase dez vezes maior que o de 20 anos antes. A transformação do caráter do dinheiro estava claramente ligada à cultura do cartão de crédito, com suas transações que consistiam em meros papéis. O crédito rotativo começou em 1955. Em 1966, pela primeira vez na história norte-americana, o dólar não era mais trocável por equivalentes em prata. A prata desapareceu da cunhagem do país que passou a ser feita ou, algumas vezes, revertida com materiais mais baratos e comuns. O povo norte-americano foi informado que isso não queria dizer nada e sem dúvida acreditaram, no entanto, não agiram de acordo. A inflação relativamente moderada começava agora a acelerar. Na década de 1970, uma seqüência de governos norte-americanos culpavam a inflação pelo crescente preço do petróleo. Entretanto, a aceleração da inflação antecedeu a este aumento. Bem antes de 1973, o valor do dólar começou a erodir não somente no país, mas no exterior também. Em meados dos anos 1960 – correspondendo ao aspecto torpe de tantas outras matérias: cidades sujas, imagens desagradáveis, letras oliformes; roupas, modos e falas cada vez mais desleixadas e deselegantes – as notas de dólar também se tornaram sujas, maculadas e rasgadas, já que passavam de mão em mão cada vez mais rapidamente. Elas não eram mais dobradas, manuseadas e guardadas com respeito; começaram a lembrar as cédulas sujas, rasgadas e inflacionadas de países europeus depois da guerra. Quando as finanças de um Estado estão sólidas, sua moeda é nova e limpa. Assim era o dinheiro da antiquada democracia da Suíça e a da norte-americanizada democracia da Alemanha Ocidental. Durante a década de 1970, o valor do dólar oferecido em troca de moeda suíça ou alemã tinha caído para menos da metade. Em 1980, a renda per capita dos suíços e dos alemães ocidentais era, pela primeira vez na história, mais alta que a dos norte-americanos.

Assim, os Estados Unidos, depois de um século, deixaram de ser o país mais rico do mundo. Mas o início desse processo, ocorreu antes do que pensamos. Foi em 1956 – lembrado, se é que lembrado, como um ano dos mais monótonos e prósperos do governo Eisenhower – quando, pela primeira vez, os norte-americanos importaram mais automóveis do que venderam no exterior. Esse não foi um evento isolado. O Tesouro dos Estados Unidos possuía mais ouro do que em qualquer outra época. Depois de 1957, o estoque de ouro do país começou a declinar; o ouro começou a escoar dos Estados Unidos em quantidades cada vez maiores a cada ano (exceto em 1969), e após 14 anos, seu estoque era menos da metade que o de 1956. Por volta de 1956, a produção norte-americana também começou a estagnar: a de certas nações da Europa Ocidental cresceu mais rapidamente que a dos Estados Unidos; o Japão logo seguiria. Pela primeira vez alguns produtos de massa europeus ultrapassaram seus equivalentes norte-americanos, em quantidade e qualidade. Trinta anos depois da primeira revolução industrial, da relativa paz na Europa pós-Napoleão, os primeiros sinais do fim da liderança industrial britânica no continente começavam a aparecer. Algo semelhante estava acontecendo nos Estados Unidos 12 anos depois da morte de Hitler, e uma década depois do início da Guerra Fria. A balança comercial dos Estados Unidos se tornou adversa. Algo mais aconteceu em 1956, um evento que também teve amplo significado. Pela primeira vez na história do mundo, a maior parte da população trabalhadora de um país – os Estados Unidos – não estava mais engajada na produção. Em 1956, pela primeira vez, mais norte-americanos estavam empregados na administração que nas produções agrícola e industrial somadas. Isso significou que a fase industrial e urbana da história norte-americana agora estava terminada: os Estados Unidos, tendo passado da era predominantemente agrícola para a predominantemente industrial durante a segunda década do século XX, entrava agora na era pós-industrial. Sua sociedade estava se burocratizando rapidamente.

Poucas pessoas, naquela época, notaram a importância disso. Em 1957, a União Soviética precedeu os Estados Unidos no lançamento do primeiro satélite espacial. Entretanto, 12 anos mais tarde, os Estados Unidos anteciparam aos russos ao enviar astronautas à Lua; e a superioridade tecnológica dos Estados Unidos sobre a Rússia continuou, mesmo quando a outrora incontroversa primazia do poder norte-americano no mundo estava diminuindo. Durante os últimos 25 anos, o prestígio do modo de vida norte-americano sobreviveu ao declínio de seu poder. Havia muitos elementos perturbadores nesta imagem de queda, mas a impressão geral ainda era muito favorável. O valor do dinheiro do país, apesar de desgastado, ainda era considerável e a confiança do povo em sua forma de governo permanecia sólida. Também – apesar de todas as afirmações superficiais que diziam o contrário – eram significativos a inveja e o desejo do resto do mundo pelo modo de vida do país.

▼

O SÉCULO XVI FOI MARCADO pela predominância da Espanha no mundo; o XVII da França; o XVIII pelas guerras entre França e Inglaterra; o século XIX da Grã-Bretanha; o XX dos Estados Unidos. Essas afirmações não se referem somente à predominância militar, política ou econômica: envolvem prestígio assim como poder. Durante o século XVIII, a influência dos modos franceses, suas formas, expressões e da língua francesa era mais ampla que a presença de suas tropas ou suas alianças políticas. Durante o século XIX eram os britânicos os imitados: não seus objetos manufaturados, mas suas roupas, maneiras, seus esportes, Parlamento, seus clubes. O século XX foi o século norte-americano. Descrever as evidências desta influência pelo mundo – o que inclui agora a Ásia e a África, já que, deixe-me repetir, o mundo não se tornou redondo até cerca de 1900 – não é assunto para este livro, somente por razões de espaço: encheria uma enciclopédia; é uma crônica que ainda não foi compilada e escrita, e talvez nunca seja. Devemos, de qualquer forma, notar que os inimigos dos Estados Unidos estavam tão impressionados com a vida do povo norte-americano quanto seus admiradores. Em 1914, Lênin, exilado na Suíça, conclamou a "transformação de todos os Estados separados da Europa em um Estados Unidos republicanos". Lênin, Stálin, Kruschev, Brezhnev, Andropov, os sucessivos governantes da União Soviética eram pessoas diferentes, mas tinham em comum o respeito e a inveja que sentiam dos Estados Unidos. "Fordismo", produção em linha de montagem, eletrificação e norte-americanização eram termos aprobatórios de uso soviético na década de 1920. Uma das características comuns entre a Alemanha da república de Weimar e a Alemanha do Terceiro Reich era a popularidade e a emulação de certos modos norte-americanos.[19] Sun Yat-sem, o fundador da "moderna" China revolucionária, admirava e respeitava os Estados Unidos; seus dois sucessores, o anticomunista Chiang e o comunista Mao, se viravam para os Estados Unidos quando precisavam, ávidos por socorro e pelas coisas norte-americanas. A norte-americanização do Japão tinha, obviamente, precedido em muito Pearl Harbor e o vice-reinado do general MacArthur, em Tóquio. A frenética retórica antinorte-americana dos "líderes" do chamado Terceiro Mundo durante o último quarto do século XX era freqüentemente falsa, mascarando sua inveja e desejo por produtos norte-americanos. O presidente da "nação" que mantinha norte-americanos inocentes aprisionados e bradava seu ódio pelos Estados Unidos aos quatro ventos, o iraniano Bani-Sadr, atraía freqüentemente a atenção dos repórteres para sua realização intelectual mais admirável, seu livro intitulado *Economics of Divine Unity* (Economia da Unidade Divina), em suas próprias palavras "uma teoria de síntese dos códigos do Alcorão e da macroeconomia norte-americana", seja lá o que isso for.

Mais significante que tendências esquizofrênicas das figuras políticas eram as inclinações das massas. Sua norte-americanização era diferente da anglinização ou da galicização de séculos anteriores, fenômenos das classes altas. Em qualquer lugar, homens e mulheres fastidiosos escreveriam ironicamente sobre isso: "É talvez perdoável apontar", escreveu Philip Guedalla na década de 1920, "que invasores bárbaros sempre vieram do Leste, porque não havia, antes do descobrimento da América, nenhum outro lugar de onde pudessem vir." Entretanto, um antinorte-americanismo coerente era tão raro entre eles quanto entre outros: esnobes ingleses tais como Nancy Mitford ou Evelyn Waugh poderiam depreciar norte-americanismos e suas influências, mas aceitavam emolumentos, o poder e a proteção dos Estados Unidos. Esse dualismo era evidente entre as massas, também: antinorte-americanismo podia ser popular, mas no fundo borbulhava a ira da inveja. Os mesmos iranianos que bradavam que os Estados Unidos eram o "Grande Satã" ostentavam *blue jeans*, tocavam discos de *rock* norte-americano, cobiçavam equipamentos norte-americanos e revistas de sexo; faziam filas para assistir aos filmes e ir às lanchonetes de *fast-food.*

Muita daquela influência norte-americana era pictórica. Em 1915, as guerrilhas de Pancho Villa, no México, exibidas para um diretor de filmes norte-americano, mostravam ataques e até, uma verdadeira execução diante das câmeras de cinema. (O filme nunca foi terminado.) Em 1979, um repórter da rede de televisão PBS conseguiu obter uma entrevista com líderes da gangue de Teerã, que aprisionou reféns norte-americanos. Quando os iranianos souberam que a CBS estava disponível, cancelaram o arranjo com a PBS. Independente dos conteúdos – que normalmente são de filmes norte-americanos para a TV comprados para reprises – de seus programas de televisão, estilo, formato, música de fundo e a edição, na Europa e em outras partes, seguiam os padrões norte-americanos, inclusive os de movimento e atuação. Isso não era verdade na literatura. Poucos europeus tentaram escrever, por exemplo, como Twain ou Hemingway. Mas há clichês nas representações pictóricas: fotografia, postura, pose, movimento e ruídos de fundo iguais à fala e à escrita.

Durante a década de 1950, a "colonização Coca-Cola" era um clichê antinorte-americano barato. O fenômeno que (mal) representava era um exemplo da mente e das preferências divididas, que merecem estudo somente pela psicologia (ou melhor, pela epistemologia) do gosto. A Coca-Cola, esta poção gótica e sulista, doce e escura, está entre os refrigerantes que menos matam a sede pelo seu conteúdo de açúcar, que é inferior a muitas bebidas não-alcoólicas de origens nativas em vários países. Entretanto, na década de 1950, ela se tornou um símbolo de status por todo o mundo.[20] Árabes endinheirados, iraquianos revolucionários, anticomunistas e comunistas sentiam orgulho e prazer em seu consumo. (Em uma capital da Europa Oriental na década de 1970, vi famílias pedindo Pepsi-Cola em ocasiões de cerimônia, ostensivamente, como se fosse champanhe. O garçom do meu hotel ficou surpreso e desapontado quando, em uma tarde quente, pedi uma limonada fresca em vez de uma Pepsi-Cola, mais cara.) Nos anos 1970, a divisão entre as superpotências comunistas aumentou. O governo russo, depois de profundas deliberações, escolheu a franquia para produzir e distribuir Pepsi-Cola aos seus milhões de sedentos, enquanto os chineses escolheram a Coca-Cola. As pessoas falavam sobre os enormes poderes das multinacionais norte-americanas, entre as mencionadas acima que serviam como exemplo; mas a realidade era diferente. Já vimos que até a Segunda Guerra Mundial, mais de 90% da produção norte-americana era consumida pelo próprio país. Como conseqüência, a maior parte das corporações norte-americanas não se recuperou até hoje: nos mercados mundiais, as condições de venda ditadas para os norte-americanos, levando-se em conta seus hábitos e circunstâncias, não significavam vantagens, mas sim desvantagens. As corporações logo ficavam dependentes dos locais. Por todo o Oriente Médio, os norte-americanos procuraram, e encontraram, petróleo; eles o extraíram e refinaram, mas quando os governantes locais quiseram expropriar resultados e lucros a uma taxa crescente, as companhias multinacionais viram que não poderiam fazer nada ou quase nada. Aí está o mito do poder gigante das companhias multinacionais norte-americanas – ou do imperialismo internacional da economia dos Estados Unidos. Estavam sujeitas à nacionalização, de uma forma ou de outra. Na década de 1970, já era evidente que o controle (e algumas vezes até os lucros) que as companhias norte-americanas exerciam ou angariavam no exterior eram, em grande medida, questão de papel. No final dos anos 1970, árabes, alguns europeus e japoneses, inverteram esta tendência: começaram a aparecer nos Estados Unidos comprando, eles próprios, propriedades e companhias do país.

Entretanto, no sentido mais importante, a norte-americanização continuava. Se o *blue jeans* ou os automóveis eram manufaturados nos Estados Unidos importava pouco. O que importava era a presença dos símbolos da civilização norte-americana pelo mundo.[21] Quando Nikita Kruschev visitou os Estados Unidos, em 1959, ficou chocado com as enormes concentrações de automóveis nas ruas e estacionamentos. Quando retornou à Rússia, proclamou que não era de automóveis que o povo da União Soviética precisava: ao em vez de enormes quantidades de carros particulares, a União Soviética planejaria novos métodos de transporte público em suas cidades, inclusive uma grande frota de táxis. Esta foi uma das fontes, talvez mesmo a principal, da impopularidade de Kruschev e sua derrocada. Ele não podia frear a automobilização, assim como o rei Canuto não pôde reverter as ondas do mar. Sua renúncia foi seguida da construção de uma gigantesca e moderna fábrica de automóveis na União Soviética. Seu sucessor, Brezhnev, era um viciado em carros, colecionando-os com o entusiasmo e a voracidade de um magnata de Hollywood da década de 1930.

Durante o século XIX, o prestígio da Grã-Bretanha, a admiração e a emulação das coisas britânicas estavam envolvidas com o fato de o cavalheiro britânico ser um protótipo cultural. Esse era um desdobramento relativamente novo na relação das nações. Incluía a imagem que uma inspirava nas outras. Isso se devia, em grande parte, ao desenvolvimento da capacidade de ler e escrever da população, do turismo, e das representações pictóricas, já que em 1850 a grande maioria dos europeus nunca havia *visto* um inglês. De forma contrastante, a partir de 1917, o comunismo era repulsivo para muitas pessoas na Europa oriental porque era associado à Rússia e aos russos. Mas quando se tratava da imagem dos norte-americanos aos olhos de outros povos, era novamente diferente. Quando os norte-americanos produziram a bomba atômica ou quando mandaram o homem à lua, por todo o mundo, as pessoas, na realidade, não se surpreenderam: os Estados Unidos eram a terra das maravilhas, onde talvez tudo fosse possível. Entretanto, as mesmas pessoas tinham somente uma vaga noção sobre o povo norte-americano. Os homens e mulheres que, no século XVIII, admiravam alguém como Voltaire, e viam nele a incorporação de um francês típico, com senso de humor gaulês, olhos penetrantes, traços sardônicos; homens e mulheres que adoravam o Príncipe de Gales na década de 1920, viam nele um nobre real da raça anglo-saxã, o príncipe sedutor. As pessoas que admiravam certos norte-americanos famosos, o faziam por causa de suas realizações: Lindbergh era um norte-americano, assim como Kennedy e Kissinger. Para além disso, e outras fofocas abastecidas pela chamada mídia sobre as características destes norte-americanos, sabiam pouco. Durante o século XIX, um garçom europeu com algum conhecimento poderia identificar a diferença entre um inglês de classe alta e um de classe média, às vezes até entre um inglês e um escocês. Durante o século XX, poucos europeus sabiam a diferença entre um nativo da Nova Inglaterra e outro do Sul, entre um norte-americano nobre e um da classe média, quase sempre nem mesmo entre um nativo e um imigrante que falasse inglês. Apesar do onipresente turista, do representante oficial ou do homem de negócios de origem norte-americana, a maior parte dos europeus tinha somente uma vaga e confusa imagem mental deles. Isso se devia, pelo menos em parte, à diluição da própria natureza do norte-americano durante o século XX – uma condição importante à discussão a qual devemos nos voltar a partir de agora.

4

O SALTO PARA O OUTRO LADO DO OCEANO
O desenvolvimento de uma nação norte-americana

Como a norte-americanização de milhões de imigrantes, que foram além de todos os temores e expectativas, conseqüentemente resultou em uma, talvez temporária, diluição do caráter nacional.

O MAIOR EVENTO NA HISTÓRIA DOS ESTADOS UNIDOS foi a imigração em massa de pessoas vindas da Europa. Tornou o país populoso, mudou a natureza da sociedade e o caráter da nação. Essas transformações ainda não estão completas, e o resultado final é obscuro, mesmo que há 60 anos os representantes do povo norte-americano tenham aprovado leis que reduziam a imigração de uma maré oceânica a um fluir irregular.

Não sabemos os números, nem sequer aproximadamente. Antes de 1920, o total de imigrantes que veio para os Estados Unidos foi talvez de 32 a 36 milhões; 1825 foi o primeiro ano quando mais de 10 mil imigrantes entraram no país. Em 1842, pela primeira vez, mais de 100 mil chegaram aos EUA, em 1881 mais de 600 mil, em 1905 mais de um milhão. Entre 1925 e 1975, houve somente um ano (1968) quando o total alcançou 400 mil, de acordo com registros do governo, mas há muitos problemas com estes registros oficiais, um ponto ao qual devo retornar.

As características principais dessa imigração transatlântica e transcontinental estão acima de qualquer contestação. O barco a vapor partia da Europa, e dentro da Europa as ferrovias que levavam do interior aos portos tornaram o transporte de massas possível. Por mais de dois séculos, a maior parte dos imigrantes que desembarcou na América do Norte veio das Ilhas Britânicas, inclusive da Irlanda. (De 1820 a 1890, o total de imigrantes destas duas ilhas era mais o mesmo: 4,7 milhões da Inglaterra, País de Gales e Escócia, e 4,7 milhões da *Outra ilha de John Bull* [John Bull's Other Island][1]. Desde 1960, os imigrantes das primeiras levas foram tão numerosos quanto da última – uma inversão nos padrões do século XVII.) Os imigrantes irlandeses começaram a superar o número de imigrantes ingleses na década de 1830; vinham em grandes levas durante os trágicos anos 1840 – a década da fome; eram o maior grupo até os anos 1870; depois de 1890, o número deles era menor. Um grande contingente de imigrantes da Alemanha apareceu por volta de 1840; a partir de 1870, os alemães ultrapassaram os irlandeses; depois de 1900, esses índices começaram a declinar. Os escandinavos vieram em grande número a partir de 1850. Orientais, gente dos Impérios Austro-Húngaro e Russo, os italianos vieram em massa depois de 1880; gregos depois de 1900. Nesta época, o número de eslavos, italianos, gregos, alemães e judeus do império russo ultrapassava o dos imigrantes da Escandinávia e de países de língua inglesa. O sentimento nacional se virou contra a imigração e, em 1921, a lei restritiva foi aprovada.

Durante os últimos 60 anos, a evolução da imigração para os Estados Unidos tem sido irregular. Seus estágios sucessivos são com freqüência conseqüencias das inclinações do povo e do governo norte-americanos para aliviar as dificuldades das pessoas cujos deslocamentos eram, às vezes, resultantes da política externa dos Estados Unidos, ou da sua ausência. Antes e durante a Segunda Guerra Mundial, algumas pessoas da administração Roosevelt transgrediram a lei para abrigar vítimas em potencial da tirania de Hitler. Sem disposição para contestar a dominação do Leste europeu exercida pela União Soviética depois da Segunda Guerra Mundial, os Estados Unidos aprovaram a Lei sobre Pessoas Deslocadas, admitindo mais de 300 mil refugiados de partes da Europa Central e do Leste, então dominada pela Rússia e por outros governos comunistas. Depois do levante húngaro de 1956, a administração Eisenhower aprovou uma lei admitindo dezenas de milhares de húngaros. Era preferível aceitar um grande número de refugiados cubanos a entrar em guerra contra a ilha. O abandono norte-americano da Indochina, em 1975, foi seguida da admissão de refugiados vietnamitas e cambojanos. Essas sucessivas variações das leis de imigração aplacaram a consciência nacional. Elas não estavam distantes das inclinações universalistas da generosidade norte-americana: em 1980, assim como em 1880, a grande maioria do povo acreditava que se tornar um cidadão norte-americano era a maior bênção secular conferida a um ser humano.

Entretanto, 1980 como 1880, foi um importante divisor de águas, o começo de algo novo e preocupante. Em 1980, pela primeira vez, o governo quase admitiu que havia um novo tipo de invasão dos Estados Unidos vinda do Sul, que mal se podia controlar. Em maio e junho de 1980, milhares de cubanos, inclusive prisioneiros políticos, assim como a escória criminosa da população, chegaram à Flórida em pequenos botes. Enquanto isso, nos estados do Sudoeste do país, o número de imigrantes ilegais havia crescido a ponto de ser incontrolável, talvez em torno de 12 milhões. A maioria era mexicana, mas havia um fluxo constante de centro-americanos, caribenhos e sul-americanos. Pela primeira vez na história norte-americana, a imigração em massa não vinha do outro lado do Atlântico, mas do Sul. Pela primeira vez em mais de um século o controle, os sistemas de registro e contagem desses novos imigrantes se desmantelavam, com conseqüências que são, literalmente, incalculáveis.

HÁ TODOS OS TIPOS DE PROBLEMA com as estatísticas de imigração. A compilação de dados de diferentes agências que foi reproduzida e apresentada no Resumo Estatístico dos Estados Unidos[2] é solidamente precisa (exemplo: em 1882, os números de imigrantes que entraram nos Estados Unidos vindos do Oriente foram 39.579 chineses; 5 japoneses; 10 indianos; e 35 do restante da Ásia). Há razões para acreditarmos que estes dados sejam representações aritméticas imprecisas da realidade, geralmente 20 ou 30% fora da realidade, e quase sempre para baixo. A principal fonte dessa incerteza são as muitas entradas ilegais, um problema estatístico e governamental para todos os Estados modernos, mas talvez especialmente para os Estados Unidos por causa de suas vastas e mal guardadas fronteiras, e pela ausência de uma autoridade policial nacional que solicitasse registro e a identificação das residências, e também, por causa da relativa facilidade (e muitas oportunidades de suborno) por meio das quais imigrantes ilegais encontraram emprego e, eventualmente, cidadania nos Estados Unidos.

Há outros entraves para o caminho até as estatísticas confiáveis. Até 1867, o governo não fez distinção alguma entre os que chegavam aos portos norte-americanos como imigrantes e os que eram somente visitantes temporários. (Talvez isso sugerisse a crença que todos aqueles que chegavam aos Estados Unidos o faziam para ficar.) As anotações detalhadas do Departamento de Imigração começaram somente em 1892, quase meio século depois do início de sua massificação. Até 1908 não havia qualquer registro dos imigrantes que entraram não pelos portos, mas atravessando as fronteiras por terra. Mais surpreendentemente, desde 1957, não há dados sobre emigrantes, isto é, de imigrantes que resolvem retornar aos seus países de origem. Havia o problema adicional de definir a procedência dos imigrantes. O que importava para as autoridades americanas da imigração era o local de nascimento do imigrante, não sua última cidadania ou residência. Um homem nascido na Romênia era um romeno, mesmo que seus pais fossem ingleses ou sua cidadania francesa. Adicione a isso o problema da mudança de fronteiras ou da configuração dos Estados. Durante o século da imigração em massa para a América, de 1830 a 1920, mais de uma dúzia de Estados passaram a existir na Europa, enquanto outros Estados e impérios se dividiram; e as autoridades norte-americanas não queriam ser perturbadas com identificações de nacionalidades complexas e flutuantes. A Polônia, por exemplo, figura como um item individual da procedência dos imigrantes somente de 1820 a 1898 e, mais adiante, novamente depois de 1920. Em 1900, 98% dos imigrantes classificados como "russos", na verdade, não o eram. O censo de 1910 registrou que entre os estrangeiros listados como "russos", o iídiche e o hebraico eram as línguas nativas em 52% dos casos, e o polonês em 26%. Já que os registros da imigração raramente discriminavam a religião, nas montanhas de estatísticas compiladas, com crescente participação do governo e do censo, há dados extremamente vagos e contraditórios a respeito do número de imigrantes judeus. Entretanto, depois de 1950, pela primeira vez na história do mundo, a maioria dos judeus do planeta morava no hemisfério ocidental, um marco. Em 1825, somente 0,3% deles morava nas Américas; em 1925, 30%; em 1950, 51,5%.

Mesmo com todas as imprecisões, há todo o tipo de tema surpreendente dentro da enorme massa estatística de imigração – surpreendente, porque quase sempre os temas vão contra as idéias comumente aceitas. A primeira delas é que, não importam as conseqüências, esse tipo de imigração em massa para os Estados Unidos foi uma necessidade. Não só tinham as massas de imigrantes fornecido o principal elemento de trabalho que tornou os Estados Unidos o país mais rico do mundo; como sem eles o aumento da população norte-americana teria diminuído duas ou três gerações antes do drástico decréscimo por volta de 1970. Sem os imigrantes, a população dos Estados Unidos seria pouco mais da metade de seu maior competidor no mundo, a União Soviética. O declínio na fertilidade dos norte-americanos nativos tinha começado a acelerar antes do pico da imigração em massa. Por um longo tempo, os Estados Unidos foram excepcionais; a disposição de seu povo em ter filhos era maior que a de qualquer democracia industrial comparável do mundo. Entre 1850 e 1860 (depois do grande crescimento territorial), a população norte-americana aumentou a uma taxa fenomenal de 35,5% (e isso em uma época que a mortalidade infantil ainda era muito alta). Daí em diante, gradualmente declinou. Durante a década de mais imigração, 1900 a 1910, a população aumentou 21%, um crescimento percentual ainda maior que o de qualquer nação comparável, mas menor que o do período anterior.

Antes de 1850, o censo não forneceu nenhuma estatística sobre o número de norte-americanos nascidos no exterior. As estimativas mais razoáveis sugerem que eles somavam menos de 10% da população, mesmo naquela época, depois da primeira onda de imigrantes irlandeses nos anos da fome. Não há evidências de que, naquela época, os nascidos no exterior tinham mais filhos que os nascidos na América. Dali em diante, isso começou a mudar. Em 1920, as mulheres nascidas no exterior deram à luz quatro bebês por cada três de mães nascidas nos Estados Unidos. (Isso foi, em alguma medida, contrabalançado pela mortalidade entre os nascidos no exterior, que era maior; em 1920, os irlandeses de Nova York tinham a taxa mais alta de mortalidade e a mais baixa expectativa de vida.) Até os anos 1960, as famílias das segunda e terceira gerações de imigrantes eram maiores que as de famílias nativas de anglo-saxões mais velhos e anglo-celtas. Religião era um fator nessa dinâmica (católicos tinham mais filhos que protestantes ou judeus), o nacionalismo era outro: a fé na América que os filhos dos imigrantes possuíam permaneceu fervorosa e firme. Outro fator importante foi a preponderância dos homens jovens entre os imigrantes. Durante o século de imigração em massa, de 60 a 65% dos imigrantes eram homens. De 1870 a 1900 entre os italianos, eram 78%. (As exceções eram os irlandeses, com uma ligeira preponderância de mulheres.) Eventualmente e conseqüentemente, havia mais casamentos entre homens imigrantes e mulheres nativas que entre homens nativos e mulheres imigrantes. Os homens imigrantes contribuíram no aumento geral da população, na gravidez de mulheres nativas, e na confusa e intrigante natureza das estatísticas demográficas.

Em 1850, 2,5 milhões de pessoas da população norte-americana haviam nascido no exterior. Em 1910, mais de 14 milhões (um total que equivalia ao número de nativos de 22 estados da União). Em 1850, o inglês era a língua nativa de 97% dos cidadãos nascidos no exterior (isso inclui, é claro, a grande massa de irlandeses). Em 1910, era a de 58%, e caindo rapidamente, já que a esmagadora maioria dos imigrantes vinha do Sul e do Leste da Europa e da Rússia. Esses imigrantes eram mais visíveis do que muitos dos mais antigos. Sua aparência e expressões os faziam imediatamente reconhecíveis, um elemento alienígena no meio ou nas extremidades da massa norte-americana. Sua visibilidade fortaleceu o crescente sentimento nacional em favor da restrição da imigração.

Os imigrantes estavam desigualmente distribuídos. Em 1900, mais do que 30% das pessoas em Massachusetts haviam nascido no exterior. Na Carolina do Norte havia um centésimo desse valor: 0,3%. Eles se juntavam nas cidades. Em 1900, as cidades norte-americanas possuiam mais de 100 mil pessoas, quase 40% eram de estrangeiros. Menos de um terço dos moradores da cidade de Nova York era de pais nativos. Entre as grandes cidades do Leste, somente na Filadélfia e em Baltimore, os nativos de pais nativos ainda eram a maioria.

Isso provocou muita ansiedade. Às vezes até entre os imigrantes de segunda geração, que temiam que a onda imigratória produzisse reações incontroláveis e talvez violentas contra pessoas de reconhecida origem estrangeira. Em 1905, a União dos Trabalhadores do Vestuário na América, cuja maior parte dos membros era de judeus, aprovou a seguinte resolução: "DECIDIDO: advertimos aos pobres do mundo para não virem à América com falsas esperanças". A resolução incluía um pedido ao Congresso para que este suspendesse, ou pelo menos restringisse, a imigração durante um certo número de anos. Também dizia que "o excesso no mercado de trabalho se tornou prejudicial a muitos sindicatos, especialmente àqueles cujos trabalhadores eram menos especializados. Pouco ou nenhum benefício pode resultar ao crescente número dos que ainda virão; eles são incapazes de batalhar inteligentemente por seus direitos nesta República, para a qual podem acrescentar outros problemas mais graves que os atuais. A sina da maioria dos trabalhadores estrangeiros agora serve para demonstrar com clareza que a imigração não é a solução para o problema mundial da pobreza"[3] – uma linguagem certamente diferente das famosas linhas sentimentais compostas por Emma Lazarus[4] menos de 20 anos antes, e eternamente associadas à Estátua da Liberdade. Em 1906, uma associação de judeus eminentes em Nova York, ansiosos quanto ao potencial de ameaça do anti-semitismo, ofereceu transporte gratuito e alto pagamento em dinheiro para todo imigrante judeu (e a seus doadores) que fosse se assentar no Oeste do Mississipi, se retirando de Nova York e do Leste. Essas advertências foram feitas pouco antes de 1907, o ano de maior influxo de imigrantes. Entretanto, veremos o quanto essa ansiedade sobre os perigos imediatos eram exageradas.

Havia outro fator que não recebeu a atenção merecida. Muitos imigrantes não ficaram nos Estados Unidos. Essa era outra diferença entre os que vieram antes de 1880 e aqueles que vieram depois. As levas de irlandeses miseráveis que haviam chegado antes de 1850 não tinham intenção de retornar à Irlanda. Muitos dos italianos e gregos que vieram meio século mais tarde vieram com a intenção de juntar dinheiro o suficiente para voltar à terra natal. (Os judeus eram exceção: poucos pretendiam retornar, poucos o fizeram). Aqui encaramos o obscuro e complexo campo dos motivos dos imigrantes. "As curtas e simples crônicas dos pobres": a frase triste de Thomas Gray é, pelo menos neste caso, uma meia verdade. O povo "simples", talvez especialmente na época da democracia das massas, não era tão simples. Os registros pessoais de milhões de imigrantes iletrados, ou quase analfabetos, são raros e curtos: mas os motivos da decisão de encarar o salto para o outro lado do oceano, um grande passo em suas vidas, eram complexos. O que torna o assunto ainda mais difícil, as lembranças de seus motivos foram transformadas, obscurecidas, não raro injustamente simplificadas – para propósitos públicos e privados – à medida que suas vidas continuavam. Os objetivos da maior parte dos imigrantes na América incluíam, originalmente e naturalmente, a perspectiva de retornar à terra natal, enriquecidos materialmente (e talvez até mentalmente) depois de seus duros, mas compensadores, anos nos Estados Unidos. Ao final, a maior parte deles, talvez exceto para algumas visitas, ficou no novo país, mas nem todos, de forma alguma.

Os propósitos e os motivos dos imigrantes eram complexos. Aqui está um exemplo: em 1887 (o ano do famoso poema de Emma Lazarus) quase não havia imigrantes vindo da Grécia para os Estados Unidos. Em 1900, seu número era de nove mil. Em 1910, eles eram mais de 100 mil. Foi, como disse um cônsul norte-americano, "um êxodo radical e violento de todos os jovens fortes". E por quê? Não havia mudança significativa no estado político e econômico da Grécia durante aquele quarto de século: nenhuma fome, ocupação estrangeira, recessão, ou nenhum aumento repentino nos deveres e na duração do serviço militar (exceto por uma curta guerra com a Turquia, em 1897) – escapar disto era motivo freqüente da imigração durante aquelas décadas. Tudo o que podemos dizer (e ver) é que as possibilidades mais amplas de transporte (navios levando imigrantes dos portos da Grécia) e de comunicação (cartas de imigrantes descrevendo suas vidas nos Estados Unidos – aqui, novamente, encontramos o fenômeno essencial de uma inflação de palavras) tornaram a idéia do salto para o outro lado do oceano corrente e popular. O êxodo se deu em torno da idéia do ganho material: mas, ainda, aquilo era uma idéia, não importa qual seu objeto imaginado. Ao contrário da frase de Emma Lazarus, os Estados Unidos não acenavam como um porto acolhedor para o pobre e para as massas oprimidas querendo respirar livremente, mas como um lugar em potencial para o enriquecimento material. Esses jovens gregos, assim como outros imigrantes, provavelmente sabiam que a vida no país, pelo menos no início, seria menos livre que aquela nas ensolaradas vilas da Grécia. Antes de 1876, já havia passagem direta dos portos italianos para os Estados Unidos; entretanto, menos de 1% de todos os imigrantes italianos foi para a América do Norte (80% foram para a Suíça e a França). Em 1890, 46% navegaram para os Estados Unidos. Que o propósito financeiro era dominante (mas não exclusivo) pode ser inferido do fato que, antes de 1850, a relativa decadência do fluxo de imigração em massa não correspondeu às condições econômicas nos Estados Unidos onde, por exemplo, o pânico financeiro e a Depressão de 1837-38 coincidiram com a primeira grande onda de gente vinda da Europa Central, provavelmente porque poucos deles sabiam sobre a condição econômica local. Mas a crise financeira e as Depressões de 1873-75, de 1893-94, de 1907-8 e de 1930-34 coincidiram com um declínio temporário no número de imigrantes durante aqueles anos.

Em um evento recente, percebeu-se que o número de imigrantes retornando à terra natal estava aumentando. Durante a última década do século XIX, quase a metade dos imigrantes retornou. Durante a primeira década do século XX, 57% dos imigrantes italianos retornaram para a Itália: durante a segunda década, 82%. Os italianos eram um caso especial em um extremo, os judeus do império russo no outro; mas este fenômeno, de um grande número de imigrantes partindo, era universal. Em 1900, para cada 100 passageiros de navios que chegavam aos portos norte-americanos, 37 partiam. Essas proporções permaneceram aproximadamente as mesmas durante todo o pico do período de imigração, de 1890 a 1920. Entre 1908 e 1910, houve mais emigrantes belgas que imigrantes. A Primeira Guerra Mundial teve um efeito óbvio: entre 1911 e 1920, o total da emigração francesa excedeu o da imigração em 20%, mas isso também incluía mulheres, crianças e homens em idade imprópria para o serviço militar. Durante o mesmo período, o número de imigrantes e emigrantes ingleses e gauleses era mais ou menos o mesmo; o número de emigrantes para a Áustria-Hungria era ligeiramente menor que a metade de seus imigrantes; relativamente poucos irlandeses optaram pelo retorno. De 1918 até 1920, houve 78 partidas para cada 100 chegadas.

Há, no entanto, um fator adicional a ser considerado: muitos imigrantes que haviam voltado à terra natal retornaram para os Estados Unidos mais tarde. Os números desses re-imigrantes não são fáceis de auferir, mas podem ter alcançado quase um terço dos emigrantes. O que podemos deduzir é que uma grande porção dos emigrantes era feita de pessoas que vieram para os Estados Unidos por um curto período. De todos os emigrantes em 1908, quase 95% "não estavam aqui há mais de cinco anos".[5] Esses dados também lançam uma dúvida sobre a declaração dos empregadores norte-americanos na busca por mão-de-obra barata (foi o capital do país, não sua mão-de-obra, que favorecia e apressava o transporte e a aceitação de grandes massas de trabalhadores vindas do outro lado dos mares), de que os imigrantes estavam automaticamente enriquecendo a nação. Em 1910, uma associação norte-americana de produtores argumentou que os lucros que os imigrantes produziam no país eram cerca de US$ 100 milhões de dólares por ano, incluindo os US$ 25 milhões que eles trouxeram (uma média de US$ 25 a US$ 30 por pessoa). Entretanto, durante o mesmo ano, 1910, os imigrantes enviaram US$ 250 milhões para fora dos Estados Unidos, às suas famílias do outro lado do oceano.

A imigração mudou a composição religiosa e racial da República. Os Estados Unidos foram fundados como um país protestante, apesar da posição esclarecida iluminada sobre a separação entre a Igreja e o Estado. (A garantia constitucional originou-se mais na tradição protestante dos ingleses e escoceses radicais que no Iluminismo: era contrária ao *establishment*, dirigida principalmente contra o possível estabelecimento e os privilégios de uma Igreja de Estado, como a da Inglaterra.) Em 1785, havia cerca de 23 mil católicos brancos em 13 colônias, menos de 1% de toda a população. Em 1920, haviam aproximadamente 20 milhões de católicos, cerca de 20% da população. Eles não eram a maioria, mas a Igreja Católica Romana já era a terceira da nação. O número de padres católicos em 1920 era quase tão grande quanto o de toda população católica em 1785. Isso não significa que a República incentivava o celibato: a proporção de padres para a população católica permaneceu mais ou menos a mesma, havia pouco menos de um padre para cada mil católicos. Significava que quase a metade dos imigrantes durante o século de imigração em massa era de católicos. O número de judeus em 1790 era infinitesimal. Antes de 1880, o número ainda era mínimo, mas por volta de 1920 havia pelo menos 3 milhões e talvez mais de 5 milhões, isto é, algo entre 3% e 5% da população. Os dados sobre religião registrados pelo censo dos Estados Unidos não são somente fragmentários, mas também incompletos e nada confiáveis. Não estão de acordo com as regras mais elementares de estatística. De mais a mais, as organizações de judeus norte-americanos tendiam a diminuir em número nos Estados Unidos, talvez por causa de sua cautela e preocupação com possíveis sentimentos antijudaicos.[6] Foi só em 1899 que as estatísticas de imigrantes vindos da Europa foram registradas de acordo com o critério da raça (naquele ano 39,8% de todos os imigrantes da "Rússia" foram registrados como "hebreus").[7] É pelo menos discutível que judeus não constituem uma raça característica; e dificilmente contestável que os imigrantes do Caribe o sejam; mas, durante décadas, as estatísticas sobre a presença dos judeus nos Estados Unidos têm sido tão difusas quanto o seu influxo.

PODEMOS – COM BASES HUMANISTAS E CIENTÍFICAS – negar as definições de raça. Não podemos negar a existência de sentimentos de raça. Foi por causa de tais sentimentos que depois da Primeira Guerra Mundial a grande maioria do povo norte-americano optou por restringir drasticamente a imigração. Em 1882, o congresso aquiesceu ao sentimento popular no Oeste e baniu a entrada de chineses nos Estados Unidos por dez anos. Em 1902, o banimento se tornou permanente. Cinco anos mais tarde, um embaraçoso tratado com o Japão excluía imigrantes japoneses e chineses (entre aqueles que tinham passaportes válidos para o Havaí, o Canadá e o México) – tudo isto em uma época que certos imigrantes em estados do Oeste procedentes da Europa, podiam votar mesmo quando não eram cidadãos norte-americanos. (Isso não era simplesmente a prática da maioria dos líderes de distrito. Refletia a velha inclinação populista norte-americana: o senso de soberania do povo era mais forte que a soberania do Estado. O voto de estrangeiros foi abolido nos estados do Meio-Oeste entre 1894 e 1918, por último, no Arkansas, em 1926.)

A restrição radical da imigração procedente do Velho Mundo continuou após a Primeira Guerra Mundial. Em função do ano-marco de 1921, a interpretação histórica costumeiramente trata do assunto como parte do distanciamento norte-americano com relação à Europa, ao pânico vermelho e ao retorno à normalidade, em prol do isolamento. Era isso, mas não somente isso. O sentimento popular contra a imigração se tornou importante já por volta de 1890. Depois de 1900, a opinião pública respeitável uniu-se a ele. Na verdade, o liderou. Sérias e importantes figuras públicas e acadêmicas norte-americanas falaram e escreveram sobre os perigos eugênicos e políticos da imigração irrestrita. O fato de que só em 1921 o Congresso aprovou a primeira lei drástica de imigração, se deve às condições peculiares da aritmética política dos Estados Unidos e de sua conseqüente morosidade na legislação. Nos grandes e populosos estados industriais da União, havia muitos imigrantes de primeira e segunda gerações que votariam contra políticos que favorecessem restrições à imigração. Por um longo tempo, nenhum dos dois grandes partidos podia se dar ao luxo de perder tais votos. Mas em 1921 o sentimento nacional contra a imigração se tornou tão esmagador que os milhões de eleitores pró-imigração não contavam muito. A lei foi aprovada tanto entre os representantes no Congresso quanto no Senado com ampla maioria. A Câmara Alta aprovou a legislação por 78 votos a 1.

A lei, a chamada lei Johnson, de maio de 1921, havia sido precedida por outras cujos propósitos eram limpar os "indesejáveis", inclusive os imigrantes criminosos, prostitutas, anarquistas e analfabetos. Mas tais restrições, não importa quão severamente aplicadas, nunca afetaram mais do que 1 ou 2% do total dos imigrantes que, desde 1892, vinham pela crua e humilhante peneira da Ilha Ellis. Como é comum entre as leis difíceis, foi uma legislação complicada, com todos os tipos de categorias especiais e de "furos" inseridos. Essencialmente, limitava a imigração da Europa para 3% dos nascidos no exterior de cada grupo nacional entre os cidadãos norte-americanos no censo de 1910. Em maio de 1924, Coolidge (que nutria uma quantidade considerável de sentimentos nativistas e racistas) ratificou uma lei mais nova, a Johnson-Reed que, entre outras coisas, reduzia a cota de imigração para 2% e definia a base do número de nascidos no exterior aos índices de 1890, discriminando, assim, europeus do Sul e do Leste, inclusive italianos, gregos, eslavos e judeus. Afinal o presidente e os políticos estavam de acordo com o sentimento popular e com a opinião pública. Aquelas duas leis foram, talvez, as mais decisivas jamais aprovadas pelo Congresso norte-americano: não marcaram meramente uma era, mas estabeleceram o fim de.

Trinta anos mais tarde, o professor John Higham, historiador do nativismo e da imigração, escreveu: "Acima de tudo, a política ora adotada significa que daqui a uma geração, os nascidos no exterior terão deixado de ser um fator importante na história norte-americana".[8] Estava errado. Como tão freqüentemente acontece na história política dos Estados Unidos, a legislação veio tarde demais. Para os propósitos dos nativistas, as leis de 1921 e de 1924 provaram ser um paliativo e não uma salvaguarda, uma melhora e não uma cura. Os temores do povo norte-americano eram míopes e de curto alcance. Eles temiam agitadores radicais, judeus rudes, anarquistas italianos, bolcheviques que subverteriam a ordem do país. "Ratos" e não "castores", "destruidores" e não "construtores", disse o secretário do Trabalho de Coolidge naquela época, não muito elegante ou mesmo humanitariamente. Entretanto, ele e a maioria dos norte-americanos estavam errados sobre as inclinações dos ratos imigrantes, e também com relação aos hábitos dos castores nativos. Os primeiros eram mais ordeiros (e os últimos menos) que as pessoas então imaginavam. E os efeitos da imigração foram de longo alcance. Os filhos e os netos dos nascidos no exterior têm sido um grande fator na história dos Estados Unidos: mas de maneiras diferentes, na verdade, quase sempre o extremo oposto visualizado por seus defensores e detratores, 60 anos atrás. Durante os últimos 60 anos, o comportamento dos norte-americanos, inclusive o dos castores, mudou, às vezes tornando-os irreconhecíveis. E agora chegamos ao tema principal deste capítulo: *como* em vez de *por que* as massas de imigrantes se tornaram norte-americanizadas.

DURANTE AS PRIMEIRAS DÉCADAS DO SÉCULO XX, a oposição da grande maioria dos norte-americanos à imigração em massa da Europa era generalizada e profunda. As raízes disso eram antigas, mais até que a versão geralmente aceita de que essa oposição tenha começado a aparecer somente quando as novas e rudes massas se tornaram visíveis, depois de 1880. Políticos nativistas e partidos políticos tinham muito apoio popular já em 1830. Em 1856, o Comitê de Relações Internacionais da Câmara dos Representantes sugeriu que "o crime e a pobreza são os venenos da República... Nosso país se converteu em uma espécie de colônia penal, para a qual governos estrangeiros enviam seus criminosos" – uma afirmação extraordinária para uma comissão de congressistas. Em 1900, a oposição à imigração era generalizada. As classes trabalhadoras norte-americanas e a maior parte dos sindicatos não gostavam de imigrantes, e não apenas pelas considerações materiais da competição de mão-de-obra barata: eles desconfiavam dos estrangeiros; não queriam entendê-los ou se misturar a eles. A atribuição de categorias raciais e nacionais era um padrão da estrutura mental e psicológica do trabalhador. Por volta de 1900, os estivadores irlandeses nos portos de Nova York e Boston (eles próprios norte-americanos nascidos no exterior) falavam sobre os recém-chegados estivadores italianos: "São necessários dois ou três deles para se fazer o trabalho de um homem branco".

Em um nível mais culto, essa xenofobia das massas democráticas era compartilhada por homens e mulheres entre os mais eruditos e inteligentes da República, que normalmente teriam se mostrado mais liberais do que a classe trabalhadora. Em *The Virginian*, de Owen Wister (1902), uma figura menor se apresenta, "'Scipio Le Moyne, de Gallipolis, Ohio', disse ele, 'O mais velho é chamado de Scipio. É francês. Mas nós já somos brancos há 100 anos'". O leitor de *The Virginian* pode ouvir Wister rindo ao escrever isso. Mas Wister, este melancólico homem da Filadélfia, se referiu aos imigrantes em seu diário como "vermes alienígenas que tornam nossas cidades uma Babel e nossa cidadania em uma farsa híbrida... a invasão do huno, o vândalo, o croata e de todo o resto da tripulação". Mais interessante ainda, e mais triste que o caso de Wister, é o de seu amigo John Jay Chapman, profundo idealista norte-americano e aristocrata do espírito. Em 1912, Chapman estava comovido nas profundezas de seu coração pela notícia de que um negro havia sido queimado vivo pela escarnecedora população de Coatesville, Pensilvânia; ele deixou seu mundo da biblioteca e seu estúdio em Nova York, indo para Coatesville servir de testemunha no verdadeiro sentido cristão da palavra. Alugou um salão onde ficou em pé sozinho, falando frases comoventes contra o horror que os norte-americanos haviam infligido sobre outros seres humanos em seu meio. Dez anos mais tarde, Chapman era o mais ferrenho oponente dos imigrantes, particularmente de judeus e católicos.

Wister e Chapman eram pessimistas ao extremo e individualistas, mas não estavam sozinhos no medo da imigração. No nível mais comedido do discurso, as preocupações eram compartilhadas por muitos norte-americanos mais engajados da época, inclusive professores, educadores e até alguns progressistas. Em 1913, o moderado e inteligente Frank Julian Warne escreveu, em seu *The Immigrant Invasion*: "Ao continuar nossa política atual, optamos pelo fato de que esta produz uma classe plutocrática de um grupo de joões-ninguém ociosos, escorados na escravidão industrial de uma grande massa de trabalhadores ignorantes e com um nível mínimo de vida. Restringindo a imigração, forçamos o surgimento de uma condição que dará a um grande número de cidadãos um padrão de vida decente e confortável." Entre os muitos citados neste trabalho estava o socialista inglês H. G. Wells, que escreveu por volta de 1910: "A população norte-americana mais velha está flutuando acima deste influxo, uma aristocracia estéril acima de um proletariado racialmente diferente e assustadoramente fecundo". Wells tinha "uma premonição de que nessa inundação mestiça de trabalhadores[9] que deságua na América aos milhões hoje, nessa torrente de ignorância, contra a qual o heróico professor de escola rural batalha desamparado por todos os homens, há de se achar a possibilidade de uma temível separação entre classe e espécie... Percebe-se a possibilidade de um rico industrial e uma aristocracia mercantil da Europa Ocidental dominar um proletariado de cabelo e olhos escuros, e sem educação da Europa Central e do Leste... Essa é a qualidade do perigo como eu (Wells) o vejo."

Tais sentimentos eram uma preocupação nacional. Eles tinham muitas manifestações e facetas. Seu elemento principal era o medo de que os novos imigrantes não estariam dispostos, nem seriam capazes, de se tornarem bons norte-americanos – isto é: confiáveis e patrióticos. Em uma época (antes da Primeira Guerra Mundial) que parte das cidades do país eram povoadas por homens e mulheres que falavam um inglês muito ruim ou nenhum, Theodore

Roosevelt pensou alto se "estamos nos tornando uma pensão poliglota". Entretanto, o neutro e excelente filósofo Santayana escreveu, por volta da mesma época, sobre "os povos descuidados e poliglotas que se voltam para o Novo Mundo com o patético, mas másculo, propósito de começar uma vida sobre um novo princípio". Ele estava certo. O medo dos norte-americanos com relação aos recém-chegados, logo se mostraram infundados – ou melhor, não se materializaram. Em vez de uma massa de estrangeiros irresponsáveis, ateístas, cosmopolitas e anarquistas, os imigrantes e seus filhos se tornaram cidadãos confiáveis, cristãos fervorosos, conformistas e nacionalistas muito rapidamente.

Durante a Primeira Guerra Mundial, havia pelo menos 4 milhões de pessoas nos Estados Unidos que eram nativas das nações (inimigas) do Poder Central (mesmo omitindo-se os imigrantes não-alemães e não-húngaros, dos Impérios Alemão e Austro-Húngaro), e talvez o dobro de imigrantes desta segunda geração. Entretanto, a evidência de deslealdade aos Estados Unidos entre eles era tão pouca, que nem vale a pena registrar. O mesmo fenômeno ocorreu, *mutatis mutandis*, durante a Segunda Guerra Mundial. É verdade que a imigração formou grande parte dos movimentos radicais norte-americanos durante a primeira metade do século XX;[10] entretanto, tanto a extensão quanto a influência destes partidos e movimentos radicais foram esporádicos e limitados; eles não atraíram a grande maioria dos imigrantes.

Os imigrantes se conformaram aos Estados Unidos (ou melhor, àquilo que pensavam ser os Estados Unidos) porque não tinham quase nada ao que se conformarem. Graves problemas, sofrimentos alojados em seus corações, marcas de humilhações e injustiças superficiais eram normalmente o seu quinhão. Mas, morando em suas comunidades, entre os compatriotas, eles também se norte-americanizaram, porque pensavam que aquela era a única avenida para sua prosperidade. Isso era diferente das – relativamente raras – instâncias quando, no Velho Mundo, um homem de uma nacionalidade saía para viver em outro estado. Os imigrantes e seus filhos se tornavam norte-americanos peculiares, mas norte-americanos. A maioria deles trabalhava duro, e não só por causa de suas aspirações originais por um pouco de capital, o que havia se esvaído no calor da vida diária no país; eles trabalhavam duro porque ser norte-americano significava – pelo menos superficialmente – trabalhar duro. Eles se juntavam nas igrejas de imigrantes às turbas, inclusive os milhões que raramente, ou jamais, chegavam às portas das igrejas em seus países de origem – novamente, porque freqüentar e ser membro de uma igreja era norte-americano e respeitável. Este elemento de respeitabilidade ao qual a classe trabalhadora aspirava era uma das coisas que Marx havia falhado completamente em reconhecer. O conformismo e o conservadorismo essenciais às classes trabalhadoras são fenômenos mundiais, mas talvez em poucos lugares ele é tão intenso quanto nos Estados Unidos. Os imigrantes se conformaram aos requisitos da vida no país, e àquilo que para eles parecia respeitabilidade norte-americana.

Aqui está o fenômeno essencial: tornar-se norte-americano era (e ainda é) mais fácil (ou, pelo menos diferente) que se tornar francês, suíço ou inglês. Mais fácil, legalmente falando: as exigências de naturalização nos Estados Unidos são menos difíceis e demoradas que na maioria dos outros países (vimos que em muitos estados do país os imigrantes podiam até votar antes de se tornarem cidadãos). *Ser* um norte-americano sempre foi algo diferente do que ser nacional de um país europeu; carrega consigo um senso que é universal e social, assim como nacional e particular; conseqüentemente, *tornar-se* um norte-americano era algo diferente, também. Os requisitos não eram (e ainda não são) um crescente enraizar-se no país, ou evidências de identificação com tradições e a história, mas um certo tipo de conformidade aos padrões prevalentes de comportamento, fala e pensamento, ou seja, à cultura popular, pública ou intelectual do dia.[11] Trocar um conjunto de conformidades por outro é mais fácil que substituir um conjunto de tradições por outro, especialmente entre os mais jovens: e a norte-americanização dos filhos dos imigrantes foi surpreendentemente bem-sucedida. Escrevo "surpreendentemente" porque algumas evidências vão contra as "leis" da biologia e hereditariedade. Em muitos casos, a evolução de jovens imigrantes – ironicamente, durante o período em que o darwinismo social era dominante – sugere que Lamarck poderia estar certo e Darwin errado. A aquisição de características norte-americanas alteraram a fisionomia de muitos imigrantes em uma geração, na verdade, em poucos anos – algo que não poderia ser atribuído meramente à mudança de clima ou de dieta. Foi isso que o grande antropólogo Franz Boas encontrou por volta de 1910 em seu estudo intitulado "Mudanças na forma física de descendentes de imigrantes", e depois submeteu toda a documentação à comissão parlamentar que estudava a imigração. As próprias características físicas de certos imigrantes haviam mudado. As medidas craniana e fisiológica precisas deste sério antropólogo reconheciam isso; mas era notado por visitantes europeus, também. Em um estudo intitulado "A mecanização e a padronização da vida norte-americana", o acadêmico alemão Richard Muelle-Freienfels escreveu que surpreendentemente, depois de alguns anos, via de regra, e certamente depois de algumas gerações, "os imigrantes, quer ingleses, alemães, russos, sírios, ou gregos se tornaram 'norte-americanos'. E esta transformação afeta até os seus traços!... E, se afeta os traços, que pareceriam ser involuntários, é, naturalmente, muito mais perceptível na postura, no comportamento, na fala, no sotaque e nas maneiras sociais".[12]

A norte-americanização dos nomes dos imigrantes poderia ser alvo de um estudo interessante. Havia ocasiões em que imigrantes eslavos de distritos mineradores da Pensilvânia mudavam seus nomes para Kelly ou Costello, emulando o capataz irlandês, sem saber que estes nomes não são anglo-saxões. (Um exemplo clássico de um nome multinacional foi Alvin O'Konski, um norte-americano de segunda geração, congressista, isolacionista e nacionalista feroz do Meio-Oeste, na década de 1940.) Judeus dos Estados Unidos tinham uma certa predileção por sobrenomes escoceses para os seus filhos: Milton, Sidney, Mortimer, Irving. (Em seu curto romance *A Cool Million*, o sombrio e pensativo Nathanael West construiu uma esplêndida categoria de nomes puritano-judeus: Ezra Silverblatt, Asa Goldstein, etc.) Em 1950, a singularidade das configurações normando-judaicas ou gaélico-judaicas de nomes como Norman Podhoretz, Norman Mailer, Paddy Chayefsky – nomes de conhecidos escritores judeus norte-americanos – não era mais notada. No início dos anos 1960, o primeiro governador italiano de Massachusetts, Foster Furcolo (outro nome multinacional) optou por listar seu nome como Furcolowe no diretório dos ex-alunos de Yale – isso em uma época que os italianos tinham substituído os irlandeses (que duas gerações antes tinham substituído os anglo-saxões) como o grupo mais numeroso em Boston e Massachusetts.[13]

Norte-americanos hifenizados: era assim que as pessoas se referiam aos descendentes de imigrantes – ítalo-americanos, polonês-americanos, etc., pelo menos durante a primeira metade do século XX. Mais tarde, esse uso caiu, exceto para mexicano-americanos e hispano-americanos. Um ítalo-americano ou sueco-americano era diferente de um norte-americano mais velho; mas ele era diferente de um italiano ou de um sueco também; e se ele não tinha sua parcela total de norte-americanidade, tinha de "norte-americanismo"; as raízes desta peculiar e única palavra remontam aos tempos antigos da história norte-americana. Foi usada primeiramente por John Witherspoon, há 200 anos. No começo do século XX, era um termo amplamente usado e prevalente, um tipo de desiderato popular.[14] Sua popularidade foi inflada pelo problema da presença de massas de imigrantes. Eles tinham de ser ensinados em lealdade, cidadania e norte-americanismo, que significava aliança com os Estados Unidos e seus padrões – todos os tipos de padrões. Era um termo vago, mas forte. Ocasionalmente carregava um tom ameaçador: daí, o peculiar uso de "antiamericano" pelos norte-americanos (considere a Comissão de Atividades Antiamericanas da Câmara dos Representantes), algo que não tinha equivalente europeu, "antifrancês" ou "antiinglês".

A norte-americanização dos imigrantes foi bem-sucedida, muito mais que seus oponentes pensavam – entretanto, não sem um custo aos próprios imigrantes. Por baixo desse processo, espreitava, muito freqüentemente, uma condição traumática. Por quererem se tornar e ser considerados completamente norte-americanos, quase sempre suprimiam suas memórias – memórias, e não meramente tradições fragmentadas – de seus pais e avós. Quase sempre, filhos de imigrantes tinham vergonha de sua parentela e, às vezes, até de seus pais – um trauma mais consciente, mas não menos forte que os traumas infantis que Freud atribuía ao subconsciente. Normalmente, era só na terceira geração que os descendentes de imigrantes se reconciliavam com o elemento duplo em suas histórias familiares, e quase sempre nem assim. Curiosas dualidades pareciam haver em suas mentes, expressas na liguagem cotidiana. Terceira ou quarta geração de norte-americanos quase sempre dirão: "Minha mãe era alemã", "Meu avô era polonês". Queriam dizer, é claro, alemão-americanos, polonês-americanos, e não imigrantes de primeira geração. Esse tipo de uso quase nunca ocorre, se é que ocorre, na Europa, apesar de aparecer em países coloniais como a Austrália, a Nova Zelândia, o Canadá e por toda a América Latina. (Uma de minhas alunas, ítalo-americana por nome e aparência, uma norte-americana de terceira geração, argumentou veementemente em seu estudo sobre a "história familiar" e em conversas com seu professor que sabia e gostaria de saber pouco ou nada sobre seus antepassados da Itália. "Sempre nos consideramos norte-americanos, nada mais, nada menos". Algumas sentenças abaixo, ela se referiu a uma de suas tias nos EUA com a frase "Ela é totalmente italiana".) Com freqüência, os imigrantes da Europa não aproximavam o Velho Mundo do Novo. O Atlântico era um vasto cisma psíquico, em vez de uma ponte ligando duas civilizações.

O salto para o outro lado do oceano... As memórias reconhecidas de norte-americanos de segunda ou, às vezes, de terceira geração não são somente desarmonizadoras, são normalmente carregadas de mitos. É claro que seres humanos têm uma inclinação natural para fantasiar sobre o caráter de seus antepassados, mas a inclinação de muitos imigrantes, inclusive daqueles que se tornaram famosos ou bem-sucedidos, é mais complexa. Quando o almirante Rickover visitou sua Polônia natal na década de 1960, um repórter lhe perguntou: "O senhor visitará a cidade onde nasceu"? O almirante respondeu: "Para quê"? Em 1980, o famoso diretor da orquestra da Filadélfia recebeu a Medalha da Liberdade das mãos do presidente Carter. A um grupo de repórteres, Eugene Ormandy disse: "As pessoas sempre me perguntam onde nasci. Nasci com 21 anos, quando cheguei aos Estados Unidos". Talvez esses exemplos sejam atípicos. Mas a tendência norte-americana (ou melhor, o desejo) de acreditar que um homem nasce de novo quando chega à América do Norte, a terra da liberdade, tornou-se uma idéia fixa nas mentes de milhões de imigrantes.[15]

Não é, entretanto, uma idéia fixa já confortavelmente em seu lugar. Às vezes, peço que meus alunos de história (a maioria deles não poderia ser mais norte-americana, são de terceira ou de quarta gerações) escrevam um trabalho sobre a história de suas famílias. Muitos deles sabem algo sobre a proveniência do avô ou da avó, que vieram da Irlanda, Itália ou Eslováquia. Alguns sabem bastante, também, sobre as dificuldades e humilhações que um ou outro antepassado sofreu durante os primeiros anos nos Estados Unidos. Entretanto, todos eles escrevem sobre os avós como se suas vidas tivessem realmente começado na América, e não antes. Eles quase sempre são capazes de listar fatos sobre a vila ou a província de onde vieram, a ocupação da família do antepassado imigrante; entretanto, não obstante todos estes fatos, o tom e a direção dos seus textos demonstram que estes fatos são míticos, insubstanciais, irrelevantes. É claro que alguns desses jovens não sabem muito sobre a Europa de duas gerações atrás. Mas não é aí que reside a verdadeira questão. O vácuo envolve não somente os fatos que faltam, mas uma desconfortável confusão de motivos. Por que aquele antepassado optou por vir para a América? Sobre isso, as reminiscências de suas famílias são às vezes inexistentes ou absurdas. Eles dirão que seus antepassados vieram para evitar a guerra, a perseguição ou o serviço militar obrigatório, mesmo quando estas condições não existiam naqueles países na época. Resumindo: na visão retrospectiva de muitos descendentes de imigrantes, o Velho Mundo está envolto em uma densa neblina de mitos, enquanto a imagem do Novo Mundo é de um brilho intenso desde o início; e o salto para o outro lado do oceano tem toda a escuridão de um buraco na memória, freqüentemente auto-impingido e autocompletado.

O *self-made man* com uma memória construída por ele mesmo... isso é, afinal das contas, um fenômeno norte-americano freqüente, e não somente a propriedade de imigrantes da Europa. (Tem sido característico de milhões de emigrantes da América para o Oeste.) Mas, então, os próprios imigrantes não tinham certeza de seus motivos. Eles fizeram o salto para o outro lado do oceano: e quando outros, nascidos nos Estados Unidos, lhes perguntavam por que vieram, eventualmente diriam o que seus interlocutores *e o que eles mesmos* gostariam de ouvir.

Falando superficialmente, a norte-americanização dos imigrantes sempre foi surpreendentemente fácil; mas o processo psíquico era muito mais complexo e difícil do que as pessoas – inclusive escritores e historiadores – estão acostumadas a acreditar. A imigração foi o mais importante evento na dinâmica história do povo dos Estados Unidos. Entretanto, a literatura e os historiadores da imigração são, com raras exceções, insubstanciais e superficiais. Não há uma história realmente de primeira linha (quero dizer com isso não somente que seja enciclopédica e bem pesquisada, mas que seja escrita judiciosamente e pensada cuidadosamente) sobre a imigração norte-americana. Isso é conseqüência da natureza da história, da sociedade, da textura e da complexa e democrática estrutura de eventos nos Estados Unidos. Nessa nação, talvez mais que na maior parte das outras, certos romancistas podem nos dizer muitas coisas que os historiadores não notam ou acham sem importância; mas creio, também, que não haja nenhum romance de primeira linha sobre os imigrantes. Há uma razão para essa escassez de romances sobre imigrantes. Os novos e os antigos norte-americanos não se conheciam bem o suficiente.[16] Os romances que existem foram escritos por imigrantes norte-americanizados que conheciam apenas o seu povo, mas não conheciam os nativos do país bem o suficiente; ou ainda por norte-americanos nativos que conheciam os imigrantes, mas não o suficiente sobre seu país de origem. Mesmo os melhores não estavam isentos dessa condição: *The Rise of David Levinksy* , de Abraham Cahan, é um exemplo do primeiro caso; *My Antonia* de Willa Cather, do segundo.

As autobiografias de imigrantes – especialmente as de norte-americanizados – sofrem (esteticamente, não comercialmente) da mesma condição. *The Americanization of Edward W. Bok* foi uma peça de época. Os poucos críticos ácidos lamentaram o que Bok escreveu e chamaram seu livro de "A bokização dos Estados Unidos da América". Isso nada mais era do que uma distorção verbal. Continha um elemento verdadeiro, e não meramente sobre Bok, mas sobre os próprios Estados Unidos. Por agora, teremos que olhar para o outro lado, passando de como a América mudou os imigrantes para como os imigrantes mudaram a América: suas instituições, suas idéias, e seu caráter.

ESTE LADO DA MOEDA é mais fácil de delinear, mas avaliar seu significado é mais difícil.

Um dos resultados foi a transformação do patriotismo norte-americano em um novo tipo de nacionalismo. Este não é o local para discutir as definições dessas duas palavras, a não ser para notar que "patriotismo" é uma palavra mais antiga, e um fenômeno mais antigo (quando, no século XVIII, o dr. Johnson pronunciou sua famosa frase sobre "patriotismo" como sendo "o ultimo refúgio dos patifes", atribuiu o mesmo significado que nós no século XX). A velha República norte-americana era federal, não centralizada ou nacional. As palavras "nacional" ou "nação" não são encontradas na Constituição, e raramente eram usadas pela geração dos Pais Fundadores. Durante o século de imigração em massa, de 1820 a 1920, a ocorrência dessas palavras aumentou. Em 1920, o judicioso historiador Charles A. Beard disse que "nacional" era uma palavra menos norte-americana que européia. Em 1957, o conservador Felix Morley notou a mudança: "O atual catálogo telefônico de Washington toma dez colunas inteiras só para listar as associações nacionais com escritórios, desde a Academia Nacional de Radiodifusão até a Companhia Nacional de Demolição".[17]

Esse foi um dos resultados indiretos da imigração. O escritor irlandês Patrick Ford escreveu, em 1881, que a vida na América havia elevado os irlandeses acima da "pequenez do *condadismo* para o amplo sentimento de nacionalismo". O irlandês era um caso especial. Entretanto, sua desconfortável identificação com o norte-americanismo pode ter diferido da de outros grupos de imigrantes em grau, mas não em tipo. Já vimos que essa identificação era relativamente fácil, mais fácil para imigrantes na América que para outros em países do Velho Mundo, já que a norte-americanização significava menos conformidade às velhas e complicadas tradições que a padrões de comportamento, de fala e às idéias públicas da hora. Seu principal instrumento era a escola, o berço do nacionalismo norte-americano. O resultado era quase sempre um nacionalismo tão estridente quanto superficial. Durante e após a Primeira Guerra Mundial, inclusive durante o primeiro pânico vermelho, os medos e a raiva dos nacionalistas da América eram dirigidos principalmente ao potencial de deslealdade dos imigrantes. Durante o segundo pânico vermelho, 30 anos mais tarde, muitos dos mais estridentes nacionalistas *eram* imigrantes de segunda geração. Havia Joseph R. McCarthy, filho de pai irlandês-americano e de mãe germano-americana, do estado progressista e populista de Wisconsin, cuja a mistura de anticomunismo com o nacionalismo norte-americano era amplamente aceita e popular na época, mas cujo propósito não era simplesmente localizar os comunistas desleais, mas humilhar pessoas de uma linhagem anglo-saxã mais antiga, de orientação mais madura e liberal.[18] Em 1949, me diverti ao ler que um posto da legião norte-americana na Filadélfia acusou os diretores da seção do estado, os "Federalistas Mundiais Unidos" – um inócuo grupo de liberais –, de antiamericanismo. Os nomes dos acusados eram, sem exceção, ingleses, galeses ou escoceses; os nomes de seus acusadores eram ucranianos, italianos e eslovacos.

Em 1958, os formandos da Universidade de Notre Dame deram o prêmio "patriota do ano" a Wernher von Braun, engenheiro de foguetes que, 13 anos antes, dirigiu os lançamentos dos foguetes de Hitler contra Londres. (Von Braun pode ter merecido o prêmio de engenheiro do ano, mas de patriota do ano?)

O declínio do tipo mais antigo de patriotismo, e o surgimento de um novo e ideológico tipo de nacionalismo norte-americano não foram totalmente devido à imigração. Muito disso foi resultado da padronização mecânica das escolas, da máquina da publicidade e do crescente desarraigamento e da transitoriedade dos hábitos de residência no país. Entretanto, a imigração teve algo a ver com isso. Os nascidos no exterior, e especialmente seus filhos, não cessaram de ser importantes depois que a era de imigração em massa acabou. Durante o século XIX, a influência dos imigrantes sobre o governo era geralmente ligeira. (Isso era verdade até na influência dos irlandeses-americanos, que eram muito bem-sucedidos na política, mas normalmente nos níveis local e estadual. O ocasional afloramento antiinglês de personagens públicas ou parlamentares durante o século XIX era, pelo menos em parte, por causa da então inclinação patriótica de puxar o leão pelo rabo, ao menos retoricamente.) Mas durante o século XX, a influência dos imigrantes e de seus descendentes na política externa norte-americana também estava aumentando. Nesse ponto, 1920 não foi um marco. Governos estrangeiros tinham consciência disto. A declaração Balfour, isto é, a decisão pública do governo britânico, em 1917, de oferecer a Palestina como território aos judeus, foi feita para despertar simpatia e apoio entre judeus norte-americanos com relação à Grã-Bretanha. Durante os últimos 60 anos, a influência das organizações irlandesas-americanas, das greco-americanas, ou das ítalo-americanas era freqüentemente considerável.[19]

Mais importante – e certamente mais generalizada – que sua influência no nacionalismo norte-americano, foi a influência dos imigrantes na vida e na cultura locais, na verdade, em seu próprio caráter. "Somos uma nação jovem", escreveu George Washington, em 1783, "e temos um caráter a estabelecer". Durante o século seguinte, o caráter nacional do país começou a se cristalizar. "Quando cheguei aqui" – 1831: o ano da viagem de Tocqueville à América do Norte – "todo país era como alguma parte remota da Inglaterra que eu nunca havia visto, o povo parecia feito de ingleses *esquisitos*", escreveu a sensível e inteligente Fanny Kemple a uma amiga. "Agora", ela escreveu 30 anos mais tarde, "não há mais nenhum resquício da origem britânica, exceto na fala, e eles estão se tornando uma nação verdadeira". Isso era evidente na fisionomia nacional dos norte-americanos. Havia algo parecido com seu rosto, em 1860. Considere Lincoln, com seus traços bem nacionais, apesar de toda sua ascendência inglesa-escocesa-irlandesa (ou o Tio Sam, um símbolo cujo semblante expressivo era pelo menos tão representativo de seu povo, quanto o John Bull dos ingleses na época). Durante os 100 anos seguintes, a imigração rompeu e atrasou a cristalização do caráter norte-americano. Ficou fácil reconhecer um norte-americano pelas roupas, pela fala, pelos gestos, pelas atitudes, pelo porte, pelo corte de cabelo, pelos óculos – mas não pelo seu rosto. Cem anos depois de Lincoln, quase não havia algo como um rosto norte-americano: por causa dos efeitos da imigração em massa, a própria fisionomia do povo havia mudado.

O mais celebrado soldado herói do país na Primeira Guerra Mundial foi o sargento Alvin York, um norte-americano do Tennessee da velha linhagem anglo-saxã. Os heróis populares (e mártires) da Segunda Guerra Mundial foram os cinco irmãos Sullivan, irlandeses-americanos. Quando o romancista James Michener escreveu o popular romance sobre a Guerra da Coréia, ele deu ao seu piloto herói o nome alemão-americano de Brubaker. Em 1981, o presidente Reagan condecorou um herói da Guerra do Vietnã, um certo sargento Benavides.

A contribuição dos imigrantes à vida norte-americana é enorme, desde a dieta física à intelectual, da comida e da bebida à música. Cachorro-quente, espaguete, pizza, cerveja tipo alemã e a fabricação do vinho (e, ultimamente, a comida oriental) todas foram contribuições dos imigrantes que logo se tornaram norte-americanas. Assim como em muitos outros casos, a adaptação da população nativa aos novos gostos e hábitos veio muito mais rapidamente que a dos imigrantes aos gostos e hábitos norte-americanos. Se a norte-americanização dos imigrantes foi ao mesmo tempo simples e complexa, envolvendo transformações de forma e pensamento em vários níveis, isso também aconteceu na influência dos imigrantes sobre gostos, hábitos, pensamentos, ritmo, música e fala nos EUA. Os imigrantes criaram a maior parte da indústria cinematográfica do país, acelerando o desenvolvimento da imaginação popular mais pictórica que verbal. As contribuições dos imigrantes (especialmente dos judeus) à emergente fórmula da comédia musical norte-americana foram enormes. Isso incluía o tipo de música popular que, ainda mais que os filmes, era a única expressão artística norte-americana durante a primeira metade do século XX. Enquanto os melhores versos e refrões eram quase sempre escritos por nativos, a música composta por norte-americanos de segunda (e às vezes de primeira) geração, tais como Gershwin, Kern, Rodgers e Arlen, criou um novo e sofisticado idioma musical, a essência do qual (contrário à crença popular) era parcialmente dependente do elemento negro original no jazz.[20] Eis o exemplo supremo: o ápice da elegância em movimento nos Estados Unidos foi representado por

Fred Astaire, aparentemente um típico anglo-americano na dança e até na voz, nascido F. Austerlitz, de pais imigrantes judeus.

Depois de 1890, a educação norte-americana cresceu sujeita às influências alemãs, enquanto a primeira geração da *intelligentsia* norte-americana era semelhante à russa. Isto significava que as tradições mais antigas anglo-saxã, anglo-celta, protestante e bíblica da educação nos EUA estavam se enfraquecendo. Esses fatos incluíam as transformações da fala no país. É claro que a linguagem nacional se tornava mais e mais diferente da inglesa. O desejo de uma língua norte-americana foi expresso por Noah Webster, há 200 anos. Na década de 1920, H. L. Mencken poderia afirmar que a língua nacional estava em pleno desenvolvimento, mais máscula, vital, direta e clara que a língua literária inglesa da época. Um pouco disso se devia à influência dos imigrantes. No enciclopédico *The American Language and its Supplements*, Mencken tentou estabelecer a lista e o pedigree de todas as palavras e expressões norte-americanas que se tornaram parte da linguagem cotidiana do país, muitas delas importadas dos imigrantes. Entretanto, em 1960, também poderia se dizer que o argumento de Mencken tinha que estar pelo menos um pouco, senão totalmente, errado. A vitalidade das gírias tinha se enfraquecido (não raro um tipo de grunhido tomava seu lugar), enquanto a linguagem do dia-a-dia se tornava cada vez mais dura, psicologizada, burocrática, artificial e inorgânica. A Inglaterra não estava imune a esse fato. A norte-americanização da língua na Inglaterra aconteceu aos saltos, mas o tipo de vitalidade e a força direta que parecia marcar o avanço da escrita nos Estados Unidos sobre a inglesa, em grande parte, se perdeu durante os anos 1920.[21] A mutante composição do povo norte-americano desempenhou seu papel no caráter variável da língua, mesmo que indiretamente. Sua intelectualização e sua burocratização corresponderam a – resultaram de – certas inclinações mentais, às quais os cultos descendentes de imigrantes que não falavam inglês não estavam imunes.

Mudanças significativas, de qualquer forma, ocorreram na composição da cultura e da intelectualidade norte-americanas. Em 1945, a maior parte dos professores estabelecidos nas melhores universidades ainda era de origem anglo-saxã; também os diretores, editores, e funcionários das principais editoras, os editores das principais revistas literárias e intelectuais, os mais reconhecidos romancistas, poetas, e escritores dos Estados Unidos. Em 1970, este estava longe de ser o caso. Na camada mais baixa da cultura popular ocorreram transformações semelhantes. O fato que um tipo cômico-intelectual de Nova York como Woody Allen (o nome escolhido, assim como sua escolha de mulheres, são traços obviamente anglo-saxões) que podia se mostrar em seus filmes como protagonista de um – reconhecido e de forma bem-sucedida – típico cenário norte-americano[22], pode ter sido tão significante, quanto o fato de que os próprios tons e cadências de seu sotaque de intelectual nova-iorquino eram típicos de muitos outros intelectuais de toda República. Mas se tal fenômeno efêmero ilustra a futura cristalização de uma nova e mais cosmopolita nacionalidade, ou se representa a descristalização daquilo que resta de sua essência intelectual, é algo que nossos descendentes dirão, e não nós.[23]

QUAL É A PRINCIPAL DIFERENÇA ENTRE os Estados Unidos vistos por Tocqueville e aquele do final do século XX? É a diferença entre as características das duas populações. Mesmo antes da imigração em massa começar, Tocqueville previu que eventualmente os Estados Unidos teriam mais de 100 milhões de pessoas, e se tornariam uma das duas grandes potências da Terra. Previu muitas coisas, inclusive a Guerra Civil, mas morreu em 1859, antes da transformação e da descristalização do caráter nacional norte-americano começarem.[24] Em *Democracia na América* ele empregou o termo "anglo-americano" de uma maneira geral. Com toda razão: 150 anos antes, a população branca dos Estados Unidos consistia predominantemente de pessoas cujos ancestrais vieram de duas Ilhas Britânicas.[25] Tocqueville estava ciente do fato – raramente notado por seus críticos de então, e de agora – que enquanto a democracia se tornava um fenômeno universal, os Estados Unidos eram uma sociedade com características particulares. Ele não viveu o suficiente para contemplar os efeitos da imigração em massa; mas há amplas evidências em *Democracia na América* que sugerem que, para Tocqueville, a feliz mediocridade das vidas norte-americanas e a estabilidade de suas instituições se deviam não somente às condições de terem sido fundadas sobre princípios democráticos; se deviam mais ainda à condição de serem anglo-americanas.

O povo norte-americano (e talvez especialmente os filhos e netos de imigrantes) sempre acreditou que seu país é único por causa de sua democracia. Entretanto, mesmo sendo os Estados Unidos o primeiro país ex-colonial, a primeira nação a declarar e conseguir sua independência da pátria-mãe e do Velho Mundo, esta condição logo deixou de ser única. Mesmo no tempo de Tocqueville, mais de uma dúzia de repúblicas na América Central e do Sul haviam proclamado e conseguido sua independência da velha Espanha e de Portugal (o primeiro exemplo foi a revolução haitiana contra a França) – países e povos os quais Tocqueville tinha parco ou nenhum interesse. Duzentos anos após a Declaração de Independência, a grande maioria dos Estados "independentes" do mundo é feita de ex-colônias, enquanto a maior parte dos Estados é democrática, de alguma forma. De uma maneira ou de outra: os Estados Unidos são obviamente diferentes da "democracia popular" tal como na Bulgária, ou de uma democracia ex-colonial como a do Equador, e não somente por causa de seu tamanho ou por causa de seus recursos materiais. Durante os primeiros 100 anos de existência, os Estados Unidos se tornaram poderosos e prósperos, e geralmente capazes de manter dentro de sua democracia uma respeitável quantidade de liberdades particulares ancoradas em leis e instituições essencialmente anglo-saxãs: formas e retóricas às quais a maioria do povo norte-americano estava acostumada. Era essa a principal diferença entre os Estados Unidos e, digamos, a Argentina. Os Estados Unidos se tornaram grandes, ricos e prósperos porque eram, principalmente – no sentido literal do advérbio – anglo-saxões: um termo impreciso, mas não importa. Isto aconteceu não só porque as instituições, leis e estruturas herdadas da Inglaterra serviam ao povo norte-americano no século XVIII melhor que as idéias que governavam aquele século serviram ao povo francês. Era verdade por causa do caráter nacional do povo norte-americano. Fossem eles compostos principalmente de colonizadores espanhóis, franceses ou alemães, as instituições – e não simplesmente a cultura – dos Estados Unidos da América seriam muito diferentes.

Durante o século XIX, a força da herança inglesa se enfraqueceu. A imigração em massa afetou tanto as instituições quanto a cristalização do caráter dos norte-americanos, mas o país permaneceu basicamente anglo-saxão, e era reconhecido como tal pelos europeus. Ainda na Segunda Guerra Mundial, os europeus se referiam aos britânicos e aos norte-americanos como anglo-saxões. O termo era impreciso, mas tinha um sentido, e não apenas por causa das alianças militar e política anglo-americanas daqueles poucos anos. Durante a primeira metade do século XX, o relacionamento entre os impérios britânico e norte-americano era mais próximo do que nunca, um relacionamento de vasta importância e que é assunto do Capítulo 6 deste livro. Entretanto, durante a mesma época em que o relacionamento entre os povos norte-americano e inglês já não era o mesmo de antes, os elementos originais "ingleses" dos Estados Unidos estavam se enfraquecendo, dentro das instituições e no caráter do povo norte-americano.

A imigração havia, é claro, contribuído para esta transição, apesar de não estar sozinha. Em 1900, quando a maré oceânica da imigração estava em plena atividade, homens e mulheres de linhagens anglo-saxã, ou anglo-celta, e protestante governavam a nação. A elite da sociedade norte-americana, tanto das cidades quanto dos vilarejos, as autoridades representativas, o judiciário, os presidentes de quase todas as proeminentes instituições culturais e educacionais, os donos e presidentes de indústrias, bancos e corporações – resumindo, a classe alta norte-americana, os homens e mulheres que ditavam a direção e o tom da opinião pública – eram predominantemente, na verdade esmagadoramente, norte-americanos daquela linhagem, apesar de numericamente não serem mais a maioria. Depois de 1950, o declínio de sua posição de liderança se instalou. O elemento anglo-americano da vida do povo estava sendo esmagado – um extraordinário evento de enormes conseqüências, cujo fim ainda não chegou.

Um dos elementos desse declínio era biológico. Já vimos que durante a segunda metade do século XIX, norte-americanos da velha linhagem começaram a ter menos filhos. À medida que sua predominância diminuía, era inevitável que na era do igualitarismo e da democracia de massa isto deveria ter conseqüências políticas mais cedo ou mais tarde. Estas começaram no nível local. Em Boston, onde as animosidades entre a população mais velha e os imigrantes mais novos eram especialmente agudas, o primeiro prefeito irlandês foi eleito em 1884; em 1900, norte-americanos de primeira e segunda gerações somavam quase a metade da população da cidade, e os bostonianos tradicionais originários da Nova Inglaterra talvez tenham caído para 10%. Mais significante, e de maneira nenhuma inevitável, foi o declínio de certas convicções nas mentes das "melhores pessoas" entre os últimos. A inclinação do intelecto da Nova Inglaterra a um tipo abstrato de idealismo talvez tivesse algo a ver com essa desvitalização, com uma certa anemia do espírito. Na tentativa de se elevar acima dos clãs estabelecidos e das rígidas convicções de sua classe, eles abraçaram a noção abstrata de que a singularidade dos Estados Unidos residia em sua natureza democrática. Já em 1844, Emerson disse que os Estados Unidos eram "o país do futuro, uma população heterogênea se amontoando em navios de todos os cantos do mundo para os grandes portões da América do Norte, e rapidamente contribuindo com os seus pensamentos particulares para a opinião pública, seu dinheiro para o tesouro, e seu voto para a eleição". Duas gerações mais tarde, Barrett Wendell, um dos últimos velhos puritanos intelectuais e anglófonos, e que foi um opositor da imigração, mudou suas opiniões. Ele disse que foi profundamente tocado pelos textos de Mary Antin (uma imigrante russo-judia que escreveu sobre sua norte-americanização de maneira ao mesmo tempo sentimental e falsa). "Para Wendell, os Antin, que viviam em uma parte da cidade outrora habitada por Wendell, eram um 'milagre'. Essa atitude generosa era típica de Wendell em seus últimos dias de confiança".[26] Isso foi por volta de 1910, quando um Brahmin, um político tal como Henry Cabot Lodge, proclamaria sua oposição à imigração irrestrita. Entretanto, na mesma época (1912), Bliss Perry, de Harvard, escreveu em seu *The American Mind*: "Desde o princípio, o povo norte-americano tem se caracterizado pelo idealismo. Foi a luz interior do colonizador peregrino e quacre; ela não brilha menos nos rostos dos filhos dos imigrantes russo-judeus hoje".[27] Duas gerações mais tarde, na década de 1960, os dois principais historiadores da cidade de Boston, Samuel Eliot Morison e Walter Muir Whitehill, e eminências nobres em seus campos de atuação, declararam que John Fitzgerald Kennedy foi um dos melhores presidentes dos Estados Unidos e uma das melhores figuras masculinas da civilização norte-americana, um jovem Washington e Péricles fundido em um só. Quanto dessa atitude foi fruto de generosidade, quanto derivou de um desejo gracioso de se render ao inevitável, é difícil dizer. O elemento de generosidade estava lá, e as atitudes não eram hipócritas: mas pode não ser presunçoso detectar que elas carregam a agonia de convicções antigas, e não meramente das cruas e raciais.

Durante os anos 1920, a cepa nativista mais antiga dos Estados Unidos afirmava conscientemente pela última vez que seus representantes eleitos fechavam as portas da imigração ruidosamente. Naquela época, o elemento anglo-saxão não era somente predominante nas altas classes da sociedade, mas ainda generalizado e influente entre as classes médias. Babbitt, assim como os membros da Ku Klux Klan, era anglo-saxão, e todo o elenco de *American Tragedy*, de Dreiser, tinha nomes anglo-saxões. (Pode ser significativo que na pérola mais sensível do romance dos anos 1920, *O Grande Gatsby*, o nome verdadeiro de Gatsby é Gatz, um nome alemão das Dakotas. Ele está desesperadamente apaixonado pela brilhante promessa de riqueza e juventude dos anglo-americanos de sua época; comparada a Gatz/Gatsby, esses jovens brilhantes, beijados pelo sol, são em grande parte podres, egoístas e covardes.) Entretanto, a assertividade e a autocongratulação desses norte-americanos se fundamentavam em bases fatalmente superficiais. Sua vitalidade havia se enfraquecido. Suas asserções da primazia dos EUA no mundo por causa do "espírito" empreendedor dentro da mentalidade do país marcaram uma degeneração. Em janeiro de 1924, Coolidge proclamou: "Afinal de contas, o principal negócio do povo norte-americano é o negócio". No mesmo ano, o autor de *This American Ascendancy* escreveu que "a melhor realização da humanidade foi essa coisa tangível que chamamos de *AMERICAN BUSINESS*". Quando da inauguração da escola de negócios, que conferiria diplomas de Harvard de mestrado em administração de empresas, o reitor da universidade (Abbott Lawrence Lowell) disse que os graduandos estavam ingressando "na mais antiga das artes e na mais nova das profissões". O decano da Escola de Divindade da Universidade de Chicago escreveu: "O negócio é o formador da moral. O que mais além dos negócios pode formar a moralidade?" No romance mais popular em 1925 e 1926, *The Man Nobody Knows*, de Bruce Barton, Cristo era "um homem agressivamente viril dos negócios, o primeiro grande homem de propaganda, um superorganizador de grupos, mestre executivo, campeão em atrair publicidade". O presidente do Conselho Federal das Igrejas de Cristo na América disse que "Moisés foi um dos grandes vendedores e promotores imobiliários que jamais viveram". Outro presidente de umas das maiores companhias imobiliárias da década de 1920 afirmou que "Jesus Cristo foi o melhor vendedor de sua época". Cartazes de igrejas diziam: "Venham à adoração cristã e aumente a eficiência de seus negócios". Esses pseudoprofetas do norte-americanismo eram predominantemente anglo-saxões e procediam da Nova Inglaterra.

Durante os anos 1920, este tipo de norte-americanismo de camelô existia ao lado de outro tipo de norte-americanidade com a proliferação dos filmes que eram produzidos e montados por pessoas cujas origens, passados e aspirações, estavam em mundos diferentes dos anglo-americanos mais antigos. Ou será que estavam? O tremendo sucesso da indústria cinematográfica nos anos 1920 foi mais que o sucesso de um novo tipo de entretenimento de massa, apelando a um elemento crescentemente pictórico da imaginação dos norte-americanos. Sugeria a enraizada dualidade dos anos 1920, da década em que extremos de conformidade e licenciosidade coexistiam não somente nos lugares mais estranhos da nação, mas também dentro de muitas mentes do país. Sugere que a norte-americanidade de Hollywood foi mais bem-sucedida porque era mais forte do que a da Nova Inglaterra, ou porque sobreviveu à última. Durante a Grande Depressão, durante a Segunda Guerra Mundial e dali em diante, o mundo e as aspirações delineadas por Louis B. Mayer e pelo culto das celebridades dos Estados Unidos sobreviveram às aspirações representadas por Calvin Coolidge e ao culto sobre o vendedor norte-americano. O primeiro teve grande influência nas vidas das gerações seguintes no país. A recente e mais conclusiva evidência desse surgimento do norte-americano-californiano e do declínio de Massachusetts estava presente nas eleições presidenciais de 1980, no mandato esmagador que o povo norte-americano conferiu a Ronald Reagan, cuja fé no capitalismo do país e na aliança pública com certos valores conservadores era genuína. No entanto, seu modo de pensar e falar evidenciava personalidade e modo de vida (ele era, afinal de contas, um ator de cinema divorciado) criados e estabelecidos por Hollywood.

Eventualmente, a restituição das antigas convicções anglo-americanas se tornou aparente não só no plano cultural, mas também no social. Um dos elementos significativos na ascensão, transformação e degradação social dos anos 1960 foi a mudança visível na fisionomia do ideal nacional. Por volta de 1900, quando o elemento anglo-saxão na população nacional já era minoria numérica, sua influência na vida norte-americana e em suas aspirações era ainda predominante. A menina Gibson era um tipo totalmente anglo-saxão, com toques de uma Amazona assim como norte-americanos. O ideal pictórico do homem (mostrado por Charles Dana Gibson em sua série de desenhos do homem que conquista o coração e a mente da menina Gibson), assim como os traços dos atores norte-americanos mais admirados do período, correspondia a isso. A cultura cinematográfica dos anos 1920 refletia certas mudanças, mas, ainda não muitas, apesar de todas as febres passageiras por "xeques" morenos e por Rudolph Valentino. Exceções, é claro, existiam: mas ainda em 1950, os traços dos atores e atrizes mais famosos, assim como os de modelos de propaganda, não diferiam muito nos ideais fisionômicos nacionais de 50 anos antes. Nos anos 1960, entretanto, os modelos masculinos eram escuros, peludos no peito, com bigodes negros, sugerindo explicitamente um tipo de sexualidade masculina muito diferente da que era latente nos tipos anglo-saxões. Uma geração antes, a aparência desse tipo mais novo – freqüentemente uma mistura: ítalo-norte-americano com rosto marcado, do Sudoeste ou da Califórnia, meio italiano, meio caubói – era a exceção. Os *designers,* os gerentes de publicidade e os produtores desses novos modelos sabiam o que estavam fazendo. Estavam em sintonia com o desenvolvimento nacional[28] que agora aparecia em muitos exemplos nos anos 1960, quando milhões de mulheres das altas classes norte-americanas escolhiam a companhia sexual de homens mais escuros, descendentes de imigrantes. Isso era significativo porque, apesar de toda a abertura da sociedade, durante a primeira metade do século XX ainda permanecia uma considerável tendência a se misturarem entre si nestas classes. Eles se associavam, iam às mesmas escolas, se casavam entre si. O que essa mudança nas preferências sexuais das mulheres sugeria não era necessariamente o desejo por mais satisfação sexual, mas um desejo pela força masculina – como se o reconhecimento do apagar do fogo da velha linhagem de homens anglo-americanos estivesse aflorando na consciência.

Durante os anos 1960, a tendência contra as memórias anglo-americanas mais velhas corria com toda a força. Foi então que a palavra boba e imprecisa WASP – ligeiramente depreciativa dos remanescentes anglo-saxões, mesmo que não misturada às correntes profundas e às aspirações de desejo e inveja – foi cunhada.[29] Em 1960, os Estados Unidos quase não eram mais anglo-americanos que não-brancos. Em 1965, as leis de imigração foram revistas. O sistema de cotas por origem nacional foi abolido. (A restrição de imigração da Ásia tinha sido finalizada em outra revisão em 1952, mas as cotas para a Ásia eram mínimas.) Em 1965, as limitações anuais foram estabelecidas em 170 mil, e as imigrações da Ásia, África e América do Sul e Central se tornaram mais fáceis. Parentes de cidadãos norte-americanos recebiam preferência sobre os outros. Seguiu-se um aumento da imigração, principalmente do Caribe e dos Estados mais pobres da América do Sul (incluindo também gregos, italianos e judeus-soviéticos). Legislação adicional e especial veio em seguida, permitindo a entrada de números consideráveis de indochineses e cubanos. Muito disso era míope e intempestivo, com resultados que brevemente se tornaram aparentes.

De 1820 a 1960, mais de 80% dos imigrantes vinham da Europa (entre 1930 e 1960, mais de 90%); de 1970 a 1980, menos de 18% vieram da Europa. Durante a década de 1940, a maior parte dos imigrantes era oriunda da Alemanha, Canadá, Reino Unido, México e Itália, nesta ordem. Durante a década de 1960, a lista e a ordem mudaram completamente: México, Canadá, Cuba, Reino Unido e Itália. Durante os anos 1960, a imigração legal da América Latina aumentou para 30%. Durante os anos 1970, não havia um país europeu ou de língua inglesa entre os cinco primeiros: México, Filipinas, Cuba, Coréia e China. Naquela década, cerca de 4,4 milhões de imigrantes chegaram legalmente, e pelo menos o dobro ilegalmente. Conseqüentemente, os anos 1970 foram a década de maior imigração de toda a história dos Estados Unidos (pelo menos cinco vezes maior que a imigração dos anos 1930-40). Os imigrantes legais incluíam mais de 310 mil filipinos, mais de 205 mil chineses, mais de nove mil haitianos, mais de 140 mil indochineses, mais de 240 mil coreanos. (Entre 1975 e 1981, outros 570 mil imigrantes vieram da Indochina.) Não estou nem mencionando os milhões de mexicanos, outros centro-americanos e cubanos. Tudo isso aconteceu antes de 1980, o ano da maior imigração, quando em uma ocasião oito mil imigrantes foram naturalizados, em Los Angeles, em uma cerimônia coletiva. Apenas em 1980, mais de 800 mil imigrantes chegaram – pelo menos 125 mil de Cuba e 15 mil do Haiti. Desde 1968, quase dois terços de todos os imigrantes vieram da Ásia e da América Latina. No ano do pico da imigração, 1980, 85% dos imigrantes chegaram da Ásia e da América Latina, e só 6% da Europa. Um especialista em América Central do presidente Carter escreveu um artigo na revista *Atlantic Monthly*, satisfeito com a perspectiva de que os Estados Unidos estavam se tornando "um país caribenho".[30]

Depois de 160 anos de possessão norte-americana, a Flórida estava se tornando hispânica – ou melhor, tornando-se caribenha – novamente, e a um ritmo alarmante. Em 1980, a população de Miami se tornou metade cubana. A maior parte desses cubanos era refugiada do regime comunista de Castro; mas com o passar do tempo era evidente que poucos deles voltariam a Cuba. Se a Flórida caribenha era do interesse dos Estados Unidos, não perturbou as mentes dos congressistas, senadores e da burocracia por muito tempo. As pessoas que se sentiam perturbadas eram os residentes mais antigos de Miami, eles próprios refugiados de um norte anglo-saxão mais frio, uma, duas ou três gerações atrás.

O caso cubano consistia de um pequeno salto pelo Estreito da Flórida; o dos indochineses de um vôo superlotado pelo Pacífico, de uma metade do mundo para a outra. A terceira migração, que tinha as características de uma avalanche, foi a inundação do Sudoeste norte-americano com milhões de migrantes ilegais mexicanos e outros das Américas Central e do Sul, uma enchente que durante os anos 1970, o Serviço de Imigração e Guarda da Fronteira não conseguiu controlar. Em 1975, o comissário do Serviço de Imigração e Naturalização falou em uma "invasão" que estava "fora de controle"; seis anos mais tarde, o procurador-geral dos Estados Unidos previu a entrada de 1,5 a 2 milhões somente de imigrantes ilegais. Enquanto estas linhas são escritas, uma proposta de lei para imigrantes representa uma tardia, e não muito eficiente, maneira de controlar a maré liberada, entre outras coisas, pela lei de 1965. Desde aquela época, 10% da população total de El Salvador e da Nicarágua podem ter se mudado para os Estados Unidos. Noventa por cento dos imigrantes ilegais são mexicanos. Menos de 15% destes foram efetivamente presos, e menos de 1% efetivamente processado. Uma entre cada cinco pessoas de origem hispânica no Texas era ilegal. Só em 1981, havia 320 milhões de travessias de fronteira no Sudoeste (os mexicanos podem atravessar a fronteira para os Estados Unidos por um dia de compras ou para visitar parentes). Tal movimento oceânico poderia ter sido controlado somente por uma determinada política requerendo práticas rígidas, e talvez impopulares.[31]

O governo e os políticos ainda não estavam prontos para isso. Entretanto, a própria essência da nacionalidade norte-americana estava sendo diluída – culturalmente e não apenas racialmente.[32] Grandes partes da Republica estavam começando a lembrar o Terceiro Mundo. Por dois séculos, a América do Norte era largamente, não totalmente, imune ao que acontecia com os povos ao sul da fronteira: a terra revertia ao seu povo ancestral, a maldição dos índios sobre o conquistador. Estas invasões mexicana e caribenha (sul-americana e asiática) podem ser os eventos mais importante na história dos Estados Unidos durante as últimas décadas do século XX, assim como a imigração em massa da Europa foi o evento mais importante antes da Primeira Guerra Mundial – como o último, um desenrolar com conseqüências imprevisíveis; diferentemente do último, a migração de povos comparável àquela que derrubou o Império Romano quando outra grande era chegava ao fim. O perigo era – talvez – não mais o transbordar do caldeirão: este estava se derretendo com os maiores buracos aparecendo no Sul e no Oeste.

Desde a Lei de Imigração de 1965, quatro dos cinco presidentes dos Estados Unidos – Johnson, Nixon, Carter e Reagan[33] eram do Sul, do Sudeste ou do Oeste. Eles prestavam pouca atenção no desenrolar destes fatos. Durante os anos 1970, o número de asiáticos na Califórnia aumentou 140%, de centro e sul-americanos 93% (e de índios norte-americanos 118%). A mudança da população norte-americana (e conseqüentemente do peso político) continuou na direção sudoeste. Apesar de asseverarem conservadorismo, californianos como Nixon e Reagan tinham uma visão do globo que era Pacífica em vez de Atlântica – em uma época que os portos atlânticos dos Estados Unidos estavam em processo de decomposição, e que o Atlântico estava carente de navios de passageiros. Durante os últimos 30 anos, o relacionamento dos Estados Unidos com as nações da Europa Ocidental fora tranqüilo: a relação com a Inglaterra esteve mais harmoniosa que nunca; mas os laços instintivos entre os povos da América e do Velho Mundo, inclusive da Inglaterra, se tornaram mais débeis a cada ano. Pouco depois da Segunda Guerra Mundial, Herbert Agar ainda escreveria: "Somos todos descendentes de pessoas que fugiram da Europa. Alguns de nossos antepassados podem ter vindo por mera curiosidade, mas a maior parte deles veio por causa da pobreza, do desespero ou porque a polícia estava no seu encalço. Nosso desejo instintivo é de sermos deixados em paz pela Europa, de parar de lamentar pela Europa, de voltar nossos olhos para o Pacífico. 'Para o Leste, somente arrastado', escrevera Thoreau, 'mas para o Oeste vou livremente... Devo andar para o Oregon e não para a Europa'. Isso tudo era inofensivo enquanto o país estava crescendo. O adolescente pode se voltar contra sua família impunemente, porque ela ainda o protege – mas não é assim com o homem adulto. Poderíamos andar até o Oregon, mas teríamos que olhar para trás e aceitar nossa hereditariedade. Pertencemos ao Oeste, sem o qual morreremos. Não pertencemos à Ásia".[34] Agar sabia que, no fundo do coração dos isolacionistas norte-americanos que ainda sobreviviam, havia uma desconfiança da Europa, mesmo quando a segurança do Velho e do Novo Mundo estava mais conectada que em qualquer outra época. Segurança, no entanto, é uma coisa, destino outra. É difícil dizer se o destino de norte-americanos e europeus os aproximará ou os distanciará. Vai depender de corações e mentes, de consciência mais que da comunicação. E a evolução da consciência tem pouco ou nada a ver com a evolução da tecnologia. A recusa em considerar a realidade de sua conexão ancestral com o Novo Mundo que tem sido tão típica de todos os tipos de imigrantes, inclusive seus descendentes que passaram por uma norte-americanização superficial até sua norte-americanidade final, pode ou não estar passando agora que cada vez mais norte-americanos não estão mais indiferentes às suas raízes; mas se a consciência destas raízes vai eventualmente ser maior que o salto para o outro lado do oceano é difícil dizer. Mas os Estados Unidos não são mais um país novo, povoado com novos homens e mulheres, e a palavra "raízes" é mais que uma metáfora. Como uma sensível autora da Nova Inglaterra escreveu sobre sua terra natal: a paisagem moderna norte-americana "tem muito mais flores coloridas que na selva primitiva. Poucas de nossas plantas nativas florescem em campo aberto e ao lado de caminhos ensolarados onde o solo não é muito úmido nem muito seco; e as flores que crescem ali são quase todas vindas de longe. Ao plantar nestes lugares com a ajuda de um manual, encontra-se repetidamente a frase 'naturalizada da Europa'. Uma curta lista exaure as nativas da Nova Inglaterra que são comuns e conspícuas entre as flores do campo: suculentas, gerânios, piloselas, spíreas, dálias, varas-de-ouro... O resto – margaridas, a maior parte das ervas ciáticas, saponárias, cravos, cenouras selvagens, a comum dente-de-leão e todas as outras seguiram o despertar do homem europeu".[35]

5

O INTERLÚDIO BURGUÊS
A metade do século, quando a civilização norte-americana era urbana e civil

Como os Estados Unidos, nascidos no século XVIII – o século central – da Era Moderna, eventualmente se tornaram uma nação que não é burguesa nem urbana.

ESTAMOS NOS APROXIMANDO DO FINAL DO SÉCULO XX[1] e também de uma era que começou há 500 anos, uma na qual há 300 anos as pessoas começaram a chamar de Era Moderna, para distingui-la dos séculos Antigo e Medieval. (Durante a Idade Média, ninguém pensava estar vivendo na Idade Média; o termo não se tornou popular até que o período passou.) Quando ocorreu a Revolução Americana, a noção de Idade Moderna havia se tornado uma idéia aceita. O século XVIII foi o século central da Idade Moderna – cronológica e, de várias maneiras, intelectualmente. Foi o século do Iluminismo – como "Idade Moderna", um termo inadequado e indevidamente otimista, mas não importa. Os Estados Unidos foram o primeiro Estado moderno do mundo. Esta idéia era representada nos símbolos e nas declarações de seus fundadores, inclusive seu grande dístico: "*Norvus Ordo Seclorum*", uma "nova ordem secular". Esta afirmação categórica também era imprecisa e indevidamente revolucionária em seu tom: novamente, isso não importa, já que assim pensava a maioria dos norte-americanos, pelo menos por um longo tempo.

Durante o século XIX, as idéias do século XVIII foram postas em prática, foram traduzidas em assuntos práticos e atingiram sua total consecução. O que quer que estivesse errado ou insubstancial naquelas idéias, não é preciso nos preocuparmos. Na história da Europa e da América do Norte, o século XIX foi o mais importante e próspero dos séculos. Foi o século da ascensão das classes médias, que passaram a usufruir da presença de padrões ascendentes de conforto, segurança e poder, visível e palpável, como parte de suas vidas.

Agora é possível marcar o período com mais precisão, somente com bases materiais. O mais expressivo avanço no padrão material da vida norte-americana se deu entre 1895 e 1955, o que correspondeu ao zênite do poderio e prestígio dos Estados Unidos no mundo. Durante o último terço do século XIX, começou a mais importante onda de progresso material. Desde a Guerra Civil até a Primeira Guerra Mundial, a mortalidade infantil foi reduzida em mais de dois terços. A expectativa de vida aumentou quase um terço. O progresso da medicina, sozinho, foi tão significativo que no início do século XX era possível a um norte-americano viver sua vida inteira e se submeter a operações sérias no corpo, sem nunca experimentar dor prolongada ou insuportável. Aquecimento central, encanamento interno, água corrente quente e fria, o elevador, a luz elétrica, o telégrafo, o telefone, a locomotiva, o navio a vapor, a aeronave, o automóvel, o avião, o rádio, as ferrovias e canais transcontinentais – todas foram realizações do século que precedeu a Primeira Guerra Mundial. Dali em diante, o ritmo das invenções diminuiram. Durante os últimos 50 anos, as únicas invenções que tornaram o dia-a-dia das pessoas mais fácil foram o ar-condicionado, a televisão, a fita durex, dos quais somente a última seja talvez uma unanimidade. Houve avanços impressionantes da medicina, mas não na disponibilidade da atenção médica. Depois de 1970, as próprias condições de conforto material se tornaram difíceis, onerosas e, em alguns casos, deterioraram. Mas o que importa aqui é que as invenções do século XIX estavam disponíveis às massas de norte-americanos, relativamente, logo depois que apareceram. Quer falemos da mortalidade infantil ou da mortalidade do automóvel, na média, a Europa estava 50 anos atrás dos Estados Unidos. O pico material dos padrões de vida norte-americanos foi atingido nos anos 1950. Eis um exemplo: em 1902, 8% das casas tinham eletricidade nos EUA; em 1925, mais da metade (53,2%); em 1955, quase 99%. O que estava acontecendo nas vidas, mentes e nos corações dessas pessoas em suas casas, claro, é outra questão.

▼

Os 60 anos entre 1895 e 1955 não foram somente o zênite do poderio, prestígio e da prosperidade norte-americanos. Este foi o período urbano da história do país. Os fundadores da República não haviam, com poucas exceções, antecipado a sociedade urbana. Um século após a independência norte-americana ter sido conquistada, no entanto, a América urbana havia surgido. Em 1790, menos de um treze avos da população do país morava em cidades com mais de oito mil habitantes; em 1880, 24% moravam em cidades. Em 1920, a maioria da população norte-americana era urbana. O crescimento da cidade de Nova York foi o exemplo mais espetacular. Mesmo assim, ainda em 1880, Nova York era a única cidade do país com uma população maior que 1 milhão de pessoas, no mesmo nível que Londres, Paris, Berlim, Viena, São Petersburgo. Dali em diante, o crescimento urbano foi rápido. Em 1890, Chicago e Filadélfia já haviam passado da marca de 1 milhão. Durante a Primeira Guerra Mundial, Nova York ultrapassou Londres no quesito maior cidade do mundo, correspondendo ao surgimento do império norte-americano, que ultrapassou o império britânico em termos de poder financeiro, industrial e político. Mas, em meados do século XX, a fase urbana da história dos EUA estava passando. Cidades na China, no México, na América do Sul, no Japão e na Rússia agora eram maiores que as da Europa e dos Estados Unidos. Ainda mais significativamente, depois de 1950, Nova York, Filadélfia, Boston e Chicago pararam de crescer. Uma das duas cidades mais afáveis da incipiente República, Boston começou a perder população depois de 1930 – de 1950 a 1960, diminuiu 13%. A população de Filadélfia quase não cresceu depois de 1930. A cidade de Nova York estava perdendo população depois de 1950. Outras cidades dos Estados Unidos, especialmente no Sul e no Sudeste, continuavam a crescer: mas é discutível se Los Angeles, Fênix, Houston ou Dallas eram cidades no senso tradicional do termo. Quaisquer que fossem seus limites municipais, a esmagadora maioria da população (e esta era também a tendência nas cidades do Leste, agora cada vez mais estagnadas) morava nos subúrbios.[2]

Este momento correspondeu à mudança na história do país após 1955. Quando o censo dos Estados Unidos, em 1920, mostrou que, pela primeira vez na história norte-americana, a maioria da população não era mais rural, e sim urbana,[3] o mesmo censo também mostrou que, pela primeira vez, a maioria dos trabalhadores não estava mais envolvida na agricultura, mas na indústria. A maioria da população estava abandonando as cidades, se mudando para os subúrbios. De 1950 a 1970, a população suburbana duplicou, de 36 para 72 milhões; 83% do crescimento total ocorreram nos subúrbios. Mesmo assim, a idade urbana (e industrial) da civilização norte-americana estava passando. Foi mais curta – muito mais curta – que costuma-se pensar.

Assim foi o período burguês da história dos Estados Unidos. Este também foi um interlúdio, um capítulo no desenvolvimento do povo norte-americano, correspondendo a muito das fases urbana e industrial. Um importante período que não está totalmente morto, e que, por causa de sua amplitude e riqueza, tem todos os tipos de conseqüências, mas ainda assim, foi somente um período. Sua relativa brevidade teve muito a ver com a ascensão e o declínio da cidade norte-americana, e com certas características peculiares da última que tinha antecipado seu surgimento. A cidade norte-americana, desde o início, era diferente de suas contemporâneas européias, da mesma forma que a cidade medieval era muito diferente dos *urbs* romanos ou da *polis* grega, assim como cidades russas e chinesas eram (e ainda são) diferentes das européias. Estas diferenças não eram somente físicas – mesmo que seu principal elemento emergisse da condição física, já que a cidade européia tinha paredes que geravam uma definitiva separação entre a cidade e o campo ao seu redor, com seus habitantes – de onde vêm as palavras *burguês* e *cidadão*. Desde a Idade Média na Europa, era um privilégio para certas pessoas morar dentro de uma cidade. A vida na cidade era mais segura que fora dela. Depois de 1950, isso não era mais verdade, menos verdade ainda nos Estados Unidos que na Europa.

A deterioração da segurança das cidades teve muito a ver com a preferência que milhões de norte-americanos deram aos subúrbios, mas este não era o único fator em sua escolha. Devemos ter em mente também que, durante a história da civilização ocidental ainda não vimos uma cultural altamente desenvolvida que não seja predominantemente urbana. O adjetivo "civil" sugere isso, assim como a palavra "cidadão" (em russo e outras línguas orientais seus equivalentes *não* derivam da raiz da palavra "cidade"). É ainda uma questão em aberto se o povo suburbano pode desenvolver algo que lembre um nível cultural alto.

Quais eram as características do período urbano e burguês da história norte-americana? Sem recorrermos às estatísticas, é quase impossível ilustrar isso a não ser descrevendo as aspirações das pessoas e registrando impressões gerais. Na década de 1880, o charmoso diarista "Maud" escreveu sobre Cairo, no Illinois: "Temos os mais imponentes hotéis (gerenciados em escalas grandiosas) nesta parte do país, sistema de telefone, uma nova e elegante casa de ópera sendo construída, bondes logo percorrendo as ruas e ainda não estamos totalmente 'cidadificados.'"[4] Antes de 1895 e de forma crescente depois de 1955, a impressão geral que se tinha dos Estados Unidos era que o país possuia *menos* traço urbano que os países do noroeste da Europa – enquanto que em 1915 ou em 1925, a impressão era diferente: a América e a vida no país era *mais* urbana que na Europa. Não estou pensando somente em Nova York, com seus arranha-céus e luzes reluzentes. E não estou me referindo à imagem padrão dos filmes em que, até cerca de 1960, a brilhante riqueza e a suntuosidade de um apartamento norte-americano, geralmente fotografado bem acima de uma cidade pelas janelas de onde refletia um mar luminoso de luzes, dava (e às vezes ainda dá) uma impressão poderosa do tipo de urbanidade que estava além dos sonhos de cobiça da maior parte dos europeus. Veja uma fotografia de Chicago ou Seattle por volta de 1915. Típico e impressionante – no sentido pictórico e civilizatório – são as ruas dominadas por prédios cujo tamanho, decoração, entrada, fachada e calçada são mais majestosas e monumentais que as cidades da Europa. Diferentemente de muitos prédios, 50 anos antes destes, algo que vai além de suas fachadas impressiona, sugerem as riquezas interiores de uma sociedade burguesa. Ou considere a Quinta Avenida ou Park Avenue, em Nova York, por volta de 1925. Novamente não me refiro apenas ao seu aspecto exterior monumental, mas ao tipo de vida em seus interiores, nos apartamentos ou saguões de hotéis norte-americanos chiques; me refiro às suas decorações e aos mobiliários, às roupas das pessoas que os freqüentavam, às conversas, à música que animava os coquetéis e às breves melodias que eram sustentadas pelas intricadas, melancólicas e sofisticadas estruturas harmônicas de Gershwin, Kern ou Porter, com às quais os ouvidos norte-americanos já haviam se acostumado. Estas não eram mais excrescências humanas estéreis na costa Leste dos Estados Unidos. Eram coisas tipicamente norte-americanas.

"O homem inglês era essencialmente de raiz. O norte-americano hoje é urbano", escreveu Harold Nicolson, em 1927. Essa não foi uma evolução totalmente superficial. A maior parte dos autores dos Estados Unidos era representativa, assim como contribuinte, de uma cultura burguesa e não somente por causa de seus sujeitos. Não era só pelo fato do norte-americano ter "alcançado" a cultura burguesa européia ocidental, ou de Nova York ter alcançado Londres ou Paris. Autores como Henry James ou Edith Wharton, pintores tais como Thomas Eakins ou Winslow Homer refletiam a plenitude interior das vidas nos EUA. Seus trabalhos eram representativos de um alto e sólido padrão de habilidades, assim como de uma civilização que evoluía rapidamente e que, com todas as suas falhas, evidentemente progredia rapidamente. Diferente do caso da maioria dos constrangidos "modernos" havia uma correspondência – nem sempre harmoniosa, mas de qualquer forma, uma correspondência – entre estes representantes da cultura burguesa norte-americana e as vidas de um número cada vez maior de pessoas. Entre 1895 e 1955, os padrões de um grande número de norte-americanos – suas aspirações de conforto material, suas famílias, seus modos, sua cidadania, sua consciência social e também cultural e educacional – lembravam (e até, ocasionalmente, se sobrepunham) de muitas maneiras mas não em todas, os padrões de vida das famílias burguesas européias e inglesas. No início do século XX, uma camada importante do povo norte-americano estava levando vidas interiores que, enquanto admitidamente não idênticas às da Europa, marcaram uma civilização que pode ser chamada de civil e burguesa.[5] Burguesa, e não simplesmente classe média: devemos nos voltar para esta distinção crucial

NOS ANOS 1920, CHARLES A. BEARD, um dos historiadores mais originais e independentes dos Estados Unidos, escreveu que o país tinha só uma grande classe, "a pequena burguesia... O ideal norte-americano mais largamente expresso é o *aburguesamento* de toda a sociedade – uma universalidade de conforto, conveniência, segurança, lazer, posse padronizada de comida, roupa e abrigo". Entretanto, posse padronizada de comida, roupa e abrigo são aspirações da classe média, não da burguesia. A equação virtual de Beard sobre burguesia e classe média estava errada. Os dois conceitos não eram e nem são a mesma coisa. Toda sociedade, todo grupo (inclusive as populações animais) tem um segmento reconhecido, situado no meio, entre as classes mais altas e as mais baixas. Nem toda sociedade tinha, ou tem, uma burguesia. A existência de uma classe média é um fenômeno universal e sociológico. A existência da burguesia tem sido um fenômeno particular, uma realidade histórica. Escrevi anteriormente que a noção do burguês, cuja origem é da Europa ocidental, tinha pouco a ver com capital ou renda, e muito a ver com a cidade. *Burguês, bürger, burgher, borghese* significavam habitante de cidade. ("*Stadtluft macht frei*", alguns alemães diziam: o ar da cidade liberta.) A essência de seu significado era a de um homem livre, que possui todos os direitos municipais. (Considere a casa dos burgueses, na constituição do estado da Virgínia.) Este tipo de liberdade se tornou uma questão de espírito e não meramente de status; de aspirações e padrões, em vez de riqueza ou renda. Reunia noções de urbanidade e cultura. Por causa disso, e apesar das diferenças originais entre cidades norte-americanas e européias, havia uma coisa chamada burguesia e houve um capítulo na história dos EUA que esta era muito importante – e não apenas financeiramente.

Mas ao escrever isso, tenho que romper dois grandes obstáculos intelectuais. "Burguês" e "burguesia" não são palavras inglesas. (A maior parte dos trezentos milhões de pessoas cuja língua nativa não é o inglês, não consegue escrevê-las sem cometer um erro ou dois.) A razão para tal é que, mesmo que a origem das duas palavras seja a mesma, o termo burguês, diferentemente de cidadão, foi importado pela Inglaterra e pelos Estados Unidos da França, onde havia adquirido uma má reputação. Durante o século XIX e na maior parte do XX, "burguês" sugeria não somente "classe média", mas também "sem imaginação", "vulgar", "egoísta", "materialista", "filisteu". A origem desse tipo de difamação veio de aristocratas e esnobes; mas durante o século XIX foi propagado entusiasticamente por boêmios, artistas, almofadinhas, estetas, marxistas e todos os tipos de radicais. Entretanto, esse uso do termo era estreito e impreciso.[6] Não só a equação de burguesia e classe média estava errada; mas também a equação da burguesia como espírito capitalista. Alguém poderia ser burguês sem ser capitalista, o que era verdade sobre muitos profissionais: reciprocamente, alguém poderia ser capitalista sem ser burguês. (Os novos-ricos eram freqüentemente excluídos não somente da aristocracia, mas também da burguesia nobre.)

É o suficiente sobre a distinção entre classe média e burguesia. Como isso se aplica à história e ao desenvolvimento do povo norte-americano? As idéias principais da Idade Moderna, em meio às quais os Estados Unidos foram criados no século XVIII, *eram* burguesas, em grande parte. Mais importante: à medida que o século XIX avançava, certos tipos de vida, assim como certas aspirações da classe média norte-americana, se tornavam cada vez mais burguesas. Considere, por exemplo, as descrições que Mark Twain faz das pequenas cidades no Mississippi, em 1830 no Dawson's Landing em Puddinhead Wilson, a saber. Primeiramente, a descrição daqueles pacíficos vilarejos norte-americanos com suas cabanas rosadas parece excessivamente sentimental. Mas logo se torna aparente que o autor sabe sobre o que está escrevendo. As crianças são, é claro, crianças norte-americanas, ou seja, nobres selvagens, mas há uma causa eficiente sob toda aquela relativa estabilidade e paz: é a distância do mundo maior. Diferente da Europa, a terra é abundante e barata; a circulação de dinheiro é limitada; as vaidades são limitadas. Não é um mundo burguês. Em 1850, no mais tardar em 1865, o mundo de Dawnson's Landing havia desaparecido. Em 1900, uma geração mais tarde, o culto à família burguesa tinha se fortalecido, inclusive na educação dos filhos, que devem crescer à altura de seus pais, ou mais alto que eles, na escala social e educacional. As aspirações por certos padrões de cultura, solidez e segurança, a crescente urbanidade e interioridade na vida dos norte-americanos estavam em pleno desenvolvimento. Em 1800, estas aspirações eram raras, apesar de toda mediocridade das vidas norte-americanas no início da República. Os personagens de Hawthorne, Melville e Poe não eram burgueses; um século mais tarde, os personagens de Sinclair Lewis, assim como os de F. Scott Fitzgerald eram. (E os de Hemingway também, não importa quanto ele quisesse negar; como seus protagonistas, ele tinha grande orgulho de se sentir à vontade no Ritz de Paris, assim como portando uma espingarda calibre 30.06 no mato.) Nos anos 1920, personagens fictícios disparatados como Tom Buchanan e George Babbitt eram burgueses norte-americanos, assim como, na vida real, pessoas tão disparatadas como Andrew Mellon e Clarence Darrow – mesmo que cada um deles fosse negar – mais ou menos confortavelmente – o epíteto.

As classes altas da América eram largamente burguesas. A palavra "aristocracia" confundiu as coisas. Na Inglaterra e Europa, durante o século XIX, as aristocracias ainda eram compostas, em grande parte, pela nobreza, pessoas com títulos. Na América, não. (Talvez seja significativo que o nome dado para famílias tradicionais em Boston fosse Brahmins, nome de um castelo indiano, e não um termo europeu.) Nos EUA, desde o zênite do interlúdio burguês, a palavra "aristocracia" tem sido usada com desembaraço. Maníacos sociais como o solteirão afetado que administrava a lista da sociedade em Nova York, e os populistas irados do interior, estavam obcecados pela palavra. Entretanto, "aristocracia" era, em grande parte, uma ficção nos Estados Unidos. As pessoas pensavam que a "aristocracia" consistia, simplesmente, em pessoas ricas; que as pirâmides financeira e social eram a mesma coisa; que as distinções de nascimento eram como as distinções de riqueza. Na verdade, a ordem social norte-americana, especialmente nas cidades mais velhas do Leste, com suas leis não escritas, tinha pouco em comum com as aristocracias da Europa e da Inglaterra, enquanto tinha muito em comum com as velhas sociedades nobres da incipiente Europa moderna, mais próxima do centro do continente, representada pela ordem cívica e social das grandes famílias de mercadores em cidades como Basel, Genebra, Amsterdã, Hamburgo, ou de outras *grandes famílias burguesas* (quase sempre protestantes) da França. Tinha pouco em comum com o mundo dos Guermantes de Proust; tinha muito em comum com o mundo dos Buddenbrooks de Thomas Mann. Resumindo, seus componentes eram nobres em vez de aristocráticos; burgueses em vez de feudais; apoiando-se, nas cidades e nos lugares mais antigos, em distinções obtidas da consangüinidade das famílias com alta reputação cívica, e não de seus nobres antepassados; nas maneiras até mais que no sangue; na preeminência da família, entre outros pontos.

Os burgueses eram conformistas – nem mais nem menos que outras pessoas, nem mais nem menos que antes de 1895 ou depois de 1955. Mas durante aquele interlúdio, se conformaram a valores civilizados. Durante o interlúdio burguês, começaram a dedicar boa parte de seus interesses, e mais que boa parte de seu dinheiro, a colecionar e propagar a arte. Foi assim que a Ópera Metropolitana, o Carnegie Hall, as grandes coleções particulares da América, os grandes museus e as grandes orquestras sinfônicas nasceram. Novamente, as datas 1895 e 1955 são boas aproximações. Durante as seis décadas entre aqueles anos, ocorreu a grande migração transatlântica de pinturas, esculturas, bibliotecas, artistas, músicos, cientistas e, ocasionalmente, de um prédio inteiro. Durante a primeira metade do século XX, os Estados Unidos foram a maior e mais próspera potência do mundo; 1895-1955 coincide com o início e o fim da ascensão do império norte-americano. Entretanto, seria simplista e imaturo explicar este grande movimento de arte e cultura somente em termos materialistas. A década de 1890 foi o fim do começo. Muitos dos colecionadores norte-americanos já tinham gostos sofisticados; seu entusiasmo, compras e doações generosas freqüentemente brotavam de um elemento tangível e vivificante do idealismo norte-americano. O desenvolvimento foi tão rápido que, em 1902, Ralph Adams Cram, amigo de Henry Adams, especulou que o topo da sociedade pode ter chegado à beira da aristocracia, e que alguns dos burgueses ricos dos Estados Unidos estavam se tornando os Médicis e os Borgias da Era Moderna (como aconteceu na Itália 450 anos antes), especulou que uma renascença norte-americana estava se formando. Mais recentemente, certos historiadores da arte se referiram aos anos de 1876 a 1917 como a renascença norte-americana (e aos anos 1912-13 como a pequena renascença, que foi realmente muito pequena). Estavam errados – mas somente a longo prazo. A maior migração, transporte e tradução de arte e artistas de um continente para outro, em toda a história da humanidade, finalmente aconteceu. Comparada a ela, a última grande migração intelectual, a dos intelectuais gregos bizantinos para a Itália no momento da queda de Bizâncio, foi um evento insignificante. Mas a comparação pára por aqui. Cinqüenta, 100, 150 anos depois da migração, a Renascença Italiana estava em pleno desenvolvimento. Cinqüenta anos depois de 1900, a renascença da América estava passando. Os anos 1950 foram o início do fim. A degeneração da coleção, dos gostos e dos propósitos dos colecionadores havia começado.

O zênite do período burguês na história norte-americana – novamente, cronológica e existencialmente – foi a década de 1920. (Uma das razões para isso foi o lapso de tempo então existente entre os Estados Unidos e a Europa. Na Europa, a Primeira Guerra Mundial extirpou a pomba da burguesia; nos EUA, não.) Mas em 1920, no mais tardar, um novo fenômeno social havia surgido entre os norte-americanos. Era a *intelligentsia*: uma nova classe que, apesar de sua autoconfiança, não era facilmente delimitável, já que era composta não por riqueza, nascimento ou mesmo educação formal, mas uma classe de opinião.

Como muitos (mas não todos) dos intelectuais europeus, a *intelligentsia* considerava (ou pelo menos pensava que considerava) qualquer coisa burguesa como um tipo de peste, a ser afastada e evitada a todo custo (literalmente) – um tipo de autoconfiança esnobe que era de se esperar. É significativo que, pela primeira vez, havia uma certa coincidência entre as aspirações (e esnobismos) de muitos norte-americanos das classes altas e da *intelligentsia* nesse aspecto. Em 1920, sua urbanidade autoconfiante tinha evoluído a um ponto que proclamaria distinções do resto da classe média tão enfaticamente quanto possível. Entre 1915 e 1925, apareceram os primeiros números de revistas de sucesso como *The Smart Set, Vanity Fair*, *The New Yorker*. Seus nomes e subtítulos eram reveladores. O subtítulo da primeira era "Uma revista para inteligência" e "Uma revista para mentes que não são primitivas"; a *The New Yorker* anunciou que não era uma revista para a velhinha de Dubuque (por acaso um lugar não distante de "Dawson's Landing"). Sua primeira capa moderna mostrava um refinamento aristocrático nova-iorquino imaginário, um Beau Brummel dos dias (não existentes) da regência da América, contemplando uma borboleta através de seus óculos. Em 1925, "moderno" nos EUA significava sofisticado, urbano e civil. "O inimigo mais hediondo do homem superior", escreveu Menken, "é o trabalhador rural, o fazendeiro. Nenhum mamífero mais ávido, egoísta, desonesto é conhecido dos alunos primatas ... A *intellegentsia* está sitiada em algumas cidades cercadas por estes fundamentalistas armados com ancinhos" – uma representação que foi vanguarda do "gótico norte-americano"(1930), uma imagem verbal à qual voltaremos. Mesmo 50 anos mais tarde (1980), o historiador social norte-americano Richard Lingeman se referiu ao "gótico norte-americano" como um retrato casuístico que "enfureceu a burguesia".[7] De jeito nenhum: em 1930, e desde então, as reações da burguesia ao "gótico norte-americano" foram similares às da *intelligentsia* do país.

De qualquer forma, a descrição que Menken faz do fazendeiro norte-americano, como o tipo mais inferior de camponês fundamentalista, foi produzida (e pensada) no exato momento que este fazendeiro desejava se tornar – na verdade, quando estava se tornando – um homem de negócios, ainda outro componente daquela classe média que Charles A. Beard havia, erroneamente, definido como burguesa. Durante a década de 1920, *Middletown* e outras pesquisas sociológicas mostraram que a vasta maioria dos norte-americanos se considerava de classe média. Em 1939, este número havia crescido para 88% de acordo com uma pesquisa do Gallup. Em 1940, uma pesquisa feita pela revista *Fortune* produziu o número de 79,2%.[8] Estas porcentagens de autodescrição eram irreais no sentido de que iam pelo menos 20 ou 25% além daquilo que poderia ser definido como "classe média", com base na renda ou ocupação. Entretanto, eram reais no sentido de que era assim que as pessoas pesquisadas se viam, ou pelo menos queriam se ver. Em um sentido importante, no entanto, esse fenômeno social estava se tornando cada vez menos significativo. Como já vimos no Capítulo 3, esse foi o resultado da inflação da sociedade, a partir da qual a forma da sociedade democrática norte-americana passou a lembrar uma grande cebola, ou um balão. Mas a homogeneidade desse balão era superficial. Esse senso de autenticidade e liberdade pessoal, o desejo por privacidade, o culto da família, a permanência de residência, a durabilidade das posses, o senso de segurança e a urbanidade dos padrões da vida civilizada – todos valores burgueses – estavam enfraquecendo. No número de setembro de 1955, *The Ladies Home Journal*, seu colunista escreveu: "Somente 10% das famílias neste país recebem mais de US$10 mil, enquanto mais da metade das famílias recebe US$5 mil. Estamos nos tornando uma grande classe média, o que, para o modo de pensar norte-americano é bom, saudável, e meio aconchegante". Na realidade, e especialmente em vista do que estava por vir, essa atitude de satisfação estava totalmente errada, não era saudável nem aconchegante. Na verdade, em 1955, o interlúdio burguês na história do povo norte-americano estava chegando ao fim. Durante o próximo quarto de século, a dissolução dos padrões burgueses e urbanos se tornou cada vez mais óbvia. A inflação da comunicação, dos filmes, das palavras, do dinheiro, da educação estava envolvida em um desenvolvimento rudimentar de um novo tipo de sociedade burocrata e não-burguesa, suburbana e não-urbana.

Algumas pessoas reconheceram isso antes que a maioria. Poucos anos antes de 1955, a modesta e reflexiva Phyllis McGinley escreveu: "Mas eu penso que algum dia as pessoas olharão para trás, para o nosso pequeno intervalo aqui, sobre o nosso modo de vida pacífico, como nós olhamos para o tipo de vida de Currier e Ives[9], com nostalgia e respeito."[10] "Algum dia..." ela refletiu em 1948. De qualquer forma, menos de uma geração depois, 30 anos mais tarde, o respeito e a nostalgia pela civilização burguesa – marcada, entre outras coisas, pelo crescimento da reputação da palavra "burguesia"[11] – sugere que este dia pode ter chegado. O interlúdio burguês não sumiu totalmente; muitos de seus elementos ainda estão presentes – em parte por causa da solidez e durabilidade de seus bens. Considere mesmo, perto do final do século XX, o interior de muitas casas norte-americanas. Técnica e esteticamente, desde o aquecimento, o encanamento até o mobiliário e a decoração, os interiores destas casas não são muito diferentes daquilo que eram 50 anos atrás. Agora, compare os interiores e as vidas de seus habitantes de 1930 aos de 1880. As duas cenas são tão diferentes quanto irreconhecíveis. Não só o mundo de 1930 era muito diferente do mundo de 1880: *parecia* totalmente diferente, e isso incluía as maneiras com que a maior parte das pessoas se vestia, desvestia, dançava, se movia, ouvia, lia, pensava. Não só as imagens mas muito da realidade material da idade burguesa permaneceu, por pelo menos algum tempo.

Mas enquanto o *aburguesamento* do povo norte-americano se desenvolveu mais rapidamente que o de muitos dos povos da Europa, assim também foi sua dissolução.

QUAIS FORAM AS RAZÕES PARA A RELATIVA brevidade desse período burguês? Quando em 1815, depois das guerras revolucionárias e napoleônicas da França, a Grã-Bretanha emergiu como a principal potência mundial, uma revolução britânica – a despeito das mudanças interruptoras e radicais da industrialização – não ocorreu. O que seguiu foi a era da respeitabilidade, a idade vitoriana, que corresponde ao zênite da burguesia na Europa. Há muitas similaridades entre a situação da Grã-Bretanha depois de 1815 e a dos Estados Unidos depois de 1945, depois das guerras revolucionárias alemãs. (Em 1945, os Estados Unidos, como a Grã-Bretanha em 1815, eram a potência mais rica do mundo; como os britânicos, os Estados Unidos em 1945 eram, exceto pela Rússia, o único império mundial de fato; depois de 1945, os Estados Unidos, como a Grã-Bretanha, em 1815, se tornaram uma potência essencialmente conservadora, sustentando o *status quo* no Ocidente; logo após 1815, os britânicos escolheram o herói de guerra Wellington como primeiro-ministro; em 1952, os norte-americanos escolheram o general Eisenhower para presidente.) Entretanto, apesar de todas as aparências superficiais, depois de 1945 o elemento burguês na vida norte-americana estava se enfraquecendo, não se fortalecendo. Algumas das razões para isso eram mais óbvias que outras. A maior parte delas estava enraizada no caráter do povo norte-americano.

O elemento principal e mais óbvio era a inquietude. A inquietude é um dos componentes do caráter norte-americano. As origens dessa inquietude, que não tinha nada a ver com os hábitos ou heranças inglesas ou européias, mas com algumas heranças subterrâneas e condições territoriais deste grande e vasto continente, retrocede para bem antes da revolução.

No início do século XX, a era da fronteira norte-americana já acabava, mas a inquietude permanecia. Isso era verdade nos Estados Unidos urbano e também no Oeste. O povo se mudava de uma parte do país para outra. E, nas cidades, de um bairro para outro. A permanência na residência, o elemento essencial da civilização e especialmente da civilização burguesa, era relativamente rara, mesmo no pico do interlúdio burguês norte-americano. Isso tinha algo a ver com a característica peculiar de suas cidades, cujos setores comerciais e residenciais eram separadas e cada vez mais distantes umas das outras. Tinha muito a ver com o preço relativamente baixo e com a relativa disponibilidade (mesmo depois de 1900) dos imóveis na América. Bem como com as ambições sociais, de onde, mesmo em uma sociedade voltada para ao trabalho, o status de uma pessoa era representado não por onde ela trabalhava, mas por onde morava. O aumento do preço dos imóveis depois da Segunda Guerra Mundial não afetou em nada este movimento, e a suburbanização e o crescente número de norte-americanos empregados por corporações continuaram a contribuir para isto. Em 1956, a típica família norte-americana se mudava a cada quatro anos, uma estatística incomparável que nos diz mais sobre os EUA que qualquer outro dado, e que não tem equivalente nas sociedades democráticas e norte-americanizadas da Europa Ocidental.[12] Durante os anos 1970, a inflação dos preços imobiliários, a diminuição de terras disponíveis nos subúrbios, as dificuldades e os custos de transportes tornaram a aquisição de residências privadas mais difícil para a maioria dos norte-americanos. Havia um pequeno gotejar de pessoas voltando para as cidades. De forma interessante, isso aconteceu quando o crime nas cidades estava crescendo, os serviços e amenidades estavam se deteriorando, e quando a família tradicional do país estava se dissolvendo. Temos razão para sermos céticos sobre a reurbanização dos Estados Unidos de 1980 em diante.

É óbvio que a mudança de uma casa para outra e a ascensão das pessoas na sociedade – o que os sociólogos chamam de mobilidade "horizontal" e "vertical" – quer dizer a mesma coisa. Em 1869, um norte-americano bem-sucedido, Charles O'Connor, "um símbolo da Ordem dos Advogados de Nova York", proclamou que nos EUA "um homem é considerado fracassado, *e certamente o deve ser* (grifo meu) quando não sobe acima da posição de seu pai". Esse símbolo da Ordem dos Advogados de Nova York não via que essa atitude sugeria a rejeição dos pais – e a rejeição do Velho Mundo, origem de muitos deles –, que foi um dos pontos mais fracos da psique norte-americana, pois se envergonhar dos próprios pais é uma das mais profundas feridas psíquicas. Oitenta anos mais tarde, depois da Segunda Guerra Mundial, o antiburguês Wyndham Lewis escreveu que "a piedosa conexão ao solo" ou "tradição histórica" quase não existia nos Estados Unidos, e que isto era uma coisa boa porque o norte-americano estava ligado "à ausência destas coisas". É uma ligação ... a um vácuo inconseqüente no qual o ego se sente livre. É ... algo como o anonimato renovador de uma grande cidade, comparado ao contrário expressivo, invariavelmente encontrado na cidade pequena. Tudo o que é detestável na família, é encontrado na última. Tudo o que o homem ganha ao escapar da família é oferecido pela primeira".[13] Mas essa preferência pelo "ego livre" no "renovador anonimato da cidade grande" se tornou uma mortal – e não simplesmente mortificante – inverdade.

"Os Estados Unidos estão cheios de pessoas que escaparam de suas famílias, figurativamente", escreveu Wyndham Lewis, em 1948. Não: literalmente, e não simplesmente de maneira figurativa. Em 1913, no mesmo ano que o dia das mães se tornou um feriado observável nacionalmente,[14] o povo norte-americano passou por outro marco. Pela primeira vez na história do país, mais de uma pessoa em cada mil era divorciada. Naquele ano, Margaret Sanger cunhou o termo "controle de natalidade". Esta coincidência cronológica entre o dia das mães, o divórcio e o controle de natalidade é ao menos reveladora. Em 1930, a taxa de divórcio nos EUA cresceu outros 56%; em 1970, mais de 350%. Em 1980, quase um em cada dois novos casamentos estava propenso a terminar em divórcio. A taxa de fertilidade norte-americana era extraordinária: 3,5 crianças nos anos 1950, o que representava uma queda pela metade de duas décadas antes. Somente em 1978, houve mais de um milhão de abortos. No mesmo ano, quase a metade das mulheres norte-americanas abaixo de 24 anos de idade não tinha filhos. O número de mulheres solteiras aumentou um terço entre 1970 e 1980. O número de casais solteiros morando juntos duplicou, enquanto que o número de crianças decresceu drasticamente. Em 1980, pela primeira vez na história dos Estados Unidos, quase dois terços dos lares (63%) não tinham criança.

Estas mudanças radicais ocorreram em grande parte durante os anos 1970, ou seja, depois do radicalismo em voga dos anos 1960 e quando a chamada revolução da juventude havia em parte se esgotado. Exceto pela ilegitimidade, as mais drásticas mudanças envolviam a população branca de classe média.[15] Este era um fenômeno cujos elementos eram mais complicados do que parecem à primeira vista. A tendência imatura para autogratificação instantânea, um fator primordial da inflação, permaneceu como elemento primordial naquele desenvolvimento também. Mas não estou me referindo apenas ao tipo de negligência ou irresponsabilidade que marcam o impulso de autogratificação nas ligações sexuais casuais, normalmente por parte do homem jovem. Ainda mais importante era a imaturidade das pessoas que iniciavam os laços do matrimônio, a qual freqüentemente resultava em divórcio. Essa tendência nacional precedeu os anos 1960-70. Casamentos entre jovens (o chamado *baby-boom*) eram um fenômeno singular e esmagadoramente norte-americano entre 1945 e 1960. Nessas decisões, a mulher era freqüentemente mais fatal que o homem, atraída como estava pela efêmera glória de sua cerimônia de casamento. Alguém poderia pensar que casamentos precoces pertenciam à era rural e vitoriana. O oposto era verdade. Em 1890, quando a expectativa de vida da mulher norte-americana mal era de 45 anos, e também quando a idade média das mulheres era de 21,6 anos, a idade dos casamentos girava em torno dos 22 anos. Dali em diante, casavam-se cada vez mais cedo. Em 1956, no ápice do culto à comunidade suburbana, e no meio da prosperidade inflada dos anos Eisenhower, a expectativa de vida e a idade média eram 50% mais alta que em 1890. Entretanto, a típica noiva norte-americana, em 1956, se casava um mês depois de seu 20º aniversário[16] – outra diferença importante entre os Estados Unidos e outras, superficialmente similares, sociedades democráticas da Europa ocidental e do Norte. Em 1979, o índice de divórcio do chamado cinturão do sol (republicano e "conservador"!) era o oitavo na nação: 8,2 para cada mil pessoas em Dallas, Fort Worth, Houston (3,7 em Nova York e 3,4 na Filadélfia). Mas Dallas, Fort Worth e Houston também tinham as taxas de matrimônio mais altas da nação: 12,7 por cada mil, em 1979. Isso sugere que a coexistência de "conservadorismo" e progressismo (ou melhor, a superficialidade do primeiro) norte-americano-ocidental, assim como a coexistência de ideais de união matrimonial com a ampla aceitação do divórcio.

A religião norte-americana do progresso tinha muito a ver com isso. Das alegres vulgaridades de Franklin podemos ter mais que um vislumbre das atitudes norte-americanas quanto ao sexo. Não é difícil imaginar Franklin como um pioneiro defensor da educação sexual – pública e privada. Contrariamente à presunção geral, os puritanos não se opunham ao progresso. Foi Cotton Mather que escreveu (em 1723) que os norte-americanos devem "cultivar invenções bem projetadas", pois colocariam "o mundo em circunstâncias muito melhores do que está. Procuramos por máquinas que façam com que o vento e a água nos sirvam; e estendemos nosso império sobre todos os elementos". Os puritanos e seus sucessores não viram que o culto ao progresso – mesmo que em suas formas mecânicas – só poderia levar a um afrouxamento, ao invés de um enrijecimento, dos hábitos sexuais e dos laços familiares; e os norte-americanos cultuavam o progresso em todas as suas formas. Havia uma diferença entre as atitudes dos britânicos e dos norte-americanos durante o século XIX a este respeito. Os vitorianos na Inglaterra, como escreveu Harold Nicolson, "acreditavam, com dolorosa convicção, no valor do empreendimento individual; eram obcecados com a tremenda responsabilidade por seu próprio futuro; e ao observarem *desconfortavelmente* (grifo meu) a civilização monstruosa que criaram, escapando cada vez mais de seu controle, eles se agarraram *desesperadamente* (novamente grifo meu) à pretensão de serem uma geração serena de pessoas felizes e iluminadas que sabia exatamente por que e para onde tudo estava indo, que estava extasiada ao observar seu progresso tão rápido".[17] Os norte-americanos observavam o progresso, mas sem nenhum desconforto. Sua fé nele, exceto pela dispersão de seus primeiros intelectuais, não se abalava nem pela mais leve premonição de ceticismo, muito menos de desespero. Eles não acreditavam apenas na progressiva melhoria do mundo; mas na melhoria progressiva da sociedade humana, inclusive da sua própria.

Um dos resultados de sua crença foi a educação sexual. Durante o século XIX, profetas e defensores de relacionamentos radicalmente novos entre os sexos, apropriados a um novo povo em um Novo Mundo, brotava nos lugares mais improváveis da América: *shakers*, quacres, mórmons, utopistas comunitários, defensores do amor livre, o partido das mulheres. Mas depois de 1890, a causa do progresso sexual cessou de ser monopólio dos radicais.[18] Foi adotado por alguns dos mais respeitados e bem estabelecidos homens, mulheres e organizações do país, por juizes, editores, pregadores e acadêmicos. Um dos defensores mais persistentes da educação sexual foi Edward W. Bok, o editor do *The Ladies' Home Journal*, a revista mais bem-sucedida não só nos Estados Unidos, mas no mundo durante o primeiro quarto do século XX – entretanto, Bok, segundo ele próprio, nunca entendeu e nem queria entender as mulheres.[19] Sua fabulosa carreira e o sucesso de sua revista se deviam, todavia, à convicção de que era chegada a hora da lucrativa revolução da mulher norte-americana. Em 1913, escreveu no *The Ladies' Home Journal* que "hoje em dia, conhecimento e a higiene sobre o sexo formam um tópico passível de discussão no lar norte-americano". Era isso que os radicais defensores do amor livre nos primeiros redutos boêmios dos EUA, em São Francisco ou no *Greenwich Village*, e que acalmava pessoas como os higienistas de Boston, ou o juiz de Colorado que propôs a salutar inovação de um casamento experimental, tinham em comum. Eram todos progressistas que acreditavam que "higiene" e "conhecimento" sobre sexo era a mesma coisa, que a educação sexual era um dever norte-americano que pertencia ao âmbito do sistema pelo simples curso das coisas, ao grande e persistente benefício da nação. Sobre tais assuntos, a *intelligentsia* radical e a revista *Seleções* quase sempre concordavam. Em agosto de 1957, quando um declínio temporário da taxa nacional de divórcio ocorreu, Albert Q. Maisel compôs uma pesquisa otimista para a revista *Seleções*: "O divórcio está caindo de moda".

> A moça de 19 anos e o moço de 21 anos que se casam hoje... quase sempre são muito diferentes dos moços selvagens que fugiam para se casar da geração anterior. Normalmente já testaram sua afeição e lealdade um pelo outro durante três ou quatro anos – e freqüentemente mais – de "namoro firme". ... Já adquiriram um conhecimento íntimo e uma profunda tolerância pelos hábitos, recreações e atitudes do outro. Assim, o casamento não oferece nenhum problema insolúvel de adaptação... Quase todos os jovens casais de hoje entram no casamento com entendimento muito melhor dos aspectos físicos e psicológicos do sexo que seus pais jamais tiveram a oportunidade de obter. Até 1924, por exemplo, quando o professor Ernest Groves iniciou o primeiro curso neste país sobre casamento e vida familiar na Universidade de Boston, uma educação sexual competente era virtualmente impossível de se obter para a maioria dos jovens. Hoje, quase 70% de todas as instituições de terceiro grau e mais de mil escolas secundárias oferecem tais cursos. Há, também, pelo menos meia dúzia de livros altamente competentes sobre casamento, dos quais muito se pode aprender.

O que seguiu, é claro, foi a quadruplicação dos cursos compulsórios sobre educação sexual, um aumento astronômico dos manuais de casamento e sexo, e a duplicação da taxa de divórcio para compensar.

Os proponentes da educação e da "higiene" sexual, os "pesquisadores" dos hábitos sexuais norte-americanos eram, implícita ou explicitamente[20], profetas e defensores da crescente "liberdade" sexual. Todos estes "estudos" não eram humanos, apesar de seus propósitos "humanísticos"; se recusavam a ver que a relação entre sexos é um assunto essencialmente da mente e do coração. Pessoas cujo pensamento comporta uma crença inquestionável no progresso não entenderão que "progresso" não é capaz tornar homens e mulheres mais livres daquilo que são; e que a essência da liberdade humana consiste na capacidade e na liberdade – sim, liberdade – dos seres humanos de estabelecer suas próprias restrições.

"Toda a grandeza de caráter", escreveu o contemporâneo de Tocqueville, James Fenimore Cooper, em *The American Democrat* (O democrata americano), em 1838, "depende da individualidade", e deplorava a individualidade que não nascesse do solo da democracia norte-americana. O individualismo era um traço especialmente burguês; não especificamente norte-americano. O burguês bem-sucedido, o empreendedor, não apenas se esforçava para subir no mundo; queria subir acima de sua classe ou estrato social. Esse tipo de aspiração nos Estados Unidos era relativamente raro. A pressão para se conformar nas posses, no consumo, nos hábitos (inclusive os sexuais), na aparência, nas roupas, na fala e no pensamento permitiu relativamente pouco espaço para a privacidade genuína, inclusive para as aspirações particulares. A maior parte dos norte-americanos queria subir na vida, mas queriam subir dentro de suas comunidades, dentro de seus bairros, de seus grupos – dentro e não fora deles. Com certeza, era isso – e não algum tipo de crueza capitalista e materialista – que significava o "consumo conspícuo" ou "se equiparar aos Jones" de Veblen ou "o fatalismo das massas" de Bryce. Mesmo em 1890, durante o que Henry Seidel Canby chamou "A Era da Confiança", as "pessoas comuns", as massas de norte-americanos antigos, estavam "contentes com seu lugar...".[21] Esse era o começo do interlúdio burguês na história do país, ao final da qual, nos anos 1950, Margaret Mead notou a curiosa "ausência (norte-americana) de qualquer ideal além da norma de comportamento determinada para a sua própria classe, idade, sexo e nível de educação... . Sempre houve nos Estados Unidos um paradoxo curioso entre a crença em um mundo no qual qualquer homem poderia ser presidente e o real âmbito limitado de competição no qual a maior parte das pessoas compete somente com aqueles que estão muito próximos... e muito raramente esperam sair de seu próprio clube".[22] A explicação deste fenômeno não poderia ser buscada somente na falta de uma educação de mente aberta, na ânsia por conhecimento sobre o mundo. Não era difícil detectar nela uma falta de imaginação e autoconfiança – uma condição que se aplicava, e ainda se aplica, especialmente aos jovens norte-americanos, apesar de todos os clichês sobre suas ambições e apetite por liberdade.

Quando o dr. Johnson disse que "é melhor que alguns sejam infelizes, do que nenhum seja feliz, o que seria o caso de um estado geral de igualdade", expressou uma verdade profunda que é, ao mesmo tempo, cristã e burguesa, mas não muito norte-americana, apesar da frase vazia de Jefferson sobre o direito de buscar a liberdade. A crença norte-americana, pelo menos por um longo tempo, é que os conceitos de igualdade e liberdade não são somente relacionados, mas são também quase idênticos e que seu progresso é recíproco, mútuo e paralelo. Foi Tocqueville que argumentou mais claramente que o relacionamento entre igualdade e liberdade era mais complicado que a maior parte das pessoas pensavam. Estavam relacionados, um não poderia existir sem o outro, mas os seus progressos não eram necessariamente paralelos. A isso podemos acrescentar que, enquanto a igualdade pode ser conferida à pessoas externamente, o senso de liberdade vem de dentro da pessoa. É depois que se garante a igualdade, que o problema real sobre o que fazer com a liberdade começa.[23] O desejo por igualdade pode ser elevado e inspirador, mas freqüentemente sua fonte é a falta de respeito próprio. O desejo por liberdade pode não ser sempre elevado e inspirador, mas sua fonte é quase sempre o respeito próprio. A mais significativa realização da era burguesa e do interlúdio burguês na história dos Estados Unidos foi o enriquecimento da vida interior, em vez das posses e da aparência exterior. Foi o avanço da liberdade pessoal ainda mais que o da igualdade social. Essa liberdade era uma realidade, não uma abstração. Suas fontes eram grandemente inglesas, como escreveu Santayana: "A melhor herança da América, mais rica que seus continentes virgens.... Liberdade absoluta e liberdade inglesa são incompatíveis, e o gênero humano tem de fazer uma dolorosa e corajosa escolha entre eles". "A Inglaterra", como escreveu Burke, "é uma nação que ainda, espero, respeita, antigamente adorava, sua liberdade. Os colonos ... tomaram seus caminhos e suas direções no momento em que tudo isso partiu de suas mãos. São, portanto, não somente devotos da liberdade, mas da liberdade de acordo com as idéias e princípios ingleses". Em meados do século XX, era óbvio que a maioria dos norte-americanos não reconhecia a necessidade de tal escolha. A democracia norte-americana estava sendo empurrada ao seu extremo por meio de instrumentos de um processo político que havia se tornado escravo da máquina publicitária. O resultado foi cultural e não meramente igualdade política e diminuição da segurança pessoal, da liberdade, do individualismo, da privacidade e de muitas outras conquistas anteriores da lei inglesa e do espírito burguês.

▼

INQUIETUDE, CULTO AO PROGRESSO e promoção da igualdade eram características óbvias da vida e do pensamento norte-americano que inibiam o completo desenvolvimento de uma era burguesa e encurtavam sua duração. Menos óbvio que esses eram os outros obstáculos ao espírito burguês norte-americano. Esses eram os traços alemães, medievais e índios do povo, correndo por fora dos eventos da corrente em voga, ocasionalmente chegando à superfície.

As principais fontes das instituições da Era Moderna ou burguesa vieram da Europa Ocidental, inclusive das Ilhas Britânicas. Na história da Europa, até muito recentemente, a Alemanha ocupava uma posição ambígua. Geográfica, social e culturalmente no meio do continente, entre o Leste e o Oeste, o povo alemão entrou na Era Moderna mais tarde, mais relutantemente e com mais dificuldade que outras nações do Noroeste da Europa. Elementos medievais e feudais sobreviveram nas instituições, na vida alemã e no seu pensamento mesmo no século XIX. Individualismo, capitalismo, culto à razão e à democracia política cresceram muito mal no rico solo da cultura alemã. Por muito tempo eles não pareciam se encaixar no então ainda disforme caráter alemão. Isso estava fadado a afetar o desenvolvimento do povo norte-americano – mesmo que os imigrantes alemães se assimilassem aos Estados Unidos muito rapidamente, adquirindo suas características e perdendo aquelas tipicamente alemãs no intervalo de uma ou duas gerações. Assim como entre imigrantes de uma forma geral, essa transformação afetou o povo hospedeiro também. Em números, a presença germano-norte-americana nos Estados Unidos era muito considerável durante o período burguês. Em 1920, cerca de 20% da população branca nativa era de origem alemã. Logo depois, o povo norte-americano elegeu seu primeiro presidente de origem alemã, Herbert Hoover.[24] O segundo presidente de linhagem alemã foi Eisenhower. Hoover e Eisenhower foram também os primeiros presidentes nascidos no Oeste do Mississipi. Hoover era meio anglófobo, tinha certas simpatias pela Alemanha; Eisenhower, não.

Entre 1820 e 1970, imigrantes alemães formavam o maior grupo, 44% mais que imigrantes da Grã-Bretanha. Em 1982, o bureau do censo relatou que mais norte-americanos podiam traçar sua ancestralidade em relação à Alemanha que qualquer outro país: 28,8%. (Irlandeses: 24,4%; ingleses: 22,3%).

A afinidade de certos norte-americanos com a cultura alemã antecedeu a presença física do grande número de imigrantes alemães. A mentalidade da Nova Inglaterra manteve, desde o princípio, uma idealização sentimental de alemães e saxões, uma preferência que tinha sido proposta pelos puritanos ingleses do século XVII, e que se arrastou por um longo tempo depois disto. John Adams acreditava na tese de que as tribos germânicas tinham dado origem à liberdade anglo-saxã, contra a influência da lei romana e contra a aristocracia normanda. George Bancroft, o primeiro historiador nacional bem-sucedido, foi um germanófilo ardente; como ministro na Prússia foi suficientemente não diplomático ao se regozijar publicamente diante da vitória desta nação sobre a França, em 1870. (Também a autora de *Little Women*, em Boston: "Viva a velha Prússia!" escreveu Louisa M. Alcott.) Em 1890, um diploma de doutorado alemão "ou pelo menos uma residência na Alemanha para estudar, era quase indispensável a um jovem professor norte-americano que ansiava por um emprego na universidade. Em todo o espectro do ensino superior – filosofia, filologia, ciências físicas – eram citadas autoridades alemãs, métodos alemães eram adotados e a aprovação alemã era cobiçada. A palavra 'seminário' veio no pacote e estudos ficaram conhecidos como 'disciplinas'. Governantas alemãs eram empregadas em muitas creches dos Estados Unidos, e 'feito na Alemanha' se aplicava à educação assim como aos brinquedos e às facas de cozinha. A verdadeira excelência dos microscópios e cronógrafos alemães justificava o estado de espírito que conferia recepção tão indiscriminada ao '*Idealmusse*' e ao '*Wel-*

tanschauungen' alemães em geral..."[25] "Em 1908, um grupo de profissionais, ao classificar os traços de várias nacionalidades de imigrantes, colocou os alemães acima dos ingleses e em alguns aspectos os julgavam superiores aos brancos nativos. Em 1903, um sociólogo declarou que os alemães eram o melhor tipo étnico na cidade".[26] Ainda em 1910, quando quase a metade dos alunos secundários norte-americanos estudava latim, "um quarto estudava alemão, a língua estrangeira mais popular".[27]

Afora o Leste, a influência alemã mais profunda e mais generalizada permeava o Meio-Oeste, onde durou mais que na Nova Inglaterra. Em parte por causa de sua anglofobia, em parte por causa de certas tradições políticas e tribais norte-americanas, os populistas e os isolacionistas (no Meio-Oeste, não no Sul) por duas longas gerações – desde cerca de 1880 até 1960, novamente correspondendo a todo o intervalo do interlúdio burguês norte-americano – eram pró-alemães. A palavra e a idéia alemã do *Volk* e *völkisch* (que não têm equivalentes em francês; também na Inglaterra, a cultura "*folk*" já havia terminado há tempos) se harmonizavam com as idéias do populismo da América, e com o conceito "*folk*", especialmente entre os alemães e escandinavos do Meio-Oeste. Mas nas cidades do Meio-Oeste e do Leste, também, grandes números de imigrantes não germânicos eram mais intimamente ligados aos hábitos mentais e à cultura popular dos alemães que às dos ingleses. (Isso era especialmente real com os judeus, inclusive na sua língua germano-ídiche.) Em vários níveis, essa germanização parcial dos Estados Unidos trouxe melhorias salutares, como o caso da adoção dos modelos alemães de educação superior pelas escolas norte-americanas de pós-graduação, na inclusão de vários pratos na dieta, na mudança da preferência norte-americana por cervejas do tipo alemã, na definitiva influência no enriquecimento e na elevação dos padrões clássicos e populares da música e do teatro musical dos Estados Unidos, desde Victor Herbert até Hammerstein e de Fiedler a Kern. A histeria antialemã durante a Primeira Guerra Mundial teve vida curta. Durante os anos 1920, o traço alemão nos Estados Unidos era evidente. Ingleses ponderados como Harold Nicolson, que havia passado tempo considerável tanto na Alemanha como nos Estados Unidos nos anos 1920, notaram: "Estes são momentos que sinto", escreveu Nicolson, "que um visitante alemão na América pode se sentir mais em casa que um inglês. Ele acharia novamente falta de autoconfiança individual, da preferência pela ação corporativa, que são características tão marcantes de seus compatriotas gregários. Aceitaria as freqüentes notícias e injunções públicas; compartilharia o amor por velocidade e tamanho, apreciaria os gráficos, as estatísticas e a crença no conhecimento em vez de no aprendizado...".[28]

Um perspicaz norte-americano notou mais ou menos a mesma coisa: "... o alemão com quem, receio dizer, nós temos mais em comum que com os ingleses".[29] Isso foi escrito em 1930, o mesmo ano em que Grant Wood criou seu famoso discurso pictórico, onde rostos, óculos, porte e semblantes do sombrio casal são alemães, não anglo-saxões (considere só o pálido penteado loiro de Gretchen da esposa do fazendeiro); seu título para o retrato "gótico *norte-americano*".

Durante a Segunda Guerra Mundial, a reputação da Alemanha nos Estados Unidos novamente declinou; mas havia pouca ou nenhuma repetição da histeria antialemã da Primeira Guerra Mundial. Como o antigermanismo da Primeira Guerra Mundial, o da Segunda Guerra Mundial não durou. As massas de soldados norte-americanos entrando na Alemanha em 1945 encontraram o país e seu povo muito mais afável que os ingleses ou franceses. No outono de 1945, uma pesquisa Gallup revelou que mais da metade dos soldados norte-americanos pensava que Hitler tinha feito muito bem, pelo menos antes da guerra. Em 1948, o astuto populista Joseph McCarthy percebeu que uma atitude pró-alemã era, na verdade, uma vantagem política em Wisconsin. No início dos anos 1950, a Alemanha era o país Europeu mais respeitado pela maioria dos norte-americanos. Sob a administração de John Foster Dulles, a Alemanha Ocidental substituiu a Grã-Bretanha como o principal aliado dos Estados Unidos na Europa. A afinidade natural por coisas alemãs aparecia em vários níveis da vida norte-americana. A presença anglo-americana em várias instituições e organizações do país, inclusive no Partido Republicano, estava declinando. Outros exemplos, em outros níveis abundavam.[30] Uma delas era a influência alemã no programa espacial dos EUA. Em 1958, 25 anos após Hitler ter subido ao poder e menos de 13 depois de seu desaparecimento, o mais festejado homem nos Estados Unidos era Wernher von Braun (vimos que seus alunos, da Universidade de Notre Dame, votaram nele para receber o prêmio de patriota do ano). Naquele ano, e por algum tempo depois, a cruz de ferro alemã era o emblema favorito de multidões de jovens norte-americanos. Eles a usavam em volta de seus pescoços e colada nos seus capacetes de motocicletas.

Depois de 1960, esse tipo de germanofilia declinou. Ao mesmo tempo, a assimilação dos germano-americanos foi tão completa que um nome alemão era a aproximação social de um nome inglês ou irlandês. Enquanto isso, as influências alemãs na cultura norte-americana[31] continuavam a se espalhar, freqüentemente por meio da influência de imigrantes germano-judaicos e suas proles, até recentemente alemães antialemães. Muitas dessas pessoas chegaram ao topo do *establishment* educacional e cultural dos EUA, inclusive nas universidades, no cinema, no mundo do *design* e da moda. (Seus nomes eram algumas vezes anglicizados, algumas vezes, não: Kissinger, Preminger, Wilder, Nichols, Max, Weitz etc. eram alguns dos exemplos notáveis.)

Basta da influência alemã. Mas retornemos, pela última vez, ao "Gótico Americano". A pintura de Grant Wood era uma declaração contra a presença medieval nos EUA. Milhões de imigrantes nos Estados Unidos, inclusive alemães, tinham um forte traço medieval – ou seja, eram pré-burgueses – em suas vidas e seus pensamentos. Eles vieram para a América do Norte de partes retrógradas, pré-burguesas e sub-burguesas do Velho Mundo. Eles se tornaram norte-americanos antes de se tornarem modernos, esclarecidos, burgueses. Isso era também verdadeiro para alguns dos primeiros imigrantes das Ilhas Britânicas,[32] talvez especialmente para escoceses-irlandeses, muitos dos irlandeses, e para os puritanos. Os últimos, apesar de serem da classe média incipiente do capitalismo, não eram um povo burguês. De muitas maneiras, as mentes dos puritanos eram medievais. Eles ansiavam por muitos dos padrões de pensamento da Idade Média. Sua revolta era contra o espírito do latino e do católico, da renascença humanista, não contra a Idade Média fundamentalista. Esses hábitos medievais de pensamento estavam alojados nas mentes de parte dos primeiros colonizadores norte-americanos, a outra metade deles era progressista e não reacionária. Em 1705, os pais da cidade de Filadélfia simplesmente tornaram a fornicação ilegal, um feito um tanto medieval, e acrescentaram uma cláusula de que os cônjuges inocentes das partes culpadas tinham o direito de pedir o divórcio, algo muito moderno, muito norte-americano, mas de maneira alguma tipicamente europeu ou burguês. Esse tipo de dualismo marcou muitas das aspirações e instituições desde o princípio.

A religiosidade norte-americana sempre teve um traço medieval em toda a sua história. Isso apareceu no fundamentalismo de muitas seitas protestantes locais. Aparecia nos argumentos de William Jennings Bryan no "julgamento do macaco", no Tennessee, em 1925. Sua mente era um composto de norte-americano medieval e supermoderno, cheio de convicções radicais de um Lilburne e de um Henry Ford. Duzentos anos antes de Bryan, o inglês Leveler Lilburne se chamava "um guerreiro espiritual alistado sob a bandeira de Cristo". Bryan anunciou que o julgamento em Dayton, Tennessee, no qual estaria engajado, seria um "duelo até a morte" pela causa do cristianismo. Os poucos observadores europeus eram fascinados com esse tipo de coisa no meio da moderna América do Norte dos anos 1920. O correspondente do *Le Matin* escreveu que Bryan "dava a impressão de alguém retornando à terra das guerras de religião". Muitas das atitudes do catolicismo norte-americano também refletiam hábitos de pensamentos medievais e até bizantinos. Em 1955, um dos meus alunos de primeiro ano escreveu: "A América está mais próxima da Idade Média porque conservamos nossa religião, enquanto os europeus não são muito religiosos" – uma afirmativa não atípica para uma geração de estudantes, no meio dos quais encontrei um outro aluno de primeiro ano que pensava que "civilização ocidental" significava a civilização a Oeste do Mississipi. Em 1957, quando o primeiro foguete espacial dos EUA foi lançado, padres abençoaram uma medalha de São Cristóvão que foi introduzida em sua ponta, e os jornais reportaram que alguns dos mecânicos rezavam o terço para impedir que os "gremlins" causassem qualquer problema nos motores. Elementos de populismo medieval que não eram vistos na Europa há séculos, tinham vida nos Estados Unidos. Considere, por exemplo, a ênfase que o país dá aos primeiros nomes, à custa dos nomes de família, que não é simplesmente o resultado de um sentimento gregário democrático. Sugere fortemente a fragilidade de um tipo de orgulho pessoal, que deriva de uma família distinta; de um tipo de ligação familiar que era enfaticamente burguesa e nada medieval. E onde mais no mundo as pessoas falariam com tanta intimidade: "São Pedro e São Zé"; onde mais se poderia ver, como eu vi uma vez no anuário de uma escola secundária católica, as fotos de um jogador de basquete fazendo uma parada na capela em seu caminho para um jogo com a legenda "... dando um 'oi' reverente para Cristo"?[33]

Esta tendência de popularização do sagrado era algo muito diferente dos sombrios cálculos da religiosidade burguesa. Também era diferente da infantilidade que às vezes aparece nas procissões religiosas, digamos, do sul da Itália. Era primitiva e complicada ao mesmo tempo. Há um traço bizantino no caráter norte-americano moderno. Os bizantinos haviam resumido os clássicos e o Novo Testamento para torná-los mais fáceis de ler. Mil anos mais tarde, Bok, um editor de revista supernorte-americanizado, pediu a Lyman Abbott por uma "curta e sagaz vida de Cristo". Horace Greeley falou de nossa "raça gótica," com sua "tendência de não resistir ... em direção à areia do poderoso oceano Pacífico". Ele quis dizer às massas do Norte, mas havia uma faceta gótica no Sul dos Estados Unidos, também evidente nas formas das superstições e dos valores, na escura doçura de suas poções, assim como em suas cerimônias, inclusive as do bizantino-medieval Klan, com seus juramentos e capuzes penitentes (os últimos idênticos aos dos penitentes marchando na feira de Sevilha) e seu culto gótico à letra "K": Klans, Kilglapps, Klaverns, Kleagles. Ainda mais gótico que as catedrais neogóticas financiadas por empresários norte-americanos do século XIX eram as catedrais do comércio, seus góticos corredores de fábricas de ferro, as cúpulas de suas mansões, sua fascinação com o mastodonte e seu espírito de Barnum. Há um elemento medieval na política norte-americana e nas práticas do Congresso, mais uma assembléia medieval que um parlamento burguês, onde os discursos e debates em seu plenário são menos importantes que as práticas de suas comissões e investigações, seus corpos jurídicos, como na Idade Média, detendo o poder de arrastar as pessoas para "testemunharem". Ou considerem o espírito breughelesco das convenções para escolha de candidatos, com seu imperativo esmagador de proclamar unanimidade com um grito. Há um traço medieval na Presidência norte-americana. Pois o presidente, talvez especialmente no século XX, era algo como um monarca eleito; e havia ampla evidência da inclinação de milhões de norte-americanos em direção a uma monarquia eletiva de uma família ou de um clã em particular. As imagens populares dos EUA estavam cheias de símbolos medievais. Considere os nomes das gangues norte-americanas em uma única cidade, onde foram registradas, em 1958: Capelães, Bispos, Duques, Templários, Escorpiões, Cruzados, Lordes, Demônios, Dragões. Demônios e Dragões tinham um apelo poderoso na imaginação popular do país. Afinal de contas, não foram o Super-homem, o Batman e as figuras de "Guerra nas Estrelas" versões supermodernas de arcanjos medievais?

Como o traço alemão, essas tendências medievais existiam em muitos níveis, não somente na cultura popular. Henry Adams repetida e constrangidamente argumentava que era um sobrevivente tardio do século XVIII, do Iluminismo norte-americano. Entretanto, assim como seus escritos depois de 1900 cada vez mais mostravam, ele ansiava por uma síntese medieval. Seu contemporâneo, o nobre Owen Wister, via no caubói um renascimento de um espécime da Idade Média. O cavaleiro da Távola Redonda foi o antepassado do vaqueiro: "Do torneio à vaquejada! Tire o cavalo de Saxon e o coloque a limpar florestas ou a fazer contas por algumas gerações e você passará por ele sem nem mesmo ver que suas pernas foram feitas para se segurar na cela... Portanto, na terra o cavaleiro tinha seu irmão de criação, seu aliado, seu companheiro nas brincadeiras, desde o torneio de Camelot até a vaquejada de Abilene, onde aprendeu rapidamente aquilo que o vaqueiro mexicano tinha para ensiná-lo." Essa era a "essência do assunto", escreveu Wister, e era a essência de sua visão naquela época de sua vida. O caubói era o último cavaleiro. Em 1894, Frederic Remington desenhou o retrato que Wister colocou em palavras. A esperança, o novo tipo nacional norte-americano, não era "nenhum produto da fronteira, mas apenas a semente original da noz cuja casca foi quebrada",[34] um atavismo à Idade Média. Entretanto, aqui há uma contradição: o herói do *The Virginian* (O virginiano – o primeiro protótipo duradouro do "western" norte-americano) agia e falava mais como um puritano que como um cavaleiro truculento. E a contradição foi mais fundo: Wister, assim como Adams em "A Virgem e o Dínamo", tinha pouco ou nenhum otimismo, ambos acreditavam no determinismo da história, na inevitável catástrofe que o acelerado avanço da tecnologia e da imigração traria. Adams e Wister eram exemplos claros; mas podemos, ocasionalmente, encontrar esta dualidade de pensamento mesmo entre intelectuais norte-americanos cujas inclinações, diferentemente das de Wister ou Adams, eram urbanas e burguesas. Em 1925-26, o ano da última Cruzada de Bryan no Tennessee, Lewis Mumford, cuja carreira foi toda dedicada a tornar a vida norte-americana urbana e civil, deplorou "o esfacelamento da síntese medieval". Uma geração mais tarde, esse tipo de dualidade mental perdurava nas fileiras do movimento conservador, cujos proponentes freqüentemente exaltavam os méritos da ordem hierárquica medieval, assim como os prospectos da energia nuclear. Russell Kirk, um dos mais ponderados pensadores conservadores do país, possivelmente propagaria a restauração das virtudes medievais e burguesas, às vezes no mesmo ensaio, artigo ou até no mesmo parágrafo. Seus escritos refletiam tanto o aspecto monarquista quanto puritano de sua personalidade, do paladino e do mediador ao mesmo tempo.

De uma forma muito importante, essas tendências medievais do espírito norte-americano eram resultado daquilo que acontece com os extremos: quando as pessoas tiram conseqüências extremas de uma idéia, tendem a chegar no seu exato oposto. Há muitos norte-americanos que, tendo tirado algumas conseqüências extremas de categorias materialistas da idade da razão, chegaram ao culto da fé. Havia um tipo de espiritualismo sem limites na base da mentalidade norte-americana desde o princípio. Isso não significava que os EUA "permaneceram" medieval desde o começo. Significou que essa peculiar coexistência entre o medieval e hábitos supermodernos da mente é tipicamente norte-americana, pois eles são freqüentemente incapazes, assim como indispostos, de reconhecer a peculiar coexistência de suas, quase sempre evidentemente contraditórias, categorias mentais – e este tipo de inabilidade era em si mesmo um hábito mental medieval. A Idade Média foi a era da mente dividida, afinal de contas. Como C. Delisle Burns escreveu em *The First Europe* (A primeira Europa) que o mundo medieval não estava disposto a encarar a condição "de que afirmações contraditórias podem ser encontradas em fontes de igual autoridade".[35] "Um idealismo sistemático ao extremo", escreveu Johan Huizinga em *The Waning of the Middle Ages* (O ocaso da Idade Média), "dá uma certa rigidez ao conceito do mundo... Os homens desconsideram as qualidades individuais e as distinções entre as coisas deliberadamente e com um propósito definido, para sempre trazê-las para debaixo de algum princípio geral ... O que é importante é o impessoal. A mente não está em busca de liberdades individuais, mas de modelos, exemplos, normas ... Na Idade Média, há uma tendência a atribuir uma espécie de substancialidade aos conceitos abstratos."[36] Tudo isso era tão verdadeiro na divindade puritana quanto no professor de sociologia, na Disneylândia, assim como no Departamento de Estado, no Super-homem assim como no profissional de relações públicas. É verdadeiro também sobre a ideologia norte-americana do anticomunismo, na maior parte de suas manifestações.

Impessoalidade, assim como aceitação sem questionamento da substancialidade de conceitos abstratos, é um elemento das sociedades primitivas, inclusive dos índios norte-americanos. O que Huizinga explicou no nível intelectual, Salvador de Madariaga expressou em termos culturais e raciais: "Mas os homens não podem tomar posse da terra sem que aquela terra tome posse deles. E esta retribuição do continente, onde os conquistadores foram dominados por suas conquistas, é o principal processo durante três séculos de controle da evolução do Império Espanhol...". Esse elemento indígena havia permanecido reconhecível, e palpável, não somente em países onde a presença física dos povos indígenas havia minguado ao mínimo, tal como na Argentina e nos Estados Unidos. Nas décadas de 1920-30, europeus muito diferentes e ingleses reconheceram, na verdade *sentiram,* a presença indígena — D.H. Lawrence, assim como Salvador de Madariaga, Hermann Keyserling assim como Wyndham Lewis, Claud Cockburn assim como Noel Coward. "Mesmo agora", escreveu Wyndham Lewis em 1948, "algo indígena permanece: o México é um povoado de aborígines norte-americanos, e quando a cultura indígena do México se funde à grande massa do Norte, os índios provavelmente darão a eles sua arte, como os negros darão a sua música ... O novo envolvimento dos Estados Unidos com a Ásia terá como resultado o elemento asiático numericamente competindo com o negro nos Estados Unidos". Apesar da enorme migração das massas de pessoas do Leste para o extremo Oeste, especialmente para a Califórnia, os traços indígenas e orientais não se enfraqueceram, pelo contrário. Não escrevo somente sobre a presença real de tais influências nos ocupantes mais novos, ou nas formas da terra em si. Quer consideremos as influências mais ou menos conscientes na horticultura da Califórnia ou da arquitetura de Frank Lloyd Wright; ou talvez o discreto mas perceptível elemento indígena nos semblantes de norte-americanos tão diferentes quanto Eleanor Roosevelt, Robert Kennedy, Ronald Reagan – de homens e mulheres provavelmente sem qualquer sangue indígena em suas veias – ou a inquietude geral com muito do que é a moderna vida norte-americana, temos que reconhecer a presença de influências, e até preferências, que são o oposto das que prevalecem na Europa. São influências de um continente muito velho sobre um povo jovem que veio ocupá-lo.

OS ÍNDIOS NÃO DISCIPLINAVAM suas crianças no sentido europeu. Os pais norte-americanos disciplinavam pouco seus filhos, mesmo durante as décadas burguesas. Muitos pais se emancipavam dos rigores e deveres da autoridade freqüentemente antes de emanciparem seu próprio filho. Muito disso estava envolvido com o culto à juventude, sob o qual se podia, ocasionalmente, detectar o medo anormal de envelhecer, e mesmo o medo de crescer. Adiar a maturidade, adiar o fim de uma maravilhosa existência inconseqüente é algo tipicamente norte-americano. Por um longo tempo, os jovens *sabiam* que sua juventude era o equivalente aos dourados e melhores anos de suas vidas. F. Scott Fitzgerald escreveu sobre seus últimos dias em Princeton: "Alguns de nós choramos porque sabíamos que nunca mais seríamos tão jovens". Isso era o oposto da juventude européia burguesa que – quase sempre prematuramente, na melhor das hipóteses, precocemente – ansiava pelos prazeres maduros da idade adulta. Os norte-americanos, pelo menos por muito tempo, não. Essa condição era tanto causa quanto conseqüência daquela peculiar característica da juventude norte-americana que muitos estrangeiros notaram: a fraqueza de sua imaginação – apesar de (ou melhor, por causa de) suas amplas liberdades. Um jovem inglês que ensinava em uma escola norte-americana se reportou a Agnes Repplier, em 1930. "O que lhe chamou a atenção mais contundentemente sobre os jovens norte-americanos era a sua docilidade. Ele não quis dizer com isso prontidão para fazer o que lhes era ordenado, mas para pensar como lhes era ordenado, em outras palavras, de permitir a ele que pensasse por eles".

Já vimos que o sentimento de "estar juntos" dos anos 1950 foi um fenômeno complexo. De 1946 a 1964, 77 milhões de bebês norte-americanos nasceram – somando um terço de toda a população. Contudo, não foi só o número de casamentos que cresceu, mas o dos divórcios também. O tamanho médio da família quase não cresceu nos anos 1950. Em 1956 e 1957, nasceram mais crianças que em qualquer outra época na história da nação. Entretanto, já vimos que 1956-57 foi um marco decrescente, de várias maneiras, foi o fim do interlúdio burguês. O hiato entre as gerações, aquele *shibolet* tão em voga nos anos 1960, estava em pleno vapor antes disso. A palavra "adolescente" tinha surgido na década de 1930; e de várias formas, os anos 1950 foram marcados menos pela solidez das famílias que pela prevalência de mentalidades, gostos e hábitos adolescentes que muitos jovens casais carregavam para a idade adulta. Quando em 1967 os editores da revista *Time* escolheram a "geração abaixo de 25 anos" como "homem do ano" estavam, como sempre, ultrapassados. Já em 1954-55, a maioria dos compradores de discos e a maioria dos freqüentadores de cinema nos Estados Unidos era de adolescentes.

A imaginação dos adolescentes foi enfraquecida, dentre outras coisas, pelo fortalecimento da imagem. Enquanto a Idade Média era predominantemente pictórica, a Idade Moderna começou a se desenvolver na época da invenção da palavra impressa: "a era Gutenberg", como chamou Marshall McLuhan, talvez tirando conclusões exageradas disso. Há uma diferença fundamental entre as operações mentais de ler e olhar. A primeira requer uma participação mais ativa da imaginação que a última. Em vez de olhar figuras já prontas, o leitor tem que criar suas próprias figuras de rabiscos pretos sobre papel branco, simbolizando e formando palavras. Quando nos Estados Unidos, em 1880, os empresários da imprensa perceberam que aqui estava um reservatório de novos milhões de leitores de jornais prontos para serem satisfeitos, inventaram o jornal de um centavo e a impressa marrom, de páginas que desde o princípio, uma variante estridente, vívida e primitiva de textos, era complementada pela crescente reprodução de todos os tipos de figuras, e eventualmente de fotografias. Assim, a era dourada da imprensa, que durou aproximadamente de 1880 a 1940 (novamente, um intervalo de tempo correspondente em grande parte ao capítulo burguês da história norte-americana), quando antes do completo desenvolvimento do rádio e da televisão o jornal tinha quase o monopólio da informação pública, quando não dependia totalmente da propaganda, e quando os magnatas da imprensa eram mais poderosos do que jamais antes ou depois, carregava dentro de si as sementes de sua derrocada. Nos Estados Unidos, as massas de leitores eram maiores que em qualquer outra parte do mundo. Some a isto o fato de que no país, sua base material, o papel, era assustadoramente barato. Na década de 1920, o *New York Times*, provavelmente o jornal mais volumoso do mundo, custava dois centavos. As edições de domingo dos jornais, que pesavam vários quilos, custavam cinco centavos. O *The Saturday Evening Post*, pesando quase meio quilo, quase sempre com mais de 270 páginas, custava cinco centavos. Mas o público agora lia pouco. Entre 1893 e 1923, nos 100 maiores jornais norte-americanos, o espaço dedicado aos editoriais e cartas decresceu 79%. Enquanto as notícias sobre crime aumentaram 58%, as matérias ilustradas aumentaram mais de 84%. Havia os quadrinhos, uma forma particularmente norte-americana de entretenimento, que a maior parte das pessoas lia, especialmente nos jornais de domingo. Independente dos conteúdos, os quadrinhos estavam de acordo com as necessidades e formavam os hábitos de uma nação de leitores vagarosos. Os filmes seguiram os quadrinhos – eram, de muitas maneiras, adaptações, uma forma de entretenimento público que, novamente, era dominado por empreendedores agressivos.[37] Na década de 1920, a juventude norte-americana aprendeu mais com os filmes que com todo material escrito que encontravam. Depois de 1930, os filmes falados e as revistas de fotos significaram o declínio da era dourada da imprensa. O período relativamente curto (1935-55), em que opiniões eram disfarçadas de informações, contemplava as necessidades da população de saber algo sobre a crescente complexidade do mundo; e, como no caso da *Life*, onde a revista de notícia e a de fotos era a mesma coisa, houve uma contribuição ainda maior para a pictorização da imaginação norte-americana. Depois da Segunda Guerra Mundial, então, veio a televisão, que eventualmente colocou um fim à era dourada do jornal, assim como à da revista de notícias, com conseqüências óbvias demais para serem detalhadas.

De qualquer forma, a televisão era tanto a causa quanto o resultado declínio da cultura verbal, que tinha sido parte da idade da burguesia no mundo ocidental. Apesar de sua complexidade tecnológica, esse desenvolvimento era, novamente, remanescente da Idade Média, quando a imaginação da maior parte das pessoas era, em grande medida, pictórica. Certamente teve seu efeito no alarmante declínio dos padrões da educação norte-americana. Em 1978, 50% dos alunos que ingressaram no terceiro grau em Nova Jersey e na Califórnia tinham que fazer um curso de "recuperação" em inglês. Em 1979, um teste padrão de leitura de 1928 mostrou que os quocientes de inteligência e habilidade de leitura dos alunos norte-americanos do terceiro grau, nas melhores universidades do país, estavam aquém dos de 1928. O mais significante desses dados revelou que o aluno universitário em 1979 lia 80% mais devagar que seu predecessor, 50 anos antes. Isso aconteceu em uma década que 40% dos jovens norte-americanos entraram no terceiro grau de uma maneira ou de outra, e quando eles gastavam mais anos na escola que nunca.

Em 1970, havia muitos alunos secundários que poderiam passar por todos os seus anos de escola sem nunca ler um livro. O número de livrarias e de leitores de livros declinou. As condições materiais de vida dos norte-americanos em 1980 não eram diferentes das condições de 40 anos antes. Era nas operações de suas mentes que a passagem da Idade Moderna, e do interlúdio burguês, que isso se mostrava mais evidente.

ENTRETANTO, ISSO TUDO não aconteceu ao mesmo tempo. A história norte-americana é cheia de paradoxos. Mas os elementos contraditórios quase sempre estão presentes em níveis variados. Não são muito difíceis de detectar, mas é difícil dirigir a atenção para eles por causa da onipresença mortal da publicidade, por causa da incessante preocupação nacional do que *parece* estar acontecendo somente na superfície da vida norte-americana. Durante a maior parte dos famosos anos 1960 e no início dos 1970, parecia que mudanças radicais e revolucionárias estavam inundando a nação. Como sempre, os porta-vozes públicos e intelectuais descreveram sua essência errôneamente. ("As piores, mais corruptoras mentiras", escreveu Georges Bernanos no final da Segunda Guerra Mundial, "são os problemas mal descritos".) Eles proclamaram que a pior característica do país, a violência, estava sem controle. Entretanto, o que emergia não era a violência, mas a selvageria. A violência sugere uma aguda e brutal afirmação da vida, enquanto a selvageria é permeada pelo desespero. Bloqueados por uma porta de estuque em chamas, ou por metal retorcido em um acidente, podemos usar força violenta para salvar uma vida, um tipo de ação reforçada não somente por nossas emoções, mas ditadas pela nossa inteligência – muito diferente da selvageria, que é suja e principalmente emocional. A violência pode ser doadora de vida; a selvageria tem cheiro de morte. O desejo de infligir dor é resultado de selvageria e não da violência; o desejo de infligir humilhação, também: humilhação selvagem envolve a redução da outra pessoa a algo não-humano. A violência é parte da história dos EUA; mas a violência é, curiosamente, resultado freqüente de um tipo superficial de otimismo, não pessimismo. Violência é, afinal, a conseqüência da impaciência. Tem um propósito, mesmo que seja mal, enquanto que por trás da selvageria espreita a falta de propósito e o fatalismo.

Durante os últimos 20 anos, a taxa de criminalidade nos Estados Unidos aumentou a alturas inigualáveis à história de qualquer nação civilizada. A maioria dos crimes era cometida por jovens. Os novos vândalos não eram invasores de fora, saíam do meio do povo em toda a parte. Quando a moda da onda "revolucionária" na década de 1960 declinou, o crime e o vandalismo continuaram a subir. Durante os primeiros quatro anos da década de 1970, mais norte-americanos foram assassinados dentro dos Estados Unidos que durante toda a guerra no Vietnã. Depois da queda de Roma, matilhas de lobos rondavam as cidades abandonadas da Itália. Em algumas cidades dos EUA, as manadas de lobos eram jovens andando pelas ruas. Uma em cada duas pessoas presas tinha menos de 25 anos — os filhos do "gregário" e do "*Baby Boom*". Fora das cidades, a civilização norte-americana também estava sucumbindo às tentações das bruxas drogadas e motorizadas, em cuja rebarba reapareceu o impassível selvagem fantasma do índio.

Mas ao mesmo tempo, algo mais estava acontecendo. O crescente respeito de todos os norte-americanos pelo antigo, experimentado e sólido. O hiato entre as gerações também estava declinando. Em 1970, pela primeira vez na história do país, grande número de crianças, certamente aquelas de classe média e alta, não podiam mais esperar ascender na vida acima da posição de seus pais. Médicos, advogados ou banqueiros não podiam mais contar com filhos se tornando médicos, dentistas ou advogados. Esse bloqueio na mobilidade vertical significou que, depois de amadurecer, os filhos respeitariam seus pais, pelo menos porque não estavam adiante deles na sociedade. Trinta anos antes, George Orwell havia escrito sobre como o socialismo "encontrou suas adesões mais calorosas na classe média. Seus métodos, se não suas teorias, obviamente conflitam com o que é chamado de 'moralidade burguesa' (isto é, decência comum) e nos assuntos morais, são os proletários que são os burgueses". Em 1970, a classe trabalhadora norte-americana não era proletária, era formada por aqueles que aderiram à moralidade burguesa – ou pelo menos de classe média – de várias maneiras. A reputação da palavra "burguês" começava a crescer, enquanto as reputações de "moderno" e "progressivo" começavam a declinar.

Esta era a condição paradoxal: o desrespeito à lei, à ordem, ao casamento, o declínio da capacidade de ler, das posses, da educação, ocorrendo junto com o crescente respeito por qualquer coisa que fosse antiga, sólida, durável, familiar e burguesa. Tais condições contraditórias existiam na história dos EUA anteriormente também, mas de uma maneira diferente. Enquanto mudanças "radicais" e "revolucionárias" no pensamento e no "estilo de vida" dos anos 1960 foram, na realidade, pouco mais que adaptações extremas de idéias que eram novas em 1920, a situação da década de 1960 era oposta àquela que prevalecia 40 anos antes. A década de 1920 foi progressiva e conformista ao mesmo tempo. Apesar dos clichês sobre a era do jazz, durante a maior parte dos anos 1920, a taxa nacional de divórcio, na verdade, diminuiu. Nesse período, o norte-americanismo dos jovens era pelo menos tão ortodoxo, se não mais, que o de gerações mais velhas. Quarenta anos mais tarde, o contrário era verdade. Depois de 1970, a onipresente e persistente inquietude norte-americanas estava cedendo. Era o início da reurbanização. Em 1976, uma pesquisa da turma de 1968 da Universidade Harvard (um ano de safra ímpar de idiotice entre os jovens da República) mostrou que mais de 60% deles estavam engajados em restauração de casas velhas.[38] Por causa de condições econômicas similares às dos Estados Unidos nos anos 1970, e por causa da qualidade inferior de muitas casas modernas, algo semelhante a este padrão existia nos países europeus também; mas nos Estados Unidos isso não era uma ocupação particular das classes altas. Em 1968, 28% de todos os possíveis donos de casas norte-americanas estavam construindo suas próprias residências. "O desprezo pela permanência", sobre o qual Van Wyck Brooks havia escrito em 1918, em seu importante ensaio melancólico "*Old América*" (A velha América), "... tão familiar, tão intensamente norte-americano", estava arrefecendo. Isso não era, provavelmente, resultado de simples nostalgia, pois afetou milhões de norte-americanos que não sabiam absolutamente nada sobre a vida antiga.

A mais contraditória, e talvez mais significante, dessas dualidades paradoxais foi o desenvolvimento do status – social, assim como autoproclamado – das mulheres norte-americanas. O avanço passo a passo do mundo ocidental em direção à era democrática trouxe uma elevação gradual do status das mulheres, e do respeito devido à elas. Cento e cinqüenta anos atrás, a posição das mulheres já era extraordinária. Observadores do cenário norte-americano, tais como Tocqueville, notaram isso e gostaram. Suas opiniões a respeito delas eram laudatórias: o espírito, a liberdade, a autoconfiança e a virtuosidade das mulheres norte-americanas os impressionavam favoravelmente. Essas virtudes incluíam mais que domesticidade. Em 1838, James Fenimore Cooper escreveu "[as mulheres] são agentes naturais na manutenção e no refinamento das pessoas". Em 1850, a própria aparência física das mulheres norte-americanas começou a impressionar as pessoas na Europa. Isso, e não meramente o dinheiro, foi um fator importante no crescente número de casamentos entre pessoas dos dois continentes, entre essas mulheres e homens estrangeiros de classe alta (o contrário disso, casamentos entre homens norte-americanos e mulheres européias eram poucos). Em seu romance sobre os continentes, *The Shuttle* (A viagem), Frances Hodgson Bunett escreveu sobre uma antiga família norte-americana de filisteus por volta de 1850. "Depois da segunda geração, o tipo físico magro e mercantil dos Vanderpoels melhorou. A boa aparência feminina ficou evidente e era amplamente explorada".[39] Em seu romance inacabado e não publicado sobre a Filadélfia, Owen Wister escreveu sobre a sua sociedade e as mulheres de sua cidade antes dos 1900: "Em poucas gerações, elas vão ultrapassar os homens." No meu estudo sobre a Filadélfia, a mais burguesa das cidades norte-americanas, escrevi que bem antes de 1900, "quando mulheres vitorianas eram consideradas subservientes, quando as famílias eram paternalistas, quando a masculinidade era incontestada e dominante, quando não só as hierarquias bem ordenadas da vida doméstica e social, mas a própria aparência e semblantes dos homens deviam refletir a viril hegemonia do macho... apesar de todos estes sinais exteriores, o gênero feminino... era o mais forte". Se nos EUA a idade avançada não significava nada além de deterioração e feiúra, se os norte-americanos, como escreveu Van Wyck Brooks na década de 1910, não sabiam como envelhecer, as mulheres eram freqüentemente as exceções disso. *The Country of the Pointed Firs*, um livro de Sarah Orne Jewett sobre o Maine entre 1870 e 1890, é sobre mulheres, a maior parte de meia-idade e velhas, pequenos triunfos de caráter, compostos de gentileza e maturidade em uma terra dura e rochosa cercada pelo mar. E essa gentileza especificamente norte-americana, essa disposição ponderada, essas civilidades de coração foram mais bem descritas por volta da virada do século, por mulheres que escreveram porque conheciam e sentiam: Sarah Orne Jewett, Willa Cather, Ellen Glasgow, Edith Wharton. Resumindo, as mulheres dos EUA, mais que os homens, eram os pilares desta civilização. Durante o interlúdio burguês, seus maridos ganhavam dinheiro ao mesmo tempo em que permaneciam, em muitos casos, meninos crescidos. Suas mulheres eram as verdadeiras conservadoras. As mulheres tomaram para si patrocinar as artes. A ópera, o teatro, o balé, algumas grandes coleções, às vezes até revistas literárias eram inspiradas, apoiadas e sustentadas por mulheres norte-americanas de classe alta. Em um outro nível, influenciando todas as classes por meio dos vastos espaços da República, a causa do feminismo, inclusive a do voto feminino, avançava mais rapidamente sobre os Estados Unidos que em qualquer outra parte do mundo, exceto pela Escandinávia.

Havia desvantagens nessa predominância das mulheres. A dominação do elemento feminino nos empreendimentos culturais levou a um desbalanceamento, à ocasional feminização da cultura. Durante o interlúdio burguês, os Estados Unidos se tornaram um matriarcado. Como disse Agnes Repplier: "Nós somos uma nação de maridos, não de homens." A senhora "Jack" Gardner e Carry Nation não eram só contemporâneas, ambas eram componentes do cenário norte-americano. A proibição e a emenda do voto feminino na Constituição estavam intimamente ligadas, e não só no tempo. A primeira mulher foi eleita para o Congresso dos Estados Unidos em 1918, a primeira mulher governadora foi empossada em 1924. Entretanto, junto com as extensões dos direitos das mulheres e de seus privilégios sociais, o respeito, algumas vezes calado, mudo e amedrontado que o homem tinha pelas mulheres estava começando a se deteriorar – uma conseqüência inevitável do que acontecia sob o nome de "liberdade sexual".

Durante o século XIX e início do XX, um grande número de mulheres estavam liberadas da necessidade de trabalhar. Esssa foi uma das mais importantes realizações da idade burguesa. O ápice do poder e da prosperidade na história de grandes nações quase sempre corresponderam às crescentes oportunidades de lazer. Depois de 1920, as oportunidades de lazer para as mulheres norte-americanas começaram a diminuir, enquanto os deveres domésticos aumentavam. Isso aconteceu por causa da decrescente disponibilidade de trabalhadores domésticos. Por um longo tempo, até cerca de 1960, as mulheres norte-americanas se consolavam com o fato de estarem em melhores condições que outras mulheres pelo mundo e na história do mundo, em parte por causa de seus eletrodomésticos e carros. Entretanto, suas vidas tinham se tornado mais limitadas e mais difíceis que as de muitas mulheres de classes média e alta na Europa. Em 1960, elas não acreditavam mais em sua singular felicidade. Muitas delas começaram a trabalhar fora, quase sempre a dezenas de quilômetros de suas casas. As razões para tais decisões em massa – incluíam, pela primeira vez, grande número de mulheres de segmentos superiores da sociedade – eram complexas. Em muitos casos, durante a crescente inflação das vontades, as razões eram financeiras. O que era mais importante, é que muitas mulheres achavam que seu trabalho doméstico, com todas as máquinas à disposição, era enfadonho, afinal. Ainda mais importante talvez, foi a constatação, não só das amenidades relativamente fáceis, mas da satisfação que acompanhava o estilo social de uma era anterior, no meio da existência urbana: em um nível social, o patrocínio das artes, o trabalho voluntário, entretenimento formal, o dia cheio de vários deveres sociais, os acessórios da vida burguesa; em outro nível, mais generalizado, a respeitabilidade da domesticidade, da maternidade claramente positiva, e da boa administração doméstica haviam, em grande parte, se esvaído. Enquanto isso, a dependência dos filhos de seus pais havia diminuído. Também a dependência das mulheres de seus maridos. As mulheres optaram por trabalhar porque um emprego parecia oferecer, estranhamente, mais liberdade. Com certeza significava menos isolamento que sua existência em uma casa no subúrbio – menos isolamento e também menos enfado. O chamado movimento feminista dos anos 1960-70 representou aspirações genuínas, apesar de freqüentemente ser expressado e entendido de forma superficial, especialmente em seus extremos. Em um nível, as aspirações das mulheres liberais dos anos 1960-70 e as de 50 anos antes eram as mesmas (especialmente para aquelas que conheciam ou lembravam algo do primeiro período). Muitas das idéias e chavões dos anos 1960 eram pouco mais que repetições vulgarizadas e exageradas de idéias correntes de 40 ou 50 anos antes. Em um outro nível, as diferenças eram profundas, mesmo que poucas pessoas notassem. Nos anos 1960, as mulheres norte-americanas achavam a predominância do homem sufocante, não porque fosse real, mas porque era irreal. Elas não podiam engolir as prerrogativas do homem – incluindo não só as profissionais ou intelectuais, mas também a proteção usualmente oferecida pela última – que remontavam aos séculos anteriores, quando os homens eram verdadeiramente fortes.[40] Agora elas viam – ou melhor, sentiam – que os homens eram fracos. Assim como a "revolução" da juventude nos anos 1960 foi, na verdade, quase sempre uma reação não contra pais "autoritários", mas contra pais permissivos aos quais não se podia mais respeitar, as mulheres também, apesar de todos os chavões de "chauvinismo masculino", reagiam contra a presunção da força e do poder por parte de seus pares masculinos, que freqüentemente eram fracos. Ser rainha do lar em época de monarquia constitucional (ou seja, burguesa) era uma coisa; mas quem queria continuar com os deveres formais e as muitas responsabilidades de uma rainha quando o homem do lar era somente o presidente de uma comissão?

No final dos anos 1970, uma grande parte, quase a metade, da força de trabalho norte-americana era composta de mulheres. Contudo, a causa da liberação feminina estava perdendo sua força. Muitas mulheres reconheciam que o novo paganismo, inclusive a licenciosidade sexual, não trazia nada de bom a elas. (Comparada à "nova moralidade", a velha imoralidade quase sempre parecia positiva atraente – certamente bela.) Essa reação gradual correspondeu à redescoberta, ou ao recém-encontrado respeito, pelas virtudes e padrões burgueses por parte dos norte-americanos que mal os conheciam antes. Uma das evidências interessantes disso era a atratividade da vida em certas cidades pequenas dos EUA – o oposto da atmosfera das cidades pequenas de 50 anos antes ou mais, de onde jovens sensíveis escapavam. Outro elemento positivo desse desenvolvimento foi a crescente atenção dada à boa comida e à boa cozinha. Isso também tinha excrescências: "gourmandismo" em excesso, a ostentação de um novo tipo de esnobismo, hostes de pessoas que sabiam tudo sobre restaurantes e pouco sobre comida. Mas havia mais. James Fenimore Cooper, o Tocqueville nativo, escreveu em *The American Democrat* (O democrata americano) de 1838: "Há um familiar e muito desprezado ramo da civilização sobre o qual a população deste país singular é infelizmente ignorante: o da cozinha... Os norte-americanos são os mais toscos cozinheiros de qualquer nação civilizada conhecida... [Entretanto] a voz da mesa se estende muito além da indulgência de nossos apetites, como a escola de boas maneiras inclui saúde e moral, e também o que é agradável". O crescente interesse pela culinária (o que não é, infelizmente, totalmente idêntico à melhoria da dieta norte-americana) pode ter sido parte de um renovado respeito pelos costumes, padrões e virtudes da domesticidade, daquela vida interior que era a principal herança da idade burguesa e do espírito burguês, nos Estados Unidos assim como na história da Europa, e que estava reaparecendo em vários locais diferentes, nos últimos 15 anos mais ou menos. Esse renascimento e esse respeito pelos valores burgueses – foi somente uma excitação? Durará? Os descendentes, ou mesmo nós, seremos capazes de responder essa pergunta?

▼

Essa questão, no final da Idade Moderna, está relacionada à perspectiva da civilização como um todo, e não só nos Estados Unidos. O que Tocqueville viu nos Estados Unidos não era senão parte de sua visão mais ampla, da passagem do mundo civilizado de uma era aristocrática para uma era democrática. Ele sabia (e em seus trabalhos posteriores enfatizou isso, em especial) que essa passagem havia começado antes do que pensamos, mais cedo que as revoluções francesa e norte-americana. As aristocracias podem ter mantido suas lideranças sociais e políticas em alguns lugares, mas na época da revolução norte-americana, os modos de pensar prevalentes eram burgueses. Uma lista dos principais pensadores, escritores, artistas, poetas, filósofos dos últimos 300 anos mostra que a vasta maioria vinha da burguesia – não importa quantos deles possam ter fracassado como burgueses. A lógica matemática do mundo, o culto à razão, o livre comércio, o liberalismo, a abolição da escravidão e da censura, o individualismo, o socialismo, o nacionalismo, o internacionalismo – estas não eram idéias aristocráticas. É por isso que a Idade Moderna pode ser chamada de idade burguesa; é pelo menos possível que seja chamada assim daqui a 100 anos. Mas um século depois de A *Democracia na América*, o mundo burguês estava passando. Algo parecido com um mundo tecnológico e burocrático se delineava adiante. Ainda antes da Segunda Guerra Mundial, há quase 50 anos, e 100 anos após Tocqueville, John Buchan – um quieto, reservado, amplamente responsável espécime das virtudes da alta burguesia ainda em existência na Escócia e Inglaterra, não um pessimista congênito, mas um bom escritor com senso de humor – admitiu o pesadelo em suas serenas e lindas memórias. Seria o triunfo da tecnologia "o aperfeiçoamento da civilização?" Não significaria a "des-civilização", uma perda dos valores supremos da vida?

Em meu pesadelo eu podia ver tal mundo. Presumi – sem dúvida uma presunção impossível – que a humanidade estava bem abastecida como se fosse prisioneira de um orfanato bem administrado. Novas invenções e um aperfeiçoamento do transporte haviam feito com que o mundo inteiro se amontoasse. Não havia nenhum canto do mundo que não fosse desbravado ou explorado, nenhum mistério geográfico que acendesse a imaginação. Largas estradas cheias de automóveis se enfileiravam em terras mais remotas, e, acima, grandes aviões carregavam turistas de fim de semana para as selvas da África e da Ásia. Em toda a parte havia pensões, hotéis de luxo e acampamentos de beira de estrada e postos de gasolina. O que outrora foram tribos selvagens da Equatória e da Polinésia eram agora reservas que atraíam viajantes, que compravam delas curiosidades e lembranças. O globo, também, estava cheio de cidades-prazer, onde as pessoas podiam escapar dos rigores de seu próprio clima e gozarem férias perpétuas.

Em tal mundo todos tinham lazer. Mas todos eram irrequietos, pois não haveria disciplina espiritual na vida. Algum tipo de filosofia política pragmática triunfaria, e todos teriam suas pequenas partes na máquina do Estado. Todos estariam à vontade, mas já que não haveria grande demanda por exercer a intelectualidade, todos também seriam ligeiramente idiotas. Suas mentes superficiais seriam facilmente enfadadas e, conseqüentemente, instáveis. Suas vidas seriam em grande parte uma busca por diversão. A desordeira existência de hoje de alguns grupos teria se tornado a existência normal de grande parte da sociedade.

Algum tipo de vida intelectual permaneceria, sem dúvida, apesar de antigas disputas políticas terem se anulado mutuamente, e o mundo não teria o estímulo por um debate de ideais políticos, o que é, afinal, uma coisa política. Cientistas e filósofos ainda desenvolveriam teorias sobre o universo. A arte estaria nas mãos de confrarias e a literatura dominada por *petit chapelles.* Haveria religião também em templos revestidos e brilhantes com músicas elaboradas. Seria um mundo febril e alvoroçado, auto-satisfatório e ao mesmo tempo, descontente, e sob a máscara de uma vida turbulenta haveria a morte do coração. O solo da natureza humana, que na idade das trevas era incultivado, agora era trabalhado. Homens iriam a toda parte e morariam em lugar nenhum; saberiam tudo e não entenderiam nada. Na perpétua correria da vida não haveria chance de quietude para a alma. No tumulto de uma existência animada, que esperança haveria para as pequenas e mansas vozes dos profetas, filósofos e poetas? Um mundo que se dizia o triunfo da personalidade humana teria na verdade matado aquela personalidade. Em tal paraíso de caixeiro-viajante, onde a vida seria racionalizada e somada a todo o conforto material, haveria pouca satisfação para a parte imortal do homem. Seria uma nova feira de vaidades, sendo o senhor falante a figura central do conselho municipal. A essência da civilização está na rebeldia do homem em um universo impessoal. Não

> faz qualquer diferença que o universo mecanizado seja sua própria criação se ele permite que a obra de suas mãos o escravize. Não pela primeira vez na história, os ídolos que a humanidade forjou para seus próprios fins se tornam seus mestres.[41]

"Logo pode surgir o dia", escreveu George Gissing, por volta de 1890, "em que, apesar da palavra 'conforto' continuar sendo usada em muitas línguas, o que significa não seja encontrável em lugar algum". Em 1930, Ortega y Gasset, um crítico da moderna civilização em massa, insistia em seu *The Revolt of the Masses* (A rebelião das massas) que, enquanto admitia as falhas da burguesia do século XIX, suas tremendas contribuições teriam que ser reconhecidas; que , "a não ser que prefiramos não usar nossa razão", devemos "chegar a estas conclusões: primeiro, que a democracia liberal... é o mais elevado tipo de vida pública conhecida até agora; segundo, que o tipo pode não ser o melhor imaginável, mas o que imaginamos como superior a ele tem que preservar a (sua) essência; e, terceiro, que retornar a qualquer forma de existência inferior àquela do século XIX é suicídio".[42] Em outras palavras: a civilização burguesa é a *única* que contém a noção de civilização como a conhecemos.

Em seu *Um estudo da história*, Arnold Toynbee – um pensador muito diferente de Ortega – falou de uma abortiva civilização ocidental na Irlanda, no extremo ocidente da Europa, que existia durante a idade das trevas, mas nunca se desenvolveu em uma civilização completa. Os Estados Unidos serão uma continuação integral da civilização da Europa, como ocorreu com os romanos depois dos gregos; ou a civilização dos Estados Unidos será, também, abortiva? O interlúdio burguês norte-americano foi nada mais que uma curta versão da idade burguesa européia, depois da qual a dissolução democrática levará ao fim da civilização como a conhecemos? Estas perguntas, repito, ainda não podem ser respondidas – como efetivamente não foram na época de Tocqueville, há 150 anos. Desde aquela época, o período burguês na história dos Estados Unidos veio e já se foi; mas não desapareceu completamente.

6

OS DOIS IMPÉRIOS
A transição da era anglo-americana na história

Como os Estados Unidos herdaram muito do Império Britânico numa época em que o caráter e o interesse dos ingleses e dos norte-americanos eram cada vez mais diferentes.

No ano de 1897, a Rainha Vitória comemorou seu Jubileu de Diamante. Ela havia reinado sobre a Inglaterra por 60 anos. Escritores melhores do que este já descreveram aquele dia como um de magnificência – 22 de junho de 1897 – ilustrando seu significado com detalhes esplendidamente vívidos. Durante os últimos 85 anos, os autores estavam geralmente de acordo quanto ao significado daquele 22 de junho – isto é, sobre a situação da data na história do Império Britânico e do mundo. O ano de 1897 marcou o ápice do Império Britânico. Era então o maior império da história. Incluía um quarto da população do globo, mais de um quinto de toda a terra do planeta; a Marinha britânica dominava a maior parte dos mares. Isso correspondia ao que as pessoas pensavam sobre os domínios da Coroa. Elas viam o Império Britânico como o maior poder na terra. Admiravam os britânicos, não só por causa de suas instituições e de seu poder, mas também por causa de suas virtudes másculas, seus hábitos, sua própria aparência física. Muito desse respeito era festejado e não questionado, um pouco invejoso e talvez até ressentido, mas não importa. Sua extensão era amplamente evidente na forma com que os britânicos – seu Parlamento, sua Marinha, indústria, esporte, roupas e língua – eram imitados nos mais estranhos e remotos lugares. Em resumo: 1897 não foi somente o ápice do poder britânico; foi, ainda mais, o ápice de seu prestígio.

Escrevo "ainda mais" porque, em um aspecto muito importante, em 1897 o declínio do poder britânico já havia começado. Contrariamente às presunções materialistas que prevalecem nos nossos tempos, o poder não é menos intangível e fictício que o prestígio. Não pode ser medido pelos números de divisões ou de navios de guerra, de orçamentos ou da renda nacional bruta. Sua função e existência estão intimamente ligadas ao prestígio e à vontade de fazê-lo prevalecer. No exato momento do Jubileu de Diamante, a disposição dos britânicos – de seu governo assim como das próprias pessoas – de prevalecer contra uma determinada nação desapareceu. A nação era os Estados Unidos. Eles estavam prontos a ceder ao poder norte-americano; estavam prontos e dispostos a compartilhar seu domínio mundial com os Estados Unidos.

Entre os anos de 1895 e 1898, ocorreu uma revolução no relacionamento entre a Grã-Bretanha e os Estados Unidos – envolvendo uma mudança no curso do Estado britânico, uma pequena e banal mudança, mas que teve, eventualmente, grandes conseqüências. Durante a maior parte do século XIX, o equilíbrio de poder entre os Estados Unidos e a Grã-Bretanha foi bilateral, recíproco, grandemente nivelado. Eles temiam um ao outro ocasionalmente, e respeitavam um ao outro em grande medida, na verdade, cada vez mais. Sua última guerra, a de 1812, acabou em empate. Assim como a maior parte de suas disputas durante o resto do século. Alguns observadores estrangeiros perspicazes, como Napoleão, predisseram que os Estados Unidos eventualmente cresceriam para se tornar o mais poderoso adversário da Inglaterra, forçando o país a retroceder: mas suas opiniões importavam pouco. Uma guerra entre a Grã-Bretanha e os Estados Unidos estava fora de questão, apesar de haver conflitos ocasionais de intensidades variadas. À medida que o século avançava, estes conflitos se tornaram cada vez mais retóricos e menos substantivos, ainda que na história da democracia seja difícil distinguir entre estes dois elementos. Em 1895, o governo dos Estados Unidos enviou notas grandiloqüentes, e de algumas maneiras ameaçadoras, a Londres, sobre um conflito envolvendo as fronteiras da Venezuela. Depois de algumas trocas de notas oficiais, os dois lados se acalmaram. Quando, menos de três anos mais tarde, os Estados Unidos provocaram uma guerra contra a Espanha por causa de Cuba, o governo britânico ficou ao lado dos Estados Unidos sem reservas. O que é significativo é que no princípio de 1898 não só o governo britânico mas também o povo e a imprensa tinham tomado o partido dos Estados Unidos.

Há alguns cálculos por trás dessa mudança britânica de curso. Poucos historiadores fizeram um estudo abrangente sobre as implicações globais disso. Os ingleses, pela primeira vez em sua história, ficavam ansiosos com relação à Alemanha. Para ser possível responder ao desafio alemão, eles tinham que assegurar a amizade dos Estados Unidos a quase qualquer preço. Em 1898, o governo britânico queria assegurar aos Estados Unidos sua boa vontade, antes que a Alemanha o fizesse. Esse fator norte-americano foi um dos elementos por trás da decisão britânica de fazer uma *entente* com a França, em 1904.[1] Eventualmente, essa política deu frutos: em ambas as guerras do século XX, os Estados Unidos se aliaram à Grã-Bretanha. Eventualmente, a aliança trouxe a vitória bem como a abdicação gradual do Império Britânico e a contínua ascensão do império norte-americano.

Em outubro de 1823, Thomas Jefferson escreveu ao presidente James Monroe, "a Grã-Bretanha é a nação que pode nos fazer mais mal que qualquer outra ... e, com ela ao nosso lado, não precisamos temer o resto do mundo". Setenta e cinco anos mais tarde, esse relacionamento estava invertido. Em outubro de 1900, um correspondente russo do *Novoya Vremya* escreveu: "Os britânicos perderam todo o orgulho em seu relacionamento com os Estados Unidos. Eles admitem que não podem resistir à República. Não confiam mais em sua força, mas colocam sua confiança nos laços raciais, literários e sociais que atraem os norte-americanos à Inglaterra."[2] A esse respeito, havia um paralelo entre os relacionamentos dos impérios norte-americano e britânico, com os impérios alemão e austríaco. Durante as últimas quatro décadas de seu império, os austríacos buscavam segurança na aliança com o novo império alemão de seus irmãos de sangue, assim como os britânicos buscavam segurança na aliança dinâmica com seus primos norte-americanos. Em ambos os casos, a aliança lhes custou o império, e mudou o curso da história mundial, talvez para pior.

No ano seguinte ao Jubileu de Diamante, os Estados Unidos ascenderam ao status de potência mundial, e não só ao de "grande irmão" do hemisfério ocidental. Eles derrotaram a Espanha naquilo que um de seus estadistas chamaria de uma esplêndida pequena guerra; compraram Cuba, Porto Rico, o Havaí e todo o império do Pacífico, alcançando as Filipinas e o oceano chinês. Esse novo tipo de imperialismo norte-americano já teve muitos historiadores competentes; não precisamos detalhar seu desenvolvimento. O que precisamos salientar é que esse desenrolar foi complexo, e não meramente uma resposta à crise de 1898. A construção da nova e poderosa Marinha da América havia começado há mais de dez anos. Em 1891, Benjamin F. Tracy, o secretário da Marinha na administração republicana de Benjamin Harrison, pediu uma esquadra com capacidades ofensivas: "A nação que estiver pronta a desferir o primeiro golpe ganhará uma vantagem a qual sua antagonista nunca poderá se equiparar. [Em uma proposição tipicamente ambígua, ele argumentava que sua esquadra seria 'não para conquista, mas para defesa'.] O mar será o futuro assento do império," disse ele. "E o dominaremos tão certo como o sol nasce."[3] Em 1897, James G. Blaine escreveu para Harrison que havia "três lugares com valor suficiente para serem tomados... Um é o Havaí, e os outros são Cuba e Porto Rico". As datas dessas afirmativas mostram que o imperialismo da guerra hispano-americana não foi um inesperado surto de sentimento nacional, e que o "novo" imperialismo tinha realmente pouco a ver com os problemas sociais e econômicos da década de 1890 do século XIX, uma tese que muitos neomarxistas e historiadores da economia têm sugerido. Pertencia à ideologia norte-americana do período, refletida na opinião pública, assim como pelo sentimento popular. No nível da opinião pública, os republicanos nacionalistas, inclusive Theodore Roosevelt, a propagavam; os políticos democratas também a apoiavam. Em março de 1898, em Harvard, Richard Olney, ex-secretário de Estado, o mesmo Olney que havia ameaçado guerrear contra a Grã-Bretanha menos de três anos antes, falou sobre o "patriotismo da raça", sugerindo a parceria entre os Estados Unidos e a Grã-Bretanha. Ele disse que a visão popular sobre o discurso de despedida de Washington deveria ser revista. "Cabe a nós aceitar a posição de comando dos Estados Unidos entre as potências da terra ... Este país foi uma vez o pioneiro e agora é o milionário".[4] Sobre o sentimento popular norte-americano, o *Washington Post* escreveu, em junho de 1896, um ano antes do Jubileu de Diamante e dois antes do surgimento dos "Bravos Cavalheiros", no Monte San Juan: "Uma nova consciência parece ter vindo sobre nós – a consciência da força – e com ela um novo apetite, uma ânsia por mostrar nossa força ... Ambição, interesse, fome por terra, orgulho, a simples alegria de lutar, o que quer que seja, estamos animados por uma nova sensação. Estamos cara a cara com um estranho destino. O gosto do império está nas bocas do povo, assim como o gosto de sangue está na selva. Significa uma política imperial, a República, renascente, tomando seu lugar com as nações armadas".[5]

As evidências do crescente espírito do imperialismo norte-americano eram muitas e as citadas acima foram somente alguns exemplos. No importante nível da opinião pública, esse espírito não era totalmente mesquinho, e não era necessariamente antibritânico. No dia do Jubileu de Diamante, o *New York Times* escreveu: "Somos uma parte, uma grande parte da Grã-Bretanha estendida que parece tão claramente destinada a dominar o planeta".[6] O dono do *New York Times* era um democrata conservador norte-americano de origem alemã-judaica. Entretanto, o tom desse editorial estava de acordo com as convicções da ainda predominante classe alta norte-americana, especialmente no Leste. Na Convenção Republicana de 1900, o secretário de Estado John Hay dissuadiu o partido a emitir uma declaração antiinglesa, em favor dos Boers e pela anexação do Canadá. Os britânicos perceberam isso instintivamente, e não apenas intelectualmente. Eles achavam que o sangue era mais grosso que a água; que o canal era mais largo que o Atlântico; que os numerosos laços de raça, tradição, cultura e língua que ligavam os povos britânicos aos norte-americanos eventualmente se desenvolveriam em relacionamentos mais definitivos e talvez até em instituições, alianças e confederações que garantiriam o progresso e a prosperidade de todo o mundo por meio do instrumento da dominação anglo-americana. Kipling escreveu a freqüentemente incompreendida e famosa frase do fardo do homem branco, para ajudar os norte-americanos a aceitarem a responsabilidade de governar as Filipinas. Em resumo, em 1900, a idéia da *Pax Britânica* estava sendo substituída nas mentes de algumas pessoas muito perspicazes pela imagem de uma pax anglo-americana. Essa foi a idéia que motivou Winston Churchill durante toda sua vida pública. Sua mãe era norte-americana, mas ele não deixava de ser tipicamente britânico por causa disso. Sua carreira pública começou em 1895 e terminou em 1955 – duas datas que, como vimos antes e veremos novamente, são marcos e pontos decisivos de múltiplos significados.

▼

QUAIS FORAM OS ELEMENTOS DESSA IDÉIA, tão grandiosa e óbvia? Foi mais que uma idéia política, ou o reconhecimento de uma estratégia naval global; seus elementos eram sociais assim como culturais, raciais e religiosos. Por trás da idéia de uma aliança ainda maior entre Grã-Bretanha e Estados Unidos estava a crença da essencial similaridade e eventual unidade dos povos de língua inglesa do mundo.

A decisão britânica de evitar desafiar os Estados Unidos se baseava em cálculos mais que diplomáticos. Havia a perspectiva histórica que se estendia: depois de um século ou mais, a irritabilidade e a insatisfação da Grã-Bretanha com os revolucionários norte-americanos havia dado em nada. Como escreveu o liberal britânico John Morley durante o ano do Jubileu de Diamante: "A guerra da independência foi quase uma segunda guerra civil inglesa".[7] Vieram, em seu lugar, a idéia da unidade racial correndo a todo vapor em 1890, os elementos darwinistas bem como kiplingnescos, uma crença no razoável triunfo dos mais aptos e o merecido fardo dos povos de língua inglesa na terra. Já em 1868, sir Charles Dilke escreveu *Greater Britain* (A grande Grã-Bretanha): "Um registro de viagem em países de fala inglesa". O livro teve pelo menos oito edições, inclusive norte-americanas. No prefácio, estava escrito:

> Em 1866 e 1867, segui a Inglaterra ao redor do mundo; em toda parte eu estava em terras de fala inglesa ou que fossem governadas pela Inglaterra. Se comentasse que o clima, o solo, os modos de vida e a mistura com outros povos havia modificado o sangue, via também que em partes essenciais a raça era sempre uma.
>
> A idéia que em toda a extensão de minhas viagens tem sido ao mesmo tempo minha companheira e guia – uma chave para destrancar coisas escondidas de novas terras estranhas – é o conceito, imperfeito que seja, da grandeza de nossa raça, já amarrando o mundo e que está destinada a talvez se espalhar demais.
>
> Na América, os povos do mundo estão se mesclando, mas eles têm passado por um molde inglês: as leis de Alfredo e a língua de Chaucer são deles, quer queiram ou não. Há homens que dizem que a Grã-Bretanha, em sua época, proclamará a glória de ter plantado mais "Inglaterras" do outro lado dos mares. Eles não percebem que a nação fez mais que plantações – impôs suas instituições sobre os brotos da Alemanha, da Irlanda, da Escandinávia e da Espanha. Por meio da América, a Inglaterra está falando ao mundo.
>
> Esboços de saxonismo podem ser de interesse mesmo em solos mais humildes: o desenvolvimento da Inglaterra de Elizabeth é encontrado, não na Grã-Bretanha de Vitória, mas na metade habitável do globo. Se duas pequenas ilhas são, por cortesia, chamadas de "grande", a América, a Austrália e a Índia têm de compor uma "grande Grã-Bretanha" [*Greater Britain*].

Essa idéia de uma grande Grã-Bretanha percorreu toda a estrutura do povo britânico; foi compartilhada entre conservadores tais como Arthur Balfour, mas também entre alguns socialistas britânicos, por Keir Hardie assim como por John Burns. Em 1898, Burns afirmou em discurso: "A latina e as outras raças estavam começando a ver que a supremacia mundial da raça anglo-saxã era iminente, se é que já não havia chegado".[8] Havia, também, um elemento religioso dentro desse tipo moderado de racismo filisteu, na crença de que o presente e o futuro pertenciam às nações Marinhas nórdicas, e particularmente aos povos protestantes e de fala inglesa do globo. Certamente o rápido e surpreendentemente fácil triunfo dos Estados Unidos sobre a Espanha confirmou essa crença já corrente. Assim, esse sentimento era cultural bem como racial. Quando Joseph Chamberlain, em 1899, propôs uma grande aliança dos povos "tectônicos", incluindo a Alemanha, a reação da classe governante britânica foi morna. Dentro de um ano, começava a Guerra dos Boers. Ela sacudiu um pouco a confiança britânica em sua superioridade. Também foi marcada pelo conflito entre os imperialistas e os partidários da "pequena Inglaterra". No final, os britânicos venceram a guerra e os imperialistas fizeram a festa. Mas foi durante o conflito, em 1901, que a mais direta e eloqüente proposta de união entre as nações de fala inglesa foi publicada. W. T. Stead, um enérgico jornalista e um cavalheiro da rua Fleet durante a era dourada da imprensa,[9] abordou o tema de forma simples e poderosa em um livro cujo próprio título era revelador: *The Americanization of the World or the Trend of the Twentieth Century* (A americanização do mundo ou a tendência do século XX). Eis algumas de suas passagens mais cortantes:

> A norte-americanização do mundo é nada mais que sua anglicização de uma vez. Os estados de língua inglesa, com uma população de 121 mil cidadãos brancos autogovernados, governam 353 milhões de asiáticos e africanos. Sob suas bandeiras aliadas, trabalha um terço da raça humana.
>
> O mar, que cobre três quartos da superfície do planeta, é de seu domínio. Exceto os mares Negro e Cáspio, nenhuma embarcação ousa singrar os mares salgados nos hemisférios oriental e ocidental se eles [os Estados de língua inglesa] resolvem proibi-lo. Eles são os supremos vigias das águas do mundo, capazes por seu decreto de levar à submissão qualquer Estado europeu que contemple recurso a arbitragem da guerra....
>
> A questão surge se este gigantesco agregado pode ser associado. Vivemos em dias de combinações. Não existe algum Morgan que se encarregará de provocar a maior combinação de todas – uma combinação de toda a raça de língua inglesa? ....
>
> A tendência da última metade de século tem sido em favor da unificação daqueles que falam a mesma língua. Não é provável que ela diminua em um novo século. O século XIX unificou a Alemanha e a Itália. O século XX unirá a raça de língua inglesa?...
>
> ... A idéia de unidade alemã parecia um sonho mais vazio em 1801, que parece a idéia de uma unidade dos falantes de língua inglesa em 1901.[10]

O livro foi um grande sucesso nos dois lados do Atlântico. Em um estridente mas não impensado estilo jornalístico, Stead colocou em frases simples o que muitas pessoas estavam pensando. Entretanto, sob tom incentivador, podemos achar mesmo nesse livro certas expressões de algumas das preocupações que moveram Kipling em seu grande e surpreendente *Recessional*. Naquele poema, escrito para o dia do Jubileu de Diamante, Kipling preveniu seu povo que o maior dos impérios pode passar e que eles não podem se esquecer que o Senhor pode abandoná-los devido a "frenética ostentação e insensatez", por terem colocado sua confiança no "coração pagão" em um "tubo malcheiroso de casca de ferro". Stead não era nenhum poeta, nem parecia temer particularmente ao Senhor; ele punha a *sua* confiança em uma "grande combinação"; ele colocou a matéria mais "pragmaticamente":

> Qual a conclusão de tudo isso? Pode ser dito em uma sentença. Há perante o povo da Grã-Bretanha a escolha de duas alternativas. Se decidirem fundir a existência do Império Britânico aos Estados Unidos do mundo de língua inglesa, eles podem continuar a ser parte integral da maior de todas as potências mundiais, suprema no mar e invencível na terra, permanentemente livre de todo o medo de ataques hostis e capaz de exercer influência irresistível em todas as partes do planeta.
>
> Essa é uma das alternativas. A outra é a aceitação de nossa substituição pelos Estados Unidos como o centro de gravidade do mundo de fala inglesa, a perda de uma de nossas grandes colônias, nossa derradeira redução ao status de uma Bélgica de língua inglesa. Tem que ser uma ou outra. Qual será? ... [11]

Teve de ser a segunda. Poucas pessoas anteviam isto em 1901. Os imperialistas fizeram a festa, ainda que os partidários da "pequena Inglaterra" estivessem fazendo barulho aqui e ali. Pode ter sido significativo – alguns desses notaram isso – que muitos dos imperialistas britânicos durante a última fase do modo de pensar do império fossem homens nascido nas colônias (tais como Beaverbrook) ou cujos ancestrais nem ingleses eram (como Milner). Entretanto, poucos homens e mulheres das classes inglesas governantes eram "Little Englanders". Apesar de sua ocasional francofilia, apesar de seu conhecimento da Europa, eles compartilhavam completamente o sentimento de afinidade com os norte-americanos, a noção de uma Grã-Bretanha anglo-saxônica estendida. Com seu característico empirismo (um termo positivo para o que é, infelizmente, raramente mais que miopia, ou uma indisposição tipicamente britânica de pensar além do que é de costume) aceitaram a idéia dominante e os potenciais lucros que uma associação mais próxima com os Estados Unidos significava ou significaria.

Com sua hipocrisia característica, eles maquinaram uma completa revolução das atitudes públicas britânicas em relação aos norte-americanos. Quase nada negativo era escrito ou falado a respeito dos norte-americanos, inclusive de suas mulheres, da arte e da literatura, na Inglaterra durante os 15 anos antes da Primeira Guerra Mundial. Poucas pessoas sentiram que havia elementos de hipocrisia e esnobismo nessas atitudes (muitos dos britânicos de classe alta continuavam a se referir aos norte-americanos de uma maneira condescendente, a quem eles fingiam considerar como úteis e bons *nouveaux riches*). De qualquer forma, importava pouco. O que contava era a semelhança de reciprocidade: esses sentimentos de uma associação inglesa-norte-americana cada vez mais próxima foram compartilhados por muitos norte-americanos. Os mais arraigados eram os latentes dentro dos norte-americanos antigos de linhagem inglesa. "O sangue é mais grosso que a água", dizia Josiah Tattnall, o comodoro da Marinha dos EUA, quando seu navio se aproximou da embarcação de um almirante britânico, durante um conflito com os chineses, no rio Peiho, em 1859. Durante todo o século XIX, oficiais da Marinha norte-americana regularmente comemoravam o 22 de outubro, o dia de Trafalgar. Na história de "The Queen's Twin" (A gêmea da rainha), sobre uma mulher norte-americana no estado de Maine que fazia aniversário no mesmo dia da rainha Vitória, o narrador de Sara Orne Jewitt disse: "Eu sempre fui tocado pelo rápido interesse e pela alusão familiar a certos membros da casa real encontrados em vizinhanças distantes da Nova Inglaterra; quer alguns velhos instintos de lealdade pessoal tenham sobrevivido a todas as mudanças do tempo e das vicissitudes nacionais, ou quer seja somente o próprio caráter e disposição da Rainha que tenham ganhado amigos para ela tão longe, é impossível dizer".[12] Quando os norte-americanos diziam a "rainha" (ou o "rei") eles queriam dizer o monarca da Inglaterra. Já de 1890 em diante, esses valores preferenciais tinham se filtrado na sociedade norte-americana. Um jornalista explicou que um acidente no exterior valia a pena ser noticiado se envolvesse a morte de um norte-americano, de três ingleses ou de dez europeus. As pessoas que não eram de origem anglo-saxã entendiam essas preferências e até certo ponto, compartilhavam delas. "Torcer o Rabo do Leão"[13] parou de ser uma prática retórica popular algum tempo depois de 1895. Até os católicos norte-americanos teriam, às vezes, compartilhado tais preferências. Quando, em 1898, os jornais católicos na Europa imploraram por uma resistência européia aos bárbaros e agressivos norte-americanos, a grande maioria dos católicos nos EUA apoiou a guerra contra a Espanha entusiasmadamente.

Como na Inglaterra, nos Estados Unidos havia uma crença racial e religiosa por trás dessas afirmativas. Quase dez anos antes de aparecer o livro de Stead, Andrew Carnegie escreveu (em junho de 1892): "Deixem os homens dizerem o que quiserem, mas eu digo que tão certamente quanto o sol se levantou uma manhã para brilhar sobre a união da América e da Grã-Bretanha ele se levantará uma manhã para brilhar e novamente saudar os Estados re-Unidos da União Britânico-Americana". Carnegie nasceu na Escócia: o senador imperialista Albert J. Beveridge não. "Deus não está preparando o povo de língua inglesa e tectônicos", disse em 9 de janeiro de 1900 "para nada, mas vãs autocontemplações e auto-admirações. Não! Ele nos fez mestre organizadores do mundo." O progressista republicano William Allen White escreveu (em 20 de março de 1899): "Só anglo-saxões podem governar a si próprios ... É o destino manifesto dos anglo-saxões seguir adiante como os conquistadores do mundo". Uma parte considerável da classe trabalhadora norte-americana compartilhava tais sentimentos. Seu nacionalismo impedia a maior parte deles de prestar atenção ao socialismo, que, para eles, era de origem européia, uma importação de linhagem inferior.

As idéias kiplinescas e imperialistas de Theodore Roosevet e Albert Thayer Mahan eram cristalizações informadas e historicamente conscientes daquilo que alguns norte-americanos da classe nobre estavam pensando. Entretanto, seria errado acreditar que seus esforços não fossem nada mais que um tipo de anglofilia disparatada e perpetrada sobre as massas de norte-americanos rudes. Quando começou a Guerra dos Boers, Theodore Roosevelt – em parte por causa de sua ascendência holandesa, em parte porque via nos bronzeados pioneiros e fazendeiros Boers algo semelhante aos independentes homens de fronteira de um século atrás – expressou sua simpatia por eles; quando a guerra acabou sua apreciação pelo Império Britânico havia se cristalizado novamente.[14] Que certos norte-americanos depois de 1890 começavam a se agarrar desesperadamente à herança inglesa, com a qual tentavam reamarrar seus laços, estava mais evidente na vida de Henry James. O mesmo tema, em um nível ligeiramente mais popular, foi expresso ainda mais claramente no romance anglo-americano de Hodgson Burnett, *The Shuttle*, em 1907 – o seu tema foi, depois de tudo o que havia acontecido e estava acontecendo, o fato de os povos inglês e norte-americano terem começado a re-tecer seus destinos conjuntos mais proximamente, por isso o título do livro. Ela escreveu, no fim, sobre uma nostalgia, uma nostalgia que redespertava – a Inglaterra no coração dos norte-americanos que iam visitar a ilha. A inteligente e bem norte-americana menina chamada Rosy fala da Inglaterra, "o país, ela estava consciente, o qual ela mais gostava":

> "É a Inglaterra que amamos, nós os norte-americanos", disse ao seu pai. "O que poderia ser mais natural? Nós pertencemos a ela – ela pertence a nós. Eu nunca poderia ser convencida de que o velho laço de sangue não conta. Todas as nacionalidades têm vindo a nós desde que nos tornamos uma nação, mas a maior parte de nós no princípio veio da Inglaterra. Somos sensíveis a isso também. Temos rusgas com a França, trabalhamos com a Alemanha, somos sentimentais com relação à Itália e nos extasiamos com a Espanha – mas amamos a Inglaterra. Como nos toca quando vamos lá, como somos arrebatados se somos simples e efusivos, como somos

excitados imaginativamente se não somos da classe percebida. Eu já ouvi a mais comum, semi-educada mulher falar as mais bonitas, desajeitadas e emocionantes coisas sobre o que havia visto lá. Uma professorinha que tenha feito a rota de Cook quase terá a voz embargada ao divagar por lugares comuns sobre os casebres cercados de espinheiros ou palha em fazendas brancas ou vermelhas. Por que não somos inconscientes ou patéticos com relação aos casebres da Alemanha e as vilas da Itália? Porque não tivemos, em séculos passados, o hábito de nascer lá. É só o casebre inglês e seu caminho, quer brancos com brotos nos espinheiros quer pelados no inverno, que desperta em nós aquele pequeno desejo, a ternura que é tão doce. É só a natureza nos chamando de volta para casa".[15]

Essas não foram meras atitudes; estavam bem sedimentadas – mesmo que impensadas – nas convicções de muitos anglo-americanos (e às vezes, não somente deles; as da senhora Burnett Vanderpoels eram holandesas-americanas de origem, como Theodore Roosevelt, por parte de pai) no início do século XX. E aconteceu: a Primeira Guerra Mundial se desenrolava, e os Estados Unidos, pela primeira vez em sua história, optaram por entrar na guerra ao lado da Inglaterra. Em um plano, os laços estavam se refazendo. Entretanto, em um outro plano, as linhas da mudança estavam se desfazendo: o ambiente na América do Norte, no princípio apenas nas estatísticas, mas, com o passar do tempo, de forma mais e mais perceptível se tornava menos anglo-saxão, cada vez menos inglês.

PERTO DO FIM DE SUA LONGA VIDA, pouco antes do Jubileu de Diamante, Bismarck teria dito que o fato mais importante do século vindouro seria que o povo norte-americano falasse inglês. Com isso, ele queria dizer que as afinidades naturais entre os povos norte-americano e britânico não podiam ser desconsideradas, um fato que os estadistas da Europa tinham sempre que ter em mente. Ele estava certo: o curso dos dois impérios se aproximou gradualmente até sua aliança *de facto*, em 1917. Entretanto, a aliança era uma coisa; a união, ou mesmo a confederação, era outra. Em 1917, ninguém falava as palavras tais como Stead as havia enunciado, e que já eram correntes por 15 anos.

Uma das razões para isso era que os conceitos de império para norte-americanos e britânicos eram diferentes. O dinamismo e o sentimento expansivo por trás do império norte-americano estavam aumentando no exato momento em que o dinamismo e o expansionismo da idéia imperial britânica começava a enfraquecer. Havia muito em comum entre os sentimentos de grande parte dos protestantes, e às vezes filisteus e fariseus, a partir dos quais britânicos e norte-americanos costumavam justificar seu imperialismo; entretanto, um exame mais profundo destes chavões revela diferenças significativas. Os britânicos justificavam seus papéis imperialistas para si próprios; os norte-americanos o proclamavam para o mundo. Os britânicos pensavam (quando pensavam) em termos de fardo (o que explica, apesar de todo o elemento racial, a idéia de Kipling de que a raça não era proeminente na ideologia racial moderna, brutal e anti-religiosa do Terceiro Reich alemão); os norte-americanos estavam pensando em termos de seu destino manifesto. O Império Britânico era mais velho que o norte-americano; mas a ideologia imperialista britânica era relativamente nova, ainda não tinha vindo à tona até a última parte do século XIX. A origem da idéia norte-americana de destino manifesto estava lá desde o nascimento da República, mesmo que o chavão tenha se tornado corrente por um político e jornalista irlandês-americano por volta de 1845. O secretário de Estado de Lincoln, Seward, o mesmo homem que conseguiu evitar a guerra com a Grã-Bretanha em 1861, escreveu antes da posterior expansão para o Oeste do homem branco após milhares de anos, que os Estados Unidos a completariam "até que as marés das renovadas e decadentes civilizações do mundo se encontrem nas praias do Oceano Pacífico".

Em 1895, durante a disputa venezuelana com a Grã-Bretanha, o secretário de Estado Olney proclamou em uma nota britânica que "o povo dos Estados Unidos tem um interesse vital na causa popular do autogoverno". A nota norte-americana para a Espanha, em 17 de janeiro de 1898, isto é, antes da catástrofe do *Maine*, dizia que a "idéia é que os governos obtenham sua justa autoridade do consentimento dos governados ... [e que os Estados Unidos não podem se solidarizar em forçar] um povo que esteja procurando estabelecer uma república sobre o regime monárquico".[16] Em novembro de 1897, o jornal *Commercial Tribune* de Cincinnati, neste despacho direto do Todo-Poderoso, declarou: "Um poder mais alto que os dos tronos e ministérios decretou que a Europa tocará o segundo violino e o Tio Sam o primeiro, no comércio do mundo, e você luta contra o destino quando tenta impedi-lo." Em 1900, o senador Albert J. Beveridge proclamou que foi Deus quem tomou "o povo norte-americano como Sua nação escolhida para finalmente liderar a regeneração do mundo". A regeneração do mundo: esta não era somente uma ordem maior do que o fardo do homem branco. Em frases tais como essas não havia nenhum traço da admoestação de Kipling sobre a "frenética ostentação e o mundo insensato". Na verdade, muitos norte-americanos, diferentemente dos britânicos, acreditavam na velocidade. O curso da história estava tomando velocidade, em algo como a unidade do mundo (nos termos norte-americanos) em vista. Já Seward pensava (e também Henry e Brooks Adams antes dele) que a expansão imperial agora se movia mais rapidamente que no passado, que o curso da história estava se acelerando. Também pensava assim o pastor congregacionista Josiah Strong: "[O] mundo ocidental em seu progresso está tomando impulso como um corpo em queda livre; ... [estávamos no limiar de] uma nova era, para a qual o século XIX tinha sido João Batista." Os principais elementos dessa aceleração foram o vapor, a eletricidade, a distribuição de Bíblias, com a "resultante unidade" dos povos do mundo.

Nem todos os norte-americanos estavam imbuídos desse espírito missionário, nem do papel messiânico.[17] Este foi o tempo do interlúdio burguês dos EUA, quando mais e mais práticas de vida e idéias norte-americanas estavam se aproximando das civilizações mais antigas da Europa, e quando Theodore Roosevelt estava começando a moldar um internacionalismo no qual muitos elementos eram realistas em vez de sentimentais. Em 1910, ele relatou ao seu amigo, o embaixador alemão em Washington: "Na verdade, nós mesmos estamos nos tornando, devido à nossa força e situação geográfica, cada vez mais o equilíbrio de poder de todo o mundo." Mesmo assim, a própria era progressista, à qual Theodore Roosevelt pertencia, tendia a compartilhar a idéia do excepcionalismo norte-americano. Mesmo os intelectuais, cada vez mais críticos de alguns elementos aparentemente vulgares da vida norte-americana, compartilhavam da essência dessa crença. "A cultura para a maior parte dos norte-americanos em 1912 não significava o mesmo que começava a significar para os antropólogos ... Não era tanto uma maneira de descrever como as pessoas se comportavam, mas uma idéia de como elas deviam se comportar e não o faziam." Nas letras, os padrões de cultura eram amplamente britânicos. "Isso era parte do problema: os norte-americanos, por muito tempo, queriam construir sua própria tradição... [ainda que] a América, esperavam os curadores da cultura, pudesse reproduzir tudo o que era bom da civilização inglesa sem sua grosseria e crueldade."[18] Esse tipo de "excepcionalismo" não existia entre os liberais ingleses e intelectuais fabianistas que – desconfortavelmente e quase sempre contra suas próprias convicções subconscientes – reagiam contra manifestações locais de orgulho racial ou mesmo patriótico.

A crença na singularidade norte-americana marcou suas atitudes em 1914, assim como em 1917. Quando em 1914 os norte-americanos se congratularam porque não eram como as velhas nações corruptas da Europa, que se lançavam umas contra as outras, e quando em 1917 eles asseguravam que sua entrada na guerra significava a transformação das guerras corruptas em uma cruzada por algo mais elevado, para o benefício de toda a humanidade, a substância dessa crença em sua singularidade era a mesma. Os britânicos, pelo menos em 1914, entraram na guerra para defender o equilíbrio de poder na Europa, ameaçado como estava pela Alemanha. Os objetivos britânicos na guerra eram menos elevados que os norte-americanos. A resposta de seu povo não foi menos patriótica por causa disto.

O patriotismo do povo inglês em 1914 ainda deve suscitar nossa admiração, pois as coisas começavam a mudar muito para eles. Entre o Jubileu de Diamante e a Primeira Guerra Mundial, o papel da Grã-Bretanha mudou profundamente. Apesar de sua vitória imperial sobre os Boers, das alianças européias e da construção de grandes navios de guerra, a transformação do império havia começado. Eles – os conservadores, assim como os liberais – começaram a reconhecer não só que precisavam dos norte-americanos em sua retaguarda. Reconheceram, também, que seu império se tornou muito dispendioso e que existiam responsabilidades que eles não podiam ter. Reconheceram, pelo menos começavam a reconhecer – e isso não podia ter sido mais diferente das crenças norte-americanas – que a democracia não era consistente com o império; que não era consistente com o seu tradicional papel na Europa, poucos deles reconheceram.

Um dos mais importantes proponentes (se não criadores) da idéia imperialista tinha sido Disraeli. Entretanto, foi Disraeli que, mesmo antes de 1871, refletiu sobre o significado de uma Alemanha emergente. A unificação da Alemanha, disse, foi uma revolução provavelmente até maior que tinha sido a Revolução Francesa. Ele estava certíssimo, mesmo que ele e seus sucessores tenham feito pouco a este respeito. Quanto mais amplas as tarefas imperiais, menos atenção a Grã-Bretanha prestava à Europa. O fato é que a idéia imperialista fortaleceu as inclinações antieuropéias de seu povo. Tocqueville notou isso já em 1853: "A Inglaterra está se retirando da luta provisória do continente e se estendendo por todas as partes, como vocês mesmos dizem", escreveu, em uma carta a um de seus amigos ingleses, Henry Reeve. "É isso que eu chamo de romper com o teatro dos assuntos humanos: pois, afinal, o teatro não é Sidney, nem mesmo Washington, é ainda a nossa velha Europa." "Nosso grande Império", refletiu lorde Rosebery, o imperialista liberal, em 1892, "nos puxou, por assim dizer, pelo paletó para fora do sistema europeu." A decisão de buscar a amizade dos Estados Unidos a quase qualquer custo foi, repito, não somente o resultado de cálculos de política externa. Estava de acordo com as inclinações naturais e preferências do povo britânico, incluindo grande parte de uma nova, ou renovada, classe governante que não era mais composta, ou mesmo liderada, por aristocratas de orientação cosmopolita e tradição européia.

A ascensão desse novo grupo de pessoas, como é comum na história da Inglaterra, foi gradual. O poder social, e às vezes até o político, da velha aristocracia ainda existia. A decisão de fazer uma *entente* com a França em 1904, um marco na história das relações exteriores britânicas, foi, novamente, não apenas o resultado de reconhecimentos diplomáticos ou estratégicos; elementos culturais assim como as inclinações de um monarca (Eduardo VII, o último rei da Inglaterra, desempenhou um papel observador e ativo nas relações exteriores de seu país) contribuiram para isso de maneira importante. Mas entre 1905 e 1908, ocorreu outra mudança profunda. Em janeiro de 1906, os liberais venceram uma eleição importante pelo menos de duas formas. Em 1906, a última semelhança entre os liberais e os velhos *whigs* cessou de existir; o programa liberal não era mais muito diferente do trabalhista; os dois eram agora partidários da democracia e do progresso. Essa foi uma das diferenças entre esta eleição e as vitórias liberais anteriores; a outra foi que, já em 1906, a aristocracia inglesa estava perdendo o controle do governo da Grã-Bretanha. Ela se retirou antes do avanço da democracia, abandonando suas posições uma a uma. O orçamento liberal de 1909 foi o resultado de um compromisso tipicamente britânico. De um lado, as provisões fiscais de Lloyd George do "Orçamento do Povo" foram o primeiro passo em direção ao desenvolvimento de um Estado de bem-estar na Grã-Bretanha. Por outro lado, a democracia britânica ainda era nacionalista: os britânicos queriam ter uma Marinha superior à alemã. Entretanto, uma Marinha que dominasse os mares do mundo, que fosse superior tanto em relação à Marinha da Alemanha quanto à dos Estados Unidos, eles não queriam mais custear. É interessante notar que o jovem Churchill, então um liberal, deu seu total apoio a Lloyd George, que queria reduzir o número de novos navios de guerra a quatro. Os *Tories* queriam pelo menos seis; a Marinha e lorde Fisher queriam oito. Foi grande e duradouro o mérito de Churchill, que depois de se tornar primeiro lorde do Almirantado em 1911, aumentou a construção naval a ponto de, em 1914, a Marinha britânica estar bem preparada. Entretanto, sua margem de superioridade sobre a frota alemã de alto-mar era relativamente estreita.

A inconsistência do império com a democracia era aparente também em outros lugares. A transformação do império em uma comunidade frouxa havia começado. A invenção do status de domínio foi uma idéia liberal. Em 1910, o Canadá, a Austrália, a Nova Zelândia e a África do Sul já eram povos autogovernados. Quando sua lealdade à pátria mãe foi posta em teste, em 1914, seu patriotismo e sua contribuição foram excepcionais; mas à medida que o tempo passava, estes domínios se tornavam norte-americanizados em vez de anglicizados. Durante a Segunda Guerra Mundial, eles eram mais dependentes dos Estados Unidos que da Inglaterra.

Durante a primeira década do novo século, a própria Inglaterra se tornou mais e mais norte-americana. No nível da cultura popular, inclusive do jornalismo, os gostos e hábitos de muitas pessoas estavam ficando norte-americanizados. Mais importante era a crescente similaridade da distribuição social de poder nas duas nações. Os Estados Unidos não tinham aristocracia,[19] mas possuiam algo parecido com uma classe governante, que na época era amplamente anglo-saxã e protestante, um tipo de classe média alta. Em 1909, Arnold Bennett descreveu esse grupo como a classe dominante da Inglaterra: "Suas vozes seguras e bruscas, seu porte orgulhoso, suas roupas, a similaridade de seus modos, tudo nos mostra que eles pertencem a uma casta que foi bem-sucedida na batalha pela vida. É chamada de classe média, mas deve ser chamada de classe alta, pois quase tudo está abaixo dela." Bem-sucedida na batalha pela vida, o domínio dessa classe agora dependia da riqueza mais que do berço, na Inglaterra assim como nos Estados Unidos. Não está no âmbito deste livro, ou mesmo deste capítulo, examinar as diferenças e semelhanças entre as classes altas norte-americanas e britânicas daquele período. Falando superficialmente, eram semelhantes. O termo "anglo-saxão", referindo-se tanto aos ingleses quanto aos norte-americanos, se tornou corrente na Europa mesmo antes da Primeira Guerra Mundial. Isso correspondia a uma visão do mundo mais ampla, kiplingnesca (ou, pelo menos, pseudo-kiplingnesca). Kipling não tinha nenhuma particular afeição – e, o que é mais importante para um poeta, nenhum sentimento particular – pela aristocracia da Inglaterra. Seu sonho – e nisso ele não estava sozinho – era a visão da raça anglo-saxônica como uma grande família, responsável pela lei e pela ordem em vastas partes do globo: os nobres da terra, seus privilégios como fruto de suas responsabilidades. Entretanto, como é costume entre as classes dominantes, essas pessoas, ou pelo menos as pessoas de Bennett, logo estavam agindo e pensando em termos de seus privilégios à custa de suas responsabilidades. (Um escritor eduardiano tal como Saki veria isso: ele teria poucas ilusões sobre aquela classe que Bennett admirava e à qual Bennett desejava pertencer.) Talvez até mais importante, era o fato de que os ideais protestantes e vitorianos de sua criação não eram mais suficientes, exceto pelos padrões superficiais de comportamento. Por volta de 1890, lorde Cromer, o vice-rei do Egito, se dirigiu aos meninos da escola Leys, em Cambridge, para dizer-lhes que deveriam guardar três coisas em suas mentes: "Amar seu país, falar a verdade e não vadiar." Eles amaram seu país, mas não falavam a verdade e continuaram a vadiar. O lema dos escoteiros, uma instituição típica daquele período, um dos subprodutos da guerra dos Boers, era: "sempre alerta". Qualquer que fosse seu condicionamento físico, o tipo de pessoa que compunha as fileiras do escotismo na Inglaterra não estava preparado para as realidades do mundo que teria de enfrentar. Eles se tornaram sujeitos das fraquezas mais expressivas e pemanentes dos anglo-saxões: a indisposição de pensar sobre assuntos desagradáveis.

Os irlandeses eram tais assuntos. Foi na Irlanda, e em Ulster, que o mais profundo problema interno do grande Estado britânico entrou em ebulição antes que o súbito trovão da Grande Guerra o calasse (e não o matasse); e dois anos antes foi de Belfast que o *Titanic* zarpou, dos estaleiros de ferro negro de Harlan & Wolff. O nome *Titanic*, a titânica confiança no tremendo navio de aço vermelho e verde, o maior jamais construído, de Ulster, Belfast, era simbólico da crença titânica "no progresso e na força de uma era comandada pelas corridas atlânticas de longa distância do Norte anglo-saxão protestante, pela confiança titânica no capital e na ciência; e a tragédia fatal, o ferimento fatal infligido pelo pedaço submerso do iceberg de natureza hostil, um frio raio de terror, o naufrágio da embarcação titânica cheia de homens e mulheres de classes dominantes da Inglaterra e dos Estados Unidos foi um simbólico presságio da catástrofe histórica que viria em 1914, o fim de uma era".

Mas em retrospecto, devemos ter em mente que em 1912 não era sabido o que aconteceria em 1914 e depois. Um homem é vigoroso e entusiasmado, o centro de respeito, o ponto focal de todos os olhares. Algum tempo depois adoece. Um amigo (ou médico) agora lembra: naquela festa de algumas semanas atrás, ele viu o pulsar de uma veia em sua têmpora, ou uma estranha sombra nos olhos do seu amigo. Entretanto, este homem parecia corado e próspero; ele *era* corado e próspero, e isso é o que conta. Antes de 1914, *parecia* que os anglo-saxões eram os nobres do globo. Aquela semelhança era mais que uma ilusão. Acreditavam naquilo e era o que as outras pessoas acreditavam. Então eram.

Bem antes dos Estados Unidos declararem guerra contra a Alemanha e entrarem na Grande Guerra européia, a expressão "guerra mundial" tinha se tornado comum – apesar de que, diferente da Segunda Guerra Mundial, a Primeira Guerra Mundial foi principalmente, e quase exclusivamente, uma guerra européia. "Guerra Mundial" era uma expressão alemã ("*Weltkrieg*") e norte-americana, como a *World Series*[20], inadequada e grandiloqüente, mas lógica, mesmo assim: a maior que o mundo jamais viu. Os franceses chamavam-na de a Grande Guerra, os britânicos de a "Guerra Européia" ou Guerra Alemã por muito tempo, mas eles também acabaram adotando o uso norte-americano. Afinal, compartilhavam a língua, as instituições e até alguns ideais. Agora, pela primeira vez em sua história, eles se tornaram aliados e, finalmente, co-vitoriosos na guerra. Entretanto, a vitória em 1918 para os britânicos (e para os franceses) acabou sendo vazia. Seus principais inimigos se recuperaram da derrota humilhante de forma impressionante, e na verdade, amedrontadora; os britânicos e os franceses nunca se recuperaram de sua vitória.

Por causa disso, temos que reconsiderar por um momento o significado do ano de 1917, o ponto decisivo da guerra. A entrada dos Estados Unidos na guerra, em 1917, além de ser o mais significativo marco da história norte-americana, foi o principal evento da guerra. Foi decisivo para os aliados ocidentais. A Rússia desistiu da guerra, mas os EUA entraram. Os aliados ocidentais podiam, assim, derrotar a Alemanha sem a Rússia, diferente de 25 anos mais tarde. Tudo isso aconteceu sem um grande derramamento de sangue norte-americano. O prestígio dos Estados Unidos pesou na escala da guerra mais que seu poder real – especialmente porque a guerra se tornou um grande impasse, e a entrada norte-americana ajudou a pender a balança. A questão que se põe – desconfortavelmente – em retrospecto é se os aliados (os britânicos, em vez dos franceses) não estariam melhores sem essa aliança com os Estados Unidos a longo prazo. Se os Estados Unidos não tivessem entrado na guerra em 1917, uma paz negociada, principalmente entre os impérios britânico e alemão, seria uma possibilidade real. Os britânicos teriam mantido seu império; os alemães teriam mantido sua posição dominante no continente, pelo menos dentro da Europa Central e Oriental. Essa paz negociada teria evitado o advento de Hitler; teria provavelmente evitado Lênin e Stálin; poderia até ter evitado uma Segunda Guerra Mundial. É difícil dizer se isso teria evitado o precipitado declínio da civilização européia. De qualquer forma, o dilema britânico teria permanecido o mesmo: buscar uma aproximação com a Alemanha ou com os Estados Unidos. É difícil acreditar que eles teriam escolhido o primeiro em detrimento do segundo; como em 1899 e novamente em 1940, eles nem pensaram na possibilidade.

Por "eles" eu me refiro ao governo e às classes dominantes da Grã-Bretanha. Durante a Primeira Guerra Mundial, de alguma forma, eles não titubearam ou falharam; de outras, sim. Seu patriotismo e sua disposição em sacrificar-se caso fosse necessário, era perfeito. Eles ofereciam sua carne e seu sangue com a mesma coragem e determinação típicas das massas dos soldados britânicos durante a guerra. Entretanto, a vasta e freqüentemente insensata sangria dos Exércitos nos campos de Flanders e Picardy era quase sempre produto de políticas estúpidas e às vezes egoístas de muitos de seus generais. No mar – área da tradicional supremacia britânica – sua capacidade naval era, na melhor das hipóteses, igual à capacidade dos novatos alemães, mas não melhor. No que diz respeito ao estadismo, também, a supremacia britânica estava enfraquecendo. Em 1918, o governo britânico já se permitia ser convencido não só por seus poderosos aliados norte-americanos, mas por todos os tipos de propagandistas efêmeros que apoiavam a causa da autodeterminação nacional pela Europa, as idéias liberais e democráticas da época, tendo ganhado predominância sobre as preferências mais antigas, mais tradicionais do Ministério das Relações Exteriores britânico. Os britânicos optaram por apoiar, em vez de evitar, a dissolução do Império Austro-Húngaro no centro da Europa, um evento de conseqüências catastróficas. A política britânica em relação à guerra civil na Rússia, onde os bolcheviques estavam à beira da derrota, era sem entusiasmo; na verdade, nem mesmo política era. Lloyd George, um misto de oportunismo e estadismo, não era pessoalmente favorável ao tratado de paz cruel e humilhante imposto na derrota aos alemães; mas não se opôs aos seus aliados eficientemente, em especial aos magnatas da imprensa de seu próprio país. Externamente, o poder e o prestígio em 1918 estavam altos como sempre. Alguns oficiais britânicos, ocasionalmente, dominavam os assuntos de países inteiros e andavam por eles livremente. Comissários comunistas ansiavam por favores; potentados árabes buscavam as menores demonstrações de amizade; um aperto de mão ou uma saudação de um coronel ou de um comissário britânico asseguravam reputação ao beneficiário à vista de seus compatriotas mais poderosos.[21] Em 18 de novembro de 1918, lorde Curzon falou na Câmara dos Lordes: "A bandeira britânica nunca foi exibida sobre um império mais poderoso ou unido.... Nunca nossa voz teve mais peso em conselhos de nações; ou ao determinar os destinos futuros da humanidade." Isso era mais que grandiloqüência; havia outra realidade por trás disso. Entretanto, essa realidade foi temporária e frágil. Não durou.

A maior potência no mundo em 1918 era os Estados Unidos. Eles ganharam a guerra com facilidade. O centro financeiro do mundo tinha se mudado de Londres para Nova York. O presidente dos Estados Unidos era o estadista unanimemente admirado no mundo. O século norte-americano havia começado. Na verdade, os Estados Unidos tinham que compartilhar a vitória com a Grã Bretanha, França, Itália, Japão; mas estes não eram aliados para se temer, diferentemente da União Soviética depois do fim da Segunda Guerra Mundial. Pode-se pelo menos defender que na história do mundo, e na dos Estados Unidos, o ápice do poderio norte-americano foi 1918, até mais que em 1945. De qualquer forma, o orgulho do povo norte-americano por sua singularidade e por seu poder era sem limites. "Orgulho" não é algo que possa ser quantificado ou cientificamente descrito; apesar de ser um fator decisivo nos assuntos humanos. Quer chamemos orgulho ou autoconfiança, este era o fator, sob todas as tergiversações da retórica política e dos cálculos de Estado, que havia impulsionado os Estados Unidos para a Primeira Guerra Mundial.

Em 1914, os norte-americanos se orgulhavam (freqüentemente com tons hipócritas e autojustificativos) por serem excepcionais, intocados pelo monstro sangrento da guerra européia. Em 1917, já estavam se coçando para entrar na guerra, para mostrar a todos aquilo que poderiam fazer, para oferecer (e impor, se necessário) seus padrões esclarecidos ao mundo de uma maneira geral. Como aconteceu essa revolução de sentimento popular e opinião pública tem sido o assunto principal de muitas histórias, apesar de talvez ainda estar esperando por um resumo final. É um assunto difícil, por causa da textura da história norte-americana, já que esta se desenvolveu em diferentes níveis. O desejo de auto-afirmação norte-americana, a falta de tato do Estado alemão, a habilidade da propaganda britânica, o presidente, a imprensa, a elite social e política norte-americana, de forma independente e em conjunto, tomaram parte dela. O que os norte-americanos queriam de suas intervenções (ou de seu isolamento) não era nada claro. Não importava, mas sim a esmagadora força da sua crença na primazia da América no mundo, uma crença ainda mais forte que seu desejo de auto-afirmação. Um ano após a erupção da guerra na Europa, o desejo norte-americano de se envolver já era evidente. A revista liberal *New Republic* publicou, em 30 de outubro de 1915: "Aquela grandiosa calma a qual nos deleitamos há um ano, quando parecia que estávamos destinados a sermos os árbitros das nações, não existe mais... Em vez da gratidão por estarmos providencialmente escapando da tempestade, vê-se em todas as mãos a impressão de que nos falta algo."

Entretanto, durante a Primeira Guerra Mundial (como na verdade em quase todas as guerras norte-americanas) havia uma divisão entre os norte-americanos, uma divisão interna que prevaleceria antes e durante a Segunda Guerra Mundial, com efeito, talvez durante toda a primeira metade do século XX. Essa divisão, superficialmente, foi aquela entre isolacionistas e internacionalistas. Na verdade, foi a divisão entre norte-americanos de diferentes inclinações nacionais e culturais. Havia um bom número de pacifistas nos Estados Unidos, inclusive Henry Ford que, em 1915, encomendou um ridículo navio da paz e proclamou que aquele que optasse por ser soldado seria "preguiçoso ou louco". Ford, no entanto, acreditava na singularidade norte-americana e na sua superioridade moral assim mesmo. Pacifistas de sólidos princípios ou isolacionistas eram poucos. A maior parte deles era pacifista porque era socialista, germanófilos, anglófobos ou russófobos, não o contrário. Significativo foi o gradual e, no final, irreversível arregimentar da causa aliada. Isso era verdade não somente para a elite norte-americana, mas para a população do velho Sul, que também, em parte por causa da tradição militar sulista, em parte por causa de sua origem anglo-saxã, não foi afetada pelo isolacionismo durante as duas guerras, apesar das desconfianças de Wall Street, dos banqueiros internacionais, das pessoas da cidade, e do Norte – desconfiança e hostilidade que o Sul compartilhava na política doméstica com os populistas do Meio-Oeste e do Oeste.

Durante a segunda década do século XX, a influência da elite anglo-saxã era muito forte nos Estados Unidos. Essa era uma preferência cultural, e não meramente uma geração de laços mais antigos e raciais. Já vimos que a Primeira Guerra Mundial correspondeu ao ápice do interlúdio burguês norte-americano: e a sociedade burguesa da América do Norte era, ampla mas não exclusivamente, pró-britânica e pró-francesa – por causa de suas próprias tradições culturais e preferências, que se contrastavam com as da Alemanha do Kaiser, que era sem tato, agressiva e vulgar. Essas inclinações culturais eram naturalmente mais fortes no Leste, e como o professor Henry F. May escreveu em seu ótimo *O fim da inocência americana*: "O país se uniu para a guerra, mas aqueles que pensavam que o Oeste havia finalmente aceito os pontos de vista do Leste estavam fadados a uma série de choques pós-guerra."[23] Em oposição à intervenção norte-americana estavam os anglófobos, tais como os germano-americanos, os escandinavo-americanos, os populistas do Oeste e, até 1917, os judeus russófobos.[24] Em 1917, a gigantesca emoção pública do nacionalismo norte-americano submergiu, mas sem afundar muito, e de maneira alguma se dissolveu.

Escrevi no início deste capítulo que a entrada norte-americana na guerra garantiu a vitória à Grã-Bretanha a curto prazo, enquanto contribuiu para o declínio do Império Britânico a longo prazo. Isso foi envolvido por outro fator de longo prazo que ainda não recebeu a atenção ou o consenso geral dos historiadores. Foi a influência de Woodrow Wilson, ou melhor, das idéias que representava. Novamente temos que distinguir os eventos de curto dos de longo prazo. A influência de Wilson na guerra e no seu resultado foi tremenda, mas teve vida curta: durou somente dois anos, de 1917 a 1919. A longo prazo, a influência de suas idéias provou-se enorme e duradoura. Ele foi o presidente que levou os Estados Unidos à Primeira Guerra Mundial. Enunciou as idéias e estabeleceu a tradição norte-americana de internacionalismo. A curto prazo, esse internacionalismo sofreu resistência e ele foi derrotado pelo Partido Republicano, repudiado pela maioria do povo norte-americano. A longo prazo, isso não importou. Dentro dos Estados Unidos sua influência transcendeu sua vida, assim como a dos partidos políticos. Herbert Hoover (que escreveu a biografia de Wilson), assim como Franklin Roosevelt, John Foster Dulles (que iniciou sua carreira "diplomática" pelas mãos de Wilson), Dean Rusk, Bernard Baruch, Jimmy Carter (como Wilson, um sulista peculiar que queria ser ianque), Eleanor Roosevelt, Richard Nixon (que, quando ocupou a Casa Branca em 1968, solicitou a mesa de Wilson), Ronald Reagan (cujo nome do meio era Wilson) foram todos wilsonianos. Isso foi uma tragédia para os Estados Unidos pela simples razão (simples mas com componentes complicados) de que as idéias de Wilson sobre o mundo e sobre as relações entre as nações eram inadequadas, insubstanciais e geralmente erradas. Isso foi uma tragédia para o mundo de uma maneira geral, não só por causa da falha de Wilson durante seu processo de paz em 1918 e 1919, mas principalmente por causa da identificação norte-americana à principal idéia de Wilson de autodeterminação nacional (um remanescente do arcabouço liberal britânico de ideais no século XIX), a partir do qual inimigos da civilização ocidental, tais como Hitler e ditadores selvagens na África e na Ásia, se beneficiariam. Thomas Woodrow Wilson e Vladimir Ilyich Lênin eram contemporâneos que morreram com dez dias de diferença um do outro (o último em 24 de janeiro e o primeiro em 2 de fevereiro de 1924). Foi uma idéia do primeiro, não do último – autodeterminação nacional e não revolução proletária – que acabou sendo o fator principal na história do resto do século. Foi este pálido professor de dentes grandes, em vez daquele de cabeça de tártaro, líder dos bolcheviques, que se tornou um verdadeiro revolucionário.

Aqui não é lugar para analisar o caráter de Woodrow Wilson, cujas idéias eram simples enquanto o seu caráter não o era. O que era característico em Wilson não era tanto a hipocrisia, como seus inimigos gostariam de dizer; mas era, infelizmente, a sua divisão mental, tipicamente intelectual e norte-americana. Ele tinha, na verdade, um orgulho incomum de dois conjuntos de idéias contraditórios, sem reconhecer (e, claro, sem querer reconhecer) suas contradições. Em alguns aspectos, Wilson era o representante de uma certa degeneração da mente anglo-saxã. Havia um peculiar, e às vezes quase mortal, sangue-frio no idealismo ilusório deste homem, tão vulnerável à realidade quanto seu corpo ao primeiro derrame que o teria atingido, quando sua influência havia começado a declinar, em setembro de 1919, e do qual ele nunca se recuperaria. Com todas as suas idéias "avançadas e progressistas" (foi Wilson, e não Theodore Roosevelt, o típico progressista norte-americano) havia algo nele sobrenaturalmente velho; assim como as categorias de sua mente. Enquanto seu conhecimento e interesse pela civilização européia eram mínimos, sua mente era formada por idéias presbiterianas, legalistas e moralistas que eram compartilhadas por alguns ingleses, escoceses e nativos da Nova Inglaterra durante a era vitoriana, gladstoniana na melhor das hipóteses, e desesperadamente atrasada na pior delas. Esse raciocínio não era típico daqueles que estavam encarregados da diplomacia britânica, por isso os representantes ingleses não compreenderam Wilson no início – como o embaixador britânico, em Washington, em sua famosa conversa com Wilson sobre o México. Wilson lhe falou que o propósito norte-americano era ensinar a democracia aos mexicanos. Mas suponhamos que eles não queiram?, perguntou o inglês. Aí nós a empurramos garganta abaixo, retrucou o presidente. Este foi o mesmo homem que, durante aquele ano (1913) disse, convencido e de forma convincente, que os Estados Unidos "eram o único país idealista do mundo". Este misto de idealismo primário e revanchismo, de bitolamento mental ora inacreditavelmente rígido ora de uma abertura mental tão ampla quanto unidimensional, era lamentavelmente típica de Wilson. Todavia, suas fontes não são simplesmente atribuíveis ao seu caráter. Ele foi um representante peculiar, mas não atípico, do progressivismo norte-americano, misturando idealismo e cientificismo. Em 1913, David Starr Jordan, outro progressista típico, então o reitor da Universidade Stanford, cujas convicções públicas eventualmente guinaram do imperialismo ao pacifismo, escreveu um pequeno livro, *America's Conquest of Europe* (*A conquista da Europa pela América*) – publicado, talvez significativamente, pela Associação Americana Unitária em Boston – no qual as proposições e às vezes as próprias palavras eram idênticas a de muitos dos Quatorze Pontos que Wilson enunciaria cinco anos depois.[25] Quando a guerra de 1914 irrompeu, a primeira reação de Wilson foi que "a Europa ainda é governada pelas mesmas forças reacionárias antigas..." – da qual os Estados Unidos haviam sido limpos há muito. Mas esse tipo de isolacionismo autojustificado estava carregado de intervencionismo em sua mente. No mesmo discurso, ele declarou à Europa: "Digo a vocês que a velha ordem está morta. É meu papel... ajudar a compor estas diferenças... que a nova ordem, que deve ter seu fundamento na liberdade e nos direitos humanos, vai prevalecer." Antes ele disse que "será ironia do destino se minha administração tiver que lidar principalmente com assuntos estrangeiros". Enquanto a ironia era e permanecia estrangeira em sua mente, não foi destino, mas Wilson logo se apresentaria como o presidente do mundo. Em 1914, ele definiu toda a Europa, incluindo implicitamente a Grã-Bretanha como típica da velha ordem de moralidade corrupta internacional. Exortou os norte-americanos a permanecerem alheios até que a beligerância se desgastasse. Então os Estados Unidos puderam criar uma "associação de nações, todas ligadas pela proteção e integridade de cada uma... Somos a nação mediadora do mundo... Somos, portanto, capazes de entender todas as nações". Isso vindo de um homem que sabia pouco, e entendia nada da história do caráter nacional dos Estados europeus, e cuja compreensão das relações entre as nações era conseqüentemente insubstancial. Gradualmente, os britânicos reconheceram que tinham pouco para temer Wilson e o progressivismo. Sua vitória contra a Alemanha seria garantida pela entrada do cruzador norte-americano na guerra. O que eles não notaram foi que a idéia progressista wilsoniana de "tornar o mundo seguro para a democracia" não era totalmente diferente de outra idéia nacionalista norte-americana de que *O que é bom para a América é bom para o mundo*. No outono de 1918, os alemães estavam prontos para aceitar a paz com base nos princípios públicos de Wilson (eles também sabiam que tinham menos a temer dos norte-americanos que dos britânicos e franceses), mas Wilson não responderia aos alemães até que combinassem sua rendição e a abolição da monarquia alemã. Em retrospecto, é óbvio que esse tipo de democracia ideológica era desastrosa. Tivessea o Kaiser abdicado em favor de seu filho e da monarquia constitucional, Adolf Hitler teria permanecido desconhecido para o mundo, vivendo mais que Wilson, Roosevelt, Churchill, Stálin e terminado sua vida como um pintor aposentado em alguma parte da Bavária.

A Primeira Guerra Mundial, diferentemente da Segunda, foi seguida por três ou quatro anos de caos e confusão, por desafio armado de alguns tratados de paz e por guerras civis, inclusive a da Rússia. Tudo isso teve efeito duradouro e profundo nas relações entre os impérios norte-americano e britânico. A retirada dos EUA da Europa, razão pela qual o repúdio dos republicanos por Wilson foi somente parte do motivo, significou que os britânicos podiam contar cada vez menos com o apoio norte-americano; os nacionalistas republicanos que sucederam Wilson no poder não tinham nenhum desejo de compartilhar a primazia dos Estados Unidos no mundo com o Império Britânico. Uma das guerras civis travadas no mundo foi a da Irlanda. Em março de 1919, a Casa dos

Representantes aprovou uma resolução em favor do Sinn Fein; o Senado veio logo atrás; a imprensa de Hearst apoiou os irlandeses em alto e bom som; a nova raça de isolacionistas radicais, os senadores do Oeste tais como Hiram Johnson e William Borah, progressistas até a alma, opunham-se ao "imperialismo" (inclusive à intervenção na Rússia), e referiam-se, particularmente, aos impérios britânico e francês. Os britânicos observavam essa potencial aliança americano-irlandesa cuidadosamente, fazendo o melhor que podiam (às vezes o pior) para suprimir sua existência na própria imprensa, esperando que aquilo passasse, prontos a fazer quase qualquer coisa para evitar problemas com os Estados Unidos. Sua decisão de não renovar a aliança de 20 anos com o Japão, em 1921, estava intimamente ligada às ansiedades tipicamente irlandesas e aos cálculos tipicamente norte-americanos. O Japão e a Grã-Bretanha tinham se beneficiado da aliança que fizeram 20 anos antes; mas agora os britânicos achavam que deveriam escolher entre compartilhar seus domínios navais e coloniais no extremo oriente com o Japão, ou abdicar de grande parte deles para evitar que os Estados Unidos se tornassem desconfiados e hostis. Eles sabiam que certos almirantes norte-americanos estavam exigindo uma frota grande o suficiente para, eventualmente, lutar contra uma aliança anglo-japonesa no Pacífico.[26] Em 1921, os britânicos decidiram não renovar a aliança com o Japão e dividir a Irlanda, sendo que a maior parte da ilha se tornaria um "Estado livre" ligado à Inglaterra por algumas formalidades remanescentes. Foi uma fase paradoxal na história dos dois impérios. Os Estados Unidos pareciam ter partido para o isolamento, o Império Britânico parecia ser tão grande e pujante como sempre. Na verdade, o império norte-americano ainda estava crescendo em tamanho (logo seus fuzileiros navais estariam ditando a lei na Nicarágua), enquanto a dissolução do Império Britânico se aproximava de um estágio decisivo.

ENTRE AS DUAS GUERRAS MUNDIAIS, a norte-americanização da Inglaterra – e, ainda mais, de seus domínios – continuou. Os filmes e o gramofone, o jazz e a coqueteleira: estas coisas se tornaram parte da vida inglesa, inclusive da de pessoas que antes não eram afetadas por elas. Até a gíria norte-americana, pela primeira vez, influenciou a língua inglesa, apesar de que a pronúncia dos norte-americanos ainda não. (Aquilo viria durante a segunda metade do século, quando um sotaque mais ou menos sem classe e ligeiramente transatlântico começou a substituir a pronúncia britânica oficial, e quando os sotaques canadense e do Meio-Oeste se tornaram quase idênticos.) A maior parte da classe alta inglesa e a maioria de seus intelectuais ainda mantiveram preconceitos antiamericanos[27], enquanto estavam cada vez mais dependentes dos emolumentos e dos direitos de exploração (royalties) norte-americanos. Durante os cinzentos e depressivos anos 1930, o príncipe de Gales se apaixonou por uma norte-americana divorciada. Ele era um homem pequeno, desengonçado, desmiolado, egoísta a ponto de ser irresponsável e fraco; ela tinha o queixo quadrado, parecia estranhamente inteligente, determinada e era mais forte que ele. Ele se tornou o rei Eduardo VIII e queria se casar com ela. Em um último reagrupamento de puritanismo político, as respeitáveis autoridades do Reino Unido resistiram ao casamento. Ele não conseguiu o que queria e abdicou. Isso não estava necessariamente de acordo com os sentimentos do povo britânico. Para cada um que repetia a piada do rei que se alistou como imediato de um cargueiro norte-americano, havia muitos outros que não ligavam para essa aliança anglo-americana de jeito nenhum. Na realidade, o romance de Edward e Wallis foi um dos últimos exemplos da decadente, longa e reluzente série de casamentos anglo-americanos que ligou muitos das classes altas inglesa e norte-americana por cerca de duas gerações, 60 anos. Um dos erros de Winston Churchill foi seu apoio sentimental à causa do rei durante a crise da abdicação, em 1936. Mas o próprio Churchill era meio norte-americano. Seu entusiasmo pela perspectiva de uma família real anglo-americana o impediu de reconhecer a fatal fraqueza de caráter do rei.

Enquanto a norte-americanização da Inglaterra progredia, a presença anglo-americana na vida dos Estados Unidos se enfraquecia. Novamente, isso era evidente em vários níveis. Por trás da excrescência da histeria antialemã do último ano da Primeira Guerra Mundial, por trás do "terror vermelho", um ou dois anos mais tarde, por trás da onda antieuropéia e do sentimento nativista que levou à rápida aprovação da restritiva Lei de Imigração, de 1920, podemos detectar um sentimento de ansiedade em muitos anglo-americanos. No entanto, as raízes do isolacionismo, do nacionalismo e das missões puritanas dos anos pós-guerra, levaram a coisas como a Lei Seca, que eram populistas em vez de progressistas – significavam que eram freqüentemente anglofóbicas, e não compartilhadas pelas classes altas norte-americanas. De uma certa forma, isso não era diretamente atribuível às origens nacional e étnica; anglófobos militantes tais como o prefeito de Chicago, ou líderes da Ku Klux Klan, eram de origem anglo-americana, assim como vários políticos demagogos do Texas, de Ohio, Illinois, Wisconsin, que recomendaram que referências favoráveis aos ingleses fossem expurgadas dos livros escolares, e que também aprovaram leis declarando que a língua oficial de seus estados deveria ser conhecida, a partir daquele momento, como *norte-americano* e não *inglês*. Durante a década de 1920, muitos norte-americanos consideravam as frases, o modo de vestir, ou mesmo os costumes sociais dos ingleses como meio afetados, afeminados, ligeiramente ridículos. No campo político, a influência dos anglófobos germano-americanos, irlandeses-americanos e escandinavos-americanos estava aumentando. No intelectual, H.L. Mencken liderou a cruzada contra a dependência anglo-americana dos hábitos lingüísticos ingleses. A dicção inglesa, para ele, tinha um "toque lilás, episcopal e militar".[28] Entretanto, Mencken foi somente um articulador hiperbólico de um processo que se desenvolveu durante a década de 1920: a emancipação final (se é que é esta a palavra) da cultura literária norte-americana de suas tradições e de seus antepassados ingleses. T.S. Eliot foi o último escritor importante dos EUA a se tornar um inglês. Em 1930, foi a vez de Hemingway ser imitado (seu estilo "direto" curiosamente fora de moda e a influência nele de autores russos de contos do final do século XIX eram notados por poucas pessoas).

Durante a década de 1920, as classes anglo-americanas mais velhas (que eram na maior parte republicanos e isolacionistas liberais, com a exceção do Sul) ainda se sentiam tão perto da Inglaterra quanto antes. O país representava para eles algo antigo e estável dentro deles mesmos. As igrejas e os prédios das universidades que eles tinham financiado durante a década de 1920 seguiam, mais que nunca, o modelo gótico inglês e de Tudor. Durante os anos 1920 também – o lugar onde se freqüentava a escola era um marco determinante da posição social, do status e até dos valores do jovem norte-americano – algo semelhante à tradição das escolas públicas inglesas. Isso perdurou por meio do espírito norte-americano do *alumni*. Possivelmente, Henry Seidel Canby refletiu nos anos 1930:

> Muitos dos traços que tornaram norte-americano o século XX nos negócios e nas profissões, um tipo nacional fortemente marcado ... são realmente traços de ex-alunos das antigas universidades da América. Nós, norte-americanos, deveríamos ter entrado nestas décadas mais, e não menos, europeus, pois desde a guerra civil uma vasta imigração inundou toda a parte, exceto o Sul, modificando o tipo físico especialmente nas cidades. Contudo, as reações típicas do país... têm permanecido amplamente não-européias e melhor explicadas pelo passado norte-americano do que por um presente ítalo-americano ou germano-americano. Esta estabilização de caráter, temperamento, e também de preconceito, é provavelmente devido ao bacharel da universidade, pois nossos ex-alunos estreitaram laços e

ganharam consciência de classe tão logo os chamados velhos norte-americanos perderam o controle.[29]

Note que Canby escreve sobre as "velhas" universidades, Yale, Harvard, Princeton, que na década de 1920 eram ainda predominante e, na verdade, esmagadoramente anglo-americanas, apesar de não esmagadoramente do Leste. Mesmo nas metrópoles do Meio-Oeste e no Oeste, as classes altas eram na maior parte anglo-americanas. No romance de Evan Connel, *Mrs. Bridge*, há uma emocionante passagem onde a protagonista, uma acanhada e decente, mas não muito bem-educada, esposa de um advogado da cidade do Kansas, visita a Inglaterra no final da década de 1930:

> Eles aportaram em Southampton muito antes da alvorada e tomaram o trem para Londres. Era uma manhã chuvosa e a maior parte dos passageiros cochilava, mas Mrs. Bridge permaneceu acordada e olhava para fora da janela do trem, um pouco embevecida pelo campo silencioso, imponente e tomado pela bruma. E, à medida que este trem a levava pelos campos ingleses, passando por cabanas que ela nunca havia visto e que nunca veria novamente, onde os grandes pássaros se aninhavam na curvatura da chaminé e os pequenos esvoaçavam das cercas vivas, cantavam desesperadamente e circulavam duas vezes, e, não achando nada, voltavam para onde estavam, e onde o gado pastava na névoa sem ser afetado pelo trem que continuava sob um céu mais ou menos inglês, como se não tivesse destino, passando pelos campos avermelhados encharcados pela chuva, e as árvores que não faziam qualquer sombra, ela pensou consigo quão familiar isto era e que no passado esta deve ter sido a sua terra. Sim, ela disse a si mesmo vagarosamente, sim, eu estive aqui antes.[30]

Enquanto isso, os laços que uniam o império inglês estavam se enfraquecendo. Evelyn Waugh mais tarde chamou os anos 1920 de "a última década da grandeza dos ingleses", mas estava errada. O número de intelectuais que ainda acreditavam no império havia se reduzido a quase nada.[31] Mais importante foi a mudança nas atitudes sociais. Antes da Primeira Guerra Mundial, a idéia do império e do serviço imperial era altamente considerada, quase sempre, como um tipo de patrimônio pelas classes alta e média da Grã-Bretanha. Depois da Primeira Guerra Mundial (claro que com exceções), o ideal ainda era mantido pela classe média aqui e acolá, mas cada vez menos pela aristocracia. Até mais importante foi a enfraquecida convicção entre os políticos e o governo. Antes da Primeira Guerra Mundial, Santayana ainda escrevia cheio de admiração, que "o imperialismo anglo-saxão é involuntário; as conquistas militares são incidentais e quase nunca são mantidas; ele subsiste por um equilíbrio de hábitos e interesses, os quais cada colônia, província ou protetorado tem um status diferente". Em 1931, quando o estatuto de Westminster nominalmente mudou o império para uma comunidade de nações, esta diferença de status havia se tornado fonte de fraqueza, assim como de força. Os elementos motivadores do declínio do Império Britânico – como efetivamente aqueles durante sua ascensão – eram bem diferentes do caso dos espanhóis ou dos franceses. Perto do fim de sua vida, Santayana viu isso:

> A Inglaterra, por exemplo, no século XVIII e princípio do XIX, atuou como grande potência com convicção; era independente, senhora dos mares e certa de seu direito ao domínio. Dificuldades e até derrotas tais como a perda das colônias norte-americanas não a desanimaram em absoluto; sua vitalidade em casa e sua liberdade no exterior permaneceram intocadas. Mas, gradualmente, apesar de não ter sofrido nenhuma derrota militar final, o coração parecia falhar diante de tão grande empresa. Não foram as colônias que perdeu que a mutilaram, mas aquelas que tinha retido ou anexado. Irlanda, África do Sul e a Índia se tornaram tormentos. As indústrias desenvolvidas que a ajudaram a dominar o mundo tornaram-na incapaz de se alimentar sozinha; elas se comprometeram a uma expansão forçada para garantir mercados e suprimentos. Mas ela [a Coroa] não podia mais ser uma guerreira de consciência limpa; a virtude era a saída honrosa e dizer: erro meu. Seus reis tinham um pouco de vergonha de serem reis; seus liberais tinham um pouco de vergonha de governar; sua igreja tinha um pouco de vergonha de ser protestante. Tudo se tornou uma coletânea de doce moderação, estupidez e confusão. Ser uma grande potência agora era um grande fardo. Era urgente reduzir a responsabilidade e os armamentos, tratar de tudo em conferências, apoiar a Liga das Nações, deixar cada um fazer do seu próprio jeito no exterior e em casa. Não foi a Inglaterra sempre a defensora da liberdade? Mas não era tempo agora para a defensora se aposentar? E não seria a liberdade muito mais livre sem uma defensora?[32]

Os japoneses já haviam começado a sentir isso; também os chineses;[33] Gandhi; Mussolini. (Curiosamente, Hitler e Stálin não. O primeiro professava admirar a missão imperial britânica e queria compartilhar o mundo com eles; o último era um imperialista de coração.) Durante a década de 1930, os instrumentos do poder britânico tinham se enfraquecido tanto que o governo e os lordes do mar pensavam que era um luxo ameaçar a Itália com uma guerra quando Mussolini invadiu a Abissínia. Sua resposta à agressão japonesa no extremo oriente foi parecida. Essas decisões – ou melhor, esses recuos confusos – foram feitos sob a agourenta perspectiva de uma Alemanha em ascensão.

Quarenta anos antes, os britânicos haviam avançado seu império além-mar ao custo de abandonar seu papel ativo na Europa. Agora era tempo de fazer o inverso. Entretanto, antes de 1939 – ou seja, antes da época em que começaram a ter alguma evidência do eventual apoio norte-americano contra a Alemanha –, optaram por aquiescer diante do domínio de Hitler sobre a Europa Central e Oriental, também, desde que as novas conquistas alemãs fossem feitas sem guerra e dentro de certos limites.

Por trás de todos esses compromissos está seu relacionamento com os Estados Unidos. Esse relacionamento, gradual e, às vezes, imperceptivelmente progrediu com a aquiescência da superioridade norte-americana e sua principal dependência do poder dos EUA. Na década de 1920, isso ainda não estava completamente claro. Os britânicos renderam-se às preferências norte-americanas com o cancelamento de sua aliança com os japoneses, em 1921, e com a aceitação da superioridade naval dos Estados Unidos, na Conferência de Washington, em 1922. Em 1927, as estimativas da Marinha norte-americana a que consideravam a possibilidade de uma eventual guerra com a Grã-Bretanha (assim como a ameaça de Roosevelt, em 1934, de avançar contra algumas possessões da Coroa no Pacífico se os britânicos "fossem suspeitos de se aliar com o Japão em vez de conosco") são objetos picantes para notas de rodapé de historiadores, nada mais. Durante os anos 1930, as relações das elites e dos governos norte-americanos e britânicos, na verdade, melhoraram; e em 1939, Churchill e Roosevelt emergiram como os dois protagonistas da resistência determinada contra Hitler, mesmo que Neville Chamberlain ainda fosse o primeiro-ministro britânico.

Tudo isso foi para o bem, exceto por dois erros de cálculo que tiveram grandes efeitos a longo prazo. Churchill, cujos contatos políticos e sociais eram todos com a classe governante norte-americana, e cuja visão sobre os Estados Unidos era mais otimista e realista que a de Chamberlain, não reconheceu realmente a influência do elemento anglo-saxão se enfraquecendo no país, e não só numericamente. Roosevelt, cuja visão de mundo era mais ampla e mais informada que a de Wilson, acreditava que o poder marítmo ainda era a chave para a história. A nova Marinha alemã, não importa quão capaz ela fosse, não era páreo para as Marinhas anglo-americanas juntas; o poder naval norte-americano poderia eventualmente conquistar o Japão. Entretanto, apesar de toda essa superioridade, os impérios britânico e norte-americano juntos não poderiam ter conquistado a Alemanha não fossem os russos, que reduziram muito da tropa alemã no Leste.

A SEGUNDA GUERRA MUNDIAL foi o apogeu do que os ingleses desde então têm chamado de relacionamento anglo-americano "especial". Foi uma das alianças mais sólidas da história das nações modernas. Foi a aliança mais sólida da história milenar do povo inglês. Roosevelt e Churchill foram seus arquitetos, seus orquestradores. Entretanto, o homem que a concretizou foi Hitler. Ele esperava, antes da guerra e mesmo em 1940, em meio a seus maiores triunfos, que os britânicos aceitariam seu domínio sobre a Europa enquanto ele deixaria as posses da Coroa intactas. Ele não entendeu que os britânicos, e especialmente um homem como Churchill, preferiam transferir seu império aos norte-americanos pedaço por pedaço a chegar àquele acordo. Havia evidências disso mesmo antes do início da guerra. No verão de 1939, quando o rei e a rainha da Inglaterra visitaram os Estados Unidos pela primeira vez, os oficiais britânicos que os acompanhavam confidencialmente ofereceram as bases navais britânicas aos Estados Unidos, inclusive Bermuda e duas ilhas no Caribe. Durante os primeiros nove meses da guerra, mesmo antes da queda da França, os britânicos não fizeram nenhum movimento militar ou mesmo diplomático sem considerar a opinião norte-americana. Aquele era o outro lado da moeda. Durante o inverno de 1938-39, Roosevelt decidiu – secreta e cuidadosamente – apoiar aqueles que resistissem e, se necessário, lutassem contra Hitler. Os britânicos não sabiam e não poderiam saber (nem Roosevelt) quando os Estados Unidos efetivamente entrariam na guerra. O que sabiam era que, diferentemente de 1914, o presidente dos Estados Unidos estava totalmente ao lado deles contra a Alemanha, de uma maneira ou de outra.

Bem antes de Pearl Harbor, a aliança anglo-americana havia se tornado uma realidade *de facto*. Quando a guerra irrompeu, em setembro de 1939, Roosevelt disse aos norte-americanos que apesar do país adotar a neutralidade, ele pessoalmente não esperava e nem poderia esperar que a população estivesse neutra em seus sentimentos. Dali em diante, ele teve que atravessar os obstáculos do Congresso, os isolacionistas, os anglófobos e os efeitos do lapso de tempo quando a reação popular contra as memórias da Primeira Guerra Mundial havia se materializado em uma legislação de cunho neutralizador, 20 anos após a guerra, na década de 1930, quando a nova e hostil Alemanha estava novamente despontando. Talvez devidamente consciente da oposição, ele se moveu cuidadosamente e quase sempre de forma ingênua. Mesmo assim, a evolução do seu apoio à Grã-Bretanha entre 1939 e 1941 foi impressionante. Sua repulsa à Lei da Neutralidade, bem como suas ameaças e condenações a Mussolini, precederam a queda da França. Uma das primeiras ações de Churchill que, por coincidência, se tornou primeiro-ministro no mesmo dia em que se inicou a ofensiva de Hitler rumo a França, Holanda e Bélgica, foi de recorrer a Roosevelt, com quem se correspondia desde o início da guerra. Churchill tinha que aventar a possibilidade de um governo britânico (outro que não o dele) poder ser forçado a aceitar os termos de Hitler se o apoio norte-americano não fosse rapidamente disponibilizado, e que durante tais negociações o único trunfo restante aos britânicos seria a sua armada. Roosevelt não gostou disto; ele preferia um compromisso britânico que, na eventualidade de uma catástrofe a Marinha Real navegaria para o Canadá e para os Estados Unidos. Entretanto, com o tempo essa terrível alternativa desapareceu. Churchill e os britânicos demonstraram sua disposição em resistir a Hitler mesmo depois da queda da França. Foi então, depois de dois desconfortáveis meses, que Roosevelt e o governo norte-americano decidiram se aliar à Grã-Bretanha, no exato momento (entre 31 de julho e 2 de agosto de 1940) que Hitler, pela primeira vez, considerou que a Rússia poderia ser eliminada, na tentativa de dissuadir britânicos (e indiretamente norte-americanos).

Roosevelt ofereceu 50 velhos *destroyers* norte-americanos à Grã-Bretanha, uma estratégia naval sem importância apreciável, mas um ato obviamente nada neutro. Durante os próximos 15 meses, do verão de 1940 até Pearl Harbor, Roosevelt proclamou os Estados Unidos o arsenal da democracia; transformou grandes envios de equipamento à Grã-Bretanha em termos de empréstimo-consignação, ou seja, crédito ilimitado; ordenou que tropas norte-americanas se posicionassem na Islândia e na Groenlândia; aumentou a esfera operacional norte-americana até o meio Atlântico; em suma, engajou os Estados Unidos em uma guerra não-declarada com a Alemanha. Hitler entendeu isso: o Kaiser ordenou que navios e submarinos alemães não respondessem a qualquer tipo de provocação dos Estados Unidos. Eventualmente, seus aliados japoneses fizeram no Pacífico o que Hitler não quis fazer no Atlântico: atacaram os norte-americanos e impeliram um país unido para a guerra.

Se Churchill pensava realmente que os suprimentos norte-americanos somente ("Dê-nos as ferramentas; e nós terminaremos o serviço") seriam suficiente para a Grã-Bretanha derrotar a Alemanha é questionável. Em 1941, já era óbvio que nada menos que a completa e irrestrita participação militar dos Estados Unidos resolveria. Deve ser dito em favor de Churchill que, grato e cheio de expectativas do apoio norte-americano como estava, sua atitude durante essa época crucial nunca foi indigna ou indevidamente apressada. Houve momentos inspiradores durante esse tempo difícil de parceria. Em agosto de 1941, ocorreu a primeira cúpula. Churchill atravessou o Atlântico para encontrar Roosevelt perto de Newfoundland, onde, entre outras coisas, rascunharam a chamada Carta do Atlântico (um progresso sobre os Quatorze Pontos – tinha somente oito), proclamando os objetivos de guerra da Grã-Bretanha e dos Estados Unidos, mesmo que o último ainda não estivesse oficialmente no conflito.

> No domingo pela manhã, dia 10 de agosto, o senhor Roosevelt subiu a bordo do HMS[34] *Prince of Wales* e, com seus oficiais-de-gabinete e várias centenas de representantes de todos os escalões da Marinha norte-americana e de fuzileiros navais compareceram ao culto divino no tombadilho superior. O culto foi percebido por todos como uma expressão profundamente emocionante da unidade de fé dos dois povos, e nenhum dos que participaram esquecerá o espetáculo daquela manhã ensolarada no tombadilho cheio de gente – o simbolismo da *Union Jack*[35] e das estrelas e listras hasteadas lado a lado no púlpito; os capelães americano e britânico compartilhando a leitura das orações; os mais altos oficiais da Marinha, do Exército e da Aeronáutica da Grã-Bretanha e dos Estados Unidos agrupados como um corpo atrás do presidente e de mim; a massa compacta dos marinheiros britânicos e norte-americanos, completamente integrados, usando os mesmo livros e juntos com fervorosas orações e cantos conhecidos de todos... Eu próprio escolhi os cantos... Cada palavra parecia tocar o coração. Foi um grande momento para se viver. Quase a metade daqueles que cantaram logo morreria.[36]

(O *Prince of Wales* foi afundado quatro meses mais tarde nas mornas águas do Mar da Malásia, o alarme de morte do império britânico no oriente.) Quando a notícia do ataque japonês sobre Pearl Harbor chegou à sala de jantar de Churchill, em 8 de dezembro, o embaixador norte-americano, que estava sentado, teve que conter Churchill de declarar guerra contra o Japão naquele mesmo instante: as notícias tinham que ser verificadas primeiro. Entretanto, como Harold Nicolson registrou em seu diário dois dias depois de Pearl Harbor: "Nenhuma bandeira norte-americana hasteada por toda Londres. Como somos estranhos!"

As dificuldades entre Roosevelt e Churchill ainda estavam por vir. A maior parte por causa de Roosevelt. À medida que a guerra continuava, os dois líderes se encontravam cada vez mais. O volume de suas comunicações escritas e telefônicas aumentava. Entretanto, as diferenças de opinião também. Essas diferenças nunca colocaram em perigo a essência da aliança anglo-americana, em grande parte por causa de Churchill, que não só estava totalmente consciente de sua dependência dos Estados Unidos, mas que também era magnânimo e perdoava . Mesmo assim, foi por causa dessas diferenças – ou melhor, por causa do crescente número de oportunidades em que a visão de mundo de Roosevelt prevalecia sobre as de Churchill – que a Segunda Guerra Mundial acabou, como Churchill chamaria no último volume de suas memórias de guerra, de *Triunfo e tragédia*: tragédia, por causa da brutal divisão da Europa e da cristalização da Guerra Fria com a Rússia. Vários historiadores, inclusive este autor, têm lidado com o relacionamento Churchill-Roosevelt-Stálin em vários livros. As mais interessantes e significativas diferenças desse relacionamento triangular eram entre Roosevelt e Churchill, e não entre qualquer um deles e Stálin. Era de se esperar que Stálin fosse um ser completamente diferente. O que não era de se esperar – e que Churchill não esperava, pelo menos por algum tempo – foi o quanto das idéias progressistas-wilsonianas de internacionalismo continuariam vivas na mente de Roosevelt, quão dominantes seriam dentro do círculo daqueles de quem (também por causa de sua crescente fragilidade) Roosevelt dependia cada vez mais. Afora o assunto pessoal (a vaidade de Roosevelt inflamava-se contra o reconhecimento da superioridade intelectual de Churchill), e afora o fato evidente de que a guerra continuava com contribuições norte-americanas mais amplas que as britânicas, ainda havia um problema mais grave: as diferentes visões da história, e conseqüentemente, do estado do mundo. Não foi um cálculo meramente estratégico (o reconhecimento da contribuição russa na guerra contra a Alemanha, e a eventual dependência norte-americana da Rússia entrar na guerra contra o Japão), o que desencadeou em Roosevelt uma atitude perturbadora e eventualmente desastrosa, pessoal assim como política: se distanciar de Churchill quando na presença de Stálin, recusando-se a ouvir as propostas e os planos do primeiro-ministro britânico no final da guerra. À medida que o fim se aproximava, Churchill (ele também estava desgastado e cansado) podia prever não só a alarmante perspectiva da Rússia alargar sua esfera de influência até o meio da Europa; ele também viu que o seu projeto de vida, uma parceria anglo-americana cada vez mais forte não estava perto de ser concretizado.

A mente de Roosevelt e não o seu caráter foi responsável por muito disso. A mente desse grande presidente não era muito original. Muitas de suas idéias eram representativas de – na verdade, eram repetições de – categorias intelectuais e estados mentais correntes em Washington e na elite governante norte-americana durante a Segunda Guerra Mundial. As melhores pessoas entre eles não eram anglófobas: eles admiravam Churchill por seu magnífico papel em 1940. Mas eles compartilhavam totalmente – na verdade, alguns deles haviam ajudado a cristalizar – as visões de Roosevelt sobre a situação histórica dos Estados Unidos entre a Rússia e a Grã-Bretanha. A maior parte deles achava que impérios não mais tinham razão de existir. Alguns pensavam que os britânicos estavam mostrando sinais de decadência. Todos acreditavam que, como os EUA se moviam, assim também faria o mundo – inclusive a Rússia que, uma vez membro das Nações Unidas (outra idéia wilsoniana reconstituída), tornaria-se progressivamente mais democrática, internacional, institucionalizada, norte-americanizada. No que diz respeito à Rússia, a política britânica era relativamente simples: metade da Europa (a metade Oriental) dominada pela Rússia era melhor que toda a Europa (inclusive a Ocidental) dominada pela Alemanha. O que Churchill queria fazer era estabelecer o máximo de limites razoáveis ao domínio russo na Europa Oriental, por meio de acordos com Stálin e com a ajuda da presença militar anglo-americana no meio do continente. Roosevelt e seus assessores impediram Churchill de descer aos Bálcãs ocidentais, de tentar entrar em Berlim, Viena e Praga antes dos russos e de pressionar Stálin, com o intuito de evitar a completa sovietização da Europa Oriental no fim da guerra. Churchill não conseguiu o que queria não só por causa da presença de comunistas e pseudocomunistas em Washington (cuja presença às vezes não era inconsiderável). Mas também por causa das idéias e preferências de toda a liderança norte-americana; inclusive Stimson, Marshall, Eisenhower, Stettinius, Frankfurter, Hopkins, do departamento da Guerra, assim como do departamento de Estado, de velhos republicanos da Nova Inglaterra, liberais, advogados e de generais, inclusive de alguns que logo se tornariam líderes mundiais do anticomunismo. Suas mentes não estavam em harmonia com a de Churchill; eles estavam em harmonia com o estado da respeitável opinião pública norte-americana. Houve uma uniformidade mortal da opinião pública nos Estados Unidos, perto do fim da guerra, em relação à Grã-Bretanha e à Rússia. Uma avaliação das mais populares e respeitáveis publicações do país na época deve demonstrar isso. Em 1945, editoriais e artigos do *Atlantic Montly* eram versões norte-americanas da propaganda do *Pravda*.

O sentimento popular norte-americano estava um pouco diferente. De algumas formas a nação estava menos unida do que parecia então, e do que parece em retrospecto. Antes de Pearl Harbor, o isolamento norte-americano era uma subcorrente forte, algumas vezes aparecendo na superfície. Como durante a Primeira Guerra Mundial, a anglofobia era um dos principais componentes. Poucas pessoas admitiam simpatia por Hitler; mas uma porção considerável da população temia o comunismo e a Rússia; e o velho tipo de populismo anglofóbico, o medo de que os britânicos poderiam seduzir os norte-americanos para todos os tipos de situações, ainda existia. Como a declaração de guerra em 1917, o evento de Pearl Harbor, em 1941, submergiu essas correntes de sentimento sem dissolvê-las. Opositores de Roosevelt, inclusive muitos republicanos, favoreciam a guerra contra o Japão muito mais que a guerra contra a Alemanha. Em 1944, o general MacArthur disse: "A Europa é um sistema que está morrendo. Está desgastado e acabado... As terras que tocam o Pacífico com seus bilhões de habitantes determinarão o curso da história nos próximos dez mil anos." Sob essas visões de mundo podemos ver a centenária tendência norte-americana da América, a de olhar e se mover para o Oeste, e a crença de que o principal teatro do destino está no Pacífico, naquele extremo Oeste, e fora da Europa. Contra essa tendência, Roosevelt e Churchill prevaleceram. Em março de 1941, os chefes do Estado-Maior concordaram com um plano de guerra (Arco-íris 5), de acordo com o qual a primeira tarefa dos aliados anglo-americanos seria derrotar a Alemanha na Europa, depois se seguiria a derrota do Japão. E entre os norte-americanos, entretanto, durante a guerra, lutar contra os japoneses era mais popular que lutar contra os alemães, apesar de toda a propaganda e evidência sobre as atrocidades alemãs. No teatro de guerra europeu, também logo ficou evidente que milhões de soldados norte-americanos não gostavam muito da Inglaterra nem dos ingleses. (A presença de soldados dos Estados Unidos bem alimentados, bem pagos e freqüentemente indisciplinados, era irritante na Grã-Bretanha, mas, ao mesmo tempo, os britânicos estavam determinados a manter qualquer incidente longe da imprensa.) Esses elementos submersos de sentimento popular vieram à tona depois da guerra. Políticos republicanos os reconheceriam e tirariam proveito deles, à custa da então parceria anglo-americana de classe alta, da imagem de Roosevelt, e indiretamente, da de Churchill também.

Em abril de 1945, Roosevelt morreu. Menos de quatro meses mais tarde, os britânicos votaram esmagadoramente contra a continuação do governo Churchill. Entretanto, Churchill ainda acreditava na possibilidade de uma união mais próxima com os povos de língua inglesa. Quando, em novembro de 1944, De Gaulle mostrou a ele a miopia da política e da estratégia norte-americana na Europa, Churchill disse que poderia ser de que forma fosse, mas que ele estava comprometido, mesmo assim, com a aliança com os Estados Unidos; ele não buscaria uma política britânica independente na Europa. Logo depois do conflito, iniciou a composição de suas esplêndidas memórias de guerra, ainda, e talvez para sempre, o principal livro sobre a Segunda Guerra Mundial. Já vimos que deu ao último volume o título de *Triunfo e tragédia*. Neste volume, Churchill, pela primeira vez, escreveu sobre algumas de suas divergências com sevelt e com os norte-americanos no final do conflito. Entretanto, deu pouca importância ao tema; ele não usou o recurso do "eu não disse?". Muito provavelmente, uma razão para isso foi o quanto ele buscou tal objetivo durante toda a sua vida pública. Não valeria a pena irritar seus amigos norte-americanos em geral; ele acreditava e esperava que o destino conjunto dos povos de língua inglesa fosse uma possibilidade viva.

▼

QUANDO EM JULHO DE 1945, a grande maioria dos ingleses votou por um governo trabalhista, a explicação para esta esmagadora vitória eleitoral foi a de que o povo, apesar de todo o respeito por Churchill, não queria retornar, ou pelo menos manter, a ordem social que o Partido Conservador representava, e que os cidadãos queriam uma Grã-Bretanha mais igualitária e democrática depois da guerra. Isso era verdade, mas havia um outro elemento na escolha. Os britânicos estavam cansados. Com toda razão: tinham carregado o fardo do conflito sozinhos por um ano inteiro. Pela primeira vez na história, a população civil da ilha sofreu com bombardeios, com as bombas alemãs durante o segundo ano da guerra, os foguetes alemães durante o último ano, a escassez de rações durante toda a guerra. Se quisessem mais democracia em casa, isso era inseparável de sua disposição de manter mais compromissos no exterior. Já vimos que mesmo antes da Primeira Guerra Mundial esta incompatibilidade da democracia britânica com o poder imperial era um fato; mas pouco percebido ou conhecido dos britânicos naquela época. Em 1945, os britânicos perceberam e conheceram essa incompatibilidade na medula dos ossos. Em maio de 1945, Churchill os exortou contra os perigos "do medo encravado de serem grandes". Diferentemente de cinco anos antes, esta frase naquele momento ecoou no vazio. O povo não respondeu. Essa foi a razão subjacente das limitações às políticas exteriores britânicas mesmo antes dos britânicos tirarem Churchill do poder. Essa foi a razão pela qual, em 1945, a rendição da maior parte do império ocorreu junto com uma falta de disposição de Londres em representar um papel ativo na Europa. Em 1945, o prestígio da Grã-Bretanha, pelo menos na Europa, ainda era tão grande que os britânicos poderiam ter conquistado a liderança da Europa Ocidental por uma pechincha. Não fizeram nada; na verdade, nem pensaram nisso. O próprio Churchill, que era um grande europeu (uma raridade entre os estadistas britânicos de todas as épocas); que, em um momento supremamente perigoso, em 1940, propôs a fusão dos impérios britânico e francês; e que, em 1946, começou a propor as perspectivas e as virtudes de uma Europa unida. Entretanto, não foi só porque estivesse fora do poder na época; ele não era muito obstinado a este respeito. Quando foi reconduzido ao poder, em 1951, seu governo, como o paroquial trabalhista que o precedera, não participaria de instituições européias de forma alguma. Ele ainda esperava por uma união anglo-americana mais próxima – em uma época que, como veremos, uma crise considerável nas relações anglo-americanas estava se formando.

O fim do império foi o resultado do surgimento (se é que esta é a palavra) da democracia britânica em casa, e de pressões da democracia norte-americana fora dos EUA. Durante a guerra, Roosevelt (e a sra. Roosevelt) ocasionalmente pressionariam Churchill por transformações no império. As idéias dos antiimperialistas norte-americanos poderiam ser sem substância, mas a realidade das pressões não era. Quando os japoneses estavam avançando em direção à Índia, cujo povo não tinha nenhum desejo de combatê-los, Roosevelt escreveu a Churchill, em 11 de março de 1942: "Talvez a analogia de alguns métodos, ações e problemas dos Estados Unidos entre 1783 e 1789 possa dar uma nova direção à própria Índia, e fazer com que as pessoas lá se esqueçam de mágoas, se tornem mais leais ao império britânico e enfatizem o perigo de um domínio japonês, junto com a vantagem de uma evolução pacífica, em vez de uma revolução caótica. Tal ação está rigidamente alinhada às mudanças mundiais da última metade do século e com os processos democráticos de todos que lutam contra o nazismo … ." "Este documento", Churchill escreveu em suas memórias de guerra, "é de grande interesse porque ilustra as dificuldades de se comparar situações em vários países e cenas onde quase todos os fatos materiais são completamente diferentes, e os perigos de se tentar aplicar qualquer semelhança superficial que possa ser percebida como conducente à guerra." Tais pressões norte-americanas não eram totalmente coordenadas. Não eram um propósito definido da política dos Estados Unidos (algo que Stálin não compreendeu. Durante os últimos anos de sua vida, ele achou que, eventualmente, uma batalha, talvez mesmo uma guerra entre os impérios britânico e norte-americano estaria se formando). Mesmo assim, essas tendências norte-americanas somadas ao declínio da determinação dos britânicos e da grande diminuição do prestígio destes no extremo Oriente, especialmente depois da vergonhosa queda de Cingapura, em 1942, levou à rápida dissolução do império. Em 1947, a Índia, a maior porção desse, se fora; em 1948, os britânicos abandonaram a Palestina; logo eles estariam fora de todo o Oriente e do Oriente Médio.

A ligação decisiva dessa cadeia de eventos envolveu não a Índia ou a Palestina, mas a Grécia. Em 1944-45, Churchill, em acordo com Stálin, e ao custo – custo, e não somente risco – de sérios desentendimentos com Roosevelt e com o departamento de Estado, enviou tropas britânicas à Grécia para suprimir uma insurreição comunista ali, e manter a Grécia dentro da esfera ocidental de influência. Dois anos mais tarde, a rebelião comunista se acendeu novamente no Norte grego, agora com a ajuda indireta de Stálin. O governo trabalhista recorreu aos Estados Unidos. A Grã-Bretanha não podia, diziam, apoiar a Grécia nessa renovada guerra de guerrilha. Quando o povo expressa que não pode apoiar algo, isso geralmente significa que não quer apoiar: uma máxima tão verdadeira na vida de indivíduos e também na história das nações.

A comunicação britânica com Washington, no final de fevereiro de 1947, foi um marco. O governo norte-americano aceitou a responsabilidade; o presidente Truman foi ao Congresso para obter um compromisso norte-americano de sustentar a Grécia e a Turquia contra a agressão comunista. A chamada Doutrina Truman, enunciada em março de 1947, foi seguida pelo Plano Marshall e pelo Tratado do Atlântico Norte, comprometendo as tropas norte-americanas a se estacionarem na Europa Ocidental e do Sul, inclusive com bases aéreas nas Ilhas Britânicas, pela primeira vez na história dos EUA, sem que houvesse uma guerra. Foi o rápido começo da segunda fase da expansão do império norte-americano. Vinte anos mais tarde, Dean Acheson resumiu tudo no título de suas memórias: *Present at the Creation* (*O presente na criação*). Cinqüenta anos antes, os Estados Unidos tinham se tornado uma potência mundial. Agora os Estados Unidos se tornaram um império mundial, tendo herdado, entre outras coisas, muitas das responsabilidades geográficas e posições do império britânico. As conseqüências dessa primazia norte-americana no mundo foram enormes. Em 1917, o departamento de Estado empregava 1.400 homens e mulheres no país e no exterior. Em 1956, empregava 40 mil. Muito dessa expansão era inevitável, mas não toda (os Estados Unidos não eram quase tão poderosos em 1917 quanto em 1956?). Logo, milhões de jovens norte-americanos se encontrariam em bases e escritórios a milhares de quilômetros de casa. Logo, eles e suas famílias considerariam isso como parte da ordem natural das coisas. Generais e almirantes dos EUA armariam seus quartéis-generais em cidades antigas: Paris, Nápoles, Bangkok, Atenas. Na década de 1920, Paris era a residência transitória de boêmios norte-americanos, autoproclamados "exilados". Nos anos 1950, acolheu burocratas: dos 30 mil norte-americanos residentes em Paris, em 1955, mais de 20 mil eram empregados de algum departamento do governo dos Estados Unidos. O mundo, ou pelo menos uma grande parte dele, parecia depender dos Estados Unidos. Quando alguém perguntava a um soldado norte-americano ou a um funcionário onde estava estacionado, ele diria: "Paris, França" ou "Izmir, Turquia" – o uso da forma norte-americana de nomear lugares se divulgou por todo o mundo como parte da ordem natural das coisas, da pan-americanização do mundo.[37]

Não podemos detalhar aqui a completa extensão desse tremendo desenrolar de fatos. As interpretações à frente apenas sugerem como isso afetou a estrutura mental norte-americana. Seu desenvolvimento foi iniciado por uma administração democrata, mas os republicanos a abraçaram ainda com mais entusiasmo. Em 1956, a Seção Nove do programa do Partido Republicano pedia o "estabelecimento de bases norte-americanas estrategicamente dispersas por todo o mundo", uma frase que já citei anteriormente neste livro, sugerindo que isto foi escrito por um partido que muitos comentaristas chamavam de "isolacionistas", em 1956 (e "conservadores" também). Quando, em 1960, os russos abateram um avião espião dos Estados Unidos que estava atravessando seu território em intervalos regulares, os norte-americanos e o seu presidente reagiram com indignação, como se isto tivesse sido uma terrível interferência na ordem natural das coisas. Os norte-americanos podiam voar sobre a Rússia, enquanto o inverso era impensável.

Escrevi sobre alguns dos elementos dessa transformação dos Estados Unidos no primeiro capítulo deste livro, e terei de retornar para algumas de suas manifestações em outros capítulos. Neste ponto devo dizer algo sobre essa natureza paradoxal, e algo sobre sua ambigüidade. Em 1945, assim como em 1918, os Estados Unidos eram a maior potência do mundo, uma força para o bem. Em 1945, os norte-americanos tinham bombas atômicas, pela primeira vez na história da humanidade. (As pessoas sobre as quais, talvez desnecessariamente, eles jogaram duas destas bombas eram o povo mais pró-americano de todos: os japoneses admiravam o seu governante MacArthur, cujo caráter se encaixava em suas necessidades psíquicas.) Até 1949, eles tinham o monopólio da bomba. Poderiam ter governado o mundo e ameaçado a Rússia com ela. Não o fizeram. Ainda acreditavam em algum tipo de ordem mundial (isto é, com base em princípios norte-americanos). Em 1947, o gigantesco arranha-céu das Nações Unidas foi construído em Nova York, em um terreno doado pelos Rockefellers. As Nações Unidas eram uma protuberância artificial no grande e abrutalhado flanco de Nova York; dentro de seus prédios tudo cheirava e parecia norte-americano; por pelo menos 15 anos surgia ainda outro instrumento da pan-americanização do mundo. O ano de 1947 foi o da Doutrina Truman, do Plano Marshall, do estabelecimento da ONU em Nova York, do estabelecimento da CIA, o início do império espacial norte-americano, a "criação" da qual Acheson falara.

Mas agora chegamos a uma condição muito importante que acompanhou o crescimento do império global norte-americano, bem como sua decadência um quarto de século mais tarde. De algumas maneiras, os norte-americanos queriam governar o mundo; de outras, não. De algumas maneiras, estavam dispostos a assumir as responsabilidades de um império mundial; de outras, não. Isso requer uma explicação. Já vimos que, em 1945, os Estados Unidos dividiram a Europa (e a Alemanha) com os russos, ao longo de uma linha geográfica que não era natural e por muito tempo foi perigosa, e que poderia ter sido riscada mais para Leste, tivesse a liderança norte-americana concordado com Churchill na época. Eles pensaram que a linha fosse temporária; mas ela estava se tornando permanente. Dali em diante, os norte-americanos acreditavam que os russos queriam espalhar o comunismo e conquistar a Europa Ocidental; os russos acreditavam que os norte-americanos queriam norte-americanizar e conquistar a Europa Oriental. Nenhuma dessas suposições era verdadeira. Entretanto, a Guerra Fria veio dessa divisão.

Tendo dito isso, precisamos explorar um pouco além. Por que foi assim? Por que os medos de Stálin eram infundados? Por que o governo e o povo norte-americano não desafiaram propriamente o domínio russo da Europa Oriental? De 1945 a 1947, houve uma revolução nas atitudes dos Estados Unidos com relação à Rússia. A amizade pela Rússia deu lugar a uma hostilidade popular. Quase tudo isso se deveu ao comportamento cada vez mais brutal no Leste europeu, onde, depois de mais ou menos um ano de democracia de fachada, os próprios soviéticos se encarregaram de transformar estes infelizes países nos mais abjetos Estados vassalos. Entretanto, os Estados Unidos tinham, para todos os efeitos práticos, cedido a Europa Oriental para a União Soviética em 1945 e até mais cedo. Os norte-americanos não sabiam disso – não foi explicado a eles nesses termos – mas a elite política e o governo sabiam. Em 1945, e por algum tempo depois disso, o poder anglo-americano era tal que Stálin poderia ter sido pressionado a retroceder algumas posições avançadas que haviam caído em suas mãos. Entretanto, ninguém em Washington (ou mesmo em Nova York) queria ter alguma coisa com isso. O risco de um conflito militar com a União Soviética (e o risco doméstico de uma oposição aberta) era muito grande para se considerar tal curso seriamente, ou para simplesmente considerá-lo. Foi por isso que, em 1947, o governo e a elite política responderam tão uniforme e entusiasticamente à formulação de George Kennan sobre a política de contenção, definida no artigo em que Kennan assinou como "X", no volume de 1947 da revista *Foreign Affairs*. "Contenção" significava a defesa da Europa Ocidental; mas também significava que não haveria nenhuma tentativa norte-americana – estratégica ou diplomática, militar ou política – de rever a divisão da Europa. Esse foi um grande alívio para Washington. Levou à criação de uma superestrutura militar e política, burocrática e de inteligência sobre algo que já havia sido criado: a supremacia dos Estados Unidos na Europa Ocidental e do Sul, bem como no Japão. Apesar do grandiloqüente título de suas memórias, Acheson não estava presente na criação. Estava presente no empacotamento. Deixe-me repetir: em 1945, e por algum tempo depois, os Estados Unidos poderiam ter dominado o mundo – ou, para ser mais preciso, poderiam ter governado o desenvolvimento de boa parte dele. Eles não queriam esse tipo de liderança; mas ao mesmo tempo a queriam. O recém-constituído papel dos Estados Unidos requeria esforços e sacrifícios consideráveis de seu povo, inclusive um amplo comprometimento material e de sangue de seus filhos na Coréia. Entretanto, esse pacote era também a saída mais fácil. Cinqüenta anos antes, os britânicos chegaram à conclusão de que a continuação da existência de seu papel imperial e de sua influência na Europa dependia da divisão do mundo com a potência norte-americana. Agora os Estados Unidos concluíram que a existência de sua ordem mundial dependia da divisão do mundo com os russos, ao longo de linhas para além das quais estes não poderiam ir. Fez muita diferença o fato de que os impérios britânico e norte-americano eram amigos então, e que os impérios norte-americano e russo eram oponentes agora, mas talvez não uma diferença decisiva. A possibilidade de uma guerra americano-russa em 1950 era quase tão remota quanto uma guerra americano-britânica em 1895. Quando havia uma guerra na qual os norte-americanos estavam envolvidos – na Coréia ou no Vietnã – eles lutavam contra asiáticos, não russos. Na Guerra da Coréia o perdedor foi Stálin e o vencedor foi Mao Tsé-Tung, cujos soldados salvaram o governo da Coréia do Norte da extinção.[38] Mao substituiu Chang, cuja China Roosevelt pensava ser uma das quatro grandes potências do mundo, algo que Churchill, em 1944, chamou de "uma farsa absoluta" e uma "obsessão" norte-americana, quando a causa de Mao estava sendo forçada tanto por viajantes de Washington quanto por populistas de Oklahoma. Esse mito norte-americano sobre a China seria reavivado novamente na década de 1970, quando Nixon e Kissinger (mais tarde Ford e Carter) acreditaram – erradamente – que a China estivesse no mesmo patamar das duas superpotências e que a "abertura" dos Estados Unidos para a China tornaria a Rússia mais maleável e cooperativa.

Não havia um único político nos EUA que, em 1947, diria ao seu povo que aquilo que acontecia era a colocação do manto do império britânico sobre os ombros de Washington. O presidente Truman, que tinha um conhecimento considerável de história, entendia isso muito bem, mas ele também não pensava dessa forma. O que uniu o sentimento popular e a opinião pública nos EUA foi a ideologia requentada – ideologia e não filosofia – do anticomunismo. Dean Acheson, um sobrevivente típico da burocracia legal dos anos do *New Deal*, soube qual vocabulário usar com influentes congressistas em sua conversa confidencial, em 27 de fevereiro de 1947, quando chegou o pedido dos britânicos de apoio à Grécia. Disse que "estava claro que a União Soviética, usando instrumentos de infiltração e subversão comunista, estava tentando completar o cerco à Alemanha. Na França ... os russos poderiam desligar os aparelhos quando quisessem. Na Itália existia uma situação similar mesmo que menos perigosa imediatamente, mas estava piorando. Na Hungria e na Áustria os comunistas estavam apertando o laço dos governos democráticos".[39] Isso constituiu um amplo (e presumivelmente consciente) erro de leitura não apenas das intenções de Stálin, mas também da situação política na Europa; mas foi útil para os propósitos políticos domésticos. De 1947 em diante, o anticomunismo se tornou a principal ideologia nos Estados Unidos, em algumas ocasiões eclipsando os mais antigos princípios de patriotismo e, em outras, tornando-se a escolha principal – escolha e não refúgio – de patifes. De certa forma, o mais simples e honesto anticomunismo era uma reação inevitável das pessoas contra as ilusões pró-russas, que prevaleceram previamente em Washington e em outras partes, inclusive com a presença de comunistas e pseudocomunistas em certas posições de influência. Por outro lado, a idéia de que a democracia norte-americana representava o reino de luz enquanto o comunismo soviético representava o reino das trevas era atraente em sua simplicidade; com sua simples categorização e sugestões religiosas cabia facilmente naquilo que os norte-americanos gostavam de acreditar. Ainda, esse inchaço oceânico do anticomunismo e de sentimentos anti-russos era uma reação retardada à última guerra, contra as memórias de Roosevelt, do *New Deal* e de suas alianças com a Rússia e a Grã-Bretanha: os norte-americanos que, aberta ou secretamente, não tinham gostado da "cruzada" contra a Alemanha, agora apoiavam uma "cruzada" contra a Rússia. Havia um sentimento – às vezes calado, mas nem sempre –, pelo menos por alguns anos depois de 1947, que a Segunda Guerra Mundial poderia ter sido um erro, que fora um erro destruir a Alemanha e permitir que a Rússia vencesse a guerra.[40] Esse sentimento tinha elementos populistas definitivos, dos quais políticos e demagogos tais como Joseph R. McArthy tiraram proveito.

Um de seus principais ingredientes domésticos foi a renovação do desgosto e da desconfiança da elite anglo-americana sobrevivente com relação ao populismo. Na política externa, isso foi o que outras forças de oposição tinham em comum no final da década de 1940: o russófono Henry Wallace disse que os britânicos estavam colocando os Estados Unidos contra a Rússia, e o velho republicano Robert A. Taft disse que os britânicos tinham forçado os Estados Unidos a entrar na guerra contra a Alemanha. O antigo comunista Alter Hiss desconfiava dos britânicos porque eles não pareciam ser pró-soviéticos o suficiente; seu oponente republicano, Richard Nixon, desconfiava dos britânicos porque não pareciam ser anticomunistas o suficiente.

Em março de 1946, Churchill viajou para Fulton, Missouri, onde proferiu seu famoso discurso "A Cortina de Ferro", um dos mais significativos de sua longa carreira. O discurso não teve muito efeito no sentimento popular norte-americano; sua influência nos formuladores da opinião pública também estava retrocedendo. Ele sabia que pelo menos duas coisas iam contra as opiniões norte-americanas aceitas na época. Uma dizia que a Europa ainda era mais importante que a Ásia; e que era no meio da Europa e não na Ásia que Stálin havia se excedido. Essa idéia não encontrou eco entre os republicanos, inclusive entre MacArthur e Taft, que em 1951 propuseram uma ampla intervenção dos Estados Unidos contra a China enquanto opunham compromissos militares e políticos na Europa. O outro assunto era a crença de Churchill de que o problema era com a Rússia e não com o comunismo, já que os Estados comunistas existiam não por causa do apelo daquela ideologia, mas porque a ideologia era forçada sobre eles pelas tropas russas, e que o principal perigo para Europa e o mundo era a presença armada da Rússia no meio do continente. Essa preocupação principal com a Rússia, em vez de com o comunismo,[41] não era atraente para os norte-americanos; nem Acheson a entendia. Na última reunião com Churchill, durante o governo Truman em janeiro de 1952, Acheson notou que Churchill "pensava que o fator central na política soviética era o medo. Disse que eles temiam nossa amizade mais que nossa inimizade. Ele esperava que a crescente força do ocidente pudesse modificar essa situação, de maneira que os russos passassem a temer nossa inimizade mais que nossa amizade e teriam, conseqüentemente, que buscar nossa amizade". Alguma coisa parecida com isso estava para acontecer dentro de um ano, depois que Stálin morreu. Mas a nova administração norte-americana não podia entender nem simpatizar com Churchill.

Aqui chegamos à última, triste, e às vezes vergonhosa fase do relacionamento americano-britânico de meio século, e à última fase da vida pública de

Churchill. Em 1951, Churchill se tornou primeiro-ministro novamente. No ano seguinte, seu aliado de tempos de guerra, Eisenhower, se tornou presidente dos Estados Unidos. A escolha de Eisenhower teve um significado doméstico (assim como internacional): foi a última vez que prevaleceram os desejos e o candidato do Leste, internacionalista e ainda consideravelmente anglo-americano dentro do Partido Republicano. Os britânicos se consolaram com isso. Eles estavam errados. Eisenhower logo os desapontaria. Em março de 1953, mal havia passado um mês da posse de Eisenhower, Stálin morreu. Churchill agora pensava que chegara a hora de negociar a divisão da Europa com os russos. A nova liderança russa estava muito insegura, dividida, e de alguma forma pronta para buscar a amizade das potências ocidentais, como ele previra. Eisenhower e seu germanófilo secretário de Estado se recusaram a ouvir Churchill. Eles falavam sempre (e "vazavam" comentários) que Churchill estava senil, embriagado e cheio de ilusões quanto aos russos. Esse era o mesmo Eisenhower que sete ou oito anos antes se opôs a Churchill que lhe pareceu, assim como para a maior parte dos norte-americanos influentes, muito anti-russo em 1944 e 1945, quando os Estados Unidos se colocaram no meio, entre soviéticos e britânicos. Agora eles pensavam, e diziam, que os britânicos estavam jogando no meio-campo, indevidamente otimistas quanto aos russos.

Eisenhower e Dulles não estavam sozinhos nisso. Na época – início da década de 1950 – esse tipo de anticomunismo ideológico era aceito por todo o *establishment* norte-americano, inclusive entre os anglófilos remanescentes das elites anglo-americanas. As evidências estão lá, entre outras coisas, nas ainda influentes revistas *Time-Life-Fortune*.[42] Em 1944-45, *Time* e *Life* foram muito críticas quanto à intervenção anticomunista de Churchill na Grécia. Oito anos mais tarde, em *Triunfo e tragédia*, Churchill escreveu modestamente: "Se os editores destas publicações bem-intencionadas olhassem para trás, para aquilo que escreveram, e comparassem com o que pensam agora, ficariam, tenho certeza, surpresos." Suas memórias de guerra foram publicas em série no *New York Times* e em *Life*. Na publicação de *Life*, em 1953, esta sentença foi omitida totalmente. (A crítica em *Time* disse que este último volume das memórias de guerra não era tão bom quanto os anteriores.) Em 1946, *Time*, *Life* e Eisenhower estavam desconfiados dos avisos da "Cortina de Ferro" de Churchill, no Fulton. A *Time*, com seu costumeiro hábito de palavras ardilosas, apresentou Churchill como meio bêbado.[43] Oito anos mais tarde, apresentaram-no como meio trêmulo.[44] Em 1942, os editores de *Life* exibiram uma foto de página inteira de Lênin com o texto: "Este talvez seja o maior homem do século". Em 1953, os editores de *Life* denominaram o comunismo um "pecado mortal", enquanto o macarthismo era somente um "pecado venal".

Tal era o consenso norte-americano em 1954, que se orgulhava do realismo duro. Na verdade, dançava conforme a música de uma inflação ideológica retardada. Homens como Eisenhower nunca estiveram completamente à vontade com Churchill. Eles achavam que Churchill havia mudado seus princípios, quando os princípios de Churchill com relação ao mundo e ao curso da história quase não mudaram. Ele ajustava suas idéias aos seus princípios, não o inverso. Um homem como Eisenhower teve somente idéias que se sucederam, e nenhum princípio. Perto do crucial final da Segunda Guerra Mundial e perto do final da primeira – e única – fase da Guerra Fria, Churchill via as coisas melhor e mais rapidamente que seus colegas norte-americanos. Sabemos agora que Stálin estava inseguro em 1945 e que os novos líderes russos estavam inseguros em 1953, e por algum tempo depois. É uma pena que Churchill não tenha sido ouvido quando estava certo.

Ele, entretanto, não tinha disposição nem coragem para lutar contra essas resistências dos norte-americanos. Ele entregou as questões a eles. Se estava certo ou errado nisso não sabemos: o poder da Grã-Bretanha já havia acabado há muito, e seus argumentos não teriam encontrado eco entre os norte-americanos naquela época. Ele desistiu por causa da visão maior na qual se segurava com esforço desesperado, no final de seus anos: a de uma possível unidade dos povos de língua inglesa. Em 1955, desgastado e cansado, ele se aposentou da política e renunciou à sua liderança de primeiro-ministro. Contudo, ele completaria o último volume de sua *História das nações de língua inglesa*. Ele escreveu estes livros magistrais com os norte-americanos em mente. Muito de seu último volume, que ele escolheu terminar escrevendo sobre os 1900, era dedicado à sua arrebatadora, e às vezes magnífica, descrição da guerra civil norte-americana. Ele terminou o livro com este parágrafo: "Aqui está descrita a longa história dos povos de língua inglesa. Eles estão agora [1900] para se tornar aliados em terríveis, mas vitoriosas guerras. E isso não é o fim. Outra fase se delineia diante de nós, na qual a aliança mais uma vez será testada e suas formidáveis virtudes podem preservar a paz e a liberdade. O futuro é impossível de ser conhecido, mas o passado deve nos dar esperança. Não devemos buscar definir precisamente os exatos termos desta união." *União*: nisto, na grande visão de sua vida, Churchill estava errado. Ele terminou seu livro no início de 1957. Outra crise nas relações americano-britânicas havia se passado. Não haveria nada a não ser calmaria entre as duas nações de agora em diante. Mas a visão e a perspectiva de uma união anglo-americana haviam desaparecido no horizonte.

E AGORA O PONTO CRUCIAL, em 1956: o fim do Império Britânico e o fim da ascensão do império norte-americano.

Anthony Eden sucedeu Churchill como primeiro-ministro. Eden era do tipo fraco que, de vez em quando, pensava que deveria se afirmar. Tais pessoas tentam, mas fracassam em levar essa tentativa adiante. Em 1956, dois anos depois das últimas guarnições britânicas serem retiradas do canal de Suez, o governante nacionalista do Egito anunciou a encampação do canal. Os governos dos cansados britânicos e dos fracos franceses reagiram. Eles pensavam (os franceses tinham a incipiente revolta das colônias do norte da África em mente) que aquela era a ocasião de reafirmar o poder e a presença deles no oriente próximo. Os egípcios não eram soldados. Além disso, os britânicos e os franceses podiam contar com o pequeno e forte Exército de Israel. Eles também pensavam que podiam contar com a opinião mundial, inclusive com o tácito apoio dos Estados Unidos, já que o líder egípcio estava flertando com os arquiadversários dos norte-americanos, os russos.

Eden estava errado. John Foster Dulles (que, como seu irmão, era diretor da CIA, foi o verdadeiro mestre da política externa norte-americana durante a maior parte da década de 1950) não gostava do plano, não gostava dos britânicos e não gostava dos franceses. Ficava cada vez mais evidente que Dulles obstruiria qualquer tipo de intervenção política ou militar. Eden, os franceses e os israelenses agora conspiravam um plano clandestino (que os norte-americanos conheciam muito bem). No final de outubro, os israelenses atacaram os egípcios e os empurraram pelo Sinai. Usando isso como intervenção e interposição, as tropas britânicas e francesas, vindas do Chipre, aportaram em Porto Said e se movimentaram em direção ao Suez. A estrada para o Cairo estava aberta. As legiões de Bonaparte e Cromer vieram de novo: líderes e povos do Oriente Próximo assistiam com o fôlego preso. Eisenhower pegou o telefone e falou com Eden em termos duros. O avanço britânico e francês cessou a meio caminho da estrada de Suez. Os russos entraram em ação. Eles ameaçaram de guerra à Grã-Bretanha. De forma mais significativa, propuseram aos norte-americanos uma intervenção conjunta para estabelecer a paz no Oriente Médio. O avanço britânico, no entanto, já tinha sido interrompido. Eden não teve coragem de seguir em frente. Ele titubeou não ante a ameaça dos foguetes russos, mas ante as duras palavras de um presidente norte-americano.

Para o povo britânico, estes eventos representaram um choque de reconhecimento, um marco psicológico. Com sua característica lentidão mental, apesar de todos os retrocessos da década anterior, foi em novembro de 1956 que a maioria deles percebeu que o império estava definitivamente no fim. Sobre esse ponto, todas as histórias, inclusive as últimas crônicas do Império Britânico, concordam. O que os historiadores não têm visto é que outubro-novembro de 1956 foi um marco também – talvez o marco decisivo – na história do império mundial norte-americano. A proposta russa naquela época de aumentar sua oposição aos britânicos até uma intervenção russo-americana no Oriente Próximo era em grande parte propaganda, é claro; mas por trás dela estava a percepção russa de que os temores de Stálin em relação aos Estados Unidos se mostravam infundados. Os norte-americanos não questionariam a divisão da Europa do senhorio russo no Leste europeu; eles e os norte-americanos dividiam o mundo.

Essa percepção em Moscou coincidiu com os eventos da Guerra de Suez. Em outubro de 1956, Kruschev evitou um levante anti-russo na Polônia; imediatamente depois disto, houve um levante na Hungria, cujo povo expulsou os tanques soviéticos de Budapeste e derrubou seu regime comunista. Os líderes da Rússia estavam divididos. Depois de alguma hesitação eles agiram principalmente, porque viram que os norte-americanos não fariam nada. Isso era importante porque desde 1952 a administração republicana favorecia o jargão da "liberalização" – diferente da "contenção" anterior – pelo menos retoricamente sugerindo uma política dirigida à "liberação" da Europa Oriental, enquanto a CIA se engajava em certas atividades dentro da Cortina de Ferro. Entretanto, durante os levantes em Berlim Oriental, em 1953, e na Polônia e Hungria, em outubro de 1956, o governo norte-americano, exceto por algumas declarações autolaudatórias, não fez nada. Talvez não houvesse nada de muito errado nisso. Que Berlim Oriental ou Budapeste valessem os riscos de uma guerra nuclear era pelo menos questionável; 10, 20 anos mais tarde, alguns dos Estados do Leste europeu gradualmente retomariam alguma liberdade de qualquer forma. O que estava errado era a dissimulação da administração norte-americana. Eisenhower e Dulles diziam – o primeiro enfaticamente em suas memórias – que os eventos na Hungria os haviam pego de surpresa. Isso era totalmente falso. Eles não haviam criado, ou mesmo encorajado o levante; mas sabiam muito bem o que estava acontecendo. Contudo, contentavam-se em aprovar resoluções anticomunistas, fora e dentro das Nações Unidos, e repreender Eden por ousar agir com independência. Observadores cuidadosos do cenário das Nações Unidas notaram um certo alívio na delegação norte-americana quando a revolução húngara falhou. Os norte-americanos estavam livres. Isso era significativo, pois em 1956, as Nações Unidas eram, de várias formas, um imóvel dos EUA, e não só por causa de sua localização. Em 1956, pela última vez, algum tipo de intervenção das Nações Unidas na Hungria (o envio de uma delegação, talvez incluindo o próprio secretário-geral) teria colocado os russos diante de um difícil dilema. Como isso poderia ter representado algumas escolhas difíceis para o governo norte-americano também, Eisenhower e Dulles aliviaram Kruschev de tal dilema. Eles estavam mais seguros com o *status quo*, ou seja, com a divisão da Europa com os russos.

No que tocava as Nações Unidas, de 1945 até mais ou menos 1957, a idéia dos Estados Unidos e das Nações Unidas sobre a ordem mundial estava intimamente ligada, sendo toda a idéia das Nações Unidas uma concepção norte-americana. Mais tarde, a influência dos EUA nas Nações Unidas se declinaria rapidamente. Isso não aconteceu por causa de maquinações russas, mas por causa do rápido desmantelamento do que sobrou dos impérios coloniais europeus, um desenrolar que o governo norte-americano impulsionava. Cinco ou seis anos depois de 1956, o número de membros das Nações Unidas chegou a 100, a maior parte dos delegados representava as nações do chamado Terceiro Mundo. Outros cinco ou seis anos mais tarde, a ONU se tornou o centro da propaganda antiamericana, antieuropéia e antiocidental. Em 1970, sua degeneração já estava completa. Era um instrumento de comédia, pois os discursos e histórias de um bando de idiotas não significava nada.

Contudo, nem o evidente fracasso dos ideais wilsonianos, nem a percepção da divisão da Europa afetaria a força da burocracia imperial norte-americana. Os russos agora viam que os norte-americanos não eram monstros ávidos por poder, e que sabiam que tinham de compartilhar a Europa com os russos. Conseqüentemente, Kruschev (que também estava começando a se preocupar com os chineses) se convidou a Washington onde um azedo Eisenhower finalmente consentiu recebê-lo. Enquanto isso, a força da construção do império dos Estados Unidos continuava. Os norte-americanos tinham menos sede de poder que seus ambiciosos burocratas e intelectuais. Uma geração desses havia crescido, incluindo professores estrangeiros especialistas em relações internacionais, alguns dos quais eventualmente alcançariam as posições das mais altas no Estado norte-americano, explicando o mundo aos presidentes. Eis um exemplo de 1957, de um escritor cuja reputação o levou a embaixada do país na OTAN 20 anos mais tarde:

> Poderá vir a ser a nova ordem mundial um império universal norte-americano? Deve ser – ao ponto que carregará o selo de seu espírito... A abertura de novos horizontes que agora parecem ligeiramente vagos prenunciará uma nova etapa da história da humanidade; o homem terá encontrado nas aventuras cósmicas o equivalente da guerra. O homem ainda poderá se destruir, mas ele o fará por ou-

> tros meios que não a guerra internacional. Esta parte da história humana ainda está misericordiosamente encoberta para todos no momento. Pelos próximos 50 anos mais ou menos, o futuro pertence à América. Seu império e a humanidade não serão opostos, mas meramente dois nomes para a ordem universal sob a paz e a felicidade. *Novus Orbis Tarrarum.*[45]

Durante aquele ano, Henry Kissinger publicou o primeiro livro, um pastiche sobre o Congresso de Viena, e prosseguiu escrevendo volumes cada vez mais longos e incompreensíveis, até que 11 anos mais tarde recebeu um telefonema de Nixon para a sua suíte, em cima do Museu de Arte Primitiva, onde Kissinger almoçava com seu patrono Nelson Rockefeller. No nível burocrático e militar, a expansão do império continuava. Em 1958, os Estados Unidos tinham alianças – bases militares, navais e aéreas em mais de 60 países. Então veio o castigo, no quente e úmido quintal dos Estados Unidos, incorporado em Castro. Durante as duas décadas seguintes, os Estados Unidos enviariam homens à lua; mas não conseguiriam se livrar daquele volúvel ditador em Cuba; perderam uma guerra no Vietnã; por mais de um ano estiveram impotentes face aos fanáticos que gritavam no Irã.

No final dos anos 1960, o recuo do império norte-americano havia se iniciado; entretanto, de forma paradoxal, foi então que se completou a conversão da política norte-americano ao internacionalismo. John Kennedy, que tinha sido um financiador do *América primeiro*, em 1940-41, um isolacionista no final da década de 1940, antibritânico e antifrancês nos anos 1950, era agora presidente e totalmente comprometido com o internacionalismo. As aventuras imaginárias de James Bond, com a mistura de agente sexual e secreto, eram a leitura preferida de John Kennedy. Sob os sucessores de Allen Dulles, a CIA não era mais o instrumento principal na formulação da política externa do país; mas sua burocracia se espalhou por todo o mundo. A organização tinha um papel mais significativo no Estado norte-americano que o Serviço Secreto Britânico teve em Whitehall. À maneira de Bond, tentou encontrar soluções políticas por meio de truques que eram rápidos e baratos; tentou arquitetar a derrubada de Castro transportando exilados cubanos para a Baía dos Porcos; sob Eisenhower, planejou (com o consentimento desse presidente) o assassinato do líder tribal congolês Lumumba, acusado de ser pró-comunista; e no governo Kennedy, tentou o assassinato de Castro por três vezes, todas fracassadas. Sob tais condições, as ligações do Estado norte-americano com os poderes do crime organizado foram ainda além,[46] envolvendo todos os tipos de figuras sombrias, inclusive a figura demente que atirou no presidente Kennedy por conta de algum tipo de frustração pessoal, assim como o assassino daquele assassino. Contudo, mais importante que tais fatos à margem da lei foi a contínua — na verdade, crescente — presença de uma imensa burocracia em Washington, e a primeira histórica guerra, a do Vietnã, para dentro da qual a grande República escorregou devagar, em um puro momento de força burocrática.

A Guerra do Vietnã foi a Guerra dos Boers norte-americana, exceto pelo fato que os ingleses venceram a Guerra dos Boers, enquanto os Estados Unidos perderam aquela. Em 1965, durante a primeira fase do conflito no Sudeste asiático, Winston Churchill morreu. O então presidente Lyndon Johnson não foi ao funeral; enviou seu incompetente secretário de Estado, o burocrata neowilsoniano Dean Rusk, que naquele dia frio quase não saiu de seus aposentos londrinos por conta de um resfriado. Isso não importava: o relacionamento entre os EUA e a Grã-Bretanha estava tão bom e constante como nunca. Nenhum norte-americano tinha mais o que temer dos britânicos em lugar algum; as suspeitas da esperteza britânica e sua velha sagacidade se foram. Talvez seja significativo que James Bond, concebido por um britânico, fosse uma figura inglesa. A Grã-Bretanha agora era representada por James Bond e os Beatles. Todavia, esse tipo de anglicização dos Estados Unidos era pálida em relação à ainda crescente americanização da Grã-Bretanha. Pró-americanismo era agora uma convicção declarada de todos os conservadores britânicos. Perto do fim de sua vida, mesmo a antiamericana Evelyn Waugh se tornou pró-americana, pelo menos politicamente. Henry Fairlie, um jornalista britânico que eventualmente faria um traslado para Washington, contou que, durante o início dos anos 1960, quando se meteu em algum tipo de encrenca em uma cidade dos Bálcãs onde não havia um consulado britânico, ele foi diretamente ao cônsul norte-americano, que resolveu o seu problema. *Civis Americanus sum* – ou melhor, *erit.*[47] Durante os anos 1960, os britânicos se aproximaram da Europa. Em 1973, se tornaram membros do Mercado Comum, enviando delegados impecavelmente vestidos e burocratas muito bem pagos a Bruxelas e Estrasburgo. Na verdade, não fez qualquer diferença. Ao se tornarem europeus, os britânicos não se tornavam menos norte-americanos. De fato, não estavam nem um pouco se tornando europeus.

Dentre todos esses entraves, e mesmo depois de perder a guerra no Vietnã, os Estados Unidos ainda eram a principal potência no mundo. A Marinha russa era agora, pela primeira vez na história, muitas vezes o tamanho da britânica, mas os russos tinham muitos problemas internos. O jargão vulgar de Richard Nixon, "A América é a número um!" não era desprovido de substância, apesar de desprovido de bom gosto. Era o que os norte-americanos gostavam de ouvir, que foi uma das razões (se não a principal) de escolherem Ronald Reagan para presidente. Durante a Guerra das Malvinas de 1982, Reagan se aliou aos britânicos – mas só de algumas formas, e com considerável relutância. O presidente californiano, e a maior parte de seus conselheiros, não tinham muito em comum com os britânicos, enquanto tinham algumas coisas em comum – e freqüentemente se sentiam mais à vontade – com os sul-americanos.

George Santayana uma vez chamou os britânicos de os únicos conquistadores comparáveis aos gregos: "doces, infantis mestres" que traziam lei e ordem e as mantinham nas regiões tribais selvagens do globo. Depois de um tempo, os britânicos não queriam mais esse tipo de relação, por causa de um tipo de insegurança cujas fontes eram complicadas e provavelmente menos esclarecedoras do que estamos acostumados a pensar. Havia, entretanto, uma outra fonte para esse fracasso. Eles acreditavam em sua própria superioridade, mas não o suficiente, porque não sabiam o bastante sobre a superioridade da civilização ocidental da qual eles faziam parte. Suas mentes eram normalmente bitoladas. As mentes dos imperialistas norte-americanos eram diferentes, mas as fontes de seu fracasso final eram essencialmente as mesmas. Tivessem eles se juntado aos britânicos, as guerras mundiais poderiam ter sido evitadas e a civilização ocidental teria entrado em uma longa e rica estação por pelo menos um século, semelhante à Era Antonina. Essa era a visão de Winston Churchill, uma visão nobre e não sem realismo. Mas talvez a própria visão – e não só a possibilidade de sua materialização – tivesse vindo muito tarde. Apesar de todo o poder e prestígio de então, durante o século XX os povos anglo-americanos não queriam, portanto não poderiam, dominar o mundo.

7

A MONARQUIA ELEITORAL
A degeneração da democracia popular a um concurso publicitário

Como a propagação da democracia popular resultou em um sistema político norte-americano que é monárquico e burocrático ao mesmo tempo.

Durante o século XX, o presidente dos Estados Unidos se tornou o príncipe do mundo. Muito disso era devido à prosperidade e ao poder norte-americanos; e ainda mais à comunicação de massa. Abraham Lincoln era provavelmente desconhecido para a vasta maioria da humanidade durante a sua vida. As pessoas nas ilhas britânicas poderiam até reconhecer seu nome, a maior parte das pessoas no continente europeu provavelmente não. Quarenta anos e uma geração mais tarde, o nome de Theodore Roosevelt era muito mais conhecido que o de Lincoln. Durante aqueles 40 anos ocorreu a mais ampla extensão da capacidade de leitura de jornais e de impressão pelo mundo. Outros 20 anos mais tarde, Woodrow Wilson apareceu como o novo apóstolo mundial: quando chegou à Inglaterra e à França, em 1918, meninas de vestidos brancos atiravam pétalas de rosas aos seus pés; em novas repúblicas impronunciáveis e impossíveis de se escrever – como a Tchecoslováquia –, hotéis, alamedas e estações de trem recebiam o nome de Wilson. A veneração desse presidente em particular foi transitória; o interesse mundial na Presidência norte-americana, não. Em 1940, outros 20 anos mais tarde, durante a fase mais dramática da Segunda Guerra Mundial, os Estados Unidos ainda não eram beligerantes, mas a eleição presidencial no país, pela primeira vez na história do mundo, teve parte importante nos cálculos dos governantes das principais potências. Quando o convite de Hitler para receber Molotov em Berlim finalmente chegou a Moscou, Stálin preferiu marcar a data daquela tão desejada reunião em Berlim, depois da eleição norte-americana. (Em novembro de 1940, Hitler também escreveu a Mussolini dizendo que o ataque da Itália à Grécia deveria ter sido adiado pelo menos até a eleição presidencial norte-americana ser decidida.) Outros 20 anos mais tarde, um presidente como John Kennedy poderia ter sido eleito o primeiro presidente do mundo, inclusive o presidente da Europa, caso as eleições pelo mundo fossem um concurso de popularidade. Para centenas de milhares em toda parte, Kennedy e sua família representavam a imagem do Novo Mundo bem-sucedido: jovem, poderoso, bronzeado e rico. Isso marcou algo que ia além da imagem do século XIX da América: marcou a californização dos sonhos das pessoas em toda parte. Durante a segunda metade do século XX, os povos do mundo acompanhavam as eleições presidenciais norte-americanas com um interesse que, às vezes, ultrapassava o interesse nas próprias eleições. Os mais aclamados jornalistas e o pessoal de televisão de várias nações se aglomeravam em Washington e Nova York para sinalizar os primeiros presságios e relatar os resultados (pela primeira vez em 1948). Havia dois monarcas eleitos no mundo: o presidente dos Estados Unidos e o papa da Santa Igreja Católica Apostólica Romana. A ocasional eleição do segundo pode ter tido, a longo prazo, mais conseqüência que as eleições regulares quadrienais do primeiro. No entanto, poucas pessoas pensavam desta maneira, e o interesse no primeiro em muito excedia o interesse no segundo, entre todos os tipos de pessoas, inclusive entre a população católica e o clero dos Estados Unidos.

Esta é uma interpretação da história dos Estados Unidos, não uma história do mundo e nem mesmo a história da imagem norte-americana perante o mundo, tópicos que são tão enormes e amorfos que nenhum historiador decente deve tentar escrevê-los. Entretanto, há uma correspondência entre esse desenrolar e aqueles relativos às questões da historiografia norte-americana. O tremendo aumento na projeção e na recepção da imagem dos presidentes do país no século XX correspondeu ao enorme aumento na quantidade de registros que os norte-americanos acumulavam sobre seus presidentes e que estes acumulavam sobre eles próprios. Os cânones da historiografia científica e profissional estabelecidos no século XIX requeriam a reconstrução histórica da vida de uma pessoa, de um certo lugar, de um certo período, que exaurisse todas as fontes escritas e impressas relacionadas ao tema. Entretanto, em 1900 no máximo, esse requisito passou a ser impossível de ser contemplado. Theodore Roosevelt pode ter sido o primeiro presidente sobre quem tanto se escreveu e publicou, que mesmo o mais assíduo biógrafo ou grupo de biógrafos não poderia ler ou mesmo encontrar a maior parte do "material". Isso não significou que uma biografia de primeira linha de Roosevelt não pudesse ser escrita. Significou que ocorrera uma mudança no perene problema do historiador. O problema não era mais quantidade insuficiente, era a estonteante quantidade de "materiais" – um aumento que envolveu uma diminuição na qualidade, isto é, uma diminuição na autenticidade dos "documentos" presidenciais.

O aumento no número de documentos estava ligado ao enorme crescimento da burocracia executiva. As conseqüências desse crescimento burocrático em volta da Presidência eram cada vez mais estranhas, e às vezes ridículas. Herbert Hoover foi o primeiro presidente a estabelecer uma biblioteca com o seu nome. Todo presidente, desde aquela época, seguiu seu hábito de depositar os papéis do Executivo em um prédio da biblioteca presidencial, em algum lugar nos Estados Unidos. A maior e mais opulenta delas é a Biblioteca Lyndon B. Johnson, em Austin, Texas, hospedando os documentos de um presidente que quase nunca escreveu cartas sozinho, e cujo principal meio de comunicação eram os múltiplos telefonemas, inclusive uma ocasional dependência de um aparelho telefônico instalado a curta distância de seu vaso sanitário. Esse desenrolar foi um hábito generalizado durante a passagem da Era Moderna: o aumento dos acervos das bibliotecas, que cresciam na mesma velocidade em que diminuía o hábito de leitura.

A lista de presidentes dos Estados Unidos durante o segundo século da República não se compara favoravelmente com os que lideraram a nação durante o primeiro século de sua existência. É claro que houve uma degeneração desde a geração dos "Pais Fundadores" (este termo foi, estranhamente, cunhado por Harding) até tais mediocridades como Pierce, Buchanan ou Arthur – um declínio que fez Henry Adams comentar que a evolução da Presidência norte-americana de Washington até Grant era, sozinha, suficiente para desmentir a teoria de Darwin. O humor ácido de Adams durante a década iniciada em 1870 pode ter sido prematuro. Cem anos mais tarde, a comparação de Grant, Hayes e Garfield com Nixon, Ford e Carter sugere uma diferença não de grau, mas quase de espécie – sem falar na degeneração da literariedade de um presidente tal como Ulysses S. Grant — cujas próprias memórias compostas e escritas durante sua dolorosa doença são um clássico norte-americano — em comparação à personalidade de cinema e televisão de Ronald Reagan, que preferia receber seu resumo diário em clipes de filmes. Durante os últimos 100 anos os nomes dos dois Roosevelts se destacaram; talvez Cleveland, talvez Truman. O desenvolvimento da reputação deste último é significativo. Truman não era um presidente particularmente popular; tivesse ele optado por concorrer contra Eisenhower em 1952, teria sido seguramente derrotado. Entretanto, não há quase nenhum relacionamento entre a popularidade temporária de um presidente e sua eventual reputação. Na verdade, o relacionamento é quase sempre inverso. (O presidente mais popular no século XX foi Calvin Coolidge.) A reputação de Truman começou a crescer vários anos depois que ele deixou a Casa Branca. Durante os anos 1960-70, chegou a níveis e sentimentos inéditos. A razão para isso não era tanto (ou talvez nada) um julgamento retrospectivo das conquistas de Truman; mas um julgamento retrospectivo de seu caráter. Foi uma apreciação nacional por um homem do tipo antigo de norte-americano: extrovertido, franco, leal a seus amigos, solidamente enraizado em seu passado e *verdadeiro* – uma peça autoforjada de madeira sólida, não de plástico moldado. Em suas notas particulares, Truman uma vez escreveu: "Imagino qual a distancia que Moisés teria percorrido se ele tivesse feito uma pesquisa de opinião no Egito? O que Jesus Cristo teria pregado se tivesse feito uma pesquisa de opinião em Israel? ... Não são as pesquisas ou a opinião pública do momento que contam. É o que é certo e o que é errado."[1] Menos de uma década depois que Truman deixou a Presidência, houve um apreciável aumento da nostalgia nacional por esse tipo de líder à antiga, uma autêntica relíquia norte-americana se comparado aos seus sucessores.[2]

Talvez este não tenha sido um simples retrospecto. Em 1948, os norte-americanos, surpreendente e contrariamente às projeções de todas as pesquisas de opinião, votaram em Truman contra Dewey, certamente por todos os tipos de razões, mas talvez porque pressentissem que o caráter do primeiro fosse mais forte, que ele fosse um sujeito político mais tradicional que o último. De qualquer forma, durante os últimos 100 anos, a maioria dos eleitores norte-americanos raramente escolheu erradamente na primeira terça-feira de todo novembro a cada quatro anos. Essa é, claro, uma estimativa pessoal – mas pode ser compartilhada por historiadores responsáveis. Houve somente uma eleição presidencial cujo resultado foi certamente deletério para a nação e para o mundo a longo prazo: a de 1912, quando Woodrow Wilson foi escolhido em vez de Theodore Roosevelt. Mas, não que realmente o povo norte-americano negasse a Presidência a Roosevelt. Se este tivesse sido nomeado, teria vencido Wilson, mas sua nomeação lhe foi negada por políticos do Partido Republicano.

Durante o século XX os eleitores erraram, de uma maneira geral, menos freqüentemente que seus representantes políticos auto-estilizados. O que deu errado não foram as eleições, mas o procedimento da nomeação. De 1840 até 1900, em todas as eleições presidenciais mais de dois terços dos eleitores habilitados votavam. Desde então, não houve uma única eleição presidencial que mais de dois terços dos eleitores habilitados votassem. De 1840 até 1900, houve somente uma eleição (em 1852), quando menos de 70% dos habilitados a votar o fizeram, enquanto que duas vezes no século XX menos da metade dos eleitores habilitados votou. Depois de 1960, a tendência se tornou definitiva: 62,8% em 1960; 61,9 em 1964; 60,9 em 1968; 55,5 em 1972; 54,4 em 1976; 52,3 em 1980. Talvez isso significasse um declínio da responsabilidade cívica entre os norte-americanos. Mas outros fatores contribuíram para o declínio na participação das eleições, desde a crescente complexidade do registro do eleitor, o alargamento do eleitorado, até o decréscimo do costume do século XIX de tratar a política como um grande entretenimento. Mesmo assim, esse declínio aconteceu durante o século que os direitos ao voto, a educação dos eleitores, a duração, extensão e custo das campanhas foram aumentados, a última rubrica de modo astronômico.[3] Desde a Segunda Guerra Mundial, de 80 a 95% dos habilitados votaram em eleições nacionais nas democracias da Europa. Nos Estados Unidos, mal e mal, a metade. Depois de 1970, leis federais fizeram provisões para financiamento público de campanhas de candidatos presidenciais e também diminuíram a idade mínima de voto para 18 anos. Entretanto, a porção de eleitores caiu significativa e constantemente.

Tudo isso aconteceu enquanto era completada a transformação da República para uma democracia de massa – e quando a medida e a produção da popularidade se tornavam uma prática científica e um fundamento aceito pelo processo eleitoral. Aqueles observadores refinados e os críticos conservadores que atribuíram isso à irresponsabilidade popular e às inevitáveis fraquezas do populismo igualitário podiam estar certos ocasionalmente, mas eu creio que temos que ir além de suas idéias. Durante o século XX, a política norte-americana em geral e os políticos da presidência em particular, foram ainda além do estágio em que a democracia se transformara em um concurso de popularidade. Notem o título desse capítulo, a monarquia eleitoral dos Estados Unidos representou a degeneração da democracia popular em um concurso de *publicidade*, que não é idêntico à *popularidade* – uma diferença que suas conexões não podem obscurecer.

▼

HÁ MAIS DE 200 ANOS OS NORTE-AMERICANOS se tornaram um povo republicano. “República”, no século XVIII, não queria dizer exatamente o que veio a significar mais tarde. A palavra não estava exatamente ligada à democracia. Durante o século XVIII, a maior parte das poucas repúblicas existentes na Europa, tais como Veneza, eram repúblicas aristocráticas, não democráticas. Também na Inglaterra, um segmento considerável do Partido *Whig* era composto de nobres cujas inclinações eram aristocráticas e antimonárquicas. Na Declaração de Independência e na Constituição a palavra "democracia" não apareceu nenhuma vez. Quando Jefferson estabeleceu seu partido político, deu-lhe o nome de Democrata-Republicano, dos dois adjetivos, o primeiro era qualificativo, indicando que era esse tipo de república que ele e seus amigos gostariam de ver. O outro partido era o dos Federalistas, o mais conservador dos dois (relativa e imprecisamente falando: o adjetivo "conservador" ainda não era aplicado à política então). De qualquer forma, os Federalistas fecharam as portas depois de 1816, e durante os 15 anos seguintes a transição ideológica dos Estados Unidos de uma república para uma democracia se completou. A transição política para a democracia estava completa por ocasião da eleição de Andrew Jackson, que derrotou o aristocrata John Quincy Adams, em 1828; não houve qualquer cena famosa no dia da posse de Jackson com seus partidários, muitos dos quais eram pessoas rudes e fazendeiros do Oeste que se espremiam na Casa Branca com suas botas barrentas. O que seguiu à eleição de Jackson foi ainda mais importante: a primeira convenção de partidos políticos nomeando um presidente – neste caso, em 1832. Em 1893, os *whigs*, o partido de oposição ao Democrata (que tinha tirado o adjetivo "Republicano" de seu nome), recorreram às mesmas práticas eleitorais de seus oponentes.

Foi então que as campanhas norte-americanas, inclusive a eleição do presidente, se tornaram completos concursos de popularidade. Esse desenrolar de fatos foi recebido amarga e ceticamente pelos poucos conservadores remanescentes nos EUA, e por alguns dos liberais na Inglaterra (Macaulay disse: "Sua constituição é só velas e nenhuma âncora"). Sua crítica era quase sempre judiciosa, mas importava pouco. Em um sentido importante, a maior parte dos críticos da democracia[4] popular perdeu um ponto fundamental. O que se delineava à frente não era o governo de uma turba; era a manipulação das massas pelos políticos. Uma descrição brilhante daquilo que aconteceu pode ser encontrada em três trabalhos obscuros (um é a monografia de um aluno do penúltimo ano de Harvard) escritos pelo jovem Boies Penrose, em 1880. Penrose escreveu que, com a eleição de Jackson, o povo soberano tinha "asseverado seu poder. Mas, na realidade, Jackson, o homem do povo, era um fantoche nas mãos dos políticos. Na verdade, a majestade dos políticos, não a do povo, foi asseverada..." É Martin Van Buren, não Jackson, que "marca a transição na política norte-americana de estadistas como Adams e Webster aos grandes chefes políticos e gerentes de hoje... Adams foi o último estadista da velha escola que ocuparia a Casa Branca, Van Buren foi o primeiro presidente político... o primeiro daquela classe de estadistas que deve seu sucesso não tanto às suas opiniões ou ao seu caráter, mas à habilidade de gerenciar a máquina do partido..." E isso foi "o resultado inevitável do desenvolvimento do país... . Nas rivalidades dos partidos, as artes pragmáticas das eleições logo foram reduzidas a um sistema ... Opiniões políticas, de fato, eram considerações secundárias. Todo o estadismo que os tempos requeriam era a criativa adaptação da proposição geral ao humor existente ... das massas".[5] A pragmatização da política, em outras palavras, se desenvolveu ao mesmo tempo que o culto às pessoas. A carreira de Penrose exemplificou esta visão: em alguns anos de uma vida monótona como um jovem advogado, este aristocrata da Filadélfia abandonou seu apoio de primeira hora à reforma e optou pela vida mundana da política, não por razões financeiras, mas por causa de seu desiludido e estóico reconhecimento do que a política norte-americana se tratava. Ainda mais aguda que a análise de Penrose sobre a transformação da política nos Estados Unidos durante a década iniciada em 1830 foi a crítica dos reformadores de seu tempo.[6] Ele tinha desprezo por eles. Eram "chorosos", "tolos piedosos", hipócritas das chamadas classes melhores, se orgulhando de terem opiniões mais nobres que as do homem comum.

A carreira pública de Penrose, entretanto, entre 1885 e 1920, coincidiu com a Era da Reforma nos EUA. Os proponentes e agentes da reforma eram os progressistas e os populistas. Eles eram diferentes em suas formações e em seus objetivos sociais e políticos. O que tinham em comum era sua crença de que a democracia devesse ser melhorada na sua extensão – por meio da educação e com o aumento da participação política – já que a corrupção política significava que os justos anseios do povo estavam sendo frustrados. Eles não entendiam que "o povo" era (como de fato é) uma abstração. Pois quem é o povo? Uma declaração de um rei é uma declaração de um rei; uma declaração de um grupo de nobres é uma declaração de um grupo de nobres; uma declaração de Napoleão é uma declaração de Napoleão, mas uma declaração de um povo é a declaração de um preposto, é uma declaração feita *em nome do povo*. Que tal declaração possa, ocasionalmente, estar de acordo com os sentimentos da maioria do povo pode ser verdade; entretanto, essa potencial veracidade não altera sua natureza indireta. Também é trabalho de um historiador de tempos democráticos enfrentar problemas diferentes daqueles do passado: "o povo quis", "o povo pensou", "o povo resistiu" são declarações vagas. Podem não ser totalmente inverídicas. No entanto, o historiador de tempos democráticos deve ser cauteloso, consciente das dificuldades inerentes à tarefa de reconstruir o que o povo realmente era,[7] o que pensava e acreditava em uma determinada época – problemas que são menos estatísticos que estruturais.

Um desses problemas é a diferença entre a opinião pública e o sentimento popular. Como "o povo", a "opinião pública" tem uma história própria. Sua era clássica foi a do século XIX. A primeira geração de estadistas norte-americanos ainda estava agudamente consciente da diferença entre "público" e "popular". "Popularidade" para John Adams não era um termo aprobatório. "A forma de governo popular", diz o texto *Federalista número 10*, "o capacita para sacrificar tanto o bem público como os direitos de outros cidadãos diante de sua paixão governamental ou interesse". Nos Estados Unidos antes de 1830, na Inglaterra antes de 1880, a opinião pública significava a opinião das classes mais ou menos educadas,[8] enquanto "sentimento popular" pertencia às massas. Com a extensão da democracia e da educação pública, as duas categorias começaram a se sobrepor. "O público" não era mais sinônimo de uma classe educada; era cada vez menos separável de "o povo". Cada vez mais pessoas tinham o direito de votar; cada vez mais pessoas liam jornais e tinham opiniões sobre cada vez mais assuntos. Se estas eram opiniões prontas, importava pouco. O que importava era a preocupação com a popularidade, à qual todo o processo eleitoral estava sendo subordinado.

"A opinião pública é forte", escreveu Samuel Butler perto do final do século XIX, "enquanto está no seu auge. Em sua infância e velhice é tão fraca quanto qualquer outro organismo." Na Europa também, o grande historiador Jakob Burckhardt viu, já em 1870, que o auge da opinião pública estava passando.[9] Anteriormente, ainda tinha como certo que o público era a porção mais articulada da população; que era quase sempre sua minoria;[10] que a opinião pública era, simplesmente, a opinião feita pelo público; que era articulada, ativa, atual, enquanto o sentimento popular era potencial mais que atual, suas expressões quase sempre dependentes de idéias apresentadas nela e pela opinião pública. No final do século XIX, o voto e a literariedade estavam sendo explorados por fabricantes e distribuidores de publicidade. Eles estavam ganhando a vida em cima daquilo que as pessoas ainda chamavam de opinião pública, mas que eles tentaram transformar em algo inseparável e, às vezes, indistinto do sentimento popular.

Na década de 1830, o advogado John C. Spencer impressionou Tocqueville quando disse que certos "líderes" da opinião pública nos Estados Unidos deveriam ser repreendidos não tanto porque elogiavam o povo, mas porque "não lutavam com coragem suficiente contra uma opinião tida como compartilhada pelo povo". "Você não pode ser um líder", disse o governador Meyner, de Nova Jersey em 1957, "a não ser que saiba onde o povo quer ir". Que isso era algo diferente da tirania da maioria fora notado por James Fenimore Cooper, já em 1838: "Em uma democracia, como uma questão de rumo, todo esforço é feito para aproveitar e criar opinião pública, que é, substancialmente, assegurar o poder", escreveu em *The American Democrat* (*O democrata americano*). "Uma das artes mais comuns praticadas em conexão com este meio de afetar os objetos é *o de simular* a existência de um sentimento geral a favor ou contra qualquer homem em particular, ou medida; tão grande é a deferência dada à opinião pública em um país como este, onde os homens, na verdade, abrem mão de seus próprios sentimentos para o que *eles crêem ser* o sentimento da maioria." A ênfase é minha. Notem que esse cuidadoso escritor norte-americano estava preocupado menos com a tirania da maioria ou com a deferência dada pela opinião pública que com a sua simulação.

Durante o século XIX, e por algum tempo depois, o principal instrumento da mecanização da política, com a subseqüente criação das maiorias eleitorais, foi o partido político. Lealdades partidárias eram quase sagradas, indissolúveis, quase sempre ficavam nas famílias por gerações. Filiação partidária, entre os norte-americanos quase sempre era algo não totalmente diferente de filiação religiosa. Sobre isso, havia algo de medieval[11] no processo norte-americano de nomeação e eleição dos presidentes, especialmente na unânime e temporária amarga divisão no fechamento da convenção. "O grito é o teste": a partir daí, como durante a Idade Média, a unanimidade era tida como certa, não podia ser quebrada. Na Idade Média, e também nos Estados Unidos, as pessoas negariam a existência da divisão de opiniões por muito tempo,[12] tanto nos partidos políticos, como na vida na cidade pequena. Entretanto, era um erro atribuir os ocasionais erros de idéias da maioria ao mero partidarismo, como era atribuído por progressistas reformadores. Um editorial no primeiro número da revista *The New Republic*, a então voz intelectual dos progressistas modernos, em 1914, lamentava a nova prática – recentemente estabelecida por uma emenda constitucional – de eleição direta de senadores, que causaria pouca ou nenhuma mudança para melhor. Um "golpe severo ao progressivismo não partidário" havia ocorrido, afirmou o editorial. Políticos pertencentes à máquina partidária com passados duvidosos foram eleitos, apesar da oposição de elementos progressistas dentro de seus próprios partidos. "Entretanto, todos foram nomeados e eleitos por voto popular, e nenhum adepto do governo popular pode questionar seu direito ao cargo. O significado desta lição é inequívoco. As primárias diretas e a eleição popular direta de senadores não contribuirão muito para o genuíno triunfo da democracia política e social, enquanto alianças partidárias forem o fato dominante nas mentes dos eleitores..." Mas o problema não era mais o domínio das alianças partidárias. Era o domínio da publicidade.[13] A segunda transformação de 1914 do sistema político norte-americano, de uma disputa de popularidade para de publicidade, havia começado.

A PALAVRA "PUBLICIDADE", EM SEU SENTIDO PRESENTE: "o negócio de tornar bens ou pessoas conhecidas publicamente", apareceu em 1904, segundo nos diz o dicionário Oxford. Isso era diferente do primeiro uso inglês da palavra (1791): "A qualidade de ser público; a condição ou fato de estar aberto à observação ou ao conhecimento público." "Agente de publicidade", "relações públicas", "especialista em relações públicas", "indústria de relações públicas" (ou "negócios") são norte-americanismos do século XX. Algumas dessas palavras foram cunhadas por Edward L. Bernays, um magnata da publicidade, em 1919. Quarenta anos mais tarde, a abreviação "R.P." havia entrado para o vocabulário popular norte-americano e era reconhecido por todos.

O respeito e a atenção dados à publicidade são mais antigos que isso.[14] Benjamin Franklin foi um dos primeiros homens de relações públicas. Era uma bobagem a sua famosa constatação de que tudo que um norte-americano tinha de fazer era construir uma ratoeira melhor. O que tinha de fazer era *prevenir* as pessoas – quase sempre com o custo da freqüente e incessante repetição – da existência desta ou daquela ratoeira, pré-requisito da familiaridade das pessoas com a qualidade (e até mesmo com o preço) da mencionada ratoeira. Durante o século XIX, o esforço de dirigir as mentes das pessoas à disponibilidade de algo ou alguém começou a se fundir com o esforço de falar sobre a particular qualidade do objeto ou da pessoa – especialmente quando o esforço era dirigido a um grande número de pessoas. Isso também estava acontecendo com a propaganda na imprensa. A imprensa estava começando a depender cada vez mais da propaganda; mas, diferentemente dos jornais mais antigos, a linguagem e, mais tarde, o conteúdo pictórico da propaganda mudaram. Os jornais mais antigos, durante o século XVIII, publicavam meramente notícias sobre a disponibilidade de certos bens. Durante o século XIX, a ênfase mudou para suas qualidades e preços. Isso correspondeu a toda a história dos jornais durante os séculos da Idade Moderna. No começo, eles publicavam pedaços pequenos de notícias entre suas propagandas que eram, na verdade, sua função principal de lucro. Mais tarde sua dependência da propaganda se tornou proeminente novamente.

Durante o século XIX, o espaço ocupado por propaganda nos jornais norte-americanos, nas ruas, paredes e estradas estava crescendo muito. Nessa área, as práticas estavam bem à frente das na Europa. A aparência pictórica das propagandas se tornou mais aperfeiçoada, mais surpreendente. Sua linguagem era, às vezes, espantosamente moderna, adquirindo cedo o tom freqüentemente surrealista da propaganda do século XX, com o propósito de atrair a atenção em vez de enfatizar as únicas (e específicas) qualidades de um produto ou de uma loja – em outras palavras, com o propósito de criar uma imagem geral em vez de concentrar o foco em uma realidade particular.

As campanhas eleitorais adotaram esse perfil. No tempo de sua primeira transformação, por volta de 1830, a mudança do verbo foi reveladora. Foi então que os candidatos começaram a "concorrer" e não mais a se "oferecer" aos cargos. Havia ainda mais que isso. Nas cruas campanhas presidenciais de 1836 e 1840, que desanimaram James Fenimore Cooper e outros norte-americanos de orientações políticas antigas, os *whigs* desenterraram o velho general Harrison por causa de seu potencial apelo popular. Os slogans de "Velho Tip" e mais tarde "Tippecanoe e Tyler também", bem como o exagero do contraste entre o rude herói de fronteira sempre alerta e o "talher de prata" Van Buren foram construídos pelos políticos do Partido *Whig*. Foi significativo e revelador que o *Whig* fosse, relativamente (mas somente relativamente), o partido mais conservador dos dois.

A publicidade como negócio, entretanto, ainda estava em sua infância. Exceto aqui e ali, os políticos eram os agentes publicitários. Além dos jornaleiros eram os próprios políticos que trabalhavam duramente na criação de homens e slogans populares. Durante as primeiras décadas do século XX, aconteceu uma mudança sutil. Envolveu a transição de imagens verbais para pictóricas. A invenção e a produção da fotografia, do cinema, da reprodução pictórica nos jornais contribuíram muito para isso. Warren Harding foi o primeiro candidato à Presidência cuja boa aparência teve papel importante na sua escolha.[15] Não faz sentido especular se Abraham Lincoln – que, não importa quão impressionante, era um homem feio – poderia ter sido nomeado em uma era de fotografias nos jornais ou na era da televisão. Faz sentido argumentar que, se existisse televisão em 1932, a deficiência de Franklin Roosevelt teria sido um sério, talvez intransponível obstáculo à sua nomeação. Todavia, ele foi o presidente que melhor uso fez do rádio, onde o tom de sua voz era inspirador, mesmo que o conteúdo de seus discursos tenham sido menos inspiradores em retrospecto.

Durante as primeiras décadas do século XX, a efetividade da política verbal estava enfraquecendo. Van Wyck Brooks notou isso em 1915: "O espetáculo norte-americano mais impressionante hoje é o tatear de novos assuntos que ninguém ainda trouxe à baila. Vemos um presidente advogando um 'novo nacionalismo', outro presidente defendendo uma 'nova liberdade' ... frases que ilustram exatamente este novo tatear vago, esta aguda consciência de inadequação dos assuntos habituais, esta total inabilidade de esquematizar e formular novas questões que realmente sejam questões. Conosco a maneira reconhecida de pegar algum sentido no ar é adotando alguma frase já gasta e colocando a palavra 'nova' à frente."[16] Quando Theodore Roosevelt disse que a Presidência é um "palanque público", ele estava somente reiterando enfaticamente aquilo que já havia se tornado óbvio durante sua vida (a Presidência não era um palanque público há uma ou duas gerações). Entretanto, foi o pálido e professoral Wilson, e não o intempestivo e impaciente Roosevelt, quem instituiu novas práticas na Presidência. Wilson foi o primeiro presidente a dar "entrevistas coletivas" (sobre as quais se diz que as afirmações não continham notícia alguma e não eram realmente entrevistas). Em 1917, ele criou a Comissão Creel de Informação Pública. O fato de essa comissão ter cometido muitas fraudes a serviço da propaganda de guerra não é nosso assunto aqui; o que é significativo é a criação presidencial da primeira agência governamental norte-americana dedicada à formação da opinião pública em larga escala. Wilson também foi o primeiro norte-americano a encorajar a função investigativa das comissões parlamentares. Estas funções tendiam a se tornar truques de publicidade. Como tantas outras "reformas" progressistas, suas funções quase sempre se desenvolveram à custa das liberdades civis norte-americanas. Harding, que foi escolhido por causa de sua imagem, era um homem limitado. Buscava popularidade em seus modos simples, enquanto mantinha escondidas algumas de suas convicções, sem falar de seus hábitos.

Um caso interessante foi o caráter complexo de Calvin Coolidge. A imagem aceita de Coolidge era, e ainda é, a de um austero filho da Nova Inglaterra, um tipo de último puritano na Presidência; um ianque taciturno com certas convicções privadas. Na verdade, Coolidge era um homem inseguro, raramente à vontade, e quando "Coolidge estava à vontade e não em exibição pública, era o presidente mais tagarela que a Casa Branca jamais abrigou".[17] Ele estava constantemente preocupado com sua imagem pública, que cultivava incessantemente. Fez mais discursos em quatro anos que qualquer outro presidente antes ou depois dele; também concedeu mais coletivas que qualquer outro presidente antes dele. Seu secretário de imprensa, C. Bascom Slemp (um nome que teria sido querido para Anthony Trollope ou Artemus Ward), estava muito consciente da importância da imagem de Coolidge, inclusive a de sua representação pictórica – como as famosas fotos de Coolidge usando um cocar indígena e vestindo um macacão de fazendeiro da Nova Inglaterra (com sapatos sociais muito bem polidos), das quais os fotógrafos deixaram de cortar no canto superior a limusine presidencial Pierce-Arrow e o motorista, com um boné na mão, respeitosamente esperando o sujeito augusto deste tipo de iconografia.[18]

Novamente me refiro à pictorização, já que a década de 1920 foi a última da era dourada da imprensa. Em 1930, o monopólio da "notícia", de informar as pessoas, tinha sido violado pelo rádio, pelo cinejornal, pelas revistas de notícias. Durante o interlúdio entre a era dourada do jornal e a era de prata da televisão, grande parte da opinião pública era formada e refletida nas revistas de notícias. Das revistas como a *Time*, muitas das distinções entre informação e opinião foram retiradas. Os jornais ainda eram influentes, mas o caráter dessa influência estava mudando. Afora a condição importante que agora eles eram cada vez mais dependentes da propaganda, na maioria dos jornais também as tentativas anteriores de ao menos uma separação semidecente da informação e da opinião, da reportagem e do conteúdo editorial, estavam sendo progressivamente obliterados. "Esta era", escreveu Douglas Cater em um artigo na revista *The Reporter*, em 1959:

> Ilustra o grau ao qual a reportagem de eventos pode ser, por si própria, um evento político importante. A publicidade é uma força que se tornou singularmente essencial ao sistema de governo norte-americano... Dentro do próprio poder Executivo, infinitamente grande e compartimentalizado, a competição por publicidade quase sempre toma o caráter de uma luta de vida ou morte...[19] A tendência à produção de notícias para influenciar o desenrolar dos eventos[20] não pode ser corretamente mapeada. A interação pode ser resultado de puro acaso. Pode ser, como profissionais modernos da arte de relações públicas apreciam, transformada em um objeto de manipulação. Pode até ser um produto de cooperação consciente, ou da falta dela, entre o político e a imprensa.

Vinte anos mais tarde, a análise ainda é válida, mas com duas exceções. A influência da imprensa ficou limitada aos poucos jornais nacionais remanescentes, ao *Washington Post* talvez mais que ao *New York Times*. Enquanto isso, a influência das revistas de notícias decresceu, e a influência da televisão cresceu.

Cerca de dez anos antes do advento da televisão, outro fenômeno apareceu: os pesquisadores de opinião. (Novamente o desenvolvimento da linguagem é revelador. Antes de 1940, aproximadamente, a palavra "pesquisa" era associada às eleições, e depois à pesquisa de opinião pública.) Foram feitas tentativas esporádicas de "medir" a opinião pública, aqui e ali; mas foi durante a década de 1930 que surgiram os institutos de pesquisa de opinião pública, o mais celebrado deles o do dr. Gallup, em Princeton. Logo, personagens políticos e organizações se interessaram em seus achados. Isso incluía Franklin Roosevelt, que apesar de toda a autoconfiança de um nobre estava razoavelmente consciente de certas contracorrentes do sentimento popular. Duas vezes, em 1936 e em 1948, os prognósticos dos pesquisadores para as eleições presidenciais estavam errados. Entretanto, o interesse público em seus achados continuou e suas técnicas de amostragem melhoraram até que, na década de 1950, a amostragem de popularidade, em todos os assuntos possíveis, se tornou prática aceita para a maior parte dos políticos, especialmente candidatos à Presidência e presidentes.

Era como se isso fosse a suprema extensão da democracia popular.[21] Entretanto, as pretensões dos pesquisadores eram essencialmente fraudulentas. Eles fingiam estar no ramo das pesquisas, ou seja, de asseverar a opinião pública. Na verdade, estavam sondando o sentimento popular – por meio de questões primitivas e cruas sobre alternativas preconcebidas, e transformando esses resultados em porcentagem. Qualquer que seja a diferença entre opinião pública e sentimento popular, eles têm isto em comum: nem opinião nem pensamento pode ser enumerado, quantificado e, portanto, medido, já que envolve, ampla e profundamente, elementos variáveis de qualidade, intensidade e autenticidade. Segue, portanto, que quase qualquer representação numérica de "opinião" é, por necessidade e definição, falsa.

Como, então, os pesquisadores e suas pesquisas foram cada vez mais solicitados, aceitos, necessários e bem-sucedidos? Não é surpreendente que a sua influência tenha aumentado. A democracia moderna tem um tipo de respeito burro – mesmo que misturado com ressentimento – por todos os tipos de especialistas. Apesar das freqüentes falhas de desempenho, parece que a democracia moderna não pode viver sem eles. Mas os pesquisadores deram um passo adiante com relação aos especialistas. Depois de mais ou menos uma década de tentativas e erros freqüentes, eles melhoraram sua técnica de amostragem ao ponto das projeções se tornarem mais acertadas. A margem de erro estava diminuindo, apesar de que, em 1980, as projeções de voto popular estavam razoavelmente bem fora do alvo. Isso aconteceu porque seu trabalho tinha pouco a ver com opinião ou com sentimento. Eles estavam lidando com escolhas, não com pensamentos. Mas escolher e pensar são coisas diferentes – especialmente quando a escolha envolve alternativas predeterminadas e inalteráveis. A caixa de sabão em pó que uma dona-de-casa cansada escolherá das prateleiras de um supermercado depende, é claro, de muitas coisas: de sua memória (indo desde a consciência definitiva às reações subliminais), das incessantes, ou pelo menos freqüentes, repetições do nome ou da imagem do produto em todos os tipos de propaganda; da cor e do formato da embalagem; sua posição nas prateleiras, e claro, de sua qualidade e preço – mas os dois últimos nem sempre são fatores determinantes. Esse tipo de escolha, envolvendo normalmente um baixo nível de consciência e de comprometimento pessoal e privado, é razoavelmente previsível, especialmente quando se trata de um grande número de pessoas. Quando se trata de escolha eleitoral, o nível de comprometimento é até certo ponto diferente (afinal, o voto exige algum tipo de esforço pessoal, inclusive o de se registrar); mas a diferença normalmente é de grau, não de tipo; e a projeção de um pesquisador se torna mais fácil pelo fato de que a escolha envolve somente duas alternativas predeterminadas.[22] Daí a precisão relativa das projeções dos pesquisadores quando se trata de escolhas eleitorais – um nível um tanto mais baixo de realização. (Talvez seja por isso que os pesquisadores, com todos os esforços e equipamentos sofisticados, quase nunca conseguiram predizer o número total de eleitores – ou, ao contrário, o número de eleitores que não se mexeram para ir votar.)

O pior ainda estaria por vir. Vimos que a escolha ou, às vezes, mesmo os desejos das pessoas, freqüentemente eram abstrações, a um passo da realidade. Vimos que mais de 140 anos atrás James Fenimore Cooper se exercitou não tanto pela prevalência de buscar popularidade política, mas pela simulação da popularidade. No século XX, isso significou que a popularidade poderia ser fabricada pela publicidade – chegando à distorção do processo político para o qual os pesquisadores contribuíram. Esse era o fenômeno político e social correspondente ao chamado princípio Heisenberg (que no mundo da matéria foi uma descoberta mais fundamental que a teoria da relatividade de Einstein). O princípio afirma que a observação de uma certa matéria pode influenciar e mudar a própria matéria. Ao repetir que uma pessoa é popular, a mesma pode se tornar popular. (Essa também pode ter sido uma das razões do enorme aumento do interesse nacional pelo desempenho atlético; o qual, afinal, é mensurável e real. Ao se repetir que este ou aquele artista ou disco é popular, ela ou ele pode se tornar popular; mas repetir que este jogador de tênis ou aquele corredor é o melhor não é suficiente; ele tem que vencer todos os seus oponentes ou correr mais rápido que qualquer outra pessoa.)

Durante os anos 1950, o departamento de Estado se envolveu na fabricação de popularidade, ao ajudar políticos supostamente simpáticos em todas as partes do mundo. Eram feitos arranjos em Washington para que os carros das comitivas de autoridades estrangeiras passassem pela avenida Constituição por volta das 12h30, "na hora que os prédios do governo estavam liberando seus funcionários para o almoço. Isso dará a impressão de uma demonstração espontânea em sua honra". (Tirado de um panfleto do governo no período Dulles.) Em Nova York, preocupados que alguns dos distintos visitantes estrangeiros não recebessem uma demonstração indevidamente pequena de confetes sobre seu comboio, os agentes do departamento de Estado se reuniram com outros do departamento de Saneamento da cidade e com o presidente da bolsa de valores. Eles concordaram que a bolsa guardaria restos de papel picado por uma semana ou dez dias antes da chegada de visitantes proeminentes do exterior, depois de tal assídua preservação, o papel picado seria reunido e entregue ao departamento de Saneamento, cujos trabalhadores subiriam nos altos edifícios das firmas de corretagem e ajudariam a jogar os montes de papel que eles mesmos teriam que varrer das ruas novamente.

No meio do século, todos os principais candidatos políticos tinham seus próprios pesquisadores, cujas múltiplas tarefas incluíam não somente a seleção de programas populares, assuntos ou frases, mas o pronunciamento público (freqüentemente uma "nota à imprensa") de que seu candidato ou cliente estava indo bem nas pesquisas, e que tinha se tornado a escolha popular. (Uma conseqüência disso foi a crescente prática de se anunciar que um candidato estava "na frente" – isto é, dias, semanas, meses antes de as pessoas entrarem nas suas cabines eleitorais para registrar suas escolhas.) Dessa maneira, as funções do pesquisador e do agente publicitário se fundiam, quase sempre ao ponto de serem inseparáveis. A mesma coisa acontecia com os lobistas de interesses especiais que, no passado, tinham tentado influenciar os legisladores enfatizando os interesses materiais dos últimos, tentando-os com vantagens financeiras. Depois de 1950, esse tipo de corrupção se tornou menos material, mais intelectual, e, portanto, mais insidiosa. O trabalho do lobista e do empreiteiro era o de simular e produzir expressões e "evidências" de popularidade.

Isso correspondeu a certas mutações no processo político norte-americano. O antigo chefe do distrito, cuja tarefa e propósito principais eram o de provocar o voto, deu lugar ao novo tipo de especialista publicitário, cuja preocupação principal era a imagem pública do candidato. Ao mesmo tempo, de uma maneira geral, o partidarismo e a filiação partidária do público eleitor decaiu até se tornar um fator secundário ou até mesmo sem valor. Em 1979, o eleitor tradicional democrata e republicano estava sumindo do ambiente político. Alguns observadores conservadores, cuidadosos do cenário, disseram que ocorreu em 1830 a transição por parte do legislador eleito da delegação à representação. Cento e vinte anos mais tarde, houve ainda uma outra transição, a da representação para a "apresentação". Isso era do que se tratava a "opinião pública": exposição pública, em vez de opinião. Por meio da publicidade, um enorme orçamento havia sido criado para as indústrias e empresas norte-americanas, permitindo-lhes gastar quantias de dinheiro astronômicas em propaganda que podiam ser deduzidas por causa de leis fiscais bizantinas, como se fossem despesa de produção, eventualmente ao custo da eficiência da própria produção. Também foi por meio da publicidade que a função daquilo que era compreendido sob o termo "sociedade" nos Estados Unidos foi transformado: a velha sociedade era sem dúvida privada, a nova sociedade era determinada e ansiosamente pública. Ser conhecido – ou, mais corretamente, ser amplamente conhecido – era o que contava na vida política assim como na vida social, nos negócios e na vida intelectual.

DURANTE O SÉCULO XX, o presidente norte-americano se tornou um monarca eleitoral. Na história da civilização ocidental, a monarquia hereditária (assim como a chamada absoluta) era mais típica do início da Era Moderna que da Idade Média. Em muitos casos e de algumas maneiras, o rei medieval era um monarca eleitoral, dependente dos nobres. O princípio da monarquia eleitoral havia sido, é claro, estabelecido desde o início, com a constituição da República. Em sintonia com suas preferências pelo conceito inglês de "governo equilibrado", os fundadores do Estado norte-americano investiram o governo de algumas prerrogativas monárquicas, mas dependente de outros dois poderes relativamente aristocráticos e democráticos, assim como do processo eleitoral. Durante o século XIX, os poderes presidenciais ainda não eram muito fortes. Tocqueville pensou que com o maior alcance da democracia, o presidente seria cada vez mais dependente do congresso. Por volta de 1900, o domínio do congresso começou a enfraquecer. Por causa das complexidades de um país industrializado, foram necessários decretos presidenciais em um crescente número de circunstâncias para regular matérias que não podiam ser deixadas para o lento, complicado e freqüentemente inadequado processo de legislação do Congresso federal ou estadual. Ainda mais importante foi o crescimento da máquina publicitária. "O povo" queria um líder, um pai, um marido. Esse era um fenômeno mundial. A revolução do século XVIII, quer na França ou nos Estados Unidos, foi antimonárquica. Os movimentos de massa da primeira metade do século XX, não. Estou usando a palavra "monarquia" em seu sentido original, aristotélico, do reinado de um homem só, e não no sentido de hereditariedade, ou seja, aristocrático, de realeza. Os exemplos de Mussolini, Hitler, Perón, ou de muitos outros, mostraram que a democracia e a monarquia eram ainda mais compatíveis que a aristocracia e a monarquia haviam sido.

Durante o século XX e especialmente depois de 1920, a participação popular na eleição presidencial flutuou e decresceu, na verdade. Entretanto, não o interesse popular na pessoa do presidente. Com o advento da publicidade em massa, quantidades crescentes de informação (em grande parte espalhafatosas) sobre sucessivos presidentes foram produzidas, muitas das quais eram falsas. Por causa da publicidade, a distância entre a imagem e a realidade estava se alargando. Há poucas revelações sobre os presidentes do século XIX que contraste dramaticamente com sua imagem contemporânea, ou que seja realmente surpreendente em retrospecto. No século XIX, isso começou a mudar para pior. Consciente como era dos efeitos da publicidade e da imprensa, Theodore Roosevelt era um caso a parte, por isso não havia grande contraste entre sua personalidade real (e histórica) e sua imagem pública contemporânea. A mesma coisa era verdade, *mutatis mutandis*, de seu sucessor, Taft. Mas quando chegamos a Wilson, o contraste entre o presidente público e o privado era realmente muito grande, em alguns casos de uma maneira surpreendente. Sem entrar na análise de caráter do mais complexo dos presidentes, notemos somente um fato indubitável: a condição física e mental de Wilson, incapacitado como estava depois de seu derrame em 1919, foi ocultada do público norte-americano por mais de um ano, apesar – ou talvez por causa – da enorme influência da imprensa e da máquina publicitária de uma maneira geral. Havia um alarmante contraste entre a imagem pública do silencioso e determinado Coolidge e do tagarela e inseguro Coolidge, na vida privada. Milhões sabiam todos os tipos de detalhes da vida particular de Franklin Roosevelt – o nome de seu cachorro e o fato dele ter servido cachorro-quente ao rei e à rainha da Inglaterra quando o visitaram, em 1939. Quase sempre os mesmos milhões não sabiam que esse presidente era aleijado e dependente de uma cadeira de rodas. Não sabiam também que durante o último ano de sua vida ele havia enfraquecido drasticamente, na verdade era um homem moribundo. Durante a Presidência de Franklin Roosevelt, o impulso hereditário começou a influenciar a monarquia eleitoral da Presidência norte-americana. Roosevelt foi eleito quatro vezes seguidas; talvez pudesse ter sido eleito novamente se assim quisesse e se a providência permitisse. Theodore Roosevelt foi o primeiro presidente cuja vida familiar o povo norte-americano teve excessivo interesse; a esposa de Franklin Roosevelt era uma importante figura pública, talvez pela primeira vez na história da Presidência norte-americana. Entretanto, os Roosevelt, norte-americanos nobres como eram, ainda guardavam suas vidas privadas da publicidade indevida (por mais que uma razão). Eventualmente, esse tipo de separação das vidas pública e privada foi erodida pela máquina da publicidade.

Por algum tempo, a tendência hereditária correu forte. Não tivesse John Kennedy sido assassinado, não há razão para acreditar que ele não teria sido triunfalmente reeleito, e que quatro anos mais tarde seu irmão Robert teria sido eleito, não tivesse ele também sido assassinado por um árabe louco. A imagem pública de John Kennedy, o protótipo do marido norte-americano ideal, glorioso e alegremente casado, parece ter sido muito diferente das realidades de sua vida privada; mas pouquíssimas pessoas sabiam disso na época. O país agora tinha cada vez mais interesse nas esposas dos presidentes. O fato da filha do presidente Nixon ter se casado com o neto do presidente Eisenhower não era surpreendente; sua aliança era remanescente de uma inclinação hereditária assim como da mistura de novos burocratas com as aristocracias estaduais, como acontecia freqüentemente com as famílias na antiga União Soviética. O tipo de populismo norte-americano que durante o século XIX causava desconfiança e hostilidades nos ricos que ocupavam altos postos políticos estava acabando. Antes de 1920, o nome Rockefeller ou Vanderbilt teria sido um obstáculo decisivo, se não fosse um anátema, às candidaturas a cargos públicos, apesar de que o nome Ford não. Uma geração mais tarde, os Rockefellers foram eleitos para os governos de muitos estados. Um deles continuou e se tornou candidato a presidente e vice-presidente, sem uma hostilidade popular considerável. O que contava a seu favor não era seu histórico filantrópico, mas sua celebridade política, o reconhecimento público de seu nome. Um desconhecido irmão ou parente do presidente não tinha qualquer chance; um irmão famoso, sim. A celebridade dos anos 1950-60 fez atores de cinema se tornarem senadores e governadores, até que eventualmente um deles se tornou presidente.

Deixe-me insistir novamente que a crescente influência da publicidade não significou a crescente democratização da política norte-americana. Críticos do populismo ou da democracia, quer do século XIX ou no XX, temeram ou castigaram o "homem comum", acreditando que a maior democratização ou popularização de qualquer processo ou instituição necessariamente levaria à anarquia e/ou ao extremismo. De várias formas o oposto estava acontecendo. Os norte-americanos, inundados por ondas oceânicas de publicidade diária, têm sido surpreendentemente dóceis. Muitos deles podem não ter gostado deste ou daquele presidente; entretanto, seu medo de não ter um presidente era muito grande – isto a despeito do fato de, a partir de Eisenhower, os presidentes com freqüência se ausentarem da Casa Branca inescrupulosamente por longos períodos de tempo. Uma evidência disso foi o enorme sentimento de alívio nacional na rápida e tranqüila continuidade da Presidência depois que o presidente em exercício fora abruptamente eliminado por morte (ou, no caso de Nixon, por renúncia). Durante o século XIX, presidentes morreram no cargo, outros foram assassinados, mas parecia não haver a ansiedade ameaçadora de não ter o sucessor empossado em horas, senão minutos. Em 1901, a notícia da morte de McKinley alcançou Theodore Roosevelt de maneira mais ou menos normal, quando estava de férias em Adirondacks. (É verdade que quando Roosevelt chegou a Buffalo para fazer seu juramento presidencial, garantiu que muitos jornalistas estivessem presentes.) A primeira dramática inovação nesse aspecto envolveu Calvin Coolidge, um homem que a maior parte das pessoas ainda considera como um sobrevivente do século XIX, dos EUA da década de 1920, enquanto ele era, de várias maneiras, um típico homem de seu tempo, excessivamente consciente das vantagens da publicidade. Quando Harding morreu em uma quente noite de agosto, seu vice-presidente, Coolidge, estava em Vermont. Um congressista amigo (Porter H. Dale) correu até ele. "Os Estados Unidos não têm presidente!" , gritou. "Senhor Coolidge, o país não pode nunca ficar sem um presidente!" (Tudo isso aconteceu antes da era da Guerra Fria e dos foguetes intercontinentais.) Então Coolidge, conhecido pela nação como um presidente com características de empresário, que ia para a cama cedo e dormia profundamente, ficou acordado durante toda a noite e foi empossado pelo seu pai, uma autoridade local, às 2h47 da manhã, mais tarde a sua posse foi reencenada para os fotógrafos.[23] Quando o presidente Kennedy foi assassinado, seu sucessor foi empossado mesmo antes de o avião presidencial decolar para Washington. Quando o presidente Nixon renunciou, seu sucessor foi empossado em questão de minutos; quando o presidente Reagan foi ferido por uma tentativa de assassinato, seu secretário de Estado correu para a Casa Branca para anunciar à nação com lábios trêmulos que, de acordo com a Constituição, ele estava no comando. (E ele estava errado.) Em cada um desses casos, houve um sentimento imediato de alívio nacional; senadores, figuras públicas, jornalistas e comentaristas de televisão deram vazão à imensa satisfação de que a Constituição "funcionava", que *havia,* no final das contas, um presidente. ... Mas na Idade Média também, as pessoas nem podiam imaginar não ter um rei.

"A emergência de características físicas e simbólicas que definiam a Presidência moderna está evidente nos diversos quarteirões ao redor do número 1600 na avenida Constituição",[24] escreveu o professor Fred Greenstein:

> William Hopkins, que começou a trabalhar como estenógrafo da Casa Branca com Hoover, em 1931, e se tornou secretário da Presidência[25] mantendo esta posição até sua aposentadoria nos anos Nixon, lembra que ele apertou a mão do presidente Hoover antes de começar a trabalhar na Casa Branca. Hoover ainda achava possível dar continuidade à tradição de Ano-Novo do século XIX de receber pessoalmente qualquer pessoa que viesse à fila de cumprimentos na Casa Branca.
>
> Na época de Hoover, a Presidência não havia se tornado um símbolo tão central das emoções públicas e das percepções sobre o estado da nação que se julgassem necessários procedimentos para proteger a Casa Branca de intrusos potencialmente perigosos. A Casa Branca de nosso tempo está protegida por uma cerca alta e eletronicamente sensível; seus portões são trancados e cuidadosamente guardados; e a cerca se estende pela West Executive Avenue até o imponente *Old Executive Office Building*, criando um "complexo presidencial" de dois quarteirões. Na época de Hoover, a cerca mais baixa e não eletrificada delimitava somente o terreno da Casa Branca, e os portões eram abertos. Qualquer um que andasse para leste da Casa Branca de onde até então não era um prédio de escritório, mas o lugar dos departamentos de Estado, da Marinha e da guerra, costumeiramente fazia isso passando pelos jardins da Casa Branca.[26]

Os anos 1950 representaram um outro marco, inclusive uma mutação no caráter presidencial. O general Eisenhower, que fora eleito por uma maioria ampla, em 1952, e novamente em 1956, era uma simples criação da publicidade. Nem foi ele o primeiro exemplo de candidato presidencial que havia sido escolhido pelos políticos por sua reputação de general vitorioso. Entretanto, já em 1942, o general Marshall e o presidente Roosevelt haviam escolhido Eisenhower como comandante das Forças Aliadas no teatro europeu, em parte porque ele era o tipo de general norte-americano – democrático, agradável, conciliador e bem equipado com um sorriso fotogênico – que seria aclamado pela imprensa, e que na difícil posição de comandar todos os tipos de aliados, seria um bom presidente do Conselho. O potencial favorável para a publicidade de Eisenhower, assim como suas capacidades burocráticas, decidiram em seu favor. Depois da guerra, essas qualidades impulsionaram o general à reitoria da Universidade Columbia, ao comando da OTAN e, eventualmente, à Casa Branca. Ele era ciente da importância da publicidade. Se Truman foi o último presidente antiquado na Casa Branca, Eisenhower foi o primeiro burocrático. Eisenhower fez sua campanha apoiado em uma plataforma republicana contra o *Big Government* e a *Big Bureaucracy*, mas a burocracia da Casa Branca durante os anos Eisenhower cresceu muito rapidamente. Em 1960, o número de funcionários em tempo integral era quase três vezes maior que no período de Roosevelt, e quase duas vezes maior que nos anos Truman. Eisenhower delegou todos os tipos de autoridade a seus funcionários. A tarefa mais importante de seu pessoal era escolher quem podia ver e falar com o presidente, uma prática dúbia que restringiu seu acesso às informações, a pessoas, políticas e idéias que certos homens influentes de seu estafe aprovavam. Ele não escreveu nenhum de seus discursos. Nos anos 1950, o número de redatores de pronunciamentos na Casa Branca começou a abundar; eventualmente dúzias deles cortariam, colariam e montariam o texto de um discurso presidencial.

Eisenhower não foi o primeiro presidente que achava essa tarefa onerosa. De John Adams a Truman, presidentes haviam se queixado sobre o fato da Presidência ser uma prisão dourada. Mas Eisenhower foi o primeiro presidente que considerava sua ocupação como a de um presidente de conselho, com horário fixo de nove da manhã às cinco da tarde, se ausentando da Casa Branca quando em férias para jogar golfe tanto quanto achava possível. Também foi o primeiro presidente televisivo. Em 1948, Truman apareceu na televisão somente para uma curta exposição de três minutos, encorajando os eleitores a votar; em 1952, Eisenhower contratou o ator Robert Montgomery para preparar sua aparência e aparições; o ator permaneceu na equipe da Casa Branca por algum tempo. Em 1956, um outro ator, George Murphy (que eventualmente se tornaria senador pela Califórnia) o substituiu. As feições de Eisenhower eram fotogênicas e seguras, mais impressionantes que a sua voz. A mudança para a pictorização da imaginação norte-americana, assim como a burocratização de sua vida, estavam agora amplamente representadas pelo próprio funcionamento da Presidência – aquela monarquia eleitoral que de várias maneiras continha elementos de neomedievalização. O grande historiador Huizinga descreveu como a imaginação e a vida no final da Idade Média eram excessivamente públicas e pictóricas. Como os monarcas medievais, o presidente norte-americano agora dependia de uma corte de conselheiros que planejava suas aparições públicas e que apresentava não só as várias opções, mas a própria seleção e formulação destes problemas que, em sua opinião e sempre com um olho na publicidade imediata, o monarca eleitoral tinha de abordar.

Nos anos 1950, outra transformação do procedimento norte-americano de eleições se desenrolava rapidamente. Era a crescente influência das primárias presidenciais. Foi ainda um outro exemplo das deficiências das idéias populistas e progressistas propagadas meio século antes. (A primeira primária presidencial aconteceu em 1905, no típico estado populista-progressista, Wisconsin, o mesmo estado cujos eleitores apoiaram o demagogo Joseph R. McCarthy com enorme maioria na década de 1950; em 1952, ele recebeu 72% dos votos nas primárias republicanas.) À primeira vista, a introdução das primárias pareciam avançar para o alcance da democratização do processo político norte-americano – outro movimento em direção à eleição para a torná-la equivalente a um concurso de popularidade. Um olhar mais cuidadoso revelará que, em vez de um avanço da popularidade, o barulho das primárias presidenciais resultou na obtenção da popularidade por meio da publicidade. Em 1954, o estado de Oregon aprovou a primeira lei de acordo com a qual "os nomes daquelas pessoas que o secretário de Estado do Oregon determinar por sua própria prudência ser 'geralmente defendida ou reconhecida na mídia jornalística nacional por todos os Estados Unidos' como candidatos presidenciais serão listados na cédula eleitoral". Em outras palavras, os responsáveis pela nomeação eram "a mídia jornalística nacional", não o povo.

Em 1960, foi realizado o primeiro "debate" televisionado entre candidatos à Presidência. Como nos subseqüentes, este foi um debate apenas no sentido mais amplo (e superficial) da palavra. Consistiu em algumas declarações selecionadas e alternadas pelos dois candidatos, que não somente tinham sido preparados e treinados para aqueles 60 minutos decisivos mas também tinham sido penteados, enfeitados, vestidos, maquiados por muitas horas, e depois de intermináveis consultas aos patrocinadores, ao pessoal de cinema, cabeleireiros e outros profissionais de beleza. Desde 1960, quando John Kennedy ganhou a eleição por uma margem muito pequena, há pelo menos uma razão para crer que sua aparência atraente na tela foi uma importante contribuição na sua vitória sobre um Nixon pouco atraente. Esses "debates" na televisão subseqüentes se tornaram eventos importantes nas corridas presidenciais. O exemplo mais absurdo ocorreu em 1976. O cenário era um teatro na Filadélfia, escolhido pelos respectivos comitês dos dois candidatos depois de meses de assíduas consultas e cuidadosa seleção da platéia, que servia como claque teatral, mecanicamente aplaudindo ora um candidato, depois o outro. Uma falha elétrica cortou o som perto do final do "debate". O então presidente dos Estados Unidos, Gerald Ford, e seu eventual sucessor, Jimmy Carter, ficaram de pé por 15 minutos entorpecidos e mudos, olhando para a nação (e para o mundo) sem falar nenhuma palavra, sem ousar se virar ou falar com o outro, desconfortáveis atrás de seus pódios, olhando para baixo. Consumidos por medo e vergonha, eles pareciam incapazes de se mover porque foram pegos desprevenidos.

Seu predecessor, Richard Nixon, foi o único presidente na história da República que teve de renunciar, ameaçado como estava com a perspectiva de um *impeachment*. Nixon tinha um caráter extremamente complexo, não desprovido de certos talentos e até de visão, mas de várias maneiras profundamente inseguro. Não foi especialmente bem-sucedido com a mídia publicitária. Assim não seria correto dizer que Nixon, como outros presidentes e candidatos presidenciais de sua era, fosse uma criação da publicidade. Havia também uma apreciável diferença entre o Nixon público e o privado; na verdade, as freqüentes e inconscientemente reveladoras, às vezes surpreendentes, expressões do Nixon privado contribuíram amplamente para o desgosto, o desdém e até o ódio explícito que muitos sentiam por ele. Entretanto, esse homem incomum foi tão, se não mais, obcecado por publicidade que qualquer um de seus antecessores ou sucessores imediatos. A esse respeito, Nixon também foi um exemplo – e talvez um exemplo extremo – do *homo americanus* de uma nova espécie, ao considerar e tratar sua imagem como se fosse não um reflexo da realidade, mas a própria realidade. Sua primeira campanha eleitoral bem-sucedida, em 1968, foi criticada pelo bem-aceito livro *The Selling of the President* (*A venda do presidente*) mesmo que esta tenha sido diferente das outras daquele período em grau, não em natureza. O que é incontestável foi que, em 1960, muitos dos principais agentes e auxiliares dos candidatos presidenciais eram homens de publicidade, cuja a mais significativa experiência e realização não fora na indústria ou no comércio, mas nas relações públicas. Eles também eram uma nova espécie: nem partidários políticos nem ideólogos, em grande parte. Tais pessoas, pela primeira vez na história da Presidência, se tornaram os auxiliares de mais expressiva confiança de Richard Nixon. Desde que Nixon foi o primeiro presidente eleito na história dos Estados Unidos que abertamente atestou ser "conservador", seus apoiadores assim como seus adversários pensavam que ele dependeria de pessoas com tal orientação ideológica. Entretanto, os vassalos e barões de sua equipe eram homens de relações públicas da Califórnia, tais como Haldeman e Ehrlichman, desinteressados em orientações ideológicas, talvez a razão pela qual se sentissem surpreendentemente à vontade com burocratas que conheceram em Moscou ou Pequim. Sua principal preocupação era isolar o presidente das pessoas e influências opostas à sua própria vocação, que era a de manter seu poder de presidente por meio de todas as práticas publicitárias concebíveis em nome da "segurança nacional". Nisso, em grande parte por causa de sua própria falta de visão, eles falharam. Mesmo assim, o próprio presidente atribuiu a crescente onda de oposição popular contra ele ao poder da mídia pública[27], obcecado como era com a sua imagem.

A boa aparência superficial, tanto a de Spiro Agnew quanto a de Gerald Ford, foi o principal elemento da escolha de Nixon para que estes fossem seus vice-presidentes. Ele também estava confiante que esses homens de talentos medíocres não o ofuscariam no cargo, como de fato aconteceu. Os homens de relações públicas e os de pesquisa de opinião tinham se tornado as pessoas importantes na Casa Branca. Em 1970, a própria seleção de um secretário de imprensa (antigamente um ex-jornalista entregando folhas de papel com informações para os repórteres) tinha se tornado um evento analisado com mais cuidado que a seleção de um membro do gabinete. Em 1976, o elemento principal na eleição de Jimmy Carter foi uma onda de empatia nacional pela figura de uma pessoa despretensiosa emergindo dos Estados Unidos rural do Sul. Na verdade, o caráter dessa pessoa de estilo próprio e frugal era tão complexo quanto o de Nixon ou Wilson. Pode ser pelo menos passível de discussão que Carter tenha sido o primeiro presidente norte-americano cujo propósito de se tornar presidente consistia somente no desejo de vencer o pleito, e que deu pouca, ou nenhuma, atenção ao que faria uma vez que este fosse vencido. Tendo ganho o governo da Geórgia uma vez, decidiu tentar algo grande, algo como um competidor de programa de televisão que confiava em sua sorte (e na simpatia dos produtores) naqueles programas-testes. Ele dependia das pesquisas de opinião e de especialistas em relações públicas ainda mais que seus predecessores. A falta de substância de seu caráter o derrotou a longo prazo. (Napoleão uma vez disse que aquele que teme sua reputação certamente a perderá; Maurice Baring escreveu: "Nada no mundo é mais insuperável que a obstinação dos fracos".) Finalmente, em 1980 – em parte devido à desilusão com a total incompetência da administração Carter e em parte por causa de uma onda conservadora –, o povo norte-americano, pela primeira vez na história da República e na história da civilização ocidental moderna, escolheu um ex-ator de cinema para presidente.

É claro que Ronald Reagan não era somente um ator de cinema. Ele havia sido governador da Califórnia. Mesmo assim, sua emergência como estadista público foi devido, em parte, à "pictorização" da imaginação norte-americana. Quando em 1956, a Academia da Força Aérea dos Estados Unidos foi formada, o secretário de Eisenhower anunciou que os uniformes dos cadetes estavam sendo desenhados por um produtor cinematográfico, Cecil B. De Mille e seus associados. Em 1971, o presidente Nixon teve toda a guarda da Casa Branca vestida em uniformes de parada cinematográfica. (Isso não foi um sucesso: eventualmente as roupas foram vendidas em partes, algumas delas indo para bandas de colégios no Oeste, outras para a Bolívia.) Na década de 1970, o ator de cinema John Wayne se tornou um tipo norte-americano de herói nacional porque representava em seus filmes – contrastando com a maior parte dos outros filmes da época – as virtudes tradicionais norte-americanas (isto é, tradicionais desde que havia cinema e *The Virginian*), que pareciam ser encarnadas no caubói do Oeste ou no xerife. Em 1979, quando os Estados Unidos foram humilhados por uma turba persa em Teerã, estudantes da Universidade San José, na Califórnia, marcharam pelas ruas carregando fotografias de John Wayne. O que contava ainda mais que os papéis estereotipados que Wayne desempenhava, era sua imagem pessoal bem propagada sobre a qual, na mente de milhões, havia uma correspondência entre as posições políticas e sociais deste ator viril e os seus papéis na tela. A morte de Wayne foi lamentada por uma proclamação do Congresso. Na Califórnia, aeroportos e escolas recebiam o nome dele. Sobre Ronald Reagan podemos dizer, mesmo na época destes escritos (1983), que poucos de seus predecessores dependeram tanto de pesquisas de opinião e de "especialistas" em relações públicas quanto ele. Seu gabinete e assessores incluíam certos "neoconservadores" ou mesmo "conservadores": mas o poder na Casa Branca era exercido por três de seus assessores, todos eles envolvidos com relações públicas antes de suas nomeações, um deles previamente fora o dono de uma companhia de relações públicas, na Califórnia. "No meio deste empreendimento", afirmou um artigo sobre a administração Reagan no *New York Times Magazine*, "está David Gergen, cujo título oficial é assessor do presidente para Assuntos de Comunicação... Gergen agora serve como o principal porta-voz da Casa Branca, supervisiona as operações de imprensa e os escritórios de comunicação, e desempenha um papel altamente influente em definir estratégias e políticas."[28] Em outras palavras, o invólucro, a apresentação e a propaganda do "produto" – ou seja, as deliberações de alto estadismo – não só influenciavam o produto, mas eram partes integrantes de sua criação.

A eleição de Ronald Reagan não foi o resultado de um engodo publicitário. Ele era, e por algum tempo permaneceu sendo, um presidente popular entre o povo norte-americano de uma forma geral. Entretanto, estava evidente desde o princípio que a maior parte das decisões e pronunciamentos deste amigável e benevolente presidente eram feitos com o impacto da publicidade em mente; uma prática perturbadora e potencialmente desastrosa, especialmente quando se trata de política externa. Quando, por exemplo, poucos meses após a eleição, os pesquisadores na Casa Branca começaram a se preocupar com a queda da popularidade do presidente por causa de propostas políticas envolvendo El Salvador, Richard S. Beal, um dos autores dos discursos presidenciais e analista publicitário, admitiu a um repórter: "O que estava errado com El Salvador era o conjunto de ações, em termos de política e apresentação ao público. Não foi bem apresentado ou seqüenciado." (A própria linguagem era reveladora: "seqüenciamento" – o tempo e a ordem de uma série de ações – "alvos de grupos de eleitores", "proporções de resistência", "janelas de oportunidade", "e a necessidade de ser 'proativo' em vez de reativo".) Na época dessa entrevista, o pesquisador estava envolvido em escrever o discurso do presidente sobre o estado da União. Ele falou ao repórter de seu trabalho, "Nós expomos os cenários de ganhar e perder. Nosso trabalho concerne à identificação de assuntos, objetivos e princípios no nível macro...". "Ao analisar os resultados das pesquisas," acrescentou o repórter, "[Beal] crê que pode dizer quais as visões do público sobre qual cada questão deverá prevalecer naquela época... Isso ajuda o presidente [ou melhor, os homens do presidente] a decidir como proceder."[29] Deve ser óbvio que isso era algo muito diferente da liderança presidencial no passado – ou talvez de qualquer outro tipo de liderança no sentido tradicional. A transformação do processo político de um concurso de popularidade em um concurso de publicidade não começou em 1980, mas agora estava quase completo. O próprio uso da palavra "popular" estava se enfraquecendo no uso político, enquanto "imagem" e "publicidade" se tornavam mais freqüentes.[30]

Um dos temas principais da campanha presidencial de Ronald Reagan foi a redução da burocracia governamental. Entretanto, mesmo com todas as reduções ordenadas no governo, a equipe da Casa Branca não diminuiu em nada. Quando houve o *New Deal* em 1933, os funcionários da Casa Branca eram menos de 50. Cinqüenta anos mais tarde, consistiam de 600 – incluindo os funcionários de tempo integral.[31]

> Algo mais que a lei de Parkinson estava sendo aplicada no crescimento da equipe da Casa Branca... A mudança do uso exclusivo dos assessores de bastidores de Roosevelt para o uso da equipe autorizada por estatuto está registrado no *Manual de Governo dos Estados Unidos,* lançado em outubro de 1939. Listado imediatamente depois da página, identificando o presidente dos Estados Unidos está o que continua sendo o título guarda-chuva sob o qual estão agrupadas as agências presidenciais – o Escritório Executivo do Presidente. O Escritório da Casa Branca está listado a seguir. (Em outubro de 1939, somente três assessores do último haviam sido selecionados. No *Manual* de 1970-1971, o ano com maior número de funcionários, estavam listados mais de 50.)[32]

O fato de a transformação da Presidência norte-americana em um empreendimento publicitário ser inseparável da existência de uma burocracia "executiva" tão ampla, já deve ser óbvio. Na Idade Média, na verdade até mais ou menos o século XVII, os reis não tinham gabinete; dependiam somente de conselhos de assessores. Na segunda metade do século XX, a monarquia eleitoral da Presidência norte-americana assumiu mais ou menos as mesmas características do reinado medieval, com os lordes feudais tendo o poder de determinar o acesso ao monarca, ao ponto até de os oficiais-de-gabinete não poderem mais ver o presidente por si só, ou seja, sem o consentimento dos mencionados senhores feudais que determinavam não somente o que e quem o presidente deveria ver, mas também o que ele deveria ouvir – e talvez, subseqüentemente, pensar. Também deve ser óbvio que tal preocupação quase absoluta com a publicidade envolve a subestimação do caráter (e, implicitamente, da necessária inteligência) do presidente eleito – assim como do povo norte-americano.

Por muito tempo a democracia norte-americana tem sido criticada por muitos conservadores céticos por proceder, com base na superestima da inteligência das massas democráticas, das pessoas de uma maneira geral. Isso pode ter sido verdade vez por outra. Entretanto, depois de tudo dito, o idealismo é preferível ao cinismo, e mesmo a ingenuidade à desconfiança. A habitual superestima da inteligência popular ou pública, privada ou pessoal, também é infinitamente preferível à sua habitual subestima. O tradicional e às vezes impensado peso de generosidade do caráter norte-americano prevaleceu grandemente por dois séculos: foi a isso que F. Scott Fitzgerald, em uma frase sentimental memorável, chamou de a "disposição do coração" norte-americano. Mas sob esse sintoma superficial tomou volume uma escura contracorrente, a indisposição da mente gerencial. Eis o paradoxo, as mesmas pessoas que professavam sua fé na realidade da "opinião pública" agora dependiam de uma estimativa cínica dela.

Na educação norte-americana, também o declínio fatal de suas instituições e de seus propósitos no século XX foi o resultado de um tipo de cinismo corrosivo dentro de uma vasta burocracia educacional, cada vez mais dependente de uma presunção que não se deveria, porque não se poderia, exigir muito da juventude norte-americana. Assim como com a Presidência, os custos materiais e as administrações das escolas se tornaram monstruosamente caros; todavia, os deveres, o aprendizado e a própria imaginação dos jovens decaíram. Havia mais que um paralelo, havia uma conexão entre essas degenerações. Com a "pictorização" da instrução e da imaginação, para a qual a televisão contribuiu, o culto norte-americano à juventude aumentou o período de adolescência confusa, em vez de a juventude. Um número crescente de figuras públicas deram a impressão de homens imaturos. Um tipo de puerilidade marcou muitas atitudes norte-americanas – uma puerilidade artificialmente perpetuada e que tendia a se transmutar em senilidade alarmante de forma rápida. Como escreveu Johan Huizinga: "De puerilidade chamaremos a atitude de uma comunidade cujo comportamento é mais imaturo que o estado intelectual e as faculdades críticas justificariam, e que em vez de tornar um menino em um homem adapta-se a conduta de uma idade adolescente. O termo nada tem a ver com a infantilidade da psicanálise." Em 1851, Tocqueville escreveu sobre a primeira assembléia democraticamente eleita na França em 1848: "Tenho certeza que 900 camponeses ingleses ou norte-americanos escolhidos aleatoriamente teriam mais a aparência de um grande corpo político." Um século mais tarde, isso não era mais verdade.

Entretanto, essa condição não pode mais ser unicamente atribuída ao próprio povo, apesar de que o velho adágio – cada povo tem o governo que merece – continua sendo verdade. Já na década de 1970, os perigos da revolta das massas, do homem das massas, da tirania da maioria descoravam; tinham um som irreal. O perigo da tirania da maioria pertencia àquela fase da história democrática norte-americana quando os políticos e as eleições presidenciais *eram* de fato concursos de popularidade. Agora os desejos do povo e até as inclinações das maiorias poderiam ser submergidos, enquanto que a influência e a própria existência de certas minorias poderia (e seria) exagerada pela publicidade além da proporção e razão.

Durante e após as duas guerras mundiais do século XX, o poder e o prestígio da Presidência norte-americana se tornaram enormes. Um pouco desse prestígio era resultado do poder do país; muito fora devido à inundação do mundo pelas "comunicações", ou seja, pela publicidade.[33] Mas esse tipo de cesarianismo democrático era diferente do passado e mesmo diferente do que Tocqueville havia temido. (Ele tinha visto acontecer durante a sua vida, em 1849, quando a primeira eleição presidencial na França trouxe Luis Napoleão ao poder, uma clara evidência de que o progresso da liberdade e igualdade não eram iguais, ou nem mesmo necessariamente paralelos.) Entretanto, alguma hora durante o século XX começou a parecer que o perigo à democracia não era mais a tirania da maioria, mas a de certas minorias insistentes, influentes e poderosas. Sua busca pela popularidade por meio da comercialização da política, do entretenimento, da educação e da arte obscureceu isso. O gosto do público pode ter se aviltado, mas não era mau por natureza. Não eram as pessoas que decidiam o que era mostrado na televisão; não eram os alunos que decidiam o que era ensinado e requerido nas universidades; não era a escolha do público que governava a reputação de artistas – eram os produtores de televisão, os conselhos de professores, os críticos de arte e os executivos das fundações. Portanto, não podemos realmente falar da tirania da maioria, exceto em um sentido indireto, pois a maioria tem sido normalmente silenciosa, passiva, aquiescente e, em certos casos, sofredora.

O relacionamento entre "duras" minorias e "benevolentes" maiorias não só comprometeu o processo democrático de legislar e governar, mas inclusive a noção do que realmente aconteceu. A tarefa do historiador – a não ser que ele esteja equipado com grande probidade independente e *insight* – será facilmente deturpada em sua "pesquisa" de opinião e sentimento da maioria, que pode ter sido simulada por minorias as quais, na verdade, não representavam o real estado de opiniões e sentimentos correntes entre as pessoas.

O grande historiador Burckhardt escreveu que durante a Renascença, no começo da Era Moderna, ocorreu uma importante mutação na atitude italiana com relação à liderança:

> O homem muito bem-dotado daquele dia pensou achar sua qualidade no sentimento de honra. Essa é a enigmática mistura de consciência e egoísmo que freqüentemente sobrevive no homem moderno depois dele perceber, por sua culpa ou não, a fé, o amor, a esperança. Esse senso de honra é compatível com muito egoísmo e grandes vícios, e pode ser vítima de impressionantes ilusões; entretanto, mesmo assim, todos os nobres elementos que sobram no desmoronamento do caráter podem se juntar em volta dele e desta fonte ganhar nova força.... Certamente não é fácil, em se tratando do italiano deste período, distinguir entre o senso de honra e a paixão pela fama, que pode facilmente se sobrepor. Todavia, os dois sentimentos são essencialmente diferentes.[34]

Em nosso tempo, se aproximando do final da Era Moderna, a diferença – na verdade, a discrepância – entre a fama e a honra se tornou tão grande que no caráter dos presidentes e no daquelas figuras públicas de todos os tipos e atividades, a paixão pela fama por pouco não obliterou o agora remoto e antigo senso de honra.

Permaneceu também uma discrepância entre aqueles que ainda acreditavam no pecado original e aqueles que acreditavam no progresso secular, uma discrepância entre dois artigos de crença. De acordo com a doutrina cristã ortodoxa, o príncipe deste mundo é Satanás; de acordo com o tipo de doutrina norte-americana que se tornou uma ortodoxia do século XX, o príncipe deste mundo é o presidente dos Estados Unidos.

8

MUTAÇÕES DA MENTE E DA MORAL
As transformações do pensamento norte-americano

Como, contrariamente às lamentações dos intelectuais, grande parte da vida norte-americana se intelectualizou.

"O NORTE-AMERICANO É UM NOVO HOMEM que age de acordo com novos princípios", escreveu J. Hector St. John de Crèvecoeur, no século XVIII, "ele deve, portanto, ter novas idéias e formar novas opiniões". "Uma nova ordem dos tempos", disse Jefferson. Cento e cinqüenta anos mais tarde, Chesterton visitou os Estados Unidos. Gostou, era um país com base em um credo. Este credo – que algumas pessoas passaram a chamar, com uma frase deselegante, de a "religião cívica" dos Estados Unidos – era, é claro, a igualdade democrática. Um credo não é uma filosofia; mas toda a filosofia depende da crença do filósofo na natureza humana. O que aconteceu com a visão norte-americana de natureza humana é inevitavelmente o tema principal deste capítulo, como deve ser um tema deste livro, como é o tema principal da história deste povo.

Além do escopo potencialmente enorme, há todo o tipo de problema com este tema. Há o problema da sutil discrepância entre a crença poderosa e categórica na possibilidade de aperfeiçoar a humanidade e a muito menos poderosa e clara confiança norte-americana na melhoria do homem. Há um problema aliado do composto de dois fatores essenciais na mente norte-americana, otimismo e materialismo; da indisposição e não inabilidade, de reconhecer suas contradições; e da curiosa e talvez básica condição que é o seu materialismo, ainda mais que o otimismo norte-americano, que é essencialmente idealista. Há, por fim, mas não menos importante, o problema generalizado do relacionamento, sempre em evolução, entre a mente e a matéria. Quando tal problema é a principal preocupação intelectual e existencial de um escritor e historiador durante a maior parte de sua vida, é impossível, e talvez nem mesmo razoável, evitá-la mesmo sob o risco da superficialidade de suas observações, com base na idéia de que a evolução histórica da consciência é algo bem diferente da evolução biológica. O que acontece é inseparável – mas, é claro, não é idêntico – daquilo que as pessoas pensam que acontece. Mas esse relacionamento entre o que acontece e aquilo que as pessoas pensam que acontece não é constante. Durante os últimos 200 anos, a intrusão mental na estrutura de eventos aumentou. E durante os últimos 100 anos os norte-americanos não eram mais imunes a essa situação.

Ao longo do século XIX, os Estados Unidos quase sempre lideraram o resto do mundo nas invenções e nas inovações materiais, mas somente em parte por causa da inclinação mecânica da mente deste povo. A inclinação mecânica também era instantaneamente prática, porque obstáculos institucionais e burocráticos no caminho dessas inovações eram em menor número nos EUA que na Europa; eles ainda não tinham boicotado a introdução de inovações privadas nas práticas públicas.

Chesterton, encantado como estava com a permeabilidade e a resistência do que via como a crença norte-americana, não prestou atenção ao seu componente aliado, à crença de que o Novo Mundo representava o oposto do Velho Mundo. Durante os últimos 100 anos, esta noção – às vezes gradualmente, às vezes em espasmos – começou a minguar. Com ela minguaram as diferenças institucionais entre o Novo e o Velho Mundo. É o tema deste livro que a história de uma nação, pelo menos a longo prazo, depende ainda mais do seu caráter do que das suas instituições; mas enquanto o caráter sutilmente influencia e modifica profundamente o desenvolvimento das instituições, estas têm seus efeitos no caráter também, especialmente em um país onde a cristalização do caráter nacional tem sido adiado e confundido por uma variedade de influências, inclusive sucessivas ondas de imigração. É difícil, e talvez inútil, separar a influência das instituições da do caráter – quando, por exemplo, tratamos certas práticas norte-americanas como desperdício de recursos materiais e intelectuais. Neste capítulo devo tentar dizer algo sobre o desenvolvimento histórico, a evolução e a degeneração da educação norte-americana, de sua *intelligentsia*, dos movimentos da vida intelectual e da arte, do pensamento político e religioso, nesta ordem, finalizando com o que talvez seja o problema central do caráter moderno norte-americano: a confusão entre o que é público e o que é privado.

NA HISTÓRIA DAS NAÇÕES, as histórias de suas instituições educacionais quase sempre importaram pouco. Durante a era dourada da literatura, arte e filosofia espanholas, as escolas e universidades da Espanha foram açodadas. Durante o século do Iluminismo, a universidade da França teve um papel prático ou completamente nulo. Mas 200 anos atrás isso começou a mudar. As causas da igualdade humana e da educação, cujos precursores foram os puritanos, se tornaram paralelas na mente de muitos, e não somente na de Rousseau. Em Massachusetts, os puritanos estabeleceram escolas públicas já em 1630. As constituições de Massachusetts e da Pensilvânia incluíam provisões para a educação. Na Lei maior deste último estado, Benjamin Franklin escreveu, em 1776, esta frase típica: "Instruir a juventude a baixos custos". Crer na educação, em todos seus tipos e formas, é um resistente e contínuo conceito norte-americano, chegando a ser um credo. A busca pela educação e as formas de escolaridade eram diferentes no Sul e no Norte, mas a crença nos poderes da educação formal não deixava a desejar em qualquer lugar entre as pessoas, em qualquer tempo. A instituição da educação universal cresceu no mesmo passo da grande aceitação do princípio democrático, como nos estados de Nova York e Massachusetts, por volta de 1840. O analfabetismo diminuiu, mesmo entre os mais pobres e necessitados negros do Sul. Em 1900, menos de 11% da população norte-americana era analfabeta.[1] Já que há razões para temer que no ano 2000 a proporção de analfabetos funcionais entre eles será mais alta que em 1900, e também mais alta que na maior parte dos países civilizados do mundo, uma pesquisa sobre o que aconteceu com a educação do país durante os últimos 100 anos pode ser de algum interesse.

É um fato lamentável do final da Era Moderna que o progresso da educação universal avançou ao mesmo tempo em que houve o declínio da cultura e da civilização alfabetizada durante o século XX. Isso, no entanto, aconteceu em muitas nações. Devemos separar o particular do geral e perguntar o que tem sido especificamente norte-americano sobre o fenômeno? Devemos também ter cuidado para evitar aquelas distorções de retrospecto que são particularmente tentadoras quando se trata de matérias políticas. Ilusões de nostalgia assim como insatisfações com o presente distorcem e exageram as virtudes e os padrões da educação das gerações anteriores. Mesmo assim, ao custo de uma inevitável imprecisão, podemos dizer que há um século a escolaridade norte-americana estava razoavelmente em harmonia com o caráter e as expectativas democráticas de seu povo. Na educação primária, as escolas do país estavam entre as melhores do mundo – apesar (ou talvez por causa) do fato que muitas das professoras das escolas públicas, privadas, elementares, religiosas e médias serem mulheres solteiras sem formação ou diplomas. A democratização da educação norte-americana se desenvolveu rapidamente. Em 1890, mais de 78% das crianças do país entre cinco e sete anos freqüentavam algum tipo de escola. Essa proporção cresceu muito vagarosamente para 83,2% em 1920 e para 97,8% em 1970. Em 1920, 90% das crianças estavam matriculadas em escolas públicas. Impressionante, em retrospecto, é o aumento do número de crianças negras em escolas. Menos de 10% freqüentavam-nas em 1870, mas dez anos mais tarde 33,8% delas estavam na escola (em 1930, 60%, em 1970 mais de 70%). Em 1880, mais de 56% das meninas freqüentavam algum tipo de escola.

À medida que os requisitos de idade para a educação compulsória aumentavam de estado para estado, assim também os números da população da escola secundária. Em 1890, menos do que 4% dos norte-americanos haviam concluído o segundo grau, em 1920 mais de 16%, em 1941 a metade da população, em 1965 mais de três quartos. (É interessante notar que entre esses, as meninas eram em maior número que os meninos ainda em 1920 – em 1890, o número delas era 30% – uma discrepância que diminui após 1950 à insignificância.) De 1880 a 1920, a população dobrou; mas os custos das escolas públicas cresceram dez vezes. (Em seis anos, somente entre 1910 e 1916, cresceram 60%.) Ainda mais enorme foi o crescimento dos "custos administrativos", de meio milhão de dólares em 1880 para US$79 milhões em 1930 (um crescimento de 160 vezes); e de US$220 milhões para mais de $1,6 bilhão, um crescimento de quase oito vezes entre 1950 e 1970.

Antes da virada do século, o caráter do sistema escolar norte-americano já estava mudando. No nível elementar, os anos escolares iniciavam-se cada vez mais cedo. O jardim-de-infância e a escola maternal, a maior parte de origem alemã, começaram a aparecer. Em 1900, as influências e práticas do europeu continental – novamente, a maior parte era alemã – apareceram no nível secundário. Os então novos interesses na metodologia pedagógica e na psicologia educacional tinham alguns resultados salutares. Entretanto, sua principal contribuição foi o crescimento de uma vasta burocracia educacional. A outra mudança foi a propagação das funções cívicas, especialmente nas escolas secundárias públicas, no serviço da "norte-americanização". Isso foi assim especialmente nas grandes cidades, com milhares de filhos de imigrantes entrando aos borbotões; mas foi, como já vimos, um fenômeno nacional. Sozinhos entre as grandes nações do mundo, nos Estados Unidos o principal propósito da educação pública havia mudado da preparação da vida e da mente, ou mesmo para uma carreira, para o propósito principal de estabelecer fundamentos nacionais para a boa cidadania. Mesmo assim, no meio século, entre 1890 e 1940 – no auge do interlúdio burguês norte-americano –, o nível de exigências de uma boa escola secundária no país (a maior parte em grandes cidades da República) era pelo menos comparável às séries médias dos grandes ginásios da Europa Central; e o nível de instrução de certas escolas preparatórias particulares na América era só parcialmente diferente da média das escolas particulares inglesas do período.

As diferenças de padrão eram maiores nos centros universitários e nas universidades. Em uma ponta da escala, os padrões dos centros universitários norte-americanos e das universidades, inclusive das escolas de medicina e de direito, eram tão irregulares e inqualificáveis que, diferentemente da Europa, a substância e o significado dos diplomas norte-americanos variavam de uma forma alarmante: o que contava – diferentemente da Inglaterra, não só socialmente mas em todos os sentidos – não era o diploma, mas quem o expedia. Por volta de 1910, estas preocupantes discrepâncias começaram a ser corrigidas pelos esforços de autopoliciamento da própria educação superior norte-americana, primeiro nas escolas de medicina e depois em outras escolas de pós-graduação.[2] Esse era um empreendimento altamente admirável, alcançado por uma iniciativa privada séria. Na ponta mais alta da escala, nas mais conceituadas universidades e centros universitários do país, o ideal inglês (ou, para ser mais exato, anglo-celta) de educação permaneceu dominante por um longo tempo, concentrando-se na formação do caráter em vez do intelecto. Diferentemente da Inglaterra, os jovens das classes altas eram aceitos nas melhores universidades com poucas exigências para o ingresso; como na Inglaterra seus anos universitários eram dedicados ao aperfeiçoamento de suas identidades sociais. O que era diferente da Inglaterra era a exigência, mais ou menos explícita, de conformidade social não só entre os alunos universitários como entre os professores também. Havia muita timidez entre o professorado, inclusive a do tipo mental. A mesquinhez e a calúnia, características de uma classe profissional intelectual, agora aparecia nos Estados Unidos. Por causa da separação do professorado da população geral, estas anomalias proliferavam dentro de seus círculos sem ar. Entretanto, a separação era freqüentemente auto-imposta. Havia um mundo de diferença entre a proclamação democrática de Emerson em seu famoso *The American Scholar* (*O acadêmico norte-americano*), a função de tal acadêmico, em 1837, e sua visão expressa no discurso *Phi Beta Kappa*, em

Harvard, 30 anos mais tarde, em 1867. Esse último pronunciamento, "The Progress of Culture" (O progresso da cultura) era desavergonhadamente elitista e convencidamente aristocrático em suas pretensões. O progresso da cultura, Emerson proclamou, dependia de pequenas "minorias", "dos poucos homens superiores e atraentes", formando uma "classe de cavalheiros" de conhecimento e virtude.[3] Era exatamente isso que a maioria do professorado queria ouvir. Cinqüenta anos depois das perspectivas democráticas de *The American Scholar*, a alienação dos acadêmicos norte-americanos estava em franco desenvolvimento. O aforismo dos estudiosos de Bernard Shaw ("aqueles que não conseguem fazer, ensinam") e o mais arguto, menos brutal paradoxo ("Todos que são incapazes de aprender se tornaram professores – é isto, na verdade, ao que se reduz nosso entusiasmo pela educação") agora eram aplicáveis aos Estados Unidos. Os danos à educação superior ainda eram relativamente limitados, precisamente porque a função da educação superior não era predominantemente intelectual.

O que aconteceu com as escolas secundárias foi mais importante. Nelas, a burocracia educacional assumiu seus poderes já antes da Primeira Guerra Mundial. Fora da sala de aula, o professor universitário norte-americano não tinha controle sobre sua instituição – não até 1960, quando a burocracia dos departamentos e das comissões de professores alcançou o sufocante controle sobre a contratação de seus colegas e sobre todo o currículo – enquanto os presidentes e administradores dos centros universitários e das universidades mostravam pouco interesse e exerciam pouco controle sobre o conteúdo e os métodos de ensino em sala de aula. Mas nas escolas públicas secundárias tudo aquilo que dizia respeito à sala de aula era determinado cada vez mais rigidamente por uma grande burocracia administrativa que enfatizava o método educacional sobre o conteúdo do aprendizado. Isso estava começando a restringir o aprendizado da juventude norte-americana dentro de padrões que contribuíram para um puerilismo retardado ou, na melhor das hipóteses, para atitudes retardadas da adolescência entre grandes massas da população nacional, uma condição que a significativa deterioração do aprendizado durante a era da televisão só conseguiu aumentar ainda mais. Crer, como muitas pessoas crêem, que tudo isso começou na década de 1960 é um equívoco. A ênfase nas "ciências sociais" à custa da história; em bacharelados em educação à custa de qualificações nas humanidades ou nas ciências; em "comunicação" à custa do inglês em disciplinas "cívicas" ou "relevantes" à custa do "passado morto"; ou na função custódia das escolas (inclusive seus demorados programas atléticos e sociais) à custa da formação e do treinamento mental; no rentável sentimentalismo em favor das "minorias" (a maior parte, então, de imigrantes), à custa da diminuição das exigências e do nível dos livros escolares; no aumento da dependência dos materiais gráficos, tudo isso estava lá 60 ou 70 anos atrás, promovido e aplicado, se não forçado, por uma burocracia educacional ansiosa por adaptar sua imagem pública a qualquer idéia que fosse (ou parecesse) popular e progressista. Não havia exceções para essa degeneração nacional; mas a própria reputação que certas escolas públicas secundárias com altos padrões mantiveram refletiu que de fato elas eram excepcionais, diferentes do padrão que se tornava geral.

A primeira década do século XX foi progressista. A nação tinha, pela primeira vez, um professor-presidente. A condição de Wilson, um típico e bem-sucedido burocrata acadêmico contribuiu para isso; mas nesta transição ele não estava, de maneira alguma, fora de sintonia com a ideologia da nação como um todo, uma ideologia que incluía a antiga tendência puritana de legislar a moralidade. Isso ficou evidente no desenvolvimento da política e do direito norte-americanos e nas atividades investigativas e de propaganda assumidas pelo governo. Ficou ainda mais evidente na educação. Entre 1911 e 1916, a matrícula nas escolas aumentou 5%, mas as despesas públicas com educação aumentaram 50%. Entre 1912 e 1920, as despesas com instrução dobraram, enquanto os gastos administrativos cresceram mais de quatro vezes. A associação nacional de educação foi criada: um *lobby* gigantesco de administradores marcando a transformação da educação nos EUA para uma enorme indústria. A crença de que a extensão e o valor da cidadania democrática – na verdade, do caráter nacional – dependiam da educação e, como vimos, da escola pública era dominada tanto por progressistas quanto por populistas. Uma expressão lírica, ingênua e encantadoramente primitiva do credo populista pode ser ouvida nesta música escrita por Vachel Lindsay:

> Uma pequena urna eleitoral em cada maçã,
> Uma capital estadual em cada maçã;
> Grandes escolas secundárias, grandes universidades,
> *Toda a América em cada maçã.*[4]

Quase não havia limites para o que os norte-americanos estavam dispostos a gastar com suas escolas, quase nenhum limite quando se dizia respeito aos prédios, pessoal, equipamento e administradores daquilo que logo se tornou o mais gigantesco sistema escolar do mundo. Na década de 1920, em pequenas e até nas médias cidades dos Estados Unidos, especialmente aquelas do Meio-Oeste, o prédio público mais impressionante era a escola secundária – não a Câmara dos vereadores, não uma igreja, nem mesmo um banco. Os eventos culturais e sociais mais importantes da cidade ocorriam na escola secundária. Eventos envolvendo a escola secundária eram (e ainda são) noticiados na primeira página dos jornais das cidades pequenas – com a possível exceção do Canadá, em lugar algum do mundo isso acontece.

Entretanto, a deterioração da escola secundária norte-americana começou nessa época – não um século antes, quando as escolas eram relativamente austeras e primitivas se comparadas às suas contrapartes na Europa. Isso era somente parte do resultado da educação obrigatória, pela qual milhões de crianças foram forçadas a seguir o chamado currículo acadêmico, sem utilidade e para o qual as crianças tinham pouco preparo – ainda outro exemplo da tendência endêmica da democracia à inflação, inclusive a inflação de diplomas secundários. Essa tendência também não era simplesmente atribuível à extensão dos programas das escolas secundárias, pelos quais as disciplinas tradicionais eram condensadas, enfraquecidas portanto pela inclusão de todos os tipos de atividades atléticas e sociais – freqüentemente com o entusiasmado apoio dos pais, que estavam transferindo suas próprias responsabilidades educacionais para as escolas. Essas tendências permitiram o crescimento da burocracia educacional. Por volta de 1920, a burocracia da indústria da educação já era tal que a maior parte dos docentes tinha que passar a ter diplomas em educação intelectualmente quase sem valor, mas profissionalmente indispensável. Além de ser em benefício próprio, essa burocracia também era oportunista. Quando, na década de 1920, nacionalistas provincianos tentaram impor suas ideologias às escolas secundárias, poucos administradores escolares se opuseram. Como uma burocracia policial dentro de ditaduras totalitárias do século XX, a burocracia educacional, certamente dentro das escolas secundárias, era indiferente à ideologia enquanto não era, de maneira alguma, indiferente ao poder.

Nos anos 1920, a mania nacional de educação havia se tornado parte do credo norte-americano. Quase não havia diferença entre a maneira como ele foi abraçado por republicanos ou por democratas, por capitalistas materialistas ou deterministas socialistas, por nacionalistas ou internacionalistas. Educação significava progresso – e progresso, para muitos norte-americanos, demandava gastos de dinheiro, já que dinheiro e energia resolveriam problemas, trariam inovações e descartariam tradições obsoletas pelo caminho. Quando Henry Ford (e já vimos que ele não estava sozinho) proclamou que a história e a tradição eram bobagens, Thomas Edison, em 1915, previu que livros logo seriam eliminados das escolas públicas porque o cinema seria o instrumento primordial da educação. (O argumento foi tratado favoravelmente pela revista *The Nation*.

Trinta anos mais tarde, cientistas famosos, tais como Vannevar Bush, disseram o mesmo sobre a televisão.) O progresso da educação significava o progresso da democracia. Em 1916, dois senadores populistas ameaçaram investigar a Universidade de Chicago para determinar "se a universidade deveria educar poucos aristocratas para destruir o governo ou se deveria educar a democrática multidão".[5] O *Saturday Evening Post* refletindo, ou pelo menos fingindo refletir os valores da classe média norte-americana, em 1912, questionou se as universidades estavam "encorajando... algo mais não-americano que a chamada classe e cultura...". O editorial perguntava quanto tempo as escolas secundárias seriam "dominadas por aqueles que acreditavam no conceito esnobe, inútil e indefinível de 'cultura'. Quando é que começariam a ensinar homens a arrumar um emprego e mulheres a cuidar da casa?" Mesmo assim, o *The Saturday Evening Post* confiava mais nas universidades que os populistas:

> Temos o prazer de saber que de toda uma classe de Harvard de literatura comparada, com cerca de 100 alunos, nenhum sabia onde Aristóteles morou, apesar de uma meia dúzia achar que fora num período subseqüente a 1840! Saber quando viveu Aristóteles – ou qualquer outra coisa sobre ele – é um dos usos menos eficazes do cérebro humano....[6]

Quaisquer que fossem os sentimentos dos professores norte-americanos sobre tais pensamentos, estes não conflitavam com aqueles da burocracia ligada à escola pública. Intelectualmente, a era dourada das escolas secundárias nos EUA foram os 50 anos entre 1870 e 1920, depois dos quais foi a vez da era dourada dos prédios suntuosos e da burocracia começar.

Depois de destacar-se durante os 1920, a proporção da população universitária aumentava rapidamente. Intelectualmente, a era dourada da educação superior norte-americana foram os 50 anos de 1910 a 1960; financeiramente, a era dourada (o auge dos financiamentos e do status de seus professores) foram os anos 1960, a década da precipitada deterioração intelectual. (Durante aqueles dez anos, os docentes na educação superior norte-americana dobraram, de 280 mil para 551 mil.)

No entanto, a deterioração no caráter do professorado estava lá antes de 1910 – outro exemplo do lapso de tempo da vida nos Estados Unidos, especialmente no que diz respeito a idéias e instituições. Santayana notou isso já em 1893, em Harvard, onde "um cavalheiro começava a ser uma anomalia".

> O crescimento da riqueza da comunidade e da universidade tornou um corpo de instrutores cada vez mais necessário. Esses homens, geralmente alunos de boa

reputação que depois de formados conheceram alguma coisa das universidades alemãs, não podem conceber suas funções como um valoroso professor de 100 anos atrás cuja ambição era, enquanto ganhava o paraíso para si próprio, incutir Euclides e virtudes nas almas de seus alunos. Alguns professores da velha escola naturalmente permanecem – professores cuja relação moral e pessoal com seus alunos ainda é predominante, mas a principal preocupação de nosso típico jovem professor não são seus alunos de maneira alguma. É sua ciência. Sua vocação é seguir e promover o desenvolvimento de sua área de saber, lendo novos livros e artigos de revistas sobre o seu assunto e contribuir para a "literatura".[7]

Henry Seidel Canby, que era aluno de Yale naquela época, escreveu uma geração mais tarde que o novo professorado norte-americano "não estava interessado na juventude que não seria especialista... Era como se São Paulo tivesse gasto suas energias formando teólogos e deixado os gentios à própria sorte...."[8] Os resultados eram semelhantes apesar de não serem, é claro, idênticos aos da deterioração do caráter do professorado alemão, que levou à melancólica ausência de moral e coragem cívica entre seus membros durante a era das guerras mundiais e do Terceiro Reich. Coragem intelectual era rara. Canby escreveu:

> Nós vivemos em uma sociedade cautelosa, e a cautela gerou timidez... é por isso que havia muito do feminino na vida acadêmica, tanta inveja, tanta vaidade, tanta intriga. Os professores fervilhavam com fofocas. Alguns de nossos melhores professores eram tão vaidosos que era impossível argumentar com eles sobre qualquer opinião a qual eles tornassem suas próprias.... Não só tinham os indivíduos invejas uns dos outros, mas de departamentos inteiros. Os antropólogos contavam histórias terríveis das excentricidades dos geógrafos, e todo cientista acreditava que os professores de literatura norte-americana enchiam suas salas de aula por serem lenientes nas notas. Uma mulher que sabe que não tem outra vocação senão o casamento e o lar, e está perdida se os deixa escapar, melhor entenderá a timidez, as inibições e a falta de coragem social do professor...[9]

Não devemos nos deter muito nestas observações relativamente precoces sobre o declínio da qualidade dos professores. Pelo menos na primeira metade do século XX, as características das universidades norte-americanas eram tais que aquilo que os professores faziam ou não, tinha pouco significado. A principal função da vida universitária ainda era a preparação social, em vez de intelectual. Mais importante era a situação que fez os centros universitários e as universidades lucrarem tanto durante a metade do século entre 1900 e 1960, talvez mais com o crescimento da riqueza e da prosperidade nacional do que outras instituições. Durante essa época dourada, as plantas, os prédios, os dormitórios, as bibliotecas, os laboratórios, observatórios e as oportunidades materiais dos centros universitários e das universidades norte-americanas se tornaram espaçosos e opulentos. A quantidade e a qualidade de seu equipamento material e das instalações se tornaram sem igual na história do mundo. A qualidade da instrução também se elevou, especialmente no nível da pós-graduação e nas ciências. Não havia mais necessidade de os melhores alunos e professores aspirantes se acostumarem aos altos picos rarefeitos de preparação profissional em universidades na Alemanha e na Inglaterra. Depois que Hitler tomou a Alemanha, muitas centenas de milhares de refugiados centro-europeus chegaram aos Estados Unidos, inclusive uma parte considerável de intelectuais, pseudo-intelectuais, acadêmicos profissionais e professores em potencial, muitos dos quais aumentaram a extensão e enriqueceram a qualidade do ensino de nível superior norte-americano. Essa era uma migração intelectual única na história dos Estados Unidos – mesmo que seus efeitos não tenham sido tão universalmente benéficos quanto alguns de seus admiradores os descrevem, comparando-os ao influxo de refugiados gregos para a Itália da Renascença na época da queda de Bizâncio.[10]

O resto da história é bem conhecido: o drástico e, de várias maneiras, precipitado declínio (e em alguns casos, o colapso) dos padrões educacionais nos Estados Unidos durante os últimos 20 anos, um fenômeno não contradito pelo fato de que durante estes 20 anos os professores e cientistas norte-americanos começaram a acumular prêmios Nobel às dúzias. Na verdade, os problemas começaram não em meados dos anos 1960, mas pelo menos uma década mais cedo. Eles estavam latentes dentro das discrepâncias entre duas visões sobre a educação, entre o culto ao progresso e à tradição, entre o foco na quantidade em vez de na qualidade. Esta discrepância era exemplificada por declarações contrastantes por dois homens que os conservadores norte-americanos ainda hoje consideram representantes da mesma tradição benevolente, mas eles não podiam ter sido mais divergentes. Em *Notes Towards the Definition of Culture* (Notas para a definição da cultura) T.S. Eliot escreveu, em 1951, que devemos "combater o delírio de que os males do mundo moderno podem ser consertados em um sistema de instrução. Uma medida que é desejável como paliativo, pode ser injuriosa se apresentada como cura... Há também o perigo que a educação – que na verdade está sob a influência da política – tome sobre si a reforma e a direção da cultura, em vez de se manter em seu lugar como uma das atividades por meio da qual a Cultura se realiza". Isso era muito diferente do otimismo autocongratulatório de Herbert Hoover, que escreveu em 1955:

"Com somente cerca de 6% da população mundial, já temos um número de jovens em nossas instituições de ensino superior igual ao de todo o mundo somado. Poderíamos, provavelmente, enumerar mais bibliotecas e mais trabalhos sérios impressos que os outros 94% das pessoas da terra."[11] Quando Hoover disse isso, as escolas públicas já haviam se deteriorado em instituições de custódia dentro das quais hordas de adolescentes, inclusive delinqüentes, eram aprisionados por algumas horas a cada dia por administradores e professores cujo cinismo egoísta era aplacado somente pela lassidão. Em 1960, a desordem nas escolas ganhou as ruas. Em cidades tais como Chicago e Filadélfia a polícia exigiu que administradores escolares as notificassem sobre qualquer término antecipado das aulas. Logo depois que as aulas acabavam, gangues de jovens vagavam pelas ruas e metrôs, ocasionalmente roubando passageiros e transeuntes. A última grande onda de entusiasmo pela educação induzida pelo governo posterior à dianteira dos russos no lançamento do primeiro satélite para o espaço produziu declarações tolas tais como a de Edward Teller, o "pai da bomba de hidrogênio", um dos mais celebrados, mas menos atraentes membros da migração de cientistas refugiados da Europa Central. Em 1957, ele disse que os adolescentes norte-americanos logo estariam "tão entusiasmados com a ciência como estavam com o beisebol". Vinte e cinco anos mais tarde, a insatisfação nacional com as escolas públicas era tal que, pela primeira vez na história da República, a legislação federal que daria créditos fiscais para pessoas cujos filhos *não* fossem para escolas públicas estava sendo seriamente considerada pelo Congresso.

Enquanto isso – novamente alinhado à transformação em uma burocracia – algo mais estava acontecendo na educação superior. Era o desenvolvimento de uma elite educacional norte-americana. Distinções na formação – mais precisamente, distinções por diploma – estavam substituindo as anteriores, de berço e até as de posses, algo que parecia, e ainda pode parecer, um desenvolvimento propício e democrático, apesar de seus resultados poderem ser muito ao contrário do que é salutar, não havendo nenhum relacionamento considerável entre inteligência e caráter. Podemos observar um precoce exemplo dessa degeneração de democracia, o crescimento da burocracia em poucos anos. Depois da Segunda Guerra Mundial, a lei dos veteranos possibilitou a oportunidade de milhões de jovens norte-americanos que haviam servido nas forças armadas de dependerem da assistência do governo para conseguir sua educação superior depois da reforma. Conseqüentemente, os bancos universitários se encheram; novos centros universitários brotaram por toda a República. Com todos os seus custos e excrescências, esse foi um desenvolvimento salutar. Os professores da época estavam impressionados com os milhões de jovens que, depois de suas experiências no serviço militar, eram mais sérios e maduros que muitos dos emplumados adolescentes para os quais a universidade era uma brincadeira, a instituição social onde podiam se divertir depois da escola secundária. Mas já em 1951, durante a Guerra da Coréia, algo muito diferente aconteceu. Alunos matriculados em universidades e cursos de pós-graduação estavam isentos do serviço militar, como também estariam durante a Guerra do Vietnã. Pela primeira vez na história da República, legisladores e administradores consideravam os potenciais detentores de diplomas universitários como ativos preciosos para a nação, cujas vidas tinham de ser preservadas a ponto de ficarem isentos dos perigos do dever militar. Foi um longo passo para longe do populismo, na verdade, para longe da própria democracia.

Durante a década de 1950 e a maior parte da de 1960, a prosperidade dos centros universitários e das universidades dos Estados Unidos e de seus professores cresceu, às vezes além de seus sonhos de avareza. Entre 1958 e 1965, os salários pagos aos professores universitários aumentaram mais vertiginosamente que a renda da maior parte dos outros grupos de professores. Isso, é claro, correspondia ao influxo de estudantes universitários e de pós-graduação, o resultado não só do então grande aumento no número de norte-americanos em idade universitária, mas também da reputação e do desejo de uma educação superior. Não só os números absolutos, mas também as proporções de norte-americanos que estavam na universidade e nas escolas de pós-graduação tinham aumentado grandemente. Muitas universidades – e não apenas instituições estaduais – cresceram a um tamanho que superava em muito o crescimento das grandes corporações. Quando incluímos estudantes, professores e administradores (como na indústria temos que incluir trabalhadores, empregados assalariados e administradores) havia, e ainda há, só uma meia dúzia de corporações norte-americanas maiores que grandes universidades tais como a da Califórnia, em Los Angeles, as universidades de Michigan, Texas e até Yale (57 mil, 47 mil, 37 mil, e 14 mil alunos, respectivamente, quando este livro estava sendo escrito). Esses desenvolvimentos materiais se deram ao mesmo tempo em que cresceu a fama e o status dos professores e dos intelectuais de uma maneira geral. As evidências do último fato eram tão diversas – e às vezes ridículas – que um ou dois exemplos devem ser suficientes. Em 1957, os filhos de Indiana, os cidadãos mais proeminentes de um estado que na década de 1920 tinha sido o reduto da Ku Klux Klan, e foi por muito tempo o protótipo do estado provinciano a sustentar o ideal da moralidade fundamentalista, auferiu o prêmio *Hoosier of the Year*[12] ao professor Alfred C. Kinsey, o nacionalmente aclamado arquivista de pornografia e diretor do instituto de pesquisa sexual de sua universidade estadual. No mesmo ano, um professor (Harold E. Gray) da Universidade Estadual de Michigan estabeleceu uma fábrica de idéias, financiada energicamente por executivos, daí sua descrição: "A classe se reúne por duas horas por semana e pensa". Entretanto, foi então que o professor Richard Hofstadter, talvez o mais famoso historiador norte-americano da época, escreveu o seu *Anti-Intellectualism in American Life* (*Antiintelectualismo na vida norte-americana*), um best-seller intelectual que recebeu aprovação unânime, claro, principalmente dos intelectuais.

Não era o homem de negócios ou o legislador, mas o ocasional pensador solitário de dentro da própria academia que estava dolorosamente consciente do estado crítico da vida intelectual no país, inclusive em suas universidades. Entretanto, livros sérios tais como o de Jacques Barzun, *The House of the Intellect* (*A casa do intelecto*, de 1959), ou o de George Wagner, *The End of Education* (*O fim da educação*, de 1976) – talvez seja significativo que Barzun e Wagner não fossem norte-americanos natos – foram declarações com quase nenhum efeito entre a *intelligentsia* profissional. Durante os anos 1960, intelectuais profissionais ascenderam mais alto na sociedade norte-americana do que jamais em épocas anteriores. O professorado agora atraía pessoas que antes teriam escarnecido da vida acadêmica com seu relativo isolamento e baixos salários, pessoas cujas inclinações naturais eram de empreendedores. Agora eles podiam construir suas carreiras como empreendedores não de roupas da moda, mas de idéias da moda. Que havia uma diferença entre estas duas aspirações – "Quero seguir os interesses de minha mente" e "Quero construir minha carreira como intelectual profissional" – eles não sabiam, talvez porque eles não quisessem pensar sobre isso.

A dependência de especialistas e intelectuais existia antes, especialmente durante os últimos anos do governo Wilson e o início do governo Roosevelt. Entretanto, teóricos estrangeiros de "relações internacionais" tais como os professores Kissinger e Brzezinski, que poderiam ter subido muito além do ponto de consultores de segunda categoria durante a Primeira Guerra Mundial ou de um emprego no centro de informações durante a Segunda Guerra Mundial, durante os anos 1970 estavam encarregados de girar o globo para presidentes e explicar o mundo para eles. Ao mesmo tempo, a educação superior, como Eliot temia, começou a absorver uma grande parte da vida cultural da nação. Não só com pesquisa, mas entretenimento, teatros, filmes, produções musicais completas agora estavam nas égides de certas universidades, enquanto empregos de professores e posições acadêmicas estavam sendo dadas como prêmio aos poetas, dançarinos de balé e negociantes de idéias de todos os tipos. Essa falsa prosperidade cresceu como um câncer; começou a devorar a cultura norte-americana; e progredia ao mesmo tempo que a deterioração das funções tradicionais das universidades. Os protestos estudantis dos anos 1960 são freqüentemente debitados ao mal-estar devido à Guerra do Vietnã: erradamente, já que ao mesmo tempo protestos similares destruíam, ou quase, as universidades de cidades européias, cujos problemas – classes muito cheias, regras editadas pelos ministérios de educação, a distância de seus professores – eram completamente diferentes daqueles das universidades norte-americanas, sem falar no fato de que os europeus não estavam em guerra no Vietnã. As abdicações dos administradores e de muito do professorado ante às exigências sem sentido, primitivas e freqüentemente desonestas dos porta-vozes dos alunos eram horripilantes. Entretanto, isso quase não afetou seus emolumentos e a continuação do respeito incerto com o qual a nação considerava suas instituições de educação superior.

Em meados dos anos 1970, a população estudantil estava decaindo, as matrículas caíram, assim como o dinheiro dos governos estadual, federal e municipal, dos quais o administrador educacional se tornou dependente. A inflada prosperidade da indústria educacional chegou ao fim antes da recessão, por volta de 1980, e começou a afetar outras áreas de negócios e a vida do país em geral. O sistema educacional norte-americano havia sobrevivido bem à Depressão de 1930, melhor que muitas outras áreas da nação; mas agora, especialmente para a educação superior, o fim da prosperidade chegou. Entretanto, quando se tratou de podar, isto envolveu a todos. Esse foi principalmente o resultado da democratização da autoridade nos centros universitários e nas universidades, da disseminação da autoridade entre os departamentos, da democratização que rapidamente se degenerava em uma burocratização em sua pior forma, ou seja, para a autoperpetuação dos mais baixos e mais medíocres dos interesses.

Democratização extrema levou à matrícula livre em muitos centros universitários e nas universidades. Em algumas universidades municipais e estaduais as qualificações para a admissão haviam sido deixadas de lado. Quase no fim da década de 1970, muitos dos alunos da escola de direito de Harvard escreviam em inglês com considerável dificuldade; um curso de recuperação de inglês foi oferecido a eles. Em 1963, somente 10% dos alunos de todos os cursos da Universidade Yale tiravam nota A; em 1977, 80% de todas as notas em Yale eram A ou B. Talvez o século das letras estivesse chegando ao fim.

Todavia a fé norte-americana na educação continuava, às vezes com novas formas. Por um lado, a idade média dos alunos estava aumentando; mais e mais pessoas de meia-idade estavam fazendo cursos universitários, mais gente entre 25 e 35 anos estava entrando nas universidades. E a comercialização da vida acadêmica era o espelho da intelectualização da vida comercial: universidades concedendo diplomas avançados em Administração e Negócios estavam bem naquelas "áreas". Seus graduados invejáveis entrariam na vida corporativa burocrática com pouca educação e cultura, mas com a perspectiva do melhor dinheiro que o diploma pode comprar.

CEM ANOS ATRÁS NÃO HAVIA INTELECTUAIS nos Estados Unidos. O uso do termo "intelectual" como substantivo, designando certo tipo de pessoa, não existia. Era um adjetivo (com "habilidade intelectual", "coragem intelectual", "aplicação intelectual"), não ainda um substantivo. Em *New Grup Street* (1884) de George Gissing, "intelectual" ainda era um adjetivo ("ela é intelectual e muito rica"). Ainda em 1916, John Buchan (em *The Power House*) escreveu sobre os *intellectuels* (russos) como se a palavra fosse francesa, e em itálico. Entretanto, foi entre estas duas décadas, 1884 e 1916, que o uso inglês e norte-americano de "a *intelligentsia*" foi estabelecido. O fenômeno havia se tornado reconhecível.

É significativo que esta foi uma de uma dúzia de palavras e usos que a língua inglesa tomou dos russos.[13] (A própria palavra e a grafia de "*intelligentsia*" imigrou da Rússia para a América, sendo o "ts" uma transliteração de uma única letra no alfabeto cirílico.) Os substantivos "intelectual" e "*intelligentsia*" foram introduzidos no uso da língua na Inglaterra e nos Estados Unidos em grande parte por imigrantes marxistas e judeus que começaram a chegar aos Estados Unidos depois de 1882; mas o fato de que o uso destas palavras se alastrou rapidamente e de que estas começaram a ser atribuídas a homens e mulheres e a si próprios sugere que os termos correspondiam a uma realidade em formação. Havia pessoas cujas fontes principais de orgulho eram o de possuir uma "cultura" diferente de e superior à do homem comum – em outras palavras, uma classe que se escorava não só em padrões de nascimento ou posses ou mesmo de educação, mas de opinião. É óbvio que este surgimento de uma classe de opinião ilustra a intelectualização da vida americana. Menos óbvio, e certamente paradoxal, foi que a conseqüente presença e influência de uma *in-*

telligentsia nos Estados Unidos, a nação mais democrática do mundo, tivesse tantas similaridades com a *intelligentsia* da Rússia, a mais autocrática e repressiva das nações – mas isto é uma daquelas improváveis semelhanças da Rússia e dos EUA que aparecem em épocas inesperadas e em níveis inesperados.

Uma classe de opinião se orgulha de sua originalidade intelectual. Contudo sua ansiosa adoção das idéias modernas e da arte moderna não significou que os intelectuais eram muito originais. Eles andaram na direção progressista, mas também queriam andar mais rápido do que a corrente progressista prevalecente. Eles costumavam se assegurar, repetidas vezes, de que realmente estavam à frente dela, o que era uma condição sem valor e quase não importava. O que importava era que na década de 1910 não era mais possível excluir a influência da *intelligentsia* das correntes principais do pensamento norte-americano. O auge do período da civilização urbana nos Estados Unidos contribuiu para isso. Foi nas cidades que os intelectuais se acharam, e aqui o entusiasmo aumentou enquanto eles se reuniam. Como Henry F. May escreveu sobre Sherwood Anderson em Chicago: "Conversa literária e o entusiasmo de pertencer a um movimento complementado por seus anseios e descontentamentos." Em 1912, o rebelde de Nova York era às vezes chamado, e às vezes se chamava, de "um Jovem Intelectual".

> O substantivo era novo na América. Suas origens eram parcialmente socialistas; o intelectual para os marxistas era o burguês que repudiara a sua classe... Exatamente pela mesma razão que Henry James deu de ombros e progressistas convencionais de classe média sacudiam suas cabeças, os Jovens Intelectuais exultavam: Nova York, o que quer que fosse, não era anglo-saxã. Isso significava mais do que bons e baratos restaurantes franceses e italianos; significava um convite sério para atacar a concepção dominante da cultura exatamente onde era mais fraca, em sua estreita exclusividade. Os Jovens Intelectuais foram além do que a mera tolerância: viraram a hierarquia convencional de ponta-cabeça. Os anglo-saxões, reprimidos e intolerantes, estavam no ponto mais baixo da escala; no topo estavam os italianos, os eslavos e, sobre todos, os judeus da Europa Oriental do *East* Side.[14]

Quarenta anos mais tarde as aspirações de uma jovem escritora norte-americana do Meio-Oeste, Elizabeth Hardwick, eram essencialmente as mesmas, como ela registrou em suas memórias: "Eu queria ser uma intelectual judia de Nova York".

Quando os Estados Unidos entraram na Primeira Guerra Mundial, o presidente Wilson estabeleceu um Comitê de Informação Pública, uma máquina de propaganda que empregava intelectuais e jornalistas, pessoas que subitamente descobriram os prazeres de funções governamentais. Seu desempenho foi algumas vezes marcado por desonestidades dignas de um estafe recrutado por Joseph Goebbels. Isso incluía o tipo mais explícito de propaganda, e a ocasional falsificação de documentos alemães. Havia, é claro, intelectuais que se opunham à guerra e à propaganda. Filósofos tais como o cuidadoso crítico radical Randolph Bourne. Suas corajosas críticas severas à propaganda de seus colegas brilham em retrospecto. Mas nosso principal assunto aqui não é a política: é a existência de intelectuais como uma classe. Durante a década de 1910, isso havia se tornado uma realidade. Um sintoma que possibilitou o surgimento de um novo tipo de revista, uma revista de opinião assim como de literatura e artes. *The New Republic* começou em 1914, uma nova colega para a mais antiga *The Nation.* Sua defesa do progressivismo político teve pouca influência na maior parte dos políticos e eleitores da nação; mas sua apresentação de certas opiniões e idéias teve uma influência considerável. A fatal divisão mental do liberalismo norte-americano estava lá em suas páginas desde o princípio. Por um lado, *The New Republic* advogava uma extensão da democracia e da educação. Por outro, seus colaboradores mais cuidadosos (Walter Lippmann, por exemplo) articulavam seu ceticismo sobre a sabedoria da mente popular.

Em 1917 o cenário intelectual não era mais o mesmo. A ruptura para o "modernismo" veio antes do reconhecimento de Joyce e Eliot *circa* 1922. Mencken escreveu aprobativamente de Flapper já em 1915, quando Nova York era "uma cidade ensandecida por causa do *fox trot* e de luzes brancas".[15] No final da Primeira Guerra Mundial, a designação "alta cultura" (para muitos sinônimo de "intelectual") havia se tornado parte do vocabulário norte-americano. Esta distinção cultural em "alta cultura", média cultura e baixa cultura foi proposta por Van Wick Brooks em um famoso ensaio em 1915, cujo principal propósito era de apontar os problemas morais e intelectuais do tipo de "cultura" fornecido por revistas tais como *The Saturday Evening Post* ou *The Ladies' Home Journal.* No entanto, Van Wick Brooks, que ainda tinha um pé na cultura mais antiga, também era crítico da Nova Intelectualidade, da "meticulosa técnica de nossas revistas de 'alta classe' contemporâneas, uma técnica que, como sabemos, pode ser adquirida como um truque e que, artística como parece, é na verdade a marca de uma convenção espiritual complexa e não engana qualquer pessoa sensata a pensar que nossa esperteza geral é o termômetro de uma civilização realmente civilizada".[16] Pode não ter enganado ele; mas enganou muitos homens e mulheres em ascensão durante a alta fase da era burguesa norte-americana – os anos 1920. Durante a arte moderna dos anos 1920, o desafio das convenções, o respeito por tais iconoclastas como Mencken, não eram incomuns entre as pessoas das classes mais altas, especialmente (mas não exclusivamente) no Leste. Pela primeira vez na história da nação, os filhos e as filhas dos ricos desejavam, pelo menos às vezes, ser associados com o que era "intelectual", "alta cultura", "vanguarda". Pela primeira vez na história da nação, certas pessoas acharam de bom-tom publicamente[17] considerar não só a política mas a democracia vulgar, enquanto queriam asseverar a superioridade de opiniões e gostos sendo hospitaleiros a idéias radicais.

Os "exilados" dos anos 1920 – aqueles escritores, artistas e intelectuais norte-americanos que foram para Paris, escapando ostensivamente do comercialismo e provincianismo norte-americanos (o "exílio" foi altamente conveniente por causa da taxa de câmbio favorável ao dólar) – não eram tão ousados ou únicos quanto muitos deles pensavam. O consciente exílio dos EUA era senão parte de um consciente distanciamento que aqueles da alta cultura e aspirantes à alta cultura estavam praticando em casa. Foi preciso que um estrangeiro reconhecesse que isso não fazia muita diferença. "Pareceu-me desde o princípio um fato notável", escreveu Hermann Keyserling em 1927, "que os radicais norte-americanos – a palavra usada no sentido europeu – não parecem se sentir responsáveis; nem parecem tomar suas críticas muito seriamente... A razão é que sua posição de vida é muito parecida com a do bobo da corte na Idade Média. O significado do bobo da corte não era o fato de ser um bobo –, normalmente ele era mesmo o homem mais sábio da corte –, mas que sua sabedoria não tinha nenhum poder ou influência."[18] (Para mim, o título de uma revista literária e artística do período, marcantemente não-inglês, brilhante e barato ao mesmo tempo, resume o vanguardismo dos anos 1920: *Pagany.*)

Os intelectuais não reconheciam o respeito generalizado (e às vezes não merecido) pela intelectualidade nas mentes de seus patrícios. Raramente, ou nunca, na história da humanidade poderia um sábio ou um cientista esperar qualquer coisa parecida com a curiosidade e a expectativa explícita de Einstein quando ele visitou os Estados Unidos pela primeira vez em 1921. A publicidade da qual Einstein se beneficiou foi a de uma perfeita rendição de um protótipo visual e mental: o gênio desengonçado, procurando por seu cachimbo, sua cabeça coroada por cabelos siderais e pela aura de saber algo tão maravilhosamente complicado que não poderia ser traduzido em linguagem coloquial. A manchete do jornal – "Idéias de Einstein causam perplexidade a Harding, ele admite na visita do cientista" – expressou exatamente a bem-intencionada recepção norte-americana a Einstein e ao seu pensamento, e o fato de que um presidente tal como Harding achou conveniente e útil recebê-lo foi igualmente significativo. Depois que Einstein finalmente se estabeleceu nos EUA (em 1932), ele não tinha mais nada a oferecer à teoria física (na verdade, suas próprias teorias já estavam ultrapassadas e provadas parcialmente incorretas), mas isto não conteve a inflação de sua reputação durante o resto de sua vida, ou depois do fim dela. Ruas, prédios e hospitais receberam o nome dele; um selo postal carregava seu retrato; em resumo, o respeito por ele e sua reputação não se abateram entre os norte-americanos durante os 60 anos desde 1921. Chega de antiintelectualismo na vida norte-americana.

Como revela o título *Exile's Return* (*O retorno do exilado*) do livro de Malcolm Cowley, houve uma mudança depois de 1929-30. O elitismo entre os intelectuais estava agora, pelo menos parcialmente, abafado. Eles buscavam causas comuns com as massas norte-americanas. Eles estavam voltando para casa. Esta impressão, também, era algo enganosa. Era fato que em 1932 a maior parte dos intelectuais norte-americanos, tendo abandonado seu elitismo artístico, se tornou politizada novamente; muitos abraçaram ideologias radicais e marxistas, fingindo reconhecer a derrocada do "capitalismo" e o conseqüente desejo de transformar o sistema político nos EUA em uma democracia popular sem privilégios – exceto os privilégios intelectuais, é claro. Entretanto, a divisão entre os intelectuais era enorme como sempre. Em 1932, um grande número de intelectuais conhecidos apoiou a chapa comunista em um manifesto publicado em *The New Masses*. No entanto, o partido comunista conseguiu somente 0,25% dos votos em novembro de 1932, no pior ponto da crise do capitalismo norte-americano. (O voto do partido socialista foi menor em 1932 do que em 1920.) Poderia se argumentar, e foi, de fato, argumentado, que não foi culpa dos intelectuais; as massas norte-americanas eram muito dóceis, muito imersas em suas tradições nacionalistas para responder aos diagnósticos passionais de seus intelectuais. Poderia também se argumentar que as massas, se menos espertas, eram também menos míopes do que muitos dos intelectuais.

Na década de 1930, pela segunda vez na história da nação, o governo começou a convidar cada vez mais intelectuais para a administração pública. Foi então, também, que o apoio governamental às artes e às letras começou – um desenvolvimento que continuou, de uma maneira ou de outra, desde então. Alguns dos intelectuais no governo eram marxistas clandestinos, um fato que 15 anos mais tarde sacudiria a consciência de uma nação, obcecada como era com o perigo do comunismo internacional. Dentro do governo, os marxistas eram uma minoria escondida, pequena e freqüentemente sem importância. Fora do governo os intelectuais marxistas eram numerosos e influentes. Por que nos Estados Unidos (e um pouco diferentemente na Inglaterra) tantos intelectuais abraçaram algum tipo de marxismo durante a década de 1930, quando o marxismo se provou inviável pela segunda vez (a primeira vez foi em 1914, quando o nacionalismo se provou mais poderoso que o socialismo em toda a parte) e quando nos Estados Unidos assim como na Europa a Depressão levou ao surgimento de nacionalistas radicais e não de internacionalistas? Intelectua-is, nem mais nem menos que outras pessoas, acreditam no que querem acreditar. A profissão de alguns marxistas estava em harmonia com as aspirações das pessoas cujas ambições eram intelectuais assim como burocráticas. Eles acreditavam que o marxismo, diferentemente do capitalismo e do fascismo (dois termos imprecisos) era "progressista", não "reacionário"; ou seja era moderno, não tradicional; que estava em harmonia com as grandes idéias gerais da evolução e da razão material que havia substituído a superstição e a religião; que poderia ser harmonizado não só com o darwinismo mas também com Freud; que era um sistema intelectual, eternamente aplicável às explicações dialéticas. Mais importante: o marxismo permitia que seus representantes e proponentes (não era o próprio substantivo "intelectual" um termo marxista?) se orgulhassem, tivessem prazer, e eventualmente lucrassem com o fato de estarem à frente do resto das pessoas, à frente dos poucos intelectuais burgueses remanescentes, e que, portanto, eventualmente ficariam no topo do monte.[19]

Aqueles ambiciosos intelectuais marxistas que eventualmente desempenhariam serviços clandestinos (e freqüentemente amadores) para a União Soviética eram relativamente poucos, e o prejuízo que causaram foi relativamente limitado. Uma minoria de intelectuais norte-americanos – especialmente em Nova York – reconheceu, finalmente no final de 1937-38, as crueldades monstruosas de Stálin, e rompeu com os comunistas. A cegueira voluntária dos comunistas remanescentes a partir de então merece não mais do que uma nota de rodapé na história dos intelectuais norte-americanos, apesar de seu auto-engano merecer o interesse humano, dados os flagrantes exemplos da freqüente falta de disposição – falta de disposição e não falta de habilidade – de homens e mulheres, não importa quão inteligentes, de mudar de opinião mesmo em face de evidências acumuladas contrárias às suas crenças. A lentidão e a inabilidade de muitos marxistas de reconhecer realidades era conseqüência também da natureza não-histórica de seus pensamentos sociocientíficos. Então muitos intelectuais consideravam a Rússia como uma sociedade em vez de uma nação, um protótipo social em vez de cultural. Sua preocupação com as instituições sociais dos soviéticos os impedia de reconhecer o caráter nacional e histórico da Rússia, uma categoria que eles se recusavam (e que muitas pessoas ainda se recusam) a reconhecer como uma realidade; resumindo, que o povo russo e que o seu governo permaneciam na verdade amplamente russos.

De qualquer forma, a esmagadora maioria dos intelectuais norte-americanos, quase todos dos influentes entre eles, estava bem à esquerda da política norte-americana e do modernismo. O fato de o modernismo ser incompatível com o Stálinismo foi percebido por alguns mais cedo ou mais tarde; mas a rejeição tanto do modernismo quanto do marxismo foi uma dieta muito forte para a maioria deles. Aqueles poucos que eram céticos tanto em relação ao modernismo quanto ao marxismo estavam espalhados e não causaram efeito algum por muito tempo. Como disse Philip Rahv (na década de 1950), não ser "liberal" nos círculos intelectuais norte-americanos era "suicídio", significava com isto um autocondenado, um ser diferente, irreconhecível, não-ouvido, talvez não-publicado, um fracasso. Ele pode ter exagerado a importância do consenso liberal na vida nacional como um todo; ele não exagerou na sua influência intelectual.[20] Liberais e marxistas (mas não mais necessariamente pró-soviéticos) não dominaram as trocas intelectuais nos Estados Unidos, eles as monopolizaram. As primeiras brechas neste monopólio não se deram até a década de 1950, e não foi até a década de 1970 que o capítulo pós-liberal da história intelectual norte-americana se iniciou – outra evidência da morosidade com que as idéias se moveram no século XX.[21]

Como em muitos outros lugares no mundo, a guerra verbal que a *intelligentsia* de vanguarda travou contra as hipocrisias dos governos e da burguesia, sempre em nome da justiça, e às expensas da verdade, freqüentemente os cegava para as suas próprias desonestidades intelectuais, para a condição de que a busca da verdade é de uma ordem maior que a busca da justiça, e que aquela desonestidade intelectual é ainda mais deplorável que a hipocrisia. Em 1945, George Orwell escreveu: "Eu não acho que seja exagero dizer que se os intelectuais [ingleses] tivessem feito o seu trabalho um pouco mais meticulosamente, a Grã-Bretanha teria se rendido em 1940." Eu não acho exagero dizer que se os intelectuais fossem mais influentes em 1945, os Estados Unidos teriam rendido toda a Europa para a União Soviética.[22] Felizmente, a influência deles era limitada. As revelações das atividades pró-soviéticas de certos burocratas e intelectuais levou aos perigosos e freqüentemente desonestos excessos do Segundo Pânico Vermelho, e a temerária semelhança de antiintelectualismo entre os políticos e as pessoas de uma maneira geral. Por volta de 1952, a expressão "cabeça-de-ovo" [intelectual] se tornou uma designação nacional de escárnio. Entretanto tudo isso era temporário: sob todo o desconfortável antiintelectualismo, o respeito – misturado com medo – pelo empreendimento intelectual estava tão forte como nunca. (Uma evidência disso é evidenciada na linguagem usada por Joseph McCarthy quando se referia repetidamente a alguns de seus oponentes e vítimas como "pseudo-intelectuais.")

Havia uma importante exceção à freqüente e mortificante uniformidade do domínio liberal na vida intelectual norte-americana. Era fornecida pelos escritores do Sul. As inclinações dos chamados Fugitivos e Agrários, começando por volta de 1930, eram verdadeiramente reacionárias, mas no melhor senso desta mal usada palavra: patriótico em vez de nacionalista, popular em vez de populista, regional em vez de cosmopolita, tradicionalista em vez de burguês, romântico em vez de sentimental, e classista em vez de racionalista – representando assim uma dicotomia elegante entre o coração e a mente. Apesar da fama de certos escritores e poetas do Sul (William Faulkner e Allen Tate), foi a partir da década de 1950 que Flannery O'Connor, uma escritora católica do Sul (por si só uma combinação pouco usual), se tornou uma quieta e brilhante nova encarnação dessa tradição política e cultural. A explicação geral para essa maturidade incomum desses escritores sulistas (mais precisamente, do Sudeste) é que, diferentemente de outros norte-americanos, eles nasceram em uma terra que, em função da derrota na Guerra Civil, uma vez experimentou a queda, cresceram entre pessoas que eram mais castigadas em suas expectativas humanas e mais imbuídas de entendimento do pecado original do que as pessoas e os intelectuais de outras partes da República. A isso podemos somar o fato de o Sudeste continuar a ser a região anglo-saxã mais homogênea da nação, desprovida de muito cosmopolitismo, uma condição que em matéria cultural no século XX pode ser uma vantagem, em vez de um problema.

No ano da prematura morte de Flannery O'Connor, 1964, a nomeação de dois candidatos a presidente mostrou que o centro de gravidade da política norte-americana e talvez do dinamismo norte-americano havia se mudado para o Sudoeste, para uma parte da nação que era ainda mais ocidental do que sulista. A nomeação de Barry Goldwater mostrou que a outrora principal influência do Leste e dos interesses financeiros no Partido Republicano acabara. Contudo, a concentração das trocas intelectuais em Nova York continuava. Com a exceção de duas antigas firmas de Boston (Houghton Mifflin e Little, Brown), todas as grandes editoras da nação estavam agora em Nova York. O fato da leitura de críticas ter substituído a leitura de livros ficou evidente pela influência transnacional do *The New York Review of Books*, revista fundada em 1963 e editada por um círculo de empreendedores editoriais de Nova York. Durante "aquela perturbada década de 1960, com sua esquálida atmosfera de permissividade ... o espírito de 'Vale Tudo!' estava no ar. A noção do próprio bom gosto parecia suspeita..." (William Barrett). Entretanto os anos 1960 foram revolucionários não somente em um plano superficial. Suas idéias mestras e seus modismos eram a extrema continuação e projeção de idéias, gostos e modas que haviam surgido nos anos 1920, durante o que talvez tenha sido a única década "moderna". Então veio a mudança. Logo depois de 1970 a era pós-liberal estava se abrindo. O monopólio das idéias e influências liberais no intelectualismo norte-americano estava rompido.

Nos Estados Unidos, diferentemente de na Rússia pré-revolucionária, a vida intelectual da nação não era dominada pela educação formal ou pela *intelligentsia*, nem por professores ou por críticos. O problema com a tradição intelectual culta, disse Santayana, existia não somente porque esta era superficial, mas porque era limitada, irrelevante para os principais interesses da nação, totalmente diferente do espírito agressivo dos negócios do período. Durante o século XX, a situação começou a mudar. Grande parte da vida nacional se tornou intelectualizada de alguma forma. A mudança gradual de uma sociedade produtiva para uma administrativa significava a correspondente diminuição das ocupações manuais e o aumento das intelectuais, eventualmente para a maioria dos homens e mulheres. A crescente preocupação dos norte-americanos consigo próprios estava manifesta na mania nacional pela psicologia, em todas as formas possíveis. (Quem, em 1900, teria predito que 70 anos mais tarde a revista *Psychology Today* venderia mais do que *Popular Mechanics* nos Estados Unidos?) Tais preocupações mentais – preocupações no sentido literal da palavra – estavam fadadas a afetar o que eu costumo chamar de "estrutura dos eventos", ou seja, como certas coisas acontecem, na vida pública assim como na privada. Também afetaram as imagens que os norte-americanos tinham de si próprios e uns dos outros. A necessidade de representar – e, ainda mais, de encarnar – não só um certo tipo de cultura, um certo tipo de gosto, mas também um certo conjunto de opiniões, afetou gradualmente muitos norte-americanos, inclusive segmentos da população que antigamente eram indiferentes a tais considerações.[23] Cada vez mais gente achava necessário apresentar suas opiniões pela aparência. A minuciosa atenção que os norte-americanos prestavam às roupas uns dos outros (algo tão prevalecente, se não mais, entre homens do que entre mulheres, e algo que era menos comum durante o século anterior) refletia seu interesse na detecção de atitudes mentais por evidências externas. Um exemplo extremo dessa necessidade de realmente vestir opiniões era o generalizado hábito de se usar camisetas e broches com estampados com todos os tipos de opiniões ou símbolos culturais e slogans. Em 1970, uma moça norte-americana, independentemente de sua escolaridade ou classe social, às vezes daria tanta (se não mais) atenção à escolha da frase ou figura impressa na camiseta ou no broche que usaria em uma festa do que à cor e propriedade de suas bijuterias. A trivialidade dessa ilustração não deve obscurecer o significado dessa dinâmica: a necessidade de demonstrar em público as inclinações das mentes.

Em 1914, revistas tais como a *The Nation* ou a *The New Republic* tinham menos do que seis mil assinantes. Dez anos mais tarde, *The American Mercury*, *Vanity Fair* ou *The Smart Set* influenciavam as opiniões e os gostos de consideráveis segmentos das classes alta e média-alta. A revista *New Yorker* surgiu na época (1925) em que certos tipos de opiniões sobre a literatura e a arte não eram mais restritas aos homens de letras e estetas. Durante os anos 1930-40, o sucesso das revistas de notícias tais como *Time* ou *Newsweek* se devia ao estilo informativo dinâmico, no qual cada palavra era cuidadosamente moldada por meio da edição, fornecendo opinião disfarçada de informação. Ao mesmo tempo, as pessoas estavam se assegurando que a intelectualidade poderia ser tão norte-americana quanto qualquer outra coisa. Em 1925, o *The Independent* cobriu uma convenção de cientistas. "O fato é que na América ... uma convenção de cientistas, tal qual a Associação Americana para o Avanço da Ciência congrega anualmente, é tão conservadora quanto jovial, tão animada quanto uma reunião de rotarianos."[24] Nos anos 1930, um escritor tal como Hemingway se tornou reconhecido por sua personalidade pública como uma propriedade totalmente norte-americana, uma característica da civilização norte-americana moderna. "Escrever o grande romance norte-americano" havia se tornado um clichê norte-americano. Em 1935, a notícia de que um jovem estava trabalhando nisso não reduzia em nada a sua reputação social em uma cidade pequena, pelo contrário. O que poucas pessoas viam era que tal confluência de aspirações públicas e privadas é quase sempre fatal, pois há uma diferença entre querer escrever um grande romance norte-americano e ser um grande romancista norte-americano.

A crescente intelectualização da vida não acelerou o movimento de idéias. Em 1900, Mark Twain e, por volta de 1920, Vachel Lindsay, independentemente um do outro, notaram a mesma coisa: as pessoas estavam mais conversadeiras do que antes. O ianque taciturno da época de Tocqueville se tornara uma raridade. O ritmo da fala norte-americana também mudou. Mais facilidades de comunicação e talvez também a mudança na composição nacional do povo contribuíram para o fato de os norte-americanos falarem mais rapidamente do que antes. Entretanto, sociólogos assim como romancistas como Sinclair Lewis descreveram o curioso, o não-escrito, e as não-faladas regras da retórica nas cidades norte-americanas dos anos 1920 – a quase automática repetição de uma grande quantidade de frases padrão, a dependência ritual de certos padrões de linguagem, o entendimento tácito do que poderia ser falado e o que não podia, o tabu virtual de discutir qualquer coisa deletéria à imagem pública da cidade e de seu povo. Nos anos 1930, o acadêmico de Oxford Marice Bowra visitou sua irmã em San Francisco e escreveu sobre os hábitos de conversa da classe alta californiana: "As únicas idéias que os interessavam eram aquelas que tinham em comum e as repetiam como mantras uns para os outros na esperança de que isso os fizesse se sentir bem." O que Bowra escreveu sobre os banqueiros republicanos naquela época era deprimente e verdadeiro sobre os intelectuais liberais uma década mais tarde. "No frouxo estilo moderno, pelo qual todo mundo é John ou Henry", escreveu Jacques Barzun sobre um relatório de Harvard chamado *General Education in a Free Society* [*Educação comum em uma sociedade livre*]: "o objetivo parece não ser tanto de fazer transações mas estagná-las em um sentimento amistoso." Qualquer um que tenha ido a simpósios, reuniões de professores ou conferências acadêmicas atestou que as coisas que estavam sendo ditas, como estavam sendo ditas (sem mencionar por que estavam sendo ditas) sempre tinha pouco a ver com o assunto em pauta.

Isso nos traz ao paradoxo crucial do século XX: o tremendo incremento na comunicação externa e nas técnicas de comunicação, ao mesmo tempo em que cresciam as falhas na comunicação entre os povos. A última condição abriga outro paradoxo: o desenvolvimento de um crescente egocentrismo, junto com a diminuição do cultivo consciente da integridade privada, na habilidade de viver sozinho. Sintomas disso foram a diminuição do tempo de atenção e a relativa inabilidade de ouvir. Há 70 anos, Oswald Spengler escreveu que no século XX o jornal desbancaria o livro da vida intelectual de povos inteiros. Isso se tornou pior com o advento da televisão. Contudo, o prognóstico de Spengler de que as pessoas acreditariam no que lessem nos jornais não aconteceu. (Se eles acreditam no que vêem na televisão eu não saberia dizer.)

Na década de 1920, o estudioso dos clássicos e crítico Irving Babbitt escreveu sobre os jornais de domingo: "Florestas inteiras estão sendo moídas até virarem polpa todos os dias para atenderem às nossas trivialidades." Uma crescente quantidade dessa trivialidade consistia de propaganda, eventualmente ocupando 80% dos jornais de domingo. Em 1940, o típico jornal diário tinha 24 páginas, das quais 10 eram de propaganda; em 1960 tinha 37 páginas, das quais 24 eram de propaganda. A propaganda, durante o século XX, se tornou uma verdadeira instituição, afetando não só as vidas diárias, mas o próprio imaginário (e às vezes o vocabulário) das pessoas. A propaganda pode ter afetado os norte-americanos diferentemente de outros povos – em parte por causa do respeito (e às vezes reverência) pelo que é público, em parte também por causa de certas tendências da retórica norte-americana. A propaganda quase sempre tinha um viés surreal e abstrato, assim como tinham as tendências da poesia. Um exemplo revelador, voltando a 1859, foi dado pelo professor Marshall McLuhan em seu primeiro livro, *The Mechanical Bride*. "Quase ao mesmo tempo que o programa clássico de estudos entrou em colapso, a loja Macy's estava fazendo experiências com o poder hipnótico das palavras. No *New York Herald* de 5 de janeiro de 1859, foi exibido uma parte de um longo poema de Gertrude Stein como segue:

Vem, vem, hora, hora
Vem, vem, hora, hora
A hora é chegada
O que será feito? Eis a questão
O que será feito? Eis a questão

O que se fará?
O que se fará?
Marque todas as mercadorias
Marque todas as mercadorias
Bem

Bem

Bem abaixo
De algum preço que as fará
De algum preço que as fará
Vender e sair rápido,
Vender e sair rápido,
Vender e sair rápido,
SENHORAS
Senhoras, tudo isto foi feito da maneira mais cuidadosa.
NOSSAS MERCADORIAS SERÃO VENDIDAS BARATO!
NOSSAS MERCADORIAS SERÃO VENDIDAS BARATO!
NESTA GRANDE QUEIMA.
NESTA GRANDE QUEIMA.[25]

Deve estar claro que a propaganda e a publicidade poderosamente contribuíram para a inflação das palavras, que afetou os hábitos mentais do povo na era democrática. Afetou a vida intelectual em todos os níveis. A inflação das trocas intelectuais aumentou a influência e a defasagem das idéias, não só obstruindo a decadência mas tornando-a previsível. Enquanto a miséria e a glória da vida intelectual estão latentes dentro de sua imprevisibilidade, significando que a originalidade e a novidade de sua criação e de seus objetos brotam dos autênticos interesses de seus criadores, um dos resultados mais prejudiciais da burocratização da vida intelectual foi este esvaziamento da autenticidade, por meio do qual não só o tratamento mas também a própria seleção dos objetos se tornaram previsíveis. Isso aconteceu não só por causa da crescente influência dos intermediários nas trocas. Foi resultado também do desenvolvimento de gerações inteiras de intelectuais cujas preocupações incessantes com o sucesso público ou com a carreira acadêmica os levou à exemplificação, ou à representação, ou mesmo à incorporação de idéias que há muito tinham se tornado correntes – à custa da autenticidade e da originalidade, e quase sempre da própria probidade pessoal. O desenvolvimento dos movimentos intelectuais dos anos 1960 e seu envolvimento com a publicidade pelo menos questiona se homens e mulheres capazes ainda sabiam pensar ou decidir por si próprios. A frase de Ezra Pound de 50 anos antes, que "o artista é a antena da raça", e a de Victor Hugo, de mais de 100 anos antes, sobre as idéias "cuja hora é chegada", não eram mais muito reveladoras. A publicidade comprometeu o movimento das idéias a ponto da maior parte destas, cuja a "hora era chegada", não valerem mais. Evelyn Waugh declarou isso claramente nos anos 1950. "Em uma democracia" escreveu, "os homens não buscam autoridade para que possam impor uma política. Eles buscam a política para que possam alcançar a autoridade." Pode ser significativo que o Oxford English Dictionary registrou a primeira aparição da palavra "oportunismo" somente por volta de 1870 – quase ao mesmo tempo em que o substantivo "intelectual" se tornou comum em inglês.

Essa desaceleração dos movimentos era reminiscente do que Burckhards havia visto no declínio da cultura durante o terceiro século a.C., quando "as capacidades e talentos naturais para a arte e a literatura eram enormes, mas a sociedade era tal que o artista ou escritor que trabalhasse por necessidade e com uma consciência rígida seria afogado por todos os pequenos talentos espertos que se adaptariam ao gosto vulgar e fariam um bom negócio". Diferentemente do que acontecia no final do Império Romano, a liberdade política e de expressão nos Estados Unidos durante a segunda metade do século XX era mais ampla do que jamais antes. A pressão da opinião pública da qual Tocqueville falara quando escreveu sobre a tirania da maioria se transformou ao ponto de nos Estados Unidos tudo poder ser representado ou publicado sem impunidade. A censura – política e social – tinha cessado de existir. Permaneceu, entretanto, o tipo de censura – não falada, mas rígida e temida – exercida pelos intelectuais. Novamente, havia um paralelo com a Rússia pré-revolucionária onde, além da censura desajeitada, sempre impensada, oficial e rigidamente política do regime do czar, a *intelligentsia* exercia uma censura que de várias formas era mais eficiente que a oficial. Não permitia nenhum reconhecimento, espaço, nenhuma discussão sobre os trabalhos dos escritores e filósofos russos conservadores, obras de considerável valor.

Outro resultado dessa desaceleração na dinâmica das idéias foi a falha dos intelectuais e "especialistas" de todos os tipos em fornecer direções úteis às instituições políticas e administrativas, que as demandavam. Em 1929, as projeções de quase todos os economistas respeitados se provaram erradas – com pouco ou nenhum efeito deletério em suas carreiras. Durante os últimos 50 anos tem havido diferentes manifestações de prognósticos errados por especialistas de quase todas as áreas. Eles adquiriram o hábito de prognosticar a continuação de qualquer coisa que já estivesse acontecendo.[26]

Tais hábitos intelectuais ocorreram nos níveis consciente e inconsciente do pensamento. Isso era verdadeiro sobre a tradicional mente dividida do norte-americano – algo bem diferente da aceita idéia freudiana da estrutura e funções mentais. Diferentemente da divisão entre consciência e subconsciência, a mente dividida é um fenômeno que existe no mesmo nível, dentro da mesma mente. Como escreveu George Orwell sobre a dubiedade de pensamento: "Significa o poder de ter duas crenças contraditórias simultaneamente na mente e aceitar ambas." O que quer que Emerson tenha dito sobre a consistência ser "o bicho-papão das mentes pequenas", esta não era uma característica sua. "Este mesmo homem," escreveu Knut Jamsun sobre Emerson, "que em um ensaio está posto em êxtase sobre a dualidade de Platão, declara com o mesmo êxtase em outro ensaio: 'Amo os fatos. Uma mosca que realmente exista é mais importante que um anjo que possivelmente exista!'"[27] Em *Alma Mater*, Henry Seidel Canby lembrou o ambiente da vida universitária da Nova Inglaterra por volta da virada do século XX: "Havia um blefe entre os estudantes, mas também um blefe entre os professores; e o que era pior, para os homens mais velhos, uma autodecepção intrínseca da qual poucos escaparam. Os alunos e os professores igualmente aprenderam a saudar o idealismo com uma mão enquanto faziam o que lhes agradava com a outra."[28]

O perigo para a mente norte-americana, pelo menos por muito tempo, não foi o materialismo, mas o falso idealismo. Wilson era o típico resultado dessa divisão mental. "Algumas vezes as pessoas me chamam de idealista", disse Wilson. "Bem, é por isso que sei que sou norte-americano. A América é a única nação idealista do mundo."[29] ("O idealismo norte-americano", disse Herbert Hoover, "é totalmente descabido para a Europa.") Um dos resultados desse tipo de divisão mental era a coexistência do conservadorismo e do radicalismo dentro do mesmo intelecto. "Nenhum homem que eu conheça e confie, nenhum homem que eu consinta em me associar, está tentando mudar qualquer coisa fundamental na América", disse Wilson em 1912.[30] Isso veio de um homem cuja mente contemplava uma porção de idéias cujos portentos revolucionários ele mesmo às vezes reconheceria, na verdade, proclamaria – por exemplo, que os EUA simbolizam a "conquista do mundo pelos ideais do internacionalismo e da democracia ... que marcam a vinda da paz universal".

Esse tipo de dualidade mental compreendia uma indisposição, e não uma inabilidade, de ponderar bem as coisas. Continha elementos de desonestidade intelectual assim como o tipo de covardia que Charles Péguy escrevera (*c.* 1910) que é o resultado do medo de ser insuficientemente progressista. De outras formas, esse tipo de dualidade mental contribuiu para a substituição do vocabulário para o pensamento, e a aceitação como real de algo que é meramente conceitual. Junto com a pictorização, essa deterioração dos hábitos verbais (e de pensamento) levou ao enfraquecimento da própria imaginação norte-americana. Quando olhamos o surrealismo cruel de grande parte da música popular norte-americana, poesia popular, literatura e arte durante o último quarto de século, devemos reconhecer que não só o intelecto humano mas a imaginação humana deve ter uma dieta muito saudável senão se alimentará de venenos.

Em 1970, as lamentações da *intelligentsia* se provaram descabidas. Apesar do encolhimento do mercado para professores, intelectuais e a intelectualidade não eram menos influentes que antes. Seus emolumentos potenciais dos governos, fundações e corporações ainda eram generosos, enquanto o governo e a indústria se tornaram intelectualizados a um ponto imprevisto pelos críticos de outrora. Ao mesmo tempo, havia desenvolvimentos que prometiam. Um foi a dispersão da intelectualidade norte-americana pela nação. Os norte-americanos com mentes independentes, conhecimento considerável e sérias preocupações estavam agora nos lugares mais inusitados, apesar de quase sempre isolados uns dos outros – um fenômeno geográfico, social, e civilizatório diferente das coagulações urbanas dos convescotes de uma *intelligentsia* constrangida e do individualismo indevidamente egocêntrico. Muitas dessas pessoas eram homens e mulheres mais velhos, leitores vorazes; mas um elemento importante, também, era a presença de jovens acadêmicos de mentes privilegiadas em pequenas instituições de pouca reputação em lugares e circunstâncias inesperadas – um subproduto imprevisto e salutar da depressão do mercado de trabalho para professores. Não podemos saber se a presença de tais homens e mulheres foi suficiente para contrariar seu isolamento. Intelectualmente, ao menos, sugeria que exatamente o contrário da sentimental primeira sentença em *Anna Karenina* de Tolstoi era verdade: no século XX são as famílias infelizes que se parecem, enquanto as famílias felizes são inspiradoramente diferentes.

O outro desenvolvimento envolvia os riscos e os defensores da linguagem norte-americana. Em 1940 podia se dizer que a linguagem do homem de negócios norte-americano era mais direta e menos abstrata que a linguagem dos acadêmicos e que a da *intelligentsia*. Em 1960, este não era mais o caso. A maior parte dos homens de negócios se exprimia em uma linguagem que não só era mais complicada e abstrata mas freqüentemente mais imprecisa que as de outros homens de negócios do mundo (cujas línguas nacionais, também, estavam se burocratizando e norte-americanizando), mais até que a de muitos acadêmicos norte-americanos. Nos anos 1970, se instalou uma pequena, mas significativa reação. O número de norte-americanos que se interessou e se preocupou com sua língua nativa cresceu. Manter e, ocasionalmente, defender e o uso apropriado e decente da língua[31] se tornou um assunto de refinamento intelectual e de importância cultural, na verdade uma questão patriótica para algumas pessoas. Alguns dos acadêmicos e intelectuais mais sérios, também, mudaram seus interesses e aspirações lingüísticas da inflação da linguagem para a sua deflação, de tarefas de vanguarda para as de retaguarda, de fornecedores e gerentes de vocabulários obscuros a guardiões da língua inglesa. Havia uma estirpe de homens e mulheres agora lado a lado com a República, intelectos verdadeiramente patrióticos por causa de sua preocupação ansiosa e vigilante pela preservação e cuidado do maior patrimônio de sua nação, o eterno tesouro da língua inglesa – uma classe dispersa de homens e mulheres cuja marca de cultura geral e de probidade pessoal era a sua preocupação com a linguagem, conseqüentemente com o pensamento. "Não estamos divididos agora entre aqueles que sabem e os que não sabem. Estamos divididos entre aqueles que se importam e aqueles que não se importam." O que Chesterton disse 70 anos atrás era tão aplicável à *intelligentsia* mais velha quanto à mais nova, provavelmente mesmo às pessoas da República de uma maneira geral.

▼

NOS PRIMEIROS ANOS DO SÉCULO XIX, artistas norte-americanos, com poucas exceções, ainda não se consideravam uma classe separada. Um pintor era um artesão, assim como era um marceneiro, ou um arquiteto. Teorias estéticas e revolucionárias tinham pouco a ver com o pensamento deles. A consciente separação entre os artistas da burguesia, que começou na Europa Ocidental por volta de 1830, quase não existia nos Estados Unidos. Durante o segundo século dos EUA isso também começou a mudar. Eventualmente a percepção de arte e as aspirações de muitos artistas norte-americanos não era muito diferente da dos seus pares europeus. Nos Estados Unidos, assim como na Europa, a intelectualização começou a devorar o próprio mundo das artes.

Havia uma tendência tipicamente norte-americana que continuou a existir: a crença democrática de que aspiração equivalia, ou pelo menos quase equivalia, a talento. Se poucas pessoas identificavam a diferença entre a aspiração de escrever o grande romance norte-americano e de se tornar um grande romancista norte-americano, o mesmo valia para a atitude popular com relação à arte. Durante os anos 1880 do século XIX, o jovem Knut Hamsun se enfureceu com uma exposição de arte infantil em uma cidade do Meio-Oeste. "Tal júri tem tão pouca vergonha artística que, como se fosse natural também, aceita os trabalhos de crianças *porque* são trabalhos de crianças, dando-lhes espaço em qualquer parte, preferencialmente em um ponto que atrai a vista. Um cartão é pendurado sobre estes rabiscos infantis indicando que o artista tem 12 anos e é órfão. O cartão sobre um desenho em carvão mostrando duas galinhas chama a atenção ao fato de o artista ter 15 anos, ser surdo, mudo e manco. O que tem a estética a ver com pena? Como um artista, eu não hesitaria em tirar as duas galinhas do aleijado da parede. Este desenho descaradamente troça do espectador, e denigre as obras ao seu redor..."[32] Tais tendências não mudaram durante o século seguinte. Ronald Berman notou que, de acordo com o censo, "em 1976, cerca de um milhão de pessoas descreveram sua ocupação como artistas. A autodescrição não significa que algo foi criado ou vendido. Só significa que suas esperanças eram artísticas".[33] As pessoas nas cidades e nos subúrbios norte-americanos tinham prazer em dizer que este homem ou aquela mulher era "artista". É interessante, e talvez perturbador, perceber que enquanto muitos desses artistas conheciam pouco sobre o mundo da alta cultura e da arte de vanguarda, eles eram igualmente desinteressados e insensíveis à arte tradicional. Eu conheci pintores norte-americanos (e razoavelmente bons artesãos, também) que nunca ouviram falar nos nomes de Bellini ou Vermeer, e que raramente, se é que alguma vez, visitaram algum museu. (E já que na segunda metade do século XX há uma definitiva tendência para arte, em grande parte para a pintura, para voltar à original e primordial função de decoração – função que começou nas paredes das cavernas –, é totalmente possível que esta tendência democrática de arte possa sobreviver à intelectualização.)

Por volta de 1890, surgiram os boêmios norte-americanos. Daí por diante os artistas boêmios se tornaram um fenômeno tão reconhecido quanto o fenômeno intelectual norte-americano. Isso aconteceu não só em Nova York mas também em Chicago e nas cidades da costa Oeste, sugerindo que esses desenvolvimentos sociais não podem ser atribuídos somente à influência dos imigrantes. A tendência da boêmia em se separar do materialismo pode ter sido ainda mais inevitável do que a da *intelligentsia* de declarar sua separação da burguesia. A reunião de boêmios norte-americanos não se restringia a lugares cosmopolitas tais como o Greenwich Village, em Nova York. O que aconteceu em certos círculos artísticos e intelectuais ingleses em 1890 se repetiu nos EUA após um lapso de tempo de 10 ou 15 anos no máximo. Havia comunidades efêmeras tais como Arden, em Delaware, "onde, em 1912, homens e mulheres trabalhavam com esmero em ferro e couro, dançavam nos gramados da vila e ouviam as palestras sobre socialismo, anarquismo e a cultura do futuro".[34] Em 1913, Mabel Dodge disse que o *Armory Show* de Nova York era "o evento mais importante na América desde 1776". O denominador comum destes eventos e das declarações daqueles que os freqüentavam era a crença de que o vanguardismo artístico era um fator inevitável de salvação política e social.[35] Seus promotores e participantes não entenderam que os jovens artistas não precisavam de mais liberdade, mas de mais disciplina.

Enquanto a disciplina inadequada poderia ser um obstáculo ao completo desenvolvimento da arte, certamente não o era à sua coleção. O interlúdio burguês norte-americano gerou grandes coleções de arte, com o transporte de grandes obras e até a mudança de artistas e atores do Velho Mundo para o Novo. Já vimos também que uma tradição norte-americana de primeira linha, especialmente na pintura, estava se desenvolvendo mesmo antes do florescimento de um período da alta burguesia. Quando pintores tais como Thomas Eakins, Mary Cassatt, John Singer Sargent, Childe Hassam, sem falar de Whistler e Homes, amadureceram, tinham pouco a ver com os convescotes já em formação da boêmia norte-americana, mesmo que tivessem problemas eventuais com o materialismo.

Entre 1915 e 1955, durante o pico da prosperidade e do poder, os EUA estavam amadurecendo no que se pode chamar de artes secundárias: artes gráficas, ilustrações, desenho industrial, fotografia, cinema. Na literatura, também, a qualidade intelectual da crítica se elevou ainda mais do que a da poesia, da prosa e do drama. Entre 1900 e 1950, a música popular alcançou um nível de sofisticação e de refinamento, às vezes, talvez inigualável em toda história da música popular do mundo. Entretanto, depois de 1950 se deu uma dualidade curiosa.

Por um lado, a apreciação da arte, dos artistas e da literatura tinha atingido picos jamais vistos tanto dentro dos Estados Unidos como na Europa. Intelectuais franceses, por exemplo, apesar de todo o seu antiamericanismo político (e às vezes fraudulento), se convenceram (erradamente) que escritores norte-americanos tais como Ernest Hemingway ou Nelson Algren representavam um estilo e uma visão de mundo nova. Em 1955, a capital mundial das artes tinha se mudado de Paris para Nova York, que agora era o centro do comportamento e do comércio das artes, e pintores norte-americanos como Jackson Pollock, Mark Rothko, Willem De Kooning eram procurados por críticos e negociadores europeus. Por outro lado, a comercialização e a intelectualização da arte – duas influências que quase sempre eram paralelas, algumas vezes divergentes – produziram o tipo de prejuízo instantâneo quase irreparável. O "Expressionismo Abstrato" produzido pelos pintores, proclamado como "O Estilo Norte-Americano" pelos mais aclamados críticos e *marchands* nova-iorquinos, logo completou o processo de intelectualização e comercialização. Tais fenômenos, significando a decadência da arte, estavam ocorrendo na Europa também; mas nos EUA, eles eram a negação viva da muito proclamada promessa da singularidade da arte norte-americana, no que parecia ser o zênite do poder e da influência dos Estados Unidos, o brilhante momento norte-americano na história do mundo. A imaginação e o detalhe, outrora características interessantes do cinema, também estavam declinando; da mesma forma, infelizmente, estava a beleza única da música popular – esta devido à comercialização ainda mais do que à intelectualização, quando os fornecedores das gravadoras descobriam que a maior parte dos compradores de discos eram adolescentes que não apreciavam harmonias sofisticadas. Durante os anos 1950, a música popular norte-americana se degenerou muito rapidamente, descendo a um nível onde o *rock and roll*, não mais uma aberração isolada ou regional, se tornou um fenômeno nacional e mundial depois de 1955 – novamente aquela agourenta encruzilhada. Era remanescente do que o grego Aristoxenus, o primeiro historiador de música, escreveu durante a era helenística: "Desde que o público se degenerou se tornando bárbaro e a música popular se deteriorou amplamente, pouquíssimos de nós se lembram do que a música já foi." Em um artigo, "The Taste of the Age" [O gosto da época] em 1958, Randall Jarrell escreveu que "se nós tivermos paciência (ou a oportunidade) de esperar até que o Oeste se deteriore um pouco mais, todos veremos as propagandas de Merrill Lynck, Pierce, Fenner e Smith ilustradas por Jean Dubuffet".[36]

A "pictorização" da imaginação norte-americana, à custa de seu componente verbal, foi potencializada tremendamente pela televisão, levando a hábitos mentais tais como a falta de atenção e a passividade, os opostos da concentração e contemplação. A pictorização influenciou não só as publicações, mas também a escrita: as ambições recorrentes de escritores norte-americanos de produzirem certos efeitos verbais, em vez de descrições precisas, tinham algo a ver com isso. O propósito de usar certas palavras ou frases não era exatamente o de transmitir uma imagem; o propósito era o de produzir um grande impacto pelo jogo pitoresco – mais freqüentemente uma justaposição – de palavras.

Enquanto isso, a prevalência de figuras em todos os tipos de materiais impressos aumentava constantemente. As páginas impressas de uma revista ou jornal eram interrompidas por material pictórico irrelevante. Não eram nem mesmo ilustrações do texto, mas quase sempre tiradas de álbuns de gravuras de caricaturas monstruosas do século XIX, com nenhuma relação com o texto impresso do artigo que estavam interrompendo. O cuidado e o custo que abundavam na seleção e na exatidão técnica do sujeito pictórico nas revistas e livros eram enormes, enquanto as preocupações editoriais com a correção do texto se tornavam cada vez mais descuidadas e acidentais. Tais tendências também eram evidentes nas cartilhas e nos livros didáticos. Livros didáticos de universidades estavam cheios de figuras sofisticadas, quase sempre em cores. As cartilhas para crianças de 6 anos nos anos 1920 continham em média 645 novas palavras; nos anos 1950, 330 novas palavras; em 1960-63 caiu para 150. Durante esses anos, o número de figuras nas cartilhas dobrou.

Dentre todas as formas norte-americanas de arte, a promessa da arquitetura era excepcional, principalmente por causa da inseparável relação desta com a engenharia. Depois de 1870, a imagem dos Estados Unidos era não só a de uma terra de oportunidades ilimitadas, mas também de maravilhas técnicas. Antes de 1870, as invenções de Fulton ou Morse, ou mesmo de Whitney, eram feitos ocasionais; mas a década de 1880 foi a de Pullman, McCormick, Singer, Edison, da máquina de costura, do arame farpado, das máquinas beneficiadoras de grãos, da colheitadeira, do telefone, do carro-leito, da lâmpada. Durante as décadas de 1880-90, a arquitetura norte-americana começou a impressionar o mundo. Em 1883, a ponte do Brooklyn era uma construção magnífica, aclamada e discutida por escritores norte-americanos como um monumento não só na história da engenharia, mas da cultura norte-americana. Mas o propósito da ponte do Brooklyn era de transporte; dez anos mais tarde o da Exposição de Columbia era ideológico. Em 1900, a reputação da arquitetura norte-americana era mundial. Arquitetos como Louis Sullivan estavam atingindo um estilo norte-americano próprio, marcado principalmente pela harmonização da tecnologia com a tradição, da monumentalidade com uma versão especificamente norte-americana das belas-artes. Arquitetos menores deixaram de alcançar tais harmonizações. Arranha-céus, como o Fatiron e o prédio Woolworth em Nova York, maravilhas do mundo então, não passaram no teste do tempo. Suas formas, sem falar de suas opulentas decorações em pedras, logo adquiriram uma aparência, na melhor das hipóteses, estranhamente antiquada, e na pior, mortal. O primeiro era uma monstruosa bota de cano alto, e o último, um bolo de noiva de ferro. Entretanto, a silhueta de Nova York, não importa quão sem planejamento ou pouco prática é a sua localização, se tornou um marco simbólico não só dos Estados Unidos, mas de todo o século XX: dinâmico, poderoso, caracteristicamente norte-americano. Em um nível mais mundano do desenvolvimento, a arquitetura doméstica também alcançou padrões de considerável excelência durante o período da alta burguesia.

Nem a arquitetura estava imune das influências da intelectualização e da abstração. Estas influências, originalmente européias, apareceram nos Estados Unidos relativamente cedo. Mesmo antes da Primeira Guerra Mundial, a arquitetura moderna surgiu em lugares como a Escandinávia, a Áustria, às vezes na Alemanha e até na Inglaterra. Modelo de arquiteto norte-americano, Frank Lloyd Wright logo adquiriu uma reputação maior mesmo do que sua influência. Entretanto, as bases intelectuais e estéticas de sua visão eram surpreendentemente fracas. Com sua "total" rejeição (verbal, em especial) da tradição (principalmente da tradição européia) e seu conceito de uma arquitetura funcional (em teoria, mais do que na prática), que estaria totalmente de acordo com a tecnologia "libertadora", Wright revelou – ou melhor, deveria ter revelado – que era totalmente um produto de sua época, o equivalente arquitetônico não de Whitman ou mesmo Lindsay, mas do populismo fanfarrão de Carl Sandburg, com idéias idênticas às de Edison ou Ford. Apesar de suas origens do Meio-Oeste, Wright era um perfeito complemento ao movimento boêmio norte-americano *circa* 1912, extremamente consciente de sua pessoa pública.

Nos anos 1930, os prédios de Wright tornaram-se cada vez mais grotescos e cada vez menos funcionais. Naquela época, o melhor da arquitetura norte-americana era neoclássica, transformando a vista da cidade de Washington, com prédios cujos equivalentes europeus eram monumentais (e nem sempre pouco atraentes) projetos de Albert Speer. Resumindo, a arquitetura norte-americana "moderna", como muito da pintura norte-americana "moderna", acabou sendo uma criação de época. E, como em outras áreas da vida intelectual nos EUA, depois dos anos 1930 a influência dos refugiados europeus se tornou um elemento importante. As influências, mesmo que generalizadas, raramente eram salutares. Os pronunciamentos da escola Bauhaus, de cujo grupo Walter Gropius era um exemplo (ele escreveu que "a arte de construir depende do trabalho em equipe coordenado de um grupo de colaboradores ativos cuja cooperação orquestral simboliza o organismo cooperativo que chamamos de sociedade"), era ainda um outro exemplo de um vocabulário intelectual pesado abrigando a quase ausência de pensamento criativo – infelizmente no caso da arquitetura, com resultados visíveis e tangíveis. Não foi até os anos 1970 que certos arquitetos norte-americanos, tardiamente castigados por suas próprias experiências, começaram a tatear em direção à antiquada crença que a arquitetura era realmente uma arte.

Ainda é muito cedo para avaliar o potencial, muito menos o real efeito desse tipo de reação, cujo eventual desenvolvimento será inevitavelmente desacelerado por obstáculos institucionais e técnicos, intelectuais e financeiros. Entretanto, pode-se perceber um certo significado. Durante os anos 1970, a mente e a arte norte-americana entraram em sua fase pós-progressista e pós-moderna. Falando historicamente, "pré-" e "pós-", "antes" e "depois", são prefixos qualificadores mais reveladores e mais significativos do que "pro-" ou "anti-". A esse respeito, foi interessante e talvez encorajador que, pelo menos em certos níveis, essa reação pós-liberal e pós-progressiva de alguma forma precedeu os desenvolvimentos correspondentes na Europa e em outras partes. As origens e os desenvolvimentos desse novo capítulo da história política e intelectual da República serão tratados a seguir.

▼

Dos três adjetivos políticos, "conservador", "liberal" e "radical", somente o último é antigo e inglês. O uso político de "conservador" e "liberal" vem da França e da Espanha. Os termos não eram aplicados à política nas nações de língua inglesa antes de cerca de 1825 – ou seja, 50 anos depois da Revolução Americana. É claro que havia pessoas com inclinações conservadoras dentro da nova nação, inclusive não só os legalistas mas também entre os Pais Fundadores; mas enquanto temos que reconhecer sua existência, seria errado investi-los com o rótulo categórico de "conservadores". Afinal de contas, mesmo Burke era um *whig*, não um *tory*; e havia elementos radicais suficientes na visão de mundo de John Adams para não nos deixar designá-lo como conservador, *pur et simple*. Mas ficou para Tocqueville reconhecer, e explicar, que muitas instituições e o caráter da sociedade e da opinião pública na democracia norte-americana não eram nem radicais nem revolucionários – o que os conservadores e até certos liberais na Europa temiam naquela época.

Isso não significa que as instituições norte-americanas ou o temperamento nacional seja totalmente conservador. Significa que as tendências conservadoras da democracia norte-americana existiam desde o princípio. Também significa que o conservadorismo norte-americano diferia ainda mais do europeu do que o radicalismo nos EUA diferia do radicalismo na Europa, algo que remontava às próprias origens psíquicas da consciência norte-americana.[37] Pressione um conservador norte-americano e freqüentemente encontrará um radical. É razoavelmente óbvio que o Sul era mais conservador que o Norte; mas o conservadorismo de seus poucos teóricos políticos tinha um matiz radical. (Quinze anos antes da publicação do primeiro volume de *Das Kapital* em 1867, George Fitzhugh, um dos poucos teóricos políticos sulistas, escreveu que a escravidão era "a única alternativa política ao comunismo mundial".) O viés radical estava lá com os federalistas, que por volta de 1800 bradavam e gritavam em favor do "verdadeiro norte-americanismo" (pelo qual, é claro, eles queriam dizer federalismo). Aquele componente do radicalismo estava lá dentro do conservadorismo do geralmente humilde Abraham Lincoln, que falou em Cincinnati pouco antes de sua eleição em 1860: "As velhas máximas da Bíblia se aplicam, verdadeiramente se aplicam, aos negócios humanos, e nisto, como em outras coisas, podemos dizer que aquele que não está conosco está contra nós; ele que não contribui, dispersa" – um argumento idêntico ao usado por Joseph McCarthy um século mais tarde, ab-rogando para si o poder e a glória de Cristo. Mesmo assim, Richard Weaver, um apóstolo intelectual do movimento conservador norte-americano de primeira hora, chamou Lincoln, em meados do século XX, de "um conservador no verdadeiro sentido da palavra. Não é por acaso que Lincoln se tornou o fundador do maior partido conservador norte-americano, mesmo que aquele partido tenha se pervertido logo depois do fim de sua carreira. Ele o fez porque seu método era o de um conservador". Entretanto, os conservadores começaram como um partido radical: "uma semelhança com os *whigs*, os abolicionistas, os *Know-Nothings*[38], os de 'pavio curto' e os desgastados".[39] O historiador conservador inglês lorde Acton chamou os republicanos da Nova Inglaterra, e particularmente seu chefe, William Henry Seward, de radicais perigosos. Wendell Phillips, o profeta do abolicionismo republicano, disse em 1871 que "não há esperança para a França a não ser nos vermelhos", já que os da Comuna de Paris eram "os primordiais, mais puros e os mais nobres patriotas da França". Contudo, durante a Presidência de Benjamin Harrison, o embaixador norte-americano na França se juntou ao seu colega britânico mantendo-se distante das comemorações do centésimo aniversário da Revolução Francesa, em 1889. Havia uma força conservadora entre os adversários populistas dos republicanos. Um homem tal como William Jennings Bryan pôde ter sido radical em sua política doméstica ao mesmo tempo em que era um conservador religioso. Um conservadorismo paroquial e um populismo radical coexistiam na mente de Henry Ford. O populista Ignatius Donnelly em *The Golden Bottle* (*A garrafa dourada*) predisse a vinda da paz universal por meio do estabelecimento da literalidade na Rússia e de um governo mundial – um precursor das convicções de Woodrow Wilson.

Minha intenção com essa variedade de exemplos paradoxais foi de ilustrar a freqüente coexistência do conservadorismo com o radicalismo dentro das mesmas mentes. Entretanto, há 30 anos o professor Louis B. Hartz de Harvard, em *The Liberal Tradition in America* (*A tradição liberal na América*, 1955), argumentou que a tradição liberal *era* a tradição norte-americana. Esse foi um daqueles trabalhos inócuos de Harvard que, para parafrasear Wilde, perseguem o óbvio com o entusiasmo de um detetive míope. No entanto, em um sentido importante Hartz estava certo. Mesmo que o significado político de "liberal" tenha surgido só por volta de 1820, a visão liberal do mundo veio do século XVIII. A visão era *a* visão dominante da Era Moderna: a de que a sociedade podia ser aperfeiçoada, de que não houve o pecado original, que estava ao alcance do homem (especialmente do Novo Homem) transformar o mundo, uma visão que, com todos os seus méritos e seu progressivismo otimista, era essencialmente anti-histórica, ou pelo menos ahistórica. Contra ela se levantou o reconhecimento da história por um filósofo como Burke, que não estava atrás, mas à frente de Paine, assim como 50 anos mais tarde Tocqueville não estava atrás, mas à frente de Marx. Pois Burke não foi um mero defensor da tradição. Ele reconheceu e expressou a inevitabilidade da dimensão histórica da natureza humana, algo que poucos norte-americanos estavam dispostos a aceitar. Em um sentido mais amplo, a visão liberal era a dominante entre todas as norte-americanas, proposta por Jefferson assim como por Paine. Isso até agora, porque o evento mais importante na história recente do povo norte-americano é que o dogma liberal do progresso linear e evolutivo não é mais compartilhado por muitos norte-americanos.

É digno de nota que o livro de Hartz foi publicado no exato momento em que o movimento conservador norte-americano começou a se cristalizar. Hartz escreveu a sua obra durante a era McCarthy, quando uma poderosa onda de antiliberalismo parecia dominar, pelo menos temporariamente, o sentimento popular norte-americano. Entretanto, ainda em 1955, poucos norte-americanos aceitariam a designação "conservador", enquanto 23 anos mais tarde as pesquisas de opinião (quaisquer que fossem as suas limitações) mostravam que mais norte-americanos preferiam se designar conservadores a liberais. Mas talvez ainda mais importante que estas preferências semânticas é a condição de que a maior parte das figuras principais daquele movimento conservador, que de 1955 a 1980 havia crescido a ponto de levar Ronald Reagan à Casa Branca, não só compartilhou, mas abraçou as idéias originalmente jeffersonianas e paineanas de progresso, modernismo e do excepcionalismo – ao custo do tipo de entendimento histórico enunciado por Burke.

De qualquer forma, é o desenvolvimento histórico, e não a análise ideológica abstrata, que nos diz algo do caráter de um movimento político, como na verdade do caráter de um homem.

A antítese entre o liberalismo e o conservadorismo era típica não dos Estados Unidos, mas da Europa; e era típico não do século XX, mas de antes de 1870. Depois disso, a antítese foi substituída pelo mais novo, mais universal, relacionamento entre nacionalismo e socialismo. Escrevo "mais universal" porque durante o século XX essas realidades se aplicaram à política norte-americana também, à diferença entre republicanos e democratas, sendo que os republicanos, de uma maneira geral, são mais nacionalistas que socialistas, enquanto os democratas são, geralmente, mais socialistas que nacionalistas – uma diferença que também é aplicável ao "conservadorismo" moderno e ao "liberal" norte-americano do século XX. Por causa da aceitação geral da prática do Estado de bem-estar social durante o século XX (nisso as diferenças entre os republicanos e democratas, e entre "conservadores" e "liberais" eram diferenças de grau, não de espécie), o desenvolvimento de vários nacionalismos é geralmente mais interessante e significativo que o desenvolvimento de vários socialismos – um fenômeno mundial do qual os Estados Unidos não escaparam.

Nos Estados Unidos, durante a primeira metade do século XX, aflorou uma divisão, às vezes chegando a um cisma, uma divisão que temporariamente correspondeu à que havia entre conservadores e liberais. Desta vez, era a divisão entre isolacionalistas (que poderiam ser mais precisamente chamados de nacionalistas) e internacionalistas. As diferenças entre eles eram mais profundas do que desentendimentos com relação à política doméstica, mais profundas ainda do que discussões de política externa. Envolviam idéias diferentes e diferentes sentimentos sobre o destino e o caráter da nação e da civilização norte-americanas.

Havia, nessa divisão, uma grande e talvez profunda similaridade entre norte-americanos e russos. A divisão entre internacionalistas e isolacionistas correspondia à divisão russa entre os seus "ocidentalistas" e "eslavistas". Os ocidentalistas russos eram aqueles que acreditavam que a Rússia tinha de se aproximar da Europa, que tinha de se tornar mais progressista, mais cosmopolita, mais liberal, menos asiática e mais européia. Os eslavistas eram nacionalistas ortodoxos, freqüentemente isolacionistas e expansionistas, conservadores e muito mais messiânicos ao mesmo tempo. Para eles, a Europa era decadente, enquanto a Rússia tinha o seu destino singular, era a maior e a mais parecida com a nação-Cristo do mundo. Assim a diferença entre os ocidentalistas e os eslavistas envolvia mais do que a defesa de diferenças domésticas e até de políticas externas, era ideológica e cultural. Entre os norte-americanos também, a divisão era menos política e mais geográfica, ideológica e cultural, com insinuações religiosas. Era uma divisão entre duas visões geográficas e históricas do destino norte-americano, entre aqueles que acreditavam que o avanço da civilização norte-americana deveria aproximar mais o Novo e o Velho Mundo, e aqueles que acreditavam que a civilização norte-americana deveria representar o contrário do que a do Novo Mundo. A retórica nacional do excepcionalismo produziu muitos adeptos que desconfiavam da Europa. Segundo eles, os Estados Unidos tinham pouco a ganhar com um contato mais próximo com a Europa, e não muito a aprender com ele.

A existência da dualidade no relacionamento emocional dos norte-americanos com o Velho Mundo era evidente desde o princípio, mas não devemos ceder à psicanálise aqui. Nosso interesse tem que ser direcionado ao *pedigree* das idéias. A maior parte das idéias que levaram ao aparecimento do primeiro movimento político "conservador" consciente depois de 1950 era inseparável do desenvolvimento do isolacionismo – ou seja, de uma forma particularmente norte-americana de isolacionismo – durante a primeira metade do século XX.

O isolacionismo foi um fator poderoso durante toda a década de 1920 e na maior parte da de 1930, na mesma época e em várias maneiras – fisicamente, financeiramente, culturalmente – os EUA e a Europa estavam próximos como nunca antes. Essa divisão havia existido por algum tempo entre escritores e artistas norte-americanos, também; entre aqueles que acreditavam no excepcionalismo, mantendo-se distantes e à frente da Europa, e aqueles que acreditavam que não deveriam e finalmente não poderiam evitar a compreensão de que compartilhavam das tradições da Europa, essencialmente os mesmos problemas e dilemas da raça humana – a diferença, digamos, entre Mark Twain e Henry James. De alguma forma, esta divisão foi imitada, com razoável sucesso, pelos peles-vermelhas e os caras-pálidas. Talvez não fora nenhum acidente que o formulador desses rótulos tenha sido um intelectual norte-americano nascido na Rússia.

Isolacionistas, nacionalistas, peles-vermelhas; internacionalistas, cosmopolitas, caras-pálidas: estas categorias são simples e quase sempre reveladoras; mas como sempre na vida, as realidades humanas eram mais complexas. Isolacionistas coerentes e internacionalistas constantes eram poucos. Muitos dos isolacionistas, senão a maioria, somente o eram em relação à Europa; quando se tratava de política externa eles quase sempre privilegiavam a Ásia. A adoção e a defesa do isolacionismo ou do internacionalismo dependia de um objeto particular, da nação estrangeira em questão. Muitos dos isolacionistas que se opunham ao compromisso com a Grã-Bretanha e à libertação da Europa Ocidental da Alemanha de Hitler logo passaram a advogar compromissos militares contra a Rússia e a libertação da Europa Oriental do comunismo. O reverso também era verdadeiro: muitos internacionalistas liberais e entusiasmados defensores das alianças de guerra realizadas depois de 1945 eram opositores dos compromissos de restrição ao comunismo e à Rússia. A maior parte dos isolacionistas norte-americanos que acreditava na América para norte-americanos também acreditava que o que era bom para a América era bom para o mundo: mas não era isso, na verdade, uma versão ampla do internacionalismo? A maior parte dos internacionalistas acreditava que era o destino dos EUA tornar o mundo seguro para a democracia: mas não era isso, na verdade, o norte-americanismo amplamente aplicado ao mundo? Pressione um nacionalista norte-americano e encontrará um internacionalista mas, desta forma, como vimos, muitas das mesmas coisas valem também para os conservadores e radicais norte-americanos.[40]

Em resumo, as designações isolacionista e internacionalista são reveladoras somente até o ponto em que se referem não a categorias estanques, mas a tendências da mente norte-americana. Uma declaração do paradoxo humano pode ser interessante, mas depois de tudo dito, o paradoxo humano é o resultado da quase sempre inevitável primazia da vida sobre a teoria. Aqui está a raiz de outra semelhança dos eventos russos e norte-americanos. Na Rússia, em 1917, o triunfo dos ocidentalistas sobre os eslavistas parecia completo. A ortodoxia e o czarismo haviam ruído; e os herdeiros da ruína eram os bolcheviques, que diziam representar a mais radical das idéias ocidentais, o comunismo marxista. Entretanto, em poucos anos ficou evidente – isto é, evidente exceto para os intelectuais ocidentais – que Stálin e sua União Soviética encarnavam de várias maneiras as inclinações do eslavismo, que foram institucionalizadas então em um Estado de polícia cuja origem não era Marx ou Engels, mas Ivan, o Terrível. Em 1945, nos Estados Unidos, o triunfo do internacionalismo sobre o isolacionismo parecia completo. Alguns dos isolacionistas mais influentes no Congresso anunciaram a adoção do internacionalismo, que, para eles, tinha se tornado inevitável. O internacionalismo norte-americano – a exteriorização de uma ideologia liberal e progressista – agora estava em pleno desenvolvimento. Contudo, menos de uma geração mais tarde, os apelos do liberalismo e do progressivismo estavam se esvaindo. Em 1970, os principais proponentes do internacionalismo norte-americano, de uma ordem mundial norte-americanizada, eram os conservadores, descendentes dos isolacionistas, representando um antiliberalismo que correspondia aos sentimentos de muitos norte-americanos, como, na verdade, o neo-eslavismo de Stálin havia correspondido aos sentimentos de muitos russos.

Neste aspecto, havia ainda outra semelhança entre o nacionalismo russo e norte-americano, e talvez especialmente entre os eslavistas russos e os conservadores norte-americanos de um certo tipo. As inclinações, e a propaganda, de ambos eram conservadoras em casa e revolucionárias no exterior. Durante a segunda metade do século XIX, os eslavistas russos propagaram revoluções e a intervenção russa nos Balcãs contra os turcos e, ocasionalmente, o Império Austro-Húngaro. Durante a segunda metade do século XX, os conservadores norte-americanos espalharam intervenções por toda parte do mundo contra o monstro efêmero do comunismo internacional – sem atentarem para o aviso de John Adams em 1821 que os Estados Unidos não iriam e não deveriam ir "ao exterior em busca de monstros para destruir".

Ao reconstituir a qualidade da ideologia do movimento conservador norte-americano, devemos notar que, desde cerca de 1935 até por volta de 1955 (mais precisamente desde a ascensão do padre Coughlin até a morte de Joseph McCarthy), o surgimento de uma poderosa direita radical nos EUA era uma possibilidade. Isso, também, seguiu o que se deu na Europa, com a costumeira defasagem de tempo. Na história da Europa, os 25 anos entre 1920 e 1945 foram um quarto de século no qual o radicalismo não era mais monopólio da esquerda, quando nem o comunismo nem o capitalismo, mas o que é – inadequada e imprecisamente – chamado de "fascismo" era o fenômeno político emergente e dinâmico, eventualmente levando à Segunda Guerra Mundial, quando tais homens como Hitler e Mussolini provaram ser líderes mundiais dinâmicos depois que Wilson e Lênin se foram. Nos Estados Unidos também a Depressão foi seguida pelo surgimento do apelo popular dos nacionalistas radicais. Havia um potencial enorme para a direita radical nos Estados Unidos mesmo depois da morte de Huey Long e o episcopal (e parcial) silêncio do padre Coughlin. Isso ficou evidente em 1940-41 e novamente depois de 1950. Anne Morrow Lindbergh descreveu esse potencial, testemunhando-o no comício do Primeiro Comitê da América, no Madison Square Garden, em maio de 1941. Sua descrição é especialmente reveladora não só por causa de sua inteligência sensível, mas porque era esposa e apoiadora de Charles Lindbergh, o herói popular daquele movimento. Lá, escreveu, ela sentia "a qualidade selvagem da multidão", sentia, "pela primeira vez na vida, os rumores de revolução. Estouraria agora? Ou seria este um daqueles momentos em que um grão do futuro acidentalmente caiu entre os grãos do presente? Mas sabe-se em um lampejo de entendimento: deles será o futuro".[41] As vezes era assim. Quando em 1941 o senador Taft disse que o perigo para os EUA não era o hitlerismo, mas o comunismo – "pois o fascismo atrai poucos, e o comunismo muitos" –, seu diagnóstico estava totalmente errado; contudo, menos de uma década mais tarde, a maioria dos norte-americanos concordaria com ele, tendo-se convencido de que o comunismo dentro e fora dos Estados Unidos era um perigo maior do que o fascismo jamais fora.

Foi então, pouco depois de 1950, que o movimento conservador norte-americano surgiu; e a grande maioria de seus propositores e apoiadores de primeira hora compartilhava dessas idéias. Durante o final de 1940, a designação "conservador" ainda era repudiada por todo político norte-americano, como se tivesse uma conotação pejorativa e impopular. Entretanto, em 1950, a oposição ao liberalismo e ao Partido Democrata e até à filosofia do New Deal não estava mais restrita a republicanos abastados; tinha amplo apoio popular, incluindo multidões que haviam sido beneficiárias das reformas do New Deal. O advento da Guerra Fria com a União Soviética e as sucessivas revelações sobre comunistas infiltrados parecia justificar os adversários nacionalistas de Franklin Roosevelt na mente de muitas pessoas. A conseqüente noção de que a aliança norte-americana com a Grã-Bretanha e a Rússia contra a Alemanha não só tinha sido mal conduzida como fora um erro total era defendida por uma minoria dentro da maioria, a maior parte de alemães-norte-americanos e populistas do Meio-Oeste; mas o realinhamento da política dos EUA que tomou forma 25 anos mais tarde já estava se formando. Mesmo assim, nos anos 1950, a direita radical – apesar do potencial movimento das massas por trás de Joseph McCarthy – não foi vitoriosa por muitas razões: Joe McCarthy, apesar de todos os seus instintos demagógicos não tinha a astúcia política de um Hitler (ou mesmo de um Perón); Eisenhower, apesar de todo o seu oportunismo procrastinatório não era um Hindenburg; e apesar de todas as várias semelhanças entre os norte-americanos e alemães, os Estados Unidos não eram como a Alemanha.

A primeira revista nacional do consciente movimento conservador, a *National Review* de William F. Buckley, surgiu em 1955, poucos meses depois de a meteórica queda política de McCarthy haver começado. Muitos de seus assinantes eram isolacionistas, que ressentiam a participação norte-americana na Segunda Guerra Mundial. Quando em novembro de 1956 a *National Review* aprovou o ataque israelita-britânico-francês ao Suez/Egito (somente porque o Egito parecia estar recebendo apoio da União Soviética), a revista perdeu milhares de assinantes, presumivelmente antijudeus. Mas daí em diante um desenvolvimento duplo aconteceria. De um lado, a maior parte do isolacionismo, uma razoável quantidade do nacionalismo anglofóbico, uma parte considerável de conservadorismo religioso entre os irlandeses-americanos e muitos outros católicos se desvaneceram.[42] Por outro lado, o movimento conservador norte-americano estava se expandindo. Suas fileiras não eram mais compostas principalmente dos isolacionistas remanescentes, mas de pessoas de todos os tipos: velhos radicais desiludidos,[43] ex-liberais, libertários individualistas e anticomunistas ideológicos – estes últimos atuando como o denominador comum do movimento conservador até, pelo menos, meados dos anos 1980.

Em 1950, o isolacionista Robert A. Taft – o adversário de Roosevelt no Partido Republicano – recusou a alcunha "conservador". Em 1960, Eisenhower, o soldado democrata de sorriso largo, escolhido a dedo por Roosevelt para o comando da cruzada contra o "fascismo", disse que era um conservador. Em 1941, Charles A. Lindbergh, o ícone do isolacionismo norte-americano, disse que seus principais adversários eram "intelectuais, anglófilos, e judeus".[44] Menos de 35 anos mais tarde, um número razoável de intelectuais e de judeus norte-americanos optaram pelo neoconservadorismo.[45] Esta foi uma revolução na história intelectual norte-americana que ainda está à espera de um historiador criterioso.

Um dos elementos principais nessa revolução foi a imagem negativa da União Soviética. Nos anos 1950, o movimento conservador norte-americano surgiu numa época em que o anticomunismo estava sendo equiparado ao patriotismo. Essa equiparação era tão errada quanto superficial. Na mente de muitas pessoas não era mais do que outra manifestação de crença na santidade norte-americana. Deus deu aos Estados Unidos o monopólio da virtude, e ao comunismo o monopólio do pecado. O comunismo representava o exato oposto do que os EUA significavam; ao contrário, havia pouquíssimos males no mundo que não fossem criação dos comunistas e de seus simpatizantes. Aparentemente, ainda em 1983 essa era a essência das crenças do presidente Ronald Reagan. Em 1982, a sra. Phyllis Schlafly, a heroína de muitos conservadores norte-americanos disse que "Deus deu a bomba atômica à América". Não: a bomba atômica foi feita nos EUA por cientistas refugiados da Europa central cujas idéias de moralidade não podiam ser mais diferentes daquelas da sra. Schlafly. Entretanto, com relação à União Soviética, as idéias dos conservadores e dos ex-liberais neoconservadores eram agora em grande parte as mesmas, enquanto muitos norte-americanos (não somente liberais) se sentiam desconfortáveis com as perspectivas nucleares da estratégia anticomunista.

O outro elemento foi a decadência do liberalismo. Durante a década de 1950, os liberais norte-americanos começaram a temer a própria democracia. Pessoas acusadas de associações comunistas não só estavam se escondendo atrás de barreiras constitucionais arcaicas da Quinta Emenda; em quase todos os exemplos eles preferiam evitar seu julgamento por júri, já que tinham medo do povo norte-americano. Os intérpretes liberais do fenômeno McCarthy eram prisioneiros de suas próprias categorias intelectuais ultrapassadas. Em 1954, Edward R. Murrow disse que Joseph McCarthy estava "à direita de Luís XIV"; em 1955, Bernard De Voto chamou o Comitê Reece da Câmara de Representantes de "reacionário: eles odeiam e desafiam o século XX".[46] Essas imagens desafiavam a razão. (Imaginem Joe McCarthy em Versalhes, ou Carroll Reece do Tennessee na companhia de Metternich.) Em 1953, McCarthy estava investigando um ex-comunista da Broadway. Este ex-discípulo de Lênin e Stálin agora evocava Tacitus e Suetonius. "De sua parte", escrevia o *New York Times*, "o senador McCarthy citou o ex-presidente Woodrow Wilson ao escrever que 'a função informativa do Congresso deve ser preferida à sua função legislativa'".[47] Em 1958, uma gangue no Harlem se chamava "Os conservadores". (Eles não mais se chamariam "Os liberais" tanto quanto as crianças brincariam de ser pacifistas[48] em vez de soldados.) Enquanto isso, o número de adeptos do movimento conservador crescia. O movimento dos direitos civis, sua legislação, a extensão dos benefícios, a reação à Guerra do Vietnã mostraram que o impulso generoso do caráter norte-americano ainda não estava gasto. O que estava falido eram as idéias institucionalizadas do liberalismo, incluindo em grande parte a visão liberal moderna de natureza humana. A percepção de que os liberais haviam contribuído para as – na verdade, que tinha interesses ocultos na manutenção das – burocracias e de que o legalismo institucionalizado estava enforcando a liberdade de escolha, obstruindo a liberdade, e criando desordem em tantos lugares estava emergindo para o consciente de muitas mentes nos Estados Unidos.

Os conservadores contribuíram com esse reconhecimento. Em 1970, o eleitorado do movimento conservador havia mudado. Não era mais esmagadoramente irlandês, alemão, católico, republicano ocidental – na verdade, havia se tornado internacionalista. O número de revistas conservadoras e a qualidade intelectual de seu conteúdo aumentou. Mesmo nas universidades e centros universitários, a presença de professores conservadores começou a se fazer sentir. O Partido Republicano agora abertamente se declarava conservador.[49] Os Republicanos e conservadores juntos sobreviveram à vergonhosa derrota de Barry Goldwater (o primeiro candidato declaradamente "conservador") em 1964, assim como a humilhante renúncia de seus heróis históricos Agnew e Nixon dez anos mais tarde. Em 1980, o triunfo avassalador de Ronald Reagan coincidiu com o 25º aniversário da fundação da *National Review* de Buckley. Houve uma reluzente comemoração no Hotel Plaza em Nova York; e os nomes dos presentes mostrava que no âmbito da celebridade intelectual e política o monopólio do *establishment* outrora liberal estava acabado.

Menos de dois anos depois dessa auspiciosa comemoração, estava evidente que os conservadores não haviam correspondido às suas próprias expectativas. Aqui está um paradoxo particularmente norte-americano: os liberais haviam se tornado senis, enquanto os conservadores eram imaturos. Sua substância intelectual – e moral – não era suficiente para preencher o vácuo pós-liberal. A razão para isso não era a inferioridade cultural dos conservadores norte-americanos quando comparados aos liberais. Essa era uma condição que o movimento intelectual conservador tinha, em geral, superado. A razão para isso era a divisão intelectual dos conservadores – sugerindo que isso, também, não era monopólio dos liberais. Os conservadores argumentavam contra um governo grande. Entretanto, favoreceram os mais monstruosos projetos de governo, guerra a laser, guerra biológica, superbombas nucleares. Eram contra o Estado-polícia. Entretanto, estavam ansiosos para aumentar o poder do FBI e da CIA.[50] Eram contra a regulação do governo da "livre" iniciativa. Entretanto, algumas vezes apoiaram o socorro e mesmo o pagamento da dívida de grandes corporações pelo governo. Eles representavam a conservação da tradição dos EUA. Entretanto, eram indiferentes à conservação da terra. Proclamavam-se os principais defensores da civilização ocidental. Entretanto, muitos deles tinham uma visão do mundo estreitamente nacionalista e amplamente californiana – estreita o suficiente para ser ignorante, e ampla o suficiente para ser superficial. "Eu era um nacionalista", escreveu Hitler em *Mein Kampf* sobre a sua juventude, "mas não era patriota." Também, infelizmente, a maior parte dos conservadores norte-americanos não conheciam a crucial diferença (George Orwell a descreveu em um de seus melhores ensaios) entre um nacionalista ideológico e um verdadeiro patriota: o primeiro é movido pelo desejo de aumentar o poder de sua nação, o último pelo amor a seu país. Eles eram nacionalistas em vez de patriotas: colocavam o nacionalismo acima de sua religião, o nacionalismo *era* a sua religião. Assim, os conservadores norte-americanos acolhiam (na pior das hipóteses) ou eram indiferentes (na melhor) aos perigos do excessivo compromisso com todos os tipos de governo estrangeiro ou – o que era mais importante – com a inundação dos Estados Unidos por incontáveis imigrantes do Sul que forneceriam trabalho barato, mas cuja crescente presença só exarcebaria problemas nacionais profundos. Havia muitos católicos entre os conservadores; mas suas publicações criticariam os papas e bispos quando os discursos destes últimos não coincidiam com as aspirações do nacionalismo ideológico. O verdadeiro patriota e o verdadeiro conservador suspeita da ideologia, de qualquer ideologia. Entretanto, os conservadores norte-americanos eram, via de regra, ideólogos, desconsiderando a afirmação incisiva de Adams de que *ideologia* era igual a *idiotice*. Sua visão do mundo e a conseqüente defesa das políticas estrangeiras eram lamentáveis, já que sua visão da União Soviética como foco de uma gigantesca conspiração atéia e fonte de todos os males possíveis no mundo era irreal, ahistórica, ideológica e ilusória como foram as ilusões pró-soviéticas dos ex-liberais e progressistas. Apesar de os intelectuais do movimento conservador norte-americano serem quase sempre mais generosos e menos obstinados que os intelectuais liberais, eles raramente hesitaram em se aliar com, ou buscar o apoio de, algumas das pessoas e alguns dos políticos com idéias mais estranhas e sujas. Foi esse o problema. Como disse Jonathan Swift, certas pessoas "têm religião suficiente para odiar, mas não o suficiente para amar". Muitos conservadores norte-americanos, infelizmente, forneceram amplas evidências de que eram conservadores somente o suficiente para odiar os liberais, mas não o suficiente para amar a liberdade.

Na verdade, eles não eram realmente conservadores. Seus heróis eram Coolidge, Hoover, Taft. Sua própria defesa do capitalismo materialista era meramente uma reação negativa ao socialismo – eles não prestaram atenção, entre outras coisas, ao fato de o capitalismo e o industrialismo serem as grandes forças anticonservadoras e antitradicionais do século XIX[51] em diante. O apreço pelas tradições era evidente não só entre alguns dos políticos conservadores mas também entre suas estrelas intelectuais. Bill Buckley foi um admirador inquestionável de agentes secretos, da computação e da tecnologia nuclear; Tom Wolfe, dos pilotos de alta velocidade e de vidas agitadas; os dois heróis do século XX de Hugh Kenner eram Ezra Pound e Buckminster Fuller. Jeffrey Hart, o editor-chefe da *National Review*, escreveu em 1982 que o conservadorismo norte-americano era a mesma coisa que o modernismo norte-americano; que o progresso da tecnologia, a ruptura da literatura e da arte moderna com todas as formas tradicionais, e o novo afrouxamento das tradições familiares e sexuais eram questões que os conservadores norte-americanos deveriam receber bem, na verdade, que deveriam abraçar. Em outro artigo, na *National Review*, em 1983, Hart advogava não só a listagem aberta das cidades russas que os mísseis norte-americanos destruiriam no caso de uma guerra atômica, mas que este novo tipo de diplomacia (ele a chamou de "uma nova conceitualização da energia atômica") "tem inúmeras conexões em outras partes. Área por área, nós parecemos estar entrando em uma época na qual a realidade será definida cada vez mais em termos de análise abstrata... a análise abstrata se torna a única realidade conhecida ... nós agora parecemos estar entrando em uma fase distintamente diferente, na qual o pensamento abstrato novamente se tornará [como na Idade Média] uma parte decisiva de nossa idéia de realidade". Por pelo menos 200 anos, começando por Burke e dr. Johnson, o argumento sensato contra o raciocínio abstrato foi a mais forte e a melhor arma intelectual dos filósofos conservadores contra a celebração do modernismo. Todavia, a admiração do mecânico e do abstrato, em uma era de informatização e de relações internacionais nucleares, parece ter um estranho e particular apelo a muitos conservadores norte-americanos.

Não a todos eles, é claro; mas os conservadores não são tão unidos assim. O casamento – ou melhor, a coabitação – dos conservadores e neoconservadores é desconfortável. Não existe muita compatibilidade em uma aliança entre os peles-vermelhas nacionalistas com intelectuais preocupados, pensando que o neoconservadorismo completava a aculturação dos EUA. Não é necessário ser algum profeta para ver que em caso de uma crise perigosa os nacionalistas prevaleceriam. A linhagem radical e populista estava lá desde o princípio do movimento conservador, como parte das idéias do normalmente ponderado Richard Weaver, que disse que Tom Paine, "um filósofo de princípios dos mais rígidos", era preferível a Burke, ou como parte das idéias de Willmoore Kendall, que defendia um populismo majoritário, algo quase como o fenômeno que Tocqueville havia chamado de a tirania da maioria pela virtude.

Há algum tempo, o mais importante filósofo conservador do século XX, o espanhol José Ortega y Gasset, escreveu em *A rebelião das massas*: "O liberalismo – é bom que se lembre disso hoje – é a forma suprema de generosidade; é o direito que a maioria concede às minorias e assim é mais nobre... Anuncia a determinação de compartilhar a existência com o inimigo; mais que isto, com um inimigo que é fraco. Foi incrível que a espécie humana chegasse a uma atitude tão nobre, tão paradoxal, tão refinada, tão antinatural. Assim não é de se estranhar que esta mesma humanidade logo se mostraria ansiosa por se livrar dela. É uma disciplina muito difícil e complexa para se arraigar profundamente". Ele estava certo. Quarenta anos atrás, o inglês Christopher Hollis, representante da tradição burkeana e chestertoniana, escreveu que "a expressão 'mente conservadora' hoje é quase uma tautologia. Não existem mentes a não ser 'mentes conservadoras.'" Ele estava certo. Em 1980 essas expressões concordantes – ou seja, somente contraditórias na superfície – se tornaram aplicáveis aos Estados Unidos. Refletiam um certo tipo de realidade norte-americana. A vida nos EUA ainda era multifacetada. De um lado a dissolução da religião, o afrouxamento das famílias, a deterioração de crenças, costumes e modos mais antigos se fortaleceram, junto com o crescimento do apelo político do conservadorismo. Em 1980, milhões de leitores da *Playboy* votaram em Reagan.[52] Por outro lado, pela primeira vez na história, um grande número de norte-americanos tomou consciência de seu conservadorismo essencial – um movimento de idéias no qual os conservadores desempenharam um papel menor como catalisadores. Pela primeira vez, a crença inquestionável no progresso, nos resultados benéficos do crescente domínio do homem sobre a natureza não mais era tido como um artigo de fé por muitos norte-americanos. Sua crescente oposição à poluição da natureza, à engenharia genética, usinas nucleares ou armas nucleares não podia ser simplesmente atribuída ao liberalismo – do qual os impulsos ainda estavam vivos, mas o atrativo de suas idéias havia quase desaparecido. Em resumo, o conservadorismo e o neoconservadorismo não são senão um fenômeno parcial de um desenvolvimento maior, pós-liberal e pós-progressista da mente norte-americana.

Havia entre os jovens um sinal dessa consolidação. Por quase um século, antes de 1970, alguém podia presumir que a maior parte dos estudantes norte-americanos mais brilhantes seria mais liberal que os seus colegas. Depois de 1970, isso não mais acontecia. De fato, quase sempre o contrário era verdadeiro. Na bolsa de valores das palavras norte-americanas, também o adjetivo "conservador" aumentou de valor. Talvez ainda mais significativo foi o crescimento da aprovação e do respeito dados a adjetivos tais como "antiquado" e "tradicional", em uma época em que as conotações de "moderno" ou "progressista" não são mais muito aprovadas. Devemos pelo menos dizer que a suposição de que essas são marcas de uma profunda mudança de maré, de uma vazante não só retórica de um otimismo público superficial, mas de uma antiga crença dogmática nos benefícios inevitáveis do progresso. Tais percepções pós-progressistas, que se abriram por volta do final do segundo século norte-americano, podem ter significado o doloroso mas evidente amadurecimento da mente norte-americana, indo em direção à aceitação e compreensão do sentido trágico da vida, e talvez em direção a uma nova síntese.

Essa era uma possibilidade. A outra era a agonia da maioria dos norte-americanos entre duas minorias duras (e às vezes crescentemente violentas): os chamados conservadores, advogados entusiastas do "progresso" tecnológico, indiferentes ao envenenamento da terra, propagando o domínio norte-americano (e nuclear) do mundo; e os chamados liberais, contrários à tecnologia nuclear enquanto tolerantes com o veneno da pornografia, propagando a purificação pública e legalizada de restrições morais pessoais em todas as formas possíveis, indiferentes à matança de milhões de não-nascidos por abortos. Este era o perigo, que sem um conservadorismo mais maduro as alternativas políticas norte-americanas seriam dominadas pelos proponentes inconseqüentes da guerra atômica ou por aqueles suicidas da raça.

▼

A HISTÓRIA DA RELIGIÃO TRANSCENDE a das igrejas assim como a das idéias. Já é suficientemente difícil para os historiadores apurar o que as pessoas faziam; e se é ainda mais complicado descobrir o que pensavam, é quase impossível saber o que acreditavam. Até certo ponto, as pessoas revelam inclinações religiosas no comportamento. Mas, aliado ao perene problema humano da divergência entre crença e comportamento, surge outra discrepância durante a era democrática, talvez especialmente durante os últimos 100 anos, quando o desejo e a capacidade de crer não eram mais igualmente fortes, a discrepância entre o que as pessoas crêem e o que dizem (e às vezes pensam) que crêem. Quão autêntica e quão profundas são as suas crenças religiosas? Sobre tais assuntos, o olhar penetrante do romancista é às vezes melhor que o do historiador, mas o último deve pelo menos tentar.

Aqui estava a surpreendente prevalência das igrejas e o aval da crença religiosa em uma nação cujas origens e o próprio princípio emanou do racionalismo do século XVIII. Os primeiros norte-americanos que Tocqueville conheceu disseram a ele que a religião era muito útil, já que nenhuma sociedade livre ou civilizada poderia existir sem ela. "Ao mesmo tempo", notou Tocqueville, "não havia outro país no mundo onde as mais extremas [*les plus hardies*] doutrinas políticas dos *philosophes* do século XVIII fossem tão institucionalizadas quanto na América; somente as suas doutrinas anti-religiosas nunca afloraram, nem mesmo por meio da ilimitada liberdade de imprensa." Na França, escreveu, as pessoas diziam a ele todos os dias "que a religião não é compatível com a democracia... Não tenho nada a dizer sobre isso, salvo responder que aqueles que afirmam isso nunca estiveram na Europa e nunca viram nem um povo religioso nem um povo livre".[53] Meio século mais tarde, lorde Bryce escreveu em *The American Commonwealth*: "A metade das guerras da Europa, a metade dos problemas internos que aborreceram os Estados europeus, desde as controvérsias do monofisismo no Império Romano do século V até o *Kulturkampf* no Império Alemão no XIX, surgiram de diferenças teológicas ou das reivindicações rivais de Igrejas e Estado. Todo esse vasto capítulo de debates e intrigas permanece virtualmente fechado nos Estados Unidos."[54] Bryce atribuiu isso à idéia norte-americana da Igreja como um corpo espiritual existente só para propósitos espirituais. Outros 40 anos mais tarde, Santayana escreveu:

> Considere, por exemplo, os católicos norte-americanos, dos quais havia muitos milhões, teoricamente, e que com freqüência parecem manter sua fé ancestral com sinceridade e afeto. Essa fé tomou forma durante o declínio do Império Romano; é cheia de grandes desilusões sobre este mundo e poucas ilusões sobre o outro. É antiga, metafísica, poética, elaborada, asceta, autocrática e intolerante. Confronta o orgulhoso homem natural, tal como é o norte-americano, com milhares de proibições e ameaças. Tudo na vida norte-americana é ao contrário de tal sistema. Entretanto o católico norte-americano está totalmente em paz. Seu tom em tudo, mesmo na religião, é satisfatoriamente norte-americano. É maravilhoso quão silenciosa, amável e alegremente ele vive em uma comunidade cujo espírito é profundamente hostil ao da sua religião. Ele parece inventariar sua igreja como faria com uma mina de ouro – sim, é uma coisa grande, deslumbrante, única; e talvez ele mascare para si mesmo o seu ardor puramente imaginativo a respeito, com o pretexto de que fará a sua fortuna tanto nesta vida quanto na vindoura. Sua igreja, ele lhe dirá, é a melhor para se pertencer; os padres são pessoas boas, como os policiais; as irmãs são mulheres queridas e nobres, como suas próprias irmãs; sua paróquia é cheia de vida, e sempre reconstruindo sua igreja e fundando novas escolas, orfanatos, associações, confederações, sociedades de perpétua adoração. Nenhuma paróquia angariaria tanto dinheiro por qualquer objetivo, ou por qualquer problema temporário que surja, o fato permanece que a América tem três cardeais e que a religião católica é a maior religião na terra. A ligação à sua igreja com tal ânimo o coloca em sério conflito com seus vizinhos protestantes. Eles vivem e se encontram em áreas comuns. Suas respectivas religiões se passam entre eles como questões de família – particulares e sagradas, sem implicações políticas.[55]

Cem anos atrás (e por um longo período depois disso), os norte-americanos pareciam mais religiosos que a maior parte dos europeus. Certamente estavam entre os que mais freqüentavam a igreja. Não importa a força das barreiras legais separando a Igreja e o Estado (já em 1842 uma lei estadual em Nova York proibia a educação religiosa nas escolas públicas), o elemento de respeitabilidade, aquela grande força do século XIX, desempenhava seu papel. Contrariamente aos temores dos padres e pastores, a maior parte dos imigrantes vindo para os Estados Unidos não estava perdendo a sua fé; estavam encontrando ou reencontrando-a. Milhões de imigrantes que não eram freqüentadores de igreja no Velho Mundo se afiliavam a Igrejas ou mesmo formavam novas no Novo Mundo. A construção de templos e a filiação a Igrejas aumentaram vertiginosamente durante os anos 1920, a mais moderna das décadas não fosse por isso. Como na Inglaterra e na Irlanda, havia um elemento religioso nos movimentos radicais norte-americanos. Estava lá entre os populistas, profundamente enraizado no trabalho de um poeta tal como Vachel Lindsay, era discernível na retórica do socialista norte-americano Norman Thomas. Alguma coisa se devia à sobrevivência da linhagem medieval no pensamento norte-americano (algo que, como já vimos, contribuiu para a inclinação nacional à divisão do pensamento). Muito disso se devia à função social das igrejas e de se freqüentar a Igreja nos Estados Unidos. Pertencer a uma Igreja, freqüentar uma Igreja ou uma sinagoga regularmente não era em nada antiquado, era essencialmente norte-americano; era um ato respeitável e benéfico – socialmente pelo menos tanto quanto (se não mais que) espiritualmente.[56]

Se e quando o historiador considerar estatísticas, o número de norte-americanos filiados a congregações religiosas, o número de freqüentadores regulares de igrejas, o número de igrejas, o dinheiro gasto com e nelas (ou mesmo estatísticas registrando crença: quantos norte-americanos crêem em Deus? etc.), ele encontrará todos os tipos surpreendentes de informação – indicando que os norte-americanos estavam (e talvez agora estejam) entre os povos mais religiosos, se não *o* mais religioso do mundo; que a erosão da crença religiosa, tão alastrada no século XX, os afetou menos que a qualquer povo nas nações outrora cristãs do Ocidente. No entanto, quando se trata de religião, as estatísticas são inúteis. Como podemos medir a extensão das convicções interiores? Como se pode quantificar a qualidade? As estatísticas mostradas acima não são totalmente sem sentido, elas são, certamente, indicativas de algo, mas não indicam tanto a religiosidade dos norte-americanos mas a norte-americanidade de sua religião. Isso, é claro, é um fenômeno geral, pelo menos na era moderna: os católicos alemães são diferentes dos franceses, os luteranos holandeses dos alemães etc. Mas a prevalência na ideologia nacional (e social) dentro de uma religião em particular é aparente nos Estados Unidos e cheia de significado. Quando uma esmagadora maioria de alunos de universidades católicas disse nos anos 1950 que eles eram norte-americanos que por acaso eram católicos, o que estavam realmente dizendo era algo do tipo: "Mesmo que sejamos católicos, somos norte-americanos".

A transformação da velha dispensação puritana no moderno, liberal, e progressista protestantismo do início do século XX não foi a transformação de uma religião austera em um compromisso com o materialismo. Pelo contrário, foi a transformação da prática em filosofia, uma aceitação gradual não do materialismo, mas de certas idéias materialistas. Quando Emerson renunciou ao cargo de pastor unitarista em 1832 porque, como disse, não podia em sã consciência ministrar a comunhão no pão e no vinho, já que a sua religião deveria ser puramente espiritual e a observância comemorativa, livre de elementos materiais, ele só exemplificou a transformação que eventualmente elevou à aceitação da idéia de evolução entre os protestantes, quer implícita ou explicitamente, duas ou três gerações mais tarde. A longo prazo, esse desenrolar foi muito mais importante que a influência do darwinismo social analisado, entre outros, pelo professor Hofstadter. Não foi o darwinismo social mas o protestantismo liberal que desaguou no progressivismo da maioria norte-americana. (Uma lista interessante poderia ser feita de norte-americanos que eram filhos ou filhas de pastores protestantes e que se tornaram socialistas e radicais durante ou depois da década de 1910.) O próprio evangelho social, exemplificado por pastores populares, dizia que a salvação da humanidade era um progresso e uma evolução constantes, no qual os Estados Unidos talvez estivessem à frente do mundo. Em 1930, as figuras entalhadas nos portais da Igreja Riverside em Nova York (fundada por John D. Rockefeller Jr.) incluíam as de Charles Darwin e Albert Einstein. Esse tipo de progressivismo religioso durou muito mais que o período do darwinismo social; e foi diretamente aos anos 1960, quando os teólogos, pastores e bispos optaram por não meramente defender os direitos espirituais dos homossexuais, mas estender os privilégios sacramentais a estes últimos, inclusive o direito de se tornarem pastores e ministros à frente de suas próprias congregações. Dali em diante, os estranhos costumes e as ecléticas inovações litúrgicas de tais ministros às vezes contaminariam os púlpitos e as cercanias dos altares daquelas esplêndidas e lindas réplicas de capelas inglesas e igrejas européias, interrompidas somente pela música sacra e as sonoridades fragmentadas do que ainda permanecia do mágico inglês arcaico da Bíblia do rei Jaime.

O que era particularmente norte-americano nessa transformação? Uma condição, é claro, foi a universal (e inibidora) crença norte-americana no progresso. O pensamento de que crenças e práticas religiosas eram imunes, senão contrárias, ao progresso era estranho à mente norte-americana, pelo menos por um longo tempo.[57] Outro elemento era latente no comportamento religioso de milhões de norte-americanos: o fato de que conceitos do século XVII, pré-modernos e pré-científicos sobreviveram por um período muito longo, entrando pelo século XX. Conseqüentemente, muitos norte-americanos finalmente vieram a considerar o movimento da religião em direção à ciência como um passo à frente – não prontos para reconhecer que a crença na ciência poderia ser ainda mais supersticiosa que a crença na religião. Muitos outros evitavam esse problema por meio da característica ambigüidade mental –, daí a curiosa coexistência de elementos do século XVII e XX em suas mentes. "O cérebro de Enoque", escreveu Flannery O'Connor em *Wise Blood* (*Sangue sábio*), "estava dividido em duas partes. A parte em comunicação com o seu sangue fazia as deduções, mas nunca colocava nada em palavras. A outra parte estava com os estoques cheios de todos os tipos de palavras e frases."

Por último, mas não menos importante, havia o elemento sagrado – no sentido mais amplo da palavra – da religião cívica americana, aliado à confiança na singularidade dos Estados Unidos na história do mundo, algo que lá pelos anos 1950 se tornara sinônimo de tolerância religiosa, mas que, na realidade, era pouco mais que indiferença. Sua evidência incluía a aceitação do ritual repetido do protestante-católico-judeu[58] em funções públicas, a presença da bandeira norte-americana em todas as Igrejas, o freqüente entoar do hino nacional no lugar de hinos religiosos. Basta relembrar a declaração do presidente Eisenhower: "Nosso governo não tem nenhum sentido se não estiver fundado numa fé religiosa profunda – e não me importa qual seja." Esse tipo de crença não era totalmente nova. No início de sua carreira, D.H. Lawrence certa vez escreveu sobre Benjamin Franklin: "Ele fez um credo para si mesmo de que deveria 'satisfazer os professores de todas as religiões sem chocar a nenhum'. Não era esta uma coisa bem norte-americana para se fazer?" A prevalência do elemento mítico na história dos EUA foi exemplificada pelo professor do Oeste que escreveu a Thomas Beer por volta de 1918: "Você é como todos aqueles outros bolcheviques que estão tentando denegrir o caráter de Abraham Lincoln e fazê-lo parecer um homem comum. Lincoln foi o maior homem a nascer desde nosso Salvador, *se é que é justo chamá-lo de homem*."[59] Podemos reconhecer a origem não conformista e presbiteriana sulista na mente de Woodrow Wilson. Mas, novamente, a questão deveria ser propriamente colocada: o norte-americanismo de Wilson era essencialmente de origem religiosa? Ou era a sua religião essencialmente norte-americana? – a resposta, creio, deve estar na segunda.

Essa não era uma questão de sociologia ou de antropologia.[60] Era uma questão alojada dentro da mente nacional, resultando no desejo nacional de asseverar que o outro mundo da religião cristã e a salvação secular da qual os Estados Unidos eram os representantes neste mundo eram compatíveis, na verdade, harmonizáveis dentro de uma mente, um tipo de crença. Em 1917, um artigo na revista *The Practical Magazine of Efficient Management* (*Revista Prática de Gerenciamento Eficiente*) dizia: "O homem perfeito de Nazaré ... incorporado na vida e no caráter '100% eficiente.'" Menos de dez anos mais tarde, Bruce Barton, o mais bem-sucedido e celebrado magnata da propaganda daquela época, compôs *The Man That Nobody Knows* (O homem que ninguém conhece), onde escreveu que Cristo era um "executivo e um vendedor magistral que tinha tomado 12 homens das camadas mais baixas e os transformado em uma organização eficiente". Quando em 1956 o Instituto Americano de Gerência relatou que sua pesquisa sobre a Igreja Católica Romana mostrou "Gerenciamento A-1" e "mais de 90% de eficiência", esta declaração imbecil foi recebida por muitos jornalistas católicos norte-americanos com um espírito de satisfação autocongratulatória. Importava pouco que as doutrinas religiosas do catolicismo fossem irreconciliáveis com as dos protestantes liberais, que as crenças e práticas religiosas dos judeus-americanos em 1840 eram muito diferentes daquelas da maioria dos seus descendentes em 1940. O que importava era a aceitação universal do norte-americanismo (ou do que julgavam ser o norte-americanismo) pela ampla maioria dos que freqüentavam a igreja e de seus porta-vozes religiosos.

Mas o que importava também – abaixo e à parte desse universalismo norte-americano – era a surpreendente separação daqueles de diferentes religiões, a existência do que os sociólogos tendem a chamar de "subculturas". Com relação a isso, houve uma mudança significativa depois de 1870, e novamente depois de 1960. O país era muito grande; pessoas diferentes não se esbarravam causando desconforto; havia um lugar para todo o tipo de Igreja, para todo o tipo de religião, sem muita competição. Havia pouca evidência de proselitismo entre as várias igrejas e suas congregações. Depois de 1880, os padrões geográficos de assentamento e a crescente função social das várias Igrejas significavam que as pessoas que pertenciam a congregações diferentes estavam se tornando mais e mais separadas umas das outras. Por causa da coexistência peculiarmente norte-americana da perplexidade com a falta de curiosidade, a ignorância das pessoas que freqüentam igrejas, algumas vezes dentro de seus próprios bairros, era extraordinária. Durante os últimos 100 anos, quando, entre outras coisas, a democratização e a padronização da sociedade norte-americana cresceram rapidamente, esta separação quase não diminuiu. Havia relativamente poucos casamentos entre protestantes, católicos e judeus antes de 1960. O nacionalismo norte-americano segurou esta vasta população coesa; mas havia diferenças subculturais – significando étnicas assim como religiosas – na qualidade, no caráter e na percepção daquele nacionalismo. Manifestações externas existiam aqui e ali – reuniões de avivamento sob enormes tendas, pregadores de rádio, Nossas Senhoras de plástico nos painéis dos carros –, mas tinham pouco a ver com a ignorância que os católicos possuíam dos protestantes, ou da ignorância dos protestantes em relação aos católicos, ou sua ignorância dos judeus (que por um longo tempo ainda eram considerados pelos norte-americanos mais velhos como um povo bíblico). Os desconfiados eram os étnicos e não os religiosos: antiirlandeses, antipoloneses, anti-semitas (estes últimos aparecendo somente depois de 1880).

Mesmo assim, é um tributo à boa vontade norte-americana que a maior mudança na composição deste povo – uma mudança que, por um momento, pareceu transformar a natureza do patriotismo norte-americano – levou relativamente a pouco atrito ou hostilidade aberta, apesar de todas as evidências em contrário (o anticatolicismo da eleição de 1928 foi uma). Foi esse o grande crescimento em números e poder dos católicos norte-americanos. No início do século XX, os católicos eram de longe o grupo mais amplo. Esse foi um desenrolar de longo alcance. Eles foram uma pequena minoria no começo, temendo – com toda razão – a potencial tirania da maioria. ("Uma simples democracia não é nada senão uma gangue", dissera o aristocrático arcebispo Charles Carroll, de Baltimore, a Tocqueville, em 1931.) Dois marcos significativos foram 1884 e 1960. O primeiro marcou a eleição do primeiro prefeito católico irlandês no seio do puritanismo, na antiirlandesa e anticatólica Boston. O segundo foi a eleição do primeiro presidente da República católica-irlandesa.[61] Em 1884, o número de católicos nos Estados Unidos era de cerca de 8 milhões; em 1960, era mais de 40 milhões. Bem antes de 1884, os irlandeses haviam demonstrado sua apaixonada lealdade aos Estados Unidos assim como seu talento nacional pela política trivial. A igreja passiva dos gentis arcebispos do início gradualmente deu lugar à igreja militante dirigida pelos hierarcas irlandeses. Os esforços verdadeiramente heróicos das freiras e dos padres que estabeleciam escolas paroquiais, fora a preocupação com o imigrante que poderia perder a sua fé nas escolas públicas, produziram dois sistemas paralelos de ensino em muitos locais do país. A influência das massas católicas se fez sentir no cenário nacional.

Em 1919, Woodrow Wilson, em Roma, ainda se recusou a visitar o papa, mas 20 anos mais tarde Franklin Roosevelt achou que era estratégico e necessário estabelecer relações com o Vaticano; durante as décadas de 1940-50 o cardeal Spellman de Nova York freqüentemente desempenhava o papel de Mazarin[62] nos assuntos internacionais.

Apesar das doutrinas essencialmente conservadoras e tradicionalistas do catolicismo romano, durante o século XIX os católicos norte-americanos assim como a sua hierarquia eram geralmente menos conservadores que a maioria dos protestantes, especialmente nas áreas de justiça social, onde a Igreja condenava o individualismo extremo, o materialismo e o capitalismo desenfreado. Durante os 30 anos das duas guerras mundiais, a maior parte dos católicos era de democratas. Muitos deles eram isolacionistas em vez de internacionalistas, insatisfeitos com a aliança norte-americana com a Grã-Bretanha e, claro, com a Rússia Soviética. Depois de 1960, veio outra mudança, fora do isolacionismo e do conservadorismo. Até então, os católicos norte-americanos – quer liberais ou conservadores, republicanos ou democratas – eram pelo menos tão, se não mais, nacionalistas que a maioria de seus compatriotas.Tentavam não somente alinhar mas equacionar sua religião com o norte-americanismo – pelo menos dentro de suas próprias mentes, e crescentemente dentro da percepção de seus compatriotas, com impressionante sucesso. Durante o Primeiro Concílio Vaticano em 1870, os bispos norte-americanos estavam entre os poucos que votaram contra a promulgação da doutrina da infalibilidade papal. Menos de um século mais tarde, eles estavam na vanguarda do movimento de celebração da missa no vernáculo, ou seja, nas línguas nacionais. De 1890 em diante, a chamada controvérsia do norte-americanismo se desenvolveu na hierarquia local. Esse era um conflito não entre os irlandeses-americanos e os alemães-americanos: uma heresia fantasma culminando com a condenação do papa do "norte-americanismo" como sendo manchado pelo "modernismo". A controvérsia ainda seguia seu curso quando veio a guerra contra a Espanha em 1898; mas sobre ela não houve divisão alguma entre os católicos norte-americanos. Uma carta do arcebispo O'Connell para o arcebispo Ireland é reveladora:

> Para mim esta não é simplesmente a questão de Cuba. Se fosse, seria uma questão falsa ou pobre. Então, deixe que os "latinos" se comam uns aos outros e salve as vidas de nossos queridos meninos. Mas, para mim, é uma questão de muito mais importância – é a questão de duas civilizações. É a questão de tudo o que é velho e vil, mau, podre e cruel ... na Europa; contra tudo o que é livre e nobre, aberto, verdadeiro e humanitário na América. Quando a Espanha for varrida dos mares, muita

> da maldade e da burrice da antiga Europa vai com ela para ser substituída pela liberdade e abertura da América. Esta é a maneira de Deus desenvolver o mundo...

Depois ele falou da "tolice de tentar governar a Igreja universal de um ponto de vista puramente europeu", ou seja, de Roma. "A América tem que fazer para os seus produtos o que a Inglaterra já fez pelas suas indústrias e isso significa uma Marinha, e isso significa abastecer estações com carvão e isso significa portos próprios em todos os pontos favoráveis no mundo ... O tempo se foi no qual a América podia viver em um estado de isolamento doméstico ... Agora Deus passa o estandarte às mãos da América, para conduzi-lo . . . A América é o apóstolo de Deus nos tempos modernos, uma nova civilização ... A guerra é sempre a maneira que Deus usa para fazer as coisas avançarem. Toda a história da Providência é uma história de guerra; da sobrevivência do mais apto."[63] Nenhum imperialista anglo-saxão, nenhum guerreiro protestante poderia melhorar esse hino de guerra de um arcebispo irlandês "liberal".

Durante a Primeira Guerra Mundial, o espírito de luta dos irlandeses-americanos se tornou parte da imagem nacional, incluindo "The Fighting Sixty-Ninth" e George M. Cohan. Durante a Segunda Guerra Mundial, o capelão combatente da Marinha era personagem de uma tirinha regular nos jornais católicos. Durante os anos 1950, o patriotismo norte-americano pareceu não só ser representado, mas na verdade encarnado pelo combativo irlandês-americano. Em 1955, John McCarten (ele próprio um irlandês) escreveu sobre um filme popular na revista *The New Yorker*: "'A longa linha cinza' é uma interpretação gaélica da vida em West Point, e no decurso do filme há muitas ocasiões em que a instituição no rio Hudson parece ser um posto colonial avançado da República da Irlanda." Nos anos 1950, parecia que a ascensão dos católicos dentro da sociedade norte-americana correspondia à equação de então, do anticomunismo com o patriotismo norte-americano, uma equação que foi repetida e proclamada por religiosos católicos, desde por simples freiras em suas escolas até as mais altas hierarquias. Joseph McCarthy tinha o apoio entusiasta da maior parte dos católicos, especialmente dos alemães-americanos. Havia uma minoria razoável de irlandeses-americanos que detestavam McCarthy, mas sua representação na imprensa católica e entre a hierarquia era notadamente pequena. Certos pronunciamentos por padres e bispos eram contrários à própria essência da religião católica (quando em 1954, por exemplo, jornais diocesanos criticaram o Departamento de Estado por ter devolvido um adolescente soviético, obviamente um delinqüente juvenil, ao seu pai, um oficial soviético, em Berlim; ou quando o influente editor de *The Catholic World* [*O mundo católico*], o padre James Gillis, repreendeu um diplomata irlandês por ter rezado pela alma de um colega soviético morto).[64] A retórica da imprensa diocesana oficial não era meramente anticomunista, mas mostrava um nacionalismo extremo que tinha todos os tipos de – felizmente efêmeras – conseqüências, internas assim como externas, detectando e proclamando a existência de conspirações antiamericanas em toda parte.

Pela primeira vez na história da nação, ser católico se tornou uma vantagem política e ocupacional. Durante a Guerra Fria contra o comunismo, os católicos eram considerados naturalmente e automaticamente os mais confiáveis dos norte-americanos. Essa não era somente a polícia dos empregadores dos governos e outros. Antes de 1950, os mais suspeitos e extremos preconceitos e opiniões contra os católicos eram mantidos pelos fundamentalistas protestantes e aqueles de suas igrejas, quase sempre no Meio-Oeste, Sudoeste e Oeste. Ao descobrir o denominador do nacionalismo extremo, muitos desses fundamentalistas agora se alinhavam aos católicos, e estados tais como o Texas se tornaram o bastião do catolicismo de direita.[65]

Durante os anos 1950, parecia que o virtual casamento do norte-americanismo com o catolicismo havia ocorrido, pelo menos no plano popular. A personalidade mais popular da televisão era o bispo Fulton J. Sheen, acima das cotações de Milton Berle, o mais celebrado comediante televisivo. *Time* e *Life* escreveram editais dizendo que enquanto o macarthismo era um pecado venal, o comunismo era um pecado carnal. Como em todo casamento, as influências eram recíprocas; porém mais cedo ou mais tarde podia-se detectar qual dos dois parceiros era o mais influente, e era o norte-americanismo. Artigos com títulos tais como "A Irlanda pertence à esfera dos EUA e não da Grã-Bretanha" coexistiam em uma mesma edição de revistas católicas com "Coloquemos a missa em norte-americano".[66] O artigo "O católico norte-americano", pelo padre John L. Murphy, em março de 1956, afirmava que a Igreja estava se adaptando "às necessidades da vida moderna" – ou seja norte-americana. "O catolicismo norte-americano amadureceu, e deve tomar seu lugar na ... vida da Igreja universal ... A Igreja norte-americana deve assumir uma parte mais ativa no trabalho de adaptar a Igreja à vida moderna." (Notem a frase "a Igreja *norte-americana*".) Deste norte-americanismo popular vieram todos os tipos de excrescências populares e até mesmo vulgares: uma exibição litúrgica na Filadélfia chamada de "Vistarama Católica"; bênçãos episcopais de motocicletas, bolas de futebol, e bolas de basquete; jogadores de basquete se benzendo antes de um arremesso de falta; propaganda de vocações religiosas com todo o sabor de venda barata — "Você quer se tornar um padre? Os deveres são poucos...". Quando, em 1957, o padre John Tracy Ellis escreveu que os católicos norte-americanos prestavam atenção e respeito insuficientes à vida intelectual, foi prontamente refutado pelos jornais diocesanos. Os católicos norte-americanos não precisavam do tipo de intelectualidade que Ellis propunha.[67]

A eleição de John Fitzgerald Kennedy à Presidência norte-americana em 1960 foi um marco na história dos católicos nos Estados Unidos, especialmente na história dos irlandeses-americanos. Marcou o fim de um longo período – mais de um século – quando os irlandeses nos Estados Unidos eram sujeitos a uma longa lista de discriminações. Marcou o fim de seu período tribal nos EUA, os últimos vestígios de sua separação com relação à maioria norte-americana. Eles estavam agora totalmente seguros, não constrangidos pela necessidade de demonstrar sua total norte-americanidade nos campos político, social ou mesmo intelectual. Essa foi a diferença de gerações, também, entre John Kennedy e seu pai ("Quanto tempo você tem que viver neste país para ser chamado de norte-americano?", diz-se que este último perguntara duas décadas antes). Durante sua vigorosa campanha à Presidência, Kennedy assegurou a uma convenção de pastores batistas no Texas que sua religião católica não entraria em conflito com o seu norte-americanismo, na verdade, que ela estava decididamente abaixo de seu norte-americanismo. Kennedy, como já vimos, havia abandonado seu isolacionismo pelo internacionalismo, e por um judicioso liberalismo social. Na verdade, sua estada na Casa Branca causou uma impressão extremamente favorável justamente naquelas parcelas das classes altas norte-americanas para quem a ideologia política e as aspirações sociais dos *nuveau riche* irlandeses-americanos eram anátemas por tão longo tempo antes. Um Brahmin de Boston tal como Samuel Eliot Morison concluiu seu *Oxford History of the American People* (*A história do povo americano*) com a declaração de que a Presidência de John Fitzgerald Kennedy foi o ápice glorioso da história norte-americana. Na última página daquele livro, Morison decidiu reproduzir a música de uma das canções mais sentimentais, "Camelot" – com estrofes, notas, sílabas tolas e tudo. Mais ou menos uma década depois da morte de Kennedy, os norte-americanos relutantemente tomaram conhecimento de que sua moralidade pessoal, em grande parte incluindo os anos na Casa Branca, estava longe de ser salutar; e a aura de martírio e adulação que seguiu sua morte prematura começou a se dissipar. Kennedy morreu no mesmo dia (22 de novembro de 1963) que o comprometido cristão inglês C.S. Lewis. Este escrevera de si mesmo que era "um pagão convertido vivendo entre puritanos apóstatas". Kennedy havia vivido a vida de um católico pagão na mesma época que muitos puritanos norte-americanos apóstatas estariam prontos para conversão, mas isto não aconteceria.

Entretanto, o início da década de 1960 – um período de tempo mais ou menos correspondente à era Kennedy – *foi* um marco na história do catolicismo romano. O papado de João XXIII (1958-63) foi marcado por um espírito muito diferente do de seu antecessor Pio XII (1939-58), que considerava o destino da Igreja proximamente ligado ao poder dos Estados Unidos.[68] Além de seu ecumenismo caridoso, João XXIII começou a melhorar o relacionamento do Vaticano com o Oriente, inclusive com a União Soviética. Certos católicos norte-americanos anticomunistas ficaram perturbados com isso (o *National Review* de Buckley criticou o papa). Isso fez pouca diferença, pelo menos a longo prazo. A principal diferença foi o início da deterioração da prática cristã em grande parte da população norte-americana, incluindo um número considerável de católicos – apesar de todas as manifestações caridosas ou de moda do ecumenismo. Durante o início dos anos 1960, as igrejas católicas norte-americanas ainda estavam abarrotadas. As instituições, escolas, e universidades católicas progrediam. O fervor, a disciplina e a prosperidade da Igreja Católica norte-americana surpreendiam os visitantes europeus. Na União Soviética, Lênin havia transformado igrejas em cinemas; em Nova Jersey e na Nova Inglaterra, as missas de domingo em cidades praianas eram celebradas em cinemas para a enorme multidão. Mas, depois de 1963, tornou-se evidente que a deterioração da prática religiosa – que no século anterior tanto afetara classes inteiras e mesmo a maioria de certas populações européias – agora estava ocorrendo nos Estados Unidos. Nesse, como em outros assuntos, o Novo Mundo estava alcançando o Velho. Entre os protestantes norte-americanos, esse desenrolar de fatos era a continuação de uma tendência das duas últimas décadas. Entre os católicos norte-americanos, esse fato era novo e seu resultado impressionante. Em 1965, o papa Paulo VI, e, em 1979, João Paulo II visitaram os Estados Unidos. Entre essas datas, o número de padres e freiras nos EUA caiu tão vertiginosamente que escolas paroquiais inteiras haviam fechado – mesmo que tenha sido então que os remanescentes da disciplina ainda observada nas escolas católicas começavam a atrair números consideráveis de crianças não-católicas (ou melhor, seus pais). O apelo da vocação religiosa declinou tanto que em 1980 o número de seminaristas e postulantes em muitas dioceses era um décimo do de 1960. Isso estava acontecendo na Europa também, mas o contraste era maior nos Estados Unidos, onde ainda em 1960 parecia que a Igreja Católica estava imune a esse tipo de deterioração. Depois de 1965, ordens inteiras de padres e freiras estavam abandonando seus hábitos religiosos, retirando os últimos vestígios de um outro mundo, desejando demonstrar que eles não estavam fora deste mundo. A substituição do vernáculo pelo latim e pela tradicional missa inglesa, entusiasticamente forçada pelo clero norte-americano, significou a substituição de algo que era pelo menos tradicional e misterioso em favor de idiotices, tão mortificantes quanto sem sentido.[69] Para angariar popularidade, os pastores mais rígidos introduziram missas com guitarras em suas igrejas; muitos hinos dos católicos norte-americanos agora incluíam o pior tipo de versos sentimentais. É interessante notar que muitos dos padres e freiras que eram "liberais" na década de 1970 haviam apoiado McCarthy nos anos 1950 – outro exemplo de como as pessoas podem ajustar suas crenças a circunstâncias em vez de ajustar as circunstâncias às suas crenças –, mas as décadas de 1950-70 não foram tão diferentes assim: o objetivo principal, o ajuste da religião ao norte-americanismo popular continuou o mesmo.

Tais foram os resultados da "aculturação" do catolicismo norte-americano. Como isso afetou as crenças mais profundas dos leigos é difícil auferir. Em 1950, parecia que os católicos norte-americanos eram o elemento mais vigoroso dentro da nação. Havia evidência material suficiente para isso. Entre outras coisas, eles estavam tomando conta de algumas instituições e prédios das antigas classes altas. Em 1950, parecia que o fim da época da burguesia protestante se juntava com o renascimento do catolicismo populista; mas isso se provou efêmero, não durou. Por volta de 1900, os então novos-ricos construíram suas mansões nas periferias das grandes cidades norte-americanas:

> mansões palacianas com torres e telhados normandos e jardins bem cuidados, erigidos sobre fundações de quase sete metros de profundidade e um de largura, monumentos impressionantes aos fundadores das fortunas familiares. Entretanto, a glória durou pouco mais de uma geração, e às vezes nem isso. Em 1950, a maior parte das mansões e magníficas casas estava vazia; eles não podiam mais sustentá-las. As razões para isso eram os impostos e as legiões de empregados. Seus donos não podiam mais pagar por eles – isto é o que diziam; parecia razoável o suficiente então, parece ainda mais razoável agora. Entretanto, havia uma outra razão, em um nível mais profundo e pessoal; pois quando as pessoas dizem que não podem mais pagar por algo, isso geralmente significa que elas na verdade não querem pagar por elas... De qualquer forma, eles, e seus pais, não haviam possuído as casas por muito tempo.
>
> Eu vi algumas das casas em 1950 e, novamente, 20 anos mais tarde. A maior parte delas foi vendida para instituições, quase sempre para ordens religiosas católicas. Havia algo triste e revelador no aspecto destas mansões, mas não em sua natureza que era muito norte-americana e talvez até inspiradora. Aqui estavam estes palácios, estes castelos de mercadores, construídos em uma época quando os financistas protestantes e homens de negócios haviam amealhado tanta riqueza e

começavam a viver como se eles fossem Bórgias e Médicis do século XX, os mais ricos e mais poderosos representantes da civilização norte-americana no mundo. Bom, não aconteceu. Depois de 30 ou 40 anos de vida cheia de opulência (e freqüentemente inquieta), eles vendiam as suas casas aos netos (e às vezes aos filhos) de seus jardineiros irlandeses, empregados como motoristas. E assim, por volta de 1950, suas propriedades se tornaram noviciados, escolas e conventos; escolas de treinamento para freiras, irmãos, padres e filhos de católicos comuns da América, cheios de vitalidade. Ao ocuparem essas casas, os últimos algumas vezes mudariam as coisas de lugar com um tipo de vulgaridade desatenta; mas, mesmo assim, eles trouxeram um novo tipo de vida a estas propriedades abandonadas, cuidando de seus jardins onde belas flores se escoravam nas paredes, plantando verduras para suas mesas forradas com toalhas de plástico, mantendo as roseiras e mostrando aos seus visitantes as janelas ricamente emolduradas, os portais entalhados, os parapeitos renascentistas das lareiras, com respeito e orgulho. Havia, afinal, um estranho tipo de justiça histórica no fato de que alguns destes objetos da civilização européia agora tornavam-se a posse de um novo povo – norte-americano e católico, que o parapeito entalhado por um *ébéniste* francês 400 anos antes, que os vitrais da janela feitos por um vidraceiro irlandês 60 anos antes, que as torções de estuque e as formações de crenas em um teto colocadas no lugar por um imigrante italiano 50 anos antes de agora contemplavam uma multidão de alguns de *seus* descendentes, que vieram a ocupar aqueles espaços depois que homens e mulheres sem sentimento haviam encomendado a sua construção e os abandonado para sempre. O cheiro de cachorro-quente, pipoca doce e som da televisão agora ecoava nos salões nobres – e também um ocasional cheiro de incenso, o burburinho comum do rosário, cantos e vigorosos corais.

Não durou. Vinte anos mais tarde, estas casas também eram novamente abandonadas por seus ocupantes. Já vi algumas delas, com o mato crescido, as mansões fechadas, exceto talvez pela casa do caseiro ou um moderno refeitório e, uma vez mais, os portões de ferro trancados salvo por algumas horas do dia. Em 1970, poucos católicos optaram pela vida religiosa; o número de vocações caiu vertiginosamente e várias ordens decidiram fechar boa parte de suas escolas ou noviciados. Eles também decidiram que não mais podiam sustentar esse tipo de despesa. Com sua crescente mundaneidade, a burocracia havia penetrado profundamente em seus pensamentos; eles estavam prontos a ouvir "especialistas" em administração e a considerar as ofertas de "empreendedores". E assim, em muitos casos, a ocupação destas propriedades outrora grandiosas pelos católicos foi transitória; as últimas, com toda a sua vitalidade demonstrável, não eram impermeáveis à estranha atrofia da determinação, da fatalidade e da volatilidade que pode ser a eterna maldição indígena sobre a terra norte-americana.[70]

Na ciência é a regra que conta; na história – e certamente na história religiosa – é a exceção. Uma exceção ao declínio da religião nos anos 1960 foi a mudança das lealdades auto-impostas aos judeus norte-americanos. Na vida social, intelectual e política nos EUA, a presença dos judeus estava aumentando (em 1982 havia três vezes mais o número de parlamentares judeus do que em 1962). Também já vimos que a trindade protestante-católica-judia nas celebrações cívicas norte-americanas se tornou prática freqüente nos anos 1950, apesar de os judeus norte-americanos serem uma pequena minoria se comparados aos protestantes e católicos. Até os anos 1960, a maioria dos judeus norte-americanos não eram sionistas declarados. Muitos deles enfatizariam a sua norte-americanidade, se necessário à custa da identificação com a causa do Estado de Israel. Em 1967, depois de Israel lutar e ganhar sozinho a guerra contra os vizinhos árabes, isso começou a mudar rapidamente. Em 1970, os não-sionistas dentre os judeus norte-americanos eram uma minoria insignificante. O que era mais importante, um número considerável de judeus agnósticos redescobriu sua ligação com a religião ancestral, algo que não pode ser imputado como mera conseqüência do maior poder e prestígio da condição de ser judeu e de Israel no mundo.

Durante os anos 1970, muitos fenômenos significando um movimento da Idade da Razão para a Idade da Fé eram discerníveis em meio à população norte-americana. As características e manifestações disso diferiam amplamente, desde as congregações dos desmiolados e desarraigados jovens seguidores de gurus indianos e pregadores-comerciantes coreanos até impressionantes reavivamentos de grupos cristãos radicais. O generalizado movimento antiaborto depois de 1973 mostrou que as convicções de alguns dos leigos podem ter sido mais fortes que as da hierarquia. A aparência da chamada Maioria Moral no final da década de 1970 foi menos significativa, já que seus pronunciamentos assim como sua composição eram remanescentes do fundamentalismo dos anos 1920. O que a República precisava era de uma minoria moral, não uma Maioria Moral; no entanto, uma minoria moral é sempre pequena em números, mas pode ser o fermento de desenvolvimentos mais significativo a longo prazo. E havia tal minoria moral no país, homens e mulheres freqüentemente separados por grandes distâncias, quase nunca conscientes da existência uns dos outros, entretanto mais e mais parecidos com as funções dos primeiros cristãos durante a era das catacumbas. Os mais notáveis dentre eles eram os Obreiros Católicos, estabelecidos por Dorothy Day 50 anos atrás, sobrevivendo à morte de sua fundadora em 1980, respirando caridade nas catacumbas de Nova York.

Depois de cerca de 1975, as igrejas vazias começaram a se encher, aqui e ali. Cautelosas no princípio, mais abertas depois, as condenações das armas nucleares pela hierarquia católica norte-americana (sugerida a eles por um papa polonês) foram significativas, já que não podiam ser meramente atribuídas ao conformismo. Muito pelo contrário: as pessoas estavam agora sendo informadas – verdade, não por todos os padres, e quase sempre sem muita convicção – que, em certas crises de consciência, a fé e a doutrina católica têm que ter precedência sobre o seu norte-americanismo. Se o liberalismo estava ultrapassado, também estava o superpatriotismo. Em 1945, o general Patton disse aos jovens da Igreja de Nosso Salvador em São Gabriel, na Califórnia: "Vocês são os soldados e as enfermeiras da próxima guerra. Haverá uma próxima guerra. Sempre houve. A escola dominical os fará bons soldados." Trinta anos mais tarde esse tipo de discurso não fazia mais muito sentido. A velha dicotomia conservadora – liberal não era somente imprecisa – tinha se tornado ultrapassada e talvez mais na religião do que em qualquer outro lugar. Os conservadores nacionalistas conseguiam cada vez menos apoio das igrejas. Isso foi tudo para o bem, já que – superficialmente – "a visão realista" do mundo sustentada por alguns conservadores podia facilmente cair no cinismo. Taylor Caldwell, a autora de romances religiosos, eleita a Mulher Católica do Ano, escreveu em 1956: "Sejamos honestos e confessemos que não gostamos uns dos outros, que odiamos a universalidade, e amamos somente uns poucos, e que mesmo daqueles poucos a quem amamos não gostamos." O contraste entre esse tipo de pós-liberalismo e o outro tipo pode ser vislumbrado pelo que Flannery O'Connor escreveu em 1955: "É fácil ver que o senso moral havia sido removido de alguns setores da população, como as asas foram removidas das galinhas para que mais carne branca pudesse ser produzida. Essa é uma geração de galinhas sem asas, que, suponho, seja o que Nietzsche quis dizer quando afirmou que Deus estava morto."[71]

Que a decadência do liberalismo e do materialismo eventualmente levariam a novos compromissos religiosos e talvez a uma nova fase de fé havia se tornado pelo menos uma plausibilidade; muito podia se esperar da proverbial solicitude do coração dos norte-americanos. O que ainda tinha que ser superado era a indisposição mental de reconhecer as contradições entre dois conjuntos de crenças não examinadas. Muito freqüentemente parecia que o amargo comentário de alguém, dito há mais de 40 anos, quando mais de 96% dos norte-americanos pesquisados diziam que acreditavam em Deus, era verdade; sim, os norte-americanos acreditavam em Deus, mas não em Sua existência. Ou, como disse a escritora católica Magdalen Goffin: "Se Deus não existe, o melhor e mais bem-dotado homem do mundo nada mais é do que um monte de elementos químicos ... Boas obras nunca foram a justificação da vida de nosso Senhor. Ele acreditava que o mal estava em primeiro lugar no coração do homem, e não no seu ambiente. São os corações dos homens que têm que ser purificados – cheios de Deus, não de si próprios." As raízes da situação difícil norte-americana pode sempre ter estado na indisposição de reconhecer a, quem diria crer na, existência do pecado original – e talvez mesmo no livre-arbítrio. Contrários à idéia aceita, os próprios puritanos não acreditavam realmente no pecado original. Estavam preocupados com o comportamento pecaminoso, obstruindo aquelas boas obras que eles supunham significar a possibilidade do aperfeiçoamento da sociedade, em última análise, até se fundir com o progresso. Milton escrevera: "Não são hábeis analistas das coisas humanas os que imaginam retirar o pecado retirando o motivo do pecado." Na época de Emerson, como disse Santayana, "uma segunda e nativa mentalidade norte-americana começava a se formar. O senso de pecado se evaporou totalmente". Os sucessores fundamentalistas criam (e ainda crêem) que por meio da conversão o Homem pode nascer de novo, se limpando de todo o pecado – mas não é esta a negativa do pecado original? Seus sucessores progressistas vieram a pensar, como disse o reverendo Shailer Matthews, o decano da *Divinity School* da Universidade de Chicago em 1930, que "a doutrina do Pecado Original era uma teoria de comportamento humano adequada ao conhecimento científico da época de santo Agostinho, mas derrubada por pesquisas mais recentes". A hierarquia católica e os ensinos católicos nos Estados Unidos também – apesar de todas as superficiais e incorretas referências ao "jansenismo" irlandês (uma tendência francesa do século XVII, caracterizada pelo excessivo escrúpulo moral) – raramente enfatizavam o pecado original em seus ensinamentos. Nem enfatizavam suficientemente a doutrina do livre-arbítrio, com todo o seu libertador senso de responsabilidade. Mas o livre-arbítrio também tem sido ignorado, ou pelo menos diluído dentro do *ethos* norte-americano, apesar de todas as aparências em contrário, o livre-arbítrio é negado implicitamente pelo determinismo científico assim como pelo fatalismo religioso, duas inclinações que por muito tempo serviram à mente norte-americana e que – quando isso é levado em consideração – têm muito em comum. Bryce considerou isso em seu *American Commonwealth* (*A comunidade americana*) (1888) quando mencionou "o fatalismo em massa do povo norte-americano". Em 1957, John F. Kennedy tomou a definição de Hemingway de coragem, "graça sob pressão", como tema de seu livro *Profiles in Courage*, uma frase que sugere um composto de toureiro e piloto de avião, espanhol-barroco e norte-americano-moderno, religioso e mecânico, fatalista e determinista ao mesmo tempo. A coragem vem de dentro; sua disposição de sobrepujar nosso próprio medo.

EM *THE CIVILIZATION OF THE RENAISSANCE IN ITALY* (*A civilização da renascença na Itália*) Jakob Burkhardt começou a Parte VI, "Morality and Religion" (Moralidade e religião) com um subcapítulo, "Morality and Judgment" (Moralidade e julgamento):

> A relação das muitas pessoas da terra com os supremos interesses da vida, com Deus, com a virtude e a imoralidade pode ser investigada até certo ponto, mas nunca pode ser comparada uma com outra com absoluta rigidez e certeza. Quanto mais claramente nossa evidência parece se expressar sobre o assunto, mais cuidadosamente devemos nos abster de presunções não-qualificadas e generalizações grosseiras.
>
> Esta observação é especialmente verdadeira no que diz respeito ao nosso julgamento sobre questões da moralidade. Pode ser possível indicar muitos contrastes e nuances de diferenças entre várias nações, mas atingir o equilíbrio do todo não foi atribuído ao entendimento humano ... Uma grande nação mesclada com a sua civilização, suas realizações, e sua sorte com a vida do mundo moderno pode se dar ao luxo de ignorar tanto seus advogados quanto seus acusadores. Vive com ou sem a aprovação dos teóricos.

"Assim", continuou Buckhardt, "o que segue não é julgamento, mas uma série de notas marginais, sugeridas por um estudo da Renascença Italiana ao longo de alguns anos." Essa ressalva, e essa declaração de uma admoestação por um grande historiador, é aplicável às minhas páginas seguintes, finalizando este capítulo sobre as mutações da mente e da moral.

O que quer que possa ser dito sobre a medieval (ou neomedieval) característica da duplicidade do pensamento norte-americano, transcende diferenças étnicas. Quaisquer que sejam as suas origens, elas são inseparáveis da inclinação à publicidade.

Em suas notas para *Democracia na América*, Tocqueville escreveu que "os modos norte-americanos são graves, deliberados, reservados" – algo que certamente mudou desde 1830. Aquela mudança não somente foi o resultado da transformação na composição étnica da nação, mesmo que tenha contribuído para isso. Tocqueville, que escreveu detalhadamente e com entendimento profundo sobre os efeitos da opinião pública, não disse – e não poderia dizer – nada sobre os efeitos passivos da publicidade. O caráter deliberado e reservado dos modos e das conversas norte-americanas se devia à condição de que a privacidade era ferozmente guardada entre os norte-americanos. Mas durante o último século e meio, a privacidade declinou, a publicidade penetrou na esfera privada da vida norte-americana até um ponto impressionante.

No princípio da Idade Moderna, La Rochefoucauld escreveu que o mundo sempre reconheceu as aparências do mérito em vez do próprio mérito. Durante o século XX, perto do final da Era Moderna, uma mutação acontecera, reconhecimentos públicos do mérito se tornaram mais importantes (e lucrativos) do que as aparências do mérito pessoal. A influência da publicidade se tornou mais penetrante do que a tirania da maioria. Ela invadiu as esferas do pensamento, dos gostos e dos julgamentos privados.

Durante as últimas décadas do século XIX, esta influência mudou a natureza da propaganda. O sucesso de um homem como Edward W. Bok *circa* 1900 era diferente de, digamos, P.T. Barnum *circa* 1870. Bok não era meramente o Barnum das revistas. Ele era um *homo americanus* de uma nova linhagem. Um homem que não era só, como Barnum, bem-sucedido em produzir e amealhar os lucros da publicidade de seus trabalhos, mas no empreendimento de ter construído um sucesso público para si próprio. Ele teria entendido – mas talvez não concordado com – o gaiato que, mais tarde naquele século, diria que uma celebridade é alguém que é famoso por ser conhecido.

A transição da "sociedade" para "a sociedade do café", de ser um membro da "sociedade" (algo que, apesar das colunas sociais, é um assunto particular) a ser alguém cujas "posses" são a condição para se fazer parte do grupo e assim receber toda a publicidade, ocorreu depois de 1900. É preciso dizer pouco sobre a influência da política a esta altura, já que a abordamos no capítulo anterior, exceto pelo fato de que a publicidade da qual as figuras políticas foram alvos por volta de 1920 foi diferente, em relação à geração anterior. Em 1925, James Walker foi escolhido como representante do Partido Democrata para o cargo de governador de Nova York. Isso aconteceu porque algumas pessoas achavam que o principal político irlandês, o então governador John F. Hylan, era muito aristocrático. Estas pessoas influentes incluíam o ator George M. Cohan e o comediante da Broadway George Jessel, que fez o discurso de nomeação de Walker. Irving Berlin compôs uma música: "*We'll Walk in With Walker*" (*Entraremos com Walker*). "Jimmy" Walker era o candidato do *show-business*, o candidato da Broadway, em uma época onde este tipo de notoriedade era mais importante que o passado político. Que este fenômeno não foi peculiar a Nova York pode ser visto pelo que aconteceu com Coolidge durante as suas férias em Black Hills no ano seguinte. Era para ter sido umas férias bem particulares, voltadas para a pescaria, mas quando em sua chegada na estação remota da Carolina do Norte, ele e seus seguidores encontraram uma grande multidão e legiões de escoteiros cantando para ele a música "*Cal, Our Pal!*" (*Chame nosso companheiro*), Coolidge imediatamente se convenceu (ou foi convencido pelos seus colegas) a mudar completamente sua indumentária. Assim se paramentou com toda a roupa de caubói: camisa vermelha, bandana, chapéu e foi amplamente fotografado e comentado durante as suas férias. A imagem se tornou realidade – paradoxalmente devido à prática abusiva de seus publicitários que se orgulhavam, despercebidos de sua natureza ilusória, do lado oposto do pragmatismo.[72]

No início da Idade Moderna, a paixão pela honra, como Burckhardt reconheceu, começou a transcender a paixão pela fama, mesmo não sendo sempre fácil separar as duas. Ao final da Idade Moderna, a paixão pela fama estava praticamente esquecida devido às aspirações pela honra. Em 1924, um assassino preso em Los Angeles perguntou imediatamente aos detetives: "Eu receberei tanta publicidade quanto Leopold e Loeb receberam?" Em 1981 o principal, e autodeclarado, propósito de John Hinckley, que tentou assassinar o presidente, foi a fama, o reconhecimento público, como ele já havia dito antes, durante e após o seu julgamento. Esse tipo de anseio por fama não era meramente um fator mental após sua prisão; a fama foi o motivo do próprio ato, outro exemplo da confusão ideológica de nossos tempos. Mas não precisamos olhar para exemplos criminosos e extremos desta condição. O tipo de solidão que é conseqüência de recursos internos inadequados e que assim busca consolo não na privacidade, mas na publicidade, que muitas vezes era representada por uma pletora de atividades tipicamente norte-americanas. Homens alugavam *outdoors*, ou colocavam anúncios em jornais para declarar seu amor por uma mulher. Outros eram levados a expressar sua gratidão pelos motivos mais particulares e espirituais inserindo notas na imprensa.[73] Havia algo impressionante, um show de rádio (a palavra *show* por si só é reveladora), onde pessoas solitárias contavam a uma personalidade alegre e vulgar as suas preocupações e os seus problemas mais íntimos envolvendo maridos, esposas, sogros ou vizinhos, encontrando um conforto diferente devido ao fato de terem suas vozes transmitidas e ouvidas por milhões de pessoas "ao vivo",[74] enquanto estranhamente ignoravam o fato (e o risco) de terem suas frustrações e reclamações ouvidas pelas próprias pessoas das quais reclamavam.

Foi devido à publicidade que muitas vezes norte-americanos tendiam a ser caricaturas de si próprios, quando a obsessão com a própria imagem se tornou forte o suficiente para ofuscar a distinção entre a imagem e a realidade. Esta condição envolveu a própria forma das coisas: prédios, cerimônias, roupas, uniformes, frases, gestos podiam virar caricaturas de si próprios (como os gestos ritualísticos das líderes de torcida, ou o homem que veste seu boné de maquinista quando monta seu trem de brinquedo no porão). Essa propensão a um aperfeiçoamento da imagem pode resultar em uma autocaricatura, algumas vezes chegando ao absurdo. A confusão mental com respeito ao que é público e ao que é particular muitas vezes envolve uma mistura curiosa – ou uma curiosa divisão ideológica – entre insensibilidade e hipersensibilidade,[75] com a conseqüente confusão da comunicação pública e privada – efeitos, assim como causas, da dualidade do pensamento.

Por causa dessa confusão, muitos norte-americanos, durante a segunda metade do século XX, achavam difícil ouvir um ao outro, mesmo em conversas particulares – um hábito de desatenção que, certamente agravado pelo invasivo som do rádio e da televisão, também se devia à padronização ritual ou à rotinização do discurso, ou seja, à troca ritual das frases publicamente aceitas. Em um notável livro, os sociólogos norte-americanos Bensman e Vidich (1959) descreveram como nas pequenas comunidades norte-americanas "o código das conversas é tão apropriado quanto os de formalidade entre os japoneses ... A vida pública é sempre mais 'normal' que a privada. Já que é este o caso [indivíduos são forçados a reprimir suas ansiedades particulares] para se poder representar a imagem pública que é criada por expressões similares por parte dos outros ... A intensidade do conflito entre a ilusão e a realidade é evitada, parece, pela alteração e a falsificação inconsciente de memórias ... A vida pública é dominada pelo sistema de ilusões".[76]

Isso foi escrito durante a década sem graça e conformista de 1950, os anos Eisenhower. Entretanto, a esse respeito também, as proclamações no que diz respeito a mudanças "revolucionárias", ao "aumento de consciência", nos anos 1960, eram falsas. A erosão da linha que separava o que era público do que era privado continuava – de forma vingativa. Era a fonte de todos os males: considerem somente a justificativa legal de atos não-naturais, sob o pretexto de tolerância de "atos privados entre dois adultos com consentimento mútuo" quando, na verdade, o grande crescimento na freqüência de tais atos era o resultado não de um aumento crescente do respeito pela privacidade, mas da crescente prevalência de sua publicidade. O individualismo extremo proclamado nos anos 1960 quase sempre era o conformismo da pior espécie – à custa não só da autodisciplina, mas do pensamento independente, ou seja, privado.

Durante o século XX, a desonestidade intelectual substituiu a hipocrisia a tal ponto que podemos olhar para os hipócritas do século anterior com certa nostalgia. A hipocrisia era, afinal de contas, o tributo que o vício pagava à virtude. A hipocrisia, portanto, podia florescer somente em um mundo e em uma época quando as pessoas sabiam distinguir entre a virtude e o vício. (O culto da publicidade comprometeu e obscureceu isso a ponto de haver muitos exemplos de pretensas virtudes pagando tributo ao vício durante a segunda metade do século XX nos Estados Unidos.) Como o modo de vida burguês, a hipocrisia tinha certos subprodutos salutares, enquanto que a desonestidade não tinha nenhum. Fazer a coisa certa pela razão errada era, afinal de contas, melhor do que fazer a coisa errada pela "razão" certa. (As aspas não são acidentais: elas se referem ao hábito intelectual pernicioso da atribuição de motivos.) No final, o historiador deve notar essa distinção: o hipócrita veste a máscara em público, enquanto persegue suas inclinações em particular. Durante o século XX, já vimos muitas figuras públicas norte-americanas a quem a metáfora (e a prática) de usar a máscara em público não mais se aplicava. A personalidade pública (algo que não era de forma alguma idêntica ao termo junguiano "persona") se apropriou amplamente ou totalmente da vida particular. A máscara se tornou o rosto; eles se tornaram desconhecidos para si próprios, caricaturas de si próprios – algo que tornará o trabalho de seus biógrafos mais – e não menos – difícil.

Não é novo que o mundo tende a reconhecer a aparência do mérito em vez do próprio mérito. É parte da natureza humana, mas durante o século XX não somente a aparência do mérito, mas a publicidade dada a ele influenciou a meritocracia burocrática. Se uma celebridade fosse alguém famoso por ser conhecido, não ser conhecido quase sempre significava ser ignorado pelos seus pares. (Realmente, não ser conhecido sugere o significado literal da palavra "infame".) Exemplos desse tipo de corrupção intelectual são muitos. Envolve não somente as idéias públicas correntes, mas os próprios métodos e a linguagem dos livros.[77] Com o tempo, estas influências degeneradoras obstruíram não só a troca de idéias, mas o espírito do artista. Em 1960, Norman Rockwell, de todas as pessoas escrevendo no *The Saturday Evening Post* sobre si mesmas, retratou a idéia dominante de uma de suas pinturas mais famosas: "Em 1951, para o número do dia de Ação de Graças do *The Post*, eu pintei uma capa mostrando uma mulher velha e um menino pequeno dando graças em um pobre restaurante de estrada de ferro. As pessoas ao redor deles estavam olhando, algumas surpresas, outras intrigadas, algumas lembrando de sua infância; mas todos respeitavam. *Se você realmente visse tal cena, algumas das pessoas que olhavam seriam indiferentes, algumas seriam hostis ou rudes, e talvez alguns teriam raiva...*". O grifo é meu. Como poderia Rockwell ter certeza daquilo? Aqui estava outra triste revelação de como a publicidade que expressava o otimismo de alguns norte-americanos era o resultado não de ingenuidade, mas de um corrosivo e talvez até desesperado cinismo.

Durante a Idade Média, a vida era cada vez mais pública, a privacidade quase não existia.[78] O culto à privacidade chegou com a Idade Moderna, três séculos atrás: era uma aspiração burguesa. Uma volta a estas aspirações, na ausência de suas causas então originais, é impossível. Em nossa era de democracia de massa, uma mera reação contra o que é público não é suficiente. Um desprezo pelo que é publico pode ser a expressão de uma doença privada. É uma doença privada que está nas raízes da pessoa que rouba do público ou que denigre a propriedade pública. A publicidade invasiva e o aumento da burocracia levou à diminuição do que quer que fosse (ou deveria ser) privado. Também levaram ao crescente desrespeito por muitas coisas que são (ou devem ser) públicas. Em 1950, um parque norte-americano de uma cidade, um aeroporto norte-americano, uma ferrovia norte-americana, ou uma estação de ônibus, uma sala de aula ou prédio norte-americano era mais limpo do que um italiano. Em 1980, o oposto era verdade. Alguém poderia pensar que em uma democracia de massa os serviços públicos seriam preferidos, e que seriam meticulosamente mantidos, oferecidos, melhorados. Entretanto, durante o século XX nos Estados Unidos, o transporte público se deteriorou, as escolas públicas se deterioraram, os serviços de saúde pública se deterioraram. Mais e mais pessoas passaram a preferir as escolas particulares, transportes particulares, atenção médica particular.[79]

Aqueles que podem pagar por eles não são necessariamente detentores de uma nova esperança. Os detentores de esperança são aqueles – e há muitas pessoas assim nos EUA agora, enfiados nos lugares menos prováveis – que descobriram a privacidade em meios de vida (e de pensamento) raramente correntes antes, pessoas cujo respeito e o uso da língua revelam que eles têm sua própria condição privada, que eles próprios *decidem por si próprios*. Eles são os verdadeiros herdeiros da civilização ocidental, norte-americanos que rejeitaram a ilusão do "novo homem".[80] Preocupado com as terríveis perspectivas da engenharia genética, Charles Frankel escreveu em 1974: "O que unia os radicais puritanos, os jacobinos, os bolcheviques, os nazistas, os maoístas era a intenção de criar um 'novo homem', de refazer a criatura humana ... Os partidários do planejamento eugênico em larga escala, com a exceção dos nazistas, normalmente são pessoas de sentimentos humanitários notáveis. Eles parecem não ouvir a si mesmos. É outra música a que ouvem, a música que diz que não haverá nada aleatório neste mundo, nada independente, nada movido por sua própria vitalidade, nada fora de sintonia com alguma idéia...." Como é diferente do Novo Homem proposto por Crèvecoeur! Como são diferentes – na verdade, quão totalmente contrários – os nossos perigos com relação àquelas idéias apresentadas no século XVIII – sobre a natureza do mundo, inclusive da natureza humana.[81]

A passagem acima, escrita por um acadêmico judeu, foi citada por um jesuíta que levantou a seguinte questão: ministrar à sociedade norte-americana "um poder judicial bruto" não produziria ao final "um poder biológico bruto"?[82] Mas isso ainda não estava certo – de qualquer forma, não mais que a possibilidade de que uma maioria moral entre os norte-americanos mudaria suas idéias, sobrepujando as ilusões do "progresso". Deixe-me concluir com as palavras de Burckhardt do mesmo parágrafo que comecei este subcapítulo: "Que olho pode penetrar as profundezas onde o caráter e o destino das nações são determinados? Onde aquele que é nascido e aquele que já experimentou se juntam para formar um novo conjunto e uma nova natureza?" Burckhardt escreveu sobre a evolução da mente norte-americana do século XII até o XVI; mas sua sabedoria é aplicável ao pensamento norte-americano no XX, e ao da civilização em geral: "Como poderemos julgar os infinitos e infinitamente complicados canais pelos quais o caráter e o intelecto estão incessantemente derramando suas influências uns sobre os outros. Há um tribunal para cada um de nós, cuja voz é nossa consciência, mas chega de generalizações sobre as nações. Para as pessoas que parecem ser as mais doentes, a cura pode estar à mão; e uma que parece estar saudável pode ter dentro dela o germe da morte, que a hora do perigo trará para fora de seu esconderijo."[83]

9

HERANÇAS E PERSPECTIVAS
A passagem da ordem democrática para o Estado democrático

Como e por que uma nova ciência da política, uma nova economia e um novo tipo de história são necessários para um novo mundo.

No início deste livro, escrevi que por muito tempo e de várias maneiras – talvez mesmo das maneiras mais importantes – a grande sorte dos Estados Unidos foi a condição de estar atrasado em relação à Europa. Os grandes espaços norte-americanos, o vazio de grande parte do país, as ilimitadas possibilidades de empreendimentos de todos os tipos, as riquezas intocadas de sua flora e fauna, a pouca regulação governamental e burocrática, a confiança na lei e até na estrutura – em vez de no conteúdo – de muitas crenças do país, aquele fervor pós-medieval, incluindo até o materialismo ingênuo norte-americano que se recusava a reconhecer a intromissão da mente na matéria, ou a ambigüidade mental do idealismo da nação: estas eram as características do país e de sua sociedade que haviam desaparecido da Europa muito tempo antes. Mas, por volta de 1955, os Estados Unidos passaram a Europa definitivamente. O país estava saindo da Idade Moderna (ou seja, burguesa) mais rapidamente que a Europa. Antes daquela época, a vida nos Estados Unidos era mais simples que lá. Para se arrumar um emprego, comprar uma casa, receber crédito, transferir dinheiro, mandar um telegrama, transmitir e receber herança, ter um diploma universitário ou profissional, participar da política ou em eleições, era mais simples e fácil nos Estados Unidos que na Europa, América do Sul ou no Extremo Oriente. Antes e durante a Segunda Guerra Mundial, as complicações e as hipocrisias de seus Estados e sociedades burocráticas levaram as massas à raiva e ao desespero em muitas nações européias, algumas das quais buscaram uma solução em ditaduras e regimes autoritários de unidade nacional, aceitando o princípio da completa supremacia do Estado. Entre os norte-americanos, havia pouca inclinação para exaltar o Estado dessa maneira, mesmo entre os nacionalistas que se opunham a Roosevelt. Na verdade, havia algo ultrapassado na visão norte-americana de alguém como Hitler, que simplesmente era visto como um reacionário (o que, é claro, ele não era). Dentro dessa má leitura, sobrevivia, entre outras coisas, um elemento da decência norte-americana fora de moda. Os EUA ainda se agarravam ao seu otimismo tolerante e se recusavam a reconhecer o elemento democrático no fenômeno Hitler. De qualquer forma, os europeus que chegavam aos Estados Unidos durante as décadas de 1930-40 ficavam encantados e às vezes deslumbrados (como este escritor) com a presença viva das instituições e características do século XIX, sobrevivência representativa de um mundo mais velho e melhor: muita liberdade e espaço, pouco ou nenhum Estado-polícia, um Estado de direito, um tipo de decência sem graça, um inquieto respeito pelas realizações culturais e intelectuais – em suma, um mundo que era mais avançado tecnicamente, mas também menos burocrático que aquele do qual esses europeus haviam escapado. Durante os anos 1950, isso mudou. A vida norte-americana, em muitos aspectos, se tornou mais complicada que aquela em algumas das democracias da Europa Ocidental. A transformação de uma sociedade democrática em uma burocrática corria solta. *The Organization Man* (*O homem da organização*) de William H. Whyte, publicado em 1957, descrevia o que estava acontecendo dentro das grandes corporações e contrastava estas práticas com os hábitos mais antigos de empreendimento individual dos Estados Unidos, ligando esta transformação ao comércio; mas seus efeitos estavam presentes em muitas áreas, da militar à educação, cultura e arte.

No *Federalista nº 14*, Madson prevenia quanto "a se confundir uma República com uma democracia... Em uma democracia, as pessoas se encontram e exercem o governo pessoalmente; em uma República, se reúnem e administram por meio de seus representantes... Uma democracia, conseqüentemente, será confinada a um lugar menor. Uma República pode se estender por uma grande região".[1] Em 1830, os Estados Unidos haviam se tornado uma República totalmente democrática, provando que seu sistema poderia, sim, ser estendido para uma grande região. Em 1950, outros 120 anos mais tarde, a democracia norte-americana estava se transformando em uma outra coisa – uma burocracia de um tipo novo.

Por volta de 1900, Henry Adams escreveu sobre "a nova ciência da sociologia dinâmica"; a organização norte-americana havia ultrapassado a européia. A

Europa estava decadente porque estava muito fora de moda, muito restrita. Seu quase contemporâneo Theodore Roosevelt se preocupava com a corrupção das instituições políticas e a diluição do caráter do povo norte-americano. Ele viveu para ver algumas das reformas daquelas instituições; mas não viveu para ver suas conseqüências. O que teria pensado sobre a composição mutante da sociedade norte-americana não sabemos, apesar de sabermos que ele se desesperava menos com a democracia de massa que Henry Adams. Os poucos norte-americanos conservadores da década de 1920, homens tais como Irving Babbitt ou Albert Hay Nock, ecoavam os temores dos federalistas de uma enorme, uniforme e obstinada democracia de milhões. Eles eram articuladores da tese do homem das massas que Ortega y Gasset proporia, em 1930, em *A rebelião das massas*. "A democracia em sua forma degenerativa", escreveu, "leva a um rebaixamento geral dos valores, já que o homem da massa não busca excelência, mas conforto e à intolerância das diferenças individuais, já que o homem da massa se sente confortável quando todos se comportam como ele. Tal não é o verdadeiro espírito europeu; a Europa sempre respeitou a pluralidade de culturas e a diversidade de opiniões. Os abusos da democracia agora ameaçam aquele velho, mas vital espírito." Entretanto, foi na Europa que as massas se mostraram insensíveis a esses valores: apoiaram, ou pelo menos não resistiram, a um Mussolini ou a um Hitler. Outro resumo inteligente foi oferecido pelo volúvel Hermann Keyserling, no final da década de 1920:

> O princípio da maioria leva a uma tirania mais poderosa que qualquer outra que jamais tenha existido. Pois é esta tirania a responsável pela felicidade do homem na rua, tanto mais quando garante um tipo de otimismo que, mesmo que falhe em representar o verdadeiro estado das coisas, é por isso mesmo mais eficiente – como álcool proibido ... Mais cedo ou mais tarde, aquela camada social que hoje não tem poder, algum dia o terá. A tensão entre a velha cultura colonial e aquela de uma nova vida se torna consciente de si própria e deve se tornar cada vez mais acentuada, pois a primeira já mostra sinais de senilidade... O período entre o *Mayflower* e a Guerra Mundial, passando por Washington, uma Constituição, algum dia será comparado ao que a era dourada significou para a Grécia. Mas o que é bom para a América pode ser perigoso para o resto do mundo. A América já tomou o poder material que carrega sob todas as circunstâncias com grande prestígio. Assim o primitivismo da América, saudável como é em si próprio, pode ser por muito tempo confundido com progresso, significando o início de uma grande noite de escuridão espiritual para o resto do planeta...[2]

Havia muita verdade no que Ortega e Keyserling escreveram; mas eles estavam enganados quanto ao assunto essencial. Eles atribuíram os perigos da civilização ocidental e da degeneração de suas nações ao extremo alcance da democracia, ao homem da massa. Entretanto, o que aconteceu foi algo diferente: a extensão da democracia não era senão uma parte. O que estava se desenvolvendo e se institucionalizava mais era a burocracia, não a democracia; e ela era encarnada não pelo homem da massa, mas pelo homem da organização.

▼

SERIA ERRADO ATRIBUIR O DESENVOLVIMENTO da democracia nos Estados Unidos às influências européias, mesmo que o padrão mental alemão de muitos imigrantes da Europa Central e Oriental tenha contribuído para isto. A maneira mecânica de se perceber o mundo estava lá entre os puritanos, apesar de sua ênfase – verbal – na fé e não nas obras, uma ênfase que era calvinista e não norte-americana. Mesmo na Inglaterra, a democracia puritana de 1649 já era influenciada pelo exemplo da Nova Inglaterra. O culto ao progresso, a crença na possibilidade de uma sociedade perfeita (ou pelo menos possível de ser aperfeiçoada), a categorização das ações humanas, inclusive as crenças intelectuais e a conseqüente tendência a regular a moralidade por meio da legislação eram certamente o legado norte-americano dos puritanos da Nova Inglaterra. Benjamin Franklin não era puritano, mas isso era exatamente o que ele e os puritanos tinham em comum. Como D.H. Lawrence escreveu incisivamente no início da década de 1920, na Filadélfia, Franklin montou sua "pequena idéia ou automação de um norte-americano padronizado... este pequeno democrata seco, moralista, utilitário... norte-americanizando e mecanizando... [emprestando a] milhões de esquilos correndo para milhões de gaiolas ... este protótipo de cidadão perfeito como um padrão de América... De Benjamin Franklin a Woodrow Wilson pode ser uma longa caminhada, mas é uma caminhada pela mesma estrada... teórica e materialista".[3]

Efetivamente, esta ênfase no que era mecânico sobre o que é orgânico se gravou no consciente dos Estados Unidos e na língua. As incorporações dos nobres selvagens do século XX demonstram isso, tanto quanto os professores de sociologia; o vagabundo norte-americano tanto quanto o executivo corporativo. Aqui está a frase de *To Build a Fire* (Fazer fogo), uma das histórias mais dramáticas de Jack London sobre a selva – com máquinas a milhares de quilômetros de distância –, a qual um homem solitário encara a natureza, a primitiva experiência de congelar. Está frio; seus dedos estão dormentes; ele não pode segurar os poucos galhos. E, como diz London: "Os fios estavam bem assentados entre ele e as pontas de seus dedos". Que metáfora! Está de acordo com o que se tornou a tradição norte-americana de tomar o mecânico pelo real, como na "graça sob pressão"[4] de Hemingway.

Em 1891, Joseph Chamberlain, o político inglês que mais do que qualquer outra pessoa tentou norte-americanizar a política inglesa, declarou, na Câmara dos Comuns, que o Estado tinha o direito de editar qualquer lei que pudesse "aumentar o volume da felicidade humana". "Sob o avanço técnico e político do século XIX", escreveu Ortega y Gasset 40 anos mais tarde, "estava a crença de que o progresso em todas as suas manifestações positivas era inevitável... A segurança de períodos de 'plenitude' – tal como o último século – é uma ilusão de ótica que leva a negligenciar o futuro, cuja direção é entregue ao mecanismo do universo. Tanto o liberalismo progressista quanto o socialismo marxista presumem que: o que eles desejam como a melhor de todas as características acontecerá, necessariamente, com uma razão semelhante à da astronomia."[5] Ortega talvez não soubesse que Woodrow Wilson havia descrito a Constituição dos Estados Unidos como "newtoniana".

A entrada norte-americana na Primeira Guerra Mundial, em 1917, como certa vez escreveu o professor Noble, "consumou os padrões principais da visão progressista como desenvolvido desde 1890. Para escapar da desintegração da identidade da nação estabelecida pelos Pais Fundadores – uma república agrária perfeita de cidadãos santos, isolados da corrupção européia no hemisfério ocidental –, os progressistas haviam postulado uma nova perfeição com base na industrialização".[6] (As atitudes – superficialmente – mecânicas dos ambientalistas [sua história também começa com os conservacionistas entre os progressistas] não eram exceção. Desde o início do século, eles falharam em reconhecer que a poluição "do meio ambiente" era o resultado da poluição da mente e não o inverso; a sua reverência pela "natureza" – uma reverência mecânica e animista ao mesmo tempo – era essencialmente darwiniana, sem a aptidão a aceitar que existe uma diferença fundamental entre a vida humana e todas as outras formas de vida. Conseqüentemente, a defesa freqüentemente necessária do "meio ambiente" dependia da extensão de suas regulações extremamente burocráticas. Talvez não tenha sido acidental que Gifford Pinchot, um dos fundadores e uma das figuras principais do conservadorismo e ambientalismo norte-americanos, tenha sido um proibicionista convicto e um proponente do governo administrativo.) Os progressistas contribuíram amplamente para a transição para o Estado Administrativo norte-americano, um processo durante o qual o estabelecimento legislativo da Comissão de Comércio Interestadual e da Comissão Federal de Comércio foi um marco e não um ponto de inflexão.

É errado acreditar que os presidentes republicanos e suas administrações na década de 1920 eram verdadeiramente "conservadores" e quisessem transformar esta progressão em direção ao Estado Administrativo. Herbert Hoover era wilsoniano, progressista, engenheiro. Calvin Cooolidge não era um progressista forjado, mas aceitava totalmente o conceito mecânico da vida, assim como o ideal da produção do consumo. "Afinal, o principal negócio do povo norte-americano é o negócio... comprar, vender, investir... são os impulsos propulsores de nossa vida."[7] Os pronunciamentos desse ácido apóstolo da probidade e frugalidade da Nova Inglaterra devem revelar que ele era, na verdade, um profeta e proponente da inflação. Ele afirmou crer em orçamentos: "Eu considero um bom orçamento como um dos mais nobres monumentos da virtude." Entretanto, ele também disse que ... "Os incivilizados fazem pouco progresso porque têm poucos desejos. Os habitantes de nosso país são estimulados a novas ambições em todas as direções."[8] O fluxo da idéia essencialmente inflacionária de propaganda e relações públicas foi de Franklin não só para Wilson, mas para Coolidge e outros depois dele.

A principal fase da transição do Estado Legislativo para o Administrativo foi completada por Roosevelt, no *New Deal*. É agora uma verdade que muitas de suas reformas e regulações eram necessárias e provavelmente inevitáveis. Entretanto, foi então que a burocratização da vida intelectual – mais precisamente da atração que suas posições burocráticas exercem entre os intelectuais – saltou na frente. Já vimos como Edmund Wilson considerava as ambições dos comunistas e protocomunistas dos anos 1930: suas aspirações não eram revolucionárias, mas burocráticas (como na verdade é o caso da maior parte dos intelectuais nos Estados comunistas). "O comunismo," para eles, era "um passaporte para o poder em uma burocracia internacional iminente...[que] os colocaria de alguma forma no topo do monte." Malcolm Cowley relembrou muito a mesma coisa. A geração intelectual dos anos 1930, escreveu, "foi mais afetada que as anteriores pela Depressão e pela falta de oportunidades depois da quebra e pelo sucesso alcançado pela iniciativa privada. Seus membros estavam mais inclinados a se ligar às instituições bem-sucedidas que poderiam lhes prometer uma ascensão passo-a-passo para posições de afluência e honra ... Em geral, segurança era o seu ideal, mais ainda que a glória [?] ou independência e muitos deles vislumbravam um futuro o qual todos teriam segurança pelo planejamento coletivo e disciplina social. Isso explica o apelo especial que a experiência russa exercia sobre eles".[9] Depois de 1940, a crescente influência dos refugiados centro-europeus, muitos dos quais tinham bagagem cultural formada por tendências intelectuais alemãs, contribuiu para a burocratização das disciplinas. Em 1944, uma competição de idéias para a reorganização política de Boston (governada por um comitê presidido por um dos descendentes diretos dos Adams) foi vencida por um grupo de Harvard, liderado pelo professor Carl Friedrich, um cientista político alemão refugiado havia pouco tempo, totalmente à vontade em Harvard (e vice-versa). Ele defendia que 66 cidades da área de Boston fossem amalgamadas em uma autoridade metropolitana.

Como R.H. Tawney, na Inglaterra, em 1920, inteligentes observadores norte-americanos do desenvolvimento da vida corporativa, tal como Adolf A. Berle, na década de 1930, notaram que havia surgido um novo fenômeno: as grandes corporações e indústrias não eram mais dirigidas pelos seus donos, mas por administradores. Em 1940, James Burnham proclamou este fenômeno como se fosse a principal realidade do mundo da política – a era da *The Managerial Revolution* (A revolução administrativa – o título de seu livro) estava sobre nós. Entretanto, de uma maneira muito importante, Burnham estava enganado. Ele acreditava que era o proponente de uma nova realidade; que os "administradores" de uma nova política e de uma nova sociedade eram homens fortes, substituindo os idealistas, ideólogos e sonhadores políticos, algo como Spengler havia predito que engenheiros (preferencialmente os alemães) seriam as últimas figuras heróicas na última idade do ferro durante o declínio do Ocidente. Burnham não viu que o tipo administrador – quer executivo de uma corporação, quer decano de uma universidade ou operador de campanha – não era nada "forte". Ele não era um administrador, mas um burocrata. A nova aristocracia que Burnham via emergir nada mais era do que a meritocracia; a diferença entre um aristocrata e um meritocrata era a mesma que existia entre um homem de convicções e um homem de organização (um aristocrata assume sua alta posição social com autoridade que não vem dele ou de qualquer organização; o meritocrata assume sua autoridade pelo ofício que lhe é dado pela organização ou pelo Estado). Mas muito disso foi dito por Burke há 200 anos, quando afirmou que se candidatava ao Parlamento "para sustentar a sua opinião do bem público, e não para formá-la com o intuito de entrar no Parlamento ou continuar nele".[10]

Enquanto a fase principal da transição do Legislativo para o Estado Administrativo norte-americano pode ter ocorrido nos anos 1930, a fase principal da transição de um Estado democrático para um Estado burocrático norte-americano aconteceu nos anos 1950. É claro que este não foi um fenômeno exclusivo dos Estados Unidos. Vinte anos depois do *The Managerial Revolution* de Burnham, sua correção foi oferecida pelo inglês C. Northcote Parkinson que, junto com outras observações perspicazes no livro *Parkinson's Law* (*A lei de*

Parkinson), ilustrou seus argumentos com exemplos como os do Almirantado inglês: durante o exato momento que o número de navios e a tonelagem da Marinha Real se tornaram uma fração do que tinha sido há 20 anos, o pessoal administrativo do Almirantado aumentou quatro ou cinco vezes. Nos Estados Unidos, entre 1948 (que foi o ano da crise do bloqueio de Berlim) e 1958, uma década a qual os russos não conquistaram nenhum quilômetro quadrado de território novo (na verdade saíram da Áustria), o orçamento militar norte-americano cresceu de 14 para 45 bilhões de dólares, a burocracia federal duplicou em tamanho e o pessoal do Departamento de Estado multiplicou quatro ou cinco vezes. A maior parte desse crescimento ocorreu durante o governo Eisenhower, mas não foi uma particularidade do poder Executivo. O pessoal das comissões parlamentares, supostamente servindo propósitos legislativos, aumentou 250%, durante os anos 1950 (e mais de 600% entre 1950 e 1980). Ilustrar ainda mais este aumento multiforme da burocracia não serviria a nenhum propósito aqui, onde nos ocupamos apenas com o espírito que o produziu. Um exemplo pungente desse espírito foi a carta, assinada pelo presidente Eisenhower, que todo norte-americano recebia com seu passaporte, em 1956, admoestando-nos a se comportar bem quando no exterior, "para ajudar a moldar a reputação de nosso país" – a liberdade de viajar de um povo livre se tornou uma experiência de relações públicas.

> Como detentor deste passaporte, vocês serão hóspedes de nossos vizinhos e amigos da grande família de nações do mundo... Para todos os vários povos destes muitos países você, detentor de um passaporte norte-americano, representa os Estados Unidos da América... Assim, você representa todos nós ao assegurar às pessoas que você reconhece que os Estados Unidos são uma nação amigável e dedicada à busca da paz mundial e à promoção do bem-estar e da segurança da comunidade de nações. Atenciosamente, Dwight D. Eisenhower.

Mas o fenômeno da burocracia não estava restrito ao governo. A mutação de governo legislativo para administrativo correspondeu à mutação de uma "economia" (as aspas não são acidentais: elas sugerem a fase histórica quando o significado de "economia" foi desligado de seu sentido original, um ponto ao qual retornarei) produtiva para administrativa. Durante os últimos 30 anos, os conservadores norte-americanos estão em campanha contra o *Big Government*. Deixando de lado a sua inconsistência (e às vezes, sua desonestidade intelectual), ao apoiar tremendos gastos militares e burocráticos, também temos que criticá-los, ainda, por deixarem de reconhecer que o mesmo fenômeno de hábitos improdutivos e mortificantes, que impediam e corrompiam as operações do governo, se tornassem onipresentes, visíveis e vivos dentro do que é – cada vez mais eufemisticamente – chamado de "setor privado". Nos anos 1950, as atitudes mentais, as tendências, os procedimentos, as aspirações e a própria linguagem do burocrata do governo não eram nada diferentes do administrador universitário, do oficial de fundação ou mesmo do executivo corporativo. Aqui, lado a lado, estão dois burlescos exemplos do final dos anos 1950. Um, o memorando da Força Aérea; o outro, uma instrução de uma corporação nacional de ponta – o fato acabou se tornando, na verdade, mais estranho que a ficção em um grande número de oportunidades, e a prosa e o processo mental das burocracias inadvertidamente mais cômicas que as piadas bufas de comediantes:

De um esquadrão de reserva das Forças Armadas (1956)

Cavalheiros:

Gostaríamos de solicitar a presença da senhorita Jayne Mansfield na noite de quarta-feira, 11 de abril de 1956, durante o período de 18h30 às 19h05.

Nosso desejo é tirar uma ou duas fotos publicitárias das 18h30 às 19h depois que a senhorita Mansfield será levada à sala de treinamento e apresentada aos oficiais. Apreciaríamos se ela pudesse ter dois ou três minutos para fazer alguns comentários ao grupo.

Uma fotografia que temos em mente será apresentada como segue:

Pesquisa e Desenvolvimento
Fotografia de um major usando uma fita métrica para medir o busto da senhorita Mansfield.

Um pouco de pesquisa em um grande desenvolvimento. A senhorita Jayne Mansfield foi selecionada como "Projeto de pesquisa que gostariam de desenvolver" pelo Esquadrão de Pesquisa e Desenvolvimento da Reserva da Força Aérea. O major responsável pelo desenvolvimento da desejável pesquisa é ajudante do esquadrão que treina no Centro de Reserva da Força Aérea, em Nova York.

Obrigado por sua cooperação.

Atenciosamente.

De uma corporação em Nova York:

Festa de natal – Recepção e saída das crianças

1. Duas pessoas à porta, preferencialmente que falem espanhol.
2. As mulheres responsáveis esperam na área do hospital a ser designada para as crianças (duas ou três responsáveis para cada 10-12 crianças).

3. Duas pessoas registram as crianças e cada uma deverá ter um assistente do sexo masculino.
4. Os números atribuídos às crianças devem ser usados ao redor do pescoço. Serão utilizadas etiquetas de papelão com fio de náilon.
5. As crianças são registradas, os pais recebem os canhotos dos cartões usados pelas crianças. Este canhoto indicará o número da criança e o número da responsável.
6. Duas ou três responsáveis mulheres (todas com o mesmo número) designadas para cada grupo de 10-12 crianças as levarão *pelo elevador* à cantina, onde suas roupas receberão um número correspondente ao número da etiqueta e acondicionadas em sacolas de compras. Ao final da festa, as crianças poderão usar estas sacolas para levar os seus presentes para casa. *As patrocinadoras* também registrarão o *primeiro nome* da criança no cartão para uso do Papai Noel. Alguns responsáveis homens estarão de plantão para resolver necessidades imprevisíveis das crianças do sexo masculino.
7. Todos os responsáveis assegurarão que as crianças não apressem o Papai Noel, mas que fiquem em seus assentos.
8. Os presentes deverão ser distribuídos de acordo com o número começando com cada criança: 1 etc. Em outras palavras, os responsáveis por crianças de 1-10, inclusive, levarão suas crianças para pegarem os presentes e, quando este grupo tiver acabado, o grupo 11-20 receberá o dele etc. O Papai Noel estará na Sala de Conferência A.
9. Os pais que forem buscar seus filhos serão escoltados por acompanhantes do sexo masculino até a cantina e serão acomodados em ordem na Sala de Conferência A, no lado da Avenida Flushing. Isso evitará confusão entre os pais que estão chegando e os funcionários que saem às 16h30. Todos os pais serão informados da hora aproximada que devem pegar os seus filhos. Esta hora será estabelecida em intervalos definidos começando às 15h. Nenhum pai será autorizado a ficar durante a festa.
10. Quando as crianças estiverem prontas para ir embora, mais responsáveis escoltarão os pais (um de cada vez) até sua criança, cujo número corresponda ao número apresentado pelo pai e então ambos serão escoltados até as escadas. Este procedimento será repetido até que todas as crianças sejam entregues.
11. Todas as crianças que tenham vindo desacompanhadas poderão sair quando quiserem. Uma criança desacompanhada será registrada com um número e será designada *desacompanhada*. Em sua etiqueta estará escrito *desacompanhada*.

Quando, por volta de 1955, o número de norte-americanos empregados na produção caiu abaixo do número de empregados em ocupações não-produtivas, a era do homem de organização já havia substituído a do homem de massa. Quando Stefan Zweig visitou os Estados Unidos, no princípio de 1910, achou divertido saber como era fácil qualquer um entrar em um escritório ou fábrica em busca de emprego. Quarenta anos mais tarde, durante a explosão da "economia" da década de 1950, isto quase já não era possível: não só ele teria que preencher intermináveis questionários como também teria que ser "entrevistado" por um oficial do Departamento de Pessoal no ofício de diretor de pessoal, um homem sem dúvida dotado de um diploma de administração de empresas ou gerenciamento de pessoal, que veria naquele instante se este ou aquele candidato servia, presumivelmente por ser muito qualificado.[11]

E ainda temos que dar um outro passo: reconhecer que essa esmagadora burocratização da vida envolvia não somente o governo e o "setor privado" da economia e da indústria, mas as vidas privadas das pessoas, não só o que estas estavam fazendo das nove às cinco nos prédios de escritórios, mas o que estavam fazendo depois das cinco em suas casas, nos subúrbios. A "união" dos anos 1950 se escorava sobre fundamentos muito insubstanciais. A vida social, o entretenimento, o tempo livre e as atividades de lazer de um crescente número de pessoas eram formados por suas afiliações corporativas. Em um sentido, a sociedade norte-americana estava se tornando cada vez mais descuidada; mas em outro sentido, as casas, o entretenimento, as viagens, as aspirações sociais e o esnobismo de muitas pessoas dependiam cada vez mais dos padrões que viam e julgavam ser o de seus pares: padrões, atividades e maneirismos, moda, roupas cujas escolhas eram públicas e não particulares. O culto às famílias, inclusive à aparência, as atividades e as escolas que os filhos freqüentavam, eram dirigidas e calculadas de acordo, mesmo durante aquela última década de 1950, com a imagem de um casal e de uma família bem ajustados e que eram ativos importantes e reconhecíveis na reputação corporativa de um homem. A vida familiar privada, tornada pública, significou um enfraquecimento fatal do que a família deveria significar: pois está na natureza da sociedade humana que a família seja um elemento privado e exclusivo, enquanto que as instituições corporativas e o Estado são forças de inclusão.

ENTRE 1950 E 1980, as condições dos empreendimentos privados nos Estados Unidos estavam se contraindo. Também as condições de livre mercado e competição. Escrevi anteriormente que a nova ciência da política que Tocqueville queria ver ("uma nova ciência da política é necessária para um novo mundo") ainda não viera, já que durante os últimos 150 anos o vocabulário e as categorias do pensamento político permaneceram os mesmos de uma maneira geral. Ainda pior era a condição da chamada ciência da economia, por meio da qual o desenvolvimento norte-americano das últimas décadas deve fornecer exemplos em abundância. Um novo tipo de economia seria necessário para entender o mundo pós-moderno: mas não havia o menor sinal do que estava por vir. O desenvolvimento econômico e financeiro dos Estados Unidos (e também de grande parte do mundo), desde 1945, foi, sozinho, suficiente para desacreditar todos os teóricos de economia sobre "o ciclo de negócios", ou seja, dos ciclos alternantes de inflação e deflação. Agora temos que pegar o fio do desenvolvimento da inflação pela última vez, já que isso inclui fenômenos intrinsecamente envolvidos com o próprio tecido da vida norte-americana – e conseqüentemente de seu pensamento – durante a segunda metade do século XX.

Devemos, mais uma vez, reconhecer como alguns conceitos do século XVIII – conceitos que se desenvolveram no ápice da Idade Moderna – se tornaram ultrapassados em menos de 200 anos, durante a passagem da Idade Moderna, emperrando a função das instituições norte-americanas e impedindo o melhor desenvolvimento do seu pensamento. É ou deve ser óbvio que quase tudo que Marx havia predito se provou falso; seu pensamento era um produto típico do materialismo do século XIX, um "sistema" rígido de história, de economia, de natureza humana, um pedaço de lixo mecânico, corroído e quebrado. Diferentemente de Marx no século XIX, Adam Smith no século XVIII representou alguns dos melhores elementos da mentalidade de sua época: mas seus conceitos de economia também estão ultrapassados. Sua visão da natureza humana tinha totalmente por base a Razão do século XVIII, de onde saíram suas visões de economia, as de que os homens naturalmente maximizariam seus lucros. Essa pode ter sido uma explicação muito simples sobre os motivos humanos naquela época; certamente parece ser muito simples agora. Que a vaidade é muito mais complicada que a avareza é algo que o dr. Johnson sabia e expressava muito bem, enquanto Adam Smith não. Além do mais, enquanto as necessidades materiais *eram* fundamentais para a vida de milhões há 200 anos, durante o desenvolvimento de uma democracia moderna tal como a dos Estados Unidos, estes "velhos pobres" em grande parte desapareceram (não completamente, é claro), enquanto, mais ou menos ao mesmo tempo, a vaidade (diferentemente do orgulho) cessou de ser um fenômeno típico das eras aristocráticas. Os desejos e as aspirações de todo o tipo de pessoa, inclusive suas posses e o consumo das coisas, se tornaram crescentemente complicados e "materialistas" somente no nível superficial: como escrevi anteriormente, por causa de uma crescente intromissão mental na própria estrutura dos eventos. Os economistas foram, é claro, incapazes de admitir ou mesmo reconhecer assuntos tais como a vaidade, dando a ela nenhum lugar em seus cálculos matemáticos ou mesmo, apesar de si próprios, em suas próprias mentes. Os marxistas, os liberais e os conservadores entre eles tinham idéias diferentes sobre os supostos benefícios ou prejuízos da "concorrência"; entretanto, todos eles tiveram por base seus cálculos na presunção de Adam Smith, que dizia que as pessoas e corporações sempre tentam tirar o máximo de lucro possível.

Em alguma época, durante a década de 1950, a maioria das corporações e um crescente número de homens de negócio norte-americanos descobriram que os lucros e o volume de vendas não dependiam mais dos preços competitivos. Todos os estudos de altos executivos que W. David Slawson registrou em seu *The New Inflation* (*A nova inflação*, 1982) "concluiu que o lucro não é a sua motivação principal, muito menos sua única motivação, como requer o princípio da maximização".[12] Isto tinha algo a ver com o quase-monopólio crescente de corporações que forneciam certos produtos. Tinha mais a ver com a enorme influência da propaganda (uma empreitada essencialmente improdutiva) por meio da qual a concorrência dos preços e a qualidade (ou seja, o reconhecimento privado das pessoas) eram esmagadas pela concorrência na publicidade. Tinha muito a ver com os hábitos de consumo das pessoas, que agora são muito mais dependentes da publicidade que antes. A própria percepção do dinheiro e dos bens duráveis mudou. Por exemplo, um grande número de pessoas começou a assumir não só que um produto deve ser melhor por causa da ampla propaganda. Muitas pessoas também passaram a assumir que um produto tinha que ser melhor porque seu preço era mais alto – um exemplo óbvio de como a publicidade e a vaidade complicam e diluem o cálculo racional dos gastos, sem falar da antiquada frugalidade ou mesmo da avareza. Além do mais, o hábito da satisfação instantânea aliado à indisposição em pensar ou planejar com antecedência, contribuiram tremendamente para a endêmica condição inflacionária. Um crescente número de pessoas (e talvez especialmente os jovens) se permitiam ser influenciados pela conveniência e pela instantânea disponibilidade, em vez da diferença de preços, a não ser que esta última fosse excepcionalmente grande e óbvia. Outro exemplo dessa condição era o fato de que, curiosamente, nos Estados Unidos depois de 1960, os preços de muitos bens ao consumidor eram realmente mais altos nas seções mais pobres das cidades e nos subúrbios, inclusive nas favelas, que em outras partes e não somente por causa das taxas mais altas de seguro, por causa da prevalência local do vandalismo e do crime, mas, por causa do nível mais baixo de autodisciplina por parte dos consumidores, os fornecedores dos produtos cobravam os preços que o comércio suportaria. Entretanto, outro exemplo era a prática dos varejistas, especialmente nos supermercados, de anunciar "promoções", oferecendo e vendendo os produtos por um valor *maior* que o seu preço normal, sabendo que entre os milhares de consumidores, poucas pessoas eram capazes de reconhecer este tipo de fraude atenuada.[13] Nestes supermercados, as marcas de comidas e bebidas persistentemente anunciadas eram quase sempre vendidas por preços mais altos que as marcas menos anunciadas, ou que não eram anunciadas de jeito nenhum.

Em 1973 e 1974, o preço da gasolina e do petróleo quadruplicaram, e a venda desses produtos se reduziram minimamente. Ao mesmo tempo, uma drástica queda no preço do café também aumentou a sua venda apenas marginalmente. As pessoas agora tendem a aceitar o vertiginoso aumento dos preços de bens e serviços na época em que a durabilidade destes (roupas, por exemplo) e a extensão dos serviços (conferir o nível do óleo ou limpar o pára-brisas dos carros nos postos de gasolina, por exemplo) diminuíram – evidência que mostra que o dinheiro se ajusta à condição social e não o inverso. Em 1979, o *The Wall Street Journal* noticiou que a indústria doméstica de bebidas, "depois de 'inutilmente tentar estimular a demanda por meio de descontos', se tornou a *última* indústria de bens de consumo a abandonar a concorrência de preços em favor do que o jornal chamou de uma nova forma de 'planejamento, orçamento e marketing', planejada para aumentar os preços e as vendas. Durante o ano de 1979, parece que a era da concorrência que existia nos Estados Unidos desde o nascimento da nação começou a chegar ao fim".[14]

Naquela época uma geração inteira de norte-americanos cresceu acreditando que o aumento de preços e de salários era o estado normal das coisas. Nunca soube o que era a inflação, quer de palavras ou de dinheiro. Junto com a prática do cartão de crédito (outra forma insubstancial da matéria), isso significava não só a redução do valor do dinheiro norte-americano, mas a transformação das atitudes das pessoas com relação a ele. Nem as reduções da taxa de inflação (primeiro em 1976 durante o período Ford, depois em 1981-83 durante a administração Reagan) nem o aumento do desemprego, depois de 1980, mudaram essas atitudes. Corporações e homens de negócio sabiam que a redução dos preços era quase sempre menos lucrativa que a desagradável inflação destes preços.[15] De qualquer forma, a inflação estava longe de ser eliminada ou revertida – isso em uma época de aumento do desemprego –, o que acontecia era uma pequena diminuição do seu ritmo de crescimento. Entretanto, a longo prazo, uma inflação "desagradável" pode ser até pior que uma "fora de controle", pois as exigências do público por medidas draconianas para eliminar a devastação de uma inflação fora de controle não surgirão para uma inflação à qual toda uma geração se acostumou.

Slawson escreveu que "na maioria das vezes essa condição é incurável. A concorrência dos preços nunca funcionará muito bem na maior parte dos produtos em uma economia moderna". Entretanto, foi Edmund Burke que disse que "as pessoas nunca podem ser vistas como incuráveis". De qualquer forma, as pessoas se tornaram vítimas da superação da democracia, da nova ordem burocrática, um desenrolar que estava intrinsecamente envolvido com a inflação. Infelizmente, não se pode duvidar que fossem cúmplices. (Enquanto escrevo isto, leio na seção de negócios do *The New York Times* que "A propaganda de TV que agrada mais ao público não é racional mas geralmente é mais visual que verbal".)[16] As pessoas eram vítimas assim como cúmplices da inflação das comunicações – da qual, repito, a inflação do dinheiro não era nada senão uma conseqüência. Em outubro de 1982, o desemprego nos Estados Unidos chegou a 10,4%, a taxa mais alta em mais de quatro décadas. De modo significativo, o desemprego era mais alto nas indústrias produtivas, mais baixo nas indústrias de serviços e mais baixo ainda nas administrativas: mais de 21% dos trabalhadores na construção civil, mais de 15% dos trabalhadores em aço e automóveis, mas somente 2,1% das pessoas nas "indústria de telecomunicações" estavam desempregadas.[17] Há poucas ilustrações mais claras do que a transformação dos Estados Unidos de sociedade democrática para uma sociedade burocrática, e de uma produtiva para uma administrativa.

Mas as raízes destes desenvolvimentos – não só intelectual e administrativo, mas financeiro e econômico – vinham de muitas décadas atrás. Capitalistas norte-americanos (se é que a palavra é esta) raramente estavam tão comprometidos com a "livre iniciativa" quanto diziam em público. Mesmo antes da Guerra Civil, e certamente depois dela, os construtores e os financiadores das ferrovias dependiam de todos os tipos de assistência governamental, enquanto a maior parte dos industriais (definitivamente o Partido Republicano) demandava e recebia tarifas e proteção. Entre 1888 (o estabelecimento da Comissão de Comércio Interestadual) e 1935 (a regulação federal das tarifas de caminhões e de ônibus), toda a rede de transporte da nação se tornou regulamentada e protegida. Muito disto era talvez inevitável, mas significativo é como as ferrovias e os caminhoneiros continuaram a lutar para manter (e em várias ocasiões aumentar) a proteção dada pelas regulações burocráticas dessas comissões. Muito tempo antes da extensão do Estado de bem-estar social norte-americano, a mão-de-obra e os fazendeiros queriam mais proteção governamental, não menos. Em 1979, algumas tarifas de caminhões foram desreguladas, o *lobby* dos caminhões (um dos mais corruptos da nação, tanto de proprietários quanto de sindicatos) lutou contra a desregulamentação. Naquela época, a própria função dos *lobbies* havia mudado. (A natureza da competição entre eles também havia se tornado não-material; não era mais a fabricação de doações de dinheiro arrancado do governo, mas a fabricação de imagens de apoio público e popular.) Mas, já em 1900, o senador Boies Penrose, o desatualizado presidente do Senado, e arquioponente republicano dos progressistas e reformadores, aconselhou Henry Clay Frick a não brigar com os grevistas: "Dê a eles um pouco mais de molho até que se aquietem, então aumente os preços das tarifas para pagar por isso" – uma filosofia inflacionária que Richard Nixon, 70 anos mais tarde, teria aprovado. Depois de 1935, e cada vez mais depois de 1950, o conluio de empreiteiras e sindicatos se tornou endêmico, já que as primeiras viram que salários mais altos quase sempre lhes custavam pouco ou nada e freqüentemente resistiam aos apelos dos sindicatos só para o público.

Este era o fenômeno da "nova inflação" envolvendo um novo tipo de concorrência não de preços, mas de imagens públicas. Os produtores de bens e serviços (e, é claro, os seus lobistas) viram que podiam aumentar suas vendas sem diminuir os preços. Muito deste aumento era devido às "promoções", ou seja, à propaganda, que agora era simplesmente acrescida aos custos de produção.[18] Propaganda, promoção e embalagem são, é claro, caras. Não importa: ao mesmo tempo em que empurravam os preços para cima, os administradores descobriram que uma boa campanha publicitária poderia aumentar as vendas por algum tempo. Estas vendas seriam equiparadas somente por semelhantes esforços intensivos de promoção por parte dos concorrentes, enquanto as reduções dos preços poderiam ser verificadas instantaneamente: mas estas reduções teriam pouco ou nenhum efeito a não ser que convencessem as massas de consumidores. Foi assim que a competição de preços declinou, às vezes ao ponto de desaparecer completamente.[19]

Assim a "nova inflação" tinha pouco a ver com a demanda. Pequenos ou insignificantes aumentos nos preços dos eletrodomésticos, serviços médicos ou mensalidades escolares não chegaram a diminuir suas vendas, já que grandes números de pessoas haviam se acostumado a tais aumentos e também porque eles não estavam inclinados a dispensar tais produtos essenciais, sob o custo de mudar seus modos de vida. Essa indisposição (e freqüentemente inabilidade) das pessoas de pesquisar preços permitiu aos produtores de bens e provedores de serviços a continuar aumentando seus preços aos poucos (ou reduzir o tamanho e a qualidade de seus produtos ou serviços, novamente aos poucos). As "causas" desse tipo de inflação não eram poucos bens ou muito dinheiro. As "causas" foram as expectativas inflacionárias – e a inabilidade de muitas pessoas de exercitar a disciplina financeira ou a discriminação monetária. Assim este escritor, que não é nem economista nem profeta, tem a ousadia de dizer que a redução da taxa de inflação na época destes escritos (1983) deve ser temporária e também razoavelmente sem importância. Já vimos até agora, na melhor das hipóteses, uma redução da taxa de inflação, mas não sua reversão. Ainda, essa redução de taxa foi muito desigual, muitos dos preços (especialmente os dos serviços) continuaram aumentando tão vertiginosamente quanto antes. Se isso tende a ser temporário, por causa da prevalência de hábitos e expectativas inflacionárias nos padrões de compras de muitas pessoas, é porque ainda são os vendedores, e não os compradores, que determinam os preços. Por causa da "recessão", o governo aumentou seus esforços para estimular a demanda, em vez de reformar ou reduzi-las. É claro que nada dura para sempre. Algum dia a "nova inflação" chegará ao seu fim, como na história da humanidade todas as outras inflações também chegaram. Provavelmente isso não acontecerá, nem gradualmente nem de uma maneira mais ou menos organizada. Acontecerá quando a confiança das pessoas na economia subitamente se erodir, por causa de algum tipo de choque externo imprevisível que ocorrer bem além da esfera das instituições e práticas econômicas.

O começo da "nova" ou "desagradável" inflação foi o resultado da incipiente burocratização. O Estado do bem-estar, ou provedor, contribuiu para isso, é claro, mas não a causou sozinho. (Em 1950, 37,6% de todos os gastos do governo dos Estados Unidos envolviam o bem-estar social, em 1980, quase 60%. Entretanto, em 1935, a porcentagem era maior do que em 1950: 48,6%. Em 1980, quase 40% do orçamento da previdência era destinado às pessoas mais velhas. Entretanto, somente 12% da população tinha mais de 65 anos.) E muito antes da burocracia pública administrar a "previdência", a burocratização da caridade privada estava em franco desenvolvimento, na forma de fundações ou transferências para instituições, talvez menos por causa das vantagens fiscais do que pelos declinantes impulsos de caridade pessoal, inclusive do enfraquecimento do tecido familiar e do tipo de julgamento pessoal que resulta na administração pessoal do doador. Afinal de contas, a propriedade privada é justificada porque dá ao homem ou à mulher algo para oferecer às pessoas com quem se importa, para as quais as organizações de "caridade" não são verdadeiras substitutas. Um século atrás, Samuel Butler acusou as pessoas que doaram ou legaram seu dinheiro para instituições "porque não viam o mérito onde deveriam tê-lo visto; as pessoas, para expressar seu remorso, vão e doam muito dinheiro para as próprias pessoas que serão as primeiras a jogar pedras naqueles que têm algo a dizer e têm dificuldade de encontrar quem as ouça. Essas fundações de universidades e de bolsas de estudos são tão ruins quanto as de mosteiros e casas religiosas na Idade Média... Quão monstros devem ser os homens que deixam seu dinheiro dessa maneira. Imagino que não se envergonham de dizer ao mundo que morreram sem ter tido uma pessoa a quem amassem o suficiente para tornar herdeira de seu dinheiro quando não pudesse mais usá-lo sozinho..."[20] Tais práticas, evidentes já no final da Era Vitoriana da Inglaterra de Butler 100 anos atrás, se tornou comum nos Estados Unidos a partir de então – e não requer imaginação especial para reconhecer nelas outro exemplo que eu costumo chamar de insubstancialidade da matéria.[21]

Deve estar claro que este tipo de insubstancialidade está cheio de perigos. Já durante os anos 1940, a certificação exata da renda do homem ou de seus ativos se tornou tão incorreta quanto difícil, já que os próprios números se tornaram dependentes de métodos de computação e categorias de contabilidade (em parte por causa de sua apresentação pública em declarações de imposto sobre renda). Isso se tornou ainda mais difícil, incorreto e complicado no caso do comércio e das corporações, onde a renda, os ativos e os lucros são o resultado de escritas e balanços de contadores, às vezes beirando o metafísico. Em 1980, a nação chegou perto de uma situação onde tais práticas poderiam corromper o governo de uma maneira sem precedentes. A exposição, o diagnóstico e o prognóstico econômicos da nação se tornaram dependentes de estatísticas divulgadas periodicamente depois de sua computação em escritórios governamentais. Ficou menos concebível que em certas situações uma administração pudesse tentar melhorar as coisas produzindo estatísticas econômicas favoráveis à sua imagem, anunciando dados estatísticos que são, afinal, inverificáveis, a não ser por especialistas e pelos administradores burocráticos que os fazem. (Os últimos, se descobertos – o que não é certo –, se defenderiam com argumentos de difícil compreensão, envolvendo métodos alternativos de computação.) Em 1980, havia numerosos exemplos de falsificações de dados "científicos" por pesquisadores respeitados nas mais prestigiosas universidades da nação, surpreendente e infelizmente, com dano apenas efêmero para suas carreiras e com quase nenhum prejuízo às reputações dos administradores das universidades que lhes tinham dado emprego e proteção. Tais maquiagens de "dados" dependem, é claro, das categorias verbais que são fornecidas para suas "definições". No princípio era o verbo; e no fim também. No princípio da inflação estava a inflação de palavras; perto de seu final, a inflação de palavras inclui a maquiagem dos números.

"Neste estágio, escreveu Robert Cluett, em 1965:

> O estilo inflado, como *Newspeak*[22], é um meio não só de expressar a ortodoxia burocrática, mas de tornar todos os outros modos de pensar impossíveis. Por exemplo, considere o depoimento [em 1963] de um proeminente executivo industrial perante uma comissão do Senado. Ele testemunhou que a mais verdadeira concorrência existe quando companhias diferentes colocam o mesmo preço em produtos similares. Em outras palavras, este homem disse que a verdadeira concorrência existirá, digamos, no comércio de pastas de dente, quando todos os fabricantes cobrarem 50 centavos por um tubo de 90 gramas, 89 centavos por um tubo de 130 gramas e assim por diante. E este era um homem impecavelmente honesto que acreditava naquilo que dizia. O significado deste testemunho é que ele pode ser dado somente por um homem que vive em uma cultura de hábitos lingüísticos que foram designados a esconder ou distorcer a realidade e não para expressá-la...[23]

CONSIDERAR ASSUNTOS DE RETÓRICA como se fossem a "embalagem" dos temas substanciais da vida diária parece ser sensato e pragmático. Certamente, o que as pessoas fazem e como fazem é mais importante que aquilo que falam e como falam. Entretanto, ações assim como a fala dependem do pensamento, que por sua vez, inevitavelmente, depende da linguagem. Se a linguagem é falsa ou incorreta, então o que é dito não é o que se quer dizer; e quando o que é falado não é o que se quer dizer, então o que se deve fazer permanece sem ser feito e o resultado é uma confusão generalizada. Os gregos sabiam disto, Cristo o disse, e Montaigne reiterou no início da Era Moderna. ("A generalização da mentira podia, por si só, dissolver a sociedade humana".) Não é uma "lei" da história que a fonte de todo o fenômeno inflacionário é a inflação de palavras; mas é um fenômeno histórico e particularmente relevante à era democrática. Quatro das grandes nações do mundo tentaram revoluções democráticas nos últimos 200 anos: os norte-americanos em 1776, os franceses em 1789, os alemães em 1848, os russos em 1917. A "revolução" dos Estados Unidos foi mais bem-sucedida do que a russa, a tentativa alemã falhou e a russa se acabou em uma desordem sangrenta. Elas foram descritas e estudadas por incontáveis historiadores, tentando auferir as causas de suas respectivas realizações e fracassos, mais ou menos convincentemente. Dentre estas causas, alguém deveria ter feito um estudo dos respectivos registros de retórica. A mera quantidade de verborragia por si só pode indicar que os franceses, em Versailles, falaram mais que os norte-americanos na Filadélfia; que outros 60 anos mais tarde, os alemães, reunidos em Frankfurt, falaram mais que os franceses; que outros 60 ou 70 anos depois, os russos falaram mais que os outros, em ordem descendente de eficiência. Qualquer que fosse a proporção de palavras *per capita*, os norte-americanos que se encontraram na Filadélfia tiveram uma experiência de discussão pública e procedimento constitucional que herdaram, em grande parte, de suas tradições inglesas – tradições que membros da Assembléia Nacional Francesa, com todo o seu brilhantismo intelectual e ocasional ingenuidade, eram às vezes desprovidos e que os infelizes professores alemães, em Frankfurt, eram completamente desprovidos. Não estou dizendo que os hábitos de retórica e a experiência de saber como conduzir uma reunião determinem as importantes decisões e os grandes desenvolvimentos históricos. Estou dizendo que qualquer um que ignore o desenvolvimento e a degeneração da retórica não vê um importante elemento na estrutura dos eventos, e que talvez, especialmente na era da democracia, seja imperativo reconhecer aquele elemento.

Duas gerações atrás, H.L. Mencken, que execrava o homem da massa enquanto exaltava as muitas virtudes da linguagem democrática dos Estados Unidos, deixou de reconhecer que, quando o homem organizacional estava para suceder o homem da massa, a linguagem norte-americana se tornaria mais, não menos, burocrática que a inglesa. Em 1958, uma geração mais tarde (no ano após a publicação do *The Organization Man* [*O homem da organização*]), Randall Jarrell escreveu: "Se a jovem rainha Vitória tivesse dito ao duque de Wellington: 'Sir, o Escritório de Relações Públicas do nosso Exército está em estado deplorável', ele teria respondido: 'O que é o Escritório de Relações Públicas, senhora'? Quando ele e seus generais queriam mentir, tinham que mentir para si próprios, não havia ainda uma instituição organizada para fazer isso por eles... A rainha Vitória – pense nisso! – nunca tinha ouvido um comercial cantado, nunca tinha visto um anúncio começando por: DIZ A CIÊNCIA..." No final da Idade Média, Francis Bacon discutiu a manutenção da estabilidade legal dos militares, que haviam cessado totalmente de desempenhar sua função original.

Vocabula manent, escreveu, *res fugiunt.*[24] "As palavras permanecem; as coisas já desapareceram" – outro exemplo da corrupta e corruptora insubstancialidade da matéria.

Já vimos que, durante o século XX, uma das fontes dessa degeneração foi a mudança da comunicação essencialmente verbal para uma outra cada vez mais pictórica,[25] envolvendo a imaginação das pessoas nos Estados Unidos, algo que começou 100 anos atrás. Um pouco, como no final da Idade Média, o sentido da visão novamente se tornou predominante: uma tendência "intimamente ligada à atrofia do pensamento", como Huizinga escreveu em *The Waning of the Middle Ages* (*O declínio da Idade Média*). ("O pensamento toma a forma de imagens visuais. Para realmente causar uma impressão na mente, um conceito deve primeiro tomar uma forma visível. A insipidez da alegoria pode ser trazida à luz porque a satisfação da mente está na visão".)

Outra fonte a esta relacionada da sociedade burocrática estava latente no desgaste da lei e dos juristas norte-americanos. Uma das razões (e possivelmente a razão principal) pela qual os norte-americanos foram bem-sucedidos em sua revolução 200 anos atrás foi a experiência e o respeito que tinham pela tradição inglesa da lei. Ao longo de todo este livro, sugeri que o que foi e tem sido por muito tempo a realização única dos Estados Unidos de uma democracia próspera e relativamente ordeira se deveu, em grande parte, à tradição anglo-americana de respeito pela lei. Os juristas e juízes dos Estados Unidos venceram significativas pequenas batalhas para a liberdade do país, mesmo antes de 1776. Por muitas gerações depois de 1776, observadores judiciosos reconheceram a importância dos juristas dentro da democracia norte-americana. Tocqueville os via como representantes de uma força geralmente conservadora, uma implícita e tipicamente singular aristocracia dos EUA. Mas ele sabia também (assim como Burke) que freqüentemente a lei pode aguçar a mente somente para estreitá-la[26] e que, como escreveria mais tarde em *Ancient Regime*, "mesmo um usurpador medíocre facilmente encontrará conselheiros legais que provem que o terror é a lei, que a tirania é a mesma coisa que ordem e que servidão significa progresso". "Juristas", escreveu em outro lugar, "raramente são capazes de escapar de um ou dois hábitos: eles se acostumam a pleitear o que não acreditam ou a se persuadir muito facilmente daquilo que querem pleitear."

Durante o século XX, e mais intensamente depois de 1910, a lei e o legalismo norte-americano se tornaram extensivos em vez de intensivos. As autoridades jurídicas viam que sua principal função era a extensão da democratização e de suas aplicações burocráticas, em vez da preservação das liberdades tradicionais do aumento das regulações, da opinião pública e do Estado. A proliferação de regulações transformou as funções de milhares de advogados em tributaristas de um tipo ou de outro. Seiscentos anos atrás, na Inglaterra, o *Trinity College* foi fundado por um bispo que queria se certificar de que depois da Peste Negra não faltariam teólogos e advogados. Ele não deveria ter se preocupado. Em 1980, Irving Younger, ele próprio professor de Direito, disse em palestra em homenagem a Charles Evan Hughes: "A democracia norte-americana caiu em tempos difíceis. Um sintoma de sua angústia é a inflação das leis... Nossa geração tem 30 vezes mais leis do que a geração de nossos bisavós, a maior parte deste aumento é atribuível à legislação. Inflação realmente! Alguém se aventurará a dizer que, com 30 vezes mais leis estamos 30 vezes mais contentes, sábios, melhor governados ou mais satisfeitos" – e eu acrescentaria, ou mais seguros – "do que nossos bisavós!"[27]

No começo dos Estados Unidos, as melhores mentes jurídicas contribuíram para o fortalecimento das paredes daqueles vasos, dentro dos quais o sangue da nova sociedade democrática fluiria. Duzentos anos mais tarde, seus descendentes contribuíram poderosamente para a rigidez desses vasos, aumentando, e não reduzindo, as condições de uma arteriosclerose das instituições norte-americanas. No princípio, as leis do país, garantiram a defesa contra o rigor e os ocasionais excessos da legislação; 200 anos mais tarde, as leis e regulamentos se tornaram a substância da qual a democracia passou a depender. Por várias formas e ocasiões, os advogados se tornaram os primeiros burocratas. *Vocabula manent, res fugiunt*: quando a espiritualização abstrata da matéria é levada à corrupção extrema, ela se degenera em seu oposto: na materialização intelectual das substâncias que não existem. Isso acontece no final de uma era; aconteceu no final da Idade Média quando os teólogos discutiam seriamente (e concebiam fórmulas e dados) a quantidade de anjos que poderiam se acomodar na cabeça de um alfinete, ou quanto pesava a alma do homem.

Uma única vez (e somente uma vez neste livro) este historiador se sente compelido a propor algo. Já que a inflação se tornou endêmica e que, como já vimos, a inflação monetária é conseqüência da inflação da sociedade e de palavras, uma mudança drástica deve incluir um corretivo para esta última condição e não somente para suas conseqüências. Tal correção incluiria o fortalecimento das leis de calúnia e difamação, inclusive restrições para todas as declarações excessivas na propaganda, a eliminação da promoção de despesas como custos de produção, e a conseqüente simplificação rigorosa do procedimento contábil e das leis fiscais, com base na renda bruta – com a conseqüente solidificação da moeda. Isso, é claro, iria contra os procedimentos presentes dos tribunais que, ao prover cada vez mais proteção "constitucional" ao discurso difamatório, dizem, com efeito, que as palavras realmente valem muito pouco. Entretanto, todo o futuro da civilização nos EUA pode muito bem depender de um renovado respeito pela palavra – inseparável como é de um renovado respeito pela pessoa.

▼

DURANTE A SEGUNDA METADE DO SÉCULO XX, as instituições norte-americanas mudaram junto com a composição de seu povo. Uma mudança substancial na composição da população já havia acontecido antes, em grande parte devido à imigração em massa, entre 1840 e 1920. Entretanto, durante aquela época, como já vimos, os antigos elementos principais da população mantiveram sua liderança; portanto, a mudança do caráter nacional foi lenta e gradual. A segunda grande mudança na composição do povo que começou com a nova imigração depois de 1965, se desenvolveu junto à mudança de caráter das instituições tradicionais norte-americanas e com a mudança dos hábitos mentais e ocupacionais do povo, inclusive sobre a influência da televisão, o declínio da literalidade funcional, e o crescimento do Estado corporativo e provedor, envolvendo a crescente prevalência de ocupações burocráticas e de hábitos burocráticos da mente. Em 1980, um em cada seis norte-americanos trabalhava para o governo. A renda de um em cada três pessoas dependia totalmente do governo. Cerca da metade da população dependia direta ou indiretamente do governo. Um em cada oito norte-americanos tinha uma renda anual de mais de 25 mil dólares – ao mesmo tempo em que o Departamento da Saúde, Educação e Previdência gastava 16 mil dólares por ano educando (ou melhor, sustentando) um delinqüente ou uma criança abandonada, cujos números eram imensos. Em 1961, as 500 maiores corporações respondiam por 52% do Produto Interno Bruto, enquanto vários níveis do governo respondiam por 26%. Esse tipo de burocracia corporativa, como escreveu Robert Cluett, em 1964, era, "quer gostemos ou não, o traço-chave de nossas vidas. Como traço-chave, ela pode muito bem ter a mais profunda e ampla influência em nossos modos de expressão" ...

> Os efeitos estão à nossa volta... um abrandamento da retórica, a transformação do concreto em abstrato, o calar geral de tudo o que é franco, duro, antropomórfico, ou mesmo verdadeiro em nossos pensamentos. É impossível para nós considerarmos as modernas corporações sem focalizar nossos estudos na nova e dominante espécie

> que surgiu depois da Segunda Guerra Mundial na área da administração. É o manipulador de carreira, um homem com nenhuma experiência na linha de produção, nenhum conhecimento direto e pessoal daquilo que ele fabrica, nenhum sentimento pelas pessoas sob seu comando envolvidas na produção final... A característica que torna distinto o manipulador de carreira é que ele é um homem sem nenhuma habilidade produtiva que seja comercializável. Ele provavelmente será formado em uma das melhores escolas de administração, onde deve ter gastado dois anos fazendo cursos sobre relações humanas, organização administrativa em várias e elaboradas formas de contabilidade, e no que é eufemisticamente chamado de "gerenciamento de pessoal". Seus dons... têm pouco ou nada a ver com o artigo ou serviço que sua companhia produz. Eles estão em outras áreas. Este homem pode manipular contas, agregar comitês, ouvir seus subordinados... Tentado pelas "habilidades das relações humanas", ele se acha tanto o mestre e o escravo de "uma tirania mais sutil e invasiva" do que aquela que ele veio suplantar...[28]

Um evento agourento foi a súbita emergência e a presunção de influência dos chamados intelectuais militares depois de 1956, na maior parte das vezes homens que nunca tinham empunhado um revólver ou um rifle e que não sabiam a diferença entre eles. Em 1957, eles eram apoiados por figuras públicas tais como Nelson Rockefeller. Dentre outras coisas, inventaram o – inexistente, em retrospecto – hiato dos mísseis. Em 1960, o suplemento literário do *Times*, de Londres, escreveu que os intelectuais militares norte-americanos "transitavam livremente pelos corredores do Pentágono e do Departamento de Estado, mais como jesuítas pelas cortes de Madri e Viena três séculos atrás" – com menos propósito espiritual, devemos acreditar nisso. Em 1961, Robert Strange McNamara, um graduado da Escola de Administração de Harvard e depois alto executivo da Companhia de Motores Ford, se tornou secretário de Defesa, uma augusta posição que ocupou por mais de sete anos. Impressionado com a análise de sistemas (seja lá o que fosse) anunciou, entre outras coisas, "a consolidação de 18 tipos e tamanhos diferentes de aventais de açougueiro, quatro tipos de fivelas de cinto, e seis tipos de calças de exercício para mulheres" nos almoxarifados do Exército. Além de tais insípidos assuntos, foram os analistas de sistemas, os seus métodos e a sua linguagem que, em 1963, ajudaram a azeitar as derrapagens por onde a gigantesca máquina do Pentágono escorregou para a Guerra do Vietnã. Entretanto, comparada às absurdas monstruosidades propostas na época destes escritos pelo seu sucessor, Caspar Weinberger, de acordo com quem os foguetes nucleares norte-americanos eram "defensivos", os soviéticos "ofensivos" – um executivo corporativo (Harvard-Califórnia) da Corporação Bechtel nomeado pelo presidente Reagan para secretário de Defesa –

McNamara parecia um modesto homem de negócios dos dias passados. (Já nos anos 1960, Eugene Rostow, um dos assessores de McNamara e jurista intelectual cuja ambição o levou da Faculdade de Direito de Yale ao Pentágono, declarou que as armas nucleares norte-americanas serviam aos propósitos da "dissuasão", enquanto as russas serviam aos propósitos da "intimidação".)

"Algum dia", escreveu Henry Adams em 1900, "a ciência poderá ter a existência do homem em seu poder e a raça humana cometerá suicídio explodindo o mundo." Durante os anos 1940, poucos homens dentre os muitos cientistas (a maior parte deles refugiados recentemente da Europa Central) que trabalharam na primeira bomba atômica, devotos da música de câmara e de todos os tipos de causas liberais, sentiram um enorme arrependimento pelos seus projetos. Quando a primeira bomba atômica explodiu no deserto do Novo México, em julho de 1945, um daqueles cientistas pulava e gritava de alegria, dando tapas nas costas do cientista-chefe, enquanto os efeitos do artefato escureciam o Sol. Vinte anos depois, a crise dos mísseis cubana, as reminiscências e a análise dos participantes norte-americanos nas então deliberações da Casa Branca publicadas pelo *The New York Times*[29] revelaram que eles tinham interpretado mal o que realmente aconteceu em 1962, inclusive as intenções dos russos. Assim, esses membros da meritocracia não aprenderam nada e não esqueceram nada.

Durante os últimos 25 anos, as corporações militares dos EUA (nelas também, a outrora significativa linha que separava as empresas públicas das privadas estava se erodindo) eram crescentemente influenciadas por pessoas, muitas delas intelectuais militares que não percebiam o caráter abstrato e sem alma de seus "cenários nucleares" – assim como do quase sempre igualmente fraudulento e efêmero "sistema" de relações internacionais, nos termos por meio dos quais o mundo estava sendo explicado aos mais altos oficiais dos Estados Unidos, inclusive aos presidentes. Aqui também as instituições da burocracia e as promessas de status corromperam o caráter. As abstrações obscureciam as realidades, as ideologias sucederam o antiquado patriotismo e as mais obscuras projeções tecnológicas substituíram o mais elementar conhecimento da história e do caráter das nações, como se considerações destas últimas pertencessem ao passado ultrapassado – enquanto que de quase todas as maneiras o oposto era verdadeiro.

"Economistas utilitários", escreveu Dickens em *Hard Times* (Tempos difíceis), 140 anos atrás:

> esqueletos de professores, comissários do fato, cavalheiros e pagãos, palradores de muitos credos de mendigos, os pobres sempre os tereis convosco. Cultivai neles,

> enquanto ainda há tempo, as extremas graças das paixões e afeições para adornar suas vidas tão necessitadas de ornamento; senão, no dia do triunfo, quando o romance tiver sido todo retirado de suas almas e eles encararem uma existência vazia, a realidade se voltará ferozmente, e acabará convosco.

Isso ainda não aconteceu. A realidade – ainda – não se voltou ferozmente. Não houve revolução das massas na Grã-Bretanha ou nos Estados Unidos. O romance não foi retirado de suas almas: os filmes e a televisão tomaram conta disso. O que surgiu foram novas massas de pobres, não forçados a encarar uma existência vazia. Quanto tempo esse romance falso e essa burocracia sem alma do Estado provedor os satisfarão, não sabemos. O que sabemos é que a realidade se tornou dependente menos daqueles que gritam "Socorro!" do que daqueles que vêem que o rei está nu; na verdade, ele não é nem mesmo uma figura humana; e que, na verdade, o elemento inevitável daquele tipo de visão é um conhecimento – ou pelo menos uma consciência – da história.

▼

ESTE LIVRO COMEÇOU COM A OBSERVAÇÃO de que, em 1876, na época do centésimo aniversário da nação, poucos norte-americanos estavam interessados na história. Eles acreditavam no progresso e na evolução, quer fossem darwinistas conscientes ou não. Na Grande Exposição do Centenário dedicada aos motores, na Filadélfia, havia poucos bustos de gesso de Washington e dos primeiros da República. O conteúdo dos discursos costumeiramente patrióticos e a brancura sepulcral dos monumentos mostravam que os fundadores e a fundação dos Estados Unidos estavam solidamente imbuídos de substâncias mentais e sentimentais que eram lendárias em vez de históricas. Eles eram figuras míticas, semideuses, reverenciados, inqüestionados, aceitos pela mente do público e pela imaginação popular, algo como os romanos que haviam se repetido nas lendas prístinas e nos primeiros heróis da república. Mas, durante os últimos 100 anos, o interesse norte-americano pela história começou a crescer. A condição não examinada da história dos EUA, parte integrante da insuficiência do autoconhecimento do país, aumentada pela crença cega no progresso sem fim, assim como pela amnésia auto-infligida com que milhões de norte-americanos de primeira e segunda gerações viraram suas mentes para longe de seu passado, começou a dissipar. Este desenvolvimento do interesse pela história, esta evolução da consciência histórica, é um tema amplo e complexo,[30] no qual o crescimento da história profissional nos Estados Unidos é uma parte; mas é com uma pesquisa deste último fenômeno que devo começar a porção final deste livro, levando à sua conclusão.

O estudo "científico" da história, com métodos retirados em sua maioria das universidades alemãs, começou nos Estados Unidos 100 anos atrás. O primeiro Ph.D. em história foi concedido em 1881; pouco mais de uma década depois do surgimento da Sociedade Histórica Americana (e da revista *American Historical Review*). Naquela época, o primeiro historiador magistral surgiu nos Estados Unidos. Foi Henry Adams, cujo interesse principal e permanente era a filosofia da história, mais até que os textos históricos (apesar de ter sido melhor historiador que filósofo; mas os objetivos e as realizações dos homens geniais são tão freqüentemente diferentes). Durante a década de 1890 do século XIX, o ensino de história e sua sistemática inclusão nos requisitos escolares, centros universitários e universidades se espalharam pela nação.

Esta profissionalização da história nos Estados Unidos estava, é claro, inexoravelmente envolvida com a emergência de uma *intelligentsia* profissional assim como a ideologia progressista da época. Os historiadores progressistas e democráticos viam e declaravam que sua tarefa era eminentemente prática (mesmo que frequentemente com os progressistas, eles às vezes viam como prático o que era totalmente utilitário). A história "deve ser consistentemente subordinada" às necessidades e aos interesses do presente, escreveram Harvey Robinson e Charles A. Beard no prefácio do livro *The Development of Modern Europe* (*O desenvolvimento da Europa Moderna*), em 1907. Em 1912, Robinson escreveu: "A sociedade hoje se engaja em esforços tremendos e inéditos para melhorar em muitas maneiras... Devemos desenvolver uma mentalidade histórica... pois ela acrescentará um elemento ainda insuficiente no nosso arcabouço intelectual e promoverá progresso racional, como nada mais pode fazer. O presente tem sido uma vítima voluntária do passado; a hora é chegada quando ele deve se voltar para o passado e passar a explorá-lo pelo bem do avanço". Esta certamente era a voz do progressivismo norte-americano *par excellence*: democrática assim como progressista, populista assim como intelectual. Entretanto, logo se tornou evidente que esses propósitos (e seus representantes) eram muitas vezes contraditórios. Os populistas não eram necessariamente progressistas, e o processo democrático não era necessariamente intelectual. Já vimos que, depois de 1920, as legislaturas de alguns dos estados mais progressistas tais como Wisconsin e populistas como Texas ou Illinois, aprovaram leis que causaram o pior tipo de censura.[31] A democracia populista preferia o lendário ao histórico, tentou e fez o melhor (digo, o pior) que pôde para perpetuar e reforçar a disseminação do primeiro. No exemplar número um do *The American Mercury* ("*The Drool Method in History*", 1924), Harry Elmer Barnes descreveu "a recente e contínua guerra daqueles contadores, encanadores, farmacêuticos, ferreiros e advogados que constituem nossos comitês escolares sobre os fracos e indefesos historiadores que estão começando a contar alguma fração da verdade a respeito de nosso desenvolvimento nacional..."

Tudo isso não era mais que um pedaço da controvérsia do período, como Mencken Guest ou Darrow Bryan. Entretanto, já em 1912, no auge da onda progressista, "um grande número de jovens historiadores", como escreveu Henry F. May "tinha cessado de se considerar como instrutores morais ou transmissores da tradição. Eles eram especialistas científicos, procurando por respostas detalhadas para questões limitadas. Um grupo menor, radicalmente progressista, estava tornando a própria história uma ferramenta para atacar todos os tipos de tradicionalismo".[32] Os historiadores, como escreveu Harry Elmer Barnes, podem ter sido "fracos e indefesos"; entretanto, sua causa estava fadada a prevalecer. O fundamentalismo populista não era páreo para o progressivismo "científico" dos anos 1920 (como, na verdade, 60 anos mais tarde, a chamada Maioria Moral não era para a ortodoxia do darwinismo). Dentro do círculo de historiadores profissionais, a ideologia progressista e científica continuou dominante. Por volta de 1930, os principais intérpretes da história norte-americana eram Frederick Jackson Turner, Vernon Parrington, Charles A. Beard, Merle Curti (o primeiro no fim e o último no início de sua carreira). Com a parcial exceção de Beard, que estava começando a se distanciar de um determinismo e de um objetivismo rígido, eles eram expoentes de um progressivismo radical que não era diferente do marxismo do século XIX, porém em versão norte-americana. Turner escreveu que "hoje as questões que são mais proeminentes e que se tornarão cada vez mais importantes não são tanto políticas, mas econômicas. A era do motor, do sistema de fábrica, também está na era do questionamento acadêmico". ("A história", escreveu o historiador soviético Pokrovski, em 1930, "é a investigação concreta das questões sociais... Mais importante, temos que unir o trabalho histórico que estamos desenvolvendo à luta do proletariado contra a escravidão do salário".) Em sua enciclopédica história intelectual norte-americana, Parrington descartou escritores como F. Scott Fitzgerald como insignificantes. As visões do mais jovem Merle Curti sobre a história da mente norte-americana eram estreitas. E mesmo Beard, o historiador mais independente do pensamento anterior à Segunda Guerra Mundial e que veio para rejeitar o determinismo socialista, continuou a acreditar, nos anos 1930, que "a expansão do papel do governo" aumentaria e não reduziria "a liberdade do indivíduo".

Quer admitissem ou não, a maior parte dos historiadores considerava a história como nada menos, mas também nada mais, que uma ciência social – talvez a principal ciência social, mas mesmo assim ciência social. A ridícula superação dessa tendência foi a tentativa metodológica de tornar a história mais científica, produzida por Sidney Hook, a quem um grupo de historiadores comissionou como filósofo, em 1942-46, para estabelecer definições históricas – estas, junto com outros assuntos impressinantemente obtusos, foram publicados em uma monstruosidade intitulada *Bulletin 54 of the Social Science Research Council*, uma confecção típica representando o nominalismo norte-americano em seu pior.

Entretanto, na mesma época, desenvolvimentos importantes e salutares estavam acontecendo. As bibliotecas dos centros universitários e universidades do país cresceram a tal ponto que a quantidade e a qualidade de seu acervo começaram a ultrapassar as riquezas acumuladas de muitas universidades e bibliotecas européias. Este incremento na facilidade de se pesquisar correspondeu a um aumento nos padrões de ensino e pesquisa. Depois de 1920, os trabalhos de vários historiadores norte-americanos não só se aproximaram, mas se igualaram, e em vários casos superaram as realizações de seus colegas europeus. Pode ser significativo que a maior parte desses admiráveis professores e escritores de história (os nomes de Charles Homer Haskins, Garrett Mattingly, Carlton Hayes, Jacques Barzun, James H. Breasted vêm à mente) optaram por trabalhar com a história do Egito, Medieval, da Renascença e Européia Moderna em vez de com a história de seu próprio país – sendo uma exceção a história da historiografia. A migração transatlântica da Europa Central e do Leste de historiadores nos anos 1930-40 contribuiu ainda mais para o progresso e a extensão da pesquisa histórica em muitas áreas.

Até cerca de 1960, parecia que o estudo profissional da história em grande parte não tinha sido afetado pela crise filosófica, que minou os conceitos (e pretensões) básicos dos intelectuais profissionais em uma variedade de disciplinas, desde a psicologia até a física, passando por todas as chamadas ciências sociais. Então ficou aparente que esta impressão era enganosa. As reações (se podem ser chamadas assim) da maioria dos historiadores profissionais aos levantes dos anos 1960 revelaram que seu caráter, assim como o conceito de sua profissão, salvo algumas solitárias exceções, eram iguais as de outros intelectuais. Desta forma contribuíram para o declínio dos padrões e, às vezes, a quase extinção da prevalência do ensino da história. Por causa de seus estreitos interesses profissionais, os professores de universidades e de centros universitários se mostraram indiferentes à virtual eliminação e à diminuição da história nos currículos de muitas escolas públicas secundárias dos Estados Unidos. Depois permitiram a eliminação ou a diluição dos requisitos da história em suas próprias universidades. Em 1980, os bacharelandos em história haviam caído a um quarto ou um quinto de seus números de 20 anos antes. Nas escolas de pós-graduação, seus números caíram ainda mais. Menos importante, mas mais significativo que este declínio de alunos e de cursos de história foi a degeneração dos próprios padrões da profissão. Modas sem substância tais como a quantificação e a psico-história, junto com a preocupação com assuntos "de época" – ou seja, efêmeros, políticos e previsíveis – se tornaram prevalentes.[33] Este não é o lugar para atacar tais modismos efêmeros; de qualquer forma, eles podem estar se esvaindo agora, mas não depois de terem causado grande dano ao estudo da história nos Estados Unidos. Tais modas podem ter sido sintomas e não causas da degeneração da profissão de historiador. Elas foram sintomáticas do conceito ainda prevalente da profissão da história como um tipo de ciência social, com profissionais se consolando na crença de que são os prognosticadores de métodos complexos e os possuidores de enigmáticos artigos de sabedoria, indisponíveis e inalcançáveis para o homem comum. Tal crença é essencialmente não democrática e óbvia; e também deve ser óbvio que é essencialmente burocrática.

A resistência da pretensão profissional da história "científica", assim como a superficialidade (observância superficial, em vez de rígida) dos métodos e formalidades das apresentações históricas originadas no século XIX quando a história foi pela primeira vez considerada "ciência", eram especialmente infelizes porque a história é uma forma essencial do pensamento, que não tem seu próprio método, jargão ou linguagem, já que é escrita, falada e pensada em palavras, na linguagem diária dos homens e mulheres. Durante o século XIX, seus métodos profissionais eram amplamente copiados da Alemanha, em uma época em que os alemães contribuíram imensamente para o avanço da pesquisa histórica e para a criação de um vasto corpo de literatura histórica. Entretanto, durante o século XX, estes métodos – e talvez especialmente para a história norte-americana, com seu vasto e incipiente conjunto de registros que são a história de um povo em vez da história de um Estado – se tornaram cada vez mais ultrapassados. Por exemplo, o primeiro cânon de pesquisa histórica, que pede uma dependência rigorosa e principal das fontes primárias, fazia cada vez menos sentido durante este século quando, freqüentemente, as cartas particulares de presidentes e figuras políticas não eram escritas por eles; e quase sempre nem mesmo as ditavam ou as assinavam. Outro exemplo foi a crescente dificuldade da tradição monográfica mais antiga, de acordo com a qual o historiador tem que exaurir todo o conjunto de registros e fontes relacionados com o seu assunto: entretanto, em 1900, a quantidade de registros e fontes (outro subproduto da burocratização) era tal que para muitos assuntos este requisito se tornou virtualmente impossível. No passado, o historiador estava manietado pela relativa raridade dos registros e das fontes; no século XX, por causa de sua desanimadora multiplicação. Em um crescente número de exemplos – felizmente não em todos – o chamado aparato da produção literária se tornou, na verdade, um apêndice hipócrita que encobria a pobreza de suas idéias e imaginação.

"Porque a civilização da antiga Roma pereceu em conseqüência da invasão dos bárbaros", Tocqueville escreveu em seu capítulo sobre o vício norte-americano pela ciência prática em seu segundo volume de *Democracia na América*, "estamos talvez muito propensos a pensar que a civilização não pode perecer de qualquer outra maneira. Se a luz pela qual somos guiados algum dia for extinta, a civilização diminuirá gradativamente até expirar. Por um processo de aderência a meras aplicações, princípios se perderiam de vista; e quando os princípios fossem totalmente esquecidos, os métodos tirados deles não poderiam mais ser seguidos. Novos métodos não poderiam mais ser inventados e os homens continuariam, sem inteligência ou arte, aplicando processos científicos que não entenderiam mais."

Em mais de uma maneira, novos tipos de história se tornaram necessários para o Novo Mundo e talvez, especialmente, para a história do povo norte-americano. Isto se tornou uma tarefa difícil. Considere somente a intromissão da burocracia na própria estrutura dos eventos; sua presença na própria origem dos desenvolvimentos. Este é um fenômeno relativamente novo. Como os Estados Unidos se envolveram na Guerra do Vietnã? Ou: como a história foi eliminada dos cursos obrigatórios da universidade? (Note a escolha do vocabulário que dá ênfase ao processo.) As respostas históricas para tais questões não serão difíceis de rastrear. Em ambos os casos citados, a força de uma burocracia produziu a decisão que depois de algum tempo se tornou irreversível, pelo menos por um tempo. Note novamente o verbo "produziu". No passado, as burocracias respondiam a decisões tomadas nos níveis mais altos; elas não produziam nada exceto estritas aplicações dessas decisões. Isto está acontecendo na segunda metade do século XX também. Mas há este outro fenômeno o qual a burocracia dá virtual origem a certas idéias e às conseqüentes decisões. Não é mais o decreto do czar que diz à burocracia o que fazer; é a burocracia que apresenta a decisão ao chefe-executivo (quer dos Estados Unidos ou de uma universidade), quase sempre embrulhada em um monte de palavras nebulosas, de forma que este a aceite. Agora o problema histórico é: a burocracia (e sua linguagem) é anônima e impessoal. A primeira menção de uma decisão pode estar em minutos na força-tarefa do Conselho de Segurança Nacional ou de uma Comissão de Revisão de Currículo de uma universidade. Mas quem provocou a decisão? Algumas vezes ficamos sabendo – por meio de informação confidencial ou pessoal sobre gostos ou desgostos pessoais, ou seja, normalmente não coletados por minutas ou memorandos. Pois aqui o anonimato e as hipocrisias do processo burocrático, disfarçados por armadilhas democráticas, andam de mãos dadas. Os proponentes de uma idéia ou de uma decisão – quer dentro de um governo ou de uma faculdade – sabem como se retrair. Suas proposições são políticas e impessoais. Eles provavelmente as insinuarão, em vez de forçá-las, pelo apagado labirinto de procedimentos pseudoparlamentares e palavrório de comitês, que deixam seus oponentes em potencial insuficientemente engajados ou mesmo interessados, quando o enfado e o cansaço contribuem para a falta de atenção sobre o que realmente está acontecendo.

Para a história do povo norte-americano, os métodos acadêmicos mais antigos de pesquisa de arquivo ainda são inevitáveis; mas também insuficientes. Contrária às expectativas anteriores, a história da democracia é mais difícil de escrever que a história da sociedade ou da era aristocrática: a superfície, com todos os seus entulhos acumulados e fabricados, é quase sempre enganadora. A quantidade de documentos é esmagadora, enquanto sua qualidade diminui – ainda outro exemplo de inflação. Quando há mais e mais de algo, este vale menos e menos, não só por causa da diminuição do seu valor autêntico, ou seja, inerente. A necessidade, entretanto, é menos por novos métodos que por novas conclusões; não por novas "ferramentas" de pesquisa, mas por novos reconhecimentos de consciência histórica, inclusive, primeiro de tudo, o relacionamento do historiador com a história de seu próprio povo. Há sinais, aqui e ali, de que este novo tipo de relacionamento já exista, mesmo que seus participantes possam não ter consciência do seu significado filosófico. Um interesse (não amplo, mas um vago apetite) consciente e participativo (distinto de "objetivo" e "distante") na história já se manifesta nos esforços de todos o tipo de gente, freqüentemente vindo das mais remotas partes da nação, em uma grande variedade de livros (alguns deles de impressão particular) que nos dizem sobre o passado dos Estados Unidos, o *seu* passado, com um tipo de afeição madura.

Pois na mesma época, outra coisa estava acontecendo – um desenvolvimento que pode ser resumido pelo gracejo de que a história é muito importante para ser deixada para historiadores profissionais. Até os anos 1950, como já vimos, o desenvolvimento da história profissional nos EUA refletia o clima mental nacional, de uma maneira geral. Correspondia à retórica nacionalista do século XIX e aos ideais e ilusões progressistas da primeira parte do século XX. Mas, durante os últimos 20 ou 30 anos, aconteceu uma divisão, um desenvolvimento contrário. No exato momento em que ocorreu o estreitamento e o encolhimento da profissão de historiador, o apetite popular pela história, talvez pela primeira vez nos Estados Unidos, estava em ascensão. Em 1980, havia mais de 3 mil sociedades históricas locais, a maior parte delas em cidades pequenas, quase o dobro das existentes 30 anos antes. Depois de 1950, uma publicação comercial de histórias populares de capa dura vendeu mais que ficção. Best-sellers históricos de todos os tipos eram publicados. A televisão e o cinema corresponderam a esta inclinação popular, que se manifestou na crescente freqüência de "documentários" cinematográficos ou novelas sociais. É claro que muitas destas apresentações da história eram insuficientes, superficiais, freqüentemente torcidas e falsificadas. Em 1976, as comemorações do bicentenário foram tomadas pela história – mas "história" em todos os níveis, certamente, inclusive lixo "histórico" e suvenires – mas mesmo assim história. Em resumo, há agora nos Estados Unidos uma demanda generalizada pela história – mais exatamente por lembretes físicos e mentais do passado – que não teve precedentes na história do país, algo que se desenvolveu na época em que muito do ensino de história foi impensado e vergonhosamente abandonado pelos responsáveis. Durante as últimas décadas, historiadores não-profissionais – ou seja, homens e mulheres sem doutorado e sem filiações a nenhum departamento de história das universidades (exemplos: David McCullough, Margaret Leech, George Kennan) – estavam escrevendo e publicando trabalhos cuja excelência narrativa, a visão e os padrões de pesquisa eram superiores aos da maior parte dos profissionais, ou pelo menos iguais àqueles produzidos pelos melhores historiadores profissionais (exemplos: William Leuchtenburg, Henry F. May, C. Vann Woodward). Os grandes historiadores da nação e do povo norte-americano quase sempre foram amadores – no melhor e original sentido da palavra.

Às vezes eu creio que um novo tipo de história clássica logo poderá ser criado por algum norte-americano, uma nova forma de história, talvez mesmo o tipo clássico do qual a história tem sido privada. (Afinal das contas, a história ainda não teve seu Dante ou seu Shakespeare.) Mas eu já escrevi sobre isso em outra parte; estas especulações não cabem aqui. De qualquer forma, penso que o crescimento – freqüentemente não reconhecido, mas mesmo assim um reconhecimento – da consciência histórica entre os norte-americanos é o sinal mais promissor de uma dolorosa maturidade para o início do terceiro século da independência do país e, em uma época de grandes perigos, os menores deles são certas inclinações autodestruidoras que inflamam a alma.

Do lado de fora do aeroporto de Orlando, na Flórida, o sinal de trânsito tem duas setas. Uma aponta para Disneyworld, a outra para o Centro Aeroespacial Kennedy. Sob a última seta estão estas palavras: REALIDADE POR AQUI.[34] Não: o caminho para a realidade está dentro de nós, dentro e não fora das fronteiras de nossa mãe-terra; dentro de nossa consciência histórica, que nada mais é do que a consciência de nós mesmos, potencialmente sugando essências inesgotáveis, inclusive a inesgotável sabedoria do passado. "A própria vida", como colocou o escritor canadense Robertson Davies, "na qual o homem vai de uma inexperiência confiante pela amargura da experiência em direção à pesarosa sabedoria do autoconhecimento" – ao final do segundo século norte-americano, eis a tarefa norte-americana.

Os Estados Unidos foram criados 200 anos atrás, no auge da Era Moderna. Cem anos atrás muitas pessoas pensavam que seu destino era escapar da história do passado. Outros 100 anos mais tarde, os melhores norte-americanos podem estar começando a reconhecer que, perto do final da Era Moderna, são os representantes e guardiões da herança daquilo que permanece da civilização ocidental.

Por mais de 100 anos após o estabelecimento dos Estados Unidos, a maior parte dos norte-americanos se viam como representantes de algo que era o oposto do Velho Mundo e de seus pecados. Depois um século, esta visão gradualmente se transformou: os Estados Unidos eram o modelo avançado do Velho Mundo... e talvez do mundo inteiro. Nenhuma dessas visões faz mais sentido. Será que os norte-americanos terão a força interior de consolidar e sustentar a crença de que sua civilização é diferente não do chamado Velho, mas do chamado Terceiro Mundo, e não somente o seu modelo avançado? No princípio do terceiro século da independência do país, esta é – ou melhor, deve ser – a questão.

Parte III

DITADORES DO MUNDO?

10

O TERCEIRO SÉCULO
Os ditadores do mundo

Como o povo dos Estados Unidos subitamente se viu como o supremo governante do mundo.

NO INÍCIO DO TERCEIRO SÉCULO norte-americano – coincidindo com o início do terceiro milênio do calendário cristão – os Estados Unidos se viram em uma situação sem precedentes e inesperada. Haviam se tornado a única superpotência do mundo com influência e presença militar se alastrando rapidamente pela terra e pelos céus. Como isso aconteceu? Em um sentido – mais precisamente, no nível dos acontecimentos mundiais – foi o resultado de um terremoto eurasiano, o colapso do Império Russo, que aconteceu de fato sem a intervenção norte-americana. Em outro sentido – em outro nível, ideológico – foi o resultado de um nacionalismo ressurgente entre os norte-americanos: algo com o qual a maior parte deles se sentia mental e espiritualmente confortável.

Em 1980, uma maioria considerável de pessoas elegeu um ex-ator de cinema, Ronald Reagan, como presidente. Durante os oito anos seguintes (assim como sua reputação dali por diante), Reagan foi um dos presidentes mais populares na história da República. Ele era amável, razoavelmente bonito, bom, um patriota convicto; também era superficial, preguiçoso, pueril (apesar de sua idade), um nacionalista expansivo. Seu governo, na verdade toda a década de 1980, foi marcado por três grandes acontecimentos: o gradual colapso da União Soviética; a militarização da Presidência e da política externa norte-americana e o crescimento de um déficit que já era enorme. Muitas pessoas atribuíram o colapso da União Soviética a Reagan: seu intensivo programa de armamento, eles argumentam, forçou a União Soviética à bancarrota. Não foi assim. O fim da União Soviética não teve nada a ver com as condições financeiras ou econômicas. Foi o resultado de uma vasta erosão das crenças no comunismo e nos benefícios de seu sistema, algo de que o líder da União Soviética, Mikhail Gorbachev, convenceu-se quando subiu ao poder em 1984. Esse homem, mesmo sem poderosas pressões externas ou internas, desmantelou o segundo maior império do mundo em poucos anos. Por que ele agiu assim não cabe a este livro, exceto para dizer que não teve nada a ver com o orçamento militar dos Estados Unidos, enquanto pode ter tido muito a ver com as, por vezes, misteriosas, imaginações cheias de culpa da alma russa. De qualquer forma, esse desmantelamento e o amplo encolhimento do Império Russo precedeu a abolição do comunismo dentro dele. Em 1989, os ex-governos comunistas na Europa Oriental, outrora estados satélites ou aliados da Rússia, desapareceram assim como o Muro de Berlim. Este foi o fim da Guerra Fria; mais, o fim de um século XX histórico, um século curto, de 1914 a 1989, marcado por duas guerras, das quais a chamada Guerra Fria foi somente uma conseqüência. "Coincidências são trocadilhos espirituais": pode ser notável que o fim histórico do século XX coincidiu exatamente com o fim do segundo século norte-americano, tendo que os Estados Unidos foram estabelecidos em 1789 e não em 1776.

Não foi assim que Ronald Reagan e uma miríade de seus seguidores viram-no. Suas preocupações eram primeiramente com o mal do comunismo internacional e não com a realidade geográfica da Rússia. Por causa de sua inclinação ideológica, Reagan proclamou o Império Russo como o império do mal. Neste último capítulo do livro, terei que voltar a esta propensão norte-americana de identificar a oposição como "mal", como a antítese do bem – os Estados Unidos. Esse tipo de visão, entre outras coisas, fez com que os norte-americanos não vissem os sinais e as evidências que já se acumulavam da fraqueza do Império Russo. O resultado disso foi o amplo programa de armamento no qual Reagan e o seu governo embarcaram, no começo dos anos 1980 (inclusive uma armada de seiscentos navios). O orçamento federal para a defesa dos Estados Unidos mais que dobrou, de 134 bilhões de dólares em 1980 para 299,3 bilhões em 1990. Mas havia mais coisas envolvidas aqui do que o simples gasto. As palavras, as vozes e os próprios gestos desse presidente mostraram uma paixão sentimental (e algo pueril) pelo Exército do país; pueril, já que tinha todas as marcas de alguém que estava gostando de brincar de soldado,[1] alguém que não teve nenhum serviço militar verdadeiro e que durante a Segunda Guerra Mundial estava em Hollywood. Foi nos anos 1980 que a militarização da imagem da Presidência começou. Antes, mesmo os presidentes que haviam sido generais usavam gestos civis; e optavam por não enfatizar suas realizações militares durante o período de governo. Mas agora havia as expressões fervorosas, sentimentais e, às vezes, chorosas quando se encontrava ou falava com soldados, marinheiros e pilotos norte-americanos. Havia também sua disposição fácil e auto-satisfatória de empregar as Forças Armadas dos Estados Unidos em rápidas e espetaculares operações militares contra alvos minúsculos e "inimigos" como Granada, Nicarágua e Líbia.

Entretanto, nenhum mal foi feito, pelo menos não a curto prazo. Também nos convém dar algum crédito a Reagan que (dizem ter sido influenciado pela sua esposa) eventualmente chegou à conclusão de que o colega russo Gorbatchev era sincero, razão pela qual não permaneceu nenhum obstáculo ideológico indevido contra o gradual fim da Guerra Fria, durante os últimos anos de sua Presidência. Digna de crédito também foi a reação da massa de norte-americanos a essa enorme mudança histórica. Em um clima de novo relacionamento que se aquecia e que não era mais de inimizade, sua animosidade contra a Rússia se derreteu rapidamente. Ainda é verdade que esta mudança de sentimentos não foi seguida por uma grande demonstração da generosidade, como aconteceu com a Europa Oriental durante o Plano Marshall, 40 anos antes ou mais; mas a própria estrutura da política externa norte-americana e sua direção se tornaram muito diferentes desde então. A generosidade liberal dos vitoriosos Estados Unidos dos anos 1940 não se repetiria. Isso pode ter tido algo a ver com o enorme volume de débito acumulado durante os anos – retoricamente "conservadores" – republicanos de Reagan; mas provavelmente havia mais que isso. Uma grande mudança havia ocorrido nos sentimentos, nas opiniões, nas idéias e crenças, algo sem precedentes na história dos Estados Unidos, algo que havia finalmente se cristalizado na época da ascensão de Reagan ao poder. Pela primeira vez em sua história, mais norte-americanos se identificavam com os "conservadores", muito mais que com os "liberais". Eu voltarei à análise da crença e à descrição de sua mutação repetidas vezes. Agora é suficiente dizer que suas conseqüências não tiveram vida curta; na verdade, elas permaneceram e estavam ganhando força na própria época destes escritos.

Não fosse pela 22ª Emenda à Constituição (proposta por um Congresso com maioria republicana, 40 anos antes, como um tapa na memória de Franklin Roosevelt), Ronald Reagan teria facilmente sido reeleito para um terceiro período. (Foi sorte que isso não aconteceu, já que logo depois o ex-presidente caiu nas dores da senilidade, hoje em dia conhecida como o Mal de Alzheimer.) Seu sucessor, George H.W. Bush, venceu a eleição presidencial de 1988 com facilidade. Elevado à vice-presidência das fileiras administrativas de um enorme governo (por algum tempo foi chefe da CIA), sua escolha por Reagan marcou o último toque de alguém que (pelo menos cuja família) parecia pertencer à velha elite republicana do Leste. Essa semelhança era enganosa. Bush já havia se transferido para o Texas; ele, de forma significativa, quase sempre escolheu pessoas ideologicamente conservadoras de formas um tanto extremas para postos importantes – por exemplo, Dan Quayle como seu vice-presidente ou Clarence Thomas para a Suprema Corte – indicações dos cálculos políticos de Bush. Duas exceções dessa Presidência sem grandes acontecimentos e pouco inspiradora foram sua invasão sem precedentes do Panamá, em 1989, e a Guerra do Golfo, em 1991. No caso do Panamá, a Zona do Canal havia sido abandonada pelos Estados Unidos em 1978 e transferida para a República do Panamá (uma criação artificial norte-americana, em 1903) cujo ditador e presidente Manuel Noriega, muito envolvido com o comércio de drogas nas Américas do Sul e Central, se tornara um embaraço aos Estados Unidos (apesar de ter constado na folha de pagamento da CIA alguns anos antes). Logo depois que as Forças Armadas norte-americanas invadiram a Cidade do Panamá, encurralaram Noriega em uma incrível sucessão de eventos e o levaram para Miami, onde está em uma cadeia desde então (um cenário infelizmente remanescente do tratamento da República Romana aos chefes bárbaros). Depois, em 1990, outro ditador, o iraquiano Saddam Hussein, invadiu e ocupou o minúsculo principado árabe do Kuwait. Bush conseguiu amealhar uma coalizão internacional, incluindo alguns Estados árabes, para uma operação militar com o intuito de expulsar os iraquianos do Kuwait e destruir suas Forças Armadas. A Guerra do Golfo, no início de 1991, foi bem-sucedida. O propósito de Bush – na verdade, a direção geral da política externa norte-americana de então – era preservar e defender o *status quo* internacional (depois da destruição das tropas iraquianas, ele mandou parar as norte-americanas, não enviando-as rumo a Bagdá), diferentemente das inclinações de um futuro presidente, seu filho, que, como veremos, quer destruir alguns regimes e estender o poder norte-americano ainda mais. Ao mesmo tempo em que os quatro anos da Presidência de Bush coincidiram com o trovejar, o agitar e o borbulhar da implosão da União Soviética: eventos enormes e dramáticos aos quais ele reagiu de uma maneira inimaginável, mas não totalmente imprópria, de modo geral resistindo à tentação de colher deles grandes vantagens para os Estados Unidos.

Meus leitores podem ver que nas páginas anteriores, na tentativa de uma rápida pesquisa da história sobre o povo dos Estados Unidos nos últimos 12 anos, eu me concentrei, talvez indevidamente, nas relações exteriores – ou seja, na história do Estado norte-americano, em vez de na história do povo norte-americano. A razão para essa ênfase, à primeira vista talvez desproporcional, é que o colapso da União Soviética, a diminuição do Império Russo e outras mudanças no cenário mundial durante os 12 anos de Reagan e de Bush (pai) foram eventos de tremendas conseqüências de longo prazo, levando a grandes mudanças tanto no curso do gigantesco navio do país como na sua estrutura de comando. Mas devemos estar conscientes de uma condição subseqüente: a normal falta de interesse do povo norte-americano e a considerável ignorância desses acontecimentos mundiais. Isso teve, e ainda tem, muito a ver com o contínuo declínio da educação nas escolas e com a óbvia deterioração da informação nesta era da televisão (apesar dos jargões exagerados e desonestos sobre a revolução da informação e do mundo da Internet). A crescente prevalência e propagação do sentimento popular sobre o que já foi chamado de "opinião pública" contribuíram para essa situação.

Foi a geral falta de interesse nos assuntos mundiais que provavelmente levou à erosão da popularidade do presidente Bush depois da Guerra do Golfo, uma queda que, embora não tenha sido grande, foi suficiente para resultar na vitória do democrata William Clinton sobre ele, em 1992. O seu "É a economia, estúpido!": o slogan dos propagandistas de Clinton durante a campanha eleitoral foi, acredito, uma explicação insuficiente. Nenhuma mudança fundamental, importante ou radical aconteceu na economia e nas finanças da maior parte dos norte-americanos no início dos anos 1990 – tais mudanças fundamentais em sua condição financeira e hábitos começaram antes. Agora, ocorreu uma grande inflação dos valores de papéis e às vezes de lucros, contribuindo provavelmente para as vitórias eleitorais de Clinton tanto em 1992 quanto em 1996. Mas o estouro da bolha em 2000 (envolvendo especialmente "ações" de tecnologia e da internet) não foi a causa do "conservador" e republicano George W. Bush derrotar (não importa quão marginalmente) seu oponente democrata Al Gore, em novembro de 2000. Desde os primeiros dias de sua Presidência, Bill Clinton, sinuoso e perspicaz, sensível aos turbilhões e às ondas da opinião pública, revelou muitas falhas de caráter. Suas decisões (e as de sua ambiciosa esposa) foram marcadas por um oportunismo superficial e pelo hábito da prevaricação. Ele foi reeleito com relativa facilidade em 1996, mas o segundo mandato de Clinton incluiu vários escândalos pessoais feios, resultando em um *impeachment* maquinado pelos republicanos. Ele não foi retirado de seu posto, mas havia (e permanece) alguma substância nas acusações de seus críticos: pois muitos de seus atos e escolhas denegriram a imagem da Casa Branca. Como seu antecessor Reagan, ele foi atraído pelo brilho corrupto de Hollywood. Diferentemente de seu antecessor, entretanto, Clinton não aumentou (na verdade diminuiu um pouco) os gastos militares da nação durante o seu período – algo que despertou o irado desprezo de muitos de seus oponentes políticos e do complexo industrial-militar. Ele não estava muito interessado em política externa, deixando as decisões importantes para outros membros do governo, às vezes com resultados questionáveis. Durante seu segundo mandato, escolheu Madelaine Albright para ser sua secretária de Estado, uma mulher ambiciosa que, dentre outros empreendimentos duvidosos, estendeu a OTAM – ou seja, o sistema de aliança dos Estados Unidos – aos três Estados da Europa Oriental próximos à Rússia. Clinton e Albright também intervieram nas sangrentas guerras civil e étnica da ex-Iugoslávia, chegando a bombardear Belgrado e outras cidades sérvias, em 1999, apesar de insistirem (outra frase norte-americana) que cuidariam para que os soldados dos EUA não estivessem "em situação de perigo".

A mera presença e a recente memória de Clinton foram um problema para o Partido Democrata durante a campanha presidencial de 2000. Entretanto, eles tinham razões para esperar que seu candidato Gore triunfasse sobre o filho de George Bush, o candidato republicano. Bem antes da eleição, Bush mostrou as limitações de um homem cuja mente e caráter eram espantosamente superficiais. Entretanto, ele venceu o pleito por pelo menos duas razões: o morno desempenho de seu oponente durante os debates presidenciais televisionados; e o fato de que Bush ganhou uma minúscula maioria dos votos na Flórida, então decisiva. (A validade da contagem foi legalmente debatida e argumentada por mais de um mês, até que a Suprema Corte dos Estados Unidos decidiu em favor de Bush.) Uma declaração de Bush – que passou quase despercebida na época – feita na véspera de sua posse, foi reveladora sobre o que estava por vir: "É ótimo ser o comandante-chefe desta nação." Nenhum dos presidentes que governaram este país durante suas grandes guerras se definiu como comandante-chefe: nem Washington, nem Lincoln, nem Wilson, nem Franklin Roosevelt. Mas, como a expressão de Bush e os eventos que estavam por acontecer revelariam, ele (que, como Reagan, nunca realmente serviu o Exército) tinha grande gosto por esta função.

Em 11 de setembro de 2001, a complacência do povo norte-americano e de sua administração recebeu um choque tão dramático quanto inédito. Um grupo de árabes fanáticos, armados com nada mais que primitivos estiletes, seqüestraram quatro grandes aviões de passageiros e os arremessaram contra os dois arranha-céus do *World Trade Center*, em Nova York, e contra o Pentágono, em Washington. Os primeiros dois prédios (grandiloqüentes e desnecessários exemplos da arquitetura de caixa de sapatos de Nova York) ruíram; o Pentágono, embora avariado, não. O terrível e trágico resultado foram mais de três mil mortes, inclusive alguns dos corajosos bombeiros e policiais que tentavam resgatá-los. A primeira reação do presidente[2] foi reveladora. Ele declarou que os terroristas eram "covardes" (o que não eram; eles eram piores que isso); e que tratava-se de uma "guerra" (o que também não era). Não importa: os norte-americanos, unidos em seu choque e desânimo, o apoiaram compreensivelmente. Esse foi, afinal, o primeiro ataque mortal desferido contra os Estados Unidos continentais, desde 1814. Enquanto isso, o autoproclamado líder dos terroristas antiamericanos de todos os tipos, Osama bin Laden, havia fugido para o Afeganistão. Em outubro de 2001, tropas dos Estados Unidos foram enviadas à Ásia Central, onde, talvez surpreendentemente, o regime fundamentalista do Talibã foi rapidamente derrotado, na maior parte por lutadores afegãos agora aliados dos Estados Unidos. Osama bin Laden não foi encontrado e ataques ocasionais de guerrilha continuaram, especialmente em Israel, mas havia se tornado óbvio que o território norte-americano não podia esperar ficar imune aos ataques de terroristas suicidas. Mesmo assim, os Estados Unidos não sofreram mais nenhum ataque nestes anos desde setembro de 2001.

Mas agora o presidente Bush (filho), empurrado por seus assessores e pelo seu vice-presidente, optou por perseguir a glória militar. Seus assessores voltaram a atenção para a República do Iraque, regida pelo implacável ditador Saddam Hussein. Hussein era somente um das dezenas de ditadores selvagens pelo mundo; não muitos anos antes, ele foi apoiado pelos Estados Unidos em sua guerra contra o Irã; mais importante, ele e seu regime secular não tinham nada a ver com as organizações terroristas que atacavam os Estados Unidos. Mesmo assim, Bush decidiu ir à guerra contra o Iraque, sob o pretexto de que os iraquianos guardavam e fabricavam "armas de destruição em massa", mas, principalmente, para aumentar a popularidade dele e de seu partido. Isso era algo novo na história da Presidência norte-americana. Houve presidentes no passado que queriam a guerra: Polk em 1846, Lincoln em 1861, McKinley em 1898, Roosevelt em 1941; mas enquanto todos eles, de uma maneira ou de outra, foram convencidos de que a guerra era uma quase inevitável – e algumas vezes, lastimável – escolha pela suprema causa dos interesses nacionais, o presidente Bush (filho) sentia (ou pelo menos parecia sentir) prazer com a perspectiva da guerra, incapaz e aparentemente sem vontade de distinguir os interesses nacionais daqueles de seu partido, e muito evidentemente apreciando a sua função de comandante-chefe. Por algum tempo ele e seus conselheiros – a maior parte deles relutantemente – concordaram em buscar o consentimento das Nações Unidas, assim tentando vestir a invasão do Iraque com o manto de um adequado esforço internacional. Mas, quando ficou evidente que os dedicados inspetores internacionais acharam pouca ou nenhuma evidência das "armas de destruição em massa" no Iraque, e quando, conseqüentemente importantes nações estrangeiras não quiseram votar por uma resolução das Nações Unidas de guerra contra o Iraque, Bush a declarou sozinho, assim dissipando a solidariedade que a maior parte do mundo, e especialmente a Europa, mostrou aos Estados Unidos logo após o desastre de 11 de setembro. Evitando o – já sempre ignorado – requisito constitucional de uma declaração de guerra pelo Congresso, Bush teve o apoio de seu partido (e, infelizmente, da maioria do povo norte-americano), enquanto que os democratas se acovardaram com medo de serem vistos como insuficientemente patrióticos.

A invasão dos Estados Unidos no Iraque, em março-abril de 2003, foi no início um sucesso militar. Revelou que o muito propagado Exército iraquiano não era nada; que a temida ameaça de centenas de milhares de árabes correndo para o Iraque em apoio aos seus irmãos não aconteceria e que o pretexto de Bush, a existência das terríveis armas iraquianas "contra a humanidade", não existia. Não importa: pesquisas de opinião sugeriam que para a maioria dos norte-americanos aquilo tudo se tornou irrelevante. Eles incentivavam a continuação da guerra. O que importava era a invencibilidade e a glória do Exército. As Forças Armadas dos Estados Unidos não eram apenas tecnicamente superiores, mas algo muito maior que as outras do mundo, sua Marinha e Força Aérea se tornaram maiores que as forças correspondentes reunidas do resto do mundo. Os duradouros efeitos dessas condições eram, é claro, incalculáveis. Um efeito – talvez – menos duradouro não foi somente a popularidade, mas o claro prazer de George W. Bush em se mostrar (e às vezes até se vestir) como um personagem militar supremo, o comandante-chefe norte-americano. Assim agia, assim falava no dia 1º de maio ao pousar em um gigantesco porta-aviões do país e ao declarar que a guerra no Iraque estava terminada. Não estava. Condições caóticas, ataques de guerrilha e bombardeios no país árabe (e no Afeganistão), aumentavam com freqüência, continuavam por todo o verão e pelo início do outono de 2003, quando este livro estava sendo escrito.

Já vimos que essa militarização da Presidência dos Estados Unidos começou com um outro ator-teatral, Ronald Reagan, cuja visão de grandeza era inseparável de sua visão não apenas do planeta, mas também do universo – de onde o anúncio, em 1983, de projeto para assegurar o domínio norte-americano na esfera celeste: uma idéia refletida na própria escolha vocabular de Reagan, tirada de seu filme predileto, *Guerra nas Estrelas*. Vinte anos mais tarde, foi essa visão global (ainda que não cósmica) que havia se tornado realidade, entusiasticamente – e possivelmente imprudente – apoiada pela maioria dos norte-americanos. Um tipo de nacionalismo que, como quase todos os nacionalismos (mas diferentemente de outros tipos de patriotismos anteriores), era como se fosse uma religião substituta. E que tipo de pessoas estes – normalmente decentes, de boa índole, trabalhadores – norte-americanos se tornaram? Vou tentar desenhá-los logo abaixo, mas, antes disto, tenho que novamente citar as palavras proféticas de Jacob Buckhardt, talvez o maior historiador dos últimos 300 anos, palavras escritas há mais de 130 anos: "A súbita mudança da democracia não mais resultou no governo do indivíduo – mas no governo de uma corporação militar. E, por meio dela, talvez sejam usados métodos que nem mesmo o mais terrível déspota teria coragem de empregar."

VINTE ANOS RARAMENTE SÃO SUFICIENTES para registrar grandes mudanças na vida de todo um povo. Apesar de mudanças mais superficiais, a continuidade é mais forte (mesmo que às vezes menos aparente) que a mudança. Mas a velocidade e a profundidade dos movimentos não permanecem as mesmas. Em algum momento, o impulso dos normalmente lentos desenvolvimentos ganha força ou se torna subitamente esmagador: eles parecem – pelo menos por algum tempo – irreversíveis. Suas conseqüências são, é claro, outro assunto.

De 1980 a 2002, a população dos Estados Unidos cresceu de algo próximo de 226 milhões para 285 milhões, um aumento de cerca de 26%, menos que o aumento ocorrido nos 20 anos antes, de 1980 ou 1960. (Entretanto: esse número não inclui a, amplamente incontável, quantidade de imigrantes ilegais e não registrados.) O que mudou, de modo mais significativo, foi a composição e a distribuição da população do país. O movimento para o Sul e para o Oeste das pessoas não somente continuou, mas ficou mais rápido. Durante um único ano (2000-2001) a população do Arizona cresceu 3,4%, do Texas, 2,3%; da Flórida, 2,6%; da Geórgia, 2,4%. (Para fins de contraste: durante o mesmo ano a população de um grande estado do Leste, a Pensilvânia, não cresceu nada.) A criminalidade também se tornou mais alta no Sul e no Oeste. Essas mudanças eram inseparáveis das grandes alterações na composição do povo norte-americano depois de 1965, a primeira drástica transformação da legislação sobre os imigrantes em 40 anos. Antes de 1920, a taxa de imigração era maior que a taxa registrada depois de 1966, e as Leis dos Imigrantes de 1921 e 1924 tiveram a intenção de limitar a imigração drasticamente; mas agora havia uma diferença importante: a grande maioria dos imigrantes antes de 1920 (na verdade, antes de 1965) tinha vindo da Europa e da Rússia. Depois de 1980, os imigrantes da Europa, inclusive da Rússia (ou seja, pessoas brancas) somavam menos que um quarto de todos os imigrantes, menos da metade do número daqueles que chegavam da Ásia, menos do que um quarto do número de imigrantes da América Central e do Sul. A imigração do México sozinha era quase o dobro de toda a imigração da Europa e da Rússia – e isso mesmo sem contar os, repito, incalculáveis imigrantes vindo das fronteiras do Sul dos Estados Unidos. A porcentagem de norte-americanos nascidos no exterior aumentou de 7,9% em 1989 para cerca de 13% em 2002.

Em 1980, os negros somavam 11,8% da população, com sua taxa lentamente crescendo (mas abaixo dos quase 16% contados um século antes). Pode ser significativo que, enquanto os casamentos mistos mais que dobraram de 1980 a 2000, os casamentos entre homens negros e mulheres brancas eram quase quatro vezes mais freqüentes que casamentos entre homens brancos e mulheres negras. (Durante os anos 1960, em oito de cada nove casamentos mistos o marido era negro.) A população asiática no país era de 1,6% em 1980; quase triplicou em 2002; a – imprecisamente chamada – população "hispânica" dobrou de 1980 a 2000, alcançando 13% (de novo, sem citar os incontáveis ilegais). Somente na Califórnia os habitantes de fala espanhola somavam cerca de 35% da população, em 2002. Algumas projeções indicavam que até a metade do século XXI, os norte-americanos nascidos de pais brancos podem se tornar minoria.

Anteriormente neste livro, vimos que os descendentes dos povos anglo-saxão e anglo-celta, que haviam fundado a República, já eram minoria 100 anos após a fundação dos Estados Unidos e que a sua liderança nas instituições financeiras, jurídicas e educacionais dos Estados Unidos permaneceu em grande parte intocada até cerca de 1950. É claro que é uma crença norte-americana (freqüentemente traduzida na prática) que o caráter de um povo é formado por suas instituições. Tocqueville não estava certo disso. Ele sabia que o caráter pode influenciar (e transformar) instituições, assim como o inverso. Se durante o terceiro século dos Estados Unidos a mudança na composição do povo, tanto no que diz respeito à procedência quanto às características, deixará as tradições ainda de pé ou pelo menos em grande parte inalteradas, é uma interrogação que paira no ar.

Além (ou sob) as generalizadas procedências e composições da população, temos que examinar sua estrutura, a composição de suas famílias e o seu comportamento. Aqui, a mudança radical que começou nos anos 1960 continuou, talvez em velocidades variadas, mas mesmo assim sem cessar, por todos os últimos 20 anos – tudo isso além (ou mesmo até ao contrário) da auto-identificação de muitos norte-americanos como "conservadores". A família tradicional do país foi considerada por muitos como ultrapassada e foi então freqüentemente abandonada ou transmutada na prática. Durante os últimos 20 anos, os lares com só um chefe de família aumentaram mais de 20%; as pessoas morando sozinhas, mais de um terço. Apesar das crescentes críticas e manifestações públicas relativas ao aborto, seu número não mudou muito durante os últimos 20 anos, flutuando entre 35 e 42% dos nascimentos. O índice nacional de divórcios em relação aos casamentos era de pouco mais de um quinto em 1950, um quarto em 1960, pulando para 50% em 1980 e permanecendo mais ou menos igual 20 anos mais tarde. Partos de mães solteiras subiram para mais de 20% entre as brancas. (A taxa total de mães solteiras negras era três vezes a das brancas.)

Esses números sozinhos nos dão razão suficiente para questionar se os norte-americanos realmente se tornaram "conservadores". Por outro lado, o bem-estar material continuou a progredir em uma direção que, pelo menos a maior parte deles, poderia considerar satisfatória. A despeito das falhas nas práticas médicas – e ainda são muitas –, a expectativa de vida no país cresceu de 70,8 para 77,6 anos, de 1970 até 2000; em 2003, a expectativa de vida dos homens era de quase 75 anos e a das mulheres era de quase 81 anos.

Progressos nos medicamentos e na cirurgia foram provavelmente os elementos principais neste aumento da expectativa de vida do país. A respeito do bem-estar físico, poderemos encontrar elementos contraditórios em níveis diferentes. (Uma mutação muito aparente: cada vez mais pessoas se tornam obesas, uma transformação do outrora típico norte-americano: magro e vigoroso, como representado pelo Tio Sam.) Sobre seu bem-estar material: financeiramente também sua prosperidade parecia continuar a crescer. Entretanto, ao mesmo tempo havia uma lenta, mas crescente discrepância entre as rendas das camadas mais altas e a das mais baixas. Por causa da erosão da indústria dos Estados Unidos (em 1990, o setor tinha decrescido a uma fração em relação aos empregos na administração, informação, no entretenimento e nos serviços), a renda da classe trabalhadora mal se equiparou à inflação durante os últimos 20 anos. Em 1883, Grover Cleveland disse: "Imensos salários são pagos aos executivos; transações são consumadas por meios das quais diretores ganham dinheiro, enquanto os homens comuns entre os acionistas perdem; o investidor honesto espera pelos dividendos e os diretores se enriquecem. Suspeita-se também que grandes somas são gastas sob vários disfarces em esforços para influenciar a legislação." Cem ou 120 anos mais tarde, esse era novamente o caso.

Mas havia duas grandes diferenças fundamentais. Uma envolvia as inclinações dos norte-americanos; a outra o valor do seu dinheiro. A maioria deles (mas esta não era uma condição totalmente nova) estava mais interessada em sua capacidade de gastar dinheiro do que na posse dele. Em outras palavras, não eram materialistas rígidos nem categóricos, apesar de quase sempre pensarem ser. Uma conseqüência era sua crença inabalável no "sistema" financeiro, econômico e político do país. A inflação alarmantemente alta no início dos anos 1980, uma drástica queda nos preços das ações em 1987, o rompimento da grande bolha no mercado de capitais em 2000-2001, especialmente em ações de tecnologia, vários grandes escândalos envolvendo corporações com laços estreitos com o governo, evidentemente, afetaram milhões de pessoas e o valor de suas pensões. Entretanto, esses eventos não tiveram qualquer conseqüência política sobre qualquer governo ou partido no poder. No final do governo Reagan, o índice nacional de poupança tinha caído para quase zero, o mais baixo entre as nações mais desenvolvidas do mundo. William F. Buckley, Jr., um "conservador" proeminente, escreveu um artigo declarando que isso não era causa para preocupação; ao contrário, era sinal de saúde. Declarações "conservadoras" semelhantes eram feitas tanto sobre o endividamento nacional como o pessoal. Foi a "conservadora" administração Reagan que incorreu no maior déficit na história da nação. Desde 1970, mais rapidamente depois de 1980, e especialmente em 2003, o valor do dólar continuava a cair em relação às moedas de outros países. Mais agourento foi o estado da balança comercial norte-americana, que aumentou *seis vezes* de 1988 a 2002, indicando a dependência do país com relação às importações. (Em 1980, a fatia norte-americana na produção mundial de petróleo era de 14%; em 2000, eram meros 8,3%.)

Isso nos trás a outra endêmica tendência do país à inflação. Em 1981-82, empregando drásticas e apropriadas medidas financeiras, o então presidente do Banco Central (o *Federal Reserve*), o excelente Paul Volcker, conseguiu derrubar a inflação de seu perigoso pico de 10-13%. Mas, em 1987, Ronald Reagan substituiu Volcker por Alan Greenspan, cuja obscura linguagem financeira indicava a capacidade medíocre de sua mente. No final dos anos 1990, Greenspan declarou que a inflação estava sob controle; seus assessores calcularam que caíra para 2% ou ainda menos. Estes números enganavam, incluíam somente o preço dos bens no atacado, não os custos dos serviços ou de sua administração. E havia mais que dados desconfiáveis sobre as estatísticas do governo. Depois da inflação dos preços diários nos anos 1980, veio a extensiva inflação dos preços das ações nos anos 1990 e, então, depois de 2000, a inflação dos preços imobiliários. Em suma, a inflação do dinheiro, a especulação e a destruição da terra.

Por baixo de todas essas mudanças, ocorreu a última fase da grande transformação – o significado norte-americano de posse. Uma porcentagem quase inacreditável de pessoas "possuía" casa própria. Isso foi se tornando mais fácil pelas exigências cada vez menores de entradas, de menores custos do financiamento (alardeado por Greenspan e seus colegas) e de seus benefícios fiscais. Mas o que realmente significava essa posse? A família típica norte-americana se mudava a cada quatro anos, ou menos. Em 2000, pouco mais que a metade dos norte-americanos morava ou "possuía" a mesma casa ou apartamento onde havia morado cinco anos antes. As pessoas que ainda residiam em suas casas depois de quitado o financiamento, representavam menos de um terço de todos os "proprietários". Eu coloquei "possuía" e "proprietários" entre aspas: pois pode ser argumentado que a grande maioria dos norte-americanos se tornou inquilino e não proprietário.[3] Eles não só se acostumaram ao débito; algo como um perpétuo e crescente endividamento se tornou característico de suas finanças, na verdade, de todo o seu modo de vida. Os gastos com cartões de crédito subiram de 466 bilhões de dólares em 1990 para 2 trilhões em 2000; a dívida com cartões subiu de 243 bilhões de dólares para 970 bilhões. O crédito total ao consumidor pendente durante o mesmo período duplicou.[4]

Mesmo assim – o número de falências pessoais aumentou só um pouco, assim como o desemprego. Em 1998, o presidente Clinton se referiu a uma renda anual de 100 mil dólares como "média". Em 2000, 38,4% das famílias brancas tinham renda anual de mais de 75 mil dólares. A família norte-americana média não estava em apuros. Isso tinha muito a ver com a grande mudança dentro das famílias, começando depois de 1960: as mulheres optando por trabalhar fora. Em 1968, pela primeira vez, as mulheres que trabalhavam fora de casa somavam mais de 60% da população feminina adulta. Em 2000, de todas as famílias do país (72,3 milhões), em menos de um terço (21,7 milhões) delas somente um dos cônjuges trabalhava. O efeito disso na vida familiar do país foi enorme e multiforme. Afetou não somente as práticas, mas os próprios ideais de lar, casamento, maternidade. (Uma pesquisa com famílias de classe média em Nova Jersey, em 2001, mostrou que em apenas uma a cada 20 famílias as crianças e seus pais jantavam juntos.)

Essas transformações estavam inseridas em algo que sugeri já nas primeiras páginas deste livro: a espiritualização (ou chame, talvez, de desmaterialização) da matéria. Quer para indivíduos ou corporações, o capital significava cada vez menos, a renda cada vez mais, e a propriedade era mais e mais dependente do crédito. Moeda, ações ou qualquer outro ativo haviam se tornado cada vez menos tangível. Os ativos de alguém dependiam do arranjo de poeira gráfica – ou seja, de números programados que apareciam automaticamente nas telas de computadores de um banco ou outra instituição. O que os escândalos corporativos e o colapso das "ofertas" de tecnologia em 2001 significaram foi também algo diferente dos escândalos financeiros e dos estouros de bolhas do passado. Eles agora envolviam práticas contábeis extremamente complicadas. O colapso da gigantesca corporação Enron, por exemplo, revelou algo novo e irreal. Aquela corporação, espalhada por muitos estados e movimentando bilhões, nunca produziu nada, e enquanto demonstrava milhões de rendas falsas, ao mesmo tempo não pagava nenhum imposto corporativo. Para muitos norte-americanos, essas revelações não foram nem novas nem surpreendentes, não afetavam a reputação ou mesmo a popularidade de um presidente ou de seus colegas, cujos relacionamentos com aquela corporação em particular eram especialmente amigáveis e próximos. "Capitalismo", "iniciativa privada", "empreendedorismo" etc., etc. – estes termos, transplantados de um outro mundo muito diferente do século XIX, se tornaram imprecisos, algumas vezes ao ponto de serem completamente sem sentido: bobagens evocadas e pronunciadas com propósitos políticos. Na década de 1830 do século XIX, Tocqueville escreveu que "uma nova ciência da política era necessária para um novo mundo". O mesmo vale para uma nova "ciência" – e vocabulário – de economia um século e meio mais tarde.

Em 1970, mais norte-americanos moravam nos subúrbios que em suas cidades, vilarejos ou na zona rural. Este era um desenvolvimento sem precedentes na história norte-americana, na verdade talvez na história mundial. Era óbvio que isso significava o fim (mesmo mais que a última fase) do interlúdio urbano e burguês na história dos Estados Unidos. Era menos óbvio que isso também tenha significado o gradual desaparecimento de uma certa civilização (uma palavra que primeiro apareceu na língua inglesa em 1601, um termo e uma idéia inseparáveis da urbanidade). Não aconteceu para a maior parte das pessoas, mas poucas delas sabiam ou mesmo sentiram que toda uma era da história, a chamada Idade Moderna, no meio da qual sua República nasceu, também estava terminando. Já vimos que a instabilidade da residência agora era um fenômeno tipicamente norte-americano; mas a inquietação e a mudança eram hábitos do país que não eram totalmente novos. A enorme dispersão de casa por todo o vasto país, junto com a brevidade de sua ocupação pelas mesmas pessoas, envolvia uma mudança não só do senso de propriedade, mas talvez do próprio senso de "lar" – com conseqüências de longo prazo que são imprevisíveis. De qualquer forma, o sentido original da própria palavra "subúrbio" (uma subcidade; uma cidade secundária) se tornou impreciso, porque agora não havia mais nenhuma barreira real entre as cidades e os subúrbios, ou entre o subúrbio e o campo. Os subúrbios, pensados como pontes saudáveis entre a cidade e o campo, agora devoravam ambos. Também a maior parte dos subúrbios não se tornou uma comunidade real por si só. As pessoas que se mudavam para fora (ou que na verdade fugiam) das cidades esperavam fazer parte de algo novo, de uma comunidade cheia de luz. Mas isso raramente aconteceu: a solidão nos subúrbios (talvez especialmente para as mulheres) era tão endêmica quanto a solidão nas cidades. Por algum tempo parecia que não haveria o ressurgimento das pequenas cidades dos Estados Unidos, comunidades reais, em uma escala humana mais antiga, onde as pessoas viveriam e trabalhariam, comprariam e consumiriam. Mas isso também não aconteceu: a maior parte das cidades pequenas do país perdeu população também: em volta delas cresceram seus próprios subúrbios. Enquanto isso, os problemas das cidades, tais como o crime e as drogas, reapareceram nos subúrbios. (O número de presos federais e estaduais dobrou de 1980 a 2000.)

Mesmo assim, é difícil prever o que a vasta suburbanização dos norte-americanos significará. Que formas este novo tipo de civilização tomará (se é que a própria palavra "civilização" permanecerá aplicável)? Apesar do esnobismo intelectual, a vida suburbana ainda não é totalmente deplorável e os modos e a moral dos homens e mulheres suburbanos também não são totalmente inferiores ou mesmo muito diferentes dos de outros norte-americanos.

Ao mesmo tempo, as mudanças em seus próprios padrões de vida inevitavelmente envolviam as suas mentes. E isso tinha muito a ver com as invenções tecnológicas, que eram adotadas pela grande maioria do país durante a segunda metade do século XX. Tenhamos em mente que o século das principais invenções que transformaram o planeta foi o XIX e não o XX: o barco a vapor, a ferrovia, o telégrafo, o telefone, a luz elétrica, o aquecimento central, o rádio, o automóvel, o avião – tudo isso foi inventado antes de 1914. O que aconteceu depois foi o seu melhoramento, o aperfeiçoamento e a ampla disponibilidade. Exceto pelo ar-condicionado (ainda não generalizado na época), os confortos e os equipamentos mecânicos de uma casa dos Estados Unidos em 1950 não eram muito diferentes daqueles de uma em 1900. Mas depois de 1950, veio a proliferação da televisão e, depois de cerca de 1980, a do computador. Este não é o lugar para ruminar sobre como a televisão contribuiu para (ou talvez completou) a mudança de uma "cultura" em grande parte oral (e imaginativa) para uma outra grandemente pictórica; ou como afetou e fragmentou a informação que as pessoas (e não só nos Estados Unidos) recebiam sobre o mundo. Uma ilustração superficial: em 1970, 87% dos lares norte-americanos tinham serviço telefônico, enquanto 95% tinham uma televisão; em 1980, as porcentagens comparáveis eram 93 e 98%; em 2000, 95 e 98%. Durante a mesma época, a circulação diária de jornais declinou de 62 milhões em 1980 para 55 milhões em 2001. Por volta de 1980, surgiu o culto e a compra de computadores. Novamente este não é o lugar para descrever ou mesmo resumir os novos hábitos da "comunicação" e "informação" que os computadores e a Internet têm oferecido, exceto talvez pelos seguintes números: em 2000, 77% das salas de aulas públicas e 25% das particulares davam aos seus alunos acesso à Internet, enquanto 65% das crianças norte-americanas tinham acesso em casa. Entretanto, de 1970 a 2001, as notas dos jovens na parte oral do exame SAT[5] declinou por todo o país, de uma média de 540 para 508.[6]

As sementes de algo bem novo, porém, começaram a brotar aqui e ali. Gradual e lentamente, cada vez mais norte-americanos, de forma mais ou menos consciente, estavam desconfortáveis com a outrora sacrossanta e inquestionável idéia nacional de progresso. Tais pessoas eram talvez mais visíveis nos subúrbios que em outras partes. A oposição ao "desenvolvimento" destrutivo, à "expansão suburbana" e às novas rodovias que criavam mais tráfego de automóveis começou a aparecer em vários lugares por todo o país – sem falar da sempre crescente poluição do ar, da água, da terra. Essa reação, especialmente depois de 1980 estava – em grande parte, apesar de não corretamente – de acordo com a defesa do "meio ambiente" (uma expressão pobre, já que a natureza não é só o "meio ambiente", mas parte integrante da própria vida e da habitação humana). Tais eram os primeiros mas crescentes sinais de uma futura profunda divisão entre os norte-americanos: entre as pessoas que ainda acreditavam cegamente na tecnologia e no determinismo econômico e as que não. Ou, como o grande e bom Wendell Berry, um fazendeiro dos Estados Unidos, escritor e filósofo escreveu em 1999: "É fácil imaginar que a próxima grande divisão do mundo será entre as pessoas que desejam viver como criaturas e as pessoas que desejam viver como máquinas."

É uma condição das sociedades democráticas, no entanto, (como viu Tocqueville, logo cedo) que as idéias se movam não rapidamente, mas muito lentamente – uma condição melancólica para a qual o sistema político burocrático e consciente da publicidade, contribuíram poderosamente. Diferentemente da Europa, um partido ou movimento norte-americano de "verdes" ainda não surgiu, exceto em pequenos níveis locais aqui e ali. Também, o excessivo (e freqüentemente desumano) dogmatismo de certos "ambientalistas" não apelou muito para pessoas que, quase sempre certamente, via neles as fontes de ainda outra burocracia. Mais importante: essa divisão já aparente entre os proponentes e oponentes do progresso tecnológico não concordava com as diferenças entre os dois grandes partidos políticos, inclusive seus seguidores ideológicos e partidários. Talvez os democratas fossem um pouco mais "ambientalistas" que os republicanos, mas esta era uma diferença de pequeno grau e não de gênero. Muitos "conservadores" e "liberais" estavam divididos, representando uma esquizofrenia política ou ideológica. Muitos "conservadores" não estavam interessados no conservadorismo; seu amor declarado por seu país caminhava lado a lado com a indiferença em preservar a Terra; eles podem ter sido (pelo menos em público) defensores dos "valores familiares" contra o aborto, mas ao mesmo tempo proponentes do "progresso" tecnológico, inclusive da fabricação e do uso de armas norte-americanas do tipo mais destrutivo. Muitos "liberais" proponentes doutrinários da dignidade humana eram, ao mesmo tempo, proponentes do aborto gratuito e fácil, ou mesmo, da eutanásia; eles acreditavam nos benefícios de cada vez mais educação, inclusive "educação" sexual, enquanto ao mesmo tempo favoreciam a legalização e a aprovação pública de todo tipo de prática sexual. "Conservadores" que acreditavam na "iniciativa privada" mais que na privacidade; "liberais" em "direitos" civis e públicos e não na responsabilidade pessoal; "conservadores" no "norte-americanismo" à custa do saber sobre o mundo e sua história; "liberais" no internacionalismo e no "multiculturalismo" enquanto pouco ou nada entendiam sobre outros povos; "conservadores" favorecendo todo tipo de avanço mecânico em vez de proteger as tradições e o mundo da natureza; "liberais" acreditando na ruptura com o passado em vez de reconhecer a natureza humana perene; "conservadores" que amam a liberdade menos do que odeiam os liberais; "liberais" que temem os conservadores mais do que amam a conservação – tal confusão não durará muito tempo, sem falar da condição que, por último, no final do segundo século norte-americano, as designações "conservador" e "liberal" estavam perdendo seu sentido.

POR VOLTA DE 1880, o historiador inglês John Seele escreveu: "A história é política passada e a política é história presente". Em 1936, Hitler disse que "política é a história sendo feita". Bem, sim e não, pois as estruturas da história e da política têm mudado. O domínio quase absoluto dos dois partidos políticos norte-americanos permanece inalterado. Não houve nenhuma intromissão significativa ou duradoura de um terceiro partido nos últimos 20 anos. Mas mudanças estruturais haviam começado meio século antes e se tornaram esmagadoras. Envolviam a transformação da política, inclusive o curso das eleições, de concursos de popularidade para campanhas publicitárias. Isso significou enormes somas necessárias para financiar os anúncios, especialmente na televisão, a tal ponto que, depois de 2000, o Senado se sentiu forçado a considerar a legislação que tentaria (mas, infelizmente, só tentaria) controlar o recebimento de tais fundos por partidos políticos e seus candidatos. Outra degeneração do outrora tradicional processo político foi a intromissão do fator decisivo das primárias nos últimos 40 anos. A primária (mais precisamente, a eleição primária dos candidatos ao Senado), originalmente visava a diminuir ou mesmo eliminar a corrupção política, foi ainda outro melhoramento frustrante forçado pelos liberais e progressistas no início do século XX. Agora, as primárias também se degeneraram em um concurso publicitário, ampliando a função de "escolher" candidatos ao Sendo e à Presidência estado por estado, eventualmente ao ponto de que a própria seleção dos candidatos presidenciais ocorre meses, na verdade mais de meio ano, antes das convenções partidárias. Conseqüentemente, durante os últimos 20 anos, estas convenções se tornaram cada vez menos interessantes e cada vez mais previsíveis, já que seu resultado (algumas vezes envolvendo até a escolha do candidato de seu companheiro de chapa) é predeterminado muito tempo antes. Enquanto isso, costumes anteriormente não existentes, tais como debates na televisão entre os candidatos presidenciais e o reconhecimento da derrota pelo perdedor na noite da eleição, se tornaram tradições gravadas em pedra para que muitos (se não a maioria dos) norte-americanos pensem que estas são partes integrantes da Constituição dos Estados Unidos e de suas regras eleitorais, o que, é claro, não eram (nem são).

Havia também a crescente importância – e influência – das "pesquisas". Estas também eram freqüentemente corruptíveis e corruptas, por causa da fluidez de sua popularidade e de sua dependência da publicidade, pois quando é repetido várias vezes que esta ou aquela pessoa ou política é "popular", ele ou ela realmente podem se tornar populares (pelo menos por algum tempo). Assim, as pesquisas contribuem – na verdade, eram um importante instrumento – para a fabricação da "popularidade" que, por sua vez, dependia quase sempre não das opiniões reais, mas dos potenciais sentimentos. Poucas pessoas viam que o que ainda estava sob o título de opinião pública era em grande parte incorreto. O sentimento popular era quase sempre (se não sempre) mais importante que a "opinião pública"; e a própria mídia televisiva é mais propensa a criar e a refletir sentimentos populares que as opiniões de um público mais ou menos educado. Um resultado disso foi a mudança no relacionamento entre as maiorias e as minorias. Quer envolva opiniões ou sentimentos, era cada vez mais evidente que pequenas, mas "radicais" minorias eram quase sempre capazes de forçar seu programa em grandes ou "moderadas" maiorias – outro exemplo de limitações da medida quantitativa.

Sobre a minoria "moderada": o número de norte-americanos que votavam continuou a diminuir.[7] Isso a despeito da sentimental emenda constitucional de 1972, concedendo o direito de voto aos norte-americanos a partir dos 18 anos de idade. Isso ocorreu junto com a participação decrescente na política local de muitas pessoas, inclusive entre muitos moradores transitórios dos subúrbios. Ao mesmo tempo, as diferenças ideológicas entre os dois partidos se tornaram mais agudas. De um modo geral, a primazia do Partido Republicano continuou. Desde 1980, foram três presidentes republicanos e um democrata; quatro eleições presidenciais foram vencidas por republicanos, duas por democratas. Dentre os eleitores registrados, os democratas ainda tinham uma ligeira maioria mas isso também estava diminuindo. Mas o apelo cada vez mais fraco de seu partido e de seus ideais começou mais de 30 anos antes. O tradicional, e por mais de um século inquebrantável domínio do Partido Democrata no Sul quase desapareceu. Assim também seu habitual apelo aos católicos e outros da classe trabalhadora. Permanecia (mas isso também não era mais inquebrantável) seu apelo aos negros, judeus e intelectuais. Nas eleições parlamentares, estaduais e municipais, os democratas ainda podiam vencer e garantir território. No plano nacional, não. No Sul, isso era em grande parte (apesar de não exclusivamente) devido à (atrasada) defesa por parte dos democratas dos direitos civis dos negros. No país como um todo e no nível de sentimentos populares, a razão principal do declínio do apelo dos democratas era sua associação com uma ideologia do liberalismo que estava se enfraquecendo. A defesa do aborto pelos democratas, da aprovação pública da homossexualidade e seus direitos, da seguridade social e das políticas de ação afirmativa (cujas intenções podem ter sido corretas, mas seus resultados quase sempre duvidosos) alienaram muitos norte-americanos que, em números crescentes, começaram a se considerar e a se designar "conservadores" – uma designação que, como vimos anteriormente neste livro, era política e ideologicamente impopular e inaceitável menos de meio século atrás. Foi uma revolução o fato de que cada vez mais norte-americanos se considerassem "conservadores" nos anos 1980 (ou chamem isso de movimento tectônico) na história política do país. O fato de "conservador" e "conservadorismo" significarem para a maioria deles quase nada além de "antiliberal", pressagiava uma questão com possíveis implicações mais amplas e profundas: pode a tradicional democracia existir sem um ingrediente do liberalismo tradicional, sem degenerar em algo como o populismo? Um século atrás, o Partido Republicano se opunha ferozmente ao populismo (enquanto que os democratas convidavam e aceitavam os populistas em suas fileiras); durante o último meio século e certamente desde 1980, os republicanos se tornaram mais abertamente populistas – na verdade o partido mais populista dos dois.

O outro elemento nesta importante mudança, envolvendo o declínio das fortunas dos democratas, é ainda mais poderoso e reconhecível. Quase que desde a sua instalação, certamente desde 1860, o republicano era um partido nacionalista. Na Europa, a dicotomia, o diálogo e principalmente o debate entre conservadores e liberais começou lentamente a diminuir depois de 1870. As duas novas forças políticas, cuja oposição ou combinação marcou a maior parte da história política a partir de então, foram o nacionalismo e o socialismo. Durante o século XX, a política nos Estados Unidos alcançou este estágio mundial, mesmo que seu vocabulário costumeiro obscurecesse sua realidade. De modo geral e com ocasionais exceções, os republicanos eram mais nacionalistas que socialistas, os democratas talvez mais socialistas que nacionalistas, mas ambos evitavam tais designações ou adjetivos.[8] Mas o que devemos reconhecer é que o nacionalismo do Partido Republicano tem sido *o* elemento principal de sua popularidade, certamente desde os anos Reagan – e isto é especialmente evidente desde setembro de 2001, assim como antes, durante e depois da Guerra do Iraque. De um lado, a popularidade de George W. Bush não foi mais que uma ilustração daquilo que Tocqueville escreveu 180 anos atrás: na era da democracia pode aparecer um anão no topo de uma onda gigantesca, dando a impressão de que ele a domina, pelo menos por algum tempo. Além disso, as declarações e comportamentos covardes – ainda mais covardes que cautelosos – da maior parte dos políticos e potenciais candidatos presidenciais democratas eram prova recorrente do enorme poder do nacionalismo. O que quer que pensassem, nenhum deles (salvo muito poucas exceções) ousava dizer uma palavra crítica sobre este presidente-guerreiro e sobre as "nossas tropas". Isso era pelo menos um resquício do 4 de agosto de 1914, quando os socialdemocratas alemães, anteriormente acusados de inimigos da nação alemã pelo Kaiser, ovacionaram-no quando este apareceu no Reichstag e pediu créditos de guerra; ou, ainda pior, um resquício do Partido Católico de Centro alemão que, em 23 de março de 1933, votou unanimemente a Lei Plenipotenciária, que dava a Hitler todos os poderes que ele queria. Eles foram movidos pelo medo de não parecerem nacionalistas o suficiente.

Entretanto – os Estados Unidos não são como a Alemanha, e a história não se repete. Durante e após a Guerra do Iraque, Bush e os republicanos estavam na crista da onda, o que parecia ser irreversível, mas aquela impressão pode ser efêmera e talvez até enganadora. O que não é efêmera é a persistência do nacionalismo norte-americano, um tipo de religião cívica.

▼

O QUE ISSO NOS DIZ sobre o caráter de um homem? Podemos saber muito pouco sobre seu relacionamento consigo; temos poucas evidências (e certamente não definitivas ou determináveis) sobre seu relacionamento com Deus. O que podemos saber e o que podemos julgar são seus atos e palavras, evidências e sintomas que mostrem seu relacionamento com outros seres, e especialmente com outros seres humanos. Assim é para o caráter de uma nação e para o de um homem. O comportamento de uma nação e seu relacionamento com outras nações nos mostram algo sobre seu próprio caráter, suas inclinações. Por causa disso o termo "política externa" é um tanto enganador: pois a política não é totalmente "externa". Reflete algo das preferências, dos pensamentos e das crenças de um povo.

No caso dos Estados Unidos há um problema a mais: a discrepância entre o desenvolvimento histórico do povo e do Estado norte-americano. Antes da Segunda Guerra Mundial, o aparato e os funcionários do Departamento de Estado (e também do Departamento de Guerra) eram muito menores que os de qualquer grande potência comparável. Mas, durante a Segunda Guerra Mundial e especialmente durante a conseqüente Guerra Fria, aumentaram enormemente. Isso continuou sem arrefecimento durante os últimos 20 anos, ao mesmo tempo em que o conhecimento da maior parte dos norte-americanos sobre o mundo (em grande parte devido ao declínio da sua educação) diminuiu. Mas a coexistência daquele momento do crescente nível de atividade com a crescente ignorância não é rara na história das nações, assim como não é rara na vida de um indivíduo.

A própria conduta das relações externas mudou junto com a enorme transformação de sua burocracia. O velho, esparso, cuidadosamente selecionado, bem treinado e limitado numericamente Corpo Diplomático virtualmente deixou de ser importante ou mesmo de existir. Mesmo mais que a inflada burocracia do Departamento de Estado em Washington, o número de funcionários das embaixadas dos Estados Unidos no exterior multiplicou-se por dez. Apesar da crença e da propaganda de Ronald Reagan sobre os males de um governo grande, a burocracia das relações exteriores do país, da Presidência e especialmente da "Defesa" continuaram a inflar. No nível mais alto, os secretários de Estado começaram a ser cercados e empurrados por assessores da "Segurança Nacional", duplicando, e em muitos casos, substituindo a autoridade e o posto do secretário. Muitos destes poderosos figurões eram acadêmicos da ambígua disciplina de "relações internacionais"; muitos dos quais estrangeiros. Alguns deles eventualmente se tornaram secretários de Estado (Henry Kissinger, Albright); outros que não (Zbigniew Brzezinski; Condoleeza Rice[9]) alcançaram o topo do ranking das celebridades e cuidaram para não cair. Mais um elemento na transformação da diplomacia norte-americana (se é que o termo ainda se aplica) foi a intromissão alastrante da "Inteligência" na administração das relações exteriores. Alguns dos líderes da CIA eram patriotas norte-americanos decentes e honestos; mas a própria estrutura burocrática da CIA a fez depender da política. Os conselhos aos mais altos níveis do governo, inclusive presidentes, raramente ousavam diferir das visões ideológicas e dos desejos políticos geralmente aceitos na Casa Branca. Isso teve muito a ver com a lamentável miopia da maior parte dos analistas da CIA e de seus estudos, por causa de sua dependência do clima político corrente, assim como da coleta de "inteligência" técnica e fotográfica à custa de desconsiderar elementos históricos e humanos. Assim, por exemplo – e um exemplo muito importante – os diretores e burocratas da CIA falharam totalmente quando não previram a dissolução do Império Russo na Europa Oriental ou a derrubada do Muro de Berlim, apesar de uma miríade de sintomas e sinais que indicavam aqueles eventos. Mas a maior parte das pessoas – especialmente burocratas – pensem o que quiserem: falarão ou escreverão de uma maneira quando pensarem que este tipo de fala ou escrita serve melhor a eles que outros.

Finalmente, ganhando velocidade durante os anos Reagan, e depois, especialmente após 2000, o poder do Departamento de Defesa sobre o de Estado cresceu muito – uma condição que se manifestou, assim como se tornou endêmica, sob a Presidência do segundo Bush, com o secretário de Defesa, o briguento e belicoso Ronald Rumsfeld, adquirindo uma influência mais ampla e maior que a do secretário de Estado, o por vezes infeliz ex-general Colin Powell. Na verdade, foi o secretário de Defesa e seu aliado próximo, o vice-presidente, que estabeleceram o curso do gigantesco navio do Estado norte-americano, enquanto o secretário de Estado não podia e não fez mais que tentar (e raramente com sucesso) corrigir os entreveros desse curso, aqui e ali, de tempos em tempos.

Já em 1956, a seção nove do programa do Partido Republicano clamava pelo "estabelecimento de bases aéreas e navais dos Estados Unidos por todo o mundo" (este era um partido ainda chamado de "isolacionista" por alguns de seus míopes oponentes liberais). Menos de 30 anos mais tarde, sob Reagan, esta aspiração tornou-se realidade. Agora, talvez não houvesse ninguém (inclusive o presidente, claro) que enumerasse e muito menos identificasse as talvez mais de 100 localidades onde houvesse algum tipo de presença militar norte-americana no mundo – com a exceção, talvez, de algum burocrata solitário no Departamento de Defesa com um interesse amador por geografia.

Ainda, o principal evento e o de mais amplas conseqüências dos últimos 20 anos foi o colapso do Império Soviético. Este foi um terremoto histórico e geográfico, muito mais importante que o fim do comunismo internacional (se este ainda existisse nos anos 1980). As reações a este evento tanto pelo governo norte-americano quanto pelo seu povo foram moderadas. Não houve regozijo, nenhum triunfo com o término da Guerra Fria.[10] Mas, infelizmente, isso não duraria. Em quase todos os lugares de onde os russos haviam se retirado, o Império Norte-Americano avançou mais cedo e não mais tarde. Washington apoiou, ainda mais que aceitou, o desmantelamento de partes do Império Russo. Contrária às (alegadamente vagas) garantias dadas aos russos pela primeira administração Bush, em 1989, a OTAN foi estendida à ex-Alemanha Oriental e depois à República Tcheca, Polônia e Hungria, em 1998, com bases militares lá estabelecidas. Que isso tenha sido feito durante a Presidência de Clinton e não durante um governo republicano, era prova de persistência da ideologia originalmente wilsoniana do internacionalismo norte-americano – a tentação de acreditar que o que é bom para os EUA é bom para o resto do mundo.

Mesmo antes do colapso do Império Russo-Soviético, porém, deveria ter sido evidente que o principal perigo para os Estados Unidos não era mais a presença do poder russo, mas a emergente expansão e agressividade do chamado Terceiro Mundo. Nem republicanos nem democratas prestaram atenção nisso nos anos 1980 (ou mesmo por algum tempo depois); nem republicanos nem democratas pensaram muito nas reais conseqüências da contínua invasão dos Estados Unidos pelo Sul por uma multidão de imigrantes legais e ilegais que vinham da grande fronteira no deserto que não era fortificada, em grande parte desprotegida e sem defesa. O fato da proteção ou pelo menos do controle das próprias fronteiras de uma nação ser, ou pelo menos devesse ser, o objetivo primeiro da defesa nacional, não ocorreu nem com republicanos nem com democratas. Certamente foi ignorado pelos especialistas de defesa ou de política externa.

As operações militares norte-americanas no Terceiro Mundo, no entanto, haviam começado. Depois que os mulás enlouquecidos do Irã (a ex-Pérsia) incitaram protestos antiamericanos de gangues e aprisionaram funcionários da embaixada norte-americana em Teerã, o presidente Carter enviou forças de elite ao deserto persa – uma missão que falhou. Impulsionado pelo Assessor de Segurança Nacional Brzezinski, Carter (e depois seu sucessor Reagan) optou por armar outra tribo de mulás e outros para lutar contra os russos e os comunistas no Afeganistão. Em 1982, Reagan enviou fuzileiros para o Líbano (onde o alojamento deles havia sido destruído); dois anos mais tarde, Reagan invadiu a minúscula ilha caribenha de Granada para "liberá-la" do governo de loucos. Dois anos depois, ordenou que a Força Aérea bombardeasse a Líbia; no mesmo ano, ordenou a colocação de minas nos portos da Nicarágua e a intervenção na guerra civil de guerrilhas do país Em 1989, o primeiro Bush enviou tropas norte-americanas à Cidade do Panamá para prender Noriega, o presidente panamenho. Em 1991, ele "liberou" o Kuwait de uma invasão iraquiana e derrotou o Exército de Saddam Hussein, estabelecendo a soberania dos Estados Unidos sobre o espaço aéreo do país. Em 1993, o presidente Clinton enviou forças ao turbulento caos da Somália, onde Estado e governo praticamente inexistiam e de onde as tropas logo seriam retiradas. A intervenção norte-americana em guerras civis (ou melhor, étnicas ou nacionais) irrompendo por toda a ex-Iugoslávia aconteceu desde o princípio, culminando em severos bombardeios dos Estados Unidos sobre a Sérvia e na presença militar na Bósnia e no Kosovo (na verdade, depois que ficou óbvio que nem a Grã-Bretanha nem a "União Européia" haviam conseguido disposição ou forças suficientes para chegar até lá).

Os Estados Unidos tinham interesses no Oriente Médio mesmo antes do fim da Segunda Guerra Mundial e em algumas bases aéreas e navais logo depois. Quais seriam esses interesses? Petróleo; o suposto perigo da expansão soviética/comunista; o Estado de Israel; o fanatismo islâmico e populista? Destes, a dependência do primeiro poderia ter sido amplamente reduzida com o cuidadoso planejamento do consumo no âmbito doméstico; o segundo desapareceu em 1990; mas o terceiro e o quarto estavam intimamente ligados. Os Estados Unidos optaram por proteger e garantir o Estado de Israel desde a sua criação, em 1948 (com ajuda norte-americana). Muitos presidentes (especialmente Carter e Clinton) tentaram, com mais ou menos sucesso, mediar e alcançar compromissos entre Israel e alguns de seus vizinhos árabes. Mas, durante os anos 1990, a situação piorou. A composição da população de Israel, e conseqüentemente a configuração de suas políticas, estava mudando. Seus antigos cidadãos, em grande parte de origem européia, diminuíram em número e em influência; judeus vindos da Rússia, um fluxo que se iniciou 20 ou mais anos antes, eram mais abertamente nacionalistas; a outrora maioria socialdemocrata deu lugar a uma maioria nacionalista militante, com Ariel Sharon como primeiro-ministro. Em setembro de 2000, Sharon liderou uma agressiva incursão em um templo muçulmano de Jerusalém. O resultado foi uma onda e uma logo persistente erupção da violência, em grande parte por palestinos, dentre os quais jovens fanáticos escolhiam virar mártires heróicos em ataques suicidas. Logo o ódio fanático de alguns desses árabes começou a incluir alvos norte-americanos. Em 11 de setembro de 2001, vieram as explosões em Nova York e Washington.

Não muitos norte-americanos consideraram ou talvez entenderam que este ódio pelos Estados Unidos era em grande parte o resultado de seu quase incondicional apoio a Israel. Os motivos e os propósitos desse endosso a Israel, inclusive uma evidente indisposição de Bush e do seu pessoal em pressionar alguém como Sharon, eram e continuam a ser complicados. Não podem ser totalmente atribuídos ao propósito de atrair os votos judeus ou ao *lobby* poderoso e cheio de recursos dos judeus em Washington e em outras partes, e nem mesmo à considerável presença de judeus em altos cargos no governo, aconselhando Bush e seus aliados. Esses fatores eram importantes. Entretanto, mais importante e mais agourenta foi a reação impulsiva desse presidente à catástrofe de setembro de 2001: "Isto é guerra!" Instantaneamente ele ordenou imediata ação militar contra países selecionados nesta guerra contra – em grande parte não-governamentais – terroristas. O Afeganistão, temporariamente dominado por um governo de extremistas "fundamentalistas", os Talibãs, era um alvo óbvio. Muito menos óbvio foi o Estado secular do Iraque, dominado pelo ditador Saddam Hussein. Ajudado pela presença e influência de "neoconservadores" conselheiros de Segurança, Defesa e Relações Internacionais no verão de 2002, era mais ou menos claro o que Bush queria – na verdade, estava ansioso por – uma guerra contra o Iraque, não importa por qual razão ou pretexto. Uma vez assentado em sua idéia fixa e direção radical, esse governo republicano estava disposto não só a passar por cima, mas a prejudicar o status das Nações Unidas. (Devemos nos lembrar que em 1945, as Nações Unidas eram uma invenção dos Estados Unidos e desde 1947, uma grande espinha de concreto no flanco bruto de Nova York. Como a Liga das Nações de Wilson, as Nações Unidas de Roosevelt eram carregadas por muitas ilusões não fundamentadas desde o princípio; entretanto, por mais de 50 anos, diferentes governos norte-americanos pensaram ser melhor dar pelo menos algum respeito a essas ilusões – até 2003, ano em que a organização foi desprezada por Bush e seu pessoal, quando viram que os inspetores e os Estados-membros não concordariam totalmente com a necessidade de ir à guerra contra o Iraque.) Conseqüências de longo alcance desse tipo de arrogância dos Estados Unidos ainda estavam para ser vistas; mais efêmero foi o rude ataque aos governos da França e da Alemanha, que estavam somente considerando seu direito eventual de não votar o plano norte-americano nas Nações Unidas. Infelizmente, tais atitudes do governo Bush pareciam estar em concordância com as reações de muitos norte-americanos. As reações de dar novo nome à comida francesa ou boicotar o vinho francês eram transitórias e infantis. Mais preocupantes eram os relatórios de pesquisas, de acordo com os quais a maioria dos norte-americanos aprovava Bush e a guerra, mesmo no caso de nem o ditador iraquiano fugitivo nem as "armas de destruição em massa" (o pretexto para a guerra) iraquianas fossem encontrados.[11] Nem mesmo ficaram os norte-americanos perturbados com a situação que o triunfo de suas tropas no Iraque instantaneamente provocou: anarquia, criminalidade[12] e caos.

Assim, no início do século XXI, esta prevalência do nacionalismo populista já é característica da política externa norte-americana. Entretanto, muito disso havia começado a se propagar bem antes da emergência do terrorismo no Afeganistão e no Oriente Médio. Já nos anos 1980 e depois, durante o colapso do Império Russo, certos intelectuais norte-americanos e suas publicações propunham e clamavam por um destino e um dever dos Estados Unidos de governar o planeta em nome da "liberdade", indo além da ideologia universalista wilsoniana ("tornando o mundo seguro para a democracia"). É lamentável registrar que muitos desses proponentes eram intelectuais judeus norte-americanos, os descendentes dos ex-trotskistas, Stálinistas ou de outras famílias liberais de esquerda, agora evidentemente gozando do precipitado espírito do nacionalismo. Pois existem companheiros de viagem não só na esquerda, mas também na direita: pessoas cujos temores do passado se transmutaram em sentimentos prazerosos ao serem admitidos para a companhia de nacionalistas e daqueles que os odeiam. A propagação do ódio contra o Império Russo (na visão de observadores irônicos, houve uma demora de duas gerações para ver que os russos eram anti-semitas) acompanhava o passo do desprezo não só do marxismo, mas também de muito do liberalismo. Repentinamente, tais intelectuais se tornaram os principais porta-vozes não só do antiliberalismo, mas de um domínio global norte-americano sem precedentes.[13] No princípio do terceiro século norte-americano, as condições do comércio político, ideológico e governamental se tornaram tais que estes neoconservadores poderiam ocupar posições influentes, na verdade dominantes, nos mais altos níveis do governo norte-americano – de um governo que pelo menos parecia aceitar e, mais evidentemente apreciar, idéias não só de que os Estados Unidos devem "tornar o mundo seguro para a democracia", mas que devem dominar o mundo.

▼

SOB AS MUDANÇAS SOCIAIS, econômicas e políticas dos últimos 20 anos, a transformação das trocas intelectuais, envolvendo mudanças nas idéias e crenças dos Estados Unidos, continuou. Havia a crescente predominância da televisão sobre a matéria escrita, da comunicação pictórica sobre a verbal, influenciando até a imaginação. Anteriormente, no século XX, alguns filósofos do país (além dos britânicos e europeus) lamentaram, corretamente, o então domínio da imprensa com a produção em massa de trivialidades, esperando haver pessoas que não acreditassem no que estava escrito nos jornais. É impossível prever se virá um tempo em que haja pessoas suficientes que não acreditem no que lhes é mostrado na televisão; é muito mais duvidoso por causa das imensamente complexas e secretas manipulações envolvidas em selecionar e mostrar as imagens e suas seqüências. O que podemos notar é o gradual desaparecimento, nos últimos 20 anos, de grupos de pessoas que, correta ou erradamente, se intitulavam "intelectuais" – pessoas não-necessariamente ligadas aos centros universitários e universidades, mas que representavam opiniões próprias, que gostavam de conversar uns com os outros sobre coisas diferentes daquilo que liam nos jornais diários. Seu desaparecimento trouxe conseqüências para o declínio das cidades e para o relativo isolamento das pessoas nos subúrbios. Em 2000 – diferente do que acontecia no início do século XX – havia cada vez menos intelectuais que não eram acadêmicos (enquanto, é claro, havia também vários acadêmicos que não eram verdadeiros intelectuais).

Isso tinha muito a ver com o contínuo declínio na qualidade da educação norte-americana. (Mas isso também era um fenômeno mundial.) O número de alunos universitários quase dobrou de 1970 a 2000. Já em 1970, mais da metade dos formandos da escola secundária ingressavam em algum tipo de instituição de ensino superior; em 2000, mais de 63%. Nesse ano, um diploma universitário geralmente equivalia ao que significava um diploma secundário meio século antes para efeitos de emprego, assim como no nível de educação geral. Em 1900, o graduado de uma escola secundária norte-americana recebeu uma educação muito melhor que seu descendente com formação universitária, 100 anos mais tarde.

Enquanto isso, a distância entre as opiniões e ideologias políticas de muitos professores universitários e aquelas da maioria das pessoas permanecia grande. Esse não era um fenômeno norte-americano novo, mas foi exacerbado pelo som e a fúria dos anos 1960, pelos professores contratados de então que ainda estariam ensinando décadas mais tarde, apesar de seus números estarem gradualmente diminuindo. A expressão vazia "politicamente correto", definindo uma conformidade generalizada de categorias e idéias esquerdistas, radicais, feministas, etc., continuou em uso 30 anos mais tarde. Mas houve mudanças. Em 2000, em vários casos os estudantes eram (ou se tornaram) mais conservadores que seus professores (apesar disto também não ser um fenômeno novo). Também pela primeira vez havia um pequeno, mas crescente, número de professores seriamente conservadores em muitos *campi*. Enquanto isso, o número de leitores de publicações antiliberiais ultrapassou o de leitores tradicionalmente liberais ou esquerdistas. Um desenvolvimento mais salutar e interessante foi a popularidade decrescente do modernismo, da "novidade" (Ezra Pound, *circa* 1912: "Faça o novo!") na pintura, arquitetura e em todas as outras formas de arte – mas significativamente, não na moda, nas roupas, nos modos. Talvez mais revelador tenha sido o crescente interesse pela história (infelizmente não notado pelos administradores das escolas e universidades). As evidências eram multiformes e manifestavam-se desde o crescimento do número de sociedades históricas locais até o interesse por "documentários" históricos em filmes. Mais do que tudo, do sucesso popular de todos os tipos de histórias. Diferente de décadas antes, durante o último quarto de século, histórias de todos os tipos, inclusive as biografias muito bem escritas, vendiam melhor que os romances.

Mais superficial e talvez transitório foram o crescente apelo e influência política das chamadas igrejas e religiões "fundamentalistas", especialmente no Sul e no Oeste, entre os protestantes. "Superficial" porque o comportamento da maior parte de seus membros envolvendo divórcios, sexo na adolescência etc., pouco diferiam daquele dos outros norte-americanos não "nascidos de novo". "Transitório" porque mesmo que a história não se repita, a enorme onda de religiosidade pública e da freqüência nas igrejas dos anos 1950 logo se evaporou. Não obstante, a chamada "Direita Cristã" se tornou uma força política e um recurso para os republicanos e para George W. Bush (que se dizia um verdadeiro crente, tendo escolhido Deus, seja lá o que isto quer dizer). Entre os católicos também o conservadorismo e o republicanismo tinham seu apelo, não diferente dos anos 1950, quando muitos deles se afastaram de suas tradicionais afiliações democratas: mas seu "conservadorismo" era em muitas maneiras superficial. Antes e durante a guerra no Iraque, poucos católicos ouviam ou seguiam as admoestações do papa João Paulo II que, abertamente e com rara franqueza, falava contra a guerra. Tal era o nacionalismo da maior parte dos membros de uma igreja e de uma fé normalmente supranacionais. A maior parte deles se achavam norte-americanos que por acaso eram católicos, em vez de católicos que por acaso eram norte-americanos. Aquilo era (e é) outra indicação das complexidades do povo democrático e de seu modo de pensar: a diferença entre o que as pessoas pensam que acreditam e o que elas realmente acreditam.[14]

Seria – relativamente – esse um novo estágio? Não seria essa uma condição humana perene? Não só *o que* mas *como* os norte-americanos pensavam que pensavam, como eles tomavam suas decisões e controlavam seus espíritos 200 anos atrás? Nem mesmo o mais sério e sábio historiador pode, ou deve, tentar dar uma resposta definitiva para tais perguntas. Mas é nosso dever melancólico observar que houve uma mudança. Com todo o ceticismo salutar sobre a natureza humana, com a defesa de um governo misto etc., etc., os fundadores da República podem ter superestimado a potencial inteligência do povo. Mas dois séculos mais tarde, o contrário aconteceu. Os sintomas de uma subestima cínica, quase sempre crua, da capacidade mental das pessoas estão ao nosso redor. Estão lá nos requisitos e padrões de sua educação nas escolas, no controle das campanhas políticas e especialmente na televisão. A enorme quantidade de dinheiro necessária para sua produção inevitavelmente faz com que os dirigentes tentem atrair o maior número de expectadores, para assim estabelecer níveis pelo menor denominador comum. Em grande parte, isso era verdadeiro a respeito da imprensa no passado também: mas, mesmo imperfeitamente, permanecia algo do propósito educacional: a criação (e reflexão) do que poderia ser chamado de opinião pública, em vez de sentimento popular. Ou, em outras palavras: a preferência pela democracia popular sobre o populismo. Isso é cada vez menos possível – e certamente cada vez menos lucrativo – na televisão, especialmente quando ela apresenta a maior parte dos norte-americanos (supostamente a 85% deles) as notícias do seu país e do mundo, consistindo de imagens e vozes que são selecionadas pela "informação" misturada ao entretenimento. E enquanto a presença "conservadora" na televisão, no rádio e na imprensa, autoconfiante, quase sempre rouca e nacionalista, aumenta, muitas apresentações liberais se tornaram inseguras, confusas e impopulares.

▼

"A América não vai para o exterior à procura de monstros para destruir." Se fosse, isso envolveria os Estados Unidos "além do poder de desembaraço, em todas as guerras, interesse e intrigas, da avareza individual, inveja e ambição... Eles podem se tornar ditadores do mundo. Não mais poderiam governar seu próprio espírito".

Essas foram as palavras de John Quincy Adams, o maior de todos os secretários de Estado dos Estados Unidos, em seu discurso do 4 de Julho de 1821. Em 1995, George F. Kennan, talvez o maior e certamente um dos mais honestos patriotas norte-americanos do século XX, escreveu que a declaração de Adams era tão atual quanto fora 174 anos antes. O que vimos desde então e o que está diante de nós agora é o total repúdio da advertência de Adams pelo presidente e pelo seu governo, pelo maior partido político, pelos mais francos intelectuais públicos da América que se chamam "conservadores, e com pelo menos o apoio tácito da maioria dos conservadores" do país.

Isso não resultou em um episódio efêmero marcado por um presidente efêmero ou por uma revolução repentina. Já vimos que suas tendências e ideologias começaram a se organizar e prevalecer mais de 20 anos atrás. Mas também temos que entender que suas origens intelectuais e ideológicas vêm de muito antes. As origens residem na dualidade de espírito e da mente norte-americanas, de onde o "isolacionismo" e o "internacionalismo", ou o "excepcionalismo" e o "universalismo", são designações inadequadas. E por causa desta dualidade devo concluir este livro com uma – eu admito: necessariamente imprecisa – tentativa de colocar a situação histórica dos Estados Unidos como é no início do terceiro milênio do mundo ocidental, quando a chamada Idade Moderna, aqueles 500 anos de 1500 a 2000 estão se acabando.

Os Estados Unidos foram criados bem no meio da Idade Moderna, cerca de 250 anos atrás. Pelo menos em algum sentido sua revolução, sua guerra pela independência e sua constituição pertenciam ao Iluminismo. (Em algum sentido, somente: pois a revolução norte-americana foi muito diferente da revolução francesa; porque os Pais Fundadores dependiam muito mais das experiências, leis, educação e idéias inglesas e escocesas que das francesas.) Mesmo assim:

para os Estados Unidos, ser uma criação da Idade Moderna foi uma grande vantagem – pelo menos por algum tempo. Mas era – cada vez mais – também um problema. O problema era a ausência de tradições intelectuais mais antigas que as do chamado Iluminismo, quer parisiense ou escocês: a ilimitada fé no progresso apoiada numa superficial e errônea visão da natureza humana, o "homem máquina" do século XVIII, com sua animada e inconseqüente negação de sua complexidade e natureza pecadora.

Este não é mais um argumento filosófico ou ideológico – agora, quando pela primeira vez na história humana (da qual toda a Idade Moderna, sem falar do Iluminismo, foram curtos capítulos) é possível à tecnologia destruir a maior parte, senão todo o mundo. Duzentos e cinqüenta anos atrás, todas as catástrofes humanas, inclusive as epidemias, vinham de fora. Agora elas são feitas pelo homem. As aplicações da ciência e da tecnologia – por exemplo, catástrofes nucleares ou a poluição de grande parte da natureza ou da potencial clonagem de seres humanos – são perspectivas terríveis já visíveis para nós.

Os Estados Unidos "podem se tornar os ditadores do mundo", um potencial contra o qual John Quincy Adams advertiu em 1821. Ele advertiu aos estadistas e ao público que mantivessem um limite consciente em suas ambições ideológicas, políticas e geográficas. De uma maneira geral, o fizeram por muito tempo. Na história do mundo, o século XX já era o século norte-americano: mas muito da norte-americanização do mundo não foi ditada pelos Estados Unidos. A automobilização, amplas práticas democráticas, crédito oferecido às massas, entretenimento cinematográfico etc., eram quase sempre ansiosamente adotados por outros povos do mundo, sem pressão política ou mesmo financeira dos Estados Unidos. Mas chegou a mudança. Os Estados Unidos se tornaram os ditadores de grande parte do mundo, uma circunstância encorajada por seus próprios "conservadores". Isso aconteceu com o embrutecimento dos norte-americanos, de suas maneiras e tradições. Quando presidentes do país agora, incorporam a farda de comandante-chefe; quando os aviões de guerra são chamados de "predadores", "raptores", "falcões negros", "javalis"; quando a imaginação de milhões de jovens norte-americanos é inspirada por monstros, dragões, dinossauros, *Guerra nas Estrelas*, isto nada mais são que sintomas superficiais de uma ideologia nacional embasada em um tipo perigosamente superficial de espiritualidade: a crença de que, naturalmente como ordenado por Deus, os norte-americanos são o povo escolhido do Universo. Daí sua propensão a pensar que todos os que se opõem a eles são do mal; o oposto da América, do bem: um emprego corrompido dos termos do Velho Testamento, uma surpreendente evidência de um necessário autoconhecimento.

Que este é o destino dos Estados Unidos foi o que se ouviu nas palavras daquelas arrogantes figuras públicas que, em maio de 2003, tocavam seus sinos. (Logo estariam torcendo suas mãos.) Elas também estavam se aproximando do tempo em que teriam de encarar terríveis dilemas: proibir ou não a cada vez maior aplicação da tecnologia; virar as costas ou não à diabólica noção de "progresso".[15] A história, por causa da Providência e da natureza humana, permanece imprevisível. A natureza humana não muda e o caráter de uma nação também muda pouco, a não ser a longo prazo. Com todas as falhas da democracia de massas – e há muitas – com todo o embrutecimento de seus modos e tradições, o povo dos Estados Unidos, inclusive a maior parte dos milhões de imigrantes assimilados, reteve suas características históricas: este é um povo menos iluminado que se pensa: entretanto é generoso, trabalhador e benevolente.

Então, devemos esperar que ele comece a repensar o significado de "progresso"; sim, que comece a pensar sobre o próprio pensamento. Isto, se nada mais, significa que os Estados Unidos estão "sob o governo de seu próprio espírito".

NOTAS

Capítulo 1: O SEGUNDO SÉCULO *(p.11-67)*

1. Lukacs, J. "O Hitler da história", Rio de Janeiro, Jorge Zahar Editor, 1998.

2. O autor aqui faz uma referência ao famoso sermão do pastor norte-americano John Winthrop, de 1630: "City upon the hill" (A cidade sobre a colina). (N.E.)

3. Estrada no estado de Connecticut considerada patrimônio histórico norte-americano (N.E.)

4. Em *The Nation* (A nação), 29 dez 1951.

5. José Ortega y Gasset, *Obras completas* (Madrid 1961-3), vol. VI, p.37.

6. Lorde Acton em 1853: "A cidade não pode ser vista, pois é muito plana e cercada de embarcações".

7. John A.S. Greenville e George Berkeley Young, *Politics, Strategy and American Diplomacy: Studies in Foreign Policy 1873-1917*. New Haven, Conn., 1966, p.290.

8. John Philip Sousa ficou conhecido pela sua banda de música marcial e foi o primeiro presidente de uma organização de caça a pombos nos EUA. Em 1917, se tornou também presidente da Associação dos Proprietários de Armas. (N.E.)

9. Cidade portuária próxima a Atenas. (N.E.)

10. A do "destino manifesto". (N.E.)

11. Knut Hamsun já nos anos 1880: "Os norte-americanos são fundamentalmente um povo *conservador* que em várias áreas ainda se prendem a posições que mesmo a Noruega, atrasada no tempo como é, já abandonou há muito tempo." Hamsun, *The Cultural Life of Modern America*, Morgridge, ed., Cambridge, Mass, 1969, p.18.

12. "As rabecas estão soando por toda a América", disse John Butler Yeats (o pai do poeta), e ele não estava se referindo ao *ragtime*.

13. Burckhardt: "Atenas não tinha falta de leis sábias e as citava com louvor. Os atenienses não rescindiam as leis antigas, mas continuavam a acrescentar novas e assim deixavam os cacos de contradição caírem onde quisessem."

14. Refletiu-se também – ostensivamente como movimentos preventivos contra uma eventual expansão alemã – no aumento da velocidade da intervenção norte-americana no Caribe antes de 1917: no despacho de fuzileiros navais norte-americanos ao Haiti em 1915 e a Santo Domingo em 1916; e na insistência para que a Dinamarca vendesse as Ilhas Virgens aos Estados Unidos em 1916-17.

15. Outra razão: seus preconceitos raciais e étnicos, que ainda não receberam a atenção que merecem.

16. George F. Kennan, *Soviet-American Relations 1917-1920, I. Russia Leaves the War 1917-1920*, Princeton, 1957, p.22.

17. Em março de 1917, ele saudara a Revolução Russa como o evento mais promissor da história mundial desde 1776. Sua mensagem ao Congresso, em 2 de abril de 1917, afirmara: "Não se pode confiar que nenhum governo autocrático possa guardar a fé ou observar seus concertos." Lansing, na reunião ministerial de 20 de março de 1917, representando Wilson, disse: "A revolução na Rússia, que pareceu ser bem-sucedida, removeu a única objeção de se afirmar que a guerra européia foi uma guerra entre a democracia e o absolutismo; que a única esperança de uma paz permanente entre todas as nações dependia do estabelecimento de instituições democráticas pelo mundo."

18. *The Ladies' Home Journal*, ago 1923.

19. Foi uma declaração de promessa para o isolacionista e populista senador La Follette, que em 1923 expressou os sentimentos de John Adams um século antes: "A maior contribuição que a América pode dar à Europa e ao mundo é restaurar e aperfeiçoar suas instituições democráticas de forma que elas sejam um farol apontando o caminho para todos os povos."

20. Paul A. Carter, *Another Part of the Twenties*, Nova York, 1973, p.2.

21. Wilson também proclamara que "o norte-americano não quer mais nenhum território", ao mesmo tempo que sua administração pressionava a Dinamarca a vender as Ilhas Virgens aos Estados Unidos.

22. Citado em Carter, op.cit., p.137.

23. No nível do sentimento popular, da opinião pública, a influência dos progressistas e até dos comunistas permaneceu considerável; para a diferença essencial entre o sentimento popular e a opinião pública, ver Capítulo 7.

24. Do inglês "G-men": o termo era utilizado para designar os homens que trabalhavam ao redor de Hoover. (N.E.)

25. *Open door policy* ou Política de "portas-abertas": unilateralmente, a política externa norte-americana declarou na época que os portos chineses estavam abertos a todas as "nações amigas", contrariando os interesses imperialistas das grandes potências na região. (N.E.)

26. Um estranho castigo merecido: a maior parte dos navios de guerra que afundaram em Pearl Harbor tinham nomes de estados do Oeste, inclusive três dos quatro últimos estados a se juntarem à União: o *Arizona*, o *Oklahoma*, o *Utah*, o *Califórnia*.

27. Elsa Maxwell, em uma coluna sobre Ialta: "É isso! O modelo para a paz permanente! Um novo método de vida!"

28. Veja sobre isso no Capítulo 6. *The New York Times*, em 11 de junho de 1945: "O general Eisenhower declarou que a guerra européia havia sido uma guerra santa – mais que qualquer guerra na história. 'Falando às forças aliadas', ele acrescentou, 'digo que teremos paz mesmo que tenhamos que lutar por ela.'"

29. Em novembro de 1945, alguns meses depois da bem-sucedida explosão de uma bomba atômica no deserto índio do Novo México, um bandido americano, "Bugsby" Siegel, lançou os fundamentos de outro monumento à civilização noturna e deserta no Extremo Oriente, o primeiro hotel-cassino em Las Vegas. Alamogrado, 1945, Las Vegas 1945: a conjunção dessas datas e lugares contém um significado, pelo menos para este historiador.

30. Proposto ao Comitê Republicano Nacional pela agência de propaganda Harry M. Frost, em Boston.

Capítulo 2: TOCQUEVILLE ÀS AVESSAS (*p.68-96*)

1. A primeira era do Egito, onde na época era muito comum o casamento entre crianças.

2. George F. Kennan: embaixador dos EUA em Moscou no início da Guerra Fria. Tornou-se um dos principais formuladores da política externa norte-americana, em especial com a publicação do artigo "As fontes da conduta soviética", na revista *Foreign Affairs*, em julho de 1947, assinado por ele sob o pseudônimo "X". (N.E.)

3. Otan. (N.E.)

4. Líder dos nacionalistas chineses.

5. Veja Capítulo 8. Além disso: "Construções de novas igrejas chegaram perto de US$1 bilhão em 1958, mais que o dobro de recursos dedicados a construir hospitais públicos... Em 1953, cinco ou seis romances best-sellers tinham temas religiosos." James Gilbert, *Another Chance: Postwar America 1945-1968*, Nova York, 1981, p.238.

6. Bernanos em 1946: "O mundo crê que está avançando, porque detém um idéia materialista de avanço. Um mundo em movimento é aquele que sobe morros, e não o que rola para trás. Não importa quão rapidamente você caia de um morro, tudo o que está fazendo é cair. Entre aqueles que pensam que a civilização é a vitória do homem na

luta contra o determinismo das coisas ... e aqueles que querem fazer do homem uma coisa entre coisas, não há esquema de reconciliação possível."

7. Historiador e biógrafo do Império Romano. (N.E.)

8. No mesmo ano, um terço dos jovens da nação foram considerados fisicamente e/ou mentalmente ineptos para o serviço militar.

9. Menos o tênis. Uma nação cujos milhões de jovens usavam tênis, de sol a sol: essa transformação da juventude rebelde em juventude discreta diz algo sobre o espírito dos anos 1970 – o quê, exatamente, este escritor não consegue identificar.

10. Em fevereiro de 1982, centenas de fetos foram encontrados em Los Angeles em engradados tomados por uma companhia de almoxarifado. O dono do laboratório que os guardava não tinha pago o dinheiro devido pelo armazenamento. O que tencionava fazer com os embriões não sabemos. Três dias mais tarde, um promotor de Nova York decidiu que um homem que tinha estuprado uma mulher grávida de seis meses e depois lhe desferido facadas na barriga não podia ser acusado de assassinato por causa das leis de aborto existentes.

11. Senador Daniel P. Moynihan: "... um terço de todas as crianças nascidas na América durante os anos 1960 provavelmente gastarão uma porção de seu tempo recebendo benefício do Estado antes de alcançarem a idade de 18 anos." *The New Republic*, 9 jun 1982.

12. Os fundadores da República sabiam que a escravidão estava errada (havia poucos defensores intelectuais na época), mas eles a consideravam de alguma maneira ligada à ordem natural das coisas e aos costumes, cuja quebra seria indevidamente perigosa. Quaisquer que fossem as suas conseqüências, esse tipo de pensamento era diferente do racismo moderno (e populista). É também um exemplo precoce de elementos antiquados no pensamento desses anglo-americanos do século XVIII, colocando-os atrás dos franceses – com vantagem dos primeiros.

13. James C. Malin: "Para onde se deve olhar com sinceridade e integridade em relação a esta controvérsia sobre o status do negro livre, sobre questões de imigrantes, e sobre liberdade religiosa? A predisposição natural de todos os que acreditam na liberdade humana é de presumir que aqueles que advogam liberdade são, eles mesmos, pessoas decentes. Depois de cuidadoso estudo dos horrores, o perigo é que alguém pode pender ao extremo oposto e indefensável e questionar se havia qualquer integridade humana presente." Malin, *The Contriving Brain and the Skillful Hand Lawrence*, Kansas, 1955, p.167. O Partido do Estado Livre e o Partido Republicano em Ohio e no Kansas eram antinegros e também antiescravatura. O Kansas republicano e "sangrento", de 1861 em diante, negou voto aos negros (por referendo popular).

14. Deve-se notar, entretanto, que, pela primeira vez na história, os norte-americanos haviam adotado certos hábitos e práticas dos russos. Poucos tomavam vodca em 1950; em 1974 a vodca substituiu o uísque escocês como a bebida destilada predileta

consumida por norte-americanos. Nos anos 1970, chapéus de pele dos policiais estaduais e os sobretudos forrados e sem forma preferidos por muitos norte-americanos, em algumas grafias e acrônimos (Amtrak, Alyeska) sugeriam uma, talvez inconsciente, imitação de certas coisas russas. (Foram poucas, se comparada à massiva imitação e adaptação de coisas e expressões norte-americanas pelos povos das Rússias.)

15. Esta disposição significou, algumas vezes, algo próximo ao entusiasmo: considere o interesse de muitos norte-americanos em aparelhos e instrumentos de conservar energia, e não unicamente por motivos financeiros.

Capítulo 3: O Século do Automóvel *(p.99-128)*

1. Cidade do estado norte-americano do Michigan. (N.E.)

2. W.T. Stead, *The Americanization of the World*, Londres, 1902, p.354-5.

3. Em uma famosa passagem em "Que tipo de Despotismo Democrático as Nações devem Temer", em *Democracia na América*: "... Uma multidão inumerável de homens, todos iguais e parecidos, buscando incessantemente os pequenos prazeres para encher suas vidas. Acima desta raça de homem há um imenso poder tutelar, que toma para si somente assegurar sua gratificação e cuidar de sua sorte. Cobre a superfície da sociedade com uma rede de regras complicadas, minuciosas e uniformes, pelas quais a maior parte das mentes originais e personalidades ativas não pode penetrar ... A disposição do homem não é esmagada, mas amaciada, dobrada e guiada: quase nunca os homens são forçados a agir por ela, mas eles são constantemente restringidos em suas ações ... Sempre pensei que a servidão do tipo regular, quieta e gentil que eu descrevi pode ser combinada mais facilmente do que geralmente se acredita com algumas formas aparentes de liberdade, e que se pode estabelecer sob a asa da soberania do povo..."

4. Dwight Morrow sobre a inflação, em 1927: "É o efeito social que é tão perigoso. Ele transfere o hábito de gastar daqueles que têm longa experiência nisto, para aqueles que não a têm." Por outro lado, como salientou Ronald Berman em 1980: "O que é notável sobre a classe média norte-americana não é seu padrão de vida, mas sua extensão... A cultura de massa pode ser vulgar, mas a sociedade de massa não se tornou autoritária."

5. Nos anos 1950, o padre Francês Raymond Bruckberger reproduziu o diálogo de um processo legal quando Ford (em 1915), que havia cortado muitos dividendos, foi questionado pelo advogado dos irmãos Dodge. Ford disse que não queria lucros "terríveis", só o suficiente "para fazer o possível por todos os interessados, e, por acaso, ganhar dinheiro. Se você der tudo, o dinheiro cai em suas mãos; você não consegue sair disso". Padre Bruckberger: "Em todas as universidades do mundo, todos os jovens, buscando algum conhecimento sobre economia política, deveriam ser obrigados a decorar este diálogo. É tão importante em economia quanto a Declaração da Independência na política... marca um tipo de revolução copernicana.... Na verdade, este diálogo fantásti-

co deveria ser visto como o juramento de Hipócrates do homem de negócios." Para um francês, talvez; para um norte-americano, não. "O mundo de Ford é o mundo do homem contratado", escreveu Ezra Pound nos anos 1920. "O próprio Ford é um homem contratado, elevado à milésima potência... um revolucionário de tal grau que a briga dos impotentes vermelhos com ele é quase cômica... Mas onde isso nos leva? Tudo acima da existência confortável e animalesca é um vácuo."

6. Jules Abels, *In the Time of Silent Cal*, Nova York, 1969, p.77. Até 1955, liberais norte-americanos, ocasionalmente, falariam coisas semelhantes. Bernard De Voto: "Uma rodovia é não só uma medida de progresso, mas um verdadeiro índice de nossa cultura." As novas rodovias iriam revelar "a gigante" nação norte-americana. Citado por James Gilbert, *Another Chance*, Nova York, 1981, p.112.

7. Depois dos Estados Unidos vinha a Nova Zelândia: com um automóvel para cada nove habitantes – talvez significativamente, o mais igualitário Estado de bem-estar-social do mundo.

8. Ford em 1924: "Quando o automóvel se tornar tão comum na Europa e na Ásia quanto é nos Estados Unidos, as nações entenderão umas as outras. Governantes não provocarão guerras .... Esta é a principal conquista que o automóvel realizará – a eliminação da guerra." Norman Beasley, *"Henry Ford Says"*, *Motor*, jan 1924. (Este era o mesmo Ford que naquele tempo dava algum apoio a Hitler – que sabia o que o motor faria pela guerra.)

9. Em 1901, Nova York e Connecticut foram os primeiros estados a requerer habilitação dos motoristas. A Carolina do Sul e a Dakota do Sul vieram depois dos outros (o último foi em 1954). A idade mínima para obter a habilitação era de 15 anos, no Mississippi, um dos estados menos prósperos da União; isto pode estar relacionado com o estado vizinho, o Alabama, onde o número de carros quase dobrou de 1960 a 1975, enquanto sua população aumentou menos de 3%.

10. A construção de rodovias destruiu grandes porções de terras norte-americanas, e dos bairros de suas cidades (em 1970, mais de 50% de Los Angeles consistiam em rodovias, ruas e estacionamentos). Os caminhões grandes freqüentemente destruíam a superfície das rodovias assim que eram construídas e, ocasionalmente, destruíam todos os tipos de obstáculos involuntários, inclusive carros menores que estivessem em seu caminho. Em 1950, motoristas norte-americanos de caminhões tiveram que passar por rigoroso treinamento e exame; em 1970, isso não acontecia mais. O *lobby* dos caminhões fez o melhor (ou pior) que pôde para manter fora das estatísticas oficiais os números de mortes resultantes do tráfego de caminhões – até hoje é difícil de obtê-los. Isso é especialmente desolador, uma vez que o típico motorista norte-americano e seu carro típico (exceto jovens abaixo de 21 anos) ainda estão entre os melhores motoristas do mundo. O total de veículos a motor (automóveis e caminhões) era de cerca de 32 milhões em 1940, e de 108 milhões em 1970, um crescimento de mais de três vezes; o

número de acidentes envolvendo veículos a motor aumentou em menor velocidade, entretanto, o número de mortes em acidentes de carro declinou acentuadamente.

11. Havia 596 mil carros particulares na cidade de Nova York em 1930 e 1,325 milhão em 1956, um aumento de quase 256% durante um período em que a população da cidade declinou e os congestionamentos de tráfego se tornaram piores.

12. Tivesse o governo aumentado a idade mínima para dirigir, uma simples regulação sensata, teria reduzido o déficit nacional de gasolina pela metade.

13. Um olho poético reconheceu isso. Hilaire Belloc em *The Garden Party* (c. 1930): "Os pobres chegavam de Ford/Cujas feições lembravam..." o fim do verso sugere, profeticamente, também, sua visão de uma sociedade inflacionária: "A maldição social grisalha/Fica cada vez mais grisalha/E fede um pouco mais/*do que*/Nos dias da Rainha Vitória,/*quando*/Casavam e se davam em casamento,/ Dançavam no Baile do Campo/ e alguns deles mantinham uma carruagem./ E O DILÚVIO OS DESTRUIU A TODOS."

14. Herman A. Keyserling, *America Set Free*; Nova York, 1929, p.188. Também: "A América é socialista, mas expressa seu socialismo na forma de propriedade geral, e a Rússia na forma de pobreza geral." No mesmo ano, Douglas Woodruff em *Plato's American Republic*, Londres, 1926: "Os norte-americanos freqüentemente falam como se as idéias fossem menos reais que os fatos, ao invés de serem mais reais... O que são fatos? ... Eles podem ser qualquer coisa. Listas de nomes, e longas palavras técnicas são aceitas como fato. O maior fato é o divino progresso que eles cultuam ... Isso não poderia ser chamado de idéia? ... Pode-se dizer que sim... mas eu aconselharia não fazê-lo, porque os norte-americanos amam o progresso e não tolerarão seus insultos."

15. Um excelente e revelador resumo do que ele fez a uma cidade na obra de Walter Muir Whitehill em *Boston in the Age of John F. Kennedy*, Oklahoma University Press, 1966, p.44-5: "O automóvel, com acólitos de engenheiros de tráfego e especuladores imobiliários, em uma única década, a de 1950, conseguiu quase arruinar tanto a cidade quanto o campo, no Leste de Massachusetts. Uma monstruosa rodovia elevada, cujo nome é homenagem ao ex-prefeito John F. Fitzgerald, cortou impiedosamente o centro de Boston. A rua Storrow Drive, que separa a *Black Bay* da bacia do rio Charles com seis faixas de tráfego rápido, destruiu sem esperanças uma grande amenidade humana. Tão logo foi concluída a circular Rota 128 – originalmente planejada para orientar o tráfego no entorno da cidade –, os campos pelos quais passava se tornaram sítios de novas fábricas, que criavam problemas de tráfego urbano fora dos limites de Boston... Centro de compras suburbanos começara a escoar o comércio de varejo de Boston, também... Ano após ano, a cidade estava se destruindo nas bainhas..."

16. Em um momento, a indústria automobilística contribuiu com isto: a General Motors e outras indústrias do ramo (Standard Oil em Ohio, General Electric, Goodyear) compraram a companhia de bondes de Los Angeles, em 1927.

17. Durante a Segunda Guerra Mundial, os preços aumentaram muito pouco, e como vimos, não só a partir do controle dos salários e dos preços; mas, principalmente,

porque a confiança do povo norte-americano no valor de sua moeda era forte, e também porque o hábito do gasto instantâneo ainda não estava difundido. Em 1944, eles pouparam 22,2% de suas rendas pessoais (25,1% depois dos impostos deduzidos); em 1980, meros 3,7%.

18. O *New York Times*, Seção de Economia, domingo, 25 de agosto de 1957: "Os tempos mudaram. Possuir uma casa não é mais tão importante quanto ser capaz de usá-la enquanto se paga por isto."

19. Uma nota interessante da história intelectual do século XX era o pró-americanismo de muitos intelectuais fascistas ou pró-fascistas na Europa: Bardèche, Brasillach, Drieu la Rochelle, Wyndham Lewis; muitos deles admiravam filmes norte-americanos, assim como Goebbels.

20. Como também os chocolates e outros petiscos norte-americanos de gosto inferior ao suíço, ou de outros europeus, mas não importa. Em 1955, Mary McCarthy escreveu sobre Lisboa: "Nas *Delicatessen*, *tootsie rolls* e bolachas *ritz* eram exibidas sobre bases de veludo vermelho, como imagens sagradas." Do meu diário de viagem à Europa, 1958: "Milão. Duas lojas interessantes na via Montenapoleone. (1) Um antiquário chamado *Old America* (Velha América) – *Antichità*: cuidadosas imitações milanesas de cadeiras e mesas *shaker*, muito na moda agora; (2) na vitrine de um mercado interessante, um tipo de *vendôme* milanês, pacotes de flocos de arroz e de milho destacados à frente (com cupons para brinquedos de satélite espacial)."

21. Os automóveis na Europa (excluindo a URRS): 1946: 6,6 milhões; 1976: 118 milhões. Mesmo assim, a automobilização do mundo ainda estava bem atrás da dos Estados Unidos. Em 1977, os três países mais automobilizados eram a Alemanha Ocidental, a França e o Japão, com uma população total equivalente à norte-americana; o total de seus veículos a motor era 51 milhões.

Capítulo 4: O Salto para o Outro Lado do Oceano (*p.129-61*)

1. Uma comédia sobre a Irlanda, escrita por George Bernard Shaw, em 1904. (N.T.)

2. Do original: Statistical Abstract of the United States. (N.E.)

3. F.J. Warne, *The Immigrant Invasion*, Nova York, 1913, p.76.

4. Emma Lazarus (1849-87): poetisa norte-americana nascida em Nova York. Seu soneto "New Colossus" está gravado em uma placa de bronze, fixa a uma parede na base da Estátua da Liberdade. (N.E.)

5. Geralg Shaughnessy, *Has the Immigrant Kept the Faith?*, Nova York, 1926, p.104.

6. Como diz o *Historical Statistics of the United States* na seção "Afiliação religiosa" Série II 788-805: "Todas as denominações fazem suas próprias definições de membros ou afiliação e, da mesma forma, há também variações na base das compilações... As congregações judaicas registram os números de judeus em comunidades onde há con-

gregações. A Igreja Católica Romana, os luteranos, e a Igreja Protestante Episcopal registram como membros o total de pessoas batizadas, inclusive crianças..." Até 1916, as congregações judaicas "registravam somente os 'cabeça de família, os patronos e outros contribuintes'. Os dados para os judeus eram assumidamente incompletos". Uma olhada nas estatísticas no vol. I, p.391 mostra o quanto a adivinhação era incompleta a ponto de quase não valer a pena registrar.

7. Ibid., p.167

8. John Higham, *Strangers in the Land* (*Estranhos na Terra*, New Brunswick, 1955), p.311.

9. Curiosamente (ou talvez não tão curiosamente) Wells ocasionalmente os chamava de "de cor". (Eram todos europeus.)

10. Durante a sua primeira década, muitas das reuniões do Partido Comunista dos Estados Unidos eram conduzidas em ídiche. Presidentes que temiam os anarquistas tinham razão porque: o polonês que atirou em McKinley, em 1901, e o italiano que tentou matar Franklin Roosevelt, em 1933 (mas atirou no prefeito de Chicago), eram anarquistas; os homens que tentaram assassinar Truman, em 1950, eram porto-riquenhos. (O assassino de John Kennedy nasceu nos Estados Unidos, mas antes se desnacionalizou e tornou-se soviético.)

11. Esta pode ser uma das razões da condição (raramente observada) de que um europeu pode, ocasionalmente, aprender a falar inglês perfeito e quase sem sotaque na Inglaterra, mas quase nunca um inglês da América sem sotaque. Isto é especialmente verdade com relação às pessoas educadas que tendem a concentrar-se na pronúncia de certas palavras ao invés da entonação de certas frases.

12. Citado em Henry S. Commager, ed. *América em Perspectiva*, Nova York, 1947, p.191.

13. Essa assimilação ocorreu em 1960 quando, na área urbana de Boston, 255 mil pessoas eram de descendência italiana e 254 mil irlandesa; em 1964, ambos os candidatos ao governo de Massachusetts (Belloti e Volpe) eram ítalo-americanos.

14. O engenhoso e sábio Senador Boies Penrose, em 1919, disse que a palavra-chave do Partido Republicano na campanha presidencial que se aproximava seria "norte-americanismo". Seu amigo Talcott Williams, um jornalista bem informado: "Senador, o senhor é o homem que estou procurando – o que é norte-americanismo?" Penrose: "Sei lá, mas te digo, Talcott, vai ser uma palavra danada de boa para se carregar nesta eleição." E foi.

15. Isso curiosamente corresponde à tendência nativa e fundamentalista norte-americana de crer que um ser humano pode "nascer de novo" – o oposto do pecado original e do tipo de salvação que depende não da conversão, mas do arrependimento. Sobre o assunto, ver Capítulo 8.

16. Isso continua a valer para muitos imigrantes de segunda geração. Um exemplo: na confecção histórico-cinematográfica de E.L. Doctorow, *Ragtime*, sua descrição da

família imigrante judaica é reveladora, enquanto que a da família norte-americana mais antiga consiste em bonecos de papelão. (Veja meu ensaio *Salmagundi*. Out-inv 1976.)

17. Felix Morley, em *Modern Age* (Idade Moderna), verão de 1957. Vinte e quatro anos mais tarde (1981), a lista cresceu para 26 colunas, desde direitos nacionais ao aborto até bancada nacional de mulheres políticas.

18. Esse fenômeno não era incomum. Na Alemanha muitos dos líderes nazistas não eram prussianos (e protestantes), mas austríacos, alemães do Sul (e ex-católicos), inclusive Hitler: queriam demonstrar a força de seu nacionalismo alemão. (Hitler escreveu em *Mein Kampf* que ele era nacionalista e não patriota.) Mas, diferentemente da América, o ódio destes nazistas não era dirigido primariamente às classes patrióticas e aristocráticas mais velhas; era dirigido aos judeus.

19. Algumas vezes suas influências eram exageradas, como no caso dos poloneses-americanos na mente do presidente Roosevelt, em 1944; este presidente chegou ao cúmulo de pedir a Stálin algumas concessões para aplacar a oposição dos poloneses-americanos para seu próprio partido em casa. Stálin estava – devidamente – cético.

20. "Música sincopada é a expressão tonal da… linguagem inglesa do monossilabismo. Não representa a invasão do negro em território musical estranho. Nenhuma ideologia negra inspirou '*The Last Rose of Summer*' (*A última rosa do verão*). É totalmente inglesa e deve seu efeito invencível à sincopia do segundo compasso. Os negros com seu pronunciado senso de ritmo devem ter se tornado susceptíveis às tendências ritmadas da língua inglesa logo no início. Eles tinham sua própria música com tambor, que era ritmo pura e simplesmente. Na América aprenderam música coral...Sincope, que faltava nos hinos ingleses, era a base deste novo tipo. É a sincope no terceiro compasso que eleva 'Swanee River' tão acima do nível das simples canções de rua produzidas aos milhões no século XIX. Não havia traço de zombaria na música popular sincopada de norte-americanos negros e brancos..." H.E. Jacob, *Johan Strauss, Father and Son: A Century of Light Music*; Nova York, 1940, p.367-8.

21. Por volta de 1920, escritores ingleses, tais como Chesterton, se deliciavam com as gírias norte-americanas: "Ele agüenta". "Sou louco por ele". (Seus exemplos.) Compare isto às gírias de 50 anos mais tarde: "Nada a ver". "Nem pensar". "Lindo". "Comer como um porco".

22. A diferença entre Woody Allen e Groucho Marx era a de condição histórica de duas gerações – assim como a diferença entre, digamos, George Gershwin e Leonard Bernstein. O humor de Groucho era maravilhosamente norte-americano: inteligente, sem ser intelectual; ele era um animador de forma superamericana, não um prototípico intelectual norte-americano.

23. Robert Lilienfeld em *The New American Review*, 1982: os norte-americanos do final do século XVIII e início do século XIX eram "corajosos e frugais e não reconheceriam seus descendentes".

24. Entretanto, em uma carta para Beaumont, de Bonn, em 6 de agosto de 1854, sobre a imigração alemã: "Minha velha [!] opinião, de que a rápida introdução de homens de raça não anglo-saxã nos EUA é um grande perigo a ser temido na América – mostra que o sucesso final das instituições democráticas é um problema ainda não definido."

25. O impreciso termo "anglo-americano" não deve nos perturbar: mais que qualquer europeu de sua época, Tocqueville conhecia e entendia os irlandeses assim como os ingleses, tal como atestam sua volumosa correspondência e suas notas de viagem sobre a Irlanda e a Inglaterra.

26. Mary Antin escreveu em 1912, "Os descendentes do povo que fez a América não são numerosos o suficiente para mudar a eleição presidencial". Agnes Repplier: "E, se ora um fator negligenciável, que profundidade de insignificância será sua porção no futuro?" "O Imigrante Modesto" em *Counter-Currents*, Boston, 1916.

27. Henry F. May, *The New Era of American Innocence*, Chicago, 1959, p.39, 58.

28. Durante os anos 1950, um nome tal como o dado à atriz Kim Novak (outra mistura: o emasculado anglo-americano, suburbano Kim e o Novak eslovaco) não mais carregava uma conotação de imigração, era tipicamente norte-americano e popular. Nos anos 1970, o nome Kojak foi dado ao herói nacional da televisão (na verdade, um greco-americano careca e parrudo chamado Savalas) – "Kojak", que não é grego nem eslavo: um nome imigrante artificialmente composto que era, portanto, "tipicamente" norte-americano.

29. O desejo pela posse sexual da (preferencialmente loira) mulher anglo-saxã (de preferência da classe mais alta da sociedade) era o elemento principal e subjacente em muitos escritos (e presumivelmente nas aspirações) de tais escritores e celebridades judeus-norte-americanos como Norman Mailer, Philip Roth, Woody Allen. Dentre eles, Roth era o mais honesto. Ele reconhecia esta aspiração em *Portnoy's Complaint* [*A queixa de Portnoy*], um dos tristes temas é o desapontamento de Portnoy com a falta de orgulho entre os anglo-saxões, inclusive das mulheres loiras e anglo-saxãs que dormem com ele. No final da década de 1790, uma reação social se levantou: a obsessão com o que era, ou é, "*preppy*" [N.T. – expressão que se refere a alunos abastados de escolas particulares] (outra expressão boba e imprecisa) sugeria uma leve retomada da admiração dos modos dos norte-americanos de linhagem mais antiga. Pode ser significativo que a autora de *Preppy Handbook* (*Manual dos Preppy*), que vendeu aos milhões por volta de 1980, era uma jovem judia.

30. Robert Pastor, artigo em *The Atlantic Monthly*, jul 1982.

31. Digo "talvez" porque tais práticas não seriam impopulares com a maioria do povo norte-americano; seriam impopulares com as minorias, e – mais importante para os políticos e burocratas – com a "imagem" dos Estados Unidos no México e no Terceiro Mundo. A lei de imigração de 1965 era parte integrante do surgimento do último capítulo corrupto do liberalismo político nos Estados Unidos, é verdade; mas a indife-

rença (e, ocasionalmente, a covardia política) dos políticos a este novo, claro e presente perigo à república não é de maneira nenhuma monopólio dos liberais. Os republicanos *seguidores de Reagan*, de direita, anti-soviéticos, militantes do Sudoeste tentaram evitar encará-lo. "Senador John Tower (um militarista de direita, e chamado conservador) é normalmente um jogador exibido em um esquete amador satírico exibido todo ano em Dallas; quando o esquete de 1980 estava para ser montado no Álamo, Tower se recusou a participar, seu pessoal explicou que o senador não queria correr o risco de ofender os mexicano-americanos. Este é um episódio revelador; a força da idéia do 'mosaico étnico' havia se tornado tão forte que a própria história dos texanos tornara-se um embaraço." (De uma carta pessoal escrita por um sério estudante da nova imigração e que agora está preparando um trabalho importante sobre a matéria.)

32. Em 1980, uma pesquisa mostrou que somente 12% de todos os hispânicos e caribenhos no Sudoeste (inclusive cidadãos do país) se consideravam norte-americanos primeiro e hispânicos, depois. Em pelo menos quatro estados do Sudoeste o bilingüilismo levou ao biculturalismo: em alguns livros-texto, Juárez assume um papel comparável ao de Lincoln. Mas isso não é um fenômeno só do Sudoeste, na Califórnia e na Flórida. Há uma miríade de exemplos de tais transformações culturais. (Contaram, por exemplo, que em 1982, o único cinema remanescente no centro da cidade de St. Paul, Minnesota, anunciou "Filmes chineses três vezes por semana".)

33. O professor na Califórnia, Julian Nava: "A América não é um país. Os Estados Unidos são um país, a América é um continente. Um continente *marrom*." Carter nomeou Nava embaixador para o México. Reagan enviou um ator de cinema para o México como embaixador.

34. Herbert Agar, *The Price of Power, Nova York, 1952, p.102.*

35. Betty Flanders Thomson, *From the Changing Face of New England,* Nova York, 1958.

Capítulo 5: O Interlúdio Burguês (*p.162-200*)

1. O livro originalmente foi escrito em 1984 (N.E.)

2. Entre 1958 e 1968, o volume de vendas em Chicago aumentou 5%, e em seus subúrbios, 86%.

3. Devemos, entretanto, ter em mente que os recenseadores de 1920 foram rígidos na regra de considerar "urbana" qualquer comunidade com mais de 2.500 habitantes.

4. *Maud* (Isabelle Maud Rittenhouse), Strout ed., Nova York, 1939, p.22.

5. Em um romance tal como o de Evan Connell, *Mrs. Bridge* (1960), a heroína-protagonista era totalmente americano-burguesa; mas esta fase de sua vida durou menos que uma geração na cidade do Kansas, de 1915 a 1945.

6. Intelectuais norte-americanos importantes estavam errados com relação a isso. Edmund Wilson, em *The New Republic*, 4 de maio de 1932: "O escritor que me fez sentir

de maneira mais esmagadora que a sociedade burguesa estava no ponto de enterro não foi nenhum de nossos jornalistas americanos, mas Proust" – uma indicação segura não só da terminologia de Wilson, mas de seus pontos cegos intelectuais.

7. *Small Town America: A Narrative History, 1620 to the Present, Nova York, 1980, p.982.*

8. Em 1948, uma pesquisa similar no Canadá numerou aqueles que se consideravam "classe média": 65%; outra no mesmo ano na Grã-Bretanha: 48%. Mas o último número incluía todas as demais variações inglesas significativas de média alta, média, média baixa, as respostas também dependiam se a alternativa era classe "baixa" ou "trabalhadora".

9. De 1834 a 1907, a firma Currier & Ives produziu cerca de um milhão de litografias, construindo uma crônica da segunda metade do século XIX nos EUA por meio da imagem. (N.E.)

10. *Harper's*, dez 1948.

11. "Nossas línguas começam a refletir isto [escrevi em 1970]. Nos Estados Unidos, também a reputação de "burguês" começou a crescer recentemente, pelo menos entre pessoas cultas. Assim o estoque de palavras aumenta e diminui através dos anos. Suas histórias são as nossas histórias, ambas refletem e criam tendências prevalentes de consciência que são os assuntos mais profundos nas histórias das nações. Na bolsa de valores das palavras e mentes, 'moderno' está caindo, 'burguês' está subindo: uma pequena tendência, possivelmente sem qualquer significado."

12. Aqui, também 1955-6 foi um marco. Despesas com novas residências e unidades privadas de moradia passaram de US$3.222 milhões, em 1941, para US$3.300 milhões, em 1946, e para... US$18.774 milhões, em 1955! Daí em diante declinaram; alcançaram o nível de 1955 novamente só em 1962, elevando para US$24.272 milhões, em 1970 – isto em dólares inflados.

13. *America and Cosmic Man*, Nova York, 1948, p.166-7.

14. O Dia das Mães, em 1913, foi promovido pelos floristas dos Estados Unidos, "e ainda é uma fonte de lucro para eles, tem sua razão em... uma sociedade na qual os pais e os filhos perderam contato uns com os outros". Citado por Robert A. Nisbet de um artigo por Margaret Redfield em *The American Journal of Sociology*, nov 1946.

15. Em 1965, 22% das famílias negras não tinham pai e eram chefiadas por mulheres; em 1980, quase 40% estavam nesta categoria. Em 1975, aproximadamente 50% de todas as crianças negras eram ilegítimas. Em 1980, dois terços dos lares com crianças, chefiados por mulheres, recebiam auxílio financeiro do governo, e a metade de todas as crianças norte-americanas provavelmente viveriam em lares chefiados por uma mulher antes de chegarem aos 18 anos.

16. Em 1957, uma em cada duas moças norte-americanas se casava antes dos 20 anos. Durante os anos 1960-70, a idade média do casamento subiu (mas também a prá-

tica de coabitação). Deve ser acrescentado que a queda na fertilidade nos anos 1970 estava ligada a este fato: as mulheres se casavam mais tarde que antes.

17. *Tennyson*, Londres, 1927, p.242.

18. Não que os *shakers*, mormons etc. fossem radicais típicos do século XIX; de várias formas eram profundamente conservadores; sua visão do mundo e sua religião tinha elementos do século XVII e do pré-renascimento.

19. Em *The Americanization of Edward W. Bok*, ele escrevia sobre si próprio na terceira pessoa do singular. "A atitude instintiva de Edward W. Bok com relação às mulheres era evitá-las. Ele não desgostava de mulheres, mas não é possível dizer que gostasse delas. Elas nunca o haviam interessado." Nova York, 1920, p.168.

20. Kinsey era um entomologista que, em 1940, voltou sua atenção às práticas sexuais humanas depois de ter estudado o processo de acasalamento de abelhas; ele coroou sua carreira, amealhou um vasto arquivo pornográfico para a Universidade de Indiana. Havia uma diferença entre suas "pesquisas" estatísticas nos anos 1940 e as "pesquisas" de Masters e Johnson. Um quarto de século mais tarde, contudo, uma diferença que refletia uma mudança ainda maior nas atitudes. O objeto declarado de Kinsey era um estudo estatístico das práticas sexuais; o de Masters e Johnson medição do elemento de "prazer" nestas práticas. Os "resultados" do último eram ainda mais ridículos que os do primeiro.

21. *The Age of Confidence*, Nova York, 1934, p.22.

22. *The American Scholar*, out 1957.

23. Isso corresponde à condição material sugerida no Capítulo 3: o teste do caráter não é só para saber quanto dinheiro a pessoa "ganha", mas também como se gasta.

24. Os antepassados de cada um dos presidentes anteriores eram provenientes das Ilhas Britânicas, exceto Theodore Roosevelt, cujos antepassados eram holandeses que, entretanto, antecederam mesmo os ingleses na América.

25. James Mark Baldwin, *Between Two Wars: Being Memoirs, Opinions and Letters Received*, Boston, 1926, vol. I, p.35.

26. Higham, *Strangers in the Land*, p.196. O sociólogo era Frederick A. Busee (*Ethnic Factors in the Population of Boston*, 1903; H.B. Wollsont, "*Rating the Nations*", *American Journal of Sociology*, 1916, p.381-90, citada por Higham, p.372.

27. Henry F. May, *The End of American Innocense*, Nova York, 1964, p.372.

28. Harold Nicholson, *Small Talk*, Londres, 1937.

29. Edward Newton *A Tourist in Spite of Himself*, Boston, 1930, p.217.

30. E.g., uma propaganda de página inteira de uma companhia de máquinas do Meio-Oeste (*U.S. News and World Report*, 25 ago 1953): "Um país na Europa (chamemos-no X) não está indo tão bem quanto os seus vizinhos mais trabalhadores, mais abnegados, os alemães. Uma mulher em 'X', que tem inveja da prosperidade dos alemães e da falta dela em seu próprio país, disse: 'Nós estaríamos bem se os alemães dormissem

uma hora a mais todas as manhãs.' Mas ela estava errada. Mesmo fronteiras, tratados, ajuda internacional e planos internacionais não podem mudar por muito tempo a regra de que quanto mais se produz, mais se tem; quanto menos se produz, menos se tem – quer seja uma nação, uma indústria ou um trabalhador individual em uma máquina."

31. A burocratização da língua norte-americana envolvia muitas influências alemãs. Vou lidar com a prática burocrática da abstração, da impessoalidade e do crescente uso da – largamente não inglês – voz passiva no Capítulo 9; aqui deixem-me chamar a atenção para a crescente preferência por substantivos à custa dos verbos, e às outras tendências alemãs de acrescentar preposições desnecessárias aos verbos. Havia, também, o surrealismo curiosamente sem imaginação da "jovem".

32. E dos franco-canadenses. Tocqueville notou isto: "A velha França está no Canadá; a nova está conosco." Ele comparou sua língua ao puritano *vaudois* francês da Suíça.

33. 1945. A manchete de oito colunas do número de Natal do jornal diocesano católico de Cleveland: É UM MENINO EM BELÉM/PARABÉNS DEUS – PARABÉNS MARIA/PARABÉNS JOSÉ.

34. "The Evolution of a Cow-Puncher", *Harper's*, jul 1895.

35. *The First Europe*, Londres, 1947, p.667.

36. *The Waning of the Middle Ages*, Nova York, 1956, p.215-16, 218.

37. Aqueles que reconheciam a qualidade pantomímica desta forma de entretenimento popular estavam errados. Chaplin, em 1920: "Filmes precisam de diálogo tanto quanto as sinfonias de Beethoven precisam de letras."

38. Depois de ler esta pesquisa, perguntei aos meus alunos: quantos escolheriam viver em uma casa velha, quantos em uma casa nova, com todas as outras coisas (confortos, vizinhança, preço etc.) sendo iguais? Sem excessão eles escolheram casas velhas. Achei isso interessante: 25 anos antes, quando minha esposa e eu, recém-casados, estávamos restaurando uma velha casa, meus alunos acharam que aquilo era muito excêntrico.

39. *The Shuttle*, Nova York, 1906, p.5.

40. Como, por exemplo, todas os costumes e práticas em volta da corte e do casamento que nos foram transmitidos desde os séculos feudais e que, eventualmente, foram adotados por todas as classes.

41. *Pilgrim's Way*, Londres, 1940, p.289-90.

42. *The Revolt of the Masses*, Nova York, 1932, p.52.

Capítulo 6: Os Dois Impérios (*p.201-252*)

1. Isso correspondia a um dos *insights* de Henry Adams, em 1905. Se a Alemanha derrotasse a Grã-Bretanha ou a França, "ela se tornaria o centro do mundo militar e estaremos perdidos". Citado em Cushing Stout, *The American Image of the Old World* (*A imagem americana do velho mundo Nova York, 1961*), p.105.

2. Citado em W.T. Stead, *The Americanization of the World*, Nova York, 1901, p.14.

3. Citado em Walter LaFeber, *The New Empire: An interpretation of American Expansion, 1860-98*, Cornell University Press, 1963, p.123-7.

4. Ibid., p.255-6.

5. Citado em Norman Foester, ed. *American Poetry and Prose*, Boston, 1947, p.100.

6. Citado em James Morris, *Pax Britannica*, Londres, 1978, vol. III, p.28.

7. *Burke*, Londres, 1897, p.87.

8. Esta idéia, com crença simultânea no atraso histórico dos povos latinos, era compartilhada na época por muitos pensadores espanhóis, italianos e franceses. Muitos da "geração de 1898" espanhola admiravam as instituições inglesas e lamentavam a ausência de virtudes kiplingnescas no seu próprio povo. Na Itália, historiadores brilhantes, tais como Ferrero e Chece tinham idéias semelhantes: o primeiro mostrava em *The Young Europe* (*A jovem Europa*), em 1897, o declínio dos povos latinos. Vinte anos mais tarde, este historiador liberal corrigiu suas opiniões em *Il genio latino*, assim como o brilhante espanhol Ramiro de Maeztu, admirador de Kipling (mas mais tarde um precursor do fascismo), que em 1920 se convenceu de que a Inglaterra estava declinando e decaindo. Tal desenvolvimento de idéias era discernível entre intelectuais franceses também, depois da Primeira Guerra Mundial.

9. Lorde Salisbury, em 1901: "A diplomacia das nações agora é conduzida tanto nas letras de correspondentes especiais, como nos despachos do escritório do exterior." Churchill, em 1902: "Um era em que quase a única instituição robustamente assertiva em nossa sociedade é a imprensa."

10. Stead, op.cit., p.4, 12-13-15.

11. Stead, op.cit., p.396.

12. *The Country of the Pointed Firs*, Nova York, 1957, p.134.

13. Prática comum nas celebrações de 4 de julho, Dia da Independência norte-americana, quando os políticos desafiavam e xingavam os ingleses publicamente. (N.T.)

14. Entretanto, T.R. "não era o simples símbolo do culto anglo-saxão que alguns de seus críticos haviam retratado". Strout, op.cit., p.69

15. *The Shuttle*, p.95.

16. A declaração foi transcrita de LaFeber, op.cit., p.396.

17. O papel dos missionários em propagar o imperialismo norte-americano não era muito diferente do papel dos imperialistas em propagarem os missionários. Em 1890, o número de missionários norte-americanos no Extremo Oriente era maior que o total de todos os outros missionários. O chavão dos estudantes voluntários para missões no exterior (do qual Henry Luce, o futuro presidente da *Time-Life-Fortune* e proponente do século norte-americano 40 anos mais tarde, era membro) era "A Evangelização do Mundo Nesta Geração". Por "evangelização" eles quase sempre queriam

dizer norte-americanização. Um elemento vulgar em suas propagações era sua aliança com o capitalismo corporativo. *The Congregationalist* (*O congregacionalista*) dizia que "O comércio segue o missionário", que era tudo para o bem. Um exemplo relacionado, citado pelo professor LaFeber (op.cit., p.307), é o do reverendo Isaac Taylor Headland, que era missionário na China por volta de 1890, em *Some By-Products of Missions* (Cincinnati, 1921, p.33-4): "Se me pedissem para dizer qual seria a melhor forma de fazer propaganda para o American Steel Trust ou para a Standard Oil ou o Baldwin Locomotive Works ... ou para a máquina de costura da Singer ... eu diria, peça o apoio de uma ou duas dúzias de estações missionárias ... Assim, todos ajudando, consciente ou inconscientemente, um caixeiro-viajante para os seus bens, e a grande igreja que eles representam em casa seriam seus agentes publicitários."

18. Henry F. May, *The end of American innocence*, Chicago, 1964, p.30-1.

19. Talvez pela primeira vez na história dos Estados Unidos, muitos dos ricos tinham aspirações nobiliárquicas. No *Handbook of Heraldry* (*Manual de heráldica*, Londres, 1893, p.31 de Cussan), eu encontrei esta passagem: "Muitas pessoas imaginam – e ninguém fala mais alto que os próprios norte-americanos em suas afirmativas – que na grande república ocidental a espécie de registro gentílico que dominava a heráldica não está perdida. Isso, entretanto, está longe de ser o fato. Mesmo entre os pardidários da igualdade política há uma grande maioria ansiosa para exibir sua superioridade individual. Para provar isso, posso mencionar que um cavalheiro ligado ao *College of Heralds* recentemente me informou que as taxas recebidas por norte-americanos constituem uma das mais importantes fontes de receita daquela instituição."

20. Liga norte-americana de beisebol. (N.E.)

21. Em 1919, meia dúzia de oficiais e soldados britânios, que ia do Cáspio para o Norte, entrou em Tsaritsyn – a cidade que seria renomeada de Stálingrado, e que um completo Exército Alemão não conseguiu conquistar 25 anos mais tarde.

22. Em sua biografia, May declara judiciosamente: "O fato de que defensores da antiga cultura quase sempre eram os maiores partidários defensores da causa aliada é algo bem conhecido, apesar de não ter recebido tanta análise [dos historiadores]" (p.412). Entre os mais antigos guardadores da cultura da Nova Inglaterra, May cita George Edward Woodberry que, em janeiro de 1916, "regozijando-se com o surgimento de um tom pró-aliado mais firme, lamentou não ter podido chamá-lo nacional: 'Graças a Deus que é do Leste, pelo menos – cinzas, pelo menos dos antigos poderes de devoção e discernimento ainda quentes no solo....' " Barrett Wendell, em março de 1916: "Eu nunca entendi muito bem antes ... o grau até onde, em outras partes da América, o tradicional desgosto pela Inglaterra evitou o vulgar de admitir para ele próprio a completa monstruosidade da Alemanha". (p.366).

23. A declaração de Balfour estava ligada a isso. Nas negociações secretas anglo-russas, já em março de 1916 – um ano e meio antes da declaração de Balfour –, o

ministro do Exterior britânico, lorde Grey "francamente admitiu estar considerando desposar o sionismo por causa das possíveis conseqüências políticas entre as quais estaria 'o vira-volta dos aliados de elementos judeus no Leste, nos Estados Unidos e em outros lugares, elementos no momento presente hostilmente inclinados, em grau significativo, à causa dos aliados'". (C. Jay Smith, *The Russian Struggle for Power 1914-1917* [*A luta russa por poder – 1914-1917*]) Nova York, 1956, p.419.

24. Sobre o imperialismo norte-americano: "Em vez de exploração, trouxemos às Filipinas educação e saneamento. Já gastamos com eles 100 vezes mais que recebemos, e se o imperialismo pode ser algo respeitável, nós o fizemos" (p.32-6): "Outra lição que os EUA podem ensinar é o valor da diplomacia aberta. Um tratado secreto ou um acordo secreto de qualquer tipo por parte do departamento de Estado não tem qualquer validade ... O tratado secreto de interesse do espoliamento imperial é o veneno da Europa ... O tratado secreto, a concessão a um poder amigo, a interferência artificial com um rival – tudo isto pertence aos dias de Machiavel ...; "O Controle do Mar" (p.37-8): A América nunca reclamou tal controle, nem admitiu tal direito para outros ... A América defendeu o mar aberto ... Tornar os altos mares uma estrada aberta para ser atravessada a qualquer hora em absoluta segurança por qualquer embarcação, seria um grande caminho no sentido de acabar com a guerra internacional ... A nação deve se unir para tornar o oceano seguro para o uso mútuo ... Nunca é bom negócio, como Franklin observou certa vez, 'bater na cabeça de seus fregueses.'"

25. Declaração feita pelo almirante Huse, Marinha dos Estados Unidos, fev 1921.

26. Aqueles ingleses e aquelas inglesas que se tornaram simpáticos ao evangelho do comunismo representado pela União Soviética, o fizeram por uma série de razões (ou melhor, racionalizações): em alguns casos, uma delas era a rejeição que eles viam (ou fingiam ver) no materialismo vulgar dos Estados Unidos.

27. É, claro, verdade que o hábito – enraizado nas classes média e alta durante o século XIX – de falar do fundo da garganta com pausas conscientes, sem abrir muito a boca (como G.N. Routh falou uma vez, "manter o lábio superior imóvel, labial e politicamente"), era muito diferente do hábito lingüístico norte-americano.

28. Canby, *Alma Mater*, Nova York, 1936, p.240. Uma repetição muito menos séria deste fenômeno no final da década de 1970 foi a projeção dos padrões "*preppy*", como sendo idênticos ao de uma classe alta norte-americana.

29. Evan Connel, *Mrs. Bridge*, Nova York, 1959, p.158. Ele continua, "Em Londres, o hotel era quase no *Piccadilly Circus*; eles tinham alguma dificuldade para entender o valete e a camareira e, na verdade, na recepção ou no telefone, achavam necessário prestar muita atenção. Mrs. Bridge, retirando o chapéu em pé em frente ao espelho de seu quarto – era um chapéu de palha preto, com um cacho brilhante de cerejas de plástico na aba – replicou ao comentário de seu marido: 'Concordo com você, mas você não acha que nós soamos estranhos para eles também?'"

30. A publicação de *Passagem para a Índia* de E.M. Forster, em 1924, foi um evento importante: contribuiu para a ampla aceitação da idéia de que o Império estava errado. Foi necessário que um indiano extremamente honesto e inteligente, Nirad Chaudhuri, identificasse esta condição e a declarasse 30 anos mais tarde. Neste aspecto, George Orwell, outro antiimperialista, foi mais honesto que Forster. Em seu clássico ensaio "Shooting an Elephant" [Atirando em um elefante], Orwell escreveu, "Um homem branco não deve ter medo na frente de 'nativos'; e assim, em geral, ele não tem medo", uma expressão de um estado mental o qual Foster não seria capaz. Em *Burmese Days* (*Os dias de Burma*, Londres, 1934), seu antiimperialismo mais explícito que o de Forster está lá, mas também o seu reconhecimento de que os de Burma não eram melhores que os ingleses.

31. *Dominations and Powers*, Nova York, 1950, p.278-9.

32. K.M. Panikkar (um escritor não totalmente honesto) em *Asia and Western Dominance* (Nova York, 1956), chamou a Primeira Guerra Mundial de "A Guerra Civil Européia". Em 1926, "mesmo os 'velhos' trabalhadores chineses', que haviam observado com remorso o súbito [eu diria 'gradual'] eclipse do prestígio europeu, apesar de agirem como baloneiros em seus clubes, nunca sentiram seriamente que as autoridades ocidentais poderiam ser restabelecidas sobre a China usando simplesmente canhoneiras. Não havia mais convicção da superioridade européia ou senso de visão" (p.265). Em 1915, a infantaria da Marinha japonesa ajudou os ingleses a restaurarem a ordem em Singapura, quando tropas indianas se amotinaram no local.

33. *High Majesty Ship*: navio de Vossa Majestade. (N.E.)

34. Como é chamada a bandeira da Inglaterra. (N.T.)

35. Winston Churchill, *The Grand Alliance*, p.431. (N.E.: Sobre o mesmo episódio ver: Churchill, W. *Jamais ceder: os melhores discursos de Winston Churchill*, Rio de Janeiro, Jorge Zahar Editor, 2005, p.215)

36. Outro uso relativamente novo foi a designação "U.S." em vez de "*American*", i.e., "*U.S. forces*" (forças norte-americanas), "*U.S. Foreign Policy*" (política externa norte-americana), "*U.S. literature*" etc. Este hábito cresceu durante a Segunda Guerra Mundial. Exemplos: o livro de Walter Lippmann, em 1943: *U.S. Foreign Policy* (*Política externa norte-americana*), ou a revista pró-republicana *U.S. News and World Report*. Depois da guerra os alemães adotaram o hábito: "der US-Dichter", "der US-Historiker", etc.

37. Depois da Guerra da Coréia, os russos tiveram que ceder as bases e privilégios na China, já que Roosevelt havia lhe cedido em Yalta. Antes da Guerra da Coréia começar, a Coréia do Norte era um satélite russo; quando a guerra terminou, era um satélite chinês; eventualmente perdurou uma cruel ditadura própria, jogando chineses contra russos e vice-versa. Vinte ou 25 anos mais tarde algo semelhante aconteceu no Vietnã: os norte-vietnamitas vitoriosos se voltaram contra seus outrora apoiadores chineses. Menos de seis anos depois da Guerra da Coréia, Mao teve que testemunhar a peregrina-

ção de Kruschev a Washington, onde este sugeriu que a amizade dos Estados Unidos significava infinitamente mais para ele que a amizade da China. Durante a Guerra do Vietnã, os norte-vietnamitas tiveram que testemunhar Mao e Nixon se abraçando, em Pequim.

38. Joseph M. Jones, *The Fifteen Weeks*, Nova York, 1964, p.140.

39. Este autor ouviu George Soloksky, um colunista "conservador" falar na Universidade La Salle, na Filadélfia, em 2 de abril de 1954, no auge da controvérsia McCarthy. Ele disse que o pior erro da América havia sido entrar na Segunda Guerra Mundial. "Nós incitamos a Grã-Bretanha a entrar, quando deveríamos ter deixado Hitler unir a Europa Ocidental contra o comunismo." A época e o palestrante (Sokolsky era judeu) tornam tal afirmação especialmente significativa.

40. Este reconhecimento era principalmente causado pela estrutura mental histórica e realista de Churchill; mas havia, a este respeito, uma diferença no nível popular, também entre a obsessão norte-americana pelo anti-comunismo e o desdém britânico por ele. Como escreveu George Orwell em *The English People* (*O povo inglês*, Londres, 1947), p.18: "Os ingleses não são suficientemente interessados em assuntos intelectuais para serem intolerantes em relação a eles. 'Desvios' e 'pensamentos perigosos' não são tidos como muito importante para eles." Muito bem, e talvez mesmo admirável às vezes: mas, então, esta era também a razão pela qual o governo inglês e a inteligência inglesa desprezassem a presença dos comunistas e simpatizantes dentro de seus estabelecimentos por muito tempo.

41. Seu dono, Henry Luce, havia proclamado este o século da América anteriormente; sua esposa, Clare Boothe Luce, foi uma das melhores embaixadoras de Eisenhower; e o executivo de Luce, C.D. Jackson, foi um excelente chefão na montagem da inteligência e propaganda da administração Eisenhower.

42. "Engoliu cinco copos de uísque com soda… brincou com seu discurso…. Seu valete lhe deu uma dose de aguardente para dar segurança..." *Time*, 18 mar 1946.

43. "Sacudindo seus grossos braços para ênfase….."; "... não havia aprendido a lição de Berlim..."; "... sua explosão de nostalgia..." Em uma coluna de menos de quinhentas palavras, os adjetivos "velho", "mais velho", "senil", "senescente", "nostálgico" ocorreram nove vezes. *Time*, 8 mar 1954.

44. Robert Strausz-Hupé no primeiro número do periódico de Relações Internacionais *Orbis*, 1957.

45. Já em 1943, os serviços secretos norte-americanos, com a aprovação de Roosevelt, usavam conexões criminosas na Sicília para facilitar as incursões da América ali; estes incluíam os serviços de "Lucky" Luciano.

46. "Sou um Americano" – ou melhor, "serei". Mais de um século antes, lorde Palmerston, explicando uma drástica intervenção britânica na Grécia, grandemente por causa da (algumas vezes dúbia) necessidade de socorrer um judeu português nascido

em Gibraltar, e assim detentor de passaporte britânico declarou no famoso debate Don Pacifico, no parlamento, que o princípio da *civis Britannicus sum* deve assegurar a proteção de todo cidadão britânico com toda a força da Grã-Bretanha – afim com o antigo privilégio e orgulho da *civis Romanus* daquele grande império mundial quase dois mil anos antes.

47. "O desafio diante dos britânicos era criar uma sociedade aberta na ordem mental. Sua oportunidade era fazer da Índia uma extensão do mundo ocidental. Mas eles fracassaram tão completamente em usar sua oportunidade, como fizeram ao enfrentar o desafio. Comparado aofracasso, que foi uma traição do Ocidente na Índia, seus maus modos eram meros pecadilhos." Nirad C. Chaudhuri (um grande escritor e pensador indiano) em "*Passage to and from India*" (*Passagem para e da Índia*). *Encounter*, junho de 1954.

Capítulo 7: A Monarquia Eleitoral (*p.*253-83)

1. Robert H. Ferrell, ed., *Off the Record: The Private Papers of Harry S. Truman* (*Em Off: Documentos Privados de Harry S. Truman*) Nova York, 1980.

2. Hoover foi o último presidente a escrever a maior parte de seus discursos; Truman foi o último presidente a escrever pelo menos alguns deles.

3. Durante a crucial campanha eleitoral de 1932 foi gasto menos que em 1928. As despesas declaradas (isto é, muito subestimada) das campanhas presidenciais subiram oito vezes em 20 anos, de US$5 milhões em 1948 para mais de US$40 milhões em 1968. Em 1980, os candidatos principais declararam ter gasto US$73 milhões na campanha, dos quais mais de US$63 milhões foram cobertos por provisões de financiamento público da lei de campanhas de eleição federal como emendado, em 1974.

4. Exceto Tocqueville, que previu que o resultado do governo popular não seria extremismo mas conformismo com longos períodos de estagnação intelectual.

5. Estas citações são de meu capítulo sobre Penrose em *Philadelphia 1900-1950: Patricians and Philistines*, Nova York, 1981, p.56-60.

6. "O ataque dos reformadores aos políticos de hoje são particularmente injustos. Gerência e não estadismo são questões geralmente decididas no legislativo. Quando a gerência é tudo o que é necessário, temos o direito de ficar desapontados se Van Buren não é Webster?", citado em John Lukacs, *Filadélfia 1900-1950: Patrícios e Filisteus*, Nova York, 1981, p.57-8.

7. Dickens, em *Hard Times* (*Tempos difíceis*) atacou os "lixeiros nacionais", ou seja, os membros do Parlamento, por sua "abstração chamada de o povo".

8. Walter Bagehot (1869): "As classes médias – a maioria comum de homens educados são nos dias presentes o poder despótico na Inglaterra. 'Opinião pública', hoje, é a opinião do homem careca no fundo do ônibus." Havia um uso lingüístico norte-ame-

ricano correspondente. Antes de 1918, a frase "homens nos carros" (ou seja, nos bondes) era o equivalente do "homem na rua" que veio mais tarde.

9. Em 1789, os governantes haviam aprendido, disse "que a opinião faz e muda o mundo – enquanto as autoridades tradicionais se tornavam muito fracas para colocar obstáculos à sua frente, e enquanto elas próprias tinham começado a traficar com alguns de seus traços ... Mas hoje o sucesso da imprensa é a meta, mais no nivelamento geral de notícias que em função direta... quase sempre a imprensa grita tão alto *porque* as pessoas não ouvem mais...."

10. "Até onde vai seu alcance, podemos arriscar e dizer que a opinião pública é normalmente menor que a maioria que, por sua vez, é menor do que o sentimento popular; mas até onde vai sua articulação, a opinião pública é quase sempre mais importante que a maioria ou do que o sentimento popular." John Lukacs, *Historical Consciousness*, Nova York, 1968 e 1984, p.82.

11. Havia também o elemento indígena dos *slogans* de guerra. George Bancroft, em seu *History of the United States* (*História dos Estados Unidos*, Nova York, 1880), vol. II, p.113 sobre Índios: "Qualquer um que, ao cantar a canção de guerra, obtivesse seguidores voluntários, se tornava chefe de guerra." (Convenção era um outro termo e prática indígena na política norte-americana; também o Tammany.)

12. O historiador inglês Maitland, em 1898: "Um dos grandes livros que ainda não foi escrito é a História da Maioria. Nosso hábito de tratar a voz das maiorias como o equivalente à voz de todos está tão profundamente enraizado que quase nunca pensamos que ele tem uma história".

13. George Kennan: "Eu... desconfio que o que faz sentido para a opinião pública na maior parte dos países que julgam ter governos populares é quase sempre não totalmente o consenso do sentimento das massas de pessoas, mas na verdade a expressão de interesse especial de minorias muito articuladas – políticos, analistas, caçadores de publicidade de todos os tipos: pessoas que vivem de sua habilidade de chamar atenção sobre si próprias...".

14. Em 1893, um enorme departamento de publicidade na exposição Columbiana de Chicago estava encarregada de todo o material impresso; sua aprovação era necessária para todo panfleto, não importando qual fosse a organização.

15. A maioria de Harding foi impressionante; contudo, as expectativas dos políticos no voto feminino (em 1920, pela primeira vez, todas as mulheres norte-americanas poderiam votar) podem ter sido exageradas. O número total de eleitores entre os habilitados para votar foi menos de 50% em 1920 (foram 61%, em 1916).

16. Van Wyck Brooks, *America's Coming of Age*, Nova York, 1915, p.79-80.

17. Jules Abels, *In the Time of Silent Cal*, Nova York, 1969, p.29.

18. Ainda existe um outro excelente retrato de Coolidge: ele segura – sem entusiasmo aparente – um peixe distintamente antiquado que ele supostamente acabou de pes-

car; ele está dobrado em um ângulo alarmante, há muito tempo em *rigor mortis*. (A mim relatado por Geoffrey C. Ward.) Este era o Coolidge que disse, em 1926, em um discurso à associação norte-americana de agências de propaganda, "Não pode existir nenhuma base permanente para a propaganda a não ser a representação da verdade exata".

19. *The Reporter*, 19 de março de 1959: "Quando um coronel do Exército foi à corte marcial, em 1957, por vazar informação sobre o míssil Júpiter à imprensa, dr. Wernher von Braun, diretor do programa de mísseis, testemunhou em sua defesa: 'O Júpiter envolve vários milhões de dólares do dinheiro do contribuinte. Cem por cento de segurança significaria informação ao público, nenhum dinheiro para o Exército, e nenhum Júpiter.'"

20. Um exemplo disto é o "aceleração" de um evento (quase sempre desejado pelo próprio repórter) tornando-o público, como no caso de uma nomeação ou decisão, com a esperança de que este tipo de publicidade fará pender a balança e se tornará difícil para o presidente segurar, mudar a nomeação ou decisão em questão. Em outras palavras, a "reportagem" de um evento algumas vezes precede, e não segue, o próprio "evento".

21. Durante a Presidência de Kennedy houve conversas sobre o estabelecimento de um aparelho eletrônico simples em cada lar norte-americano pelo qual o presidente poderia, em segundos, asseverar as preferências do povo para uma única alternativa ou questão.

22. Esta condição essencial de alternativas pré-determinadas governa, é claro, o mais extenso e "sofisticado" questionário de opinião pública tanto quanto a escolha de duas caixas de sabão ou de dois candidatos à Presidência – porque as perguntas para as quais as respostas estão sendo solicitadas foram determinadas e perguntadas pelos próprios pesquisadores, e porque as respostas foram formuladas por eles, normalmente na forma de duas ou mais alternativas que podem ser mecanicamente contadas e computadas. Não tem nada a ver, portanto, com a intensidade, a autenticidade ou ainda com a possível variedade de escolhas (para não falar de opiniões) da pessoa que "responde". Alguém pode asseverar o número de certas escolhas limitadas e pré-formuladas: não se pode realmente "medir" opiniões e sentimentos. É errado influenciar as pessoas para tirar delas opiniões pré-formuladas e escolhas fictícias, assim como é errado repreender uma criança com perguntas que ele nunca se perguntou: quanto mais a criança é forçada a responder prematuramente, quanto menos saberá por si própria.

23. Alguns dias mais tarde o procurador geral de Coolidge, Harry M. Daugherty, disse a ele que o pai de Coolidge não tinha autoridade para empossar um oficial federal. Vários dias mais tarde Coolidge prestou juramento na Casa Branca, administrado pelo ministro da Suprema Corte do distrito de Columbia. Isto não foi contado à nação. O fato de Daugherty ter se revelado um homem trapaceiro é revelador. Sua dura insistên-

cia na exatidão constitucional nos lembra bandidos e mafiosos que levavam suas mãos ao peito e cujos olhos marejavam de lágrimas quando o hino nacional era tocado antes da – às vezes pré arranjada – luta de boxe.

24. O endereço da Casa Branca, em Washington D.C. (N.T.)

25. Do original: *Executive Clerk*. A função lida com os documentos mais importantes a serem assinados pelo presidente. Todos os principais documentos públicos a serem assinados pelo presidente norte-americano passam pelo *Executive Clerk*. De fato, esse departamento é o último estágio desses papéis antes deles chegarem às mãos do chefe do Executivo. (N.E.)

26. Fred I. Greenstein, "Change and Continuity in the Presidency", in *The New American Political System*, A. King ed. (Washington, D.C., 1975); p.46-7.

27. Nas memórias de Nixon (*RN: The Memoirs of Richard Nixon*, New York, 1978, p.1.017, junho de 1974: "Conseguimos alguma elevação por causa da viagem [ao Oriente Médio] apesar de parecer impossível refletir nas pesquisas" – qualquer que fosse o sentido disto.

28. Sidney Blumenthal, "Marketing the President", in *The New York Times Magazine*, 13 set 1981.

29. Ibid. "Os estrategistas do presidente estão no centro de uma nova era política. No final do dia, eles se tornam espectadores, vendo seu desempenho testado pelos programas de televisão. A maneira que uma ação administrativa é colocada e retratada dos noticiários nacionais freqüentemente determina quais iniciativas o presidente tomará no dia seguinte. "A escrivaninha de trabalho de Gergen está em frente a um aparelho de televisão, sobre o qual estão empilhadas dúzias de jornais, a maior parte sem ler. Como outros importantes oficiais da Casa Branca, Gergen tem uma ligação especial, para que ele receba uma transmissão do noticiário vespertino da CBS de Baltimore meia hora mais cedo do que é transmitido em Washington. Em uma ocasião recente, ele ligou o aparelho por controle remoto e disse 'Vamos ver o que Casey está mostrando'. Alegações de improbidades financeiras por parte de William J. Casey, o novo diretor da Agência Central de Inteligência, não foi boa notícia para a Administração. Naquela noite, a notícia principal foi sobre a Inglaterra. 'Bom'! Exclamou George."

30. Em 1941, o Almirante Leahy reportou ao presidente Roosevelt de Vichy, "Os radicais partidários de De Gaulle que conheci não parecem ter estabilidade, inteligência, e *apelo popular* [grifo meu] em suas comunidades que seja necessário para fazer seu propósito anunciado ser bem-sucedido". Este autor se lembra de uma placa nas praias de Nantucket em 1958 colocada lá pela nata ianque daquela comunidade concernente às regras locais de roupas de banho: "Na ilha de Nantucket, roupas de banho tipo biquíni não são populares". Este uso de "popular" desapareceu desde então.

31. 1941: 62; 1954: 250; 1960: 355. Ainda mais funcionários da Casa Branca estavam estatisticamente escondidos sob outros títulos de escritórios. A marca de 600 foi

primeiro atingida pela Casa Branca de Nixon, em 1970. Jimmy Carter tentou cortar o número de funcionários de tempo integral, mas a equipe de Rosalynn Carter *sozinho* tinha a metade do número dos de Roosevelt no auge da Segunda Guerra Mundial.

32. Greenstein, op.cit., p.51.

33. Já vimos que em 1972, o presidente Nixon achou por bem dividir seu pronunciamento sobre o Estado da União em duas partes, a segunda chamada "O Estado do Mundo" – em uma época em que a influência norte-americana no mundo declinava. Em dezembro de 1981, depois do golpe de estado militar polonês, o presidente Reagan anunciou que ele tinha telefonado ao papa – isto em uma época em que a habilidade norte-americana de ativamente influenciar a situação na Polônia era totalmente inexistente.

34. *The Civilization of the Renaissance in Italy* (*A Civilização da Renascença na Itália*), Nova York, 1954, p.321.

Capítulo 8: Mutações da Mente e da Moral (*p.283-356*)

1. Porcentagens comparáveis em 1900: Áustria-Hungria: 23,8%; Bélgica: 21%; Itália: 48,5%; Espanha: 64%; Rússia: 72% (onde declinava rapidamente). Que educação para muitos norte-americanos significasse uma marca de caráter é talvez sugerido pelo fato de que as primeira leis restringindo a imigração pediam um teste de alfabetização.

2. Nos Estados Unidos, tanto os cursos de medicina quanto os de direito são sempre de pós-graduação, nunca de graduação. (N.T.)

3. Este foi o progresso de Emerson de 1837 a 1867, da oficina aberta à torre de marfim. Que não foi um progresso impressionante para o refinamento deve estar claro para aqueles de nós que reconhecem que a vida em uma torre de marfim pode ser tão insalubre quanto sufocante.

4. Do original: *A ballot-box in each apple/a stage capital in each apple/ great high schools, great colleges/all America in each apple.*

5. Reinhard H. Luthin, *American Demagogues*, Boston, 1954, p.161.

6. Citado em Henry F. May, *The End of American Innocence*, Chicago, 1959, p.137.

7. George Santayana, "The Spirit and Ideals of Harvard University", in *The Education Review*, abr 1894.

8. Henry Seidel Canby, *Alma Mater*, Nova York, 1934, p.88-9

9. Ibid., p.161.

10. Alfred North Whitehead, falando à Acadêmica Americana de Artes e Ciências, em 1942: "Na proporção em que o mundo do saber hoje possui uma capital, Boston com suas várias instituições se aproxima à posição que Paris ocupava durante a Idade Média".

11. Discurso em Newberg, Origon, reproduzido no *Reader's Digest*, fev 1956.

12. Hoosier é o modo como são chamados os nativos ou residentes do estado de Indiana. (N.T.)

13. "Sobretudo, é em russo que podemos estudar o fenômeno de uma *intelligentsia* em sua forma mais pura – isto significa dizer, uma classe esclarecida –, que é totalmente desligada de responsabilidades sociais e fornece um semeadouro para a propagação de idéias revolucionárias", Christopher Dawson, *Dinamics of World History*, Nova York, 1956, p.225. Richard Hare (1951): "*intelligentsia*" é uma palavra que o Dicionário Oxford Conciso "com um toque de ironia talvez inconsciente define como 'aquela parte de uma nação (especialmente a Rússia) que aspira a independência de pensamento'".

14. May, op.cit., p.338.

15. *The Nation*, 3 jun 1915, citado por May, op.cit., p.338.

16. Em "Old América" (1918), reproduzida em *America-Coming-of-Age*, Nova York, 1958, p.107.

17. Sou constrangido a usar este advérbio manco, pois existe muita evidência (entre outras, das notas de Tocqueville) de que durante a década de 1930 do século XIX, também, muitas das famílias norte-americanas mais cultas e mais velhas (e mais ricas) eram inseguras e críticas quanto à democracia popular, mas que tomavam muito cuidado para não expressar estas ansiedades em público.

18. *America Set Free*, Nova York, 1929, p.77.

19. Como escreveu Edmund Wilson em retrospecto, em 1953, em seu prefácio à edição de seu romance de 1929, *I Thought of Daisy*, "Durante o final dos anos 1930, em uma época em que [os soviéticos estavam].... começando a parecer respeitáveis e o comunismo um passaporte para o poder em uma iminente burocracia internacional, pensei em fazer uma breve seqüência a *Daisy*, no qual... algum funcionário de Washington ... se daria um senso de importância e grande excitação pelas conexões clandestinas com os comunistas... Eles continuariam a beber, jogar baralho e cantando as namoradas uns dos outros com a convicção que estas atividades tinham recebido nova dignidade por serem usadas em operações de fachada que eventualmente se provariam revolucionárias e os colocariam no topo do monte..." Eu considero esta passagem a melhor, e a mais concisa, descrição de um certo tipo de comunista norte-americano. A isto devo somar que ainda em 1935 Wilson, ao retornar da Rússia no auge dos expurgos de Stálin, escreveu que na Rússia ele esteve no "topo moral do mundo". *Travels in Two Democracies*, p.321. William Barrett (1982) propriamente chamou a famosa, e não comunista, "história" do comunismo de Wilson *To the Finland Station*, "um romance".

20. Também seu amigo William Barrett em suas memórias, *The Truants* (1982), onde escreveu sobre "um grande segmento do público norte-americano", e o marxismo são "um importante capítulo em nossa história nacional e intelectual". Intelectual, sim. Nacional, não. Em outro nível, a única diferença que eu tenho com este escritor muito honesto é o diagnóstico que Barrett faz da falha na mente liberal. "Os liberais" foram

pró-soviéticos por muito tempo porque eles "acham difícil acreditar na realidade do mal" (p.94) – algo que foi talvez verdade para os liberais anglo-saxões, e certamente não verdadeiro a respeito dos judeus liberais.

21. O fato de esta morosidade não ser necessariamente idêntica à morosidade mental é óbvio. Ocasionalmente, e em certas situações, as reações mentais dos intelectuais podiam ser muito rápidas. Eis uma vinheta dos trotskistas nova-iorquinos na década de 1930, das memórias de Dwight Macdonald: "Quando começou o incêndio em nosso escritórios, um de nossos líderes empurrou para os lados camaradas menos graduados, homens e mulheres, e coriam para a segurança pelas escadas de madeira. Mais tarde ele explicou que ele achou necessário 'salvar as estruturas' – ou seja, as estruturas *das* estruturas. O incêndio, incidentalmente, foi prontamente apagado pela eficiência do capitalista Corpo de Bombeiros de Nova York." ("O cidadão médio da sociedade sem classe", Trotsky escreveu certa vez, "será elevado ao nível de um Aristóteles, um Goethe, um Marx".)

22. Veja a este respeito o capítulo "Um Esboço da Mente Nacional: A Opinião Pública Americana (e o sentimento popular) em 1945", em John Lukacs, *1945: Year Zero*, Nova York, 1978.

23. Outro fenômeno foi o aparecimento na década de 1920 do arquétipo anglo-saxão, o esnobe liberal. (Seus ocasionais antecedentes podem ser encontrados entre os independentes de Boston uma geração atrás; mas o protótipo do gênero ainda não se tinha cristalizado.) Já que o esnobismo tem uma inclinação natural para a aristocracia e a tradição, o esnobe liberal é normalmente menos atraente, por ser menos natural, que o conservador.

24. Citado por Paul A. Carter, *Another Part of the Twenties*, Nova York, 1972, p.66.

25. Do original: *Come, come, time, time / Come, come, time, time / The time has come / What is to be done? Is the question / What is to be done? Is the question / What shall be done? / What shall be done? / Mark every article / Mark every article / Way / Way / Way down / To some price which will make it / To some price which will make it / Sell and go quick / Sell and go quick / Sell and go quick / Ladies / Ladies, all this has been done in most thorough manner / Our goods shall be sold cheap / Our goods shall be sold cheap / Our goods shall be sold cheap / In this great sell out / In this great sell out. The Mechanical Bride*, Nova York, 1951, p.42.

26. De tempos em tempos apareciam artigos em revistas populares com prognósticos de Como os Americanos Estarão Vivendo Daqui Dez (ou 20, ou 50) Anos. Como eles consistiam de nada a não ser projeções das idéias e tecnologias já existentes, eles quase sempre estavam errados. Gigantes do empreendedorismo e da indústria americanas, intelectuais públicos com as melhores reputações faziam quase a mesma coisa – sem o menor prejuizo para as suas reputações. O professor liberal John Kenneth Galbraith, que tinha prazer justificado em apontar as loucuras dos economistas antes e durante o ano de 1929 (em seu *1929: The Great Crash* [1929: *A grande quebra*]) alcançou

sua fama por volta de 1960 com seu livro *A sociedade da abundância*, publicado poucos anos antes de a abundância nos Estados Unidos começar a declinar. O professor conservador Milton Friedman predisse em 1972 que a Lei da Oferta e Demanda (seja lá o que for) significava que o preço de um barril de petróleo não podia ser mais alto do que $9 por barril; em um ano aumentou para $25, e depois disto ele foi agraciado com o Prêmio Nobel. Hannah Arendt, a papisa da intelligenzia nova-iorquina, estabeleceu sua duradoura reputação com *Origens do totalitarismo* em 1949, no qual explica que a essência do totalitarismo significava que tais governos estavam propensos a se tornarem cada vez mais totalitários com o passar do tempo; dentro de poucos anos veio o relaxamento do terror na Rússia sob Khrushchev. O decano dos domógrafos norte-americanos, o professor Frank Notestein, escreveu em *The Atlantic Monthly* em 1945 (o artigo saiu sob o título "The Facts of Life" [*Fatos da vida*]) que "nos próximos cinco anos a taxa de natalidade quase certamente cairá abaixo dos níveis em tempos de guerra"; em poucos meses ela cresceu ao seu nível mais alto naquele século. O diretor do *bureau* do censo dos Estados Unidos declarou em 1946 que a população da nação não alcançaria 163 milhões até o ano 2000. Ele errou por 45 anos. O painel de especialistas convocados pela Associação Nacional de Produtores declarou em 1954, "Guidados pela eletrônica, ativados pela energia atômica, dirigidos pelas calmas mãos da automação, o tapete mágico de nossa economia livre se dirige para um horizonte distante e inimaginado". David Sarnoff, o presidente da RCA, predisse em 1956 "aviões-foguetes voariam a 5.000 milhas por hora, clima seria controlado e as casas automatizadas até 1976". Ele também previu "o colapso do comunismo soviético, a criminalização da guerra e um aumento mundial dos padrões de vida... impressionantes como têm sido os desenvolvimentos do último século, estou convencido que eles serão eclipsados pelos eventos dos próximos 20 anos". (*The New York Times*, 1 out 1956.) Em 1955 o Almirante Lewis Strauss, presidente da Comissão de Energia Atômica, previu que a energia nuclear seria tão barata que nos anos 1970 a eletricidade não mais teria que ser medida.

27. Hamsun, *The Cultural Life of Modern America*, ed. Morgridge, Cambridge, Mass., 1969, p.74.

28. Canby, op.cit., p.98.

29. Citado em David W. Noble, *The Progressive Mind 1890-1917*, Chicago, 1971, p.167.

30. Discurso em Richmond, 2 de fevereiro de 1912, citado por May, op.cit., p.116.

31. Uma evidência disso é o relativo sucesso de publicações norte-americanas tais como *The Underground Grammarian* e *Verbatim* – exemplos norte-americanos de "samizdat," a literatura clandestina produzido por pessoas profundamente preocupadas na União Soviética.

32. Hamsun, op.cit., p.80-1.

33. Ronald Berman, *Advertisement and Social Change*, Beverly Hills, 1981, p.97.

34. May, op.cit., p.32.

35. Henry F. May, *The End of American Innocence*, p.375: "Para Susan Glaspell e George Cram Cook, sua missão era de 'manter viva a chama da imaginação do mundo' e eles não poderiam cumprir esta missão melhor através dos Atores de Provincetown"– um testemunho da vontade da imaginação que atormentava a sra. Glaspell e o senhor Cook.

36. *The Saturday Evening Post*, 26 jul 1958.

37. Exemplo: um norte-americano de linhagem native mais antiga normalmente preferirá delcarar que este ou aquele seu antepassado era radical, já que de alguma forma isto soaria melhor (e mesmo socialmente preferível) do que dizer que seu antepassado havia sido conservador. A mesma coisa vale para a reputação de um antepassado ocasional que fosse índio norte-americano (menos, talvez, entre as classes mais baixas de pessoas brancas no Sul). É o imigrante que – às vezes fraudulentamente – declarará que este ou aquele de seus antepassads europeus era aristocrata.

38. Know Nothings: Os membros deste partido eram obrigados a jurar que jamais votariam em alguém nascido fora dos EUA ou que fosse católico, e deviam responder sempre "I know nothing" quando questionados sobre sua organização. Esta frase acabou por originar a alcunha de *Know-Nothing Party.*

39. Um jornal de Illinois em 1859, citado por Edgar Lee Masters, *Lincoln, the Man*, Nova York, 1931, p.215.

40. E aos peles-vermelhas e caras-pálidas. Hemingway era uma espécie de pele-vermelha norte-americano moderno: mas ele tinha esta imagem especialmente em contraste com o cenário europeu. Neste ponto ele não era nada a não ser um sucessor de outro relações públicas americano, Benjamin Franklin, que usou seu chapéu de pele de raposa não na Filadélfia, mas em Paris.

41. Anne Morrow Lindbergh, *War Within and Without: Diaries and Letters of Anne Morrow Lindbergh 1939-1944*, Nova York, 1980, p.189-90.

42. Em 1940-1, John F. Kennedy foi contribuidor secreto de *América Primeiro*; em 1950 ele deu apoio fianceiro a Richard Nixon contra o opositor dele na Califórnia; em 1955 ele optou por não declarar sua posição, e preferiu não votoar contra McCarthy; mas em 1960 ele se candidatou, e venceu, à Presidência norte-americana como internacionalista; e na época de sua marte todo o clã Kennedy havia se associado a causas liberais enquanto se sujeitavam à oposição e à ocasional ira dos conservadores. Muito disto era devido ao oportunismo político de Kennedy e ao então ainda prevalente fonômeno norte-americano de se tornar mais liberal à medida que se ascende no *establishment* social, intelectual e institucional. (Esta liberalização se dava entre a população irlandesa-americana de uma maneira geral: com sua ascensão na sociedade norte-americana muitas de suas memórias amargas e velhas animosidades se iam de suas mentes.)

43. Entre 1935-45 uma multidão de tais intelectuais: Max Eastman, John Dos Passos, Carles A. Beard, Harry Elmer Barnes, H.L. Mencken – esta lista não está completa de maneira alguma – haviam se tornado pós-liberais. Neste ponto eles eram a "antena da raça", precursores do desenvolvimento nacional, em alguns casos em formas extremas. Harry Elmer Barnes, um intelectual denuncista dos anos 1920, Darwinista e feroz inimigo da religião (*The Twilight of Christianity*, 1929) se tornou um defensor de Hitler; Mencken, o adepto de Hitler se tornou um mordaz opositor de Roosevelt; Beard um nacionalista isolacionista e via a política externa de Roosevelt como uma conspiração etc. Tudo isto tinha um significado além da política mundana, um significado que ia além do apelo normal das teorias de conspiração para intelectuais amargurados cujas causas não prevalescem. Este significado reside no fato de que por pelo menos 50 anos a maior parte das conversões entre os intelectuais norte-americanos eram da Esquerda para a Direita – como na Rússia durante o século XIX, onde apesar do generalizado (e, como escrevi acima, enganador) triunfo dos Ocidentalizantes, as poucas conversões significativas (e.g. Dostoevski) tinham ido em uma direção, de Ocidentalizante a Eslavófilo, de liberal para conservador, de cosmopolita para nacionalista.

44. Discurso em Des Moines, Iowa, out 1941.

45. Em um artigo no *The New York Times* (28 dez 1980) sobre o movimento neoconservador norte-americano todos os seis intelectuais descritos nele (Kristol, Lipset, Podhoretz, Gershman, Decter, Hook) eram judeus, e pelo menos dois deles ex-trotskitas.

46. *Harper's*, abr 1955.

47. 15 dez 1953.

48. Em 1950, o *New York Times* patrocinava uma simulação da Assembléia das Nações Unidas compostas de crianças norte-americanas de 10 a 12 anos de idade.

49. Por cerca de três décadas antes de 1965 o Partido Liberal em Nova York foi uma força política municipal importante, cujo endosso era procurado avidamente pelos candidatos. Em 1970, o Partido Conservador o substituiu ao ponto de que nenhum candidato republicano (e, às vezes, nem mesmo um democrata) da cidade de Nova York podia aspirar o sucesso sem o apoio conservador.

50. Bill Bickley começou como isolacionista: em 1950 suspeitava dos graduados por Yale que formavam a CIA e sua antecessora, a OSS. Vinte anos mais tarde o herói de seus filmes de aventura era um agente da CIA formado em Yale, um norte-americano amoral, James Bond.

51. "A tradição é inimiga do progresso." Esta não foi uma declaração de um liberal ou de um intelectual. Foi dita em 1928 por Julius A. Klein, o sub-secretário de Comércio de Herbert Hoover, com a entusiasmada aprovação do Grande Engenheiro (ele próprio Wilsoniano e progresista). Em 1960 o neoconservador Seymour Martin Lipset escreveu: "O crescimento de grandes organizações pode na realidade ter as conseqüências mais importantes de fornecer novas fontes de liberdade continuada e mais oportu-

nidades para inovar." *Political Man* [O Homem Político] (Nova York, 1960), p.414, citado por Samuel P. Huntington, *American Politics: the promess of disharmony* [*Política americana: a promessa de desarmonia*], Cambridge, Mass., 1981, p.170.

52. A crença que os Estados Unidos não só é o maior país no mundo, mas que ele representa o ápice de toda a história da humanidade ainda estava presente em milhões de norte-americanos, inclusive (a julgar pelas evidências) Ronald Reagan: mas isto não significava que eles, ou ele, eram antiquados ou conservadores, exceto em um sentido muito limitado e não histórico. Este tipo de miopia e inclinação autocongratulatória era, infelizmente, muito evidente entre os intelectuais conservadores, também – como por exemplo, na incrível declaração de Michael Novak (*National Review*, 16 set 1983): "... os norte-americanos são, por todos os testes dos fatos, os mais religiosos do planeta."

53. *De la démocratie en Amérique*, Paris, 1951, vol. I, p.307.

54. *The American Commonwealth*, Londres, 1888, vol. II, p.554.

55. *Character and Opinion in the United States*, Nova York, 1919, p.47-8.

56. Ainda em 1956 um artigo em *The Ladies' Home Journal*: "A igreja é um lugar seguro para se conhecer um homem, também. Uma moça esperta, às vezes, esperará perto da porta até que algum jovem descompromissado apareça, então entrará na igreja um pouco à frente dele e se sentará em um banco onde ainda haja bastante lugar para ele. Não use luvas em tais casos, mesmo que elas estejam na moda. Mantenha sua mão à mostra para que ele veja que você não está usando anel no dedo anular. Investigue os freqüentadores jovens de qualquer igreja antes de se decidir por ela. Talvez seja uma igreja pequena dividida em pequenos grupos de antigos freqüentadores, ou cujos poucos homens disponíveis já sejam comprometidos. Pode valer a pena ir a uma igreja duas ou três vezes mais longe que seja igualmente satisfatória para você de outras formas, mas que tenha um grupo maior e mais vibrante de jovens."

57. Tocqueville em uma de suas cartas: "Uma religião é verdadeira ou falsa. Como pode progredir?" Em outra carta escreveu que o adjetivo *progressif* era contra a gramática e repulsivo. Santayana: "De todas as palavras no léxico moderno, para mim a mais odiosa era progresso." Benny Goodman: "Aquela palavra, 'progressista' quase me faz sentir-me doente. É uma palavra política. Se é boa, pode ser reacionária."

58. Will Herberg, *Protestant-Catholic-Jew: An Essay in American Religious Sociology*, Nova York, 1955.

59. Thomas Beer, *Hanna*, Nova York, 1929, p.34, n.2.

60. A noção de que a religião é um tipo de ungüento arcaico, do então decano dos antropólogos norte-americanos, Carleton S. Conn, *The Story of Man* (Nova York, 1954): "A religião é a soma total do comportamento envolvido para restaurar equilíbrio a um indivíduo ou a um grupo depois de um incômodo. Toda pessoa é incomodada mais cedo ou mais tarde ... e este incômodo deve ser reduzido ao seu nível mais baixo possível pelo bem-estar do grupo."

61. Em 1884, também, uma eleição presidencial foi decidida pelo voto católico-irlandês em Nova York, onde ocorreu uma grande presença de eleitores nas urnas. Eles estavam reagindo ao perturbador sermão de um pregador anticatólico e antidemocrático no domingo antes das eleições, que acusava o Partido Democrata de ser composto por "Rum, Romantismo e Rebelião".

62. Em referência a Jules Mazarin (em italiano: Giulio Raimondo Mazzarino), o cardeal Mazarino. Nasceu em Pscina, reino de Nápoles, em 1602, e foi educado por jesuítas em Roma. Estudou direito canônico, prestou serviço militar ao papa e depois, em 1628, tornou-se diplomata papal aos 26 anos. (N.E).

63. 24 de maio de 1898. Citado em Thomas T. Mc Avoy, *The Great Crisis in American Catholic History 1895-1900*, Chicago, 1957, p.207.

64. 10 dez 1954.

65. Em 1956, Kevin era um dos três nomes de menino mais populares no Texas. Naquele ano eu vi num catálogo de compras do estado de Ohio (um estado predominantemente Protestante) duas camisetas pintadas para crianças: os nomes eram Patty e Mike.

66. *The Catholic World*, abr 1957.

67. Nos anos 1950 o grande historiador e pensador católico inglês Christopher Dawson propôs que os currículos dos centros universitários e universidades católicas deveriam ser integrados na linha de "cultura cristã". Em quase todos os casos os educadores norte-americanos rejeitaram suas propostas: não havia necessidade delas nos Estados Unidos. O reverendo Robert Hartnett, editor-chefe do semanário católico mais influente, *America*, escreveu que a secularização e o culto à modernidade eram doenças européias; não se aplicavam aos EUA.

68. Seu funeral em 1958 foi um espetáculo global. Entre os dignatários do mundo que compareceram estava John Foster Dulles, que chegou cedo e ficou até tarde, sondando as chances de certos candidatos para o papado entre os cardeais cuja eleição seria particularmente agradável para o governo norte-americano, uma tarefa da qual seus austeros antecessores presbiterianos teriam evitado com horror.

69. Exemplos: no casamento de Cana, o mordomo agora era o "garçom-chefe", o mordomo infiel era um "empregado desencaminhado" que recebeu "crédito por ser empreendedor". João Batista se tornou um "arauto" no deserto. Frases inteiras dos evangelhos e da missa foram colocadas em linguagem televisiva.

70. John Lukacs, *Philadelphia: Patricians and Philistines, 1900-1950*, Nova York, 1981, p.335-7. A isto deixe-me acrescentar que este tipo de contemplação melancólica pode ser típica de um europeu nato; certamente não é típico de norte-americanos – o que é uma evidência, talvez, de sua vitalidade despreocupada, mas certamente animada. Eis um exemplo anterior. Uma das miríades de pequenas empresas ambiciosas que logo quebraram no virar do século foi o *St. John's College* na Filadélfia, que durou só

cinco anos. Seu historiador, entretanto, se consolou com o fato de que enquanto este centro universitário "continha todas as acomodações necessárias para tal empreendimento, era construída tão solidamente que quando sua existência como universidade não mais era possível, ela foi prontamente usada pela Companhia *Atlas Casket*" [Esquifes Atlas]. Irmã M. Teodorette Lewandowska, "The Polish Immigrant in Philadelphia Before 1914", *Records of the American Catholic Historical Society of Philadelphia*, 1955, p.74-5.

71. *The Habit of Being*, Nova York, 1979, p.90.

72. Filósofos interessados em tais assuntos podem considerar esta inclinação norte-americana pelo nominalismo. "Posso imaginar o pragmatismo espontâneo de algum presidente de uma universidade estadual, se obrigado a defender o estudo de sânscrito perante uma comissão de senadores", escreveu Santayana certa vez. "Contaram a vocês", ele diria, 'que sânscrito é uma língua morta. De forma alguma: sânscrito é o departamento do professor Smith, e está crescendo. O custo é irrisório, a várias de nossas universidades irmãs o estão obrigatória para o Ph.D. nos clássicos. Isto, senhores, é a *natureza* do sânscrito.'" Cinqüenta anos mais tarde em uma reunião de professores discutindo a validade de certas notas, eu ouvi um colega (e um filósofo, incidentalmente) dizer que a condição de que um aluno que mereça um 10 geralmente ganha um 10 é irrelevante; o que ganha um 10 é um aluno nota 10. Em outra ocasião eu me lembro de argumentar que Joe McCarthy não era conservador. "Bem, talvez," me disseram, "mas o que ele era é o que as pessoas chamam de conservador." Há hoje pessoas neste país que pensam que está frio porque o rádio disse que está – não o contrário.

73. Exemplo de meu jornal local (não-religioso): "Gostaria de agradecer a São Judas, Santa Ana, e São João Neumann por responderem minhas orações." Este anúncio estava assinado.

74. De forma interessante, os que telefonavam tinham menos satisfação no conselho grátis do que no tipo de confirmação do que estavam falando em voz alta: ou seja, de falar mais do que em ouvir.

75. Uma boa descrição disto está em *Lolita* de Vladimir Nabokov (Nova York, 1957), p.88: "Charlotte, que não notou a falsidade de todas as convenções e regras diárias de comportamento, comidas, livros e pessoas de quem ela gostava, imediatamente identificava uma falsa entoação em qualquer coisa que eu dissesse com a intenção de manter Lo próxima. Ele era como um músico que pode ser odiosamente vulgar na vida diária, desprovido de tato e gosto: mas que pode ouvir uma nota em falso na música com perfeição diabólica de julgamento."

76. Arthur Bidich e Joseph Bansman, *Small Town in Mass Society*, Nova York, 1958, p.303-6.

77. Bruce Catton escreveu em seu ensaio-crítica de Fogel e Engerman, "Time on the Cross: The Economics of American Negro Slavery" [Tempo na Cruz: a Economia da

Escravidão do Negro Norte-Americano], in *American Heritage* [Tradição Americana] (Nov 1974): "Uma grande descoberta na cliométrica histórica não é; mas é um marco no campo da publicidade."

78. Aqui, também, podemos observar a tendência neomedieval: no significado que os norte-americanos atribuem à aparência das coisas ou das pessoas (suas roupas, por exemplo) na época quando a "informalidade" deve reinar. A influência *interna* da publicidade ocorre junto com a emblematização *externa* da pessoa.

79. As exceções eram a televisão "pública"e certos tipos de hospitais públicos. E agora devemos tomar outro passo. Já que escolas e transporte privado não eram tão privados assim (dependentes como são de financiamento e regulação públicas), os cidadãos mais invejáveis da República nesta era de meritocracia burocrática são aqueles que podem garantir para si próprios transporte burocrático (carros oficiais à sua disposição), cuidados médicos burocráticos (pago não por eles mesmos, mas por suas corporações ou pelo governo), e privilégios educacionais burocráticos para seus filhos (freqüentemente agora são os filhos e as filhas do *establishment* intelectual e das celebridades públicas, mesmo mais do que os ex-alunos ricos que recebem admissão preferencial a universidades e centros universitários de prestígio).

80. *Novus homo* era uma frase romana de um "forasteiro" mais ou menos a mesma coisa que herege aos olhos dos primeiros cristãos. *Tabulae novae* significava o repúdio da dívida. Delisle Burns, *The First Europe* [*A primeira Europa*], Londres, 1949, p.665.

81. Planejamento eugênico e aperfeiçoamento genético humano era uma idéia querida por muitos conservadores norte-americanos, inclusive John Adams. Na expressão de Ezra Pound "de concordância com Hitler, em sua fala [no rádio] de 18 de maio de 1942, sobre as aplicações da teoria eugênica aos humanos assim como no gado, Pound incidentalmente não pegou esta idéia da Alemanha, mas de John Adams ... e outras fontes anteriores". Noel Stock, *The Life of Ezra Pound*, Nova York, 1982, p.394. Tandall Jarrell no *New York Times Book Review*, 23 de agosto de 1953: "A maior parte de nós sabe, agora, que Rousseau estava errado: que o homem, quando se tira suas cadeias, monta os campos de extermínio. Logo saberemos que o século XVIII não sabia, e eles não sabiam nada, e vai ser difícil viver conosco."

82. Robert Brungs, S.J. "Human Life vs. Human Personhood", in *Human Life Review*, verão de 1982.

83. Jakob Burckhardt, *The Civilization of the Renaissance in Italy*, Nova York, 1954, p.319.

Capítulo 9: Heranças e Perspectivas (*p.*357-92)

1. Em 1783, os livres ou lutadores, quacres da Filadélfia (aquele grupo dentro dos quacres que havia optado por renunciar aos princípios pacíficos e lutar no Exército Continental) construíram sua assembléia, na qual foi cravada uma placa marcando o

ano de 1783 como o "ano 8 do Império". "Por que Império?", perguntaram a eles. Porque "estamos fadados a nos tornarmos o maior império no mundo".

2. *Europe*, Nova York, 1928, p.384-5.

3. *Selected Essays*, Londres, 1950, p.241-2.

4. Não espanta que London e Hemingway sejam favoritos na Rússia Soviética (assim como a filosofia mecânica e utilitária do inglês Henry Thomas Buckle foi a favorita da *intelligentsia* russa no século XIX).

5. *The Revolt of the Masses*, p.116-17, 45-46.

6. *The Progressive Mind: 1890-1917*, Chicago, 1971, p.179. "Todos os maiores desenvolvimentos na mente progressista entre 1890 e 1917 preparavam os norte-americanos para definirem sua participação na Primeira Guerra Mundial, como aquele Armagedon, a partir do qual a vitória das forças da luz entraria no milênio do reino de Deus na terra."

7. Para a Sociedade Norte-Americana de Editores de Jornais, janeiro de 1924. Para a Câmara de Comércio de Nova York, em 1925: o negócio norte-americano "se baseia totalmente na lei do serviço... confiança na verdade, na fé e na justiça... é uma das grandes forças que contribuem para o avanço moral e espiritual da raça humana."

8. Paul A. Carter, *Another Part of the Twenties*, Nova York, 1973, p.177.

9. Não que fosse limitado para os admiradores da "experiência russa". Em 1953, o professor James L. McCamy, respeitado cientista político e ex-funcionário de Washington, escreveu nos *Annals of American Academy of Political and Social Sciences* (Anais da Academia Americana de Ciências Políticas e Sociais): "Se somos dependentes da natureza humana para resposta e eficiência, precisamos, é claro, examinar os traços de personalidade e de atitude, assim como os traços de competência técnica para contratar pessoas para a burocracia e avaliá-las no serviço. Eu sempre pensei que precisamos de um catálogo básico de tipos de personalidades para que pudéssemos avaliar uma pessoa rapidamente, enquadrando-na em uma das categorias que todos reconhecemos como comum. Pense quanta economia de tempo isto significaria ao escrever cartas de recomendação! 'O sr. Smith é Tipo 325. Atenciosamente.'"

10. *Two Letters to Gentlemen in Bristol*, 1778.

11. Russell Baker, em 1969: "Não surpreende que as crianças modernas tendem a parecer inexpressivas e desanimadas quando são informadas de que um dia também terão de 'trabalhar e ganhar a vida'. O problema, claro, é que elas não conseguem vislumbrar o que seja o trabalho na América corporativa... Não faz muito tempo... quando uma criança perguntava, 'Que tipo de trabalho você faz, papai?', seu pai responderia de forma que a criança pudesse compreender. 'Conserto de máquinas a vapor'. 'Faço arreios para cavalos'. Bem, alguns pais ainda consertam máquinas a vapor e fazem mesas, mas a maior parte, não. Hoje, a maioria dos pais trabalha em prédios de vidro fazendo coisas absolutamente incompreensíveis para as crianças. As repostas que eles dão quando per-

guntados 'Que tipo de trabalho você faz, papai?' podem ser totalmente incompreensíveis para uma criança. 'Vendo espaço'. 'Faço pesquisa de mercado'. 'Sou um processador de dados'. 'Trabalho com relações públicas'. 'Sou analista de sistemas'. Tais explicações podem parecer completamente sem sentido para uma criança. Como poderia ela vislumbrar alguém analizando um sistema ou processando um dado? Mesmo homens adultos que fazem pesquisa de mercado, podem ter problemas imaginando o que um homem de relações públicas faz com o seu dia, e é uma aposta segura que o analista de sistema comum fique estupefato sobre o que faz um vendedor de espaço na sua loja, assim como o vendedor de espaço comum se sente sobre as ferramentas necessárias para analisar um sistema..." *The New York Times*, 16 out 1969. No restante de sua coluna, Baker expõe o que me tomou todo um capítulo para explicar: que a "economia" norte-americana na segunda metade do século XX é construída sobre papéis.

12. "Estou ciente de que, no caso de antes da década de 1950, quando uma indústria era capaz de aumentar os preços por causa da demanda baixa ou decrescente, mesmo contrariando explícita legislação contra a fixação de preços [apesar de] haver muitas situações antes da década de 1950 nas quais as indústrias eram capazes de impedir a queda de seus preços..." *The New Inflation*, p.77-8.

13. "Todos os executivos que trabalharam para firmas que fabricavam bens ao consumidor que entrevistei tinham como certo que pessoas que compravam produtos de sua companhia não os conheciam. A não ser que fossem engenheiros, eles geralmente não os identificavam por si próprios. Todos os executivos, com uma exceção, também me disseram que, em sua opinião, diferenças relativamente pequenas de preços tinham, ou teriam, nenhum efeito significativo sobre as vendas. Pesquisas feitas por outros indicam que a resposta de um fabricante de bens de consumo a uma perceptível necessidade de preços mais baixos é a de redesenhar o produto para que custe menos para produzir, depois que o preço é reduzido. Tal 'redução de preço' na verdade não existe." Ibid., p.60.

14. W. David Slawson, *The New Inflation*, Princeton, 1982, p.44-5.

15. *The Wall Street Journal*, 7 de outubro de 1980: "Queda de preços força locadoras a aumentá-los." Um exemplo – inquestionado pelos editores pró-capitalistas daquele jornal – de como as corporações e indústrias tendem (notem o verbo "forçar") a aumentar os preços quando há queda de demanda, completamente contrário aos postulados de *todos* os economistas.

16. 8 ago 1982.

17. Contrariamente à crença geral, isto tinha pouco a ver com a automação, mesmo que permeasse a rotina dos escritórios, da burocracia e da "comunicação" tanto quanto (se não mais) a produção nas fábricas e nas fazendas. Outro exemplo: durante a depressão financeira que, começando por volta de 1970 sobreveio às instituições educacionais norte-americanas antes que as outras instituições da nação, a contratação de novos professores cessou, em alguns casos o corpo discente encolheu, quase sempre a

qualidade e o conteúdo do "produto" (ou seja, os padrões do ensino oferecido aos estudantes e o desempenho esperado destes) decresceram, enquanto as mensalidades continuaram a crescer vertiginosamente e sem redução alguma – pelo contrário – nos números do pessoal administrativo.

18. Eu escrevi em *The Passing of the Modern Age*: "no início da década de 1950 eu fiquei impressionado ao ler como o presidente de uma grande fábrica de cigarros norte-americana explicou a uma comissão parlamentar que o aumento do preço do produto se devia 'aos crescentes custos de produção e *de propaganda*'" [grifo meu]. Ninguém questionou este argumento que poderia ter feito os nossos avós ficarem roxos de raiva.

19. Slawson, op.cit. p.36: "Durante o curso de minhas entrevistas com homens de negócios, nunca encontrei um cuja firma vendesse bens de consumo que não exprimisse uma preferência por formas de concorrência independentes de preço. Um me disse, orgulhosamente, que sua companhia *nunca* havia entrado em concorrência de preços durante todo o seu período na Vice-presidência de vendas, uns 20 anos." P.80: Para os varejistas também, "o total em dólar de suas elevações de preços geralmente é mais rápido que o total em dólares de seus custos... Como resultado, os varejistas, via de regra, não resistem aos aumentos de preços iniciados no atacado. Ao contrário, eles geralmente os recebem bem. Isto também é contrário aos ensinamentos da economia tradicional, que presumem que todos resistem ao aumento de preço, o que aumentaria seus custos".

20. Samuel Butler, *Notebooks*, Londres, 1912, p.18.

21. Quando um homem dá dinheiro à sua filha, esta transação é privada, material e direta. Quando ele dá dinheiro a uma instituição (digamos, sua universidade), esta transação é pública e indireta. Considere só o gradual desaparecimento do legado de um homem rico a uma universidade; a lenta e quase sempre não material transformação do propósito original de sua administração ao longo dos anos. Eles, e o professorado que o recebe "lavam" a herança com efeito detergente digno dos mais eficientes criminosos internacionais.

22. Língua fictícia baseada no inglês inventada por George Orwell, em *1984*.

23. Robert Cluett, "Our Linguistic Inflation" in *Teacher's College Record*, mar 1965.

24. Alfred Cobban, "The Vocabulary of Social History" in *Political Science Quarterly*, mar 1956.

25. Note, entretanto, que verbal e oral não são exatamente a mesma coisa. A linguagem verbal depende de uma grande familiaridade com a escrita e não meramente com a linguagem falada; a vantagem da primeira sendo que a linguagem não pode ser escrita (apesar de poder ser falada) sem a reflexão prévia, requer um tipo mais ou menos racional de consideração de seus efeitos. Em uma cultura oral (assim como em uma pictórica, modelada pelo cinema e pela televisão) são os hábitos de linguagem que ser-

vem de modelos para a escrita e não o inverso – algo que se torna cada vez mais evidente nos hábitos de certos escritores norte-americanos, especialmente entre aqueles com pretensões cômicas.

26. Especialmente em seu capítulo "On the Legal Mind and How It Serves as Counterweight to Democracy" ("Sobre a Mente Jurídica e Como Ela Serve de Contrapeso à Democracia") mas também por todo o seu livro. É significativo que Tocqueville tenha usado o termo *légistes* e não *avocats*, juristas e não advogados. Veja sobre isto, a respeito da degeneração do "advogado da Filadélfia", em meu *Filadélfia 1900-1950: nobres e filisteus*, Nova York, 1981, p.35-8 e 312-18.

27. Reproduzido em *Commentary*, fev 1981.

28. Cluett, op.cit., p.541-2.

29. Em 22 de outubro de 1982. Como escrevi anteriormente, a União Soviética, em 1962, com todas suas inclinações maléficas, não tinha a intenção de arriscar uma guerra nuclear por causa de Cuba mais do que tinham os Estados Unidos por causa da Hungria, em 1956.

30. Eu sempre escrevi sobre isto, porém, mais recentemente no último capítulo da nova edição de *Historical Consciousness* publicado quase ao mesmo tempo em que este livro (1984).

31. Dizia a lei de Wisconsin: "Nenhuma história ou qualquer outro livro-texto será adotado para uso em qualquer escola do distrito, da cidade, profissionalizante ou secundária que falsifique os fatos com relação à Guerra da Independência ou com relação à Guerra de 1812, que difame os fundadores de nossa nação, represente mal os ideais e causas pelas quais batalharam e se sacrificaram, ou que contenha propaganda favorável a qualquer governo estrangeiro."

32. *The End of American Innocence*, Nova York, 1959, p.42.

33. Em 1972, a Associação Histórica Norte-Americana oficialmente reconheceu a existência de um grupo de historiadores homossexuais. Em 1981-2, o Guia de Departamentos de História publicado pela mesma associação, listando as áreas de concentração acadêmica do corpo discente das instituições acadêmicas da nação (por exemplo: "Medieval: Tudor, Inglaterra") achou por bem listar "sadomasoquismo" como área de especialização de um professor titular de uma respeitável universidade na Filadélfia.

34. Em 1960, eu terminei *A History of the Cold War* com a seguinte nota de rodapé: "Joseph Conrad, in *Under Western Eyes*: 'Suponho que se deva ser russo para entender a simplicidade russa, uma simplicidade terrivelmente corrosiva a qual frases místicas envolvem um cinismo ingênuo e sem esperança. Às vezes penso que o segredo psicológico da profunda diferença daquelas pessoas consiste nisto, que detestam a vida, na irremediável vida do mundo como está, enquanto nós, ocidentais, a amamos com, talvez, um igual exagero de seu valor sentimental.' A tragédia norte-americana, então, é que até

certo ponto – e somente até certo ponto – isto é verdadeiro sobre os norte-americanos também: mas isto é um outro livro."

Capítulo 10: O Terceiro Século (*p.395-426*)

1. Como, por exemplo, o seu hábito de responder uma saudação feita por pessoal militar uniformizado levantando a mão direita até a testa — um gesto até então sem precedentes e desnecessário.

2. Não foi instantânea, já que seus assessores o levaram a vários lugares nos Estados Unidos antes de permitir que ele voltasse para Washington.

3. Entre 1980 e 2000, não houve grande mudança nas vendas anuais de automóveis; mas o aluguel de carros de passageiros aumentou quase cinco vezes de 1990 a 2000.

4. Um dado – talvez – interessante e significativo marca o aumento do jogo de azar entre os norte-americanos. Só as vendas da loteria cresceram de US$2,3 milhões em 1980 para US$38,4 milhões em 2001, um aumento de 17 vezes.

5. *Scholastic Achievement Test*: teste de desempenho escolar que é aplicado na escola secundária e em seu resultado usado pelas universidades para a admissão de seus alunos.

6. Pode ser impressionante que computadores e a computação, contrário às previsões e expectativas, não reduziram o volume de papel usado (e não houve, é claro, nenhuma redução da burocracia). A produção norte-americana de papel e papelão cresceu em 20% de 1980 a 2000.

7. A introdução de máquinas de votos cada vez mais novas tornou a corrupção e os erros na tabulação dos votos mais, e não menos, possível – como, por exemplo, durante as complicadas tentativas de garantir o vencedor na Flórida, em novembro de 2000. Naquela época um editorial no *The New York Times* propôs que as novas urnas eletrônicas deveriam adotar a prática do Brasil, onde as pessoas (muitas das quais analfabetas) podem votar pressionando certos números, fotografias ou quadrados na tela de um computador. O progresso!

8. O fato de nacionalismo populista ser muito diferente do antigo patriotismo é algo que não podemos discutir aqui, exceto talvez para citar Hitler (em *Mein Kampf*): "Eu era nacionalista, mas não um patriota."

9. Que viria a se tornar secretária de Estado no segundo mandato de George W. Bush. (N.E.)

10. Uma exceção: o curto mas considerável sucesso do livro de um sábio idiota (Fukuyama), em 1990, proclamava que o Fim da História havia chegado, já que agora a democracia liberal domina e dominará todo o mundo.

11. Saddam Hussein, de fato, foi capturado em 13 de setembro de 2003, na cidade de Tikrit, no Iraque. (N.E.)

12. Infelizmente, esta não foi a primeira vez que a criminalidade se beneficiaria instantaneamente de uma liberação norte-americana. Em 1943, na Sicília, a máfia rea-

pareceu; na verdade, aqui e ali, ela foi re-introduzida ou introduzida por agências dos Estados Unidos.

13. A maior parte dos chamados neoconservadores era formada por judeus. Entretanto, seria muito simples atribuir suas propostas somente ao apoio incondicional a Israel. Pelo menos a metade dos judeus norte-americanos, se não mais, não era formada de conservadores nem de apoiadores das políticas de Bush (ou mesmo das de Sharon), envolvendo Iraque ou Israel.

14. Em 2001 e 2002, escândalos abalaram a Igreja Católica dos Estados Unidos. Um número anormalmente grande de padres encontrados com envolvimento em pedofilia, com algum tipo de relacionamento sexual com meninos e jovens de suas congregações. Alguns bispos e cardeais tentaram encobrir alguns desses escândalos, mas em vão. Parecia, novamente, que a raiz desses tristes e sórdidos malefícios remontava aos anos 1960, para a então permitida e incentivada mundanização dos padres e freiras. (Novamente, os resultados não foram o aumento da maturidade e da auto-confiança, mas o contrário.) Pode também ser interessante que em vários casos os paroquianos apoiaram seus errantes, mas populares pastores.

15. Presidente Bush falando a um grupo de cadetes militares na *The Citadel* [Academia Militar da Carolina do Sul] em 12 de dezembro de 2001: "A América deve lutar contra os inimigos do progresso."

AGRADECIMENTOS

Meu primeiro dever é de registrar meu débito ao *Lehrman Institute* e ao presidente do Conselho de Diretores do *Chestnut Hill College* por um semestre sabático, em 1981-2, durante o qual escrevi os primeiros rascunhos de três capítulos deste livro e sem os quais ainda levaria anos para completá-lo. Assim, registro meus agradecimentos a Nicholas X. Rizopoulos, diretor do Instituto Lehrman, com quem o que começou como uma associação solidária amadureceu e se tornou uma amizade preciosa. Durante a confecção de nenhum outro livro dependi tanto e me beneficiei tanto da leitura de meus manuscritos por tantos amigos e associados. O fato de que esta lista, necessariamente em ordem alfabética, começa com o nome de minha editora, Sally Arteseros, é justo e apropriado – outra daquelas coincidências (Chesterton: "coincidências são trocadilhos espirituais") que os lógicos abominam e os poetas amam. Então aqui vou eu, com este buquê espiritual de agradecimentos: a Sally Arteseros, Donald Atkins, Jacques Barsun, Reid Boates, Lee Congdon, Lester Conner, David Contosta, Kevin Delmasse, Steven Englund, Eugene Genovese, Fred L. Greenstein, Brooks Kelley, Thomas S.W. Lewis, Robert Lilienfeld, Michael Mandelbaum, Michael von Moschzisker, John Rossi, David Slawson, Griffin Smith Jr., James F. Sullivan, Robert Tucker, Geoffrey C. Ward, e Linda Wrigley.

Por causa do amplo escopo deste livro e pelo fato de que a maior parte das ilustrações vem das chamadas fontes secundárias, o acréscimo de uma bibliografia mesmo que seleta seria sem sentido assim como hipócrita.

Tenho de expressar minha gratidão à dra. Helen Hayes, diretora da Biblioteca da Universidade de Chestnut Hill, por sua assídua ajuda em muitos momentos e em muitos níveis, desde decifradora de cacografia a inspetora de pesquisa.

“OLD PICKERING SCHOOL HOUSE”
Williams' Corner, perto de Phoenixville, Pensilvânia
1980-3

ÍNDICE REMISSIVO

Este livro foi composto pela Textos e Formas, em Fairfield e Minion,
e impresso pela Geográfia Editora em outubro de 2006.